HISTORIALE DESCRIPTION DE L'AFRIQVE, TIERCE PARTIE DV MONDE,

Contenant ses Royaumes, Regions, Viles, Citez, Chateaus & forteresses: Iles, Fleuues, Animaus, tant aquatiques, que terrestres: coutumes, loix, religion & façon de faire des habitãs, auec pourtraits de leurs habis : ensemble autres choses memorables, & singulieres nouueautez:

Escrite de nôtre temps par IEAN LEON, African, premierement en langue Arabesque, puis en Toscane, & à present mise en Francois.

EN ANVERS.
De l'Imprimerie de Christophle Plantin.
1556.
AVEC PRIVILEGE.

A TRESHAVT
ET TRESPVISSANT
PRINCE, FRANCOIS AISNE
fils de France, Dauphin de
Viennoys,

*Iean Temporal perpetuelle
felicité.*

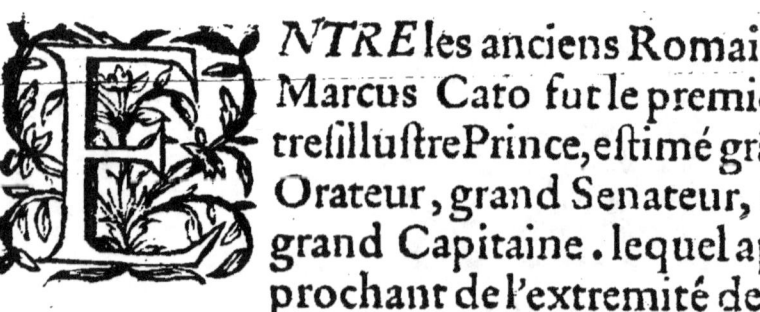NTRE les anciens Romains
Marcus Cato fut le premier,
tresillustre Prince, estimé grád
Orateur, grand Senateur, &
grand Capitaine. lequel approchant de l'extremité de la
mort, entre les choses que plus il regrettoit,
estoit d'auoir en tout le cours de sa vie laissé
échaper vn seul jour, sans en receuoir aucun
fruit. Et si nous voulons croyre Aristote Philosophe tant renommé, la louange de la vertu, & la felicité de cette brieue vie, demeure

ligemment, auez apporté au monde plusieurs choses de nouueau, non point au parauant entendues, ou imaginées par autruy, comme en l'Astronomie aucunes choses nouuelles, auec certains mouuemens des cieus, & la subtile raison des Omocentrices: en Philosophie le secret moyen, par lequel l'intelligence est crée en nous, & le chemin incogneu de chercher les raisons admirables, qui auoyent esté par cy deuant cachées, comme du discord & accord naturel, que nous voyons estre en beaucoup de choses. En la medecine les causes des infirmitez contagieuses, auec les exquis & souuerains remedes d'icelles. Ie ne parle point de la diuine Poesie de vôtre Siphilide: laquelle nonobstant que vous la composates en vôtre jeunesse par maniere de passe temps: si est elle remplie de tant de beaus pointz de Philosophie & de medecine, estant ornée de diuines conceptions, et peinte de si belles & diuerses fleurs poetiques, que les hommes de nôtre temps ne doutent point de les egaler aus poësies anciennes, & l'auoir au nombre de ceus qui meritent de viure & estre leuz à perpetuité. Les Royaumes, les Seigneuries, les richesses & autres choses semblables données de nature, ont esté touſiours estimées muables & de petite durée comme elles sont veritablement, ou le tresor de l'esprit, & principalement le vôtre qui est constant & rassis, & qui resiste à toute fortune et violence de temps s'éforce mangré luy se faire immortel. Et qu'ainsi soit, si on vaut prendre garde

à la

re, ou qui auec sa claire renommée luy puisse donner plus grande autorité & longue memoire. Premierement, par ce que vous, qui estes autant bien instruit en la Geographie, que autre que je cognoisse en ce monde, esperant que ceste matiere porteroit quelque vtilité aus hommes, m'incitâtes le premier à cette entreprinse auec vôtre autorité: joint que le manifique Seigneur Conte Remond de la Tour, autrefois par ces sages propos me l'á conseillé oyant auec vn si grand contentement disputer tant doctement des mouuemens du ciel, & de la situation de la terre. Dauantage, j'ay bien voulu laisser à nôtre posterité ce mien labeur, comme vn tesmoignage de nôtre longue & constante amitié, ne pouuant mieus satisfaire au deuoir de la reuerẽce que je vous doy, ou à l'affection que vous me portez, estant asseuré qu'il vous sera fort agreable, & le lirez, d'vne affection. Mais si je veus pour acomplir le desir, que j'ay que ce mien labeur soit immortel entre les hommes, quel meilleur moyen pourrois je trouuer, que de le recommender à vôtre nom excellent, qui demeurera (comme je suis asseuré) apres la mort du corps, immortel? veu mêmement que vous estes le premier, qui de nôtre temps auez renouuelé le diuin moyen d'escrire des anciens touchant les sciences, sans imiter ou changer de liure à liure, & transcrire, ou interpreter comme plusieurs font maintenant les œuures d'autruy: mais plus tôt auec la subtilité de vôtre esprit considentra dili-

A ILLVSTRE SEIGNEVR HIEROME FRACASTOR,
Iean Baptiste Rhamusio, Salut.

Touchant la disposition de cet œuure de Iean Leon, imprimé en Italien.

L A coutume á esté de toute ancienneté, & continuée jusques à present, que ceus qui desirent mettre en lumiere leurs compositions soit en prose ou en vers, les ont tousjours dediées à tels personnages, qui en peussent faire jugement: ou à leurs amis, qui auroyent desir de les lire, ou bien à ceus, qui par la splendeur de leur nom, leurs donnassent plus grand credit & reputation. Ce que voulant obseruer en ce mien petit labeur, que j'ay prins selon mon pouuoir de recueillir & mettre ensemble aucuns Auteurs, qui ont escrit de l'Afrique & de l'Indie, je ne trouue homme, à qui je le doiue plus conuenablement recommender, & qui me satisface dauantage en cette matiere, que vous. Car je ne pense point qu'vn autre en puisse donner meilleur jugement, ou qui desire auec plus grande affection la li-

* 4 re,

de Leon Pōtife X. de telle forte, que j'ay penſé que mon labeur ne ſeroit inutil ſi je le rendois en nôtre langue Francoiſe, &, comme choſe rare je le preſentois à vôtre hauteſſe & grandeur, eſtimant que vous receurez aucun contentemét & plaiſir de faire lire ce preſent Liure incognu juſques à ce jour. Parquoy, treſilluſtre Prince, vous receurez & prendrez en gré, s'il vous plait ce petit labeur, auec telle humanité & douceur, que vous auez acoutumé d'uſer à l'endroit de ceux, qui de bonne volonté s'employent pour decorer & augmenter nôtre Republique Françoiſe. Ce pendant, ſi ce Premier Tome vous eſt agreable, je me mettray en deuoir de faire le Second, pour le vous preſenter: qui contiendra la deſcription de l'Ethiopie, dreſſée par dom Franciſque Aluarés: acompagné de pluſieurs autres Nauigations, auec le diſcours de ce noble Fleuue du Nil, & de ſon origine, éſcrit pat le Seigneur Iean Baptiſte Rhamuſio, Secretaire de la Seigneurie de Veniſe. Vous prendrés donq, Prince treſuertueus en gre le petit Liure (petit quant à l'excellence de vôtre Majeſté) qui vous fera cognoitre l'obeiſſante ſeruitude, que vous portera le plus humble de tous vôs ſeruiteurs toute ſa vie.

& cōsiste en nôs actions. Ce que jadis mōntra ce noble peintre tant celebré de la Grece, Apelles: qui ne passa onques jour sans faire vn trait de son pinceau. Et à ce que nous lisons de ce souuerain Monarque Alexandre, fils de Philippe de Macedoine, qui par sa grādeur & magnanimité de courage, gestes, & faits triomphans merita ce tiltre de Grand, il auoit tousiours en la bouche cette sentence dorée:

LABEVR, EST DE DIGNITE ROYALE: OYSIVETE, DE CONDITION SERVILE.

Et nō sans cause Homere en son Iliade nous a representé Agamemnon tousiours veillāt: estimant ce diuin Poëte, l'homme oysif n'estre autre chose en ce Monde, qu'vn gros fardeau, lourd & inutil, & comme dit Horace, vn animal d'Arcadie, mangeant le fruit de la terre. Or donq, tresillustre Prince, ayant eu dés mon jeune âge en bien petite & pauure, estime telle maniere de gens, je me suis mis au deuoir de trauailler, pour faire quelque témoignage de mon labeur, & de mon vouloir à l'endroit de nôtre Republique Françoise, selō toutefois le petit pouuoir de mon esprit. Et de fait, j'ay tousiours estimé chose honeste, cōbien qu'elle soit difficile, de mettre en lumiere Liure, qui pour sa nouueauté

apor-

aportât admiration aus hõmes, & qui d'vn méme moyen inuitât par sa bonté d'estre receu entre ceus, que l'on tient en autorité. Et certainemẽt de tel degré d'honneur m'a semblé digne l'Afrique (appellée par les Grecs Libye) reputée & tenue anciennemẽt pour la tierce partie du Monde: laquelle pour son étendue, fertilité, richesses, & autres singularitez admirables, nous a aporté de tout tẽps, & encor aporte choses nouuelles, & non veués. Non sans ocasion donq les Cartaginoys donnerent la charge à ce bon Capitaine Hanno, de prendre soissante de leurs Nauires pour decouurir ce pays-là. Et depuis de nôtre temps l'infant dom Henric de Portugal, Prince prudent & magnanime, dés sa jeunesse auec vn magnifique desseing & apareil a suiuy cette côte, non seulement pour cercher & cognoitre vne partie des secrets et tresors de Nature couuers & cachez par cy deuant, ains aussi pour apres en dresser trophées, & raporter immortelle renommée. Et depuis plusieurs autres se sont mis sous la cõduite de la Fortune, pour decouurir cette tierce partie du Monde. entre lesquelles Iean Leon African, a trauaillé de sorte pour la découurir, qu'il nous en a dõné la cognoissance par ses escrits en langue Arabesque, & depuis en Toscane, par le commandement

* 3 de

à la vie de plusieurs grans Princes & Seigneurs de Italie, & autres parties du monde, & quand tout est dit de ceus, qui ont esté bien peu deuant nôtre têps, on trouuera, que la même sepulture qui à couuert le corps, à pareillement obscurcy leur nom. Et neàntmoins la memoire de plusieurs personnages doctes qui sont long temps à decedez, est encore viuant entre les hommes, & continuellement florist de plus en plus. Parquoy j'estime par ceste fin, que je doy sur tous desirer d'auoir fort bien choisi, ayant esté neantmoins incité par vn certain instint de naturelle affection, & amitié vers les gens de lettres rempliz de science des choses celestes, & naturelles, veu qu'il me semble qu'ils ont je ne scay quoy de diuin, qui les rend par dessus tous autres dignes d'honneur & d'admiration. Mais la principale cause, qui m'à fait volontiers trauailler en cest œuure, est, que voyant & considerant les tables de la Geographie de Ptolomée, ou il descrit l'Afrique & l'Indie, estre assez imparfaites au regard de la grande cognoissance qu'on à aujourd-huy des regions, j'ey estimé qu'il sera assez agreable & profitable au monde de recueillir ce, qui à esté escrit de nôtre temps touchant ces parties-là du monde, desquelles on à escrit par le menu : en y adjoustant les cartes marines & principalement les Portugalois, tellement qu'on en pourra faire tant de tables, qui côteteroyent grandement ceus, qui prennêt plaisir à celles matieres, car ils seroyent certains des degrez, des
lar-

largeurs, & longueurs, au moins des marines de tout ce pays, auec le nom des lieux, citez, et Seigneuries, qui y habitent pour le present, & les pourroyēt conferer auec ce, qui en à esté escrit par les anciens. Au reste, quant à la peine que j'ay prins selon mon petit pouuoir, principalement pour la diuersité des langues, ou elles estoyent escrites, je n'en veus point maintenant parler, afin qu'il ne semble point, que je vueille exalter par paroles mes labeurs & diligences: Mais les bons & gratieus Lecteurs, en y pensant, le cognoitront en partie comme j'espere. Et si j'ay failly en plusieurs lieux, comme je confesse franchement, cela n'est point aduenu par faute de diligence, mais plus tôt par ce que le pouuoir de mon esprit n'à peu attaindre l'ardeur du bon vouloir: joint aussi que les exemplaires qui me sont tōbez entre les mains, estoyent merueilleusement gâtez & corrompuz: en telle sorte, qu'ils auroyent espouenté tout gentil esprit, s'il n'eût esté soustenu de la consideration du plaisir que deuroyent prendre les studieus aus matieres de la Geographie, & principalement de ceste partie d'Afrique escrite par Iean Leon, de laquelle il n'à point esté donnée aucune cognoissance par aucun auteur, ou à tout le moins si amplement, & auec telle asseurance. Mais que dy-je du plaisir qu'en receuront les gens doctes & studieus? qui est celuy, qui pourroit douter, que plusieurs Seigneurs & Princes ne prennēt plaisir en telle lecture? mêmement qu'à eus appartient plus q̄

à nul

à nul autre de sauoir les secretz & particularitez d'icelle partie du monde, & toutes les situations des regions, Prouinces & citez d'icelle, auec les dependences que les Seigneurs ont les vns des autres, & le peuple qui y habite. Car combien qu'ils en puissent estre informez par autres qui ont couru ce pays en oyant & lisant les propos & escrits d'iceus, si suis-je asseuré que en lisant ce Liure, & considerant le contenu diceluy, ils cognoitront que leurs narrations sont briefues, imparfaites & de peu de cōsequence au regard de ceste-cy, par le grand fruit que les Lecteurs en pourront tirer à leur desir. Cet Auteur hantoit les cours des Princes de Barbarie: & fut auec eus en plusieurs expeditions de nôtre temps: de la vie duquel je toucheray ce que j'en ay peu tirer de personnes dignes de foy, qui lont cogneu & hanté à Rome. Ie dis donq qu'estant More natif de Grenade, à la conqueste qu'en feit le Roy Catholic, il s'en fuit en Barbarie auec tous les siens: & s'adonna aus lettres Arabesques en la cité de Fez: ou il composa plusieurs liures d'histoires en icelle langue: qui ne sont point encore venus en lumiere. Il composa aussi vn Liure de Grammaire, que maitre Iacob Mantin dit auoir pres de soy. Puis courut toute la Barbarie, les Royaumes des Noirs, Arabie, Surie, escriuant tousiours ce qu'il voyoit & entendoit. Finablement, durant le regne de Léon. Il fut prins au dessus de l'Ile de Zerbi par quelques fustes de Coursaires, & de là mené à Rome,

me, ou il en fut fait vn present au Pape: lequel
ayant veu & entendu qu'il se mesloit de la Geographie, & qu'il en auoit escrit vn Liure qu'il por
toit auec soy, il le receut gratieusement, en le caref-
sant merueilleusement, jusques à luy bailler bons
gages: afin qu'il ne se partist point de là. Puis l'inci
ta à se faire Chrétien: & en le baptizant luy donna
ses deux noms, Iean & Leon. Ainsi il habita longuement à Rome, ou il aprint la langue Italienne,
& lire, et escrire, tellement qu'il se mit à traduire le
mieus qu'il peut ce present liure de langue Arabef
que: lequel apres beaucoup d'accidens qui seroyent
longs à raconter, est tombé entre mes mains, tellement que auec la plus grande diligence qu'il
m'a esté possible, j'ay táché auec toute
fidelité de le mettre en lumiere, ainsi qu'il est à
present.

Sommaire Commendation de L'histoire Aphricane.

LE premier Globe entre tous tresprofond,
Que terre & mer jointtes ensemble font
(Qui est le monde habitable, ou demeurent
Tous animaus qui viuent, & qui meurent)
Est diuisé par la Cosmographique
En ces trois pars Asie, Europe, Aphrique,
Qu'vn bras de mer mediterrain termine.
    La riche Asie, ou grand Seigneur domine,
De ces trois pars la plus grande tenue,
A des long temps tresbien esté cogneuë
Par beaus escrits, ineffaçables marques
Des Empereurs, Rois, Princes, & Monarques,
Assyrians, Hebrieus, Persans, Medois,
Armeniens, Pontins, Turcs, & Indois.
    Europe aussi en grandz peuple nombrée
Abondamment à esté celebrée
Par monumens d'histoires bien digestes
Qui ont traitté les lieux, les temps, les gestes.
Des Rois, Consulz, Empereurs, Grecz, Rommains
François, Anglois, Hespaignolz, & Germains,
Gouuernemens, Estatz & Politiques
Qui ont regi les grandes Republiques.
    Ne restoit plus que l'Aphrique assechée
Qui pour auoir esté trop peu cerchée
Des Voyageurs, à esté moins notoire

Fors

Fors par Iubal, & sa Royalle histoire.
Et par Carthage aus Rommains ennemie.
Car peu de gens sont passez en Libye
Oultre les ports, & les premiers riuages,
Fust pour terreur des grandz bestes sauuages,
Fust pour la paour des serpens veneneus,
Ou des deserts bruslans, & areneus
Defaillans d'eau, & de tout fruict goustable,
D'ond estimée estoit inhabitable,
Mais maintenant par terre, & mer ouuerte
Est amplement l'Afrique descouuerte:
Si tres-auant qu'oultre la mer profonde
Si est trouué vn autre nouueau monde.
Lequel jamais anciens Geographes
N'auoyent cogneu, ne les Historiographes,
Dond en ce liure est la description
Par le recit, & la narration
De Iean Leon qui par braue entreprinse
Et plus haut faict la hardiesse à prinse
Des airs, des eaus se soubzmettre au dangiers
Pour descouurir les pays estrangiers,
Les meurs, les gens, & les sauuages hommes
Enuers lesquels plus sauuages nous sommes:
Et pour cognoistre aus yeus tesmoins certains
Isles & mers, mons, & fleuues loingtains,
Bestes, oyseaus, poissons, pierres, metaus
Tant des climats austrins, qu'occidentaus,
Des nations barbares & felonnes,
A trapassé d'Hercules les colomnes,

L'e-

L'equateur cercle, & la ligne Eclyptique
Iusques à perdre aspect du Pol' arctique.
　　Parquoy Lecteur à l'Auteur grace rendz,
Et des Labeurs d'vn autre le fruict prens.
En discourant en repos domestique
Des yeus d'esprit les regions d'Aphrique:
Ou tu verras mainte noualité
Auec plaisir joinct à vtilité.
Car (comme ont dict les vieus prouerbiaus)
Toujours Aphrique apporte cas nouueaus.

INDICE DES CHAPITRES, CONTENANT SVCcinctement tout ce, qui est traité en ce present Oeuure.

Du premier Liure.

D'OV est venu le nom d'Afrique Fueillet premier.
Termes & limites de la region d'Afrique   Fueillet 1.
Diuision de l'Afrique   2.
Diuisions et Royaumes des quatres parties de l'Afrique susnommées   3
Diuision de Numidie, à sauoir des pays, qui produisent les Dates   4.
Diuision des deserts, qui sont entre la Numidie, & la terre des Noirs   4.
Diuision de la terre Noire par chacũ Royaume 5.
Habitations d'Afrique, & signification de ce mot Barbar   5.
Origine des Africans   6
Diuision des Africans Blancs, en plusieurs peuples   7
Conformité, & diuersité de la langue Africane 9
Des Arabes habitans aus citez d'Afrique   10
Des Arabes, lesquels en Afrique, en lieu de maisons

**

sons se seruent de pauillons   11
Diuision des Arabes, qui sont venus demeurer en Afrique, appellez Arabes de Barbarie   16
Pourtrait d'Arabie, retiré d'vne antique medaille de l'Empereur Adrian   16
Diuision des habitations des Arabes susnommés, & le nombre d'iceus   17
De Hilel peuple, & habitation d'iceluy   17
De Machckil peuple : des habitations, & nombre d'iceluy   18
Declaration du peuple de Deuimansor   20
Du peuple de Deuihubeidulla   21
Coutume, & maniere de viure des Africans, qui demeurent au desert de Libye   22
De la maniere de viure, & coutume des Arabes habitans en Afrique   26
Des Arabes, qui habitent aus deserts, qui sont entre la Barbarie, & l'Egypte   29
De Soaua (à sauoir ceus, qui paissent les brebis) nation Africane, & qui ensuit la façon de viure des Arabes   30
De la foy des anciens Africans   31
Lettres, dont vsent les Africans   33
Situation de l'Afrique   35
Des lieux raboteus d'Afrique, & pleins de neiges   25
Mutations de l'air naturelles en Afrique, & de la diuersité, qui prouient d'icelles   40
Qualité des âges des Barbares   44

Maladie des Africans 44
Des vertus & choses louables qui sont entre les Africans 46
Des vices, & sotte maniere de viure des Africans 48

Du second Liure.

DE l'aßiete & qualité de Hea, region occidentale 53
Maniere de viure de ce peuple 54
Des habis & coutumes du méme peuple 55
Des viles & citez contenuës en la region de Hea: & premierement de Tedneſt 56
Des montagnes contenuës en la region de Hea: & des habitans d'icelles 65
Des habis des femmes 66
De Demenſera, partie d'Atlas 66
De Gebele lhadih, autremēt Montagne de fer 67
De la region appellée Sus 68
Des villes & citez contenuës en la region de Sus 68
De Hanchiſa, & Ilalem montagnes en la prouince de Sus 73
Aßiete de la region de Maroc 73
Des viles & citez de cette méme region 74
De la grande cité de Maroc 76
D'Agmet cité en la region de Maroc 83
De Hanimmei cité 84

Des montagnes contenuës en la region de Maroc 85
De la region de Guzzula 90
Habis des habitans de cette region 91
De la region de Ducale 92
Des viles, & citez contenuës en la region de Ducale 92
Des montagnes contenuës en la region de Ducale 100
De la region d'Hascora 102
Des citez contenues en la region d'Hascora 102
Des montagnes, qui sont en la region d'Hascora 108
De la region de Tedle 112
Des viles & citez contenues en la region de Tedle 112
De Seggheme, Magran, & De des montagnes en la même region 121

Du troisiéme Liure.

DV Royaume de Fez 125
De Temesne, region au Royaume de Fez 125
Des viles & citez contenues en la region de Temesne 128
Du territoire de Fez 134
Des citez & lieux du territoire de Fez, & de ce qui est memorable en iceus 135

De

De Fez, grande cité, & chef de toute la Moritanie 142
Particuliere description de la cité de Fez 144
Hopitaus & étuues, qui sont dans la cité de Fez 149
Hôteleries de la vile de Fez 152
Des moulins, qui sont dans la cité de Fez 153
De la diuersité des artisans, boutiques & places de Fez 154
Place des marchans dedans Fez 159
Discours sur le nom des rues appellées Caisaira, retenans le nom de celuy de Cesar 160
Apoticaires & autres artisans en la cité de Fez 161
Seconde partie de la cité de Fez 163
Des Magistrats, & maniere de gouuerner, & administrer Iustice : & de quelle sorte d'habits on vse en la vile de Fez 165
Acoutremens de ceus de Fez, tant d'hommes que de femmes 161.168
Coutume obseruée au manger en la ville de Fez 168
Coutume obseruée à contracter, & faire mariage 169
Autres coutumes gardées les jours des festes, & maniere de pleurer les morts 173
Des pigeons, que lon nourrit en la cité de Fez 174
A quel jeu s'adonnent les citoyens de Fez 174
Des poëtes en vulgaire African 175

Ecoles de lettres pour les enfant 175
Des deuineurs 176
Des enchanteurs 178
Regles & diuersitez obseruées par aucuns en la
 Loy de Mahommet 280
Autres diuerses regles, & sectes, auec les opinions
 superstitieuses de plusieurs 182
Des Cabalistes, & d'autres plusieurs sectes 184
De ceus, qui s'amusent à cercher les thresors 185
Des Alquemistes 186
Charmeurs, & enchanteurs de serpens 187
Des faubourgs, qui sont hors la cité de Fez 187
Sepultures communes hors le pourpris de la cité de
 Fez 189
Sepultures des Rois 190
Vergers & jardins 190
Description de Fez, cité neuue 191
Ordre & police gardée, quant à la maniere du vi-
 ure de la Cour du Roy de Fez 193
Pourtrait d'vn des Eunuques, qui sont commis à
 garder la Royne de Fez 196
Des viles, citez, & chateaus prochains de Fez ci-
 té neuue 199
Des montagnes, qui sont en la region de Fez, &
 des citez & chateaus y contenues 200
Description d'Azgar, region de Fez 205
Casar el cabir, c'est à dire, le grand palais, cité 206
De la region de Habat 208
Des citez en la region de Habat 209

Mon-

Montagnes de Habat	217
Errif, region de Fez	220
Les citez contenuës en la region d'Errif	221
Des montagnes côtenues en la region d'Errif	224
Garet sixiéme prouince du Royaume de Fez	231
Des citez contenues en la region de Garet	231
Des montagnes de la region de Garet	234
Chaus, septiéme region du Royaume de Fez	336
Des citez contenues en la region de Chaus	237
Des montagnes en la region de Chaus	242

Du quatriéme Liure.

DV Royaume de Telensin	253
Des citez, chateaus, montagnes, & deserts, qui sont au Royaume de Telensin	255
De la grande cité de Telensin	258
Coutumes, estats, & offices de la Cour du Roy de Telensin	261
Des citez prochaines de Telensin	263
Beni Rasi, prouince	263
Des citez contenues en la prouince de Beni Rasi	264
Montagnes du Royaume de Telensin	273
Montagnes du domaine de Gezeir	275

Du cinquiéme Liure.

DV Royaume de Buggie, & de Thunes	275
De Buggie, grande cité	276

✣✣ 4   Cir-

Cartage, grande cité	287
La Cité de Thunes	289
Cour du Roy de Thunès, ordre, cerimonies, & officiers deputez en icelle	294
Citez voysines du Royaume de Thunes	297
Cairaran, jadis au nombre des grandes citez	300
Tripoly de Barbarie, tresbelle, & grande cité	306
Montagnes de tout le domaine de Buggie	308
Des montagnes, qui se retrouuent au domaine de Constantine	309
Montagnes de Bona	310
Montagnes prochaines de Thunes	310
Montagnes de Beni Tefren, & de Nufusa	311
Montagnes de Garian	311

Du sixiéme Liure.

DES vilages prochains du Royaume de Thunes & Buggie	312
Mesellata, prouince	313
Mesrata, prouince	313
Tesset, cité de Numidie	314
Dara, prouince	316
Segelmesse, prouince	318
Cheneg, prouince	319
Territoire de Segelmesse	320
Zeb, prouince	327
Citez & vilages de la prouince Zeb	328
Beledulgerid, prouince	329
Deserts de Libye	331

Du septiéme Liure.

DV pays des Noirs	335
Gualata, Royaume des Noirs	337
Ghinée, Royaume	338
Melli, Royaume	339
Tombut, Royaume	339
Gago, & le Royaume d'icelle	341
Guber, Royaume	342
Agadez, & son Royaume	343
Cano, prouince	344
Zegzeg, Royaume	344
Zanfara, region	345
Guangara, Royaume	345
Borno, Royaume	346
Gaoga, Royaume	347
Royaume de Nubie	348

Du huitiéme Liure.

POurtrait d'Egypte	350
Diuision de l'Egypte	352
Origine & generation des Egyptiens	352
Qualité & accident de l'air en Egypte	354
Bosiri, premiere cité en Egypte	355
Alexandrie, & son pourtrait	355
Citez prochaines d'Alexandrie	358
La tresgrande & merueilleuse cité du Caire	362
Les Bourgs & faubourgs du Caire	364
La vieille cité appellé Misrulhetich	367
Coutumes, habits, & maniere de viure des habi-tans	

tans du Caire, & faubourgs 374. 375
Par quel moyen on procede à l'election du Soudan,
 & des offices & dignités de sa Cour 376
Les etats de la Cour du Soudan du Caire 378
Soldats du Soudan 379
Offices deputez au gouuernement des choses plus
 vniuerselles en la Cour du Soudan 380
Citez situées sur le Nil 381
Pourtrait du Datier, & de ceus, qui cueillent les
 Dates à l'entour du Caire 382

Du neufiéme Liure.

LES fleuues, qui sont en Afrique 387
 Fleuues de la Numidie 387
Du Nil, grand fleuue 392
Son pourtrait 392
Des animaus, qui se trouuent en Afrique 394
De l'Elephant 394
Des poissons, qui sont en Afrique 402
Pourtrait du Crocodile, & de la maniere de le pren
 dre 404
Des oyseaus, qui se retrouuent en Afrique 406
Des minieres d'Afrique 409
Des arbres, herbes, & racines, que produit l'Afri-
 que 410
Maus, ou Muse, & son pourtrait 410
La Casse, & son pourtrait 410

FIN.

F. Adrien du Hecquet
AV LECTEVR.

HELAS combien sont malheureus,
　Qui par vn desir vicieus
　Lâchans leurs faits à l'abandon,
　Prenent plaisir aus mensonges,
　Aus sottes rêueries, & songes
　De quelque bauarde chanson,

Inuentée pour rejouyr,
　Fortifier, entretenir
　L'outrecuidé vouloir de ceus,
　Qui, corrompus en leur nature,
　S'acumulent l'ire future
　De Iupiter & tous les Cieus.

Tels sont qui estiment vertu
　D'auoir d'vn babil reuetu
　Leur inuention, tellement
　Que, par leur fardées paroles,
　Ils allechent à leurs friuoles
　Quelques simples sans jugement.

Quant

Quant, pour euiter le danger
  D'vn ennuy, qui les vient ronger,
  Prenent vn grief allegement,
  Et entrent d'vne fantasie
  En quelque sotte jalousie,
  Qui les rembarre en torment.

Parquoy j'estime bien-heureus
  Ceus qu'on peut voir estre amoreus
  D'vne non saincte verité:
  Et qui (d'vne sottise vaine)
  D'escriture de fables plaine,
  A long trais n'ont jamais goûté.

O quel heur pourroint nôs espris
  Receuoir, s'ils estoint apris
  De jamais jamais n'écouter
  Vn tas d'histoires controuuées,
  Qui onq' ne furent auouées
  Entre vertueus raconter.

Car lors, l'honneur du souuerain Dieu
  Seroit grandement recogneu,
  Par l'homme qu'il auoit creé
  Pour gouuerner sa creature,
  Quant de toute vaine escriture
  Auroit son vouloir retiré:

Et

Et que sur tout il aimeroit,
   Vne histoire qu'il cognoîtroit
    Estre écrite par vn têmoin,
    Qui pour sa nature veritable,
   D'écrire chose variable
Ne voudroit pas prendre le soin.

Apres donq, amy, combien
   Nous sommes heureus d'vn tel bien
    Que le Seigneur nous a donné,
    Quand par vne histoire fidele
   Ses secrets il nous reuele,
Qu'il a en nature ordonné.

Mêmes si veus à droict sauoir
   Ce que l'Afrique peut auoir
    En soy de bien, & mal aussi,
    (Sans nul danger de ta personne)
   Ce Iean Leon qui tant bien sonne
Vien ten ouyr chanter icy.

Et si jamais tu entendis
   D'vn Historien les escris
    Qui te pleust pour sa verité
    Soudain soudain diras qu'on donne
   A cet African la couronne
Pour l'auoir tresbien merité.

AV LECTEVR.

AMY Lecteur, pource qu'en ce present œuure de l'Afrique sont citez souuentefois les ans de l'Hegire, je t'ay bien voulu donner à entédre, que ce mot Hegire, signifie fuite: pource que Mahommet âgé de quarante ans voyant que les Chefs & Potentats de Ziden, cité de l'Arabie deserte, le poursuiuoyent pour la reputation, qu'il auoit acquis enuers ce peuple, s'enfuit, & se retira en la ville de Medine Talnabi, qui vault autant à dire, que Cité du prophete. Et de cette fuite les Mahómetans prindrent depuis le nom & origine de leurs ans.

Et

Et l'année qui court de present M. D. LVI. est selon l'vsage de leurs années de l'Hegire DCCCC. LXIII. lesquelles ils commencent diuersement à cause qu'ils font l'année de douze Lunes entieres.

Aussi tu noteras que Iean Leon, Auteur de cette histoire d'Afrique, rescriuant sou œuure à Rome, en langue Italienne, a vsé de milles, à la mode du pays. Dont les deux & demye font cōmunement vne lieuë Francoise.

*Le Pourtrait & Figure de l'Afrique
retiré d'vn antique medaille de l'Empereur Adrian, en bronse, de l'v-
ne des medailles de Mon-
sieur le Bailly du
Choul.*

HISTOIRE ET DESCRIPTION DE L'AFRIQVE, ET DES choses memorables, contenues en icelle.

LIVRE PREMIER.

D'ou est venu le nom d'Afrique.

AFRIQVE en langage Arabesque, est appellée Ifrichia, de ce mot, Faraca, qui vault autant à dire en langage des Arabes, côme en nôtre vulgaire, Diuisée. Et y à deux opinions pourquoy elle est ainsi appellée: l'vne, pour ce que cette partie de la terre est separée de l'Europe par la mer Mediterranée, & de l'Asie, par le fleuue du Nil: l'autre, que tel nom soit descendu d'Ifricus, Roy de l'heureuse Arabie, lequel fut le premier qui s'y achemina pour y habiter. Cestuy-cy ayant esté

Ifric° roy de l'Arabie heureuse.

A   deffait

deffait en bataille, & dechassé des Roys d'Assyrie, perdit tout moyen de pouuoir retourner en son Royaume, parquoy auec ce peu qui luy restoit de ses gens, à grand' hâte, passa le Nil: puis dressant son chemin du coté de Ponant, ne fit aucun séjour que premieremēt il ne fût paruenu jusques aupres de Cartage. Et de là est venu que les Arabes par toute l'Afrique ne tiennent quasi autre religion, que celle de Cartage. Et pour toute l'Afrique comprennent seulement la partie Occidentale.

¶ Termes, & limites de la region d'Afrique.

Selon l'opinion des Africans mesmes (s'enten de ceux qui se sont aquis parfaite cognoissance des lettres & Cosmographie) l'Afrique prend son commencement aux branches qui prouiennent du lac du desert de Gaoga, c'est assauoir deuers Midy: du coté d'Orient finit au fleuue du Nil, & s'étend deuers Tramontane jusques au pied de l'Egypte qui est là ou le Nil entre dans la mer Mediterranée: De la partie de Tramontane, ou Septentrion, qui se termine, à l'emboucher du Nil dans cette mer, s'étendant deuers Ponant jusques au détroit des colomnes d'Hercules. Du coté d'Occident prend son étendue à ce détroit, & l'elargit sur la mer Oceane, jusques à Nun, derniere cité de Libie sur icelle mer. Et de la partie du Midy commence à la cité

de

de Nun, s'étendant sur l'Océan, lequel ceint, & environne toute l'Afrique jusques aux deserts de Gaoga.

¶ Division de l'Afrique.

Ceux qui font aujourd'huy profession d'écrire, divisent l'Afrique en quatre parties: c'est assavoir en Barbarie, Numidie, Libie, & terre des Negres. La Barbarie devers Orient prend son commencemēt au mōt Meies, qui fait la derniere pointe d'Atlas pres d'Alexandrie, environ trois cent mille: De la partie de Tramontane finit à la mer Mediterranée, cōmençāt au mont Meies, & s'étendāt au détroit des colōnes d'Hercules: & du coté du Ponāt cōmence à ce détroit passant outre, sur la mer Oceane, jusques à la derniere pointe d'Atlas, c'est assavoir là ou il fait chef de la partie Occidentale, sur l'Ocean prochain du lieu auquel est la cité qui se nōme Messa: & devers Midy finit aupres du mont Atlas, & fait front à ladite montagne, laquelle regarde la mer Mediterranée. Cette partie icy est estimée la plus noble d'Afrique, & en laquelle sont situées les villes & citez des Blancs, qui sont gouvernez & regiz par police de Loy, & ordre de raison. La secōde partie qui est des Latīs appellée Numidia, & des Arabes Biledulgerid (qui est le pays ou croissent les palmes) commence du coté de Levant à la cité de Eloacat, qui est distāte d'Egypte

Barbarie

Numidie

pte enuiron cent mille, & s'étend deuers Ponant jusques à Nun, cité située, & assise sur le riuage de l'Ocean: & deuers Tramontane prend fin au mont Atlas, c'est assauoir à l'opposite du coté qui regarde le Midy, deuers lequel se cōfine aux arenes du desert de Libie. Et les pays produisans les dates sont ordinairement par les Arabes nommez d'vn mesme nom, pourcequ'ils sont tous situez en vn mesme endroit. La tierce partie que les Latins appellent Libia, & en langage Arabesque nommée Sarra, c'est à dire desert, prend cōmencemēt du coté d'Orient au Nil, pres les confins de Eloacat, & s'étend vers Occident jusques à l'Ocean: puis du coté de Tramontane, se joint auec la Numidie, au pays mesme là ou croissent les dates. De la partie de Midy se cōfine auec la terre des Noirs, commençant du coté de Leuāt au Royaume des Gaoga, & suit vers Ponant jusques au Royaume de Gualata, qui est sus l'Ocean. La quarte partie, qu'on nomme la terre des Noirs, commēce deuers Orient, au Royaume de Gaoga, & se dresse vers Occident jusques à Gualata: puis du coté de Tramontane se joint auec les desers de Libie, & de la partie du Midy, finit à la mer Oceane, qui sont lieux à nous incognuz: toutesfois par les marchans venans de cette part au Royaume de Tombut, nous en auons eu tresgrande, & ample cognoissance. Le fleuue Niger dresse son cours par le milieu de la terre des Noirs, lequel sourd en vn desert appellé Seu, c'est assauoir

Libie.

Le fleuue Niger.

aſſauoir du coté de Leuant, prenant ſon commencement dans vn grand lac: puis vient à ſe détourner deuers Ponant juſques à ce qu'il ſe joint auec l'Ocean. Et ſelon qu'afferment, & nous donnent à entendre nos Coſmographes, le Niger eſt vn bras prouenant du Nil, lequel ſe perdant ſoubs terre, vient ſurgir en ce lieu là, formant ce lac: combien que pluſieurs ſoyent d'opinion qu'iceuy fleuue ſourd de quelques montagnes & courant vers Occident ſe conuertit en vn lac. Ce que ne peut eſtre, & n'a aucune apparence de verité, pource que nous nauigeames du Royaume de Tōbut vers la partie du Leuāt, touſiours tournoyans par mer, decouurans juſques au Royaume de Ghinée, & de Melli: qui à comparaiſon de Tombut, ſe retrouuent deuers Ponant: & les plus beaux Royaumes qui ſoyent en la terre des Noirs, ſont ſituez ſus le fleuue Niger. Et prenez garde que (comme diſent les Coſmographes) la terre des Noirs qui eſt là ou paſſe le Nil du coté du Ponant, & qui s'étend vers le Leuant juſques à la mer Indiane, & d'ont aucunes parties d'icelle, du coté de Tramontane confinent à la Mer rouge, c'eſt aſſauoir celle partie qui eſt hors le détroit de l'heureuſe Arabie, n'eſt point reputée pour vne partie d'Afrique: par beaucoup de raiſons en pluſieurs volumes côtenües, & des Latins eſt appellée Ethiopie. D'icelle ſortent, & viennent aucuns moynes, leſquels ont le viſage marqué de feu, & s'écartēt par

Ethiopie

mi l'Europe mefmement à Romme. Cette region icy eſt ſoubs le gouuernement d'vn chef qui eſt comme Empereur, lequel s'appelle entre nous autres Préte Ian, & eſt la plus grande partie habitée de Chretiens, cōbien qu'il y ait vn grand Seigneur Mahommetan qui en tient & poſſede vne bien grande partie.

Diuiſions & Royaumes des quatre parties de l'Afrique ſuſnommées.

LA Barbarie ſe diuiſe en quatre Royaumes, le premier deſquels eſt celuy de Maroc, lequel ſe diuiſe en ſept Prouinces, qui ſont Hea, Sus, Guzula, le Territoire de Maroc, Ducale, Haſcora, & Tedle. Le ſecond eſt Fez: ſoubs le domaine duquel eſt comprins ſemblable nōbre de Regions, qui ſont Temezne, le Territoire de Fez, Azgar, Elabath, Erriſi, Gared, Elcauz. Le tiers Royaume eſt celuy de Telenſin, qui à ſoubs luy trois regions, c'eſt aſſauoir les Monts, Tenez, & Elgezair. Le quart Royaume eſt celuy de Thunes, ſoubs lequel ſont ſoubmiſes quatre regions, Bugie, Conſtantine, Tripoly de Barbarie, & Ezzab, qui eſt vne bōne partie de la Numidie. La region de Bugie à toujours eſté en debat, pour autant que le Roy de Thunis l'à autrefois poſſedée, & jadis la ſouloit tenir le Roy de Telenſin. Il eſt vray que de notre temps

elle

elle s'est reduite d'elle mesme en vn Royaume: mais le Comte Pierre de Nauarre à prins la principale cité, qu'il à mis entre les mains de Ferrand Roy d'Espaigne.

Diuision de Numidie, assauoir des pays qui produysent les Dates.

IL n'y à region en Afrique qui ne soit de beaucoup preferée à cette cy, qui est moins noble que toutes les autres : au moyen dequoy noz Cosmographes ne luy ont attribué titre de Royaume, à cause que les lieux habitables d'icelle sont fort escartez, les vns des autres, comme je vous donneray à entēdre par exemple. Tesset cité de Numidie, fait quatre cens feus, mais elle est distante de toute habitacion par les desers de Libie l'espace de trois cens mille. Parquoy il n'est pas raisonnable qu'elle obtienne titre de Royaume. Si est-ce que pour cela je ne lairray à vous donner la cognoissance des noms des Territoires qui sont habitez, encore qu'il se trouue quelques lieux qui sont en forme des autres regions, comme est le pays de Segelmesse, qui est en la partie de Numidie, qui respond vers Mauritanie, & le domaine de Seb, regardant vers le Royaume de Bugie, & Biledulgerid, qui est du coté du Royaume de Thunes. Or maintenant (me reseruant beaucoup de choses en la seconde partie de l'Afrique) je vous décriray les noms des regiōtales Occidētales, qui sont Tesset, Guaden, Ifren, Hacca, Dare, Tebelbelth, Todga, Fercale, Segellomesse, Benigomi, Feghig, Teguad, Tsabit, Tegorarim, Mesab, Teggort, & Guarghele. Zeb est vne prouince, dans laquelle sont comprinses cinq citez, qui sont Pescara, Elborgiu, Nesta, Taolacca, & Deusen. Biledulgerid seigneurie & gouuerne tel autre nombre de citez, c'est assauoir Teozar, Capheza, Nefreoa, Elchama, & Chalbiz. Apres cette cy, deuers Leuant, est l'isle de Gerbo, Garion, Messellata, Mestrata, Teoirraga, Gademis, Fizzan, Augela, Birdeua, Eloachet. Ces noms cy sont des lieux les plus renommez de Libie, commençant à la mer Oceane, c'est assauoir (comme desia il à esté dit) de l'Occident & finissant aux confins du Nil.

Zeb.

Diuision des desers qui sont entre la Numidie, & la terre des Noirs.

Les desers n'ont trouué entre nous aucun nom, encore qu'ils soyent diuisez en cinq parties, & que chacune d'icelles retienne le nom du peuple lequel y habite, & qui y prend sa nourriture, c'est assauoir des Numides, lesquels sont semblablement diuisez en cinq parties, qui sont Zanega, Guanzigua, Terga, Lenta, & Berdeoa. Ils ont aupres d'eux aucunes compagnies prenans noms particuliers, selon que

que le terroir se trouue bon, ou mauuais, comme le desert Azaoard, ainsi nommé pour la grande sterilité & aspre secheresse qui est en iceluy. & Hair desert aussi, qui retient son nom pour la douceur de son air bien temperé.

Diuision de la terre Noire, par chacun Royaume.

Vire ce, la terre Noire est diuisée en plusieurs Royaumes, neantmoins aucuns d'iceux nous sont incognus & loings des lieux ou nous trafiquõs. Par quoy j'enten seulement parler de ceux auquels je me suis acheminé: & là ou j'ay longuement pratiqué: & des autres encore desquels les marchans (qui torquoyent leur marchandises au pays ou j'etois) m'acertenerent, bien & suffisamment. Et veux bien qu'on sache comme j'ay esté en quinze Royaumes de terre Noire, & si en ay laisse trois fois d'auãtage là ou je ne mis jamais le pied: estant encore chacun d'iceux assez proches des lieux ausquels je me retrouuois. Les noms de ces Royaumes qui prennent leur commencement à l'Occident, & suiuent vers l'Orient: & du coté de Midy, sont tels, Gualata, Ghinea, Melli, Tombut, Gago, Guber, Agadez, Cano, Casena, Zegzeg, Zãfara, Guangara, Burno, Gaoga, & Nube. Ceux cy sont les quinze Royaumes, dont la plus grande partie est assise sur le fleuue Niger, & est le chemin par lequel passent les marchans qui partent de Gualata pour s'acheminer au Caire. Le chemin est long, mais d'autãt plus seur. Et sont ces Royaumes assez distans les vns des autres dix, desquels sont, ou par l'arene d'aucun desert, ou par le fleuue Niger, separez. Il est besoin aussi d'entendre comme vn chacun Royaume à par soy estoit gouuerné par vn seigneur particulier: mais de nôtre temps ils se sont tous quinze soubmis à la puissance de trois Roys, c'est-assauoir de Tombut, lequel en tient & possede la plus grande partie: du Roy de Borno, qui en tient la moindre: & l'autre partie est entre les mains du Roy de Gaoga. Mais outre ceux cy, le Seigneur de Ducale en tenoit encore vne petite portion. Du coté de Midy se trouuent beaucoup d'autres Royaumes qui se côfinent auec ceux cy, qui sont Bito, Temiam, Dauma, Medra, Ghoran, & d'iceux les Seigneurs & habitans sont assez riches & expers, administrans Iustice, & tenans bon regime & gouuernement. Les autres surmontent les bestes brutes en mauuaise condition & peruerse nature.

Habitations d'Afrique, & signification de ce mot, Barbar.

LEs Cosmographes & Historiens disent, l'Afrique auoir esté anciennement inhabitée, hors mis la terre Noire: & tient l'on pour chose certaine que la Barbarie & Numidie par l'espace de beaucoup de temps ayent esté sans habitans: & ceux qui à present y font leur residence, assauoir les Blancs, sont appellez el Barbar, nom qui est descendu, selon que disent aucuns, de Barbara, vocable lequel en leur langue vault autant à dire comme en nôtre vulgaire, Murmurer: pource que la langue des Africans est telle entre les Arabes, comme est la voix des animaux, qui ne formët aucun accent fors le son seulement. D'autres sont de cette opinion que Barbar, soit vn mot repliqué, pource que Bar, en langage Arabesque, signifie Desert: & disent que du temps que le Roy Ifricus fut rompu par les Assiriens, ou bien par les Ethiopiens, s'enfuyant deuers Egypte, & estant tousiours par ses ennemis viuement poursuiuy, & ne sachans comment resister à l'encontre d'eux, prioit ses gens bien affectionément le vouloir conseiller, en peril si eminent, quel party il deuoit prendre, pour aucunement trouuer remede à leur salut: Mais ne luy pouuans donner responce, comme éperdus qu'ils estoyët, auec vne voix confuse, & reiterée, crioyët, El Barbar, El Barbar, qui est à dire, Au desert, au desert: voulans par cela inferer qu'à leur salut ne gisoit autre refuge, fors que trauersant le Nil, se retirer au desert d'Afrique. Et cette raison icy ne s'eloigne en rien du dire de ceux qui afferment l'origine des Africans proceder des peuples de l'heureuse Arabie.

Ori-

LIVRE I. DE LA
Origine des Africans.

Nos historiographes sont entre eux en grand different touchant l'origine des Africans: dont aucuns veulent dire qu'ils sont descēdus des Palestins, pour autant, que estans anciennement dechassez par les Assiriens, ils prindrent la fuite deuers l'Afrique, laquelle leur ayant semblé tresbōne & fertile, leur vint enuie d'y faire leur demeurance. Les autres sont d'opinion qu'ils prindrent leur vray origine des Sabées, peuple de l'heureuse Arabie (comme il à esté dit) auant qu'ils fussent poursuiuiz par les Assiriens ou Ethiopiens. Il y en à encores d'autres acertenans que les Africans ayent esté habitans d'aucunes parties d'Asie: pour laquelle chose auerer, ils disent que quelques vns leurs ennemis, leur ayans suscité vne guerre, s'en vindrent fuyans vers la Grece, laquelle n'estoit pour lors aucunement habitée. Mais ayans asprement la chasse de leurs ennemis, furent contrains de vuider, & apres auoir passé la mer de la Morée, vindrent surgir en Afrique, là ou ils demeurerent, & leurs ennemis en Grece. Cecy se doit seulement entēdre pour l'origine des Blancs Africans, qui sont ceux lesquels habitent en Barbarie & Numidie. Les Africans de la terre Noire (à vray dire) dependent tous de l'origine de Cus fils de Cam qu'engendra Noé. Donques quelque difference qu'il y ait entre les

Afri-

Africans Blancs & Noirs, ils descendent quasi tous de mesme tige, pource que s'ils viennent des Palestins, les Palestins sont semblablement du lignage de Meraim fils de Cus: & s'ils procedent des Sabées, Saba aussi fut filz de Rhama, qui fut semblablement fils de Cus. Il y à beaucoup d'autres opinions touchant cette genealogie, que je trouue bon de laisser maintenant à part, pour ne me sembler seruir de beaucoup en ce lieu cy.

Diuision des Africans Blancs, en plusieurs peuples.

Les Blancs d'Afrique sont diuisez en cinq peuples: c'est assauoir Sanhagia, Musmuda, Zeneta, Haoara, & Gumera. Musmuda habite en la partie Occidentale du mont Atlas, commençant de Hea, & s'étendant jusques au fleuue de Serui, puis tient encore cet endroit de la montagne mesme, laquelle regarde deuers Midy, & toute la plaine qui est à l'entour: occupāt quatre prouinces, qui sont Heha, Sus, Guzula, & la region de Maroc. Les Gumera font semblablemēt leur demeurance aux monts de Mauritanie, c'est à dire aux monts regardans sur la mer Mediterranée, tenans & occupans toute la riuiere qui s'appelle Rif, laquelle prend commencemēt au détroit des colomnes d'Hercules, courant vers le Leuant jusques aux confins du Royaume de Telensin, qui est appellé des Latins Cæsaria.

Musmuda.

Gumera.

L'ha-

L'habitation de ces deux peuples icy est separée des autres peuples: lesquels sont cōmunément meslez, & épars par toute l'Afrique: mais la cognoissance en est autant facile, comme il est aisé de discerner le natif d'avec l'étranger: & ont tousiours la pique l'vn contre l'autre, faisans continuellement la guerre entre eux mesmes, & se donnans bataille ordinairement, & principalement les habitans de Numidie. Il y en à beaucoup d'autres qui disent ces cinq manieres de peuples estre de ceux, lesquels ont coustume d'habiter dans les pauillons parmy les campagnes: & afferment qu'aux premiers siecles ayans maintenu longuement la guerre les vns contre les autres, & finablement ceux qui se trouuerent surmontez estans reduits en seruitude, furent enuoyez pour habiter aux villes, & les victorieux se feirent seigneurs & maistres de la campagne, là ou ils cōmencerent à habiter, & bátir leurs maisons. Et la raison est bien vray semblable, pour ce que plusieurs de ceux qui habitent à la campagne, ne different en rien quant au langage à ceux qui font leur residence dans les citez: cōme je vous feray cognoitre manifestement par exemple. Les

Zenétes.   Zenétes de la campagne vsent d'vn mesme langage que font ceux des villes, & les autres au cas pareil. Les trois peuples susdits resident en la campagne de Temesne, c'est assauoir Zeneta, Haoara, & Sanhagia. Aucunefois ils demeurent au pays, & quelque fois se mettent à combatre fort asprement

ment encore stimulez, comme je croy, de l'ancienne partialité. Aucuns de ces peuples eurent regne jadis par toute l'Afrique, comme les Zenétes, qui furent ceux par lesquels la maison d'Idris fut aneantie: de laquelle estoyent sortis & descendus les legitimes & naturels Seigneurs de Fez, & premiers fondateurs d'icelle cité: la lignée de ceux là est appellée Mecnasa. Depuis par quelque laps de temps vint vne autre famille des Zenétes de Numidie, nõmée Magraoa, laquelle expulsa celle de Mecnasa du Royaume, duquel elle mesme auoit debouté les naturels Seigneurs: & de là à peu de temps les Zenétes en furent encore dejetez par quelques autres qui vindrent des deserts de Numidie, & estoyent yssus d'vne race des Zanhages appellée Luntuna, par laquelle toute la region de Temesne fut ruinée, & ruina toute sorte de peuple qu'elle peut trouuer en icelle, fors seulement ceux qui se trouuoyent estre descendus de leurs ayeuls qu'ils confinerent en la region de Ducale, & par cette lignée fut edifiée Maroc. Il auint puis apres, selõ les mouuemens incertains de variable fortune, que vn renommé personnage aux choses qui concernoyent leur religion, & predicateur entre eux merueilleusement tenu en grande reputacion, appellé Elmahdi, se reuolta, & ayant conuenu, moyennant quelque traité auec les Hargia, qui furent de la lignée des Musmuda, deschassa cette famille de Luntuna, & se feit seigneur: apres la mort duquel fut

Maroc p̃ qui fut edifiée.

éleu

sleu vn de ses disciples, appellé Habdul Numen de Banigueriaghel, lignage de Sanhagia, & demeura comme pour heritage le Royaume à la posterité de cettuy-cy par l'espace de cent vingt ans: la famille duquel reduisit en son obeyssance, & assubjetist à soy quasi toute l'Afrique: puis apres elle fut desuettuë du Royaume par les Banimarini, qui furēt de la lignée des Zenétes, lesquels durerent enuiron cent septante ans, & au bout leur puissance cessa de dominer, pour cause de Baniguatazi, lignée des Luntuna. Ces Banimarini ont tousiours suscité la guerre cōtre les Banizeijan, Roys de Telensin, qui sont yssus des Zenhagi, & de la lignée des Magraoa. Ils firent guerre contre les Hafaza, Roys de Thunes qui descendirent de l'origine des Hantata, lignée des Musmoda. Il se voit donques apertement comme vn chacun de ces cinq peuples à esté en cōtinuel trauail, & à eu tousiours quelque chose à racomter en ces regions. Vray est que le peuple de Gumera, & Haoara ne se peut jamais acquerir aucun titre de domaine, combien qu'il ait obtenu quelque seigneurie en aucunes parties particulieres, comme les Chroniques des Africans en font mention: & cettuy cy saisist la seigneurie depuis qu'il commença à receuoir la loy Mahommetique, pource que par le passé vn chacun peuple separément prīt la cāpagne pour demeurāce: au moyen dequoy vn chacun fauorisoit sa partie, & ceux de sa ligue. Or ayans entre eux compartis les labeurs

neces-

necessaires pour le soutien de la vie humaine, ceux qui possedoyent la campagne, commencerent à s'adonner au gouuernement & paturage du bétail: Les autres qui habitoyent aux villes, à exercer les arts manuels, & à cultiuer les terres. Tous ces peuples icy sont diuisez en six cens lignées, comme il est contenu en l'arbre de la generation des Africans, que redigea par écrit vn d'entre eux, appellé Ibnu Rachu, les œuures duquel j'ay leu plusieurs fois. Beaucoup d'Historiographes aussi estiment que celuy qui est aujourd'huy Roy de Tombut, celuy qui le fut de Melli, & celuy d'Agudez, sont descendus du peuple de Zanaga, c'est assauoir de celuy qui fait sa demeurance au desert.

¶ Diuersité, & conformité de la langue Africane.

Tous les cinq peuples qui sont diuisés en centaines de lignages, & en miliers de miliers d'habitations, se conforment ensemble en vne langue, laquelle est communemẽt par eux appellée Aquel amarig, qui signifie Noble langue, & la nomment les Arabes d'Afrique langue Barbaresque, qui est la naïue Africane, estant differente des autres: toutesfois ils y trouuent encore aucuns vocables de la langue Arabesque, tellement qu'aucuns les tiennent, & en vsent pour témoignage que les Africans soyent extraits de l'origine des Sabées, peuple (comme je vous

vous ay desia dit) de l'heureuse Arabie. Combien qu'il s'en trouue d'autres qui afferment le contraire, disans que ces dictions Arabesques qui sont en cette langue, furent depuis en icelle apportées, & adjoutées quád les Arabes passerent en Afrique, & s'en mirent en possession. Mais ces peuples furent fort grossiers, de rude entēdemēt & tres-ignorans : de sorte qu'ils ne laisserent aucun liure qui puisse porter faueur ni à l'vne, ni à l'autre partie. Il reste encore quelque differēt entre eux, non seulement en la pronōciation, mais en la signification de plusieurs vocables. Et ceux qui sont prochains des Arabes, & qui les frequētent dauātage, suiuēt de plus pres, le naturel de leur langue, de laquelle vse aussi quasi tout le peuple de Gumera, mais c'est vn lāgage corrōpu : & cela auient pour les auoir frequentez par trop long espace de temps. On parle en la terre de Négres de diuerses sortes & manieres de langages, dont l'vne d'icelles est appelée Sungai, de laquelle on se sert en plusieurs Regions, cōme en Gualata, Tōbut, Ghinea, Melli, & en Gagô. L'autre langue s'appelle entre eux Guber, laquelle est pratiquée en Guber, Cano, Chesena, Perzegreg, & en Guāgra. Vne autre est obseruée au Royaume de Borno, qui suit de bien pres celle dont on vse en Gaoga. Il y en à encore vne autre reseruée au Royaume de Nuba, qui participe de l'Arabesque, du Caldée, & de la langue Egyptienne : cōbien que les habitans de toutes les citez
d'Afri-

d'Afrique (comprenant seulement celles qui sont maritimes, situées sus la mer Mediterranée jusques au mont d'Atlas) parlent generalemẽt vn lãgage corrompu, fors qu'en tout le domaine du Royaume de Maroc, là ou l'on parle naïuemẽt la langue Barbaresque, & ne plus ne moins qu'au territoire de Numidie : c'est assauoir entre les Numides qui sont en Mauritanie, & prochains de Cesarie : pour ce que ceux lesquels s'accotẽt au Royaume de Thunes, & de Tripoli tiennent, & vsent tous en general de la langue Arabesque corrompue.

¶ Des Arabes, habitans aus citez d'Afrique.

Du temps que Otmen Calife tiers, dressa vne armée, en l'an quatre cens de l'Hegire, il suruint en Afrique vn tres-grand nombre d'Arabes, qui pouuoyẽt estre, tant de nobles q̃ d'autres, enuiron octãte mille hommes, dont apres auoir subjuguez plusieurs prouinces & regions, tous les chefs, & plus nobles retournerent en Arabie, laissans en cette Region d'Afrique, auec le surplus, le Capitaine general de l'armée, qui se nommoit Hucba hibnu nasich, lequel auoit déja basti, & enuironné de murailles la cité de Cairaoan : pource qu'il estoit surprins d'vne crainte continuelle que le peuple de la riuiere de Thunes ne vint à conspirer contre luy faisant venir occultement quelque secours de

edificatiõ de la ville de Cairaoan.

B 2   Sici-

Sicile, moyennant lequel il s'enfuiuit aucune dangereuse guerre. Ce qu'à part-luy cõsideré, apres auoir enleué tout le tresor qu'au parauant il auoit assemblé, se retira vers le desert, qui est du coté de terre ferme, là ou il feit bâtir la cité de Cairaoan, distante de Cartage enuiron cent vint mille, commandant à ses capitaines & ministres d'iceux, qui estoyent demeurés auec luy, qu'ils eussent à choisir & élire les lieus plus fors, & mieux suffisans pour leur deffense, affin d'y habiter, & là ou il n'y auroit chateau ni forteresses qu'ils en edifiassent. ce que firent. Alors les Arabes s'estans rendus asseurés, deuindrent citoyens de ce pays, & se meslerent parmi les Africans, lesquels des ce temps là (pour auoir esté par les Italiens suppeditez, & par plusieurs regiz & gouuernés) retenoyët la langue Italienne: & par mesme moyen pratiquans les Arabes & cõuersans journellement auec eux, vindrët à corrompre peu à peu leur naturelle langue Arabesque, tant qu'à la fin elle participa de tous les langages Africans : par ce moyen de deux diuers peuples il s'en fit vn. Vray est que les Arabes ne laissent point perdre leur coutume, qui est de prendre tousiours leur origine du coté du pere, comme il s'vse encore entre nous autres. Et en cecy sont imitez par les Barbares: car il n'y à homme, tant infime soit il, & de vile generation, qui n'adjoute auec le sien le surnom de son origine, quel qu'il soit, ou Arabe, ou Barbare.

Les Arabes deuenus citoyens d'Afrique.
La lãgue Italienne en Afriq̃.

Des

¶ Des Arabes, lesquels en Afrique, en lieu de maisons, se seruent de pauillons.

Tousiours a esté, par les pontifes de la loy Mahometique, aus Arabes deffendu de ne passer, auec leur famille & pauillõs, le fleuue du Nil, mais en l'an quatre cens de l'Hegire ils en obtindrent licence d'vn Calife scismatic, à cause de la rebellion d'vn qui estoit vassal & amy de ce Calife, qui regna en la cité de Cairaoan, en possedant quasi toute la Barbarie: auquel Royaume succeda encore par quelque temps la maison d'iceluy, pourautant que (come j'ay leu aus histoires d'Afrique) au temps d'Elcaim Calife, & pontife de cette maison, la famille amplifia & estendit les limites de ce Royaume, en accroissant, & multipliant de sorte la secte Mahommetique, qu'il print volonté au Calife d'enuoyer vn sien esclaue, & conseiller (le nom duquel estoit Gehoar, de nation esclaue) auec vn tresgrand exercite du coté de Ponant, lequel subjugua toute la Barbarie, & Numidie, suiuant tousiours sa pointe tant qu'il paruint jusques à la prouince dite, Sus, en retirant subsides, tribus & tous les profits lesquels prouenoyent de ces Royaumes. Ce que ayant fort bien & tresdiligẽmmẽt mis en effet, retourna vers son Seigneur, entre les mains du quel il remit tout l'or, l'argent, & en somme ce qu'il auoit peu retirer de ces pays là. Pour là quelle occasion, le Calife estant

Gehoar esclaue cõquiert toute la Barbarie. Numidie Egypte, & Surie.

assez

assez acertené de la magnanimité & valeur de cestuy-cy: apres auoir veu les choses luy estre ainsi
heureusement succedées, luy tomba incontinent en
l'esprit l'enhorter de se jetter à plus grandes entreprinses, ce qu'il feit, quand il luy eut fait entendre
son dessein. A quoy l'esclaue respõdit telles ou sem-

Harãgue de Gehoar au Calife.

blables parolles: Mõsieur, je vous jure & promets
que tout ainsi que par mõ moyen vous estes jouyssant de toutes les regions du Ponant, je ne faudray
pareillement de vous reuestir, & mettre en possession de l'empire, de toutes les regiõs & prouinces du
Leuant, c'est assauoir de l'Egypte, Surie, & de tou
te l'Arabie: faisant juste vẽgeance des offences, &
grans outrages, lesquels ont esté faits à vos parẽs &
ayeux de la maison de Lhabus. Vous asseurãt que
je ne donneray jamais cesse à ma personne de l'expo
ser à tous les perils & dangers, jusques à tant que
je vous aye remis, & colloqué à l'antique siege de

Armée de octante mille cõbatrans.

vos magnanimes ayeux & nobles progeniteurs de
vostre sang illustre. Le Calife ayant entẽdu le grãd
courage, & la promesse de son vassal, apres auoir
mis en cãpagne vne armée d'octante mille comba-
tãs, le cõstitua chef d'icelle, pour laquelle il luy deliura viures, munitions, & grãde quantité de deniers, pour la soulde de ses gens, puis luy dõna congé. Estant donques party le tressidele & courageus
Esclaue, fit marcher sa gendarmerie par le desert,
qui est entre l'Egypte & Barbarie, n'estant pas
plus tost arriué en Alexandrie, que le Lieutenant

nant de l'Egypte se retira vers Bagaded, pour vnir ses forces auec celles d'Eluir, Calife. En ces entrefaites l'esclaue Gehoar en peu de jours, & sans trouuer grande resistance, subjuga, & rendit tributaires les Regions d'Egypte, & Surie. Si est-ce qu'il n'estoit pas du tout deliure de soupçon, doutant grandement que le Calife de Bagaded, venant de là, accompagné de l'exercite d'Asie, ne luy dressât quelque grande escarmouche, & qu'il ne fut reduit à cette extremité, & peril d'estre prins par l'appuy & gendarmerie des Barbares. Ce qu'estre bien debatu, delibera faire dresser vn fort, dans lequel (si besoin en estoit) il se peût retirer auec sa gendarmerie, & soutenir la charge & impetuosité de ses ennemis : à quoy faire, il diligenta tellement, que ce qu'il auoit proposé, sortit en effet, faisant edifier vne cité enuironnée de fortes murailles, dans laquelle demeuroit continuellement pour seure garde d'icelle, vn de ses plus feaux, auec vne partie de son exercite : & la nõma el Chaira, le renom de laquelle estant puis apres diuulgué par toute l'Europe, fut appellée le grãd Caire, lequel à esté tellemẽt de jour en jour, dehors & dedans accreu de bourgades & maisons, qu'en toutes les autres parties du monde ne se trouue cité qui à icelle se puisse egaler en grandeur. Or Gehoar voyant que le Calife de Bagaded ne faisoit aucun semblant, ni appareil pour faire mouuoir à l'encontre de luy, auertit lors son Seigneur, comme toutes les Prouinces &

Egipte et Surie subjuguées p Gehoar.

Le grand Caire.

B 4   regions

regions qu'il auoit subjuguées, luy prêtoyent obeyssance, estans toutes les choses reduites en bonne paix pour la seure garde, & defence, qu'il y faisoit. Et pour autant, quãd il plairoit à sa Felicité, qu'elle pourroit se transporter jusques en Egypte, en personne, pource que sa presence vaudroit beaucoup plus, pour cõquester ce qui restoit, que ne feroit l'effort de cent mille hommes de guerre. Ioint aussi qu'il pourroit estre occasiõ que le Calife quitant le pontificat, abandonneroit le Royaume, & prendroit la fuyte. Incontinent que le Calife eut entendu par les lettres, la belle & magnanime exhortation de son Esclaue, sans faire autre project, ny preueoir les grans incõueniens, & dangers qui en pourroyent suruenir, se rendit plus fier & hautain par le beau semblant que fortune luy faisoit, & mit en campagne vne grande & merueilleuse armée, puis fit départ, laissant pour gouuerneur & chef de toute la Barbarie, vn qui ne luy estoit pas amy seulement, mais seruiteur domestique. Le Calife estant paruenu au Caire, fut receu par son Esclaue auec telle alegresse, & humilité que l'affection grande qu'il portoit à son Seigneur le requeroit, & appliquant son esprit à grandes & heroïques entreprinses, assembla vn grand nombre de gens de guerre pour marcher contre le Calife. Pendant que ces choses passoyent ainsi, il auint que le gouuerneur laissé par le Calife en Barbarie, se reuolta contre luy, rendant hommage, & obeissance

C'estoit l'vn des princes du peuple de Zãhage. Le calife Eluirdresse vne grosse armée contre le Calife Bagaded.

au Calife de Bagaded, lequel pour cette occasion receuant vne joye indicible, le feit jouyssant de grans priuileges, apres l'auoir constitué Roy de toute l'Afrique. Cette nouuelle paruenue au Caire, & entendue par Elchain, il en sentit vne passion presque intolerable, tant pource qu'il se retrouuoit hors de ses terres & limites, côme pour auoir consommé & despendu tout son or, & les choses de grand pris qu'il auoit apportées auec luy : dont ne sachant bonnement quel party prendre, souuentefois alloit maudissant le conseil de son vassal, & soymesme d'y auoir adheré. Or il tenoit vn Secretaire homme bien consommé aus lettres, de fort bel esprit, & prompt en toutes choses, lequel estant auerty de l'extreme facherie, en laquelle son Seigneur estoit reduit, & preuoyant à veuë d'œil la soudaine ruine qui luy estoit eminente (si incôtinent, & en diligence on n'y mettoit quelque remede) commença à le consoler, & conseiller, vsant d'vn tel langage : Monseigneur cela est tout clair & manifeste, que les mouemens de Fortune sont diuers & variables, mais pour cela vous ne deuez permettre que ce soudain incôuenient par elle auenu prenne tant d'auantage sur vous, qu'il vous face deffier de la propre vertu qui vous accompagne : pource que quand il sera agreable à votre Felicité, de pretter l'oreille à mes parolles (qui vous suis & demeureray à perpetuité tressidele) & au conseil que je vous dôneray, je ne doute aucune-

Remonstráces de Gehoar au Calife

B 5

» cunement que tous les Royaumes & Prouinces
» qui se sont de votre Felicité alienées, ne soyent re-
» duites auant qu'il soit lon temps, sous votre Sei-
» gneurie : & que n'obteniez ce que vous auiez en
» premiere deliberation: laquelle chose mettres faci-
» lement à fin, sans donner aucune soude au moindre
» de voz subjets : mais au contraire je vous enseigne-
» ray le moyen, que l'excercite lequel je mettray en-
» tre vos mains, vous apportera grande somme de
» deniers, pour les raisons que je vous reciteray main-
» tenant. Ayant entendu, & bien noté le Calife les
propos que luy auoit tenu son vassal, se sentit grandement allegé de la facherie grande qui le tenoit si
perplex, & luy demanda par quel moyen il y faudroit proceder. Continuant donques le secretaire
» son propos se print à luy dire: Monsieur, je croy que
» vous n'ignorez comme les Arabes sont creuz en si
» grande multitude, qu'à grād peine est capable l'A-
» rabie pour leur donner à tous demeurance, & que
» les herbes ne peuuent suffire pour donner pasture
» au bétail, pource que le païs est fort sterile: au moyē
» de quoy ils ne sont seulement molestez de peu d'ha-
» bitations qu'ils se retrouuent, mais de la continuel-
» le Famine qui les oppresse. à cause dequoy ils se se-
» royent souuentefois hazardez de passer en Afri-
» que, s'ils eussent pensé en obtenir congé, & permis-
» sion de votre felicité, laquelle fera vne chose à son
» tresgrand auantage, permettant aus Arabes de
» pouuoir passer ce pas. Vous asseurāt d'en tirer vne
grān-

grande somme d'argent en cas que veuillez obtemperer à mon conseil. Le secretaire ayant mis fin à ses parolles, laissa le Calife aussi peu joyeus comme il luy auoit donné grande esperance au commencement : considerant que les Arabes seroyent quelque fois occasion de la ruine d'Afrique, tellement qu'il n'en pourroit auoir (ny celuy qui s'estoit reuolté contre luy) aucunement la jouyssance. Dautre coté discourant que d'vne part ou d'autre, il ne pouuoit qu'estre interessé, il estima moindre mal, & trouua plus expediet de receuoir quelque quantité d'argent (comme lautre luy en auoit ouuert le chemin) & ensemble prendre vengeance de son ennemy que de se laisser reduire au danger de perdre l'vne & l'autre chose. Par quoy il dit à son conseiller qu'il feist crier à cry public estre permis, & loisible à vn chascun Arabe de passer en Afrique, auec ample dispence du Calife, en luy payant vn ducat seulement pour teste : mais sous condition de promettre & jurer se montrer & demeurer ennemy du rebelle susnommé. Cela publié, dix lignées d'Arabes qui estoit la moitié des habitans de l'Arabie deserte, se mirent en chemin pour passer en Afrique : là ou s'achemina encore quelque lignée de l'heureuse Arabie. Le nombre de ceux qui se trouuerent estre capables à porter armes & combatre, fut de cinquante mille hommes & vn nombre infiny de femmes : d'enfans & de bestes, dequoy Ibnu Rachi historien African,
dont

LIVRE I. DE LA

dont nous auons parlé cy dessus, à tenu bon cõpte.
Or ayans passé les Arabes le desert dans peu de
jours entre l'Egypte & la Barbarie, assiegerent la
cité de Tripoli: entrerent dedans, la mirent à sac,
& firent passer au tranchant de l'espée tous ceux
qu'ils trouuoyent. Puis vindrẽt à Cabis cité, qu'ils
destruirent. Finablement assiegerent Elcairaoan,
mais le gouuerneur qui estoit dedans, fit si bonne
prouision de viures & autres choses necessaires,
pour la deffence du lieu, qu'il soutint assez bien
l'assaut l'espace de huit mois qu'elle fut prinse par
force, & saccagée, & le gouuerneur tué. Apres ces
choses, les Arabes diuiserent & partirent entre
eux les campagnes qu'ils éleurent pour leur demeu
rance : imposant à chacune cité gros subsides &
tribus. ainsi s'emparerent & se firent Seigneurs
de l'Afrique jusques à tant que la succession du
Royaume de Maroc écheut à Iusef fils de Iessin,
qui fut premier Roy de Maroc. Cestuy ci s'adonna
de tout son pouuoir à prester secours & aide à tous
ceux qui se disoyent auoir esté parens ou amis du
rebelle defunct, sans qu'il cessast jusques qu'il eut
dechassé les Arabes de leur citez, & osté le gouuer
-nement d'icelles. Neantmoins les Arabes se jette-
rent sur la campagne, faisans meurtres & pillans
ce qu'ils pouuoyent enleuer. Ce pendant les parens
du deffunct rebelle commencerent d'acquerir plusieurs Royaumes & seigneuries : mais Mansor
quatriéme Roy & Pontife de la secte de Muoa-
chedin

Marginalia:
Tripoli de Barbarie assiegée p̃ les Arabes, Cabis ruinée.

Elcairaoã prinse & saccagée.

Iusef premier Roy de Maroc

chedin venant à succeder au Royaume de Maroc, se delibera d'estre contraire aus parens du rebelle deffunct, & les priuer de leur domaine tout ainsi que ses parens s'estoyent montré pour eux, les remettans en leur premier estat. Pour laquelle chose conduire à meilleure fin, renouuella auec eux l'ancienne amitié, & ce pendant incita couuertement les Arabes à leur faire la guerre, ne faillant par tel moyen à les vaincre & donter. Dont peu de temps apres Mansor mena tous les principaus & plus apparens des Arabes aus regions de Ponant, & donna au plus nobles pour habitation, Ducal & Azgar: & aus autres qui estoyent de plus basse condition leur assigna la Numidie. Mais par succession de temps, ceux qui estoyent demeurez cōme esclaues, recouurerent leur liberté, & maugré les Numides prindrēt possession, et se firent seigneurs de cette partie de Numidie, qui leur auoit esté ordonnée par Mansor, en acroissant & étendant de jour en jour leurs limites. Ceux qui estoiēt demeurez en Azgar, & autres lieux par la Mauritanie, furent semblablement reduis en miserable seruitude: car incontinent les Arabes estre hors du desert sont cōme les poissons hors de l'eau. Toutesfois ils auoyēt bien bon vouloir de retourner aus deserts, mais le passage leur estoit clos par la montagne de Atlas, pource que ceux de Barbarie l'occupoyent. d'autre part il leur estoit impossible passer par la cāpagne à cause que les autres Arabes en estoyent seigneurs.

seigneurs. Parquoy rabaissans leur outrecuidance furent cõtrains à pasturer le betail, à labourer, & cultiuer la terre se retirans dans les cabanes & maisons rustiques au lieu de pauillons. Dauantage on leur imposa certain tribut qu'ils seroient tenus tous les ans de payer au Roy comme il auroit esté ordonné. Ceux de Ducale qui estoyent en plus grand nombre furent beaucoup plus fauorisez & soutenus : tellement qu'ils furent exempts de tout tribut. Quelques vns de ces Arabes se tindrent à Thunis pource que Mansor ne les auoit voulu mener en sa compaignie de sorte qu'apres le decés dudit Mansor ils prindrent Thunis, & se firent seigneurs de tout le païs. Ceux cy tindrent bon & gouuernerẽt paisiblement ledit pays jusques à ce qu'aucuns de la lignée de AbuHaf se banderent contre eux: mais à la fin les Arabes furent contens de leur quitter le pays, par tel si, qu'ils en retireroient la moitié des fruis & tributs. ce que aujourd'huy s'obserue encore entre eux. Mais les Roys de Thunis ne les sauroyent contenter pource que le ressort & le reuenu du pays n'est pas assez grãd pour tant de gens, dont il auient que ceux qui ont part au reuenu sont tenus de rendre paisible, & asseurer la campagne : ce qu'ils font sans molester ou donner fascherie à personne. Les autres qui sont priuez de ceste prouision, s'adonnent à piller, rauir, voler, tuer, & faire les plus grandes extorsions du monde : si bien que le plus souuent s'estant embuschez

aussi

auſsi toſt qu'ils aperçoiuent vn paſſant, ſortent incõtinent dehors, et le tuent apres l'auoir du tout détrouſſé, de ſorte qu'il fait touſiours dãgereus ſur les chemins. au moyen dequoy les marchãs qui partẽt de Thunis pour s'acheminer en autre lieu à leurs afaires, menẽt auec eux vne grãd' bende d'harquebuziers pour leur deffence: et touteſſois ils ſe trouuent bien empéchez de deux endroits aſſauoir de payer aus Arabes qui ſont à la ſoulde du Roy groſſe gabelle: ou bien d'eſtre aſſaillis des autres Arabes ce qui ſemble encore plus dangereus. & aucuneſfois que leur deffence n'eſt aſſez bonne, ils ſe trouuent à vn inſtãt priuez de leur bien et de leur vie.

¶ Diuiſion des Arabes qui ſont venus demeurer en Afrique appellez, Arabes de Barbarie.

LES Arabes qui vindrent demeurer en Afrique ſont trois ſortes de peuples: les vns appellez Chachin. Les autres, Hilel, & le troſieſme, Mahchil. Chachin ſe diuiſe en trois lignées: Ethegi, Sumait, & Sahid. Ethegi ſemblablement ſe diuiſe en trois autres parties, Dellegi, Elmunteſig, & Sobair: & ſe diuiſent ces parties en infinies generations. Hilel eſt diuiſé en quatre, Benihemir, Rieh, Sufien, & Chuſam. Benihemir ſe diuiſe en Hurra, Hueba, Habru, Muſlin. Rieh ſe diuiſe en Deuuad, Suaid, Aſgeh, Elcherith, Enedr, & Garſa: ces ſix parties ſont auſsi diuiſées en autres innumerables generations. Mahchil ſe
diuiſe

LIVRE I. DE LA

diuise en trois, Mastar, Hutmen, & Hassan, dont Mastar est partie en Ruche & Selim, Hutmen, se diuise en tel nombre, assauoir, Elhasin, & Chinana. Hassan, en Deuihessem, Deuimansor, & Deuihubeidula. Deuihessem en Dulien, Vodei, Berbus, Racmen, & Hanir. Deuimansor en Hemrũ, Menebbe, Husein, & Abulhusein. Deuihubeidula aussi en Garragi, Hedegi, Tehleb, et Geoan. Et toutes ces generations ci dessus sont diuisées en plusieurs autres. Lesquelles il ne seroit pas seulement facheux de rememorer et reduire de point en point, mais je croy encore qu'il seroit impossible.

¶ Le portrait de l'Arabie, retiré de la Medalle antique d'Adrian, Qui est entre les mains de Monsieur le Bailly des Montagnes.

¶ Diuision des habitations des Arabes susnommez, & le nombre d'iceux.

LES Ethéges furent les plus nobles & les principaux des Arabes que Mansor mena pour habiter en Ducale, & aus plaines de Tedle. Lesquelz ont esté grandement molestez tant par les Roys de Portugal, que par ceux de Fez: & sont enuiron cent mille hommes de guerre: La moytié gens de cheual. Sumait demeure aus deserts de Libie qui sont du coté de Tripoli: ce peuple est bien peu souuent en la Barbarie pource que il n'y a ni place ni domaine: parquoy il demeure tousiours au desert auec les chameaux: & sont enuiron octante mille hommes tous bien adroitz aus armes: & la plus part gens de pied: Sahit demeure aus deserts de Libie: qui a coustume de trafiquer et hanter auec ceux du Royaume de Guargala. ce peuple nourrit force bétail & fournit de chair tous les lieux & citez d'alentour. Mais cela ce fait au temps d'esté, pource que en yuer ils demeurent en leur habitation sans en sortir aucunement. Ils sont enuiron cent cinquante mille hommes: & se trouuent auec eux peu de cheuaux. Les peuples Dellegi habitent en diuers lieux: dont la plus grand partie demeure aus marches de Cesarie & du Royaume de Bugie, contraignans les seigneurs qui sont là aupres, leur rendre tribut. La moindre partie de ce peuple tient les

Ethége
Sumait.
Sahit.
Dellegi.

plaines

plaines d'Acdesen pres la Mauritanie, auec la mōtagne d'Atlas, & est tributaire au Roy de Fez.
Elmuntafic est vn peuple faisant sa demeurance
aus plaines d'Azgar, dit des modernes, Elchalut,
qui rendent aussi tribut au Roy de Fez: & peuuēt
mettre en cāpagne huit mille cheuaus en bon equi
page. Sobaich (j'entens les principaus & de plus
grand valeur) habitent aus frontieres du Royaume de Gezeir estans prouisionnez des Roys de Telensin, & tiennent plusieurs villes de Numidie en
leur subjectiō: ils n'ont gueres moins de trois mille
cheuaus, fort adroits en bataille. Ils ont aussi vne
coutume en tēps d'yuer de se retirer au desert à cau
se qu'ils ont grand quantité de chameaus. L'autre
partie, habite aus plaines qui sont entre Sala &
Mecnessa, ils nourrissent beufs & brebis, labourēt
la terre, & si payent tribut au Roy de Fez: pouuās
finer enuirō quatre mille cheuaus, tous en bō poit.

Elmun-
tafic.

Sobaich.

¶ De Hilel peuple, & habitacion d'iceluy.

LA plus grande lignée qui soit en tout
ce peuple est Hilel, & Benihamir: les
quels habitent aus frōtieres du Royaume de Telensin & de Oran, errans
deçà & delà par les deserts de Tegorarin. Ils sont
prouisionnez du Roy de Telensin estans gens de
grand prouësse, merueilleusemēt riches, & qui peu
uent faire enuiron six mille cheuaus de belle taille,
& bien en ordre. Hurua, possedent les confins de
Mustu-

Hurua.

DESCRIPT. D'AFRIQVE.

Muſtuganim, hômes de ſauuage nature, brigands & mal adroits: Ils ne s'éloignent pas ſouuent du deſert d'autant qu'ils n'ont ni ſoulde, ni poſſeſſion, en la Barbarie: toutesfois ils peuuent mettre aus champs vne armée de dix mille cheuaus. Hucba, font leur reſidance aus confins de Meliana, ayans quelque petite prouiſion du Roy de Thunis: neantmoins ils ſont brigands, voleurs, & fort cruels, & peuuēt faire enuirō mille cinq cens cheuaus. Habru, ſe tiennēt aus plaines qui ſont entre Oran, & Muſtuganim, laboureurs & tributaires du Roy de Telenſin. Muſlim ſont leur demeurance au deſert de Maſile, lequel s'étend vers le Royaume de Bugie: & ſont brigands & detrouſſeurs cōme les autres, contraignans ceux de Maſile & autres citez circonuoiſines de leur payer tribut. Ricch habitent aus deſerts de Libie, qui ſont vers Conſtantine, poſſedās vne grande partie de la Numidie: & ſont diuiſez en ſix parties, là ou il ne ſe trouue hōme qui ne ſoit vaillant, hardy aus armes, & plein de grande nobleſſe, ſe tenās en bon equipage, au moyen de quoy ils ont tous bonne prouiſion du Roy de Thunis, & acompliſſent le nombre de cinq mille cheuaus. Suaid tiennent les deſerts, leſquels prennent leur étendue vers le Royaume de Tenes, gens de grande reputation, poſſedans vn grand & treſample domaine, & prouiſionnez du Roy de Telenſin. Ils ſont de grand cœur, vaillans, & bien equipez de tout ce qui leur eſt neceſſaire.

      C Aſgeh

Hucba.
Habru.
Muſlim.
Ricch.
Suaid.

Asgeh sont soubs la puissance de plusieurs Arabes, & en y à beaucoup d'entre eux qui habitent en Garit, auec le peuple Hemram. Il y en à vne autre partie laquelle habite auec les Arabes de Ducale, en vn lieu prochain de Azefi. Elcherit habitent en la plaine de Heli, en compagnie des Saidima, se faisans rendre tribut du peuple de Heha: mais ceux cy sont pietres & qui se tiennent mal en ordre. Enedr habitent aussi en la plaine de Heha, tous les Arabes delaquelle peuuent mettre sus enuiron quatre mille cheuaux, mais fort mal harnachés. Garsa habitent en diuers lieux sans chef, ny conducteur, estans meslez & dispersez parmy les autres peuples de Manebba, & Hemram. Ceux cy transportent les Dates de Segelmesse au Royaume de Fez, & de là rapportent les vituailles necessaires pour les mener à Segelmesse.

Elcherit.

Enedr.

Garsa.

¶ De Mahchil peuple, les habitations, & nombre d'icelui.

De l'agilité des hómes à pied de ce pais contre ceux de Cheual.

Vche, lignée de Mastar, habite aux confins des deserts qui sont aupres Dedes et Farcala, lesquels sont pauures, pource qu'ils ont petit domaine: mais celà n'empéche en rien qu'ils ne soient fort vaillans, & hardis, combatans à pied, tellement qu'ils reputent à grand blâme & deshonneur qu'un homme à pied se deigne bouger pour deux estans à cheual. Et n'y à ce-

à celuy tant soyt il lâche, & mauuais chemineur:
qui ne suiue bien de pres quel cheual que se soit,
combien qu'il fust question de faire vn long voya
ge. Ils peuuent faire enuiron cincq cens cheuaux,
& huit mille hommes de pied tous suffisans pour
manier les armes. Selim habitent aupres du fleu-   Selim.
ue Dara, errans par le desert auquel ils possedent
de grandes richesses : puis s'acheminent auec leurs
marchandises au Royaume de Tombut, estans fort
fauoris du Roy, & ont de grandes Seigneuries a-
uec amples possessions en Derha,& vn grand nom
bre de chameaux. Ils peuuent faire quatre mille
cheuaux. Elhasim, habitent aupres de la mer O-   Elhasim.
ceane aux confins de Messe, & peuuent estre enuiron cincq cens cheuaux. Ce sont gens qui se tiennent tresmal en ordre, vne partie desquels habite
en Azgar. Ceux de Messe sont en liberté, mais les
habitans de Azgar sont soubs la puissance du Roy
de Fez. Chinana habitent auec le peuple de Elcha   Chinana
luth.estans subietz au mesme Roy de Fez, & sont
gens fort robustes, & de belle taille, pouuans faire
deux mille cheuaux. Deuihessen se diuisent en   Deuihes-
Duleim, Burbus, Vodei, Deuimansor,& Deuihu   sen.
beidula. Duleim habitent au desert de Libie auec   Duleim.
le peuple Zanaga, nation d'Afrique : & n'ont là
aucun domaine, ny reuenu, à cause dequoy ils sont
reduitz à vne extreme pauureté, qui les contraint
à deuenir larrons, Ils s'acheminent quelque foys
à la Region de Dara, pour faire échange de leurs
bestes

bestes auec les Dates. Ils vont mal vestus, & sont enuiron dix mille personnes, dont il y en à quatre cens à cheual, & le reste à pied. Burbus habitent au desert de Libie, qui est vers la prouince de Sus, estans tous pauures & coquins, & en grand nombre, toutesfois ils ont à force chameaus. Vray est qu'ils possedent la Seigneurie de Tesset, mais le reuenu d'icelle n'est pas suffisant pour entretenir les fers aus pieds à ce peu de cheuaus qu'ils ont.

Burbus.

Les Vodées font leur residence aus deserts qui sont situez entre Guaden & Gualata, occupans le domaine des Guaden, & encore retirent quelque tribut du Seigneur de Gualata, & de la terre des Negres. Ils sont vne multitude quasi infinie, pource qu'on estime qu'ils excedent le nombre de soixante mille hommes de guerre: mais ils sont fort necessiteus de cheuaus. Racmen tiennent le desert prochain de Hacha, possedans aussi des Seigneuries, & ont coutume d'aller yuerner à Tesset pour leurs affaires. Ils sont enuiron deux mille cōbatans, mais ils se trouuent auoir petite quantité de cheuaus.

Vodées.

Racmen.

Hanir habitent au desert de Taganot. La commune de Tagauost leur donne quelque petite prouision, & vont vagans par le desert jusques à Nun. Ils peuuent estre enuiron huict mille hommes de guerre.

Hanir.

Decla-

DESCRIPT. D'AFRIQVE,

¶ Declaration du peuple de Deuimanſor.

DEhemrum, lignée de Deuimanſor habite aus deſerts qui regardent à Segelmeſſe, tenant tout le deſert de Libie, juſques à Ighid, & rēdant les peuples de Segelmeſſe, Todga, Tebelbet, & Dara, ſes tributaires. Elle poſſede vn grand pays qui produit les Dates en quātité, tellement que ces peuples peuuēt cōmodement tenir eſtat de grās Seigneurs, & viure bien à leur aiſe: auſſi ne ſont ils pas ſi déprouueus de ſens, qu'ils ne ſe facent bien valoir, tenans vne grande reputation & grauité: & peuuēt faire enuiron trois mille cheualliers. Entre eux ſe meſlēt pluſieurs Arabes hommes mecaniques, nouriſſans grande quātité de cheuaus & bétail, comme Garfa & Eſgeh. Et y à vne autre partie de ce peuple Dehemrun, laquelle occupe la ſeigneurie de quelques terres & bourgades en Numidie, tenant juſques au deſert de Fighig, & impoſant ſus ces terres gros ſubſides. Ceux icy viennēt en temps d'eſté demeurer en la prouince de Garit, aus confins de la Mauritanie, en la partie qui regarde deuers Oriēt. Ce ſont gens nobles, preus, & vaillans, tellement que les Roys de Fez ont quaſi tous coutume de y prēdre à femmes leurs filles, à cauſe de quoy ils leur ſont parēts & alliez. Menebbe habitent encore au meſme deſert, poſſedās le domaine de Matgagara,

Gens de reputatiō puiſſans & riches, par l'abōdance des fruits des Dates.

Menebbe

C 4

& sont semblablement braues hommes, lesquels ont quelque prouision du Roy de Segelmesse. Ils peuuent faire enuiron deux mille cheuaux. Hu-sein, sont encore descendus du lignage de Deui-mansor, lesquelz habitent entre les montagnes d'Atlas, & tiennent en main beaucoup de montz habitables, cités, & chateaux qui leur furent don-néz par les Viceroys de Marin, en recognoissance de la faueur, & bon secours qu'ils leur auoyent pre té, lors qu'ils commencerent à regner. Le domaine de ceux cy est entre le Royaume de Fez, & Segel-messe, dont le chef jouït d'vne cité nommée Garse-luin. Ils peuuent aller par le desert d'Eddhra, auec ce qu'ils sont richez & courageux, & sont enuiron six mille cheuaux. Il se trouue encore souuentefoys des Arabes en leur compaignie, mais ils les tien-nent en guise de vassaus. Abulhusein habitent en vne partie du desert d'Eddahra, là ou ils tien-nent peu de place: au moyen de quoy la plus gran-de partie d'iceux est reduite à telle extremité qu'ils ne sauroyent auoir la puissance, ny trouuer le moyë de se pouuoir maintenir au desert dans leurs pauil lons. Il est bien vray que ceux qui habitent dans celuy de Libie, ont drecé quelques petites cabanes de terre, mais ils sont journellement oppressez par la famine, supportans vne perplexité extreme, pour laquelle encores augmenter leur cruel destin les à reduits jusques à estre tributaires de leurs pa-rens mesmes.

Husein.

Abulhu-sein.

¶ Du peuple de Deuihubeidulla.

Harragi, est vne partie du peuple de Deuihubeidulla, qui habite au desert de Benegomi & de Fighig, possedant de grandes terres en la Numidie, & auec ce il est prouisionné du Roy de Telensin, lequel se trauaille de jour en jour de le reduire en bonne & sainte vie, mais il se trauaille en vain : car il est trop accoutumé au pillage & larrecin, ne laissant échaper personne de ceux, qui tombent entre ses mains qu'ils ne soyent destroussez. Ils peuuent faire enuiron quatre mille cheuaux, & transportent leurs habitations en temps d'esté aus confins de Telensin, pres duquel habitent les Hedéges, en vn desert qui est appellé Hangad, n'ayans domaine ni prouision aucune, mais le seul soutien, & appuy de leur miserable vie est de brigander : & peuuent faire enuiron cinq cens cheuaus. Tehleb, habitent en la plaine d'Elgezair, errãs par le desert jusques à Tegdeat. Sous leur domaine est la cité de Elgezair, & celle de Teddelles, mais de nôtre temps ces deux citez leur furẽt emblées par Barberousse qui se disoit Roy. Alors le peuple de Tehleb, noble & vaillant, & qui pouuoit beaucoup, fut détruit, & y furent occis enuiron trois mille hõmes à cheual. Gehoan n'habitent tous ensemble, mais separez : dont vne partie demeure auec les Garáges, & l'autre auec les Hedéges, aus quels ils sont assubjectis,

Elgezair, & Teddeles occupées par Barbarousse.

Gehoan.

comme

comme leurs vassaux, ce qu'ils supportent bien & patiemment. Maintenant je vous veus donner à entēdre, & faire sauoir que les deux premiers peuples, Cachim & Hilel, sont Arabes de l'Arabie deserte, qui descendent, & prennent leur origine d'Ismael, fils d'Abraham : & le troisiesme (c'est assauoir Mahchil) est de l'heureuse Arabie, sortant de l'origine de Saba, la noblesse desquels (comme beaucoup de Mahommetans l'estimēt) est inferieure, & moindre que celle des Ismaelites. Et pource qu'ils ont voulu determiner ce differēt par armes, assauoir lequel des deux lignages deuoit estre preferé & aller deuant en noblesse, ils ont cōbatu longuement sur cela, & pendant leur combat il est auenu que tant d'vne part que d'autre ont esté composez quelques dialogues en vers, par lesquels chacun s'employoit à exprimer & rememorer en beau langage les vertus & coutumes honorables de son peuple. Et fault encore entendre que les anciens Arabes lesquels furent deuant la naissance des fils d'Ismael, sont par les historiographes Africans, appellez Arabi Ariba, c'est à dire Arabes Arabesques, & ceux qui descendent de l'origine d'Ismael sont nommez Arabi mustahraba, qui signifie autant comme en nôtre vulgaire, Arabes d'accident, pource qu'ilz ne sont pas Arabes naturelz. Ceux qui allerent depuis habiter en Afrique s'appellent Arabi Mustehgeme, qui signifie Arabes barbarisez, pource qu'ils auoyent fait leur demeurance

Les peuples Cachim, & Hilel sortiz de l'Arabie deserte, sont descenduz de Abraham & Mahchil de l'Arabie heureuse, de Saba.

rance auec vn peuple étranger, jusques à tant que corrompans leur langage, changerent de coutumes de meurs, & maniere de viure: au moyen dequoy ils se rendirēt tous barbares. Voilà tout ce que j'ay peu retenir touchant les lignages, & diuisions des Africans, & Arabes par l'espace de dix ans que je n'ay leu, ny veu aucun liure, auquel fust contenuë quelqu'une de leurs histoires. Et s'il y a d'auenture quelqu'un qui soit curieux d'en ouir d'auantage, & en estre plus amplement acertené, il pourra trouuer le surplus dans les œuures de Hibnu, duquel j'ay cy dessus parlé.

¶ Coutume, & maniere de viure des Africans, qui demeurent au desert de Libie.

LES cinq peuples c'est assauoir Zenaga, Guenziga, Terga, Lemta, & Berdeua sont par les Latins appellez Numidi, lesquels se gouuernent tous par vne mesme façon de viure, qui est sans regle ny raison aucune, & vsent pour leur habit d'vn drap de grosse laine auec lequel ils couurent la moindre partie de leur personne. Auec ce aucuns ont coutume de porter sus la teste ou à l'enuiron, vne bāde de toile noire, quasi en la sorte d'vn turban. Les plus gros et principaux pour estre differēs aux autres, portēt sus eux de grandes chemises, auec les manches larges, tissues de fil azuré, & de cotton, qui sont apportées par les marchās, qui viēnent de la terre Neʒ̄e

Quelz peuples sont Numides.

Ils

Chameaus à chenaucher. Ils n'vfent d'autres montures que de chameaus, et cheuauchent fus certaines felles qu'ils pofent entre le relief du dos et le col de ces chameaus. Vous affeurant qu'il les fait fort bon voir quand ils cheuauchēt, pour ce que quelquesfois ils entrelaffent leurs jambes, & puis les étendent fus le col du chameau, & encore d'autrefois mettent le pied en certaines eftafes fans étriez, vfans en lieu d'éperon d'vn fer, lequel eft enté en vne piece de bois de la longueur d'vne coudée, mais ils n'en piquent le chameau en autre

autre part qu'aus épaules. Les chameaus qui sont faits à cheuaucher ont tous le nez percé, en la maniere d'aucuns beufles qui sont en Italie, & au lieu qu'il est percé, font passer vn cheuestre de cuir, auec lequel ils font voltiger, & bondir iceux chameaus, comme on fait autrepart les cheuaus auec la bride & le mors. A leur dormir ils ont quelques joncades fort subtiles, & faites sans art, sur lesquelles ils prennent leurs repos, & sont faits leurs pauillons de peaus de chameaus, & de laines que produit le Datier entre ses rameaus. Quant au manger, autre que celuy qui s'y est trouué en presence, ne se sauroit persuader la grande patience qu'ils ont à endurer la faim, car ils n'ont pas acoutumé de manger du pain, ni viande assaisonnée en aucune sorte, mais ils prennent leur refection du laict de leurs chameaus, duquel ils boiuent tous les matins vne grande tasse ainsi chaut cõme ils le tirent, & puis le soir se passent legerement à leur souper auec vn peu de chair seiche et boüillie dãs du laict & du beurre : laquelle n'est pas plus tost mise deuant eux, que chacun en arrache ce qu'il en peut auoir, & l'ayant mangée, hument quelque brouët, dans lequel par faute de cuilier ils patrouillent, & y lauent leurs mains. Cela faict, ils boiuẽt vne tassée de laict, qui leur sert pour le dernier mets de leur souper, & pour yssue de table, n'ayans autrement grand souci d'auoir de l'eau, pourueu que le laict ne leur faille, & mesmement quand c'est au prin-

Chameaus ayãt le nez pcé.

Laine entre les branches des arbres.
Laict de chameaux pour refectiõ.

printemps, durant lequel il s'en trouue entre eux qui ne se sont lauez les mains, encore moins le visage. Et celà auient pource qu'ils ne vont pas en cette saison à la cãpagne là ou est l'eau, ayans (comme il à esté dit) du laict pour étancher leur soif, & pourautãt aussi que les chameaux n'endurent nullement la soif tandis qu'ils mangent des herbes: au moyen dequoy l'eau ne leur est pas fort necessaire. Tout l'exercice auquel ils s'addonnent durant leur vie est employé ou à la chasse, ou bien à embler les chameaux de leurs ennemis, sans s'arretter jamais en vn mesme lieu plus haut de trois ou quatre jours, qui est tant que les chameaux ayent cõsumé l'herbe qui se trouue là. Ceux encore desquels nous auons parlé qui ne cognoissent ny regle, ny raison, ne laissent pas pourtãt d'auoir vn prince entre eux qui leur est comme Roy, luy portans tel honneur & reuerence que sa grandeur le requiert. L'ignorance de ce peuple icy est fort grande, car il vit sans auoir aucune cognoissance des lettres, et moins d'art ou de vertu. Vous asseurant que à bien grand peine se pourra trouuer entre tant de gens vn seul Iuge pour faire droit & administrer Iustice à vn chacun: de sorte que s'il y à aucun qui soit cõtraint par quelque debat, ou auquel on ait fait quelque tort, ou iniure: pour aller se plaindre en Iustice, il luy faut aller trouuer le Iuge bien cinq ou six journées de là: la raison est, pource que personne déntre eux n'applique sont esprit aus bonnes lettres, n'ayans aucune

Africans du desert de Libie sans iustice.

aucune enuie de sortir de leur desert pour étudier,
ny aprêdre. Et mal voulentiers veulent venir les
Iuges entre telle canaille, pour ne pouuoir comporter bonnement leur sottise, & brutale maniere de
viure. Mais ceux qui s'y veulent acheminer, pour
les instruire, sont bien recompancés: reçeuans chacun d'eux par an mille ducats, aucunesfois plus ou
moins, selon qu'ils sont estimez suffisans & capables pour exercer entre ce peuple vn tel office. Les
gentilhommes du pays portent en teste (comme

j'ay

LIVRE I. DE LA

Maniere d'accouſtrement des ģetils hõmes d' Afrique.

j'ay déja dit) vn linge noir, auec partie duquel ils ſe couurent le viſage, cachãs toutes les parties d'iceluy, hors mis les yeux, & võt ainſi acoutrez jour nellement. Parquoy leur venant enuie de mãger, toutes les fois qu'ils portent le morceau en la bouche, ils la decouurent, puis ſoudainement la retournent couurir : allegans pour leur raiſon touchant cette étrange nouueauté, que tout ainſi que c'eſt grand vitupere à l'homme de jetter la viande hors du corps, le ſemblable eſt de la mettre dedans, à la veuë d'vn chacun. Leurs femmes ſont fort charnues, mais aucunemẽt brunes, ayans les parties de derriere fort pleines & mouffletes, ſemblablement l'eſtomac & les mãmelles : & eſtans de gentil corſage, & fort plaiſantes, tant en parler, comme à ſe laiſſer toucher & manier. voire que quelque fois elle permettent bien par courtoiſie, d'eſtre baiſées : mais il eſt treſdangereus de s'auancer plus outre : pource que leurs maris par ſemblables occaſiõs irritez ſe tuent les vns auec les autres, ſans mercy aucune. Car ils ne peuuent diſſimuler en ſorte que ce ſoit le regret qu'ils ont, quand ils s'apperçoiuent eſtre ainſi vilainement outragez, car pour choſe du monde ils ne voudroyent porter les cornes. Ils ſe delectẽt merueilleuſement à ſe faire cognoitre liberaus, combien que (à cauſe de la grande ſechereſſe) peu de gens paſſent par leurs pauillons : Ioint auſſi qu'ils n'habitent ſur les grans chemins. Mais les voituriers qui trauerſent leurs deſerts, ſont tenus

de

de payer quelques gabelles à leurs Princes, laquelle est vn petit drap ou linge pour chacune charge, qui peut monter jusques à la valeur d'vn ducat. Il n'á pas long temps que j'y passay auec la Carauanne, & estans paruenus sus la plaine d'Araoan, le prince des Zanaga nous vint à l'encontre, acompagné de cinq cens hommes tous montez sur chameaus, auquels ayans deliuré ce qui estoit deu de gabelle à leur Seigneur, toute la compagnie fut par luy inuitée de se transporter jusques en ses pauillons, & là sejourner trois ou quatre jours pour se rafrechir, & reposer. Mais pour autant que ses pauillons estoyent hors du chemin par l'espace de octāte mille, & nos chameaus trop chargez, les marchans refuserent cest offre le plus honnestement qu'ils peurent. Ce que voyant le Prince, pour nous donner meilleure occasion & commodité de demeurer, ordonna que la Carauāne auec les chameaus passeroyent outre suiuans leur route, & que les marchās s'en viendroyēt loger auec luy en ses pauillōs: ausquels nous ne fûmes pas plus tôt arriuez, que le bon Seigneur feit tuer grande quantité de chameaus jeunes & vieus, auec autant de moutons, & quelques autruches qu'ils auoyent prinses par le chemin: mais les marchans luy feirent entendre qu'on ne doit point tuer de chameaus, & qu'outre ce ils n'auoyent accoutumé, mesmement en presence d'autruy, de manger chair de mouton: à quoy il feit responce, qu'entre eux cela estoit reputé à gran-

Carauanne qui est maniere de chars trainez par chameaus.

Chameaus & autruches aprestez pour viāde.

grand honte de faire leurs banquets de petis animaus, & specialement pour nous autres étrangers, qui n'auions jamais esté en leurs pauillons. Ce que par les marchans entendu, nous ne feimes plus difficulté de manger ce que nous estoit presenté, & mis au deuant. Le banquet fut fait de chair rôtie, & bouillie, les autruches rôties & seruies à table taillées, auec des herbes & quantité d'espices de la terre Negre. Le pain estoit fait de millet, & graine de nauette fort bien pilée. Pour yssue de table on seruit force Dates, & grands vases pleins de laict. Et pour rendre ce festin encore plus somptueus & recommandable, le Seigneur y voulut estre en presence, accompagné de quelques vns de ses parens & plus nobles de sa compagnie: mais ils mangerent separez de nous autres. Il fit encore assister aucuns religieus, & toutes gens de lettres, qu'il auoit auec luy, lesquels durãt le festin ne toucherent aucunement le pain, mais repeurent seulement de laict, & de chair qu'on auoit seruy deuant eux. Or ayant prins garde le Prince à noz manieres de faire, & que nous estions étonnez grandement de voir vne telle nouueauté, se print à nous dire auec vn gracieus parler, que ceux lesquels s'abstenoyent de toucher au pain, estoyent naiz aus deserts, qui ne produisent aucuns grains, & que pour cette cause ils ne goustoyent que de ce qui croissoit aus lieus de leur naissance, faisans prouision chacune année de grain seulement pour bon-

religieus & gẽs de lettres du desert de Libie ne mangent point de pain.

honnorer, & receuoir amiablement les étrangers. Mais que les jours des festes solennelles ils auoyent coutume se reseruer, comme au jour de Pasques, & des sacrifices pour manger de pain, & s'en rasasier. Tant y à qu'il nous retint en ses pauillons par l'espace de deux jours, pendant lesquels il ne cessa jamais de nous entretenir humainement, & monstrer grand signe d'amitié. Le tiers jour nous prismes congé de luy, mais il voulut luy mesmes accompagner les marchans jusques au lieu ou ils estoyent attendus par la Carauanne. Vous asseurant veritablemēt que le pris des bestes qu'il auoit fait tuer pour nous bien receuoir & traitter, excedoit de beaucoup & sans comparaison, la valeur de la gabelle qu'il se feit payer. Et pouuoit on facilement juger à son gracieus parler, & ses effets pleins d'humanité naïue, qu'il estoit autant accompagné de noblesse, cōme il s'estoit montré enuers nous courtois & liberal : combien que son langage ne nous fût moins incognen que le nôtre luy sembloit étrange. Mais cette difficulté estoit par le moyen d'vn truchement éclaircie, de sorte que chacun de son coté pouuoit comprendre le sens de ce qui se disoit. La vie, mœurs & coutumes des autres quatre peuples qui sont écartez par les deserts de Numidie, ne different en rien à la façon de viure qui vous à esté recitée de ce peuple icy.

Grand courtoisie d'vn des princes d'Afrique au desert.

D 2 De

¶ De la maniere de viure, & coutume des Arabes habitans en Afrique.

Tout ainsi que les Arabes habitent en diuers lieus, semblablement ils ont diuerses mœurs, & differentes coutumes de viure. Donques ceux qui demeurẽt entre Numidie & Libie viuent fort miserablement, & sont attains de grande pauureté, ne differans en aucune chose aus peuples susnommez qui font leur residence en Libie: mais ils ont plus de jugemẽt, & meilleur esprit: veu qu'ils trafiquent & exercent le train de marchandise en la terre des Negres, là ou ils troquent leurs chameaus, et tiennent des cheuaus en grãde quantité, qu'on appelle en Europe, Cheuaus barbares, s'adonnans journellement à la chasse des cerfs, daims, autruches, & autres animaus. Et faut bien noter que la plus grãde partie des Arabes qui sont en Numidie, sont rimeurs qui cõposent de beaus chants, là ou ils descriuent leur cõbats auecques la maniere de chasser, & les passions d'Amour d'vne si grande grace & faconde que c'est merueille. Et font leurs cõpositions en vers & mesures à la mode des vulgaires d'Italie, cõme Stances & Sonnets. Ce sont gens fort enclins à la liberalité, mais le moyẽ deffaut à la bõne volonté, ne pouuãs se mõtrer courtois ni maintenir leur reputation cõme ils en ont bien l'enuie: pource que dans ces deserts ils se trouuẽt mal fournis de toutes

Cheuaus barbares.

toutes choses. Ils vont vêtus à la mode des Numides, sinon que leurs femmes retiennet quelque difference d'entre celles de Numidie. Les deserts ausquels ces Arabes icy font leur demeurance, estoient premieremēt occupez par les peuples d'Afrique, là ou estant passée cette generation d'Arabes, déchassa auec armes les Numides, élisant pour sa demeurance les terres & pays prochains de ceux qui produisent les Datiers : & les Numides allereut demeurer aus deserts qui confinēt auec la terre Noire. Les Arabes habitans dans l'Afrique, c'est assa noir entre le mont Atlas, & la mer Mediterranée, sont mieus, & en plus grandes richesses que les autres : de quoy rendēt assez ample témoignage leurs somptueus ornemens, superbes harnois des chenaus, & l'admirable valeur de leurs magnifiques pauillons. Ils ont encore des chenaus de plus belle taille : mais ils ne sont pas si legers à la course, comme ceux du desert. Ces Arabes font bien & diligēmēt cultiuer leurs terres, tellemēt qu'ils en retirent des grains en grāde abondāce : joint aussi qu'ils ont de beufs & brebis vn nombre quasi infiny, à cause de quoy il ne leur tourneroit à profit de s'arrêter tousiours en vn mesme lieu : pour autant qu'vn seul endroit de pays ne seroit pas suffisant (encor qu'il fût bien fertile) à porter pasture pour vne si grande multitude de bétail. Ils ont vne façon de faire qui est vile, & mecanique : laquelle les rend plus barbares, que ceux du desert : mais nonobstāt

Arabes dechassēt les Numides, & occupent leur pays

D 3 cela

cela, ils sont fort liberaus, & vne partie de ceus qui habitent au Royaume de Fez, est subjecte au Roy. Il fut vn temps que ceux lesquels demeurent tout autour du Royaume de Maroc & de Ducale, viuoyent exempts de tribus: & se maintindrent en cette sorte jusques à ce que les Portugalois vsurperent le domaine d'Azafi & Azemor: à cette heure là commencerent à se formaliser & bander les vns contre les autres, qui donna grande commodité & moyen au Roy de Fez & de Portugal de ruiner & l'vne & l'autre partie: auec ce qu'vne grande famine suruint de ce temps là en Afrique qui les oppressa, & mit tellement au bas, que les miserables Arabes passerent volontairement, &

Arabes esclaues à ceux qui donnent à viure.

de leur bon gré au Royaume de Portugal, se reputans bienheureus, quand quelqu'vn d'entre eux les daignoit receuoir pour esclaues, en leur donnãt de quoy ils peussent dechasser la famine qui journellement les molestoit: & par ce moyen, & en mesme temps, Ducale fut deliurée de ceux icy. Mais les autres qui possedent les deserts prochains du Royaume de Telensin, & ceux qui confinent à Thunis ensuiuent la façon de faire de leurs Seigneurs: vn chacun desquels à tresbonne & ample prouision des Roys, & icelle distribue à son peuple, pour euiter tous discors & dãgers qui en pourroyent suruenir, & pour les maintenir en bonne paix & amitié. Ceux cy ont merueilleusemẽt bonne grace à se tenir bien en ordre, et maintenir leurs

che-

cheuaus en bon point & equipage, ayans coutume
d'aller querir en temps d'esté leur prouision jusques aus confins de Thunis, là ou ils se fournissent
pour tout le mois d'Octobre de tout ce qu'ils sauēt
leur estre necessaire, comme de viures, draps, &
d'armes : puis ils se mettent au retour à la route
des deserts, là ou ils sejournent tandis que l'hyuer
dure : passé l'hyuer, & le printēps reuenu, ils vont
à la chasse auec chiens & oiseaus, apres toute espece de sauuagine. Et ay plusieurs fois esté auec eux
là ou je me suis aidé de plusieurs choses, ayant trouué leurs pauillons (qui sont d'assez bonne grandeur) mieus fournis de draps, d'archal, fer, & cuiure, que ne sont plusieurs bonnes boutiques dans
les grosses citez mesme. Si est ce qu'il ne fait pas
bon se fier de ces preud'hommes, pource qu'ils sont
merueilleusement enclins à derober & brigander.
Au reste, vous les trouuerez amiables, courtois,
& traitables. Ils tiennent grand compte, & ad- | Poëtes
mirent fort la Poësie, à laquelle s'adonnans, ils | bien esti-
composent des carmes le plus souuent enrichis de | mez mes-
parfaite elegance : combien que leur langue soit en | me entre
beaucoup d'endrois corrompue, & vn Poëte tant | les Barba-
peu soit il entre eux renommé, est fort bien venu | res, & ho-
deuant leurs Seigneurs, lesquels pour le plaisir | norez, &
qu'ils reçoiuent de leurs vers, les recompensent lar | bien recō
gement. Vous asseurant que ce me seroit chose im- | pēsez des
possible de vous pouuoir exprimer la grande gra- | seigneurs
ce qu'ils ont en leurs carmes.

D 4   Leurs

LIVRE I. DE LA

Acoutrement des femmes d'Afriq. Leurs femmes se tiennent fort bien en ordre selon le pays, vsans pour leurs habits de certaines chemises noires, auec les manches larges, sur lesquelles elles portent vn linceul de mesme couleur, ou bien azuré qui les enuironne, & l'attachent en telle sorte que rebrassé sus leurs épaules deçà & de là est crocheté auec certaines boucles d'argent faites assez industrieusement, & portent aus oreilles plusieurs anneaus d'argent, & aus doits semblablement : puis auec aucuns petis cercles s'entortillent

les

les jambes auec le talon, comme c'est la coutume des Africans. Elles portent encore aucuns voiles sus le visage, lesquels sont percez au droit des yeux, & venans à aperceuoir aucun qui ne leur soit parent, incontinent auec iceluy se couurent le visage sans faire autre semblant. Mais s'il auient d'auenture qu'elles se trouuent au chemin deuant leurs maris ou parens, tousiours tiennent le voile haucé. Et quand les Arabes se veulent transporter d'vn lieu en autre, ils mettēt leurs femmes sus des chameaus assises sus selles toutes propices, qui sont faites en mode de paniers, mais couuertes de tresbeaus tapis & si petis, qu'il n'y à lieu que pour vne femme seule. Le jour qu'il leur fault combatre, ils les menent auec eux expressemēt pour leur reconfort, & affin qu'ils soyent moins craintifs. Elles ont encore cette coutume auant que venir au mary, de se peindre la face, l'estomac, les bras, & les mains, reputans cela estre fort gentil & plaisant: ce qu'elles ont retenu des Arabes Africans du temps qu'ils vindrēt habiter parmy ceux cy: car ils ne sauoyent que c'estoit au parauāt: mais cette façon de faire n'à trouué lieu entre les nobles, & citoyens de la Barbarie, ains les femmes d'iceux prennent plaisir à maintenir seulement le teint que Nature leur à donné. Vray est que par fois elles prennent certains fards composés auec fumée de gale, & saffran, dequoy se teignans la moitié de la joue s'y forme vn rond en maniere d'vn ducat, puis entre les sourcils tracent

Des femmes d'Afrique & comme elles si fardent.

D 5 vne

vne figure en triangle, & sus le menton je ne sçay quoy resembant à vne feuille d'oliue, & d'autres encor se teignent les sourcils entierement. Et pour autant que ceste coutume est louée par les Arabes & nobles, elles l'estiment de fort bonne grace & gentille. Mais elles ne portent cette espece de fard plus hault de deux ou trois jours, pource qu'elles n'oseroyent comparoir, ny se presenter deuant leurs parens ainsi atournées, ains seulemẽt deuant leurs enfans & maris, à cause qu'elles ne tendent par ce la à autre fin qu'à prouoquer les hommes à lasciueté, & paillardise: leur semblant se teignans en cette sorte, que leurs graces & beautés en reçoiuent vn plus grand lustre.

¶ Des Arabes qui habitent aus deserts qui sont entre la Barbarie & l'Egipte.

Eux cy meinẽt vne tresmiserable vie & calamiteuse, pourautãt que les pays auquels ils habitent sont aspres & steriles, là ou ils nourrissent les brebis, mais pour le peu d'herbe qui y croist, ils en font petit profit. Et en tant que ce peut étendre la longueur des campagnes, il n'y à aucun lieu là ou quelque grain que ce soit y puisse profiter apres y auoir esté semé fors en quelques petites villettes, & places en maniere de bourgades qui se trouuent parmy
ces

ces deserts, la ou y à aucuns petis clos de datiers, & là peut on bien semer du grain: mais en si petite quantité, que cela se peut quasi appeller rien: qui fait, que ceux qui demeurent en ces bourgades, sont continuellemēt par ces Arabes molestés, & cōbien qu'ils soyent coutumiers de trocquer quelque fois leurs brebis & chameaus auec leurs grains & dates: neantmoins ce qu'ils en rapportent est si peu de chose, qu'il n'est suffisant à substanter vne si grande multitude de personnes. A cause dequoy il a- uient que lon trouue en tout temps beaucoup d'en- fans de ces Arabes entre les Siciliens, qui leur sont delaissez en gages pour les grains que les pouures gens prennent à credit, soubs telle cōdition que sils ne restituēt à leurs crediteurs la somme des deniers dont ils leur sont redeuables, les enfans delaissez sont detenus esclaues, pour lesquels racheter il fau droit consigner trois fois autant que le principal monte: de sorte que les peres sont contrains de les laisser en cette miserable seruitude: Et delà vient que ces Arabes sont les plus dangereus & terri- bles voleurs qui soyent sous le ciel: lesquels apres auoir mis à blanc les étrangers qui tombēt en leurs mains, & leur auoir volé tout ce de quoy ils les ont trouués saisis, les vendēt aus Siciliens: ayās si bien décrié la riuiere de la mer qui enuironne le desert, auquel ils font leur demeurance, par leurs vole- ries & larrecins, que depuis cent ans en ça, il n'y à passe marchans ny voyturiers: & s'il uenoit

Les Ara- bes don- nēt leurs enfans en gage aus Sici- liēs pour les graīs qu'ils prennent à credit.

que

que la necessité contraignist quelques vns d'y passer, ils ont coutume s'acheminer par terre ferme loing de la marine enuiron cincq cens mille. Ainsi qu'vne fois que je voulois fuir le danger de leurs rauissantes mains, j'erray par toute cette riuiere auec trois vaisseaus de marchans: mais il ne nous eurent pas plus tost decouuers qu'ils vindrent à grand course au port, faisans semblãt que leur vouloir estoit de trocquer auec nous aucunes choses dõt nous ne receurions petit profit. Mais eus estans ainsi suspets, personne de nous ne voulut prendre terre que premierement ils n'eussent consigné quelqu'vn de leurs enfans entre nos mains: ce qu'ayãs fait, nous achetámes d'eux des moutõs, & du beurre, puis soudainement nous r'ambarquames, & feimes voile, craignans pour si peu que nous eussions sejourné, d'estre surprins par les coursaires & pyrates de Rhodes, & de Sicile. Tant y à qu'ils sont tous difformes, mal vétus, maigres, et deffaits pour l'extreme famine qui les moleste, voire & si aspre qu'il semble à veoir que de tout temps la malediction de Dieu vueille demeurer sus cette damnable & peruerse generation sans jamais s'en departir.

¶ De Soaua (assauoir ceux qui pasturent les brebis) nation Africane, & qui ensuit la façon de viure des Arabes.

Il y à beacoup de generations en Afrique, qui s'addonnent à gouverner les beufs & pasturer les brebis, d'ont la plus grande partie habite au pied du mont Atlas, & dans la montagne mesme. Et quelle part qu'elles soyent, tousiours demeurent tributaires au Roy, ou aus Arabes. I'en excepte ceux qui demeurent en Temesne, lesquels sont libres & fort puissans en terre & Seigneuries. Ils parlent le langage African, et aucuns pour estre prochains des Arabes, & pour la continuelle conuersation qu'ils ont auec ceux qui demeurent aus campagnes de Vrbs, aus confins de Thunis retiennent la forme de la langue Arabesque. Vn autre peuple y à qui reside là ou confine Thunis auec le pays qui produit les Dates, lequel plusieurs fois à bien osé entreprendre de mounoir guerre côtre le Roy, comme il aduint ces ans passez, que s'estant party le fils du Roy de Constantine pour retirer les tributs de ce peuple icy, le chef d'iceluy qui s'étoit embuche auec deux mille cheuaus assaillit ce jeune Prince fort viuement: si bien que combatant d'vn courage magnanime & de grande hardiesse de cœur deffit sa compaignie tellement que à la fin destitué de forces, finit miserablement ses jours. Cela fait il se saisit de la dépouille, et s'en alla victorieus en l'an de l'Hegire neuf cens & quinze. Depuis cette deffaite ce peuple commença à estre renommé & tenu en reputation, receuant les Arabes qui sou-

Deffaite, & mort du fils du Roy de Thunis.

LIVRE I. DE LA

souloyent estre au seruice du Roy de Thunis qui sen estoyent fuis des lieux qu'il auoit reduit soubs sa puissance: en sorte que les forces de ce chef sont tellement accruës, qu'il est tenu pour l'vn des plus grands terriens qui soyent dedans l'Afrique.

¶ De la foy des anciens Africans.

A Vtemps passé les Africans furēt quasi tous entachez du peché de Idolatrie, comme sont les Persiens qui adorent le feu, & le soleil, éleuans temples somptueux, & superbes en l'honneur & reuerence de l'vn & l'autre, tenans vn feu continuellement brulant: & de nuit de peur qu'il vienne à s'etaindre, est songneusement gardé: en cela imitans les Romains quant aus ceremonies de la déesse Vesta, ce qu'est amplement contenu aus histoires d'Afrique, & de Perse. Les Africans de Numidie & Libie souloyēt adorer les planettes, & à icelles deuotement offrir, & sacrifier. Aucuns des Noirs eurent en reuerence Guighimo, qui vault autant à dire cōme Seigneur du ciel, sans auoir esté induis à cette bonne creāce par docteur, ny prophete aucun: puis de là, à certain temps receurent la Loy & doctrine Iudaïque qu'ils retindrent cōstamment par long espace de temps jusques à ce que plusieurs de leurs Royaumes furent endoctrinez en la religion Chrétienne, & s'entretindrēt en icelle jusques au temps que

Cerimonies des Africans.

que la damnable secte Mahommetane commença à
se diuulguer en l'an de l'Hegire deux cens soixante
& huit. A cette heure là estans venus prescher en
ces parties aucuns disciples de Mahommet, feirent
tant par parolles deceptiues, & fauces exhortations
qu'ils attirèrent les cœurs des Africans à leur méchante & Satanique loy: tellement que tous les
Royaumes des Noirs qui cosinent à la Libie (laissans à part la religion Chrétienne) adhérèrent aus
commandemens de Mahommet. Toutesfois il y a
encore quelques Royaumes auquels se sont maintenus constans les habitans d'iceux, qui retiennent jusques à present la doctrine de Iesuchrist. Et
ceux qui tenoyent la loy Iudaïque, furent totalement ruinez par les Chrétiens, & Africans. *Les Iuifs*
Ces autres qui habitent au plus pres de la mer O- *ruinez*
ceane, sont tous payens seruans aus Idoles, lesquels *par les*
ont esté veux par les Portugalois qui ont encore *Africans.*
pratiqué quelque fois auec eux. Les habitans de
Barbarie demeurerent aussi par vn long temps detenus en idolatrie, mais deux cens cinquante ans
auant l'aduenement du faus prophete Mahommet
ils receurent la loy euangelique, pource que cette
partie ou sont situées Thunis & Tripoly, fut subju- *Les Gots*
guée par quelques Seigneurs de la Pouille & Sici- *en Mau-*
le: et fut semblablemēt la riuiere de Cesarie et Mau- *ritanie.*
ritanie gouuernée per les Gots. En ce temps là aussi
plusieurs princes Chrestiens donnās lieu à cette fureur Gottique, et abandonnās leurs propres côtrées
d'Ita-

d'Italie tant douce & fertile, vindrent habiter aus terres prochaines de Cartage, là ou ils dreceret puis apres vn domaine. Mais il fault entendre que ces Chrétiens de Barbarie ne suiuoyent en rien les statuts & ordonnances de l'eglise Romaine, ains obseruoyent les regles, & adheroyent à la doctrine Arriane: & du nombre d'iceux estoit saint Augustin. Or du temps que les Arabes vindrent pour conquester la Barbarie, ils trouueret que ces Chrétiens l'auoyent subjuguée, s'en estans desia faits seigneurs: qui fut cause qu'il y eut entre eux de trescruelles & grandes batailles: mais à la fin (comme c'estoit le vouloir du souuerain moteur) les Arabes se trouuerent jouissans de la victoire, chassans hors les terres d'Afrique ces Arrians, qui passerent les vns en Italie, & les autres en Espagne. Mais apres le deces de Mahommet enuiron deux cens ans, la Barbarie se trouua quasi toute infecte de la secte d'iceluy. Vray est que souuentefois ces peuples se reuolterent en delaissant cette doctrine malheureuse, mettans à mort leurs prestres & gouuerneurs: neantmoins toutes les fois que cela paruenoit aus oreilles des pontifes, ils y tenoyent main forte, expedians de grandes armées pour marcher contre ces Barbares: & entretindrent cela jusques au temps que les scismatiques arriuerent en Barbarie, c'est assauoir ceux qui s'enfuirent de la main des pontifes de Bagaded. Parquoy à l'heure la loy de Mahommet asseura son fondement. Toutesfois il y

Chrétiés de Barbarie.

Les Arabes chassent les Arrians hors d'Afrique.

il y à tousiours eu, & sont demeurez entre eux beaucoup de doutes & heresies. Quant à la loy Mahometique, mesmemët aus choses qui sont de plus grãde consequëce, & de la diuersité qui est entre les Africans & ceux de l'Asie, je pense (Dieu aydant) en parler plus amplement en vn autre œuure, apres auoir premierement donné fin à cettuy-cy.

¶ Lettres dont vsent les Africans.

LES historiographes tiennët pour tout seur, que les Arabes n'auoyent autre sorte de lettre que la Latine, disans que lors q̃ l'Afrique fut par les Arabes subjuguée, & mesmemët la Barbarie là ou fut & est encore toute la ciuilité d'Afrique qu'ils n'y trouuerent autre espece de lettre que la Latine. Ils confessent bien que les Africans ont vne langue propre & à eux particuliere, mais que le plus souuent ils s'aidët de la Latine, cõme font les Alemãs en Europe. Dont toutes les histoires que les Arabes tiennent des Africans ont esté traduites anciennement de la langue Latine, qui sont œuures antiques, les vnes écrites du temps des Arrians, & les autres deuant: dont les auteurs sont bien nommez, mais je n'en ay pas memoire. je pense que telles œuures soyent bien fort prolixes, pource que les interpretes allegans souuentefois leurs autoritez disent, telle chose est contenue au septantième liure. Il est vray que les œuures susnommées ne furent par les

E Ara-

Arabes traduites selon l'ordre des Auteurs, mais prindrēt le sommaire du nom des Seigneurs, & selon leur ordre compartirent les temps, les acordans auec ceux des Roys de Perse, ou de ceux des Assiriens, ou des Caldées, ou d'Israel. **Et lors que les** *scismatiques reuindrent en Afrique (ceux là dyje qui abandonnerent Bagaded) commanderent qu'on eût à bruler tous les liures ausquels estoyent contenues les Histoires, & sciences des Africans, pource qu'ils estoyēt de cette opinion que ces liures estoyent occasion de tousiours maintenir & renoueler l'ancien orgueil, & superbe acoutumāce des Africans: & que par le moyen de la lecture d'iceux, ils ne vinssent à renier la Loy de Mahōmet.* **Quelques autres de nôs Historiographes soutiennēt** *que les Africans auoyent lettres particulieres, mais apres que les Romains mirent le pied en Barbarie la subjugans, & par long temps apres que les Chrétiens fuitifs d'Italie pour euiter la fureur Gotique, s'en emparerent, & la dominerent, qu'alors ils laisserēt perdre leurs lettres: pource qu'il est necessaire à tous ceux qui sont reduits soubs la puissance de qu'elqu'un, s'accommoder au vouloir de ceux qui leur peuuent commāder, s'ils veulent acquerir leur grace, et leur estre agreables: cōme il est aduenu aus Perses soubs le domaine des Arabes, qui ont semblablement laissé aneantir leurs lettres & furent leurs liures tous brulez par le cōmandement des Mahommetās, qui estimoyent qu'en leur laissant*

On doute que ce ne soyēt les Liures de Tit. Liue

Les Arabes Mahōmeti-

laissant tousiours ces liures ou estoyent cõtenues les Mathematiques, les loix, & foy des Idoles, entre leurs mains, qu'ils ne sauroyent estre bons, ni affectionnez disciples de Mahomet: & leurs liures brulez, les scieces leur furent deffendues. Le semblable fut fait par les Romains & Gots, lors que (comme nous auons déja dit) ils vindrent à vsurper la Barbarie. Et me semble que pour bonne & suffisante preuue de cecy, peut suffire qu'en toute la Barbarie tous les Epitaphes qui se lisent sus les sepultures, ou contre les parois des edifices, tant par les citez maritimes, comme de la campagne (c'est assauoir, celles qui furent anciennement edifiées) sont tous escris en lettres Latines simplement. Et ne saurois croire que pour tout cela les Africans les eussent pour leurs propres lettres, ne qu'ils eussent en icelles écrit : pource qu'il ne faut point douter, que quand les Romains, qui leurs estoyent ennemis, les rendirent tributaires, & subjets, pour leur faire plus grand outrage (comme est la coutume des vainqueurs) leur commanderent de canceler tous leurs titres, & lettres, en y posans les leurs, pour en effacer ensemble auec la dignité toute la memoire des Africans, & faire celle du peuple Romain florir à perpetuité, comme aussi auoyent proposé les Gots faire des edifices de Romme, & les Arabes de ceux des Persiens : ce que font encore les Turcs pour le jourd'huy aus places qu'ils peuuent gaigner sus les Chrétiens, effaçant non seulement

ques firẽt bruler les liures des Persiens : & le semblable firent les Romains & Gots des liures Arabiqs.

E 2 la

Les turcs effacét les titres des Chrétiës & abatët les images des Eglises.

la memoire & les honnorez titres, mais les images des Saints & Saintes qui sont aus eglises. Ne se voit il pas encore dedäs Romme mesme à present, que le plus souuët le cömencement d'vn bel œuure & excellët edifice par quelque Pape nö sans grans frais & despence bien auancé, & par mort puis apres delaissé imparfait, sera par celuy qui succedera au Pötificat demoly jusques aus fondem̈s, pour en redresser vn nouueau bâtiment? Ou pose le cas que l'edifice fût paracheué, & qu'il le laisse en son estre: pour peu qu'il y adjoute de nouueau, il veut & cömande que les armes du Pötife decedë soyent otées, & effacées, & en lieu d'icelles les siennes grauées & éleuées: ou bien s'il y á en luy tant de discretion de les laisser, neantmoins les siennes auec grans Epitaphes bien compassez, tiendront le plus honorable lieu. Il ne se faut donc point émerueiller si les lettres d'Afrique sont perdues, ni pour quelle occasion depuis neuf cens ans en çà, les Africans vsent de lettres Arabesques. Mais touchant cecy Ibnu Rachich historien African fait en sa Chronique vne longue dispute, assauoir si les Africans auroyent telles lettres propres ou non: & conclud que pour certain ils les auoyent, disant que qui veut nier cela, pourroit nier semblablemët que les Africans eussent eu vne langue propre. Il dit encore estre impossible qu'vn peuple ayant vn langage particulier, en choisisse vn autre pour en vser & s'en seruir.

Situa-

Situation de l'Afrique.

Tout ainsi que l'Afrique est diuisée en quatre diuerses parties, semblablemēt elles sont en assiete differentes: dont la riuiere de la mer Mediterranée, c'est à sçauoir depuis le détroit de Zibeltar jusques aus confins d'Egypte est toute occupée de montagnes, qui se jettent au large sus le coté du Midy enuiron cent mille, en aucuns endroits plus, & en d'autres moins. Depuis ces montagnes jusques au mont Atlas il y á des plaines & petis côtaus, & par toutes les montagnes de cette riuiere se trouuent plusieurs fontaines qui se conuertissent puis apres en petis fleuues cristallins, à l'œil fort plaisans & delectables. Apres ces plaines & côtaus le mont Atlas se vient presenter, qui prend son cōmencement de l'Ocean vers les parties occidentales, s'étendant deuers Leuant jusques aus fins d'Egypte, & puis se decouurent les plaines là ou est située la Numidie, où sont produits les Datiers, qui est vn pays quasi tout sablonneus. Laissant la Numidie, lon entre aus deserts de Libie lesquels sont tous pleins d'arenes jusques à la terre Noire. Neanmoins ils ne sont pas du tout exempts de montagnes, & le chemin des marchans ne se dresse par iceux: pource que par ailleurs il y á plusieurs beaus & larges passages. Apres les deserts de Libie est la terre Noire, dont la plus grande partie est en plai-

Le mont Atlas.

ne & sablonneuse, fors que du coté du fleuue Niger & de ces lieus ausquels arriuët les eaus du fleuue, dequoy les habitans se seruent.

¶ Des lieus raboteus d'Afrique, & pleins de neiges.

Toute la riuiere de Barbarie & les mõtagnes prochaines d'icelle tiennent plus tôt du froid qu'autrement, pource que la neige y tombe en aucune saison de l'année, & y croissent par tout fruits & grains en bonne quantité, mais le froment y est rare, à cause de quoy les habitans de ces lieus mangët de l'orge ordinairement. Les fontaines, qui y sourdent, jettent certaines eaus qui sentent le terroir, et sont aucunement troubles, mesmement aus parties qui confinent auec la Mauritanie. Il y a aussi sus ces montagnes de grans bois, ou se trouuent des arbres d'vne merueilleuse hauteur, & le plus souuent on y void parmy les fueillées plusieurs animaus, dont les vns sont paisibles & traitables, les autres au contraire tresfiers & dangereus. Les petites plaines & collines qui sont entre ces montagnes & le mont Atlas, sont toutes fertiles, produisans en grande abondance de grains & bons fruits: & tous les fleuues qui prouiennent du môt Atlas, trauersent toutes ces collines & plaines: puis continuans leur cours de droit fil s'en vont rendre dans la mer Mediterranée. Mais en cette

par-

partie il y a peu de bois, & sont plus grasses & fertiles les plaines qui sont entre le mont Atlas & la mer Oceane, comme est la Region de Maroc, la prouince de Ducale, & tout le pays de Tedle, Temezne auec Azgar jusques au détroit de Zibeltar. La môtagne d'Atlas est fort froide & sterile, produisant peu de grains, estant par toutes ses parties chargée de bois obscurs & touffus: & d'icelle descendent quasi tous les fleuues d'Afrique. Les fontaines qui y sourdent sont fort froides au cœur de l'esté, de sorte que si quelqu'vn se hazardoit d'y mettre la main pour si peu que ce soit, il ne faudroit de la perdre. La froidure ne continue pas egalement en toutes les parties de la montagne, pource qu'il y a aucuns lieus qui sont comme temperez, lesquels ne sont moins habitables que habitez, ainsi qu'il vous sera particulierement recité en la seconde partie de nôtre liure. Les parties qui sont inhabitables, sont ou trop froides, ou trop aspres. ce qui est au deuant de Temesne sont les aspres: & ce qui regarde la Mauritanie, sont les froides. Si est-ce que ceux qui gardent le bétail ne laissent à s'y acheminer en temps d'esté, & y conduire leurs troupeaus pour pasturer, ce que seroit à eux grande folie, & chose impossible d'entreprendre en temps d'hyuer pensant y pouuoir resider en sorte que ce soit, pource que la neige n'est pas plus tôt tombée qu'il se leue vn grand vent de Tramontane, si transperçant & dommageable, qu'il tue tous

Le mont Atlas est si froid & les fôtaines d'autour, que quelcun mettât la main dedans est en dāger de la perdre.

E 4 les

les animaus qui se trouuent en ces lieus là, et beaucoup de personnes y donnent fin à leurs jours, à cause que là est le passage d'entre la Mauritanie & Numidie. Et comme c'est la coutume des marchās de Dates faire leur charge, & se partir à la fin de Octobre, quelquesfois ils sont surprins de la neige, si bien qu'il n'en demeure pas vn en vie. Car si la nuit la neige cōmence à tōber, le lēdemain lon trouue les voituriers auec leurs charges plongez & enseuelis dans icelle, & non seulement la Carauanne, mais les arbres aussi s'en voyent tous couuerts, tellement qu'on ne sauroit apperceuoir sentier ni route pour sauoir en quelle part gisent les corps morts. Vous asseurant que par deux fois, & par grande auenture je suis eschapé d'vn tel genre de mort, du temps que ie passois par ces dangereus chemins: au moyen de quoy il vous plaira entendre ce qu'il m'auint vne fois. A la departie de plusieurs marchans de Fez, nous nous trouuámes enuirō le mois d'Octobre au mont Atlas, puis à Soleil couchant vne tres epesse & plus froide neige se va mettre à tomber, & lors plusieurs Arabes (qui estoyent de dix à douze cheuaus) se metrent ensemble: lesquels m'enhortans de laisser la Carauāne, m'inuitoyent de m'acheminer auec eux en vn bon logis. Or me commandant l'honnesteté de ne refuser le gratieus party qu'ils me presentoyent, & toutesfois doutant de quelque cassade, me va soudainement tomber en fantasie de me décharger d'vne

bonne

Marchās de Dates & voituriers qui meurent dans la neige.

experiēce de l'Auteur qui échapa d'vn grād danger.

bonne somme de deniers que j'auois sur moy: & pourautant qu'ils commencerent à s'auancer me pressans de me haster, fey semblant (mettant pied à terre) d'aler à mes affaires, & me retiray à l'escart sous vn arbre, là ou au moins mal qu'il me fut possible & comme le temps & le lieu m'en donnerent la commodité, je cachay mon argent entre des pierres, & mottes de terre, remarquant auec grāde diligence larbre aupres duquel je l'auois laisse. Cela fait, je me mey à suiure la route des autres, lesquels ayant attains, cheuauchames ensemble en grand silence, & sans prononcer aucune parolle jusques à la minuit. Alors vn de ceux de ma compagnie (luy semblant auoir temps & lieu oportun pour mettre en execution leur entreprinse) me demanda si l'argent que je portois me blessoit point, & qu'il m'en déchargeroit volentiers pour me soulager & faire plaisir. Mais moy comme celuy qui trouuois ses propos fort étranges, & me semblant vn peu plus courtois que je n'eusse voulu, luy fey réponce que ce peu que j'auois estoit demeuré auec la carauanne, & que je l'auois laisse à vn mien prochain parent, à quoy ils n'adiouterent point de foy: & pour en estre mieus acertenez, voulurent faire reuenë sur le champ, ne faisans point conscience de me dépouiller tout nu jusques à ma chemise, sans auoir aucun égard à la grande froidure, & à la neige qui tomboit pour lors. Mais apres que ces paillars ne trouuerent ce qu'ils cherchoyent, pour m'a-

L'auteur estant entre les mains des brigāds fut dèpouillê tout nu & mequé d'eux.

cou-

coutrer de tous points, commencerent pour toute recompense à se moquer de moy, disans qu'ils ne l'auoyent fait que pour jeu, & essayer si j'estois hôme, d'assez forte complexion pour endurer le froid à vn besoing. Or suiuans nôtre chemin tousiours à l'obscur tant à cause du temps, comme de la nuit nous entre-ouymes (par le vouloir de Dieu) beller des brebis, là ou nous nous adreçames, trauersans par bois touffuz, & par scabreux rochers, tellemēt que nous pensions bien estre en vn grand danger: mais nous feimes tant qu'à la fin estans paruenus en certaines cauernes hautes, nous trouuames aucuns bergers, qui bien à malaise & à grand' peine y auoyēt conduit leurs brebis, & ayans alumé vn bon feu estoyent à l'entour se chaufans, jusques qu'ils nous eurent decouuers, & cognus pour Arabes. ceux de ma compaignie, furent de prime face effrayez craignans de receuoir d'eux aucun outrage & desplaisir: depuis commencerent à s'asseurer sur l'indispositiō du temps, & montrans assez bon visage, nous feirent vn tresioyeux accueil, nous donnans à manger de ce peu de pain & fromage qu'ils auoyent. Apres que nous eusmes soupé, tremblans tretous de froid, mais moy plus que les autres à qui on auoit mis le derriere au descouuert vn peu au parauant, auec la peur qui m'estoit encore en partie demeurée nous meimes à dormir. Mais continuant tousiours le temps de mal en pis, fusmes contrains demeurer auec ces bergers deux jours, et deux nuits

Car

Car tandis la neige ne cessa de tomber, laquelle au tiers jour prenant cesse, les pasteurs se meirent en grand' diligence à ôter celle qui auoit bouché l'entrée de la cauerne : ce qu'ayans fait ils nous menerent là ou ils auoyent mis nos cheuaus, qui estoyent en d'autres cauernes prochaines : là ou ils n'endurerent aucun mesaise, ny faute de foin : & les ayans trouues tous en bon point montâmes dessus, & feimes départ. Ce jour là le soleil se découurit fort clair, exhalant les vapeurs, & chassant partie de la froidure des jours precedens. Les pasteurs nous accompagnerent vne bonne piece de chemin, nous enseignans certains petis sentiers & détorces là ou ils presumoyent que la neige ne pouuoit estre gueres haulte, mais auec tout cela les cheuaus y estoyent tousiours jusques aus sangles. Or estans paruenus aus confins de Fez : en vne ville, on nous donna nouuelles certaines que les voituriers estoÿēt demeurez dans la neige etoufez & enseuelis. Alors les Arabes hors de toute esperance d'estre salariez de leur peine pour auoir accõpagné & asseurez la voiture, saisirent vn Iuif qui estoit en nôtre compagnie, lequel ils retindrent prisonnier en leurs pauillons, faisans compte de le detenir là jusques à tant quil eust payé pour tous : & m'osterent mon cheual, me commandant à Dieu. Par quoy ayant prims vn mulet à louage auec vn certain bast dequoy ils vsent en ces mõtagnes, suiuy la route de Fez, là ou j'arriuay le tiers jour, et trouuay
qu'on

qu'on estoit desia auerty de la triste auenture : au moyen dequoy mes gens croyoyent que j'y eusse fini mes jours comme les autres : mais j'en echapay ainsi qu'il pleut au Seigneur Dieu, auec vn tel danger que vous aués ouy reciter. Or maintenant laissant à part mes défortunes, je retourneray sur mes brisees, & à la matiere interrompue. Donques par delà le mont Atlas il y à des pays qui tiennent du froid & du chault, auquels se trouuent peu de fleuues prenans leur origine à cette montagne, mais ceux qui y passent drécent leur cours par les deserts de Libie, là ou ils s'épandent par l'arene, formans les aucuns diceux vn lac. Et en ces pays ne se trouuent gueres de terres qui soyent bonnes pour semer mais elles produisent des plantes de datiers infinies. Il y à encore quelques autres arbres portans fruits, toutesfois ils sont rares, & en petit nombre. Et aus lieux de Numidie qui confinent auec la Libie y à certaines montaignes aspres ne produisans arbre que ce soit, ayans au pied des lieux ou sortent des arbres couuerts d'espines & qui ne portent point de fruit : semblablement il n'y à ny fleuues, ny fontaines sinon aucuns puis qui ne se peuuent trouuer qu'à bien grand' peine entre ces montagnes, & deserts. Il se trouue parmi le pays de Numidie plusieurs scorpions & serpens, qui font par leur venim & morsure mourir tous les ans vne grande multitude de personnes. Libie est vn pays qui est fort sec, desert, & en tout ce qu'il sétend

Dangereus scorpions & serpens de Numidie. Libie.

sab-

sablonneux, sans qu'il y ayt fleuues, fontaines, ny eaux, fors seulement quelques puis, dont l'eau est plus tost saliée qu'autre chose: & s'en trouue encores bien peu. Il y à aucuns lieux par lesquels on chemine bien par l'espace de cinq ou six jours sans trouuer de l'eau, à cause dequoy il faut que les marchans en portent auec eux sur les chameaus dans aucuns grans barraux, mesmement par le chemin qui va de Fez à Tombut, ou de Telensin à Agadez. Et est beaucoup plus facheus le chemin retrouué par les modernes, qui est pour aller de Fez au grand Caire par le desert de Libie. toutesfois en faisant ce voyage l'on passe à côté d'vn grand Lac à l'entour duquel habitent les peuples de Sin & Ghorran. Mais pour aller de Fez à Tombut se trouuent quelques puys qui sont fourrés par dedans de cuirs de chameaus, ou murez auec les os d'iceux. Et n'y à pas petit danger pour les marchans quãd ils se mettent sur les chemins en autre saison que d'yuer, pource que le Siloch se leue soufflant auec d'autres vens meridionaus, lesquels enleuent l'arene si dru qu'elle remplit & couure ces puys, tellement que les marchans qui départent sous esperance de trouuer l'eau aus lieux acoutumés ne pouuans discerner en quel lieu ils puissent recontrer ces puys estans cachez sous le sable, sont contrains par faute d'eau demeurer roides en la place, là ou les passans voyent souuentefois les os d'iceux, & de leurs chameaus blanchir en diuers lieux parmy

Puys d'eau salée.

Puys fourrez de peaux de chameaus.

my le desert. A ce grand peril gist vn seul remede & fort étrange qui est tel, qu'ayans tué vn de leurs chameaux, & épuisé l'eau qu'ils trouuent dans les boyaus, la boiuent, & départent entre eux jusques à tant qu'ils arriuent en quelque pays habitable: mais leur desastre estant si grand qu'ils ne puissent trouuer de l'eau, la seule mort donne fin à leur soif. On peut encore veoir deux sepultures au desert d'Azaoad enleuées d'vne pierre étrange, en laquelle sont grauées quelques lettres, qui donnent à entendre côme deux corps sont là desous gisans, l'vn desquels durant ses jours fut vn tresriche marchât, qui trauersant le desert auec vne soif extreme, & à la fin par icelle abatu, acheta vne tassée d'eau d'vn voiturier qui estoit auec luy, la somme de dix mille ducats: ce nonobstant il ne laissa de mourir pour n'auoir d'eau suffisâment, & le voiturier aussi qui s'estoit deffait de son eau. Il y à en ce desert vn grand nombre de dômageables animaus, & d'autres aussi qui n'offencent personne. Mais je me deporteray pour le present d'en parler, pour vous declarer l'espece et nature d'iceux au quatrieme liure, auquel je traiteray de Libie, ou bien là ou je feray mention particuliere des animaus, qui se trouuent en Afrique. J'espere encore de vous raconter autre part les perils & grans inconueniens auquels je suis encouru en errant par la Libie, mesmement sur les chemins de Gualata, tellement que vous en demeurerez merueilleusement étonnez:

Etrange remede à faute d'eau.

Vn Marchant pour la grand soif qu'il auoit acheta vne tassée deau dix mille ducats.

pour

pour autant que souuentefois ayans perdu la route des puys nôtre guide mesme s'egaroit, & quelque fois nous reconnoissans estre paruenus aus puys, nous les trouuions tous etoupez de sable. Et du tẽps que les ennemis empêchoyent le passage de l'eau, il nous fut bon besoin d'épargner ce peu que nous en auions le mieus qu'il nous fut possible: en departant celle de nôtre prouision pour cinq jours, par l'espace de cinq autres. Mais si je me voulois étendre sus la particulairité d'vn voyage seulement, il faudroit que ma plume ne fust ententiue à autre chose. Et pour passer outre, il y à en la terre des Noirs des pays qui sont fort chaleureux, tenans toute-fois encore de l'humide pour estre prochains du fleuue Niger, dont toutes les regions qui sont autour d'iceluy ont fort bonnes terres qui produysent des grains en grande abondance, & du bétail vne infinité : mais il n'y croist aucune espece de fruits, fors quelques vns que portent certains arbres d'vne merueilleuse grandeur, & ressemble leur fruit aus chatagnes, tenant quelque peu de l'amer. Ces arbres croissent assez loing de la mer en terre ferme, & le fruit duquel je vous ay parlé, est nommé en leur langue, Goro. Il est vray qu'ils ont grande quantité de coucourdes, oignons, citrouilles, & autres fruits : & ne sauroit-on trouuer le long du fleuue Niger, encore moins aus confins de Libie vne colline ou montagne, mais bien plusieurs lacs delaissez par l'inun-

Terres tresfertiles pres le fleuue Niger.

Goro fruit.

d 4

dation du fleuue. Et y à au contour d'iceux de grãs bois auquels se nourrissent plusieurs elephans, & autres animaux, comme aussi particulierement & par reng on en traitera.

¶ Mutations de l'air naturelles en Afrique, & de la diuersité qui prouient d'icelles.

LA moitié d'Octobre n'est pas plus tost passee que les pluyes & froidures commencent à venir quasi par toute la Barbarie, & enuiron le moys de Decembre & Iannier le froid y est plus vehement (comme il auient aussi aus autres lieux) mais le matin seulement : de sorte que personne n'à besoin de s'aprocher du feu pour se chaufer. En mars il se leue des vents terribles & si impetueus du coté de Ponant & Tramontane, qui font boutonner les arbres, & auancer les fruits de la terre, lesquels en Auril prennent leur forme naturelle, tant qu'aus plaines de Mauritanie au cõmencement de May, & encore à la fin d'Auril on commence à manger des cerises nouuelles, & ainsi qu'on est dans le moys de May enuiron trois semaines on se met à cueillir les figues qui sont meures, comme si c'estoit au cœur de l'esté, & trois semaines dedans Iuin les raisins commencent à taueler & deuenir meurs, de sorte qu'on y en mange dés ce temps là. Les pommes,

mes, poires, abricots, & les prunes meurissent entre Iuin & Iuillet. Les figues de l'Autōne deuiennent meures au mois d'Aoust, semblablement les Iujubés: mais au mois de Septembre vient l'abondance des figues & pêches. Passée la my Aoust ils s'adonnent à faire seicher les raisins, les mettant au Soleil, & si d'auenture il pleut en Septembre, de ce qui leur est resté de raisins, ils en font des vins & moust cuit, principalement en la prouince de Rif, comme plus particulierement, & au long il vous sera recité. A my mois d'Octobre les habitās de ce pays cueillent les pommes, les grenades & les coins: puis venant le mois de Nouēbre, les oliues, non pas auec l'échelle cōme c'est la coutume en Europe, les prenant auec la main. Car on ne pourroit trouuer échelle, pour longue qu'elle fût, qui seût atteindre à la hauteur des arbres, qui sont excessifs, & d'vne merueilleuse grosseur, mesmemēt ceux de Mauritanie & Cesarie: mais les oliuiers qui croissent au Royaume de Thunis sont de telle hauteur que ceux de l'Europe. Et lors que les habitās veulent aller cueillir les oliues, ils montent sur les arbres auec longs batons en main, & ramenans de toute leur force sur les rameaus, font tomber les oliues en bas, & ils s'apperçoiuent en y procedant de la sorte de combien ils font leur dommage, & tort aus arbres, car le coup vient à briser les rejettons qui sont encores tendres. Il y a telle année que les oliues sont à bon marché en Afrique, & en y a

Iujubés vn fruit de la couleur, & grosseur des cerises.

Oliues d'Afriq.

F en

en grande abondāce, aussi d'autrefois auient qu'elles s'achetent cherement, & s'y en trouue de grosses, lesquelles ne sont bonnes à faire de l'huile, mais elles sont singulieres à manger confites. Aussi en toutes les saisons, termes & qualitez de l'an coutumierement les trois mois de la Primeuere sont temperez, & commence la Primeuere le quatrieme de Feurier, puis finit le dixhuitieme de May: durant laquelle saison l'air se rend dous, le ciel clair & serain. Mais si le temps n'est pluuieus depuis le vint & cinquieme d'Auril jusques au cinquieme de May, la cueillette de l'année sera petite, & l'eau qui tombe en cette saison, est par les habitans de celle region appellée Naisan, laquelle ils estimēt estre beneite de Dieu: tellement que suiuant cette opinion plusieurs en gardent soigneusement dans des vases & fioles en leurs maisons, par vne tresgrande & singuliere deuotion. L'esté dure jusques au sixieme d'Aoust: durant lequel il fait de grandes & extremes chaleurs, specialemēt aus mois de Iuin & Iuillet, pendant lesquels il fait tousiours beau. Mais si d'auenture il vient à plouuoir par le mois de Iuillet ou d'Aoust, les eaus engendrēt vne tresgrande corruption d'air, tant que plusieurs en tombent malades auec vne fieure continue dont lon en voit peu rechaper. La saison de l'Automne selon l'vsage de ces peuples entre au dixseptieme d'aoust finissant au seizieme de Nouembre, & sont ces deux mois, assauoir Aoust & Septēbre moins chaleu-

L'eau de pluye gardée p deuotiō dās des fioles au pays d'Afriq.

DESCRIPT. D'AFRIQVE. 42

heureus : cōbien que les jours qui sont entre le cinquieme d'Aoust & le quinzieme de Septembre, ont esté par les anciens apellez le Four du temps, pource que le mois d'Aoust fait venir en maturité les figues, grenades, pommes de coing, & seiche les raisins. Au quinzieme de Nouembre le temps d'hyuer commence, & s'étend jusques au quatorzieme de Feurier. A l'entrée de cette saison lon commēce à semer les terres qui sont en la plaine, & celles qui sont en la montagne à l'entrée d'Octobre. Les Africans sont d'opinion qu'il y ait en l'an quarāte jours fort chaleureus qui commencent au douzieme de Iuin : aussi par le contraire ils trouuent pour chose certaine qu'il y en ait autant de froids en toute extremité, qui commencent au douzieme de Decembre : & aprouuent aussi les Equinoxes estans au seizieme de Mars & Decembre. Ils croyent encor que le Soleil retourne au seizieme de Iuin & Decembre. Aussi cette reigle est entre eux gardée & diligēment obseruée, tant pour acenser leurs possessions, semer, & recueillir, cōme à nauiger et trouuer les degrez & reuolutions des planettes : faisans instruire leurs enfans aus écoles en plusieurs choses à cecy appartenantes, & à iceux plus profitables auec grande cure & diligence. Il se trouue encore des paysans Arabes, & autres, lesquels (sans auoir jamais feuilletté ny manié liure aucun pour aprendre les lettres) parlent assez suffisamment de l'Astrologie, amenans raisons de leur dire bien

Africās et arabes nō lettrez deuisās biē de l'Astrologie.

F 2   vi-

viues & apparentes. Les reigles & cognoissance qu'ils ont, sont tirées de la langue Latine, & mises en langue Arabesque, auec la description des mois à la mesme mode & forme des Latins. Outre ce ils ont vn grand volume diuisé en trois parties, qu'ils appellēt en leur langue Le tresor de l'Agriculture, qui fut traduit de langue Latine en Arabesque à Cordouë, du tēps que Mansor regnoit en Grenade, & traite de toutes choses qui peuuēt seruir, & qui appartiennent à la cognoissance de l'art d'Agriculture: c'est assauoir au temps qu'il fait bon, & comme il faut proceder à semer, planter, enter les arbres, & faire produire au terroir toute espece de fruit, grain, & legumage. Et ne me puis assez emerueiller que les Africans ayent plusieurs liures traduits de Latin en leur vulgaire, desquels il n'est fait aujourdhuy aucune mention entre les Latins. Le compte & les reigles que tiennent les Africās, & encore les Mahōmetans pour les choses concernātes leur foy & religion, sont toutes selon le cours de la Lune, faisans l'an de trois cens cinquantequatre jours, pource qu'ils ont six mois de trente jours, & autres six de vint & neuf: ce qu'estant reduit en vn, reuient à ce nombre mesme. Donques l'an des Africans & Arabes est plus court que n'est celuy des Latins d'onze jours, lesquels font retourner nôtre an en arriere. Leurs festes & jeusnes viennēt en diuers temps de l'année: & faut encore noter, qu'à la fin d'Autōne, & le long de l'yuer, & partie de la

Ce liure pourroit estre celui de Magō Cartaginois, q traite de l'Agriculture.

L'an des Africās et arabes est de 354 jours.

Des mois

des festes & jeunes

de la Primiuere suruiennent des tempestes, emouuans de terribles grêles, foudres, & éclairs: & se trouue beaucoup de lieus où la neige tombe bien épesse. Et là sont fort dommageables trois vens Silach, Midy, & Leuant, mesmement au mois de May, pource qu'ils gâtent, & consomment tous les grains, empeschans iceux de receuoir leur nourriture de la terre, & les fruits de venir en leur parfaite maturité. Outre ce, les brouillars sont fort contraires aus grains, mesmement ceux qui tombent quād ils viennent en fleur: car le plus souuent ils durent tout le long de la journée. Au mōt Atlas l'an n'est que de deux saisons, à cause que depuis Octobre jusques en Auril ce n'est qu'hyuer, & d'Auril jusques en Septembre eté: mais à la sommité de cette montagne les neiges y sont continuelles. En Numidie le cours des saisons est plus soudain qu'és autres lieus, pource que les grains se cueillēt en May, & les Dates en Octobre. Depuis la moitié de Septembre jusques en Ianuier est la plus grāde froidure de l'année. S'il tombe de la pluye en Septēbre, tous les datiers ou la plus grand partie se gâtent, au moyen dequoy il s'en fait vne bien pauure & maigre cueillette. toutes les terres de Numidie veulēt estre arrousées pour la semence, dont il auient que ne tombant point de pluye au mont Atlas, tous les fleuues de la region demeurent quasi à sec, de sorte que le terroir d'iceus ne peut estre arrousé, & auenant encor que le mois d'Octobre ne soit pluuieus,

Des vēts qui sont dōmageables en Afrique.

alors

alors on rejette toute esperance de pouuoir semer le grain en terre. Semblablement quād l'eau vient à manquer au mois d'Auril, on ne sauroit recueillir aucun grain en la campagne, mais on fait tresbonne cueillette de dates, ce qu'auient mieus aus Numides, que non pas auoir des grains en abondance: pource que quand ils auroyent bien du grain ils ne leur suffiroit pour la moitié de l'année. Mais ayans recueilly les Dates en grande quātité, le grain pour lors ne leur sauroit manquer, à cause que les Arabes & voituriers de chameaus qui en font marchandise apportēt vne infinité de grains pour troquer contre icelles Dates. Outre plus si le temps se change à la my Aoust aus deserts de Libie, & que les playes ne cessent jusques au mois de Nouembre, & au semblable pour tout Decembre, Ianuier, & quelque peu de Feurier, elles causent vne grande abondance d'herbes, d'ou prouient qu'on n'à faute de laict, & trouue lon plusieurs lacs par la Libie : à cause de quoy les marchās de la Barbarie se transportēt en la terre Noire, là ou les saisons sont vn peu plus auancées, & cōmence à y plouuoir à la fin de Iuin : mais c'est si peu que rien, ayant toutes fois la pluye telle proprieté en la terre noire, qu'elle ne nuit ni aide en rien, pource que les eaus du Niger sont suffisantes à arrouser le terroir, lesquelles débordans engressent, & rendent fertiles toutes les campagnes, non autremēt que fait le Nil en Egypte. Il est vray que quelques lieus de ce pays-là ont

Le débordemēt du fleuue Niger rend les terres fertiles cōme fait le Nil.

ont besoin de pluye, & croit le Niger au mesme tẽps que le Nil se deborde, qui est au quinzieme de Iuin: il s'enfle & se fait gros par quarante jours, & demeure autant à retourner en son entier. Et quand il se deborde, on pourroit facilemẽt aller par toute la terre des Noirs auec vne barque. Les fossez & vallées s'emplissent, mais il est fort dãgereus de nauiger auec aucunes barques, en ces pays là, comme nous donnerons suffisamment à entendre en la cinquieme partie de nôtre œuure.

Quãd, & pour cõbien de jours le Nil, & le Niger se debordẽt

¶ Qualité des âges.

LE plus haut âge que puissent attaindre les habitans de toutes les citez & lieus de Barbarie n'est que de soissante à septante ans, & s'en trouue bien peu qui surpassent ce terme là: toutesfois il y en a aus montagnes de cette region qui accomplissent & passent encore les cent ans, & sont tels personnages fort gaillars, & de robuste vieillesse. Vous asseurãt que j'ay veu moymesmes des vieillars de quatre vints ans labourer & cultiuer la terre, fossoyer aus vignes, & faire d'vne promptitude & dexterité incroyable, tout ce qui y estoit necessaire: &, qui plus est, je me suis trouué au mont Atlas auec aucuns personnages âgez de quatre vints ans venir au cõbat, & s'éprouuer contre de jeunes hommes fors & puissans, desquels ils se sauoyent merueilleusement bien défẽdre, là ou la plus grande partie desdits

Vieillars de 80. ans fort dispos au labourage, & au cõbat.

vielvieillars faisoit quiter la place à l'enniemy, obtenans brauement la victoire de luy. En Numidie au terroir des Dates les habitans y sont de longue vie, mais les dents leur tombent bien tôt, & ont la veuë courte: ce que procede d'vn vent souflant du Leuant, qui les moleste fort, à cause qu'il enleue tant d'arene en haut que la poussiere leur vient à entrer aus yeus le plus souuët, et leur gâte la veuë: & le trop continuel manger de dates est cause que les dents ne leur demeurent longuemët dans la bouche. Ceux de Libie ne sont de si longue durée que les habitans des autres regions: mais ils se maintiennent gaillardement, & sains jusques à l'âge de soissante ans, encore qu'ils soyent maigres & de petite corpulence. Les habitans de la terre Noire sont de plus courte vie que ceux des autres côtrées: mais ils se maintienët tousiours robustes, sans estre sujets à douleur de dents, estans fort enclins à luxure, dequoy ne sont aussi exempts ceux de Libie, & Numidie ni ceux de Barbarie qui sont ordinairement plus foibles.

trop vser de dates fait tôber les dents.

¶ Maladie des Africans.

Outumierement en la teste des petits enfans, et en celle des vieilles matrones vient à naître vne espece de tigne, qui ne se peut guerir qu'auec bien grande difficulté. Plusieurs hommes sont grandement sujets

jets à douleur de teste, qui les surprend aucunesfois sans aucun excés de fieure. Ils s'en trouue qui sont merueilleusemēt tourmentez du mal de dents, & estime lon que celà leur vient de boire l'eau froi de incontinent apres auoir mangé leur potage tout chault. Ils sont semblablement molestés de douleur d'estomac, laquelle ils appellent (comme ignorans) douleur de cœur. A plusieurs auient grans tourmens, & coliques passions fort vehementes, quasi journellement, & cela, pource qu'ils boiuent de l'eau trop fresche. Sciatiques & douleurs de genous y sont assez souuent, prouenans de se coucher ordinairement par terre, & de ne porter point de chausses. Il y en a bien peu qui deuiennent goutteux, sinon quelques Seigneurs: pource qu'ils s'acoutument à boire du vin, manger betoudeaux, & autres viandes delicates. Par trop manger oliues, nois & telle maniere de viandes grossieres, plusieurs sont le plus souuent rongneux, ce qu'ils supportent tresimpatiemment. Ceux qui sont de complexion sanguine pour trop souuent se seoir en terre, ils prennent vne toux, qui leur apporte vn grand ennuy & facherie: au moyen dequoy les gēs prennent vn singulier plaisir de s'assembler le vendredy (le mesme jour qu'ils se transportent dans leurs temples à milliers pour ouyr la presche) lors que le prestre est fort affectionné à poursuiure sa matiere encommencée, pour auoir le passetemps de ceux qui ont cette toux. Car s'il auient que quelqu'vn prenne enuie de toussir, il est par vn autre secondé, que le tiers ensuit, puis le quart, & ainsi consequemment à la file, tant que toute l'assemblée se met à toussir, comme si c'estoit à l'enuy, de sorte qu'on ne cesse jusques à ce que la predication soit parachenée: & s'en va lon du temple aussi bien instruit comme quand l'on y entra. Et quant à ce mal qu'on apelle communemēt en Italie, mal françois, & en France mal de Naples, je ne pense que la dixieme partie de toutes les villes de Barbarie en soit eschapée, & vient auec douleurs, apostumes & playes tresprofondes: toutesfois plusieurs en ont trouué le remede & en guerissent. Mais au territoire & montagnes d'Atlas, ce mal est incognu des habitans dicelles: semblablement par toute la Numidie (j'enten du pays seulement ou sont produites les dates) il n'y a personne qui en soit attaint, encore moins en la Libie, ny en la terre Noire ne s'en parle aucunement. Et s'il se trouue aucun qui en soit entaché, et qui s'achemine en la terre Noire il n'a pas plus tôt senty l'air de celle region, qu'il retourne soudainement en sa premiere santé, & conualescence: demeurant aussi net comme si jamais il n'en eust esté malade. Vous asseurant que j'ay veu de mes propres yeux plus de cent personnages, qui sans chercher autres remedes, pour le seul changement de l'air ont recouuert entiere guerison. Cette espece de maladie n'auoit point couru au parauāt par l'Afrique, mais elle print son commencement du temps

Le passetemps de ceux, qui toussissent aus presches.

Mal de Naples ou mal d'Espagne.

Quand cōmença la grosse

du temps que Ferrand Roy des Espagnes expulsa les Iuifs hors les limites de son Royaume, lesquels s'en vindrent de là habiter en la Barbarie, là ou quelques méchans Maures & de peruerse nature se couplerent auec les femmes de plusieurs de ces Iuifs qui estoyent entachez de cette maladie que prínt cette canaille. De là suiuant d'vn à autre, & à la fi le, commença d'infecter toute la Barbarie, tellemēt qu'il ne se trouue generation que ce mal n'ait enta ché. Et tiennent les Africains pour tout seur qu'il á prins son origine des Espagnes, suiuant laquelle o- pinion plusieurs l'appellent mal d'Espagne, mais ceux de Thunis le nōment mal françois, en imitāt les Italiens, sur lesquels il á bien fait cognoitre par aucun temps cōment il sait miner jusques aux en- trailles. Pareillement il á eu son cours en l'Egipte, & Surie, là ou il á retenu encore vn autre nom. Les aucuns sont sujets au mal de côté. En Barba- rie bien peu se sentent greuez de ce mal qui est par les Latins appellé Hernia, mais en l'Egipte plu- sieurs s'en trouuēt vexez: à aucuns s'enflent les ge nitoires si fort que c'est piteuse chose à veoir: et esti me l'on que cela vienne pour māger trop de froma ge salé. Les enfans d'Afrique sont souuēt surprins du mal caduque, mais venās á croître il decroît, et se passe. Ce mal mesme suruiēt à plusieurs, & mes- memēt en la Barbarie, là ou par sottise et ignorāce on estime q̄ ceux qui en sont entachez soyēt vexez du maling esprit. La peste se jette coutumieremēt

jus

verolle en Barba rie.

Remede contre la peste en Barbarie.

sus la Barbarie au bout de dix, quinze & vinte-cinq ans: mais quand on la sent venir, beaucoup de personnes abandonnent le pays, pourautant qu'on ne sait autre remede pour la fuyr, & s'en garder, sinon qu'auec certains oignemens, & terre d'armeniq, dont ils oignent l'apostume tout autour. Les Numides ne sauoyent que c'estoit, sinon depuis cent ans en ça, mais la terre Noire en est totalement exempte.

¶ Des vertus & choses louables qui sont entre les Africans.

LES Africans c'est assauoir ceux qui demeurent aus villes & citez de Barbarie, & mesmement sur la riuiere de la mer Mediterranée, sont gens qui se delectent grandement de sauoir: au moyen dequoy ils vaquent auec grande cure & diligence aus lettres & l'étude de l'humanité: & les choses qui concernent leur foy & Loy, tiennent le premier rang par my eux. Ils se souloyent fort adonner aus Mathematiques, & à la philosophie semblablemēt: mais depuis quatre cens ans en ça (comme auons desia dit) plusieurs sciences leur furent deffendues par les docteurs, & par leurs Seigneurs aussi, comme la Philosophie et l'Astrologie judiciaire. Ceux qui habitent aus citez d'Afrique sont fort deuotieus, & pleins de religion touchant leur foy, pretans
obeyssance

obeyssance en toute humilité à leurs prestres & docteurs: & mettent grande peine à aprendre & sauoir les principaux points de leur foy. Ils vont ordinairement en leurs temples pour en iceux faire leurs oraisons accoutumées, quoy faisant ils ont des apprehensions qui leur causent de grandes fascheries, pour ne pouuoir se persuader que leurs prieres soyët suffisantes pour leur purger tous les membres, & par fois se lauent tout le corps entierement, comme j'ay deliberé de vous faire entendre au premier & second liure de la Foy & Loy Mahommetique. Aux cités de Barbarie se trouuent encore des habitans fort ingenieus, comme en rendent assez ample tesmoignage plusieurs somptueux ouurages sortans de leurs mains: & ne sont moins de bonne nature, comme innocens en malice, sans qu'ils proferent jamais vne parolle qui contraine à ce qu'ils ont dans le cœur, encore qu'on les eust anciennement (comme en font foy les histoires Romaines) en estime autre que bonne, & du tout contraire à la naïue bonté qui les accompagne: maintenant sont gens vaillans & courageux, mesmement ceux qui habitent aus montagnes ayans la foy sus toutes les choses du monde en singuliere recommendation, en obseruant diligemment toutes les cerimonies & ordonnances d'icelle: auec ce que plus tôt permettroyent la vie leur estre ôtée que de contreuenir en rien à leur serment & promesse. Mais ils sont merueilleusement enclins à jalousie:

Folle apprehention des Africans.

Les habitans de Barbarie ingenieus & loyaus aujourd'hui: bié que les anciennes histoires dient le contraire.

au

au moyen dequoy ils endureroyent plus tôt quelque grande injure que de suporter qu'on leur feist aucune honte ou vergongne procedant du coté de leurs femmes: & sont conuoiteux de richesses, & ambitieux d'honneur outre mesure: errans & s'acheminans par toutes les parties du monde en état de marchans: & outre ce, sont bien receus pour lecteurs & maistres en diuerses sciences. Ils frequentent par l'Arabie, Egipte, Ethiopie, Perse, Inde & Turquie: là ou ils sont tresbien venus, voire fort honorablement receus quelle part qu'ils se puissent trouuer pource que l'art auquel ils s'addonnent est si bien par eus pratiqué, qu'ils en font vne tresparfaite & suffisante yssue. Outre ce ils sont honnestes, honteux, & modestes, ne s'oublians jamais tant, que de proferer en quelque part qu'ils soyent vne parolle deshonneste. Le moindre rend hôneur au superieur, soit en parlant, ou en toute autre particularité: & ont vn tel respet que l'enfant en presence du pere, ou de l'oncle seulemēt, n'oseroit prendre la hardiesse, ny s'auenturer a tenir propos lubriques, ou d'amour lascif: ayans encore grand'honte de chanter chansons amoureuses là ou ils voyent leurs superieurs. telles sont les bonnes & louables coutumes que tiennent les citoyens de Barbarie. Quant à ceux qui habitent aux pauillons c'est à sauoir les Arabes & pasteurs, ce sont gens grandement adonnez à liberalité, plaisans, pitoyables, & de joyeuse nature. Ceux qui font leur residence aus mon-

L'honnesteté & modestie des Africans.

Des citoyens de Barbarie.
Des Arabes.

DESCRIPT. D'AFRIQUE. 48

montagnes, sont semblablement libéraux, courageus, modestement honteus, & honnestes en conuersation commune. Les Numides sont plus ingenieus que ceux cy: pource qu'ils s'adonnent aux vertus, & étudient en leur loy : mais ils n'ont pas grande cognoissance des sciences naturelles. Ils sont magnanimes, pleins de grande humanité, tref adroits, & experimentés aux armes. Ceux qui resident en la Libie c'est assauoir les Africans & Arabes se delectent à montrer vne grande liberalité, à estre plaisans, & s'employer pour les affaires d'vn leur amy, & caressent grandement les etrangers. Les Noirs menent vne bonne vie, & sont de fidele nature, faisans voulētiers plaisir aux passans, & s'étudient de tout leur pouuoir à se donner tous les plaisirs dequoy ils se peuuent auiser, à se resiouyr en danses, & le plus souuent en banquets, conuis & ébas de diuerses sories. Ils sont fort modestes, & ont en grand honneur & reuerence les hommes doctes & religieus, ayans meilleur temps que tout le reste des autres peuples lesquels demeurent en Afrique.

Des Numides.

Des Libiens.

Des Noirs.

¶ Des vices, & sotte maniere de viure des Africans.

IL n'y à point de doubte que cette nation ne soit entachée de plusieurs vices à elle particuliers, de mesmes qu'elle est ornée & illustrée de beaucoup de vertus: mais je vous dōnerai à cette heure matiere
suffi-

suffisante pour pouuoir discerner & juger si la grandeur des vices pourroit egaler le nombre des vertus. Les habitans des villes de Barbarie sont pauures, & superbes, & plus que le deuoir ne le comporte, dedaigneux outre mesure, tellement que la moindre injure qu'on leur sauroit faire est par eux grauée (comme on dit en commun prouerbe) en marbre, sans que par laps de temps ou autrement ils la puissent mettre en oubly, ny effacer de leur cerueau, quand elle y est vne fois imprimée: & sont si deplaisans & malgratieux, qu'il n'y a nul étranger qui puisse (qu'à bien grande peine) estre en la grace d'eux, ny aquerir leur amitié. Auec cela, ils sont simples, croyans toutes choses, & y ajoutans foy, encore qu'elles semblent estre impossibles. Le populaire est fort ignorant des choses naturelles, tant qu'il estime le mouuemet des cieux & l'influance d'iceux n'estre d'vn cours naturel, mais comme vn miracle, & fait diuin. Ils sont autant extraordinaires à prendre leur refection, comme inconsiderez à pourueoir à leurs affaires: & grandement coleres, ne parlans gueres qu'ils n'vsent d'vne voix arrogante, & de parolles braues et superbes: & en voit on journellement en my les ruës à grands coups de poing demêlans leurs querelles & differens. Dauantage ils sont de vile nature, mecaniques, & peu estimez de leurs Seigneurs, qui tiennent communement plus de compte d'vne beste brute qu'ils ne font de l'vn de leurs citoyens

Les Africans superbes & dépiteux

citoyens mesme, qui n'ont nuls gouuerneurs ny superieurs pour les conseiller touchant leur regime & maniere de viure. Semblablement ils sont peu experimentez à exercer le train de marchandise, n'ayans nuls changes ny banquiers, encore moins personne qui d'vne cité en autre face expedition des affaires. Mais qui veut trafiquer, il se faut tousjours tenir pres de sa marchandise, & la suyure en tous lieus. Ils sont par trop auaricieus, de sorte qu'il y en à beaucoup qui ne voulurent jamais loger ny receuoir étrangers par courtoisie, encore moins par charité : toutesfois il s'en trouue aucuns qui recognoissent les plaisirs qu'on leur à faits. Ils sont la plus part du temps pleins de melancolie, ne s'addonnans voulontiers à ébat, ny aucun passetemps que ce soit : & leur auient cela pour estre incessamment occupez & detenus par leurs affaires : pource que leur pauureté est grande, & le gain petit. Les pasteurs, tant de la montagne comme de la campagne, viuent fort miserablement au labeur de leurs mains, estans en necessité & misere continuelle : & s'en trouue bien peu qui ne soyent brutaus, larrons, & ignorans, & qui ne payent jamais la chose qu'ils prennent à credit, & y en à plus de coüars, & timides que d'autres. Là est permis à toutes les jeunes filles auant que se marier, de choisir vn amant tel que bon leur semble, & jouyr du fruit de leurs amours, tant que le pere mesme caresse l'amoureus de sa fille, & le frere de sa seur : de sorte

Les filles de Barbarie ne se soucient de garder leur virginité aus maris qu'elles ont apres.

G

LIVRE I. DE LA

forte qu'il n'y en a pas vne qui se puisse vanter d'auoir porté la virginité à son mary. Il est vray qu'elles estans mariées, ne sont plus suyuies, ny sollicitées par leurs amans, qui vont ailleurs chercher pâture, & faire l'amour auec d'autres. La plus grande partie de ceus cy n'est ny Mahommetique, ny de la secte Iudaïque, encore moins de la religion Chrétienne: mais sans foy, sans religion & sans aucun ombre d'icelle, tellement qu'ils ne font oraison, ny bâtissent eglises, viuans comme bestes brutes. Et si par cas fortuit il auient (ce qui ne se voit gueres souuent) qu'il se trouue quelqu'vn lequel soit le moins du monde touché de religion, à faute de reigle & de prestre, est contraint d'ensuiure les autres en leur brutale maniere de viure. Les Numides sont fort élongnez de la cõnoissance des choses, & ignorans de la façon & mode du viure naturel, traîtres, homicides, & larrons sans mesure: ils sont de vile nature: au moyen dequoy ils ne se sçauroyent employer sinon à choses viles, comme à estre cure-retrais, à cuisiner, souillarder, & le plus souuent se mettẽt à estre valets d'étable. Tant y à que pour argent on leur fera mettre la main à tout labeur, tant vil soit il. Ceus de Libie sont rurans, ignorans, larrons, voleurs, brigans, & hors de toute cognoissance des lettres, ne differant en rien leur maniere de viure à celle des animaus sauuages. Ils viuent aussi sans reigle, ny statuts, & ont tousjours mené vne tresmiserable vie: ne se trouuant si grande

Gẽs sans foy, sans secte ny religion.

Les Numides.

Les Libiens.

si grande & enorme trahyson qu'ils ne machinent & commettent pour en receuoir recompanse: & n'est animal qui soit mieus ramé, ni qui porte plus longues cornes que fait cette canaille, qui employe tout son temps à chasser, faire mal, & guerroyer les vns contre les autres, ou à mener paître les bestes au desert, tous nus & déchaus. Ceux de la terre Noire, sont ges fort ruraus, sans raison, sans esprit, ny pratique: n'estans aucunement experimentez en chose que ce soit, & suyuent la maniere de viure des bestes brutes, sans loy, ni ordonnances. Entre eux y à vne infinité de putains, & par consequent de cornars, & sont bien habiles ceux qui en peuuent échaper, sinon aucuns de ceux qui sont aus grandes citez, ayans meilleur jugement, & sens naturel que les autres. Ie suis par trop asseuré que ce ne me deuroit estre peu de reproche de publier & découurir les vices vituperables des Africans, veu que j'ay en l'Afrique pour ma nourrice, là ou j'ay esté éleué, & en laquelle j'ay consommé la meilleure & plus belle partie des mes ans: mais en cecy me seruira & sera suffisant (pour me purger de toute blâme que lon me pourroit touchant cecy imputer) l'office d'Historien, qui est, de ne tenir la verité des choses sous silence, ains tâcher de toutes ses forces à la découurir, sans s'accommoder, ny complaire au vouloir particulier des personnes, qui cause que je suis contraint de publier cecy: ne desirant de pallier les choses, ains tâchant

Les noirs

L'Auteur en s'excusant.

G 2   tant

tant qu'il m'est possible de ne m'élongner en rien de la verité : laissant à part l'embellissement de parolles, & ornement de langage. Et prie bien fort à vn chacun de gētil esprit qui voudra tant se trauailler que de faire lecture de ce mien petit œuure & trauail, suffire l'exemple de cette briewe nouuelle pour excuse.

nouuelle d'vn qui fût fouëté, & des paroles qu'il eut auec le bourreau

On dit donques qu'en mon pays y eut vne fois vn jeune homme de basse cōdition, de mauuaises mœurs, & méchāte vie, lequel estant attaint, & conuaincu d'vn larrecin de petite valeur, fut condamné à estre fouëté. Or le jour venu qu'il deuoit estre puny par Iustice, apres auoir esté liuré entre les mains du ministre de la Iustice, recognut le bourreau comme pour celuy qui auroit esté vn de ses plus grans amis, à cause de quoy il se tenoit tout asseuré qu'il vseroit d'autre traitement enuers luy, qu'il n'estoit acoutumé d'vser enuers les autres. Mais au contraire, commēça à le charger & fouëter cruellemēt, luy donnant des singlades cuisantes & démesurées : ce que sentant le pauure compagnon, tout étonné, commença à s'écrier, & luy dire : Frere, certes tu me traites assez rigoreusemēt pour vn amy tien. Alors le bourreau recommençant de plus belles, & l'etriller de plus aspre sorte, luy répondit : Compagnon

pagnon mon amy, je suis tenu & obligé de exercer mon office, sans varier, & ainsi qu'il appartient: au moyen de quoy l'amitié d'entre nous deux n'a point icy de lieu: & continuant luy donna tant comme il auoit esté par le Iuge ordonné.

Ce que consideré, en taisant les vices des Africans, je pourrois encourir vne juste reprehension, donnant grande matiere à plusieurs de se persuader que je m'en serois deporté, me sentant moymesmes entaché de semblables tares: & n'ayant les vertus dont les autres sont anoblis. A quoy (puis qu'il ne me reste autre chose pour mes defenses) je fais mon compte de me gouuerner selon l'exemple d'vn petit oiseau, l'histoire duquel vous voulant faire entendre, il faut q̃ je m'aide d'vne autre brieue, & plaisante nouuelle, qui est telle:

Du temps que les animaus exprimoyent par paroles leurs conceptions, à l'imitation des humains, il se trouua vn tresplaisant oyseau & de merueilleuse nature: lequel auoit cest auantage qu'il pouuoit autant bien viure dessoubs les eaus entre les poissons, comme sus la terre auec les oiseaus, qui pour lors estoyent tenus de payer & rendre par chacun an à leur Roy vn certain tribut. Ce que estant paruenu aus oreilles de cet oiseau, de‑ Autre nouuelle d'vn oyseau.

G 3 libera

libera du tout s'en afrachir: & (suyuant son projet) quand le Roy enuoya vers luy vn de ses officiers pour receuoir le tribut, donnant paroles en payement, print sa volée, laquelle il ne cessa jusques à tant qu'il fût paruenu à la mer, là ou il se cache soubs les ondes. Ce que voyans les poissons émerueillez au possible, d'vne telle nouueauté, l'enuironnerent trétous à grandes bandes, pour s'enquerir & sauoir de luy l'occasion qui l'auoit meu de s'en venir retirer en leurs regions & Seigneurie. O bonnes gens (dit il) est il possible que n'ayez encore esté aduertis, comment le monde est maintenant reduit à telle extremité, que c'est chose impossible qu'on y puisse plus viure, ny faire sejour? Ie dy cecy, nobles Seigneurs, pource que nôtre Roy pour je ne say quelle reuerie qui luy est montée en la teste, me fait poursuyure viuement pour m'écarteler tout vif piece par piece: nonobstant ma preud'homie qui est telle, qu'entre tout le genre des oiseaus il ne s'en trouuera vn moins vitieus, ni autant honnorable gentilhomme que moy, & sus lequel il y ait moins à redire. Parquoy je vous prie, Gens de bien, si aucune pitié & benignité a trouué dans vos cœurs lieu, de me vouloir permettre, que je puisse heberger auec vous, à celle fin que

Les ppos de l'oyseau aus poissons.

que je me puisse vanter & faire étendre la renommée par toutes regions d'auoir trouué plus de pitié & amitié auec les étrangers que entre les miens propres. L'oyseau par ses mensonges palliez & parolles alechátes seut si bien persuader à la multitude des poissons, qu'ils luy accorderent liberalement sa requeste, & demeura parmy eux sans estre aucunement molesté, ny receuoir aucun outrage. Or il y sejourna par l'espace d'vn an, à la fin duquel, voulant le Roy des poissons receuoir son tribut ordinaire, enuoya vn de ses domestiques vers le petit oyseau, pour luy demander son droit, luy faisant entendre la coutume. Cela est bien raisonnable (répondit l'oyseau,) mais en disant cecy, & ébranlant ses æsles, se meit hors de l'eau, & s'en vola: laissant le messager auec vne grande honte, & le plus scandalizé du monde. Tant y a que si le Roy des oyseaus luy demandoit tribut, il s'en alloit soubs les eaux: là ou estant solicité par semblable demande du Roy des poissons, il s'en retournoit sur terre.

Ie veux inferer par cecy, que l'homme tire le plus droit qu'il peut, là ou cognoit son auantage. Parquoy si les Africans viennent à estre vituperez, je diray que je suis natif de Grenade, & non en Afrique: & si mon pays reçoit aucun blâme,

j'alle-

LIVRE I. DE LA

j'allegueray en faueur de moy, que l'Afrique est le pays auquel j'ay prins ma nourriture, & là ou j'ay esté endoctriné, mais je seray en cecy aus Africans fauorable, qu'en publiant leurs vices, je raconteray seulement ceux que je penseray estre à vn chacun notoires, & manifestes.

FIN DV PREMIER LIVRE.

DESCRIPTION D'A-
FRIQVE, ET DES CHO-
*ses memorables, qui sont
contenuës en icelle.*

LIVRE SECOND.

Proëme.

AYANT generalement décrit en la premiere partie de mon œuure les citez, termes, diuisions, & les choses des Africás qui m'ont semblé dignes de memoire perpetuelle à la posterité, j'ay deliberé de vous bailler particuliere information de diuerses prouinces, des citez, montagnes, assietes des lieux, loix, & coutumes d'iceux, n'obmettant rien, & ne laissant en arriere chose que je penseray meriter d'estre redigée par écrit. Et pour auec meilleur ordre parfaire, je commenceray du côté de Ponant, suiuant de lieu à autre jusques à ce que je viendray donner fin à cette description, à la terre d'Egipte. Ce que je diuiseray en huyt parties, aus quelles j'en adjouteray une autre, & en icelle (moyennant la bonté & permission de celuy par le vouloir duquel toutes choses sont regies & gouuernées, baillant perfection à toutes choses) mon intention est de décrire les Fleuues notables, la diuersité des animaus, plantes, fruits, & herbes qui se trouuent en Afrique, auec leur vertus & proprietez.

¶ De l'assiete & qualité de Hea region Occidentale.

HEA, region de Maroc, du côté de Ponant & Septentrion confine auec la mer Oceane: deuers le Midy se joint auec le mont Atlas: de la partie Orientale se termine au fleuue d'Esifnual, lequel sourdant en cette montagne, entre dans le fleuue Tensift, qui separe Hea d'auec l'autre region prochaine. Cette region est assise en vn pays aspre, qui est remply de montagnes fort hautes, & scabreuses, de bois, valées, & petites riuieres, encores qu'il soit bien peuplé & habité. Il y a autant gran-

grande quantité de chèures & asnes comme le nombre des brebis y est petit, & encore moindre celuy des beufs & cheuaus. On y trouue aussi peu de fruits, ce qui ne procede aucunement par le defaut de la terre, mais de l'ignorance, & sottise des habitans : car j'ay veu plusieurs lieux qui produisoyent des figues, & pesches en grande abondance. Le froment y est bien rare, mais l'orge, millet, & graine de nauette y croissent en assez bonne quantité, & le miel aussi que les habitans du pays mangent ordinairemēt. Et pourautant qu'ils ne se sauroyent seruir de la cire, ils n'en tiennent compte. Là se trouuent plusieurs arbres épineux lesquels portent vn gros fruit comme sont les oliues, qui viennent d'Espagne, & est appellé ce fruit en leur langue Arga, lequel est de forte & puante odeur : neantmoins les habitans en mangēt & en font de l'huile.

¶ Maniere de viure de ce peuple.

LES peuples qui habitent en cette region ont coutume d'vser quasi en tout temps de pain d'orge, lequel est plus tôt fait en forme de gateaus qu'autrement, & sans leuain, le faisans cuire d'vne terrible manire : car ils le mettent en certaines poiles de terre faites à la mode de celles dont on couure les

LIVRE II. DE LA

les tartres en Italie, & s'en trouue peu qui le facet cuire dans le four. Ils ont encore vne autre vsance de faire le pain, lequel est tresord, & sans saueur qu'ils appellent en leur langue Elhasid, pour lequel apréter font bouillir de l'eau dans vne grãde chaudiere. là ou ils mettent de la farine, & auec vn baton la remuent souuët, jusques à ce qu'elle soit cuite, puis la renuersent dans vn grand bassin, ou autre chose, & apres y auoir fait vne fosse au milieu, la remplissent de telle huile qu'ils ont. Lors toute la famile de la maison se met tout autour, assise, ou autrement: & sans s'aider de cuilieres chacun rauit à belles mains ce qu'il en peut auoir, ne cessans de deuorer cette viande, jusques à ce qu'il n'y en demeure vn seul morceau. Mais quand ce vient à la saison de Primeuere, ils ont coustume de faire bouillir la farine auec du laict: & en lieu d'huile ils y mettent du beurre, faisans cecy au souper seulement, pource qu'en temps d'yuer à l'heure de disner ils saucent leur pain dans le miel, & l'esté le mangent dans le laict, & auec le beure. Ils vsent de chair bouillie auec des féues & oignons, ou bien auec vne autre viande qui est par eux appellée Cuscuso, & à leur repas ne s'aident de napes, tables, ny treteaus, mais étendent sus la terre quelques cuirs en forme ronde, sur lesquels ils prennent leur refection.

Elhasid vne sorte de pain que man-gët ceux de Hea.

Des cuirs dõt vsent ceux de Hea au lieu de napes.

Des

Des habis, & coutumes du mesme peuple.

L A plus grande partie de cette nation porte pour habillement vn gros drap de laine, qu'ils appellent Elchise, lequel est fait à la semblance d'vn simple loudier, dequoy l'on couure les lits en Italie, & se l'entortillent autour d'eux bien étroitement, se ceignans au dessous des hanches auec vn bandeau de laine

de laine, duquel ils se couurent les parties secrettes. Sur la teste portent quelques petites bandes de laine, qui ont cinq coudées en longueur, & deux en largeur, qu'ils teignent auec l'écorce qu'ils tirent de la racine des noyers, & s'en enuelopent la teste, en les attachant de maniere que le sommet leur vient à paroître, qui demeure tousiours découuert: & ne se trouue personne qui vse de porter bonnets sinon les vieillars, & gens de sauoir s'il y en á, & sont ces bonnets, doubles, ronds, & de mesme hauteur que ceux lesquels portent les medecins en Italie. Il s'en trouue bien peu qui portent chemises, tãt pource que les terres de ce pays là ne produisent point de lin, cõme pour n'y auoir personne qui les sache acoutrer ny ourdir. Leurs sieges sont de certaines couuertures peluës, & de jõcs, sans estre tissues: leurs litz sont faits de quelques esclaumes peluës, qui ont en longueur de dix à vint coudées: dont vne partie sert de materas, & l'autre de linceul & couuerture, & en temps d'yuer mettent le poil par dedans, & l'esté par dehors. Les coußins & oreillers sont faits en sorte de petis sacs, pleins de laine, fort gros, & aspres, en maniere des couuertures de cheuaus qui viennent de Turquie. Les femmes pour la plus grande partie vont la face découuerte & vse ce peuple de vases de bois qui sont faits nõ pas au tour, mais auec le couteau ou burin: & les pots & chauderons sont tous de terre. Ceux qui n'ont encore prins femme, ne portent point de bar
be,

be, neantmoins apres s'estre mariez ils la laissent croitre. Ils ont peu de cheuaus, toutesfois ils sont vsitez à courir, & galoper parmy ces môtagnes d'vne course si prôpte et agile, qu'ils ressemblent chats & n'on point de fers au pieds. On vse de labourer les terres auec asnes, & cheuaus en cette region, et y à grand'quantité de cerfs, cheureuils, & lieures, à la chasse desquels les habitãs du pays ne s'addonnent aucunement. Et vne chose semble fort étrange, qu'il ne s'y trouue nuls moulins, veu qu'il y à assez fleuues, & riuieres : ce qui auient à cause que chacun à dans sa maison des instrumens tous propres pour faire moudre le blé, & les femmes gouuernent, & tournêt ces instrumens auec leurs propres mains. Là n'y à moyen de pouuoir aprendre sciêce aucune: & ne se trouue persone qui en ayt la cognoissance, sinon quelq̃ simple legiste, lequel n'est chargé d'aucune autre vertu, ny sauoir que bien à la legere. Il n'y à semblablement hôme qui entende vn seul point en Medecine, ny qui face professiõ de barbier, encore moins d'apoticaire. Et le seul point ou consiste la plus grande partie de leurs remedes, est à cauteriser auec le feu comme les bestes. Vray est qu'il y à aucuns barbiers, mais ils ne se meslent d'autre chose q̃ de circuncire les enfans. En ce pays là ne se fait aucun sauon, en faute dequoy on vse de cendres. Finablement ce peuple est tousiours en guerre, laquelle est demenée en telle sorte, que tous étrangers peuuent s'acheminer en leurs pays à
seureté,

seureté, sans qu'ils leur soit dit ou fait aucun outra
ge. Et auenant que quelqu'vn d'entre eux se vou-
sist transporter d'vn lieu en autre, il faut que l'vn
de ceux de la partie aduerse (femme, ou religieux,
qui que ce soit) luy face escorte, & serue de guide.
Quant à la justice ceux cy ne sauent que c'est, &
ne s'en parle en leur pays en sorte que ce soit, mesmement entre ces montagnes, là où il n'y à Prince, ny Seigneur pour les gouuerner: & à peine peu
uent tenir les principaux & apparens quelque ap
parence de magistrat dans les murailles des citez,
lesquels sont en petit nombre: mais il y à plusieurs
petites villes, chateaus & bourgades, dont les vnes
sont plus grandes, les autres plus petites, & commodement situées, comme je vous feray entendre
le tout particulierement.

¶ Des villes, & citez contenuës en la region de Hea & premierement
de Tednest.

Tednest est vne ancienne cité située en
vne assez belle, & plaisante plaine,
toute ceinte de murailles qui sont faites de bricque, & craye. De mesme ma
tiere sont bâties les maisons, & boutiques de la ci
té, qui peut contenir enuiron deux mille cinq cens
feux, & plus. Hors d'icelle sourd vn petit fleuue,
qui cotoye les murailles, ou se voyent quelques bou
tiques de marchans de draps qui se portent en ces
par-

parties là, & de toiles qu'on y trãsporte du Royaume de Portugal. Là n'y a point d'artisans autres q̃ marechaus, couturiers, & des Iuifs orfeures. Il n'y a point d'hôteleries, étuues, ny boutiques de barbiers en aucun endroit de cette cité, qui fait q̃ passant par icelle vn étranger va loger en la maison de quelque sien amy: & n'y ayant aucune cognoissance les gentilshommes de la ville jettent par sort qui sera tenu de l'heberger, tellement que par ce moyen tous étrangers ne sauroyent auoir faute de logis, à cause que les habitans se delectent merueilleusement de caresser vn passant, & luy faire honneur: en recognoissance duquel par honnesteté, & courtoisie l'étrãger est tenu de laisser quelque present à celuy qui auec humanité grande l'à receu en sa maison. Et s'il y à aucũ passant lequel ne se mêle de marchandise, il est en son liberal arbitre d'élire, & prendre tel logis de gentilhomme qui meilleur luy semblera, & y loger sans payer aucune chose s'il ne luy vient à gré. Mais si par cas fortuit, vn pauure homme suruient, il luy est ordonné vn hôpital, qui n'à esté fait à autre fin que pour y receuoir & heberger les pauures. Au milieu de la cité y à vn temple fort grand & tresantique, assez bien edifié de pierre & chaux, lequel fut bâty du temps q̃ ce pays icy estoit reduit sous la puissance du Roy de Maroc: & y à vne grãde citerne au milieu de ce tẽple, où est ordonné vn grand nõbre de prestres, & autres gẽs, pour la garde & gouuernemẽt d'iceluy.

La maniere de loger les étrãgers en la ville de Tednest.

Hôpital.

H Il y

Il y à bien encore d'autres tēples & lieus pour faire oraison, mais ils sont petis, étrois, enleuez, & illustres, toutesfois d'vne belle fabrique, & auec tresbon ordre & police gouvernez. En cette cité y à cēt maisons de Iuifs, qui ne sont sujets à payer tribus ordinaires: mais en donnāt honnestes presens sont fauorisez & supportez des gentilshommes. Il n'y à guere d'autres habitans que de Iuifs, qui tiennent le logis de la monnoye, & en font batre, qui est d'argent, vne once duquel suffira pour faire jusques à la quantité de cent soissante Aspres, qui sont semblables à certaine monnoye qui court en Hongrie, ne differant en rien à icelle sinon en quadrature: & n'y à en la cité douane, gabelle, ny aucun autre office pour leuer les droits seigneuriaus. Mais s'il auient que pour aucun vrgent affaire la commune soit contrainte de faire quelque dépence, alors tous les gentilshommes s'assemblent, & compartissent egalement l'impos selon que la qualité des personnes le peut cōporter. Cette cité fut ruinée l'an neuf cens dixhuit de l'Hegire: au moyen dequoy tous les habitans d'icelle gaignerent les montagnes de vitesse, & de là se transporterent à Maroc. La cause de cette prinse fut que le peuple s'aperceut comme les Arabes voisins de cette cité auoyent fait cōplot, & arreté auec le Capitaine des Portugalois (qui demeuroit en Azafi) de la liurer entre les mains des Chrétiens. Et vei cette cité apres qu'elle fut démolie, dont les murailles estoyent toutes par terre,

Cēt maisons de Iuifs en Tednest.

Aspres, sēblable mōnoye que celle d'hōgrie.

terre, & les maisons qui seruoyent de nids aus cor- | La cité de
neilles, & autres oyseaus: qui fut en l'an neuf | Tedneſt
cens & vingt. | ruinée.

Teculeth est vne cité aſſiſe en la côte d'vne mon- | De Te-
tagne, & contient enuiron mille feus. Elle eſt pro- | culeth.
chaine de Tedneſt du côté d'Occidët dixhuit mille,
& à côté d'icelle prend ſon cours vn petit fleuue, le
long duquel ſur toutes les deux riues ſont aſſis pluſieurs jardins pleins de diuerſes ſortes de fruits. Dãs la cité ſe trouuët pluſieurs puys d'eau douce & claire. Outre ce, il y a vn tëple d'aſſez belle proſpectiue, auec quatre hôpitaus pour les pauures, & vn autre pour les religieus. Les habitãs de cette cité ſont plus opulens que ceux de Tedneſt, pourautãt qu'elle eſt fort prochaine d'vn port qui eſt ſur la mer Oceane, lequel eſt appellé, Goz, & vendent la du graĩ en grande quãtité, à cauſe qu'il y a deuers vn des côtez d'icelle vne tresbelle & ſpacieuſe plaine. Ils vendent ſemblablement & deliurent de la cire aus Portugalois: au moyen dequoy ils vont aſſez bien en ordre, & maintiennent leurs cheuaus fort bien en harnois, & bon equipage. Au temps que je fu en ce pays là, il y auoit vn gentilhõme en cette cité, qui auoit telle preéminëce ſur le cõſeil que ſauroit auoir vn prince: & s'appuyoit on ſur luy de tout le gouuernement, tant pour diſtribuer les tribus, dont ils ſont redeuables aus Arabes, comme à traiter paix, & paſſer accors entre iceus, & le peuple de la cité, dans laquelle çetuy cy poſſedoit

H 2   de

de grandes richesses qu'il dépendoit liberalement à se faire bien vouloir, & acquerir les cœurs d'vn chacun s'il eût peu, & conuoiteus au possible de se veoir en la grace de tous. Auec cela il auoit les pauures en singuliere recommendation, aidant, & suruenant auec le sien propre aus affaires du peuple: tellement qu'il n'y auoit celuy qui ne luy portât affection telle que de fils à pere. Et de cecy je puis rendre bon & suffisant témoignage: car je ne fû seulement à la verité acertené de ces choses, mais encore logeay par plusieurs jours en la maison de ce bon Seigneur, là ou je vei & leu beaucoup d'histoires, & chroniques d'Afrique. Neantmoins quelque temps apres il perdit la vie, auec vn sien fils en vne guerre qu'ils eurent côtre les Portugalois. Cecy auint en l'an de Mahômet neuf cens vint & trois: & de Iesu Christ, mil cinq cens quatorze. Cette cité aussi fut mise en ruine, & partie du peuple prinse, l'autre passée par le trêchant de l'épée, & le reste gaigna le haut, côme nous en auons amplement traité aus histoires modernes d'Afrique.

Des vertus d'vn gétilhomme de Teculeth.

Fin & ruine de la cité Teculeth p les Portugalois.

De Hadecchis

Huit mille pres de Teculeth en la plaine, est assise la cité Hadechis du côté de Midy, laquelle fait enuiron cent feus: & sont faites les murailles d'icelle, aussi les têples, boutiques, & maisons de pierre viue & dure. Il y à vn fleuue qui trauerse cette cité, sus les riues duquel y à plusieurs vignes et treilles, & dans le circuit d'icelle, se trouue vn grâd nôbre de Iuifs artisans. Les habitans y sont bâtre la
mon-

monnoye d'argent, & vont assez bien en ordre, auec ce qu'ils se delectent fort d'auoir de beaus cheuaus, à cause qu'ils trafiquent tousiours & exercēt le train de marchandise, ayans coutume vne fois l'année de faire entre eux vne foire, où s'assemblēt ceux des montagnes circonuoisines qui ont plus tôt (à dire vray) cōformité auec les bestes brutes que aucune apparence de raison humaine: & se trouue en cette foire, qui dure l'espace de quinze jours, vne grande quantité d'animaus, beurre, huile d'argan, & aussi du fer & des laines, & draps du pays. Parmi ce peuple icy il se trouue des femmes douées d'vne parfaite beauté, blanches mediocrement, replettes, & sur tout plaisantes, & de bonne grace. Mais les hōmes sont bestiaus, & éguillonnez d'vne jalousie démesurée: tellement qu'ils ne seront jamais à leur aise que premierement ils n'ayent tiré la vie du corps de ceus qui ont affaire auec leurs femmes. Il n'y à Iuge entre eux, ni homme de lettres qui puisse obtenir le maniement des offices ciuils: pource que le tout est remis entre les mains des principaus, qui gouuernent selon que leur vouloir les guide, & comme ils l'entendent: toutesfois ils ont des prestres, & autres ministres pour se prēdre garde aus choses spirituelles, & icelles administrer. Les impos, & gabelles n'y sont plus grieues qu'aus autres citez. Ie logeay aussi vnefois en la maison d'vn de ces prestres, qui estoit homme de prompt & subtil entendement, se delectant mer-

Belles & gracieuses femes Hōmes bestiaus et jalous.

H 3 ueil-

LIVRE II. DE LA

ueilleusemēt de la Rhetorique Arabesque, & pour cette seule occasion il me retint en sa maison plusieurs jours, pendant lesquels je luy leu vn petit œuure qui en traitoit amplement : au moyen dequoy il ne me pouuoit assez caresser, ni montrer suffisans signes d'amitié : & ne me laissa departir que premierement il ne me feit plusieurs dons & presens. De là je fei retour à Maroc, là ou il me fut dit que les Portugalois auoyent ruiné cette cité, dont les habitans se retirerent aus montagnes en l'an neuf cens vingt & deux de Mahommet, au commencement de l'année que fei depart de mon pays courāt l'an de Iesu Christ mil cinq cens & treze.

Ileusugaghen est vne petite cité faite en forme d'vne forteresse sur vne grande montagne, distante de Hadecchis deux mille deuers Midy, pouuant contenir enuiron quatre cens feus, & court vn petit fleuue au dessous de la cité, dans laquelle, ny au dehors ne se voyent aucunes vignes, jardins, ni arbres portans fruits : & la raison est, que les habitans sont si peu soigneux, & tant lâches, qu'ils se contentent de peu, se passans legerement auec vn peu d'orge, & d'huile d'argan : & vont nus pieds, fors quelques vns qui ont coutume de porter souliers de cuir de beuf, & de chameaus. Ils sont en continuelle guerre auec ceus de la campagne, là ou ils se tuent l'vn l'autre sans s'épargner en sorte que ce soit. Là n'y à ni Iuges, ni prestres, encore moins homme de reputacion pour rendre droit à ceux qui le re-

Hadecchis ruinée p les Portugalois.

Ileusugaghen.

DESCRIPT. D'AFRIQVE.

le requierent, pource qu'ils n'ont ny foy, ny loy, sinon au bout de la langue. En toutes les montagnes de leur pourpris ne se trouue aucun fruit, sinon force miel, duquel ils v ent, & mangent: puis vendent le reste à leurs voisins, jettans la cire auec les autres immondices. Il y a vn petit temple où ne sauroyent resider plus de cent personnes, à cause qu'ils ne se souciët grandemët de deuotion, ny honnesteté: & en quelque part qu'ils s'acheminent, ils portent poignars, picques, ou autres longs bois, dőt ils font plusieurs homicides, estans traistres & méchans. Ie fu vnefois en cette cité auec le prince Serif, de la region d'Hea, lequel y vint pour pacifier le peuple: & ne vous saurois exprimer combien de noises, discors, querelles, meurtres, brigandages, & voleries forge cette canaille. Or ne se trouuant aupres du Prince aucun Iuge, ny docteur, me pria tresinstamment que je voulusse prëdre la peine de les accorder, & terminer leurs differës. Parquoy comparut incontinent deuant moy vne grãde assemblée de gens: entre lesquels tel y auoit, qui se plaignant disoit qu'vn autre auoit tué huit hommes de sa lignée, & luy d'en auoir mis à mort de la famille de l'autre, jusques au nombre de dix. Dont pour estre d'accord, & faire paix, demandoit telle somme de ducats, & que la coutume ancienne le portait. L'autre repliquoit qu'à meilleur droit la quantité de l'argent en l'ordonnance contenuë luy deuoit estre adjugée, consideré qu'il

L'auteur prié du Prince Serif pour juger du different de quelqs vns du peuple de Ileusugaghen.

H 4 auois

auoit moins fait mourir des gens de celuy qui contestoit à l'encôtre de luy, qu'il n'auoit fait des siens. Le premier alleguoit & mettoit en ses defences, q̃ irrité de iuste querelle il les auoit occis, pourautant que par fraude il luy auoyent fait perdre & enleuer vne possession, qui luy estoit écheuë par droit hereditaire : & que suiuant cecy, l'autre à grand tort auoit contaminé ses mains du sang de ses parens, seulemẽt pour faire iniuste vengeance de ceus qui à grand raison auoyent esté meurtris : pourautant que contre tout droit ils s'vsurpoyent le bien d'autruy, là ou ils n'auoyent que contester. Cette cause icy ne seut prendre fin, encore qu'elle fût debatue iusque à la nuict, & ainsi que plus ie m'efforçois de tout mon pouuoir à les accorder, & mettre en bonne paix, n'en pouuant nullement ioüyr, enuiron l'heure de minuict voicy arriuer l'vne & l'autre partie qui vont dõner cõmencement à vne fort âpre & dãgereuse mêlée, voire iusques à s'entrebatre. Ce que voyant le Prince, & se doutãt de quelque trahyson, fûmes tous de cet auis, & pour le mieus de nous absenter de là : au moyen dequoy le déliberer, & mettre en effect fut quasi tout vn : car nous prismes incontinent la route d'Ighilinghighil. Et à esté cette cité tousiours iusques à present habitée de gens qui craignent bien peu les outrages des Portugalois, sans estre en rien intimidez par leurs menaces, à cause que les montagnes leur seruent de rampart.

Entrs

Entre les montagnes dedans la plaine il y a vne petite ville qui s'appelle Teijeut, distante de Ileusughaghen enuiron dix mille, laquelle côtient trois cens feux estant fermée, & ceinte de bricque : & sont les habitans dicelle tous laboureurs, dont le terroir est bon pour y semer de l'orge, & non autre grain. Ils ont assez jardins qui sont pleins de vignes, figuiers, peschers, & auec cela ils nourrissent des cheures en grande quantité. Il s'y trouué aussi plusieurs Lyons, qui deuorent beaucoup de leurs bestes. Nous y demeurames par cas d'auëture vne nuict, & prismes pour logis vne petite cabane, qui estoit à peu pres ruinée, là ou ayans mise bonne prouision deuant noz cheuaus, & apres les auoir attachez là ou nous pensions qu'ils deussent estre mieus nous étoupames l'entrée de l'huis auec force épines. Ce qu'ayans fait à cause de la grande chaleur qui nous pressoit (estant le mois d'Auril) nous deliberames de grimper au plus hault de la maison pour prendre la frescheur, & dormir découuers. Or il auint qu'enuirõ la minuit vont arriuer deux Lyõs, grans, & gros outre mesure, lesquels s'efforçoyent d'ôter les épines, sentant à l'odeur des cheuaus qui commencerent à hannir, ronfler & jeter ruades de telle sorte que nous doutions grandement que cette foible maison renuersast, & que nous vinsions à tomber dans la gueule des Lyons seruant de proye, & viande à ces cruelles & rauissantes bestes, qui en fin s'écarterent ainsi que l'aube du jour commen-

De Teijeut.

L'auteur fut en grãd danger par les Lyõs.

çà à paroitre, laquelle, nous n'eusmes pas plus tôt apperceuë, que apres auoir s'ellez & bridés les cheuaus, nous reprimes nos erres, suiuans le prince à la trace, & à peine fusmes nous gueres élongnez de là, que la ruine de la cité s'ensuiuit, dont le peuple fut en partie occis, & le reste mené en captiuité au Royaume de Portugal, qui fut en l'an de Mahommet neuf cens & vint.

Teijeut ruinée par les Portugalois.

Tesegdelt est vne assez grande ville, assise sus vne haute montagne, contenant enuiron huit cens feux, ceinte & enuironnée de treshauts, & inaccessibles rochers : tellement qu'elle n'a autrement besoin de muraiues. Elle est distante de Teijeut enuiron douze mille du côté de Midy, & embellie d'vn petit fleuue qui prend son cours par dessous iceus rochers, là ou il y a vn grand nombre de vergers abondans en toute sorte d'arbres fruitiers, & mesmement en noyers. Les habitans de cette cité sont fort opulens, ayans des cheuaus vne bonne quantité, & en bon equipage : tellement qu'ils ne rendent aucun tribut aus Arabes, auec lesquels ils sont continuellement à s'escarmoucher, si bien que le plus souuent ils font de grans carnages d'iceux pour la crainte desquels le peuple qui fait sa résidence en la campagne, transporte tous les grains dans la cité. Les habitans sont assés ciuils, & bien morignez mesmement à se montrer autant courtois, & affables, comme ils étendent voulentiers leur liberalité : car ils cōmandent expressement aus

Tesegdelt.

gar-

gardes des portes qu'aussi tôt qu'ils voyent arriuer vn étranger, de sauoir de luy s'il a aucune cognoissance, ou amis dans la cité: & s'il répond que non, sont tenus de l'héberger en leur logis: & combien que tous étrangers sont exemptz de payer aucun tribut, ne laisse l'on pour cela à leur faire vn tresgratieux, & dous accueil. Ce peuple est fort sujet à jalousie, mais au demeurant gardant sa foy inuiolable. Au milieu de la ville y a vn sompueux temple, entretenu par aucuns prestres, & ont les habitans vn Iuge docte, & expert en la loy. Lequel à coutume d'aministrer Iustice en toutes choses, fors à l'endroit des criminels, jus lesquels il n'a nulle cognoissance. Le terroir ou l'on seme est tout sur les montagnes. Ie fu aussi en cette ville par plusieurs jours auec le prince Serif, en l'an de Mahommet neuf cens & dixneuf.

Gratieuseté enuers les étrágers.

Sur vne haute montagne & ronde est edifiée vne ancienne cité nommée Tagtessa, pour à laquelle paruenir il faut monter comme par vne viz en tournoyant autour de la montagne, qui est distante de Tesegdelt par l'espace de quatre mille. Au dessous de cette cité prend son cours vne petite riuiere de laquelle boiuent les habitans qui en sont élognez enuiron six mille: combien qu'il sembleroit à celuy qui seroit sur la riue, que la cité ne fust pas qu'à vn mille & demy de ce fleuue, & pour y paruenir les femmes sont contraintes de descendr. par vn bien étroit chemin, dōt les degrez ont esté taillés
à force

Tagtessa.

LIVRE II. DE LA

Citoyẽs de Tagteſſa voleurs.

à force de pics, & autres ferremens. Les habitans de cette cité ſont tous voleurs, & hays de leurs voiſins. Ils tiennẽt leur bétail ſur la montagne, eſtans tous leurs boys pleins de ſangliers, et leur ville vuide de cheuaus, ſi bien qu'on n'y en ſauroit trouuer vn ſeul. Les Arabes ne ſauroyent paſſer par dedãs la cité, ny au pourpris d'icelle ſans premierement auoir ſaufconduit, & licence expreſſe par les habitans. Ie y arriuay, en vn temps qu'vn grand nombre de locuſtes ſe poſa ſur le fromẽt qui eſtoit pour lors epié, mais la multitude d'icelles ſurpaſſoit le nombre des epis de plus de la dixieme partie: tellement qu'à grand peine pouuoit on aperceuoir la terre. Et ce auint en l'an neuf cens de l'Hegire.

Eitdeuet.

Eitdeuet eſt vne cité fort ancienne, edifiée par les Africans ſur vne haute montagne, ayant à la ſommité vne belle & ſpacieuſe plaine. Elle cõtient enuirou ſept cens feux, & eſt elongnée de Tagteſſa quinze mille, ou peu s'en faut, du coté de Midy. Au milieu ſourdent des fontaines d'eau viue & freſche, & eſt enuironnée de bois touffus épouuentables, & de hauts rochers ſur leſquels croiſſent des arbres en grande quantité. Il y a pluſieurs Iuifs artifans, comme marechaux, chauſſetiers, teinturiers de draps, & orfeures. On dit qu'anciennement les habitans de cette cité furent Iuifs de la lignée de Dauid, mais puis les Mahõmetans s'eſtans emparez de ce pays, les reduirent à leur ſecte. Pluſieurs d'entre eux ſont merueilleuſemẽt doctes & expert en la

DESCRIPT. D'AFRIQVE. 63

en la loy, dont la plus grande partie d'iceux à les te-
xtes, et decrets de la loy entieremēt imprimés dās la
memoire. Et entre les autres je y cogneu vn vieillard qui sauoit par cœur tout vn grand volume intitulé Elmudeuuaua qui signifie autant comme, le
recueil des loix, là ou sont contenus trois volumes: — Des loix
& dans iceux sont les plus subtils, & difficiles   de Eitde-
points de la loy, auec les conseils de Melie sur icelle. uet.
Cette cité se pourroit quasi appeller vn plaidoyer,
ou parlement ou l'on donne expedition de toutes
les causes, & differens, car on y fait citations, cries,
accors, instrumens, & autres choses semblables: tellement que tous les peuples prochains y accourent.
Ceus qui font profession de legistes, ont le gouuernement, tant des choses qui concernent la spiritualité cōme la temporalité. Mais le peuple ne leur ren
pas grāde obeyssance quant aus choses criminelles, ayant en cecy bien peu d'égard à leur autorité
& sauoir. Du temps que je passay par cette cité, je
fu logé en la maison d'vn aduocat la ou vn soir entre les autres auint que plusieurs docteurs & legistes s'assemblerent, ou à l'issue de table fut meuë
vne telle questiō & dispute, assauoir s'il estoit licite de vendre & aliener ce que possedoit vn seul citoyen en particulier, pour generalement suruenir
aus affaires publiques: & la se trouua vn vieillard qui apres en auoir donné son auis, l'honneur
luy en fut adjugé, pour auoir bien opiné sur tous
les autres, & s'appella Hagazzare, dont l'entendant

dant ainsi nommer, me voulu enquerir d'aucuns quelle signifiance auoit ce nom. à quoy il me fut répondu qu'il denotoit autant comme, boucher. Car tout ainsi (me dirent ils) qu'vn boucher est tresexpert à trouuer la jointure des os d'vne beste, ainsi est il tressubtil, & prompt à trouuer le nœu des argumens, & soudre l'ambiguité d'vne question appartenante à la loy. Ce peuple icy meine vne vie fort austere & aspre, n'vsant d'autre viande que de pain d'orge, huile d'argan, & chair de chéure, sans qu'on face aucune mention de froment. Les femmes sont belles & colorées, & les hommes fort agiles, & maniables de leurs personnes: ayans naturellement l'estomac fort pelu, & sont tresliberaus mais jalous outre mesure.

Comparaison d'vn aduocat à vn boucher.

Culeihat elmuridin est vne petite forteresse située sur le sommet d'vne treshaute montagne entre deux autres qui l'egalent en grādeur, ou se trouuent de treshauts rochers et bois enserrez par tout leur tour: & ne sauroit-on monter en la forteresse sinon par vn étroit, & bien petit sentier, qui est sur l'vn des cotez de la montagne, dont d'vne part sont les rochers, & d'autre le mont Tesegdet, qui est distant de Culeihat vn mille, & demy, & d'Eit deuet enuiron dixhuit mille. Cette forteresse, à esté de nôtre temps edifiée par vn nōmé Homar Seije, rebelle, chef et cōducteur des heretiques, qui fut predicateur pour son cōmencement & ayant attiré à soy par l'amorce de ses parolles aléchātes, plusieurs disci-

Culeihat Elmuridin.

disciples qui luy étoyent fideles & obeyssans, de predicateur dissimulé, exerça publique tirannie, & l'entretenant il regna par l'espace de douze ans, auquel temps de luy proceda la ruine du pays: mais en fin il fut occis par vne sienne femme qui le trouua gisant, & paillardant auec sa fille qu'elle auoit conceuë d'vn autre mary: à quoy la grandeur de cet execrable vice montra euidemment de combien sa méchanceté qui le faisoit viure sans foy & sans loy aucune, deroguoyt à la religiõ qu'il dissimuloit par vne hypocrisie palliée, en laquelle il se maintenoit du commencemẽt. Parquoy apres sa mort le peuple se mutina, faisant passer par le fil de l'epée tous ses disciples : & quiconques se trouuoit auoir esté de la secte adherant à sa fauce doctrine : & apres vn sien neueu la soutenant s'empara de cette forteresse s'en faisant seigneur & maitre, & soutint le siege de ses ennemis, & du peuple d'Hea par l'space d'vn an entier, au bout duquel ils abandonnerent le siege, & leur entreprinse, cognoissans à veuë d'œil leur effort estre de nul effect. Ce Seigneur icy est fort mal voulu de ses voisins à cause qu'il ne vit d'autre chose que de larrecins & voleries, & pour cet effet à certains cheuaus dont il fait des courses sur les passans, leur ôtant le bétail, & le plus souuent les detient encore prisonniers : & auec certains faucõneaus (à cause que le grand chemin est prochain de la forteresse enuiron vn mille) il tue souuentefois les pauures

Vn predicateur estant trouué couché auec sa fille fut occis par sa femme

étran-

étrangers, & passans, quoy faisant il á tellement irrité le peuple du contour, & acquis la maluueillance d'vn chacun, qu'il ne sauroit labourer, semer ny tenir en sa puissance vn demy pied de terre seulement, hors le circuit de sa mõtagne: là ou le corps de son oncle à esté par luy honnorablement inhumé dans la forteresse, ou il le fait adorer comme saint. Vne fois je ne say quelle fortune ou destin empêcha que je ne fusse en passant par là, attaint dun boulet: au moyen dequoy je me fey amplement informer de la vie & foy de cet heretique, & des raisons qu'il auoit contre le commun sentiment de la foy: dequoy j'ay fait vn recueil sur l'abreuiation de la chronique des Mahommetans.

Dāger ou L'auteur se trouua

Ighilmghighil est vne petite cité qui fut anciennement edifiée par les Africans sur vne montagne distante d'Eitdeuet enuiron six mille du côté de Midy, contenant enuiron trois cens feux & en icelle plusieurs artisans font leur residence. Le terroir de cette cité est fort bon pour les orges, & produit des huiles en grande quantité, semblablemẽt du miel abondamment. Pour monter à la ville, on ne sauroit autre chemin prendre qu'vne bien étroite sente à côté de la montagne, si tresdifficile qu' à grand peine y sauroit on aler à cheual. Les habitans sont fort liberaus, courageus, & vaillans auec les armes en main: ayans continuelle guerre contre les Arabes, desquels ils rapportent ordinairement la victoire, à cause de la situation & qualité

Ighilm ghighil

du

du lieu, qui est tresfort & quasi de nature inexpugnable, & se fait en ce lieu là grande quantité de vases qui se vendent, & transportent en divers lieus, & croy que ce soit la seule place où ils se font entre toutes ces autres regions.

Tesethne est vne forteresse qui fut edifiée en la Province de Hea par les Africans sur l'Ocean, du côté du Ponant, distante d'Ighilmghighil enuiron quarante mille, contenant jusques à six cens feus, & là où il y à vn bon port pour petites nauires, auquel aucuns marchans Portugalois ont coutume d'aborder pour trocquer leurs marchandises contre de la cire, & peaus de chéures. La campagne qui l'enuironne, est toute montagneuse, & produit de l'orge en grande abondance. A l'vn des côtez de la cité passe vne fleuue assez spacieus pour receuoir les nauires, lors que fortune court sur la mer. Cette cité est ceinte de murailles, faites de bricque, & pierres entaillées, où il y à douane auec gabelle, dôt le reuenu est distribué à tous les habitans qui sont capables & suffisans à la tuition & defence de la cité, en laquelle y à assez de prestres, & Iuges qui n'ont que veoir sur ceus qui commettět homicides, ou qui font blessures : ains si quelqu'vn tombe en l'vn de ces deux crimes, & qu'il soit trouué par les parens de celuy qui est blessé, ou tué, ils le mettent incontinent à mort: ce que n'auenant, la commune de la ville bannit pour sept ans celuy qui à perpetré le delict: & puis en payant ce qui est ordonné

Tesethne cité de port

I aus

aus parens du defunct, il est absous de l'homicide. Les habitans sont fort blancs, traitables, & plaisans, honnorans plus tôt vn étranger qu'ils ne ferõt vn de la cité mesme : & tiennent vn grãd hôpital pour respet des passans seulemẽt, qui y sont receus : cõbien q̃ la plus grande partie soit logée le plus souuent aus maisons des citoyẽs mesmes. Ie fu en cette cité en la compagnie du Prince Serif, là ou je sejournay par l'espace de trois jours, qui me semblerent autant d'annees, à cause de l'infinité des puces qui y sont, s'engendrans de la putrefaction de l'vrine & fumier des chéures, que les citoyens nourrissent en grande quãtité, les enuoyans le jour paitre & brouter en leurs patis, & la nuict les mettẽt aus galeries, & allées de leurs maisons, là ou elles se mettent à dormir tout aupres des portes, & entrées de leurs chambres.

¶ Des montagnes, contenuës en la region de Hea, & des habitans d'icelles.

PVis qu'ainsi est que j'ay parlé jusques icy particulierement des nobles citez qui sont en la prouince d'Hea, il m'à semblé bon de décrire ce que j'ay veu de recommandable par les montagnes de cette prouince mesme, n'obmettant rien que je penseray digne d'estre presenté deuant tout beniuole lecteur. Donques la plus grande partie du peuple habite en ces
mon-

montagnes, bâtiſſant journellement pluſieurs maiſons & edifices. La premiere partie du mont Atlas
(qui eſt le lieu auquel les habitans d'Ideuacal font
leur demeurance) prend ſon cōmencement à la mer
Oceane : & s'étendant du côté du Leuant juſques
à Ighilmghighil, ſepare la prouince d'Hea d'auec
celle de Sus : eſtant ſituée la cité de Tefethne ſur le
coupeau de ſa côte aupres de la mer, deuers Tramōtane, dont de cet endroit-là juſques à l'autre pointe de la partie du Midy entre cette cité & Meſſa, y
à trois journées que j'ay cheuauchées moimeſme.
Ce mont icy eſt bien habité, & enrichy de villes,
& bourgades, dont les habitans ne ſont ſuſtantez
d'autre choſe que de leurs chéures, orge, & miel.
Ils n'vſent pour habillement d'aucune chemiſe, ny
d'autre choſe faite à l'eguille : pource qu'entre eux
il ne ſe trouue perſonne qui ſache l'art de couture :
mais portent des draps autour d'eux attachez au
moins mal qu'ils peuuent & ſauent. La coutume
des femmes eſt de porter quelques anneaus ou bagues d'argent, & maſſiues aus oreilles, en chacune
deſquelles il s'en trouue beaucoup qui en y portent
juſques à quatre : & vſent ſemblablement de certains anneaus en forme de boucle, de telle groſſeur, qu'ils viennēt à peſer vne once, & auec iceux
attachent leurs habillements ſur les épaules, puis
portent encore aus doits & jambes certains cercles
d'argent : mais les nobles & riches ſeulement, pour
ce que les pauures n'ayans le moyen de charger ſi

Premiere partie du mont Atlas.

I 2   gros

gros état, n'en portent que de fer, ou cuiure : côme pouuez veoir en la figure au 1. Liure, fueillet. 28. Il y a quelques cheuaus de petite taille qui ne sont jamais ferrez, neantmoins ils sont tāt agiles & legers, qu'ils sautent contre bas à guise de chats. Là y a force gibier, cerfs & chéureils : mais les habitans n'en tiennent compte, & auec ce plusieurs fontaines y sourdent en grande quantité. Il y croit des arbres innumerables, dont la plus grande partie est en noyers. Ce peuple icy est comme les Arabes, se transportant de lieu à autre. Leurs armes sont poignars larges & tors, de la mesme forme que sont les épées qui ont l'échine grosse comme celle d'vne faus à faucher l'herbe. Et quand ils veulent aller en quelque combat, ils prennent en main trois ou quatre pertuisanes. Là ne se trouue aucun Iuge, prestre, temple, ny hôme qui sache aucune doctrine : & sont generalemēt traitres, & malins. Il fut dit au prince Serif en ma presence que le peuple de cette montagne pouuoit faire jusques au nombre de vingt mille combatans.

les armes des habitans du môt Atlas.

Demensera.

Demensera est vne autre partie d'Atlas commençant aus confins d'iceluy, & s'etend du côté de Leuant enuiron cinquante mille jusques au mont de Nififa, en la region de Maroc, separant la plus grande partie de la prouince d'Hea d'auec celle de Sus, & à ses confins est le passage pour aller en icelle prouince. Cette partie est habitée d'vne fort bestiale

DESCRIPT. D'AFRIQVE. 67

stiale & barbare nation: mais fort propre quant
aus habillemens, & tresbien fournie de cheuaus,
suscitant souuentesfois guerre fort âpre contre ses
voisins, & Arabes: empeschant de toutes ses forces, qu'ils n'ayent à faire entrée dedãs ses terres: &
n'y a sur la montagne cité, ny chateaus, mais assez
bourgades et petites villes, habitées d'vn grãd nom
bre de gentilshommes à qui le populaire s'assujetit,
& porte grande obeyssance. Le territoire est fertile au possible, en orges, & millets, & y sourdẽt plu
sieurs fontaines qui dressent leurs cours entre les
valées, qui viẽnet à se joindre au fleuue de Siffaia.
En cette montagne-là se tire du fer en grãde quã- *Mines de*
tité que les habitans transportent, & vendent en *fer.*
diuers lieus, pour la deliurance du quel, ils reçoiuẽt
vne grande somme d'argẽt. Il s'y trouue beaucoup
de Iuifs, qui sont voulontaires jusques à la, d'exposer leur personne aus hazardeus combats, &
prẽdre la querelle en main, en faueur de leurs maî-
tres, qui sont les habitans de cette mantagne: mais
ils sont par les autres Iuifs de l'Afrique tenus &
reputez heretiques, qui s'appellent *Carraum.* Cette
montagne produit de grans & gros arbres de len-
tisque, & de buys, & noyers d'vne merueilleuse
grosseur: dont les habitans ont coutume de mêler
les noys auec l'huile d'argan, de quoy ils tirent vne
certaine liqueur tenant plus tôt de l'amer qu'autre
ment, & s'en seruent à brûler, & à manger. Ie me
suis laissé dire à plusieurs, que dans cette monta-

gne se peuuent leuer de vingt à vingt & cinq mille combatans, tant de gens de pied comme de cheual. A mon retour de Sus, je suiuy la route de ce pays-là, ou (à cause des lettres de faueur que j'auois du Prince Serif) on me feit de grandes caresses, & fu receu fort humainemẽt, en l'an neuf cens & vingt de l'Hegire.

Gebelelhadih, autremẽt Mõtagne de fer.

Cette montagne ne depend pas proprement de celle d'Atlas, pource qu'elle commence sur le riuage de la mer Oceane, du côté de Tramontane, s'étendant deuers Midy à côté du fleuue Tenfift, & separe la prouince d'Hea d'auec la regiõ de Maroc et Ducale. En icelle reside vn peuple appellé Regraga, & y a de tresgrans bois, beaucoup de fontaines du miel en quantité, & force huile d'argan. Quant au grain, il y est bien clair semé. dont voulans les habitans en auoir à suffisance, il faut qu'ils le facent charrier de Ducale. Ils sont paures, mais fort gens de bien, & tresdeuotieux. A la sommité de cette montagne se trouuent plusieurs hermites qui viuent d'eau & du fruit des arbres. Les habitans sont fideles, amateurs de paix, & simples outre mesure: tellement que si quelque hermite, par accident, ou autrement, vient à faire quelque œuure, ou chose, tant soit peu admirable, ils la reputent & tiennent pour vn grand miracle. Et s'il se trouue aucun qui soit accusé de larrecin, qui commette homicide, ou face quelque autre mal, incontinent est

par

par la commune banny du pays par quelque espace de temps. Les Arabes qui sont leurs voisins les tormentent, & molestent grandement, voire de jour en jour: pour laquelle chose pacifier & amortir, desirans demeurer en vne vie plus tranquille, ont coutume de leur rendre quelque tribut. Mahommet Roy de Fez se banda vne fois contre ces Arabes, ce qu'eux voyans, prindrent la fuite, & gaignerent les montagnes pour refuge: mais les montagnards se fortifierent, & leur vindrent au deuant, & supportez par la faueur du Roy de Fez, leur firent vne charge, au détroit des passages, si rude, que moyennant icelle, & la gendarmerie du Roy, les Arabes furent tous acablez, & mis en pieces: trois mille & octante cheuaus furẽt menez au Roy, & par ce moyen les habitans du mont s'affranchirent du tribut. Ie me trouuay pour lors au camp du Roy qui fut en l'an neuf cens vingt & vn de Mahomet. Ceux cy peuuent mettre en campagne dix à douze mille combatans.

guerre de Mahommet contre les Arabes.

¶ De la Region appellée Sus.

Venant maintenãt à parler de la region de Sus, elle est par delà le mont Atlas, du côté de Midy, à l'endroit de la prouince Hea, aus dernieres fins d'Afrique, & commençant sur l'Ocean, de la partie du Ponant, se termine deuers Midy, aus arenes du desert. Du côté de Tramontane, se jette jusques sur le mont Atlas, aus confins d'Hea, de la partie Occidentale se joint au grand fleuue appellé Sus, duquel elle à prins, & retient son nom. Ie comman ceray du côté du Ponant pour vous décrire par le menu toutes ces citez & les lieux plus notables qui sont en icelle.

¶ Des villes & citez contenuës en la region de Sus.

Messa cité.

Sous ce nom de Messa, sont contenuës trois petites citez prochaines l'vne de l'autre d'espace d'vn mille, edifiées par les anciens Africans sur le riuage de l'Ocean, sous la pointe qui fait le commencement du mont Atlas: estans ceintes de pierre crue, & entre icelle prend son cours le grand fleuue Sus, qui en temps d'esté se peut passer à gué, ce qui ne se peut faire en la saison d'hyuer: au moyen dequoy les citoyens ont certaines barques, mais elles ne sont pas fort commodes pour trauerser en tel endroit. Le lieu auquel sont situées ces petites citez, est dans vn bois non pas sauuage, mais embelly de belles palmes, que les habitans tiennent pour leur vsage. Vray est que les dates qui y sont produites ne sont pas fort exquises, pource qu'on ne les peut garder en leur perfection tout le long de l'année. Les habitans sont tous laboureurs nourrissans peu de bétail, mais ils labourent la terre lors que le fleuue croît, qui est en Septembre, & à la fin d'Auril,

puis

puis en May recueillēt le grain, que si la riuiere ne venoit à croitre l'vn de ces deux mois, ils n'en pourroyent recueillir en sorte que ce soit. Dehors de Messa sur la marine y a vn tēple, lequel ils tiennent en grande denotion: & disent plusieurs historiens que d'iceluy sortira le juste Pontife prophetisé, & promis par Mahommet. Et outre ce racontent que Ionas fut jetté sur la plage de Messa apres auoir esté transglouty par la balene. Les petites traues de ce temple sont toutes de côtes de balene, & auient souuent que la mer en jette sur la greue de fort grosses, & monstrueuses, dont la grandeur cause aus regardās vne grande merueille auec terreur. L'opinion du populaire est que toute balene qui passe au droit de ce temple (pour la vertu que Dieu luy à donnée) est incontinent priuée de vie: à quoy j'eusse ajouté peu de foy, sinon que voyant le jour mesmes vne balene flotant sans vie dessus les ondes, me feit demeurer quelque peu suspens. Mais comme je tenois propos vn jour à vn Iuif de cette matiere, me dit que ce n'estoit chose dont on se deût aucunement étonner, pource qu'il y à dans la mer enuiron deux mille pres du riuage, aucuns gros rochers & pointus, & estans les ondes par les vents agitées, les balenes sont portées de lieu en autre: au moyen dequoy celles qui heurtent trop lourdement contre ces rochers, se tuent facilement, puis la mer les jette sur le riuage, telles que nous les voyons. Cette raison me sembla trop plus apparente &

De la plage ou Ionas fut jetté ayāt esté englouti par la Balene.

vray

vraysemblable que non celle du populaire. I'arri‑
uay en cette cité lors que le prince Serif y estoit, la
ou je fu inuité par vn gentilhomme, luy faire com‑
pagnie à disner en vn jardin qui estoit hors le cir‑
cuit de la cité, & par cas d'auenture trouuasmes en
nôtre chemin la côte de l'vne de ces balenes cour‑
bée en façon d'vn arc, sous laquelle passans sur
deux chameaus, nous n'y pouuions toucher de la
teste, tant elle estoit de haulteur démesurée: & dit
on qu'il y á cent ans passez qu'elle demeure en ce
mesme estre: dont le peuple la tient comme pour
vne chose tresadmirable. Sur la grene, & lieux
Ambre plus prochains de la mer, on trouue de l'ambre gris
gris. tresparfait, lequel se vend aus marchans de Portu
gal, ou à ceux de Fez, à petit & vil pris, qui est qua
si moins d'vn ducat pour once & plusieurs sont de
cette opinion qu'il prouienne de la fiente de la bale
ne: d'autres veulent dire qu'il se forme du sperme
qui distile des genitoires du masle, quãd il veult se
coupler auec la femelle, & qu'il est par l'eau endur
cy & congelé.   Teijeut.

Teijeut est vne cité anciennement par les Afri
cans edifiée en vne belle plaine, ayant d'vn côté le
fleuue Sus: & est diuisée en trois parties distan‑
tes l'vne de l'autre quasi par l'espace d'vn mille,
lesquelles ensemble forment le trait d'vn triang‑
gle, & peut son tour contenir enuiron quatre mille
feux. Le terroir d'icelle est fort abondant en fro‑
ment, orge, legumage, & autres grains, auec ce
qu'il

qu'il produit des dates & sucre en grande quan-   *Sucre*
tité, mais les habitans ne le font pas bien cuire, ny   *noir.*
purger, à cause dequoy il ne vient à prendre sa par
faite blancheur, ains demeure noir aucunement,
neantmoins plusieurs marchans de Fez, & Maroc en viennent acheter en cette cité, en laquelle ne court autre monnoye que l'or tout pur comme   *Mõnoye*
ils le tirent de la terre: & semblablement par tout   *d'or pur.*
le territoire d'icelle, & est la coutume des habitans
à dépendre & acheter, d'employer certains petis
draps ou bandes de la valeur d'vn ducat pour piece. L'argent y est bien rare, & encore, ce peu qu'ils
ont est par les femmes porté pour ornement, vsans   *Petites*
en lieu de deniers ou menue monnoye de petites pie   *pieces de*
ces de fer qui pesent enuiron vne vnce. Il y croit   *fer pour*
peu de fruit, sinon raisins, pesches, & dates, & en   *mõnoye.*
grande abondance. Les oliuiers n'y croissent aucu
nement, mais vont querir l'huile en aucunes regions de Maroc, & se vend en la regiõ de Sus quin
ze ducats le quintal, qui fait cent cinquante liures
d'Italie là ou la liure est de douze onces: mais ils
font la leur de dixhuit, qu'ils appellent Rethl, dont
il en faut cent pour parfaire le quintal. Le pris de
la voiture lorsqu'elle n'excede la raison, est de trois
ducats pour charge de chameau, pesant sept cens li
ures Italiënes, & cela se fait en yuer: car en esté on
ne chargeroit moins de ciuq ou six ducats. En cette
cité se courroyent ces beaus cordouans qu'on appel   *Marro-*
le marroquins qui se vendent six ou huit ducats   *quins de*
  cordouã.

la douzeme tous portés en la cité de Fez. Du côté qui regarde vers la montagne d'Atlas, se trouuët beaucoup de villages, & petites bourgades: mais de uers Midy le pays est tout inhabité: pource que la plaine est sur les appertenances des Arabes leurs voisins. Au milieu de la cité se voit vn beau temple qui s'appelle le temple majeur, par dedans lequel ils font passer vn bras du fleuue. Les habitäs sont de nature si terrible, & sanguine, qu'ils font journellement la guerre entre eux mesmes: tellement qu'ils ne demeurent guere souuent en paix. Vne chacune des trois parties crée vn Recteur, dôt les trois ensemble ont le gouuernement de la cité, & ne demeurent en leur magistrat plus haut que de trois mois seulement. La plus grande partie de ce peuple vse de tels habillemens que font ceus de Hea: & tel y à qui s'habille de drap, & chemise auec vn turban de toile noire. L'aune de gros drap comme est la frise, coute vn ducat & demy: la toile Portugaloise ou de flandres qui est vn peu deliée, se vent quatre ducats, & contiennent toutes les pieces vint & quatre brasses de Toscane. On tient dans la cité Iuges & prestres, n'ayans autre préeminence ny autorité que sur les choses spirituelles: quant aus temporelles, ceus qui sont de plus grande autorité ont plus de faueur. Et auenant que quelque citoyen en tue vn autre, si les parens du defunt peuuent vser de mesme vengeance enuers l'homicide, on n'en fait autre poursuite, & se

pou-

pouuant garentir de ceus qui le guettent, il est banny par l'espace de sept ans, s'il ne veult tenir bon dans la cité contre ses auersaires, ce que luy est permis : sinon estant banny, & retournant au terme, fait vn festin ou banquet à tous gentilshommes de la vile : au moyen dequoy il se pacifie auec ses ennemis en payant ce qui est ordonné, cóme il me souient vous auoir recité par cy deuant. En cette cité y à plusieurs Iuifs artisans, sans qu'on leur impose aucun tribut, sinon que par fois ils font quelque petit present aus gentils hommes qui les rendent quites de toute imposition.

Tarodant est vne assez grande cité edifiée par les anciens Africans, contenant enuiron trois mille feux, distante de la montagne Atlas vn peu plus que de quatre mille deuers le midy, & trentecinq de Teijeut du côté de Leuant. Cette cité en coutumes & abondance se peut accomparer aus autres, sinon qu'elle est de plus petite étendue, mais d'autant plus ciuile : pource que du temps que la maison de Marin possedoit le Royaume de Fez, la prouince de Sus étoit encore sous l'obeyssance d'icelle, au moyen de quoy cette cité étoit le siege du Lieutenant du Roy : & encore peut on apperceuoir jusques à present vne forteresse ruinée, qui fut jadis par ces Rois edifiée. Mais depuis que ce Royaume commença à s'ébranler, & laisser la Seigneurie de cette famille, elle retourna à sa premiere liberté. Il y à beaucoup d'artisans, & les habitans se vestent de

Tarodant.

detoile, & de drap noir. La puissance de gouuerner & mettre police aus choses, appartient à quatre gentilshommes qui tiennent le magistrat tous ensemble, mais ils n'y demeurent pas dauantage de six mois. Ce sont gens pacifiques, craignans merueilleusement d'offencer & faire tort à leurs voisins. Au territoire du côté d'Atlas y à plusieurs villages & hameaus. Les plaines qui sont à L'objet du Midy, sont pâtis au domaine & territoire des Arabes, auquels le peuple de cette cité rend vn gros tribut, tãt pour leurs terres (à la mode du pays de Sus) que pour maintenir les chemins en seureté. De nôtre temps ils se sont reuoltez contre les Arabes, se soubmettans à la Seigneurie du prince Serif l'an de l'Hegire neuf cens & vint.

Guarguessem. Guarguessem est vne fortresse assise sur vne pointe du mont Atlas, qui est au dedans de l'Ocean tout aupres du lieu ou s'y embouche le fleuue Sus. Autour d'icelle y à fort bon terroir lequel depuis vint ans en çà à esté occupé par les Portugalois, ce qui estant venu à la notice du peuple d'Hea, & Sus s'acorderent ensemble pour r'auoir cette forteresse, & vint à leurs secours vne grande fanterie de loingtaines regions, elisant pour capitaine & chef de l'armée vn gentilhomme Serif, c'est à sauoir noble, de la maison de Mahommet, lequel s'estant campé deuant la forteresse auec tout l'exercite, y eut de grandes tueries tant d'vn côte que d'autre : à cause dequoy partie des assaillans ennuyez

nuyez de si long siege, feit retour en ses pays, laissant auec le Serif quelques côpagnies qui demontroyent estre assez affectionnées à la poursuite des Chrétiens. Ce que voyant le peuple de Sus, s'accorda de deliurer telle somme de deniers au Serif qui seroit suffisante à soudoyer cinq cens cheuaux, lequel apres auoir touché plusieurs payes, & s'estre emparé de tous les lieux du pays, se reuolta, en occupant la tyrannie. Et lors que je fey depart de luy, il tenoit plus de trois mille cheuaus, auec vne infinité d'argent, & grande multitude de souldats, comme nous auons dôné à entendre en noz abbreuiations.

Tedsi est vne grande cité contenant enuiron quatre mille feux, bâtie ancienmët par les Africans, distante de Tarodant du côté de Leuant enuiron trente mille, de l'Ocean soissante, & vingt de la montagne Atlas, estant située en pays tresfertile, & abondant en graines, sucres, & guede: au moyen de quoy il s'y trouue plusieurs marchans de la terre des Noirs qui y sont habitans. Le peuple d'icelle s'étudie de viure en paix, à estre ciuil, & honneste, tenant le gouuernement & la cité en sorte de republique: la seigneurie dicelle est entre les mains de six qui sont creez par sort, puis exercent l'office de magistrat par l'espace de seize mois. Le fleuue Sus cotoye la cité, & en est distant par l'espace de toris mille. Il y a plusieurs Iuifs artisans, comme orfeures, maréchaus, & autres: puis vn temple, au seruice duquel sont ordonnez
plu-

Tedsi.

Sucre & guede en abondance.

plusieurs prestres & ministres. Outre ce il y à des Iuges & Lecteurs en la loy qui sont stipendiez par la cōmune de la cité, ou se fait vn marché le Lundy, la ou s'assemblent les Arabes païsans & montagnars. En lan neuf cens & vint ce peuple se reduisit sous la puissance du Prince Serif, lequel tenoit sa chancelerie en cette cité.

Tagauost. Tagauost est vne cité la plus grande qui soit en la prouince de Sus, contenant huit mille feux, enuironnée de pierre crue, distante de l'Ocean enuiron soissante mille, & du mont Atlas cinquante du côté de Midy. Elle fut edifiee par les Africans loing du fleuue Sus enuiron dix mille. Au milieu de icelle y à des places, boutiques, & artisans. Le peuple est diuisé en trois parties, & le plus souuēt suscitent guerre entre eus mesmes, appellans à leur secours & à la ruine des vns & des autres les Arabes, qui prennent le party, & bataillent pour la partie qui leur presente plus grosse soude. Dās le pourpris de la cité y à des terres fort fertiles, & beaucoup de bétail, mais la laine s'y vend à petit pris, & y fait-on des draps en grande quantité, qui sont transportez par les marchans de la cité vne fois l'an à Tombut, & à Gualata, pays des Noirs. Le marché s'y tient deux fois la sepmaine, & vont les habitans assez proprement en leur maniere de vestir, ayans des femmes tresbelles, & gracieuses. Il s'y trouue plusieurs personnes qui sont de couleur brune, à cause que les Noirs & blancs les ont engengendrez. Là n'y à point de seigneurie determinée, mais celuy gouuerne qui en puissance & auoir excede les autres. Ie sejournay par l'espace de treize jours en cette cité auec le Secretaire du prince Serif, expressément pour luy acheter des Esclaues en l'an neuf cens dixneuf.

De Hanchisa, & Ilalem montagnes en la prouince de Sus.

LA montagne d'Hanchisa depend quasi de celle d'Atlas deuers Ponant, & s'étent enuiron quarante mille du côté de Leuant. Au pied d'icelle est située la cité de Messa, & autres pays de la Prouince de Sus. Ceux qui y habitent, sont gens fort hardis à pied, & belliqueux: tellement qu'vn simple soldat ne craindra point d'exposer sa personne au hasard du combat contre deux hommes à cheual, & marchët contre auec certaines petites pertuisannes: qu'ils ont coutume de porter. Cette montagne ne produit nuls fromens, mais l'orge & le miel y croissent en grande abondance, & y tombe la neige en tout tëps de l'année: les habitans font bien semblant de ne craindre gueres le froid: pource que tout le long de l'hyuer ils vôt vêtus fort à la legere. Le prince Serif à souuëtefois essayé de les rendre ses tributaires, mais ses desseings ne sortirent jamais leur effet.

Ilalem prend son commencement du côté de Po-

K nant

LIVRE II. DE LA

Ilalem.

nant aus confins de l'autre montagne, & se termine à la region de Guzzula deuers Leuant: de la partie du Midy finit aus plaines de Sus. Les habitans sont nobles, & magnanimes, ayans grande quātité de cheuaus, & y à tousiours entre eus vne guerre ciuile, pour cause d'vne veine d'argent qui est en la montagne, estans contraints les vaincus de quiter la jouyssance d'icelle à ceus qui ont le dessus, & demeurent vainqueurs.

Veine d'argent.

¶ Assiete de la region de Maroc.

Cette region de Maroc prend son commencement du côté de Ponāt au mont de Nefisa, suiuant de la partie du Leuant jusques à celuy de Hadimei, puis descend tout au plus pres du fleuue Tensift, tant qu'il vient se joindre auec le fleuue d'Asisinual, là ou du côté du Leuant on entre dans les fins & terres de la prouince Hea. Cette Region est quasi en forme triangulaire : & fort abondante en fromēt, & autres sortes de grains, bétail, eau, fleuues, fontaines, & fruits : comme dates, raisins, figues, pommes & poires de toute espece, & est cette Prouince quasi toute en plaine comme la Lombardie. Les montagnes sont tres-steriles, & pleines de grandes froidures, qui empeschent qu'elles ne peuuent produire autre chose qu'orge. Or maintenant cōmençans du côté de Ponant nous viendrons à décrire les

les particularitez de toutes ses montagnes & citez, en suiuant l'ordre encommencé.

Des villes & citez de cette mesme Region.

Elgiumuha, est vne petite cité en la plaine, aupres du fleuue appellé Sesseua distāte enuiron sept mille du mont Atlas, edifiée par les Africans, mais depuis occupée par quelques Arabes, au temps que la famille de Muachidin fut priuée de son Royaume & domaine. Il n'apparoit aujourd'huy autre chose de cette cité sinō quelques vestiges, mais bien rares. Les Arabes ensemencent si grand pays de terres qu'elles produisent assez de grains pour le viure de tous les habitans, laissans le demeurant sans cultiuer. Mais du temps que cette cité estoit habitée, elle contenoit enuiron six mille feus, & souloit rendre tous les ans de profit cent mille ducats. Ie passay à côté d'icelle, & logeay auec les Arabes, où je trouuay vne fort grande liberalité: mais ils sont pleins de grande tromperie, & desloyauté.

Imegiagen est vne forteresse située sur vne montagne d'Atlas, & n'est aucunement ceinte de murailles, dequoy elle n'à aussi besoin, veu qu'elle l'est de la nature, & assiette du lieu, & distante de l'autre cité du côté de Midy enuirō vingt & cinq mille Elle estoit tenuë jadis par les nobles de ce pays-là, mais puis apres Homar Essuef heretique (duquel nous auōs par cy deuāt fait mention) s'en empara, & la reduisit sous son obeyssance, y vsant de grandes inhumanitez, mettāt a mort jusques aus enfans

Elgiumuha.

Imègiagen forteresse.

LIVRE II. DE LA

Grãd cruauté de Homar Essuef sur les fẽmes & petis enfans estans encores au ventre de leur mere

innocens, & faisoit ouurir le côté aus femmes qu'il pensoit estre enceintes, puis tiroit les petites creatures qu'il démembroit sur l'estomac des meres mesmes, leur faisant gouter l'amertume & dur passage de la mort, premier qu'ils eussent essayé la douceur de la vie. Ainsi est demeurée cette forteresse inhabitée en l'an neuf cens. Il est vray que l'an neuf cens & vingt, on commença quelque peu à y bâtir & faire demeure, mais il n'y a terre qui soit labourable autre part que sur les ailes de la montagne, ny là ou lon seût semer & cultiuer les fruits qui sont necessaires à la vie humaine, pource qu'on n'oseroit passer par la plaine, tant pour crainte que on à du côté des Arabes, comme de celuy des Portugalois.

Tenezza.

Tenezza est vne forte cité, anciennement edifiée par les Africans en vne côte de l'vne des parties du mont Atlas, qui s'appelle Ghedmina, distante de Asifinual quasi par l'espace de huit mille du côté de Leuant. Au dessous d'icelle y a de grandes plaines fort fertiles en grains: mais les habitans (pour estre trop molestez des Arabes) ne peuuent cultiuer le terroir: au moyen dequoy ils sement seulement sur les trauerses & détrois de la montagne, entre le fleuue & la cité, payans aus Arabes pour cette occasion la tierce partie du reuenu des biens de l'année.

Delgumuha.

Delgumuha, cité neuue, est vne grãde forteresse assise sur vne treshaute montagne enuironnée de

plu-

plusieurs autres, sous laquelle sourd Asifinual qui en langue Africane est interpreté, fleuue bruyant, pource qu'il tombe d'vne montagne de telle impetuosité quelle rend merueilleusement grand bruit, cauant & formont vn lieu profond comme l'enfer de Tiuoli au territoire de Romme. Cette forteresse qui contient enuiron mille feus, fut edifiée par aucuns seigneurs de nôtre temps, & puis occupée par vn tyran de la famille du Roy de Maroc : neantmoins elle peut bien encore mettre en equipage grand nombre de cheuaus, & fanterie, retirant des villages & bourgs du mont Atlas bien pres de dix mille ducats de reuenu par chacun an. Le peuple d'icelle à fort grande amitié auec les Arabes, qui reçoiuent d'iceluy souuentefois de fort beaus presents, dequoy le seigneur de Maroc en à esté plusieursfois irrité. Les habitãs sont ciuils tãt en leurs habillemens qu'autrement : & est la cité bien habitée & garnie d'artisans : pource qu'elle est prochaine de Maroc enuiron cinquante mille. Entre les montagnes des appartenãces de cette cité y à de beaus jardins en toute perfection, produisans des fruits en grande abondance. Les habitans ont coutume de semer lin, orge, & cheneué : & ont des cheures en grande quantité. Outre ce ils ont des Prestres & Iuges : mais au reste ce sont gens de fort lourd entendement, & merueilleusement enclins à jalousie. Ie logeay dans cette cité en la maison d'vn mien parent, lequel estant en la cité de Fez se trou-

L'éfer de Tiuoli au côtad de Rõme

K 3

na redeuable d'vne groſſe ſomme de deniers pour s'être voulu adōner à ſoufler l'Alquemie: au moyē dequoy neceſſité le contraignit à venir demeurer en ce lieu icy, là où auec le temps vint à eſtre ſecretaire du ſeigneur.

De Imizmizi, cité grande.

Imizmizi. Imizmizi eſt vne aſſez grande cité, edifiée par les anciens, aſſiſe ſur le rocher d'vne montagne de Atlas, d'où elle eſt diſtante enuiron quatorze mille du côté du Ponant: & au deſſous d'icelle y à vn pas qui trauerſe la montagne d'Atlas par où lon ſe peut acheminer à la region de Guzzula, & eſt appellé Burris, c'eſt à dire Pluuieux, pource que la neige y bat continuellement, retenant puis apres aucune ſemblance de la plume blanche qu'on voit voler d'aucuneſois en l'air. Il y à encore ſous la cité de grandes plaines & ſpacieuſes, qui ſont joignantes à Maroc, ayans trente mille en longueur, & produiſent le grain gros, & beau, rendant la plus belle, & parfaite farine que je penſe auoir jamais veuë: mais les habitans de cette cité ſont trop oppreſſez par les Arabes & Seigneurs de Maroc, tellement que la plus grande partie de cette belle campagne en eſt deshabitée: voire & de ſorte que les citoyens commencent à abandonner la cité meſmes pour ſe veoir neceſſiteus d'argent, au demeurant riches en grains & poſſeſſions à merueilles. Ie y logeay auec vn hermite appellé Sediçanon homme de grande eſtime & reputation.

De Tumeglast, nom de trois châteaus.

Tumeglast, sont trois petis chateaus en la plaine, distans d'Atlas environ quatorze mille, & trente de Maroc, qui sont tous environnez de Dates, raisins, & autres fruits, auec vne belle campagne qui s'étend tout autour, estāt tresfertile en grains: mais elle demeure sans estre cultiuée pour la trop grande importunité, et molesteté des Arabes. Ces châteaus sont quasi tous inhabitez, pource qu'il n'y à plus de dix ou douze familles, qui y facēt leur residence, & sont toutes prochaines en consanguinité à l'hermite susnommé, en faueur duquel il leur est permis de cultiuer vne bien petite partie de la campagne, sans que les Arabes leur en demandent aucun tribut: mais quand il leur prend enuie de s'acheminer en ces chateaus (dont les eaus sont salées) les habitās sont tenus de les receuoir, & loger en leurs maisons, fort petites, & mal cōmodes: ayans plus tôt la forme d'étables d'Anes, que d'habitations de personnes: tellement qu'elles sont tousiours pleines de puces, punaises, & d'autre telle vermine, ordure, & punaisie. Ie logeay en iceus auec Sidi Iehie qui estoit venu receuoir les tribus de ce pays au nom du Roy de Portugal, duquel il auoit esté fait capitaine de la compagnie des Azasi.

Tesrast.

Tesrast est vne petite cité assise sur la riue du fleuue Asifelmel, distante de Maroc deuers Ponāt par l'espace de quatorze mille, & vingt du mont

Atlas, enuironnée de terres fort fertiles en grains, & de jardins produisans dates en abondance, au moyen dequoy tous les habitans se mettent à estre jardiniers pour les cultiuer: & n'ont autre incommodité, sinon que ce fleuue venant par fois à déborder, gâte à peu pres tous les jardins: auec ce que les Arabes se transportent en temps d'Esté dans iceus, rauissans, & mangeans tout ce qu'ils y trouuent de bon. Ie sejournay en cette cité autant que les cheuaus meirent à manger leur auoine: & fu bien pour lors fortuné quand je peu euiter d'estre volé par les Arabes.

De la grande cité de Maroc.

MAroc est estimée, & tenue pour l'vne des grandes villes qui soyent au monde, & des plus nobles d'Afrique, située, & assise en vne grande plaine, distante de la montagne d'Atlas enuiron quatorze mille, & fut edifiée par Iusef fils de Iessin Roy sur le peuple de Lontune, auec l'auis & côseil des plus industrieus architectes, & expers ouuriers qui se trouuassent du têps qu'il entra auec ses gens en cette region, la deputant au siege presidial de tout son Royaume, à côté du pas d'Agmet, qui trauerse le mont Atlas, suiuant jusques là ou sont les habitations dudit peuple. Son circuit est d'vne merueilleusement grande étendue, ou (durant le regne de

Hali

Hali fils de Iusef Roy) estoyent comprins enuiron cent mille feux, & plus tôt d'auantage que moins. Il y auoit vint & quatre portes, & étoit ceinte de fortes murailles, dont la maçonnerie estoit à chaus viue, & à sable, puis cotoyée d'vn fleuue qui estoit distant par l'espace de six mille. Il y à plusieurs temples, colleges, estuues, & hoteleries selon la coutume d'Afrique, dont les aucuns de ces temples ont esté edifiez par les Rois de Lontune, & les autres par leurs successeurs, c'est assauoir des Elmuachidin. Mais entre les autres si somptueux, qu'il y en à vn qu'on peut acertener (sans aucunement s'elongner de la verité) estre admirable & beau en toute perfection, qui fut erigé par Hali fils de Iusef premier Roy de Maroc, qui le nomma le temple d'Hali ben Iusef. Toutesfois il fut demoly, & puis redrecé par vn qui succeda au Royaume, seulement pour en ôter les premiers titres d'Hali, & y apposer les siens, mais il trauailla en vain. car cet honoré titre anciē est demeuré eternel à la posterité. Il y à aussi tout au plus pres de la forteresse vn autre temple que Habdul Mumen (qui fut le second à s'emparer du Royaume) commanda estre razé: & depuis par Mansor, son successeur, fut accreu de cinquante coudées de chacū côté, l'enrichissant de plusieurs belles colomnes qu'il feit transporter des Espagnes en cette cité. Et feit encore iceluy vne citerne voutée de telle grandeur qu'estoit le plant du temple, voulāt que les couuertures fussent faites de plomb

K 5 auec

auec gargouiles selon le plãt des cornices, en manie
re que toute la pluye qui s'ecouloit de dessus la cou
uerture, venoit à se vuider par ces goutieres dans
les tuyaux, par ou elle descẽdoit dans la citerne. Ou
tre ce il feit drecer vne tour, dont la maçonnerie
estoit de pierres fort grosses & entaillées, cõme cel
les du colisée qui est à Romme, & contenant de cir
cuit enuirõ cent brasses de Toscane, & est plus hau
te que la tour des Asemels à Bolongne la grasse.
La vis par ou on y monte, est plaine & large de
neuf paumes, la grosseur de la muraille de dehors
de dix, & le fond de la tour de cinq autres, ayant au
dedans sept chambres fort cõmodes, & aisees, pour
aller, ayãt assez clarté, à cause que le long de la vis
jusques à la sommité d'icelle sont de belles & gran
des fenestres, compassées auec vne industrie grande, estans plus larges au dedans, que par dehors. Et
ainsi qu'on est paruenu jusques sur le cube de la
tour on en trouue vne autre petite, fondée sur icelle, dont la pointe est en forme d'vne eguille, ayant
de tour vint & cinq coudées quasi autant cõme le
comble de la principale, et est de la hauteur de deux
lances. puis y à au dedans trois architraues courbes
en voute, la ou on est conduit par certaines echeles
de bois. Sur la pointe y à vn épieu fort bien anté et
fiché, ou sont enfilées trois pommes tousiours au-
gmentans en grosseur, à cõmencer par celle de dessous. Et ainsi qu'on est paruenu au plus haut étage, il faut tourner la teste cõme quand on est dans
la ga

Tour de cent brasses de circuit.

la gabie d'vn Nauire: d'ou jettant la veuë contre bas, les hômes de la plus grâde stature n'ont montré q̃ de petis enfans: & de ce lieu mesmes se peut veoir la môtagne d'Azafi, qui en est distâte enuiron trente mille, puis se découurêt aussi de là, toutes les plaines qui sont à l'entour, jusques à cinquante milie. Le temple n'est pas fort bien paré par dedâs, fors q̃ les colomnes sont toutes de bois, toutefois auec vne merueilleuse architecture, côme nous en auons veu plusieurs aus eglises d'Italie. Et est ce temple icy l'vn des plus grans qui soyent en tout le môde, mais il est aujourdhuy abandôné: pource q̃ les habitans n'ont coutume d'y faire leurs oraisons autre jour q̃ le vendredy seulement, estant la cité fort diminuée de maisons, & mesmement aus rues qui sont plus prochaines de ce temple, ou à bien grâde peine peut on paruenir, à cause des ruines & masures qui occupent & tiennent tout le chemin. Souz le porche souloyent estre cent boutiques de libraires à chacun côté, vis à vis l'vne de l'autre: mais maintenât on feroit beaucoup d'en pouuoir trouuer vne seule dans toute la cité, dôt les deux tiers sont deshabites & ce qui est vuide dans icelle, est planté de palmes vignes, & d'autres arbres fruitiers: pource que les habitans ne sauroyent estre jouyssans hors la ville d'vn seul pied de terre, pour estre trop outrageusement par les Arabes molestez, tellemêt qu'on peut bien dire auec verité que la cité soit venue en decadence deuant son temps. Car il n'y à pas encore

cinq

Le porche du tême souloit auoir cent boutiques de libraires à chacun côté, vis à vis l'vne de l'autre.

cinq cens ans acompliz qu'elle fut edifiée: mais les guerres auec la mutation des seigneuries sont la seule occasion de son malheur. Iusef, fils de Iessin commença à l'edifier, & à sa seigneurie succeda Hali son fils, & apres luy le Royaume paruint entre les mains d'Abrahā fils de Hali, mais durāt ce temps se reuolta vn predicateur appellé Elmaheli homme qui estoit né & nourry aus montagnes. Cettuy cy ayant assemblé vn bon nombre de souldas suscita guerre contre Abraham le tenant si court qu'il le contraignit de sortir en campagne auec sa gendarmerie, qui auec le Roy experimenta ce jour la fortune luy estre peu fauorable, car tous deux furent rompus: joint aussi que cet Elmaheli feit trancher chemin au Roy, & aus siens: tellement qu'il luy fut impossible se retirer ny sauuer dans la cité, au moyen dequoy fut contraint tirer du côté de Leuant, & en s'enfuyant cotoyoit tousiours la montagne d'Atlas auec ce petit nombre de gens qui luy estoit demeuré Mais Elmaheli ne se contentant de ce premier hazard de fortune, donna charge à l'vn de ses disciples qui estoit nommé Habdul Mumen, de poursuiure le Roy auec la moitié de son exercite luy demeurant auec l'autre moitié campé deuant Maroc. Ce pendant le Roy ne peut trouuer lieu de defence & refuge jusques à ce qu'il paruint dans Oran cité, la ou auec le reste de ses gens print peine à se ramparer et fortifier au mieus qu'il peut: mais Habdul Mumen l'assiegeant (ainsi que son cruel destin

Elmaheli prescheur s'empare de Maroc à belles armes.

destin le permettoit) luy fait entendre par la commune qu'on n'etoit pas deliberé de receuoir aucun outrage pour son fait, dont par ces parolles le pauure & miserable Roy intimidé & destitué de toute esperance, ne sachant plus à qui auoir recours, monta la nuict à cheual, sur la croupe duquel il feit mettre sa femme, puis sortit d'emblée hors la porte de la cité, & se dreça vers vne haute roche qui estoit vis à vis de la mer, & estant paruenu jusques au dessus, talonnant le cheual se precipita en bas, de sorte que tombant de lieu en autre, se demembra luy & sa femme, & fut trouué sur vn petit rocher, là ou il receut pauure sepulture. Or Habdul Mumen se estant emparé de la cité, triomphant de la victoire feit retour à Maroc, là ou (comme voulut sa bonne fortune) trouua Elmaheli trépassé: au moyen dequoy il vsurpa son lieu & fut eleu Roy & pontife par quarante disciples, & dix secretaires du defunt (coutume nouuelle, & en la loy de Mahommet au parauant inusitée.) Or cetuy-cy maintint brauemēt le siege deuant la cité, puis l'an renolu la subjugua, & estant entré dedans, saisit le petit Isaac fils vnique d'Abraham, qu'il meurtrit cruellement de ses propres mains, puis feit tuer la plus grande partie des souldats qui estoyent dedās auec plusieurs citoyens. La lignée de cet Habdul Mumen regna successiuemēt depuis l'an cinq cens & seize jusques en l'an six cens soixante & huit de l'Hegire, & au bout elle fut expulsée du Royaume

Miserable mort du Roy de Maroc & de sa femme.

Elmaheli mort, le cruel Habdul Mumen son disciple luy succede & dura sa lignée 144. ans.

me par la famille de Marin : & par ces noualitez & grandes mutations se peut cognoistre combien sont grans & incertains les effets de l'inconstante fortune. Cette famille icy s'entretint en son domaine jusques en l'an sept cens oĉtante & cinq. Depuis fut encore Maroc mise au bas, & dominée par certains seigneurs qui estoyent en la vieille montagne prochaine de la cité. Mais en tant de changemens elle ne receut si grand dōmage, ny ne fut tant affligée de nul autre que de la famille de Marin, qui transporta le siege Royal de Maroc pour le colloquer en la cité de Fez, là ou se tenoit la court, & en Maroc demeuroit le lieutenant du Roy : tellement q̃ Fez obtint le titre de cité capitale du Royaume, & metropolitaine de toute la region Occidentale : dequoy nous auons parlé plus amplement en l'abreuiation ou epitome des Chroniques Mahommetiques. Maintenant pour nous estre aucunement élongnez du droit fil de nôtre matiere, il est temps de reprendre nos erres, & retourner à la description de la cité, ou il y à vne forteresse de la grandeur d'vne ville, estans les murailles bien fortes, et épesses, auec belles portes faites de pierre Tiburtine & toutes ferrées. Au milieu de cette forteresse se trouue vn beau temple, sur lequel y à vne tour, & à la sommité vn épieu de fer, traspercant trois pommes d'or, pesantes cent trente mille ducats Africans la plus basse d'icelles est la plus grosse, & la dessus plus petite, dont la valeur incitant les cœurs

Sur la tour du tēple vn épieu de fer, perçāt trois pommes d'or du

aueres de plusieurs à leur jouyssance à fait que se sont trouuez beaucoup de seigneurs qui les ont vou lu ôter de la, pour s'en aider à leur besoing : mais il leur est tousiours suruenu quelque sinistre accident par lequel ils ont esté contrains de n'attenter plus à chose si hazardeuse, de sorte qu'ils ont estimé à mauuais presage pour quiconques les voudroit en leuer & bouger de leur place. L'opinion vulgaire est que ces pommes furent là posées sous telle constellation qu'elles ne peuuent jamais en estre bougées : d'autres disent outre cela, que celuy par qui elles y furent fichées, feit vne certaine conjuration magique, contraignant aucuns espris les garder à perpetuité. Et pour confermer ce commun dire, plusieurs acertenent que de nôtre temps le Roy Mansor pour preuenir aus inconueniens & necessitez qui luy eussent peu suruenir par les assaus impetueus qui luy estoyent journellement donnez des Chrétiens Portugalois, vouloit, quoy qu'il en fût (méprisant & se moquant au possible de cette vulgaire opiniõ) les ôter d'ou elles estoyët : ce que les habitans de Maroc tous d'vn commun consentement luy denierent franchement, ne luy voulans en sorte que ce soit permettre : alegans i celles estre la plus grande noblesse de Maroc. Nous lisons aus histoires que la femme de Mansor pour (entre les ornemës et choses plus rares du tëple que auoit fait eriger son mary) laisser encore quelq me moire d'elle mesmes à l'auenir, vendit ses propres

ba-

poix de 130000. ducats.

Opinion vulgaire que constellatiõ, ou art magique conserue les dites pommes d'or.

LIVRE II. DE LA

bagues, & autres joyaus, tant d'or comme d'argēt, auec autres dorures & pierr[es] qui luy auoyent esté donées par sondit mary qu'il l'epousa, et en feit faire trois pommes pour rendre (comme nous auons recité) cette sommité tresriche & decorée. Semblablement il y à en cette forteresse vn tresnoble college, là ou plusieurs écoliers estoyent entretenus, & se trouuent en iceluy trente chambres: puis au plant vne sale ou l'on souloit lire anciennemēt. Tous ceus qui y estoyent receus auoyent leur dépens, & estoyent vétus vne fois l'an, autant bien que les docteurs qui auoyent leurs salaires qui montoyent à la valeur de cent ducats ordinairement: toutesfois il y en auoit d'aucuns qui en receuoyent deux cens, les vns plus, les autres moins, selon la qualité de leurs lectures. Et ne pouuoit là estre admis ny receu, pour ecolier nul, qui ne fût bien fondé & instruit des le commencement aus bonnes disciplines. Ce lieu-là est enrichy de belles Mosaïques, & ou il n'y à des Mosaïques, le pan des murailles est reuétu par dedans de certaines pierres cuites en lozenges, entaillé auec feuillages subtils, & autres ouurages diuersifiez, mesmemēt la sale ou l'on souloit lire: & les allées toutes couuertes, estant le niueau de ce qui reste découuert, tout paué à careaus émaillez, qui s'appellent Ezzuleia: comme lon en vse encore par les Espagnes. Au milieu du corps de cet edifice y à vne fontaine construite de mabre blanc, subtilement ouuré: mais basse à la mode d'Afri-

Les trois pommes d'or faites par le cōmandement de la Royne de Maroc

d'Afrique. Iadis vn grand nombre d'écoliers fou-
loyent aller ce college comme je puis entẽdre, mais
pour le jourd'huy ne s'y en trouuẽt que cinq ou six
qui sont enseignez par vn tresignorant lecteur &
legiste, entendãt bien peu en l'humanité, & moins
és autres disciplines. Quand j'estois à Maroc, je
m'acointay, & prins familiarité auec vn juge, hõme qui (à dire vray) estoit autant docte és histoires Africanes, comme bien fondé en richesses &
biens de fortune : mais peu experimenté en la loy,
comme ne s'y estant aucunement adonné, pour vaquer à la pratique qu'il auoit exercée par l'espace
de quarante ans, pẽdans lesquels il auoit esté Notaire, & obtint cet office du Roy duquel il auoit
esté grandement fauorit. Les autres qui admini-
stroyent les offices publics, me semblerent gens fort
rudes d'esprit, selon l'experience que j'en fei, quand
je fu auec ce Seigneur en campagne, où je le trouuay la premiere fois que j'arriuay en la region de
Maroc. D'autanage, il y à encore dans la forteresse onze ou douze palais somptueus & excellẽs, qui
furent edifiez par Mansor : au premier qui se presente de front, estoit posée la garde des arbaletiers
Chrétiens, qui souloyent estre cinq cens, tousiours
cheminãs deuant le seigneur en quelque part qu'il
allast. Au palais (qui est à côté de cetuy cy) y auoit
vn tel nombre d'archers. En l'autre (qui estoit vn
peu plus outre) demeuroyẽt les Chãceliers & Secre
taires, & est ce palais en leur langue apellé la maison

*Onze pa-
lais en la
susdite
forteresse*

son des étás. Le tiers est nommé le palais de la Victoire, pource qu'en iceluy estoyẽt les armes & munitions de la cité. Le quart qui est encore plus auant, estoit ordonné pour la residence du grand Ecuyer du Roy, & tout joignant y à trois étables à voutes, & en chacune peuuent loger deux cens cheuaus. Il y en à deux autres pour les mulets, l'vne de telle grãdeur que cent mulets y peuuent cheuir, & l'autre estoit expressement pour les jumens, & mulets que le Roy cheuauchoit. Aupres de ces étables y auoit des greniers faits à voutes, & à deux étages, dont l'vn estoit pour tenir la paille, en celuy de dessous se mettoit l'orge pour les cheuaus, & au dernier se tenoit le froment, estant si ample qu'il en pouuoit tenir plus de trente mille setiers, & tel nõbre pouuoit cheuir encore dans l'autre, sur le couuert duquel y à certains pertuis qui sont faits expressement, auec des degrez de pierre fort vnis, par où les bestes montent leurs charges jusques à l'egal du couuert, sur lequel se mesure le froment, qu'on jette puis apres dans le grenier par les pertuis : & le voulans mettre dehors, il y à autres trous par le dessous du plancher qu'ils découpent: & ainsi le y peuuent mettre & tirer hors, sans grande peine. Plus outre encore se voit vn beau palais qui auoit esté cõstruit pour y endoctriner les enfans du Roy, & autres de sa famille: & en cetuy-cy y auoit vne belle chambre, dont le diametre est compassé en quadrature, ceinte de certaines galeries, & fenétrages

trages à claires vitres de diuerses couleurs, auec aucunes tables & armaires autour d'icelle, entaillées, peintes, & dorées de fin or, & pur azur en plusieurs parties. Il y a encore vn autre palais, où semblablement estoit assise vne autre garde de corselets : & vn autre fort grand où le seigneur de la cité donnoit publique & generale audience. En vn autre logeoit les Ambassadeurs & Secretaires quand il les vouloit ouyr. En vn autre (dont la masse de l'edifice estoit diuisée en plusieurs corps & parties) estoyent les fils dudit Seigneur vn peu grandets. En vn autre plus élongné, & pres les murailles de la forteresse qui répondoyent à la campagne, y a vn tresplaisant jardin, produisant arbres, & diapré de toutes fleurs colorées, & odorantes, là ou se trouue vne loge carrée toute enleuée de marbre, & profonde trois pieds & demy : au milieu est erigée vne colonne fort industrieusement taillée, qui soutiët vn Lion sur vn base à la sommité d'icelle, qui de sa gueule dégorge assez abondamment vne eau tresclaire & deliée, qui vient à s'épandre par l'aire de la loge, & à chacun angle est posé vn Liepard de marbre blanc, martelé de taches verdes, & rondes de nature, tellement qu'il ne s'en trouue de tel en nul autre lieu, fors qu'en vn endroit du mót Atlas, qui est distant de Maroc cent cinquäte mille. Ioignant ce jardin y a vn parc où souloyent estre encloses plusieurs bestes sauuages, comme Girafes, Elephans, Lions, Cerfs, & Cheureils : mais les

Liepard de Marbre blanc martelé de marqs verdes & rondes.

L 2 Lions

Lions eſtoyent ſeparez d'auec les autres animaus: & eſt appellé ce lieu encores à preſent, la demeurãce aus Lions. Ce peu donques qui demeure en eſtre dans cette cité peut faire foy, rẽdant treſample témognage de la pompe, grandeur, & magnificence dont elle eſtoit decorée regnãt iceluy Manſor. Mais aujourd'huy en toute la forteresse n'y à d'habité q̃ le palais de la famille, & celuy des arbaletiers, ou font reſidence les portiers & muletiers du ſeigneur, qui y eſt à preſent demeurant: tout le reſte eſt pour retraite des pigeons, corbeaus, corneilles, & autres oiſeaus. Le jardin jadis tant plaiſant, où nature employoit tous ſes treſors, eſt auſſi receptacle des immondices de la cité. Le palais où eſtoit entretenue bien ſoigneuſement la librairie, eſt en partie occupée pour jucher les poules, & le reſte eſt conuerty en colombiers pour attirer les pigeons qui font leur nid dans les armaires, où lon tenoit jadis religieuſement les liures, ou les bonnes ſciences eſtoyẽt cõprinſes. Certainement ce Manſor icy fut vn treſ-grand & puiſſant ſeigneur, pource qu'il dominoit depuis Meſſa juſques à Tripoly de Barbarie, qui eſt la plus noble partie d'Afrique, & de ſi grande étenduë qu'elle ne peut eſtre tenue d'vn bout à autre en moins de nonãte jours, ny trauerſée en moins de quinze. Et occupoit d'auantage en Europe cette partie des Eſpagnes que lon nomme Grenade, qui contient depuis Tariffa juſques en la Prouince d'Aragon, vne bonne partie de la Sicile, & de

Portu

ce Mãſor fut celuy auq̃l Raſis medecĩn dedia ſes liures

Portugal. Toutefois il ne fut pas seul sous la puissance de qui fussent sujettes tant de regions et prouinces. Car elles furent semblablement sous le domaine de son ayeul Habdul, Mumen son pere, Iusef, Iacob, Mansor, & son fils Mahommet Euasir, qui fût defait & rōpu auec son exercite au Royaume de Valence, & furēt acablez & meurtris de ses gens tant de pied que de cheual jusques au nombre de soissante mille hommes, apres laquelle route il feit retour à Maroc. Mais les Chrétiens ausquels cette victoire par eux ainsi glorieusemēt obtenue, auoit augmentées auec le courage les forces, & animez au possible, suiuirent leur pointe, & leur fortune ensemble: au moyen dequoy en moins de trente ans ils recouurerent Valence, Denie, Alicante, Murzie, Cartage la neuue, Cordoue, Sicile, Iaen et Vbed. Par cette recōmandée, & memorable déconfiture, la famille de ces seigneurs cōmença à decliner & amoindrir. Si qu'apres le deces de Mahommet, demeurerēt dix enfans siens hommes parfaits, qui chacun à part soy ayant enuie de dominer, furent eux mesmes (se meurtrissans l'vn l'autre) cause de leur perdition & occasion de la ruine du peuple: donnans moyen à ceus de Marin s'emparer de la seigneurie de Fez. Pendant ces noualitez & mutations, les habitans de Habduluad se reuolterent, saisissās le Royaume de Telēsin: elisans vn recteur à Thunis, & donnans le Royaume à qui leur fut plus agreable. Voila la fin q̄ prindrēt les successeurs

Deffaite de 60000 hōmes.

L 3   de

de Manſor le domaine deſquels paruint puis apres entre les mains de Iacob, fils de Habdulach premier Roy de la famille de Marin. Tãt y à que la pauure cité de Maroc à eſté à grãde extremité, & tenue en peu de reputacion, eſtant cõtinuellement moleſtée, & oppreſſée par l'âpre violéce des importuns Arabes, pour le moindre refus qu'elle face d'obtemperer à leur inſatiable vouloir. Tout ce que vous auez entendu de Maroc j'ay veu en partie, & de ce que le tẽps ne m'a permis auoir la cognoiſſance, ayant recours aus hiſtoires d'Ibnu Habdul Malich chroniqueur de Maroc, diuiſées en ſept parties, j'ay eſté bien acertené de ce que j'ay redigé dans mes abreuiations des chroniques Mahommetanes.

Agmet cité en la dite region de Maroc.

Agmet eſt vne cité prochaine de Maroc enuiron vingt & quatre mille, edifiée par les anciens Africans ſur la côte d'vne montagne de celles d'Atlas contenant enuiron ſix mille feus : & fut du temps de Manſor fort addonnée à ciuilité, à cauſe dequoy elle eſtoit appellée la ſecõde Maroc. Le tour d'icelle donne contentemẽt fort grand aus perſonnes pour cauſe de la diuerſité des fruits fauoureus qui ſont produis (auec grande abondance de raiſins) dans les jardins ſituez en la plaine, & montagne. Sous cette cité y à vn pays qui traverſe la montagne de Atlas juſques en la region de Guzzula, là ou prẽd ſon cours vn beau fleuue deſcendant de la montagne d'Atlas, ſe venant joindre auec celuy de Tenſeſt,

Maroc bien rabaiſſé.

Agmet ſe cõde Maroc.

sest, l'eau duquel tire sur le blanc. Et y a outre ces deus fleuues vne merueilleusement belle, & beaucoup plus fertile campagne rendant le plus souuět au semer (comme lon dit) cinquante pour vn. Cette cité auec le fleuue qui la cotoye ressemble à celle de Narne, & à la Noire, fleuue d'Vmbrie, qui (ainsi qu'aucuns afferment) va jusques à cette cité, là où se fondant est conduit par certains canaus sous terre, sans qu'on en puisse veoir aucune trace ny canal jusques à la cité de Maroc. Plusieurs seigneurs voulurent vne fois experimenter de quel côté pouuoit venir cette eau, au moyen de quoy ils feirent entrer dans le canal aucuns hommes, leur faisans porter pour leur éclairer vne lanterne, auec de la lumiere, & apres s'estre quelque peu auancez, pour la force d'vn merueilleus & terrible vent, se sentirent repoussez d'vne impetuosité si vehemente, qu'il leur sembloit ne s'estre jamais trouué en tel affaire : tellemět que leur lumiere éteinte, se trouuoyent en danger, & sur le point de ne pouuoir jamais faire retour d'où ils estoyent venus, pource q̃ le cours de cette riuiere estoit souuent interrõpu par tresgrosses & grãdes pierres, cõtre lesquelles hurtans les ondes tressailloyent deçà & delà par vn elancemět si rude, qui venoit à rendre dans cette concauité vn épouantable & horrible son. Si que ayans trouué plusieurs cauernes qui les rendoyent incertains de ce qu'ils desiroyent sauoir, furent cõtrains d'abandõner leur entreprinse,

L 4 dont

dont voulants poursuiure à icelle, ne se trouua depuis personne qui s'y vousit hazarder. Il y à aucũs historiens qui disent que celuy par qui fut Maroc edifiée, auec la doctrine de sauãs Astrologues preueit que plusieurs guerres luy deuoient suruenir, ce que ayant cognu, feit par art magic que telle nouueauté fût là dedãs, à fin que la souree de l'eau estãt occulte à ses ennemis, ne peût estre par moyen aucun d'iceus détournée. Cette cité sert mau. tenant de spelonque, & cauerne aus loups, & regnars, & de nids aus corbeaus & à tels autres oyseaus, sinon que de mon temps y residoit vn hermite accõpagné de cent disciples, qui estoyẽt tous fournis de beaus cheuaus, cõmençans à s'en vouloir faire seigneurs, mais ils ne trouuoyent personne sur qui ils peussent dominer ny vser de commandement. Ie logeay par l'espace de dix jours auec cet hermite, qui auoit vn frere qui estoit fort mon amy, pource que nous auions esté en la cité de Fez compagnons d'étude, là ou nous ouïmes ensemble l'epitre de Nensefi en Theologie.

De Hanimmei cité.

Hanimmei est vne petite cité sur la côte du mõt Atlas deuers la plaine, distante de Maroc enuiron quarante mille du côté du Leuant, au passage de la cité de Fez : c'est assauoir de ceus qui veulent cotoyer la mõtagne : & le fleuue d'Agmet passe à côté de Hanimmei distãt quinze mille, depuis lequel jusques à la cité y à vne bõne cãpagne pour semer,
com-

comme est celle d'Agmet: & ce qui se trouue depuis Maroc jusques audit fleuue, est tout sous le domaine du seigneur de Maroc, & ce qui est entre Maroc & Hanimmei, est en la puissance du Seigneur d'Hanimmei, vaillant, & courageus: pource qu'il maintient brauement la guerre contre le seigneur de Maroc: ce qu'il peut faire facilement estant seigneur de plusieurs peuples aus montagnes, joint aussi la grande magnanimité, & liberalité qui luy fait cōpagnie. Et n'auoit encore ataint la douzieme année de son âge, que laissant la vie vn sien oncle, s'empara de ses seigneuries: au moyē dequoy ainsi jeune qu'il estoit, voulut faire preuue de sa personne, & montrer euident signe de sa valeur. Car vne grande multitude d'Arabes, auec trois cens cheuaus legers de Chrétiens vindrent faire vne course à l'impourueu jusques aus portes de la cité. Ce que voyant le jeune prince, se deffendit auec vn tel courage, & les repoussa si rudement, qu'apres auoir deffait la plus grāde partie des Arabes, vsa d'vn si doux traitement à l'endroit des Chrétiens, qu'il les contraignit de demeurer tous en la place acablez, de sorte que le plus braue d'eux n'eut loisir d'aller porter les nouuelles en Portugal, de leur tant soudaine route, qui leur auoit esté causée pour le trop peu de pratique, & cognoissance qu'ils auoyēt du pays: & cela fut en l'an neuf cens & vingt. Or ces choses ainsi passees au grand honneur, & auantage de ce seigneur, le Roy de Fez
luy

luy enuoya demander tribut, qui luy estant refusé, feit marcher vn gros exercite de gens à cheual, & arbaletiers, dont la presence d'iceux n'amoindrissans en rien la grandeur du courage & magnanimité de ce petit prince, sortit brauement en campagne: mais se rengeant en bataille, son cruel destin ou desastre enuieux de son bien & gloire, permirēt qu'il fût frapé d'vn boulet d'haquebute en l'estomac, qui le feit renuerser froid, & mort entre les siens, qui par cet infortune & à eux dommageable accident, se rendirent tributaires: auec ce que la femme de ce seigneur rendit plusieurs nobles prisonniers enchénez au capitaine du Roy, qui apres auoir delaissé vn gouuerneur en cette cité, feit retour, en l'an de l'Hgire neuf cens & vingt.

Le Seigneur de Hanimmei tué en bataille.

¶ Des montagnes contenuës en la region de Maroc, premierement Nizipha.

PVIS que nous auons traité de la region de Maroc, comme il nous à semblé assez amplemēt, maintenant nous viendrons à la description de l'assiete des plus renommées montagnes: pour à quoy donner commencement, nous traiterons du mont de Nisifa, lequel deuers le Ponāt à en teste la prouince de Maroc qu'il separe d'auec la prouince d'Hea. Il est fort habité, & combien que le plus souuent
les

les neiges tombent sur la sommité d'iceluy, on ne laisse pourtant d'y semer de l'orge. Les habitans sont tous gens de sauuage nature, ignorans que ce est de ciuilité: & venans à apperceuoir aucun citoyen, ne s'émerueillent moins de sa presence que de son habillemēt, comme je leur causay vn grand ebaïssement par l'espace de deux jours que je sejournay en ce lieu là, durant lesquels ils ne peurent jamais receuoir assez de contentement, tant pour contempler ma personne comme pour toucher, & manier l'habillement que je portois, qui estoit vne robe blanche, & longue en écolier: de sorte qu'auant que me pouuoir deffaire d'eux, ils me la laisserent toute telle qu'vn torchon de cuisine, tant grande fut la multitude de ceux qui la voulurēt toucher. Et s'en trouua vn entre les autres auquel mon epée reuint si bien, & luy print si grande enuie de la veoir sienne, que m'importunant jusques à l'extremité, me contraignit de la troequer contre vn cheual, qui pouuoit valoir dix ducats beaucoup plus raisonnablement, que mon épée vn & demy, que j'en auois payé dans la cité de Fez: & ne saurois croire que cette sottise leur procede d'autre part, que pour ne trafiquer aucunement, & ne se transporter en nulle part: à quoy ils sont quasi contrains estans les chemins tous batus de larrons, brigans, & meschante canaille. En ce mont icy se trouue grande quantité de chéures, miel, & huile d'argan, que l'on commence à trouuer de la en auant.

Seme-

LIVRE II. DE LA

Semede.

Cette montagne prend son origine aus confins de l'autre, estans separées par le fleuue Seffaua, & s'étend cette cy du côté de Leuant enuirō vint mille, dās son pourpris, & y a assez fontaines: & grandes neiges en tout temps de l'année. Les habitans sont fort rustiques, pauures, & mécaniques sans auoir entré eux aucun qui puisse decider leurs controuerses, sinon que par fois ils retiennent quelque étranger passant qui leur semble estre personne suffisante & entendue. Et m'y retrouuant vne fois, je logeay auec vn religieus qui auoit entre ce peuple les premiers honneurs, & préeminences: là ou il me conuint contenter (pour n'y pouuoir remedier) des viandes qu'ils ont acoutumé de manger: c'est assauoir farine d'orge détranpée dās l'eau bouillante, auec chair de bouc, que je discernois mieus auec les dents estre tresdure, que je n'eusse jugé à la veuë si elle estoit vieille: combien que je me rendy assez certain de l'vne, & l'autre chose: car je trounay la chair fort vieille, mais l'experimentay beaucoup plus dure au mâcher, essayant apres cela comme il faisoit bon coucher sur la dure, d'ou m'estant leué sans auoir affaire de valet de châbre, faisant mon conte de déloger à bonne heure (comme celuy qui ignoroit totalement leur coutume & maniere de faire) me trounay enuironné de plus de soissante personnes, qui vont cōmencer à me faire vn grand discours, & long proces de leurs differēs, non autrement

Viāde de farine d'orge auec chair de bouc.

ment que si j'eusse esté leur juge ordinaire, & expressement deputé pour decider leurs débas. Ce que voyant je ne seu autre chose faire, sinon m'excuser pour dire que je ne voulois auoir cognoissance de cause, veu mesmemēt que je ne sauois rien de leurs affaires. Mais trois gentilshommes des plus honnores s'auancerent, dont l'vn commença à m'vser d'vn tel langage: Pourroit bien estre Seigneur que vous ignorez nôtre coutume: parquoy je vous la feray maintenant entendre, & est telle, qu'il n'est permis á nul étranger de quelque qualité qu'il soit passant par icy, de déplacer que premierement il n'ayt diligemment écouté, & puis selon ce qu'on luy á proposé, détermine les differens de noz causes. Il n'eut pas plus tôt mis fin à ses parolles, qu'il me vint saisir mon cheual si qu'il me fut force passer neuf jours en cette montagne, & neuf nuits auec autant de regret, & grand mesaise, qu'il est possible d'endurer: tant pour la mauuaise saueur des viandes qui me sembloyent de tresdure digestion, q̃ pour le dormir qui ne m'estoit moins ennuyeux. Et auec ce (chose qui me sembloit bien étrange) outre leurs debats intrinseques, on n'eût peu trouuer entre eux tous, vn seul qui eût tant d'esprit que de former vne seule lettre, au moyen dequoy il me failloit exercer la dignité de juge, & office de grefier tout ensemble. Or les huit jours acomplis, la commune s'assembla, & me dirent les plus apparens qu'ils auoyent bonne enuie en recompense de
mes

mes labeurs me faire vn present, qui ne seroit de moindre valeur, que honnorable. dont l'enuie que j'auois d'auoir & voir ce notable & magnifique present, me feit encore sembler la nuit plus longue de la moitié qu'elle n'auoit de coutume, discourant en moymesmes quelle grande somme de deniers je pourrois receuoir: & de fait faisois desia mon compte d'estre tout plongé en or, quand le matin me menerent seoir souz le portique du temple, la ou apres qu'ils eurẽt presentés leurs vœus, & oraisons, commencerent l'vn apres l'autre, & de rang en rang à me baiser le chef, me presentans, l'vn vn poulet, l'autre vne ecaille de noix, l'vn vne liasse d'ongnons, l'autre des aus, & le plus noble d'entre eux m'offrit vn bouc bien mignonnement, & auec vne grace, et façon de faire qui me sentoit tout plein sa court. Voyant cette grande abondance, si je me trouuay lors bien étonné, je le remets à vôtre jugement, veu mesmement que toutes ces choses n'auoyent pas bonne vente, & ne sauois comment en retirer profit, à cause qu'il n'y à point d'argent en ce lieu la, & pour ne trainer toutes ces tracasseries apres moy, je vins trouuer mon hôte en sa maison, auquel je fey present de mon salaire, que j'auois receu en recompense des trauaux, & mesaises que j'auois endurez & soutenus pendãt que je sejournay auec cette canaille, qui me donna cinquante hommes qui m'accompagnerent vne bonne partie du chemin, à cause qu'il n'estoit pas fort seur.

Presens à l'auteur pour recompense de sa peine & du sejour qu'il auoit fait.

Seu-

Seusaua.

Apres qu'on à passé la montagne susdite on vient à trouuer cette cy, de laquelle sourd vn fleuue dont elle retient son nom, estant batue de neige quasi en tout temps de l'année. Le peuple qui y habite est fort bestial, neantmoins il meine continuelle guerre contre ses voisins, vsant pour ses armes offensibles de gros & pesans caillous qu'ils ruent dépiteusement auec des frondes. Ils viuent d'orge, de miel, & chair de chéure, & se trouuent parmy eux plusieurs Iuifs, qui exerçans l'art de maréchal forgent des marres, épieux, faucilles, & fers de cheual, se mélans outre ce de maçonnerie: côbien qu'ils ayent peu de besongne entre les mains, pource qu'il n'y à que les murailles qui se facent de pierre, & craye: car le couuert est de paille, sans qu'on puisse trouuer dequoy faire de la chaus, tuilles, ny brique & en cette façon sont bâtis tous les autres edifices des montagnes precedentes. Entre ces habitans y à plusieurs legistes, et vsent de leur côseil en certaines choses: & en ay cognu plusieurs d'iceux que j'auois veu étudians à Fez, lesquels apres m'auoir receu fort humainement, s'offrrrent assez de me vouloir acompagner.

Secsiua.

Secsiua est vne montagne fort sauuage, haute, & reuetue de grans bois, là ou sourdent plusieurs fontaines, & pleins de neiges. au moyen dequoy la froidure n'y faut jamais: & ont coutume les habitans

tans d'icelle de porter en la teste certaines perruques blanches. Là prend son origine le fleuue Assisinual ou se trouuent plusieurs cauernes larges, & profondes ou ils ont coutume de tenir leur bétail trois mois de l'année, qui sont Nouembre, Decembre, & Ianuier, auec du foin, quelques feuilles, & ramées de grans arbres. S'ils veulent auoir des viures, il faut qu'ils en pourchassent aus autres prochaines montagnes, pource que cette cy ne produit aucune chose. En la saison de Primeuere ils ont du laict, beurre, & fromage, & sont gens qui viuent longuement, paruenans jusques à l'âge de quatre vingt, & de cent ans : auec vne vieillesse robuste, & totalemët deliure de mille & mille incōmoditez qui acōpagnent les anciens, & jusques à tãt que la mort les vienne surprendre, ils ne cessent de suiure les troupeaus des bêtes sans jamais veoyr passer, ny auoir la cognoissance de personne que ce soit. Ils ne portent jamais des souliers, mais seulement quelque chose sous le pied qui les garde de l'apreté, & rudesse des pierres, & grauiers : auec certaines pieces entortillées autour de la jambe & gros bourras qui les deffend de la neige.

Tenmelle montagne & cité.

Tenmelle est vn mont autant merueilleux pour sa démesurée hauteur, comme les froidures y sont trop grandes & excessiues : combien que pour tout cela il ne laisse d'être bien peuplé, & habité en toutes ses parties, & sur la sommité d'iceluy est situé
vne

vne cité qui retient le nom du lieu ou elle a esté construite, qui est semblablemēt bien remplie d'habitans, & non moins reparée par le cours d'vn plaisant fleuue qui la trauerse, comme embellie par l'excellente architecture, & industrieus compartimens d'vn somptueus temple d'icelle, là ou gisent Elmaheli predicateur, & Habdul Mumen son disciple : dont nous auons au par auant fait mētion. Les habitans qui resident en ce lieu là, sont tresmalins & peruers, se contentans assez de leur sauoir, pource qu'ils ont tous étudié en la theologie & doctrine de ce predicateur heretique. Et n'est pas plus tôt arriué vn passant, qu'ils le mettēt expressement en propos pour auoir occasion de disputer à l'encontre de luy. Ils se tiennent mal en ordre quant aus habillemens, à cause qu'il y frequente beaucoup d'étrangers, & viuēt bestialemēt en tant que cōcerne le gouuernemēt, & police de la cité : ou ils ne tiennēt qu'vn prestre, & se sustantent cōmunement d'orge, & d'huile d'oliue : mais le terroir leur produit grāde quantité de pignets & noyers.

Gedmeua.

Gedmeua est vne montagne qui commence au mont Semmeda du côté de Ponant, s'etendant deuers Leuāt enuiron vingt & cinq mille, tāt qu'elle vient à se joindre auec Imizmizi. Les habitās d'icelle sont pauures paysans, estans tributaires aus Arabes, pour autant que leurs habitations sont au pres de la plaine, à l'aspect du Midy, là ou est assis
le mon

le mont Tenmelle. Sur les côtes, & pendans de cette montagne y à assez oliuiers, & terres pour semer de l'orge, auec des bois de haute futaye, & plusieurs fontaines, qui sourdent à la sommité d'icelle.

Hantera Montagne treshaute.

Cette montagne cy est d'vne si merueilleuse, & démesurée hauteur, que je ne pense point (ou ma veüe me deçoit) en auoir jamais veu une autre qui s'y puisse egaler de bien loing, prenãt son origine du côté de Ponant, aus confins de Gedmeua, se jettant sur le Leuant enuiron quarãte cinq millè, jusques au mont Adimmei. Les habitans sont fort opulens tant en cheuaus comme en autre chose. Et se trouue en cette montagne-là vne forteresse q̃ tient vn seigneur parent de celuy de Maroc: mais posposans tout respect de parentage, s'efforcent de mettre fin à leur querelle auec les armes, & armées qu'ils mettent souuentefois en cãpagne, à cause d'vn certain village, & territoire qui est entre leurs cõfins. Plusieurs Iuifs artisans resident en cette mõtagne, rendans tribut à ce seigneur, approuuans tous en leur loy l'opinion de Carrain, & sont cõme (il à esté déja dit) vaillans & courageus auec les armes au poin. Le sommet est tousiours couuert de neige, de sorte que l'ayant la premierefois aperceu, me sembloit à veoir pour tout seur que ce fût vne nuée bien haute en l'air, estant deceu pour la terrible, et quasi incroyable hauteur d'icelle, dont les côtes sont vuides de tous arbres, & steriles en herbes. Mais il y á plusieurs fieurs lieus où l'on pourroit tirer beaucoup de marbre de parfaite blancheur, dequoy on tient peu de compte, pource que les habitãs ignorent l'vsage de le sauoir tirer & polir. D'auãtage, il s'y trouue plusieurs lieus là ou il y a des colonnes, chapiteaus, fragmens, & fort grans vases propres pour faire fontaines qui furent taillez du temps que ces grans & puissans seigneurs (dont nous vous auons deja parlé) regnoyẽt: mais les guerres suruindrent qui rõpirent leurs desseins. Ie vei encore des choses autant merueilleuses à ouyr, cõme le croire en est difficile, qui ne me peuuẽt estre toutes par la memoire representées: mesmemẽt l'ayant deja detenuë, & occupée en choses plus necessaires, & de plus grand profit.

Adimmei.

Adimmei est vne montagne treshaute, qui cõmẽce aus confins du mont Hantera de la partie du Ponant, & s'étend deuers Leuãt jusques au fleuue de Teseut. Là est située la cité ou residoit, & dominoit ce magnanime Seigneur que nous auons dit auoir esté tué en la guerre cõtre le roy de Fez. Cette montagne est peuplée de plusieurs bois de noyers, d'oliuiers, & de coigniers: & semblablement de plusieurs peuples fort courageus, se delectans au possible de nourrir quantité & à force sortes d'animaus: pour autant que l'air y est bien temperé, le terroir merueilleusement bon, & où sordẽt des fontaines en quantité, auec deux fleuues, dont nous ferons mention au liure là ou nous auons reserué à

M 2   en

LIVRE II. DE LA

en parler particulierement. Or puis que nous auōs mis fin à la description du pays de Maroc, qui est des termes d'Atlas de la partie du Midy, nous viēdrons maintenant à décrire les particularitez de la region de Guzzula qui traverse la montagne, d'ou se va joindre au Royaume de Maroc, & qui separe Atlas d'entre les deux regions.

¶ De la Region de Guzzula.

L A region de Guzzula est fort peuplée, & confine auec Ilda montagne de Sus, de la partie du Ponant deuers Tramontane auec Atlas, quasi aus pieds de la montagne : & du côté de Leuant se joint auec la prouince d'Hea. Les habitans sont gens bestiaus, & legers de pecune, mais fort abondans en orge, & bétail. Là se trouuent plusieurs minieres de fer, & cuiure, faisant auec iceus des vases, qu'ils font puis apres transporter en diuers lieus & pays, les troquās contre draps, cheuaus épices, & toutes choses qu'ils voyent leur estre necessaires. En toute cette region il n'y à ny ville, ny château : mais bien de bons & grans villages, qui cōmunement ne contiennēt pas moins de mille feus, les vns plus, et d'aucuns moins. Les habitans n'ont point de seigneur, mais se gouuernēt d'eux mesmes: si que le plus souuent ils sont en dissension & guerres, dont les tréues (si aucunes en y à) ne durent pas plus haut de trois jours en la sepmaine, ce pēdant peuuent trafiquer

Minieres de fer & cuiure.

Tréues de trois jours.

fiquer les vns auec les autres, s'acheminās d'vne à
autre cité: mais s'ils se rencontrent les tréues expi-
rées,ils se tuent sans remission aucune. Et fut auteur de ces tréues (du tēps que je trauersois ce pays
là) vn bon hermite, qui est entre eux reputé & estimé saint, n'ayant le bon hōme qu'vn œil dont il se

void conduire,& le trouuay tout pur, innocent,&
rēply de charité. Ce peuple vse de certaines chemisolles faites de laine, courtes, sans māches, qu'ils portent par en haut assez étroites, portant en teste vne

M 3   ma-

maniere de chapeaus faits de fueilles de palmes. Leurs poignars sont tors, & larges: mais fort minces, & agus deuers la pointe, taillās des deux cotez. La forme de leurs épées est cōme celle que portent les habitās de Hea. Et sont vne foire en ce pays-là qui dure par l'espace de trois mois, où tous étrāgers qui y abordent, sont par les habitās receus, & traitez fort humainement, sans qu'ils payent aucune chose, ny qui leur soit rien demandé: encore qu'ils fussent bien dix mille. Et le jour venu que la foire se doit ouurir, ils font tréues entre eux, elisans pour chacune partie vn capitaine, au quel ils donnent cent hōmes de pied pour garde, & seureté d'icelle: & vont ces gardes tournoyans, punissans les malfaiteurs, & delinquans auec vne telle peine, qu'elle peut égaler la grandeur de leurs demerites. Mais ceux qui sont attains & cōuaincus du crime de larrecin, sont sans nul delay ny remission aucune, trauersez de part en autre, de certaines pertuisannes, qu'ils portent partie pour semblable effet, laissans les corps gisans qui demeurent pour pâture aus animaus. Cette foire se fait en vne plaine, entre certaines montagnes là ou les marchans tiennent leur marchandise dans pauillons, ou petites loges & ramées, diuisans les especes de marchandise l'vne d'auec l'autre: tellement que là ou sont parquez les marchans de draps, ceux qui vendent les merceries en sont éloignez, & hors de leur rang, & ainsi consequēment ceux qui vendent le bétail sont hors du cir-

Foire de 3. mois ou les étrangers sont bien traitez sans rien payer.

Punition de larreci durant la foire.

circuit des pauillős, aupres d'vn chacun y à vne petite ramée, là ou logent les gentilshőmes, & se donne à boire & manger à tous les étrangers. Et combien que cela leur cause grand' dépece, neantmoins
à la vente & deliurance de leur marchandise, ils
rapportent double profit, pource que tous les habitans de cette region se transportent à cette foire, &
semblablemēt ceux de la terre Noire, qui y demeurent des affaires de grande importance. Toutefois
les peuples de Guzzula sont gens de lourd entēde-
ment, mais admirable à maintenir en paix le peuple, & garder qu'il n'y ait sedition en la foire, qui
entre au jour de la Natiuité de Mahommet, qui est
le douzieme jour du mois Rabich, troisieme de l'an
Arabesque selon leur cőpte. Ie me trouuay en cette foire auec le prince Serif, en la cőpagnie du quel
je sejournay quinze jours par maniere d'ébat.

De la Région de Ducale.

LA région de Ducale de la partie du Ponant, commence à Tensift, deuers Tramontane se termine à l'Ocean, du côté de Midy, au fleuue d'Habid: & à celuy de Ommirabih deuers Ponãt. Cette prouince peut contenir en longueur trois journées, & deux en largeur: estant fort habitée, mais d'vn peuple fort maling & ignorant: & y à peu de citez. Toutefois nous parlerons de ce que nous auons veu en icelle, de lieu à autre digne d'estre publié.

¶ Des villes & citez contenuës en la region de Ducale, premierement Azafi.

Azafi est vne cité assise sur le riuage de la mer Oceane, edifiée par les anciens Africans, bien peuplée, là ou il y eut jadis grande quantité d'artisans, jusques au nombre de cent maisons de Iuifs, & contient enuiron quatre mille feus : mais elle est peu ciuile. Le terroir est tresbon, & fertile, étans les habitans gens de gros esprit, à cause qu'ils ne sauroyẽt trouuer le moyen de le cultiuer, ny planter la vigne. Ils s'adonnent à faire jardinages, & dés lors que les forces des Rois de Maroc cõmencerent à caler, la cité vint à estre gouuernée par vne certaine famille, appellée la famille de Farhon : Si que de mon temps elle estoit entre les mains d'vn vaillant seigneur, se faisant appeller Hebdurrahman, qui auoit tué vn sien oncle par trop grande conuoitise de regner : dont apres sa mort pacifia tellement le peuple, qu'il regna paisiblement. Cettuy de quoy je vous parle, auoit vne fille accompagnée d'vne merueilleuse & rare beauté, laquelle estãt fort asse Étionnée à l'endroit d'vn hõme de basse condition, & chef d'vne grande faction, appellé Haly, fils de Guesimen, qui par le moyen d'vne esclaue, & la mere de ce seigneur feït tant qu'il eut commodité de se coupler auec sa dame, dont entre ses bras (estant cõduit par celuy mémes qui doucemẽt auoit

nauré

nauré leurs cœurs) se trouua jouyssant du principal point en amour pretendu, & par luy si longuement souhaité. Dequoy estant auerty le pere par l'esclaue, reprint fort aigrement sa femme, ajoutant de rigoureuses menaces : mais par laps de têps faisoit semblât que l'ardeur de sa colere fût du tout amortie. Elle neantmoins cognoissant le peu d'amitié qu'il luy portoit, & la haine occulte qui l'enflammoit de plus en plus enuers Haly, le feit secrettement auertir qu'il se tint sur ses gardes. Ce que ayant entendu d'vn courage constant, & non intimidé, feit son compte de le priuer plus tôt de vie, que de se laisser ôter la sienne : & ayant découuert son projet à vn jeune homme son amy fort hazardeux, & semblablement capitaine d'vne grande fanterie, sur la fidelité duquel il se pouuoit asseurement reposer : tous deux d'vn mesme courage, & vouloir, n'attendoyent autre chose, sinon que le temps leur donnât occasion de faire sortir heureux effet à leur dessemg projeté. D'autre part le seigneur ayant fait entendre à Haly le jour d'vne feste solennelle, qu'il auoit enuie (apres les cerimonies acomplies) d'aller prendre l'air, & cheuaucher quelque espace de temps auec luy par maniere de ébat, & pourtant qu'il l'allât attendre à vn certain lieu, ou il auoit bien deliberé de donner fin par mesme moyen à sa vie, & à son amour trop outrecuidé, s'en ala au temple. Haly apres auoir bien ententiuement écouté ce message, cognut incontinent ment ou le Seigneur visoit, à quel effet tendoyent ces parolles, & là ou gisoit la ruse: au moyen dequoy il appella secrettement son compagnon, luy faisant entendre que le temps s'estoit offert le plus commode, & mieux à propos qu'ils l'eussent seu souhaiter, pour donner fin à ce qu'ils auoyent proposé. Apres qu'il luy eut fidelement remontré toutes choses, ayant prins auec eux dix de leur domestiques, & plus familiers pour escorte, & bien armez (non toutesfois sans premierement faire apprester vn brigātin, sous ombre de le vouloir faire deualer en Azamur, afin qu'ils eussent meilleur moyen de prēdre la fuite s'ils ne se voyoyent auoir du meilleur) s'acheminerent au temple droitement sur le point, que le Seigneur y estoit entré, qui faisoit oraison, estant le temple tout comblé de peuple, dont la presse par les courageux, & fideles compagnons fenduë, & trauersée, s'accosterent du Seigneur, qui estoit prochain du prestre, sans qu'ils fussent en rien par la garde detournez ny repoussez, laquelle sachant combien ils estoyent fauoris, & bien venus aupres de sa personne, ne se douta de rien, tellement que l'vn passa deuant le Sei-

La mort du Roy de Azafi.

gneur, & l'autre (qui fut Haly) demeurant derriere, luy trauersa le corps de son épée, le faisant expirer & morir. Dont le peuple apperceuāt ce meurtre, s'émeut grandement, & s'auança la garde pour assaillir ces deux, mais estant deuancé & preuenu par les dix autres auec les épées nues, estima estre

vne

vne emotion populaire, qui le feit mettre en fuite, & le semblable feirent les autres qui estoyent au temple, ou les conspirateurs se trouuerent tous seuls. Ce que voyans, sortirent hors d'iceluy emmy la place, là ou par vertu d'argumens, & longues harangues, seurent si bien pallier leur deffaut pour l'apast de leurs paroles alechantes, & persuader au peuple, qu'ils l'inciterent à croire que nõ sans cause, ains à bon droit ils auoyent fait mourir leur Seigneur: pour autant qu'il auoit en propos ferme & deliberé de leur faire gouter les passions de la mort. A quoy la commune ajouta foy, & consentit que ces deux icy succedassent à la seigneurie, qu'ils tindrent bien peu de temps d'acord, à cause que l'vn se montroit affectionné enuers vn personnage, & l'autre à l'endroit d'vn autre. Or est il que les marchans Portugalois, lesquels journellement, & en grand nombre frequentoyent dans la cité, persuaderent à leur Roy de mettre sus vne armée, par le moyen de laquelle il se pourroit facilement emparer de la cité: mais il ne voulut tenter l'entreprinse, jusques à tant qu'apres la mort du Seigneur defunt, les marchans luy feirent entendre comme la ville estoit pleine de ligues, auec le chef de l'vne desquelles ils auoyent fait complot, moyennant aucuns dons, tant que par l'aide d'iceluy il pourroit facilement reduire la cité en son obeyssance. Et de fait les marchans auoyent seu tant bien dire, qu'ils
auoyent

auoyent induit le chef à consentir qu'ils feissent vne maison forte du côté de la mer, pour pouuoir retirer leur marchandise: disans qu'à la mort du Seigneur ils furent saccagez, & priuez d'vne bonne partie d'icelle. Pour à quoy obuier à l'auenir, commencerent à jetter les fondemens auec vne si grande diligence, qu'en peu de temps ils la rendirent en sa perfection, & forte ainsi qu'ils la desiroyent, puis donnerent ordre que bonne quantité de pistolets, & haquebutes y furent portées secrettement empaquetées dans des bales de marchandise, qui ne furent aucunement reuisitées en payant la gabelle. Et se sentans assez bien munis d'armes offensiues & defensiues, ils vont tâcher peu à peu de esmouuoir le peuple à l'encontre d'eux, suscitans noualitez auec ces Mores: de sorte qu'vn domestique des marchans, en achetant de la chair, prouoqua si bien le boucher, que tout embrasé de colere, fut contraint impatient, luy décharger vn soufflet: au moyen dequoy le seruiteur meit la main à vn poignard, duquel il luy transperça l'estomac, dont il tomba mort en la place: ce qu'ayant fait se sauua de vitesse en la maison des marchans. La commune émeuë pour la mort de cetuy-cy, se leua en armes, & courut vers la maison pour la saccager, & accabler tous ceux qui s'y trouueroyent. Mais apres que les plus braues, ou temeraires se furent accostez, sentirent vn son d'harquebusades, vn sifflement de boulets, auec vne pluye de traits d'arba
lestes

esté si drue, que cette maniere d'accueil les rendit vn peu plus froid & moderez, qu'ils n'estoyent venus, & mesmement apres qu'ils eurent veu terrasser deuant eux de leurs gens enuiron cent cinquante hommes. Neantmoins ils ne furent si intimidés pour cette premiere touche, qu'ils ne se meissent aux aproches, combatans la maison par plusieurs jours, jusques à tant qu'il suruint vne armée de Lisbonne que le Roy de Portugal auoit fait expressément drecer, auec toutes sortes d'armes, grosse munition de viures, cinq mille hommes de fanterie, & deux cens cheuaux, lesquels estans par les Mores découuers, surprins d'vne crainte soudaine, fuyans trétous à vau de route, gaignerent les montagnes de Benimegher, apres auoir quité la ville, ou ne demeura autre, fors ceux de la famille du chef qui auoit consenty à la fabrique de la maison. Ces choses ainsi passées le general de l'armée s'empara de la cité, & enuoya le chef appellé Ichia au Roy de Portugal, qui luy donna honneste prouision, & vingt seruiteurs: puis le renuoya en Afrique pour gouuerner la campagne de cette cité: pource que le capitaine ne sauoit pas la coutume de ce peuple ignorant, ny la bétise d'iceluy. Ie me suis vn peu étendu sur cette histoire, mais je l'ay fait pour vous donner à cognoistre côme vne femme, & les factions, & noualitez d'vne cité, furent non seulement cause qu'elle vint en ruine, mais de la perdition totale du peuple, et pays de la prouince

Secours du Roy de Portugal, contre les Mores.

Hea.

Hea. Vous auertissant que de ce temps là je pouuois auoir enuiron douze ans: mais puis ayant attaint la quatorzieme année de mon âge, je fu parler au gouuerneur de la campagne susdite, au nom du Roy de Fez, & du Serif prince de Sus, & Hea, lequel gouuerneur vint auec vne armée de cinq cens cheuaus Portugalois, & enuiron douze mille cheuaus Arabes contre le Roy de Maroc retirant tout le reuenu du pays pour le Roy de Portugal, en l'an neuf cens & vingt, comme nous auons dit aus abbreuiations des Chroniques.

De Conte, & Tit, citez en la mesme prouince.

Conte, est vne cité distante d'Azafi enuiron vingt mille, edifiée par les Gots, au temps qu'ils regnerent sur celle riuiere, mais elle est maintenant ruinée, & tout son territoire reduit sous la puissance des Arabes de Ducale.

Tit, est vne ancienne cité, loing d'Azamur enuiron vingt & quatre mille, edifiée par les Africans sur la marine de l'Ocean, enuironnée d'vne belle campagne, produisant de bon grain, & en grande abondance. Le peuple est de tresrude esprit ne sachant par quel moyen il faut proceder à cultiuer les jardins, n'y faire aucune gentilesse. Vray est qu'il va assez honnestement en ordre, pour auoir continuelle conuersation auec les Portugalois. Et du temps qu'Azamur fut prinse, cette cité se rense rendit par composition au capitaine du Roy, en luy rendant tribut. De mon temps le Roy de Fez alla donner secours au peuple de Ducale ; mais voyant son effort estre de nul effet, apres auoir fait prendre vn Chretien tresorier, & vn Iuif son commissaire, feit passer le peuple de cette prouince au Royame de Fez, luy donnant pour habiter vn petit pays de terre, qui estoit inhabitée, prochaine de la cité de Fez enuiron douze mille.

De Elmedina cité.

Elmedina est vne cité en Ducale, & comme capitale de toute la region, enuironnée de telles quelles murailles. Le peuple (qu'on peut dire ignorant, sans repugner aucunement à la verité) s'habille de draps de laine, qui se font en ce pays là, & les femmes se parent de diuers atours, & ornemens d'argent. Les habitans sont vaillans, ayans grande quantité de cheuaus. & furent appellez par le Roy de Fez en son Royaume, pour le doute qu'on auoit des Portugalois : pource que sa majesté fut auertie, comment vn vieillard, chef de faction, estoit de cet auis, & persistoit grandement qu'on deust rendre tribut au Roy de Portugal, & le vey mener lié, & garroté, nus pieds : dont la grauité de son âge, accompagnée de cette misere, & captiuité, m'émeut merueilleusement à compassion : veu mesmement qu'il auoit esté contraint à faire ce qu'il en feit, éguillonné par l'affection grande enuers la commune, considerant comme
hom-

homme sage, & bien experimenté qu'il estoit beaucoup meilleur s'assujetir au tribut, que de se trouuer au hasard de perdre en vn mesme instant les personnes, & les biens. Et en y eut plusieurs qui s'employerent du meilleur de leur cœur, priant instamment le Roy de Fez pour sa deliurance, tellement qu' auec importunité grande moyennerēt sa liberté, mais depuis ce temps-là, cette cité est demeurée sans habitans, en l'An neuf cens vingt & vn.

De Centopozzi cité.

Centopozzi est vne petite ville sur vne colline, dont le roc est de pierre tiuertine: & hors d'icelle y á plusieurs fosses, là ou les habitans souloyent étuyer leurs grains, qu'ils (comme disent ceux de ce pays-là) s'y gardoit sans moysir, ny corrompre, par l'espace de cent ans cōtinuels, & de la grande quantité de ces fosses la ville en á retenu ce nom, Centopozzi, qui vault autant à dire comme cent puys. Le peuple d'icelle est de petite valeur, & d'autant moins estimé, pource qu'il ne s'y trouue nul artisan, fors quelques maréchaus, qui sont de nation Iudaïque. Et du temps que le Roy de Fez appella le peuple d'Elmedine, il voulut semblablemēt conduire cetuy cy en son domaine pour y faire residence, là ou ne voulāt se transporter, ny changer d'air, s'enfuit en Azafi, de peur d'abandonner le pays. Ce voyant le Roy meit à sac la ville de Centopozzi, ou ne se trouua autre chose que grain, miel, &

Fosses ou les grains s'y gardent cent ans.

choses

choses autant de legere valeur, comme massiues, & pesantes.

De Subeit.

Subeit est vne petite cité sur le fleuue Ommirabih deuers Midy, & distante de Elmedine enuiron quarante mille, estant sujette aus Arabes, & fort fertile en grain, & miel: mais par l'ignorance de ce peuple, ne s'y trouue aucunes vignes. Le peuple d'icelle apres la ruine de Bulahuan fut retiré au Royaume de Fez par le Roy, qui luy dôna vne petite cité, inhabitée: au moyen de quoy Subeit demeura deserte.

De Temaracost.

Temaracost est vne petite cité en Ducale, assise sur le fleuue Ommirabih, edifiée par le Seigneur qui feit construire Maroc, du nom de laquelle elle participe aucunement, & estoit bien peuplée: tellement qu'elle venoit à faire quatre cens feus. Elle souloit estre tributaire au peuple d'Azamur, mais en l'an qu'elle fut prinse des Portugalois, elle demeura en ruine, & le peuple se transporta en la cité d'Elmedine.

De Terga.

Terga est vne autre petite cité, assise sur le fleuue Ommirabih, distante d'Azamur enuiron trente mille, fort habitée, & côtenant pres de trois cens feus. Les Arabes de Ducale en eurent par espace de temps le gouuernement, mais depuis que Azafi fut prinse, Hali chef de la partie qui attenta contre les Portugalois, se retira en cette cité, là où il habita quelque temps accompagné de braues hommes & vaillans: mais puis apres le Roy de Fez le feit passer en son Royaume auec sa famille, qui delaissa cette cité, pour la retraite des chahuans, & chouetes.

De Bulahuan.

Bulahuan, est vne petite cité edifiée sur le fleuue Ommirabih, contenant jusques au nombre de cinq cens feus, qui estoit habitée en la partie qui regarde sur le fleuue, & sur le milieu du chemin, qui va de Fez à Maroc, de plusieurs nobles, & liberales personnes. Les habitans bâtirent vn corps de maison, garny de plusieurs chambres, auec vne grande étable pour receuoir tous passans, & étrangers, que on inuitoit en cette maison aus frais, & dépens de la commune, pource qu'elle est fort abondante en grains & bétail, si qu'il n'y à citoyen qui ne nourisse plus de deux cens beufs, les vns plus, les autres moins. Et se trouuera tel entre eux qui recuillera enuiron mille, voire le plus souuent jusques à trois mille sommées de grain, que les Arabes achetent pour faire leur prouision de l'année. En l'an neuf cens dixneuf le Roy de Fez expedia vn sien frere à la defence & gouuernement de la prouince de Ducale, lequel y estât paruenu, nouuelles vindrent come le capitaine d'Azamur deuoit venir pour saccager la cité, & emmener prisonniers les habitans. Ce qu'ayant entendu, ne feit faute de depescher

deux

deux capitaines, auec deux mille cheuaus, & vn autre sous la charge duquel estoyent cent arbaletiers, en faueur de cette cité, lesquels tous serrez, ne furent pas plus tôt arriuez, que l'armée Portugaloise se vint affronter auec eux, & les choquer si viuemēt qu'ils furent vaincus par le moyen de deux mille Arabes qui suruindrēt au secours des Portugalois, qui feirent passer par le fil de l'épée toute la compagnie des arbaletiers du Roy de Fez, qui s'étoyent rangez ensemble au milieu de la plaine, fors dix ou douze, qui auec ce peu qui estoit resté de l'exercite, gaignerent les mōtagnes de vitesse. Vray est que les Maures peu apres se r'allierent, & faisans visage, donnerent la chasse aus Portugalois, desquels ils tuerent cent cinquante cheuaus à la poursuite. En ces entrefaites le frere du Roy de Fez étāt paruenu en Ducale, receut le tribut, & promettāt aus habitans de cette Prouince leur donner tousjours faueur, fut trahy par les Arabes: au moyen dequoy il fût contraint de retourner d'où il estoit venu. Voyant donques ce peuple qu'il emportoit le tribut, & que sa venüe n'auoit apporté nul profit, grandemēt intimidé qui a la cité, pour se retirer aus montagnes de Tedle, craignant que les Portugalois ne vinsent, & luy imposassent plus grosses tailles, & ne les pouuant fournir, fût detenu & mis en captiuité. Ie me trouuay à cette route, estāt present lors que les arbaletiers furent acablez & mis en pieces, mais je m'en tenois le plus loing qu'il m'estoit

N 2

m'estoit possible, pour plus à mõ aise, et auec moins de danger contẽpler cet horrible spectacle, sur vne jument fort legere & agile: à cause que je m'acheminoye à l'heure en la cité de Maroc, pour faire entendre au seigneur d'icelle, & au Scrif prince, comme le Roy de Fez (mon seigneur) n'attendoit que l'heure que son frere deût arriuer en Ducale, pour faire prouision contre les Portugalois.

Azamur cité.

Azamur est vne cité en Ducale edifiée par les Africãs pres la mer Oceane, & sur l'entrée du fleuue Ommirabih en icelle. Elle est fort grãde, & bien peuplée, contenant enuiron mille feus: & journellement frequentée par les marchans Portugalois, tellement que les habitans pour cette conuersation se sont rendus fort ciuils, allans tresbien en ordre, & sont diuisez: neantmoins ils ont tousiours vêcu, se maintenans en bonne paix. La cité est tresabondante en grain qui prouient de la campagne, mais il n'y à jardins, ny vergers, fors aucuns arbres de figuiers. On tire au long de l'année de la gabelle du poisson qui se pesche en ce fleuue vne fois six, & l'autre sept mille ducats: & se commẽce la pesche au mois d'Octobre, continuant jusque au mois d'Auril. Le poisson qui s'y prend, est de plus haute gresse que n'est pas la chair, qui fait qu'on y met bien peu d'huile, le voulant frire. Car il ne sent pas plus tôt la chaleur, qu'il rend vne grande quantité de gresse, qui est comme huile, & de laquelle on
se

se sert pour brûler dans les lampes : pource que ce pays ne produit aucun fruit d'ou on puisse tirer huile en sorte que ce soit. Les marchans de Portugal vont trois ou quatre fois l'année acheter, & enleuer grande quantité de ce poisson, estant ceux qui payent là cette grosse gabelle, tellement qu'ils conseillerent vne fois au Roy d'assaillir cette cité : l'exhortant qu'il y envoyât vne grãde armée par mer, ce qu'il feit, mais pour le trop peu d'experience qu'auoit le general d'icelle en tels affaires, fut à l'emboucher du fleuue deffait, & vaincu : finissant la plus grande partie de ses gens, pource qu'ils ne pouuoyent resister à l'encontre, & aussi qu'ils auoyent perdu leurs forces pour auoir trop beu, & s'estre enyurez. Deux ans apres cette déconfiture, estant le Roy aleché par le bon rapport qu'on luy faisoit de l'abondãce de ce fleuue, meit sur mer vne autre armée de deux cens vaisseaus, laquelle estãt par les habitans de cette cité découuerte, furent surprins de si grande frayeur par la grand' montre d'icelle, qu'ils en perdirent cœur, & hardiesse : de sorte que se mettans en fuite, & à qui sortiroit le premier, se trouua vne si grande foule à l'issue de la porte, que quatre vingt hommes y furent étoufez. Et de fait vn pauure prince qui estoit expressemẽt venu en la cité auec secours, ne sachant quel autre party prendre, se laissa couler le long d'vne corde du plus haut de la muraille. Le peuple épars par la cité, fuyoit à vau de route, tantôt çà, maintenant là, l'vn déchaus & à pied, l'autre à cheual, & sans armes: tellement que la grande angoisse, perplexité, & misere extreme où estoyent reduis ces desolez citoyens, eût esté suffisante d'emouuoir à compassion tout cœur diamantin, & mesmes venant à contempler d'autre côté les miserables vieillars, enfans, filles, & honnorables matronnes d'echeuelées, courrir par cy, par là, toutes éplourées, sans pouuoir trouuer lieu pour leur plus seur refuge, ni qui peût mettre fin à leurs pleurs & profons sanglots, pour aucunement soulager le merueilleus dueil, & grād ennuy qui les oppressoit. Mais auant que les Chrétiens liurassent l'assaut, les Iuifs (qui auoyent capitulé, & fait accord auec le Roy de Portugal vn peu au parauant de luy rendre la cité, sous telle condition qu'ils ne receueroyent aucun déplaisir, ny injure: & ne seroyent en rien par ses soldats molestez,) auec le consentement d'vn chacun ouurirent les portes aus Chrétiens, qui en dechasserent le peuple, s'en allant habiter partie à Salla, & le reste à Fez: non toutefois sans premierement endurer torment, tel que la grandeur des demerites, & l'effrenée luxure Sodomitique de ces habitās le meritoit: & où estoyent tellement enclins & adōnez ces infames paillars, que peu d'enfans pouuoyent échapper d'entre leurs mains, de cet enorme & execrable vice polües & contaminées.

<small>Azamur sous la puissance des Portugalois.</small>

De Meramer.

Meramer est vne cité edifiée par les Gots loing d'Azafi

d'Azafi quatorze mille, & contient enuiron quatre cent feus. Le pays du contour est fort fertile en grain & huile. Et fut autrefois sujette au seigneur d'Azafi, mais estant prinse par les Portugalois, les habitans gaignerent les champs, la laissans quasi par l'espace d'vn an deshabitée. Et depuis ayans fait quelques conuentions auec iceux, y retournerent faire residéce, & sont demourez jusques à present tributaires au Roy. Mais laissant à part maintenant la description des villes, pour les auoir toutes discouruës, nous écrirons quelque chose touchāt la singularité des montagnes qui sont en cette region.

¶ Des montagnes contenuës en la region de Ducale.

Benimegher.

Ette montagne est distante d'Azafi de dix à douze mille, habitée de plusieurs artisans, qui possedoyent tous deuant sa ruine des maisons en icelle. Entre les autres choses qui y sont produites en abondance, elle est fertile en grain & huile. Au temps passé elle souloit estre sous le gouuernement du seigneur d'Azafi cité, laquelle estant prinse, les citoyens ne eurent autre recours qu'à cette montagne, qui fut depuis tributaire au Roy de Portugal. Mais à l'arriuée du Roy de Fez en ces pays, aucuns d'entre ce peuple entrerent dans Azafi, & d'autres furent menez à Fez par le Roy mesmes, qui les y feit

N 4   gra-

gratuitement retirer, pour autant qu'ils ne vouloyent nullement endurer que les Chrétiens eussent
domination sur eux, ny viure sous leur gouuernement & seigneurie.

De Monté Verdé, ou Verdmont.

Monté Verdé, qui signifie Verdmont, est vne
haute montagne, qui prend son origine au fleuue
Ommirabih de la partie du Leuant, & s'étend deuers le Ponant jusques aus montagnes d'Hesara,
separant Ducale d'auec vne partie de la region de
Tedle : & est fort âpre, & reuetue de bois, mesmement de chênes, qui produisent le gland en grande quantité. Dauantage plusieurs Pignes, & ar-
Fruit A- bres portās le fruit rouge qu'on appelle aus Itales,
frican. African, y croissent. Là sont demeurāce plusieurs
hermites qui ne sont sustantez d'autre chose que
des fruits qu'ils trouuent en la montagne : pource
que toute habitation est elongnée par l'espace de
vingt cinq mille de cette mōtagne, qui est arrousée
de plusieurs fontaines, & ou se trouuent plusieurs
autels erigez à la mode des Mahommetans, auec
quelques masures, & edifices d'Africans. Sous icel
le se voit vn beau lac, & ample, cōme est celuy de
Bolsene, au territoire de Rōme, ou y a grande quan
Lac tres- tité de poisson, comme anguilles, guardōs, brochets,
abondāt & vne infinité d'autres, & de cest espece n'en ay
en pois- veu aucun en Italie, & sont tous singulierement
sons. bons, estans d'vn goût sauoureus, & parfait : com
bien qu'il ne soit licite, ny permis à personne d'y
tendre

tendre filez, ny pescher en sorte que ce soit. Du temps que Mahommet Roy de Fez s'achemina en Ducale, il voulut sejourner par l'espace de huit jours sur le riuage de ce Lac, donnāt charge à quelques vns de pescher, qui (comme je le vey moymesme) ayant cousu les manches, & colet de leurs chemises, & apres auoir lié aucuns haults de chausses par le bas, les meirent, & deualerent dans l'eau, d'ou ils tirerent vne grande quantité de poissons, vous laissant à penser quel plus grand nombre en pescherent ceux qui tendirent les filez estant le poisson étourdy, pour la raison que je vous diray. Le Roy feit entrer par l'espace d'vn mille auant, dans le Lac tous les cheuaus de son exercite, qui pouuoyent estre jusques au nombre de quatorze mille des Arabes, venus en faueur d'aucuns vassaus de sa majesté, & amenerent auec eux si grande multitude de chameaus, qu'ils excedoyent la quantité des cheuaus de plus de la tierce partie, auec les chameaus des charrois du Roy, & de son frere, qui pouuoyent estre enuiron cinq mille, & vne infinité d'autres qui estoyent dans l'exercite. Pour raison de quoy l'eau vint à estre si fort troublée, qu'on n'en pouuoit auoir pour boire, qui rendit le poisson si hors de soy, & étourdy, qu'on le pouuoit prendre facilement à la main. Or retournant sur mes brisées, je dy que sur les riuages y à plusieurs arbres qui ont les feuilles comme celles du Pigne, dont entre les branches se trouuent toujours

Nouuelle mode pour pescher.

Arbres semblables à Pin.

plusieurs

plusieurs nids de tourterelles, & principalement alors, qui estoit la saison du mois de May, de sorte qu'on les auoit quasi pour rien. Apres que le Roy se fût reposé par l'espace de huit jours, il luy prînt enuie d'aller à Verdmont, là ou nous l'accompagnames plusieurs que nous estions, tant prestres que courtisans, & à tous les autels qui se presentoyent en son chemin, nous faisoit arrêter, puis en toute reuerence mettre les genoils en terre, dont soupirant profondement disoit : Mon Dieu, je suis par trop asseuré que tu cognois mon intentiõ (pour laquelle je me suis acheminé en ce pays) ne tendre à autre fin, sinon à deliurer & ôter de sous le joug de miserable seruitude ce pauure peuple de Ducale, où ces peruers Arabes, & infideles Chrétiens, nos plus grans & mortels ennemis les veulent soumettre. Mais si ta diuinité (Seigneur) ayant sondé mon cœur, le trouue feint, & tout autre que mes paroles le publient, qu'elle retourne sa dextre de punition inexorable à l'encontre de moy mesmes, afin que je porte seul le supplice, que mon hypocrisie paliée par parolles mensongeres, aura merité, sans que ceux de ma compagnie, ny le troupeau que tu m'as donné en charge, pour n'en estre aucunement coulpable, sentent en rien le redoutable courroux de ta souueraine Iustice. Et continuans en ces belles cerimonies, nous sejournames tout ce jour là en cette montagne, & la nuict venuë nous retirâmes dans nos pauillons jusques au ma-

Oraison du Roy de Fez.

au matin, que le Roy voulant auoir le deduit de la chasse, commanda qu'elle fût faite dans vn bois, sur le circuit du Lac, ce que l'on feit auec les chiens & oyseaus, dequoy le Roy ne se trouuoit jamais dépourueu, & ne feit on autre proye que d'oyes sauuages, becasses, & autres oyseaus de riuiere, & tourterelles. Le jour ensuiuant on dreça vne autre chasse auec leuriers, faucons, aigles, & courûmes le lieure, puis donnans la chasse aus cerfs, porcs epics, cheureuils, loups, que nous primes, auec des perdris, & griues vne infinité, pource qu'on n'auoit chassé en cette montagne de cent ans en là. Apres ces choses nous feimes depart, & se dreça l'armée à la route d'Elmedine & Ducale: au moyen dequoy les prestres & docteurs qui estoyent auec sa majesté, eurent congé pour s'en retourner à Fez, & en enuoyant vne partie à Maroc pour Ambassades: & fu eleu entre les autres pour m'y acheminer, en l'an neuf cens vingt & vn de l'Hegire.

¶ De la region d'Hascora.

Hascora est vne region prenãt son commencement des montagnes qui sont aus termes de Ducale, du côté de Tramontane, & se finit du côté de Ponãt au fleuue de Quadelhabid, qui separe Hascora d'entre Tedle, & Ducale auec ses montagnes depart Hascora d'auec l'Ocean. Les habitans de ce pays

pays sauent trop mieux vser de ciuilité que ceux de Ducale, pour autant qu'il y à grand abondance d'huile, & quantité de marroquins, qu'ils sauent quasi tous conroyer, & leur aporte l'on toutes les peaus des montagnes prochaines pour marroquiner. Ils ont vne infinité de chéures dont de la peau ils font de beaus draps à leur mode, auec des selles de cheuaus. Les marchans de Fez pratiquent fort en ces pays, trocquans des toiles contre les marroquins : & vse ce peuple de la mesme monnoye qui court en la region de Ducale. Les Arabes ont coutume s'y fournir d'huile, & autres choses, que je laisserai à part, pour vous décrire l'assiete, & particularité des citez qui sont en cette region.

¶ Des cités contenuës en la region d'Hascora. premierement Elmedine.

Elmedine est vne autre cité en la côte d'Atlas, edifiée par les peuples d'Hascora, contenant enuiron deux mille feux, étant distante de Maroc du côté de Leuant enuiron nonante mille, & d'Elmedine & Ducale enuiron soissante. Cette cité est fort peuplée d'artisans, comme conroyeurs, selliers, & autres auec beaucoup de Iuifs partie marchans, & partie artisans: estant située en-my vne grāde plaine, couuerte d'oliuiers, côtes de vignes, & de treshauts noyers: les habitans sont tousiours en factiōs
& no-

& noualitez entre eux : ou bien fufcitent guerre
contre vne autre cité, qui leur eft prochaine de qua
tre mille: tellement que perfonne de quelque autorité que ce foit, ne fe fauroit permettre le chemin
feur pour aller vifiter fes poffeffions, fors feulemēt
les femmes & efclaues. Et s'il auenoit qu'vn marchant étranger vousît paffer d'vne cité en autre,
il faut qu'il penfe de prendre bon nombre de gens
pour luy faire efcorte, à caufe dequoy ils ont coutu
me tenir pour ce fait mefme chacun vn haquebu-
tier ou arbaletier en leur maifon, auquels ils ne pre
fentent moins de douze de leurs ducats (qui en va
lent feize des nôtres) par mois. En cette cité fe trou
uët des perfonnes affez expertes en la loy, qui vien
nent à exercer l'office de Iuge, & notaire. Les gabelles des étrangers font tenues par aucuns des plus
apparens, qui les leuent & reçoiuent, employans ce
qu'ils en peuuent retirer au profit public, & payēt
aus Arabes pour l'amodiation de leurs poffeffions
qui font fituées en la plaine, vn certain tribut: mais
ils gaignent encore dix fois autant auec eux. A
mon retour de Maroc je me trouuay en cette cité,
là ou je logeay en la maifon d'vn Grenadin, fort
opulent, qui auoit touché la foulde d'arbaletier par
l'efpace de dixhuit ans, & deffraya moy, & mes
compagnons (qui eftoyent neuf, fans les pages) juf
ques à ce que nous feîmes depart au tiers jour (pen
dant lequel temps il s'euertua de nous faire tous
les bons traitemens qu'il luy fut poffible. Et cōbien

que

que les habitans voulissent que nous fussions logez au cōmun logis des étrangers, si ne voulut il jamais permettre pour tout cela (pour estre de mon pays) que nous en prinsions d'autre que le sien, là ou (pendant que nous y feîmes sejour) la cōmune nous faisoit presenter des veaus, agneaus, et à force chapōs. Et voyant qu'il y auoit en la cité si grande quantité de cheureaus, demāday à mon hôte (puis que les habitans vsoyent de si grande courtoisie & liberalité en nôtre endroit) parquoy ils se trauailloyēt tant de nous enuoyer de ces choses, sans nous presenter vn de ces cheureaus: A quoy il me répondit, que l'animal le plus abject, & de vile reputation en ces pays-là, estoit le cheureau: & que le plus tôt, & auec plus grande honnesteté on feroit present d'vn bouc, ou d'vne chéure. Les femmes de cette cité sont fort belles, blanches: & toutes en general merueilleusement enuieuses d'experimēter si les étrangers ont point d'auantage sur les hōmes de pardelà, portans quelq marchandise qui fut duisible & mieux seant en leur boutique. Ce qu'elle sauēt bien faire (se rendans resoluës de ce doute) & se donner vn peu de bon temps à la rengette, n'en laissant passer la moindre occasion qui ce presente, quand elles se sentent le temps, & lieu commodes.

De Alemdin.

Alemdin est vne cité prochaine de l'autre par l'espace de quatre mille, deuers Ponāt, edifiée dans vne valée de quatre hautes mōtagnes enuironnée,

qui

qui luy rendent vne tresâpre froidure, & est habitée de gentilshommes, marchans, & artisans: contenant enuiron mille feux. Les habitans de cette cité icy sont journellement à la meslée auec ceux de la cité susnommée, & de toutes les deux le Roy de Fez s'empara n'à pas long temps, par le moyē d'vn marchant de Fez, qui fut en teŭe sorte. Ce marchãt donques estant êpris de l'amour d'vne belle jeune pucelle, sceut si bien demener ses affaires, & conduire son amoureuse entreprinse, qu'elle luy fut promise à femme par son pere mesmes: mais fortune qui ne sauroit endurer qu'on se puisse rien promettre d'elle, luy montra en vn instant vn vray effet de sa façon accoutumée. Car le jour mesmes qu'il pensoit paruenir au but de son atente, & en épousant sa dame se trouua jouyssant du premier bien que les amans sauent desirer, elle luy fut volée, & enleuée par vn qui estoit chef, & plus apparent de la cité. Or s'il estoit troublé, & reduit en perplexité extreme, je m'en remets au jugement de ceux qui ont mieux experimenté les passions d'amour que moy. Tant y à que dissimulant son fait auec vne constance plus contrainte, que voulontaire, print congé de celuy qui luy auoit rauy le comble de ses desirs, luy déguisant l'occasion de son retour, par excuses controuuées, pour mieux pallier le dessein de son entrprinse. Ce piteux & miserable amant à demy transporté par l'âpre passion qui le molestoit, feit tant par ses journées qu'il arriua à Fez,

Alemdin & Elmedine reduites souz la puissance du Roy de Fez, par vn moyen memorable d'vn marchãr.

Fez, là ou il ne fut pas plus tôt paruenu, qu'il presenta au Roy certaines choses rares, & singulieres qu'il auoit aportées de ce pays: luy demandant de grace qu'il luy pleût faire tant de faueur que de luy donner cent arbaletitrs, trois cens cheuaus, & quatre cens hommes de pied, qu'il entendoit tous soudoyer à ses propres frais & dépens, promettant à sa majesté qu'il n'esperoit rien plus que de prendre la cité, & s'en estant emparé, de la tenir à son nom, en recognoissance dequoy il s'offrit de luy rendre sept mille ducats par chacun an du reuenu du pays. A quoy obtempera voulentiers le Roy: & luy voulant autant montrer de liberalité, comme il auoit esté courtois en son endroit, ne voulut permettre qu'il soudoyast autres gens que les arbaletiers, luy donnant vne lettre par laquelle il enchargeoit au gouuerneur de Tedle leuer tel nombre de gens que le marchãt auoit requis, & qu'il les meit sous la charge de deux capitaines en faueur d'iceluy, lequel estant assez bien en ordre, & equipage, s'alla camper deuant la cité, laquelle il n'eut pas à peine tenue assiegée l'espace de six jours, que les habitans d'icelle feirent entendre au chef, que pour son occasion ils n'auoyent deliberé se rendre le Roy de Fez ennemy d'eux, & de leur pays, encore moins en estre molestez ny endommagez tant peu fût il. Ce qu'ayant entendu, en habit de gueux sortit hors de la cité: mais estant incontinent remarqué, fut saisy ainsi mignonnement acoutré, & conduit en
la pre-

la presence du marchant, qui luy feit mettre les fers aus pieds. Cependant le peuple ouurit les portes, mettant la cité entre les mains du marchant qui en receut le gouuernement au nom du Roy de Fez. Et les parens de la fille (où il s'estoit totalement voüé) se vindrent humblement excuser, disans qu'ils auoyent esté contrains (intimidez par l'autorité tyrannique de ce chef) à endurer ce forfait : & que la fille de droit luy deuoit appartenir, d'autāt qu'il estoit le premier à qui elle auoit esté promise. Mais à cause qu'elle estoit enceinte, le marchant differa jusques à tant qu'elle fût deliurée de son fruit pour l'épouser, ce qu'il feit pour la seconde fois, & le chef comme violateur, & fornicateur, fut condamné à la mort : n'ayant autre delay que ce jour-là mesmes, auquel il fut finissant miserablemēt ses jours, ayant telle yssue que sa tirannique oppression le meritoit. Le marchant demeura gouuerneur de la cité, la pacifiant auec l'autre, qui luy estoit au parauant ennemie, & s'aquita fidelement enuers le Roy, luy rendant ordinairement le tribut qu'il luy auoit promis. Ie fu en cette cité-là, ou j'eu la cognoissance du marchāt qui la gouuernoit, & estois à Fez quand ces choses prindrent telle fin : puis me mei de ce temps là mesme en chemin pour passer en Constantinople.

De Tagodast.

Tagodast est vne cité assise sur le coupeau d'vne montagne, enuironnée de quatre antres, & hors le pourpris des murailles y a de tresbeaus & delectables jardins, embellis par le plant de plusieurs arbres fruitiers, vous asseurant y auoir veu des abricots de la grosseur d'oranges. Leurs vignes sont eleuées à tonnelles, & apuyées sur les arbres, les raisins & grumes sont rouges : qu'ils appellent, œufs de poules, qui est vn nom qui ne leur conuient pas mal, pour cause de la grosseur d'iceux. Là y a grande abondance d'huile bonne en toute perfection, et de miel de naïue blancheur, auec de l'autre qui ne cede en rien à l'or quant à la couleur. Dedans la cité sourdent plusieurs fontaines viues, & ruisseaux courants, ayans à la riue d'iceux certains petis moulins à moudre le blé. Il y a outre ce, plusieurs artisans des choses ordinairement necessaires : & s'efforce le peuple grandement à se montrer ciuil. Leurs femmes sont fort belles, portans de tresbeaus ornemens d'argent, pource que les habitãs ont bonne deliurance de leur huile, qu'ils portent par les citez prochaines au desert entre Atlas du côté du Midy : & transportent leurs cuirs à Fez & Mecnasa. La plaine a d'étendue en longueur l'espace de six mille, le terroir est tresfertile en grains : & sont les paysans redeuables aus Arabes de quelques censes pour leurs possessions, & est la cité proueuë de prestres, Iuges, & d'vn grand nombre des gentils hommes. Du temps que je y fu, il y auoit vn seigneur, lequel encore qu'il fût vieil, & aueugle, il estoit merueilleusement obeï & honnoré. Cetuy cy

Abricots de la grosseur de oranges. Grosses grumes de raisins comme œufs de poules. Miel blãc

cy (comme il me fut dit) auoit esté en sa jeunesse
fort vaillant, & de magnanime courage, ayant tué
entre plusieurs autres quatre chefs d'vne ville, qui
par leurs factions opprimoyent tout le peuple, dont
apres leur mort il vsa d'vne grande clemence, &
douceur, moyennant laquelle il sceut si bien applau
dir la commune, & attirer à soy le cœur des gens,
que ayant reduit à bonne paix toutes les dissensions, & discors, rendit les parties diuerses non seu
lement amyes, mais moyenna par tant de façons,
qu'elles s'vnirent ensemble par parentage, sans
qu'il vousit occuper la preéminence de gouuerner,
ains laissa à vn chacun la liberté, & autorité egale. Toutefois le peuple luy portoit vn tel respect,
qu'on n'eût pas rien determiné sans son conseil, &
auis. Ie logeay en la compagnie de quatre vingts
hōmes de cheual, dans la maison de ce bon gentilhō
me icy, lequel se montra en nôtre endroit merueilleusemēt magnifique, & liberal: faisant journellement chasser, à celle fin de nous faire tousiours
gouter viandes nouuelles. Et me feit recit cet honnorable viellard des grans perils hazardeus, ou il
auoit souuentefois exposé sa personne pour mettre paix en cette cité, sans me deguiser, ny donner les choses à entendre autrement, qu'elles n'e-
stoyent passées, ne plus ne moins que si j'eusse
esté son frere, ou plus grand familier. Si que co-
gnuë sa grande honnesteté, il me sembloit nous oublier par trop, venans à faire depart, sans vser de

O 2   recon

recompense en son endroit, pour la dépence excessiue qu'il auoit faite, en s'euertuant de tout son pouuoir : & n'épargnāt chose quelconque à nous bien traiter. Mais il me rejeta bien loing, disant qu'il estoit amy, & seruiteur du Roy de Fez: cōbien que le recueil qu'il nous auoit fait, n'estoit pas cause q̄ nous estions familiers du dit Roy, mais pour auoir cela comme par succession de leurs anciens, qui leur auoyent enseigné de se montrer ainsi courtois, & gratieus enuers les passans de leur cognoissance, en les logeant, & traitans aussi les étrangers humainement: tant par honnesteté que par noble gentillesse, ajoutant à cecy, que le souucrain seigneur (dōt la prouidence est incomprehensible) leur auoit enuoyé cette année-là, vn recueil des biens jusques à sept & mille setiers de froment & d'orge, tellemēt que l'abondance du grain surpassoit la multitude des personnes: & qu'il auoit plus de cent mille chéures & brebis, tirant profit seulement de leur dépouille, pource que le laitage demeuroit aus pasteurs, qui luy en rendoyent certaine quantité de beurre, car tout cela n'estoit pas de vente, mais trop bien que les peaus, laines, & huiles se vendoyent à sept ou huit journées de là. Et auenant (dit il) que vôtre Roy passe à son retour de Ducale par cy, je veus aller au deuant de sa majesté, m'offrant pour treshumble & affectionné seruiteur, & meilleur amy d'icelle. Or apres que nous eûmes prims congé de la magnificence de ce courtois seigneur, nous
n'em-

n'employâmes les heures, & le chemin à autre chose, fors qu'à loüer, & exalter la grande honnesteté,
& liberalité d'iceluy.

De Elgiumuha.

Elgiumuha est vne cité prochaine de l'autre enuiron cinq mille, edifiée de nôtre temps dessus vne
haute montagne entre deux autres de non moindre hauteur. Là y à plusieurs fontaines & jardins,
qui produisent diuers fruits, & mesmement vn
grand nôbre de noyers treshauts, sans qu'il se trouue colline autour de ces montagnes qui ne soit fort
bonne pour y semer de l'orge, auec vne grande
quantité d'oliuiers qui y croissent. La cité est fort
habitée d'artisans, & entre autres, de conroyeurs,
selliers & maréchaus : pour autant qu'il s'y trouue vne assez profonde mine de fer, dequoy ils font
à force fers de cheual, transportans tous leurs ouurages, & marchandises aus pays qu'ils sauent en
auoir faute, & les trocquent contre des esclaues,
guede, & cuirs de certains animaus, qui sont au
desert, dequoy ils font de bonnes, & fortes targues:
puis amenent toutes choses à Fez, pour les trocquer contre des toiles, draps, & autres choses qui
ne se trouuent entre eux. Cette cité est fort se-
questrée du grand chemin, de sorte que s'il y passe
aucun étranger, tous les habitans depuis le petit
jusques au plus grand accourent pour le veoir, &
mesmemēt s'ils luy voyent porter habits entre eux
inusitez. Ils se reiglent & gouuernēt selon les sta-

tus & coutumes de Tagodaſt qui fut edifiée par le peuple qui y habite, pource que les gentilshommes ayans prins la picque l'vn encõtre l'autre, la cõmune (ne voulant ployer deçà, ny delà) quitta la cité, & edifia Elgiumuha, laiſſant Tagodaſt aus nobles, y ayant juſques à preſent fait demerance, & en l'autre reſident les nonnobles.

De Bzo.

Bzo eſt vne cité ancienne edifiée ſur vne fort haute montagne, diſtante d'Elgiumuha enuiron vingt mille, du côté de Ponant. Au deſſous d'icelle paſſe le fleuue Serui, cotoyant la côte de la montagne par l'eſpace de quatre mille. Les habitans ſont tous marchans, & gens de bien, qui s'acoutrent honneſtement, & font porter au deſert des cuirs, & huiles, en quoy leur montagne eſt fort abondante, produiſant à force grains, & de toute ſorte de fruits, auec vne grande quantité de figuiers, ayans le pied fort gros, & haut. Les noyers en ce lieu ſont d'vne déméſurée grandeur, de ſorte que les milans y peuuent ſeurement brancher, & faire leur nid: pource qu'il n'y à homme d'agilité ſi grande qui ſe puiſſe vanter d'y grauir. La deſcente qui conduit de la montagne au fleuue, eſt toute pleine de beaus jardins, s'eſtendant juſques au riuage de ce fleuue. Ie me trouuay là, par vn Eſté, qu'il y auoit des fruits en grande abondance, & principalement des abricots & figues, & logeay en la maiſon d'vn preſtre de la ville aupres du temple, dont les murailles

railles sont baignées par les eaus d'vn petit fleuue, qui sourd en la place de la cité.

Des montagnes qui sont en la region d'Hascora.
Tenueues.

Tenueues est vne montagne assise à l'oposite de la region d'Hascora, qui fait la face d'Atlas à l'oposite du Midy, peuplée & habitée par gens braues & vaillans auec les armes en main, tant à pied come à cheual: dont ils en ont en grād nōbre, mais de petite taille. Cette montagne produit du guede, & orge, mais elle est quasi sterile en froment de sorte que l'orge est la seule sustance & nourrissement des habitans. Sur ce mont lon void la neige en toutes les saisons de l'année. Là se trouuent plusieurs nobles cheualiers, qui ont vn prince gouuernant comme Seigneur, receuant toutes les grandes rētes pour puis apres les employer à faire, & maintenir la guerre contre les habitans de la montagne de Tenzita. Il tient enuiron mille cheuaus, auec cent hommes arbaletiers & haquebutiers. Lors que je y fu, il y auoit vn seigneur liberal tout outre, qui receuoit vn plaisir indicible de se veoir haut louër & d'ouyr publier, & raconter ses faits qu'il pensoit estre memorables. Vous asseurant qu'il me sembleroit impossible qu'on seût trouuer son second, & qui se peût egaler à luy en courtoisie, & liberalité:

O 4 pour

pource que ce qu'il auoit, ne se pouuoit aucunement appeller sien, d'autant que son bien estoit au commandement, à l'abandon d'vn chacun, ne se reseruant quasi rien : & prenant merueilleusemēt grand plaisir à ouyr la langue Arabesque : combien qu'il n'en eût aucune cognoissance : & luy faisoit-on vn singulier plaisir, quand lon venoit à luy exposer quelque sentence qui touchât aucunes de ses louanges. Or auint que mon oncle (en la compagnie duquel je me retrouuois) fut delegué Ambassade du Roy de Fez vers celuy de Tombut, dont pour s'acheminer vers luy, il se meit sur les champs, & ne fut pas plus tôt paruenu en la Region de Dara, distante de l'habitation de ce Seigneur enuiron trente mille, qu'ayant ouy la renommée de mon oncle (qui à dire vray, estoit vn tres excellent Poëte, & eloquent Orateur) rescriuit au seigneur de Dara, le priant luy faire tant de bien, que de le luy ennoyer, pource que la plus grāde enuie qui l'éguillonnoit pour lors, estoit de la jouyssance & veuë de sa personne, pour les rares & singulieres vertus qu'on publioit estre en luy. Mon oncle vsant d'excuse la plus honneste, & plus receuable qu'il peut, répondit qu'il n'estoit pas licite à vn Ambassade d'vn Roy s'écarter de son droit chemin, pour aller visiter les seigneurs : veu que cela seroit cause de retarder grandement leur affaire : mais que pour ne resembler trop mal courtois, & vouloir tenir sa reputation enuers les personnes

qui

qui luy pouuoyent commander, il enuoyeroit vn sien neueu baiser les mains de sa magnificence. Ainsi par son commandement apres m'auoir fait present d'vne paire d'etriez grauez à la moresque, du pris de vingt & cinq ducats, vne paire de cordons de soye porfilés de fil d'or, dont l'vn estoit bleu & l'autre violet: auec ce vn fort beau liure, là ou estoit amplement narrée, & contenuë la vie des saints Africans, vne chanson faite à la loüange de ce seigneur, me mey en chemin auec deux cheuaus, ou je demeuray l'espace de quatre jours, composant vne chanson en laquelle estoit recité ce que je pouuois auoir entendu de ses vertus. Et estant arriué en cette cité, il me fut dit qu'il estoit vn peu au parauant sorty, auec vne belle compagnie pour aller à la chasse: mais il n'eut pas plus tôt entendu mon arriuée qu'il me feit appeller en sa presence, là ou estant paruenu, luy fey la reuerence, en luy baisant les mains. Ce qu'ayant fait, me demanda en quelle disposition j'auois laissé mon oncle: à quoy je fey réponce, qu'il se portoit fort bien, comme celuy qui prendroit vn merueilleusement grand & singulier plaisir d'auoir moyen pour luy donner à cognoitre la grande enuie qu'il auoit de faire chose qui fust agreable à son excellence. Ayant mis fin à mes paroilles, me feit ordonner logis, me disant que je me reposasse jusques à son retour de la chasse, d'ou estant reuenu, m'enuoya dire que je m'acheminasse en son palais, auquel me transportay, &

Etriez de vingt cinq ducats.

luy

LIVRE II. DE LA

luy ayant baisé vne autre fois les mains, commencçay par louenges diffuses le mettre jusques au ciel, qui luy causa vne grand' joye. Finablement luy presentay la chanson de mon oncle, dequoy il feit faire incontinent, & sur le champ lecture par vn sien Secretaire, pendant laquelle on pouuoit facilement conjecturer par les alterations, & changemens de son visage, combien estoit grand le plaisir qu'il receuoit par le contenu d'icelle, & estant achéuée de lire, il se meit à table, me faisant seoyr vn peu à côté de soy. Les viandes qui furent seruies estoyent chair de mouton, & d'aigneau rotie, & bouillie, qui estoit dans certains replis de paste subtile, faite en sorte de lazagnes, mais plus ferme, & materielle, auec d'autres, dont je n'áy seu retenir l'espece. Or en fin de table je me leuay commençãt à vser enuers le seigneur de telles paroles : Monsieur, l'intention de mon oncle n'a pas esté de vous enuoyer ce present comme l'estimant suffisant de estre offert à vôtre grandeur, mais pour tousiours vous maintenir affectionné en son endroit, luy donnant place, entre le moindre de vos souuenirs, comme à celuy qui n'est né pour autre chose qu'à

Harãgue de l'Auteur au seigneur de la mõtagne de Tenueues.

» cõplaire, & obeyr à tous ceux qui ça bas naïuemẽt
» representent la vraye image de noblesse, & vertu:
» du nombre desquels à bon droit il estime que teniez
» le premier rang. Mais moy son neueu qui me trou-
» ue vuide, et dénué de toutes choses suffisantes pour
» honnorer si grand personnage que chacun vous
sait

fait eſtre, je ne vous puis faire preſent ſinon que de parolles, & par celles pourrez cognoiſtre que je n'ay moindre enuie d'obeyr à vos commandemens, & demeurer vôtre à perpetuité, que vos vertus infinies, & incomparable grandeur le meritent. Ie n'eu pas plus tôt mis fin à mon dire que je donnay commencement à la lecture de la chanſon que j'auois compoſée à la louenge de ſes vertus, leſquelles entendant reciter, auec vne joye indicible s'enqueroit des choſes par luy non entendues, jettant ententiuement la veuë ſur moy qui ne pouuois encore exceder l'âge de dixſept ans. Apres que j'eu acheué de la lire eſtant le ſeigneur encore trauaillé de la chaſſe, & pour eſtre l'heure du dormir, me donna licēce juſques au matin qu'il m'inuita à diſner auec luy, puis me feit donner cent ducats d'or pour porter à mon oncle, & trois eſclaues pour ſe ſeruir durant le voyage. Dauantage il me donna & à ceux de ma compagnie dix ducats pour perſonne, m'enchargeant de dire à mon oncle, que ce petit preſent eſtoit en recompence de la chanſon, nō pour échange de ce qu'il auoit receu de luy pour ce qu'il ſe reſeruoit à ſon retour de Tōbut luy monſtrer, & donner à cognoitre par effet combien ce qu'il luy auoit enuoyé, luy auoit eſté agreable. Finablement il commanda à l'vn de ſes Secretaires de m'enſeigner le chemin : puis m'ayant touché la main me donna congé de partir le lendemain : auquel jour il deuoit faire vne ſaillie ſur ſes ennemis :

au moyen dequoy je retournay pardeuers mon oncle. Ie me suis vn peu distrait de la matiere par le discours de cet histoire, mais ce n'à esté à autre fin que pour vous donner à entendre que l'Afrique n'est du tout vuide, ny dénuée de gentilshommes, qui se delectent du courtoise, & liberalité, entre lesquels le seigneur de cette môtagne doit estre à bon droit nombré.

De Tensita.

Tensita est vne montagne qui dépend d'Atlas, confinant auec icelle du côté d'Occident, suiuant son étendue jusques à la montagne de Dedes, deuers Leuant: & de la partie du Midy se termine au desert de Dara: estant fort peuplée, & contenāt en son circuit cinquante chateaus, dont l'enuironnement d'iceux est bâti de craye, auec pierre crue: & pour autant que le mont pend du côté de Midy, il n'y tombe guere de pluye. Ces chateaus sont tous assis sur le fleuue de Dara, distans l'vn de l'autre de trois, à quatre mille: qui sont tous sous le gouuernemēt d'vn seigneur qui peut faire jusques à cinq cens cheuaus, & de gens à pied en aussi grand nombre que le seigneur duquel auons par cy deuāt parlé, & auec iceluy grande consanguinité, mais ilz sont mortels ennemis, se guerroyans l'vn l'autre journellement. La plus grande partie de cette montagne est fertile en dates, & les habitans marchās, & laboureurs. Elle produit outre ce, de l'orge en grande abondance, mais il y à grande cherté de froment,

ment, & de chair, à cause qu'on y nourrit peu de bétail. Neantmoins le seigneur en tire de reuenu vingt mille ducats d'or, qui trebuchent deux tiers plus que les nôtres, qui sont douze carates. Ce seigneur est grandement amy du Roy de Fez, laissant passer peu d'années qu'il ne luy enuoye quelques presens estans incontinent secondez par le Roy, auec autres infinies singularitez, comme de cheuaus enharnachez de fournimens fort exquis, draps de écarlate, de soye, & plusieurs beaus pauillons. De ma souuenance ce seigneur enuoya au Roy vn fort somptueus, et magnifique present, qui estoit de cinquante esclaues masles noirs, & d'autant de femelles, dix Eunuques, douze chameaus à selle, vne girafe, dix autruches, seize chats de ceux qui font la ciuette, vne liure de fin musq, vne de ciuette, vne autre d'ambre gris, & enuiron six cens cuirs d'animaus qui s'appellent Elamt, desquels on couure de fortes targues, dont la piece se vend huit ducats, dedans Fez. Les esclaues furent estimez chacun à vingt ducats, les femmes quinze, & quarante les Eunuques. Les chameaus sur les terres de ce seigneur se vendent cinquante ducats, les chats deux cens, pour piece : le musq, la ciuette, l'ambre gris peuuent valoir soissante ducats la liure, l'vne comportant l'autre. Il y auoit encore des dates, sucre, poiure d'Ethiopie, & autres choses vne infinité, d'ou je me tairay pour le present. Vous asseurant que je me trouuay en presence lors que tout cecy fut pre-

Presens au Roy de Fez, de la part du Seigneur de la môtagne de Tenfita.

fut presenté au Roy, de la part de ce seigneur par vn homme noir, court, trape, & Barbare autant de façon comme de langage, qui outre ce, presenta au Roy vne lettre écrité en assez rude & gros stile: mais pirement prononça de bouche le contenu de son ambassade, de sorte qu'il prouoca le Roy, & toute l'assistance à rire, dont on fut contraint s'etouper la bouche, & couurir le visage ou auec le pan de la robe, ou bien auec les deux mains. Toutesfois le seigneur ayant plus d'egard au deuoir d'honnéteté, que n'on à l'imbecilité, & lourdise de ce mignon courtisan, le feit assez honnorablement traiter, & caresser, le logeant en la maison du predicateur du temple majeur, là ou il le dessfraya pendant son sejour auec quatorze bouches, tãt ses compagnons comme seruiteurs, jusques à ce qu'il eut sa depesche, & fût expedié.

De Gogideme.

Gogideme est vne montagne qui confine auec la precedente, mais seulement habitée en la partie qui répond deuers Tramontane: pour autant que celle qui regarde deuers Midy est toute inhabitée. La raison est que du temps qu'Abraham Roy de Maroc receut cette memorable route par le disciple de Elmaheli, & qu'il fuyoit deuers cette montagne, les habitans d'icelle furent touchez d'vne grande compassion, le voyans reduit à si grande misere, & de fait auoyent bien deliberé le secourir
à telle

à telle extremité, mais son cruel destin ne le voulut aucunement permettre. Toutesfois le bon vouloir seulement de ce peuple icy enuers le Roy, enflamma tellement de colere l'ennemy à l'encontre d'eux qu'il brûla les villages, & hameaus, tuant & chassant les habitans hors leurs limites & confins. Ceux qui font residence en cette partie habitée, sont en liberté, à cause de l'assiette & qualité de la montagne qui les y maintient : mais vils, & mecaniques, allans mal en ordre, faisans marchandise d'huile, duquel ils viuent sans auoir autre chose en cette montagne qu'orge, & oliues. Ils nourrissent assez de chéures, & mulets qui sont fort petis, pour autant que leurs chenaus sont semblablement de petite taille.

De Teseuon double mont.

Teseuon sont deux montagnes l'vne à côté de l'autre, ayans leurs confins à la precedente de la partie de Ponant, & se terminent au mont de Tagodast, habitées de trespauures gens : pource qu'il ny croît autre chose qu'orge & millet, & d'icelles descend vn fleuue qui par son cours fend vne belle plaine, mais les habitans de cette montagne n'ont que voir en la campagne, pource que les Arabes en sont possesseurs. Maintenant laissant à part les montagnes, nous commencerons à parler des regions.

De

De Tedle region.

Tedle est vne region qui n'à pas grande étendue, & commence au fleuue de Serui du côté de Ponant, prenant fin à la source du fleuue Ommirabih. De la partie du Midy finit à la montagne d'Atlas, & deuers Tramõtane s'étend jusques là ou le fleuue Serui vient se joindre auec celuy d'Ommirabih. Cette region retient à peu pres la forme triangulaire, à cause que les fleuues prouiennent tous du mont Atlas, suiuans leurs cours enuers Tramontane, là ou ils viennent se restraignans, jusques à ce qu'ils se joignent ensemble.

Des villes & cités contenuës en la region de Tedle.
Tefza.

Tefza est la principale cité en la region de Tedle, edifiée par les Africans en la côté d'Atlas, prochaine de la campagne enuiron cinq mille, estant ceinte de pierre Tiuertine, qui en leur langue est appellée Tefza, & de là prouient le nom de la cité, qui est fort peuplée, & habitée de personnes opulentes. Il y à enuiron deux cens maisons de Iuifs tous marchans, & riches artisans, ou s'adressent plusieurs marchãs étrangers, qui s'acheminẽt en la cité pour acheter certains manteaus, noirs qui sont tissus

Pierre Tiuertine.

auec

auec leurs rabas de mesmes, & les nomment Ilbernus: dont les aucuns se transportēt jusques en Italie, nonobstāt qu'ils sont plus frequens en Espagne qu'aus autres lieus. La plus grande partie des marchādises qui se font à Fez, à deliurance en cette cy, cōme toiles, couteaus, épées, selles, mords, brides, bonnets, éguilles, & beaucoup d'autre mercerie, de laquelle la depesche en est encore plus brieue quand on la veut trocquer : à cause que les paysans ont bien le moyen de rendre le contre échange, comme de cheuaus de barnusses ou gabans, guede, esclaues, cuirs, cordouans, & semblables choses, lesquelles voulans vendre argent en main, ils sont contrains les laisser pour beaucoup moindre pris, & leur payement est en lingots d'or en forme de ducats, sans qu'ils ayent aucune espece de monnoye d'argent. Cette maniere de gens se tient bien en ordre, leurs femmes magnifiquement parées, & fort plaisantes. En cette cité y à plusieurs temples, prestres, & Iuges: qui se souloyent jadis gouuerner en mode de Republique, mais depuis, par les seditions, les habitans commencerent à se formaliser, & bander les vns contre les autres : tant qu'il s'en ensuiuit vne grande tuerie, pour occasion dequoy deux chefs de ligue expulsez, se transporterent par deuers le Roy de Fez, luy demandans que de grace il pleût à sa majesté leur donner aide & faueur, pour entrer dans leur ville, luy promettāt (moyennant son secours) icelle mettre entre ses mains.

P   A

LIVRE II. DE LA

Le roy de Fez baille secours aus habitans de Tefza, moyēnāt leur promesse.

A quoy il s'accorda, expediant, & enuoyant auec eux mille cheuaus, cinq cens arbaletiers, & deux cens harquebusiers, tous bien montez, & en bon equipage : outre ce il manda à quelques Arabes ses vassaus qui s'appellent Zuair (qui sont enuiron quatre mille cheuaus) qu'ils ne faillissent d'accompagner, & suiure ces deux chefs, auenāt qu'ils eussent besoing de leur secours. Ces choses ainsi ordonnées, la gendarmerie marcha sous la charge & conduite d'vn fort braue, & vaillant capitaine, appellé Ezzeranghi, lequel ne fut pas plus tôt arriué qu'il meit ses bandes en ordre serré, cōmençant à dōner le choc à la cité qui estoit tenue par l'autre partie, laquelle s'estoit fortifiée dedans, ayant appellé à son aide les Arabes voisins qu'on nōme Benigebir, pouuans mettre en campagne enuiron vingt mille cheuaus. Dequoy estant assez amplement informé le capitaine, il leua incōtinent le siege de deuant la cité, puis se jettant en cāpagne vint à affronter les Arabes, qu'il suiuit en trois jours si viuement, qu'il les meit tous en route, & les defroqua : au moyen de quoy il demeura maistre de la campagne, dont ceux de la cité se sentans totalement priuez & déuetus (sans aucun espoir d'atendre plus le moindre secours, qui fût) transmirent incontinent Ambassades au Capitaine pour traiter la paix, se submettans de rembourser le Roy de tous ses frais, & outre ce de luy rendre tous les ans dix mille ducats, par tel si que la faction de dehors

pour-

pourroit bien libremēt retourner dans la cité, mais sans s'entremesler d'aucune chose, ny auoir cognoissance des negoces publics. Le capitaine ayant fait entendre tout cecy aus deux chefs de partie, luy feirent telle réponce: Seigneur nous cognoissons nôtre portée: poussez hardiment, car nous vous promettons de rendre cent mille ducats, & plus, sans nous oublier de tant que d'vser d'injustice aucune, encore moins s'acmenter la moindre chose qui soit. Mais trop bien ferons restituer à nôtre aduerse partie les vsufruits de nôs possessions dont ils ont esté jouyssans par l'espace de trois ans continuels, qui pourront monter jusques à la somme de trente mille ducats, que nous vous donnerons liberalement, & du meilleur de nôtre cœur, en recompence des frais & dépens qui ont esté faits en nôtre faueur. Outre ce nous vous ferons joüyr du reuenu de cette cité, qui peut valoir chacun an enuiron vingt mille ducats. Ioint aussi q̄ nous tirerons tribut des Iuifs pour vn an, qui viendra jusques à dix mille ducats. Apres que le Capitaine eut ouy ce bel offre, feit soudainement entendre à ceux de la cité cecy. Seigneurs, le Roy à donné sa foy à ses gentilshommes de ne les abandōner à leur besoin, ains leur aider tant que ses forces se pourront étendre. Et pour autant que son singulier plaisir est qu'ils obtiennent le gouuernement de la cité, & qu'il soit plus tôt entre leurs mains qu'autrement, plusieurs causes à ce le mouuans; Ie vous veus bien auertir

Harāgue de ceux q̄ auoyent assiegé la cité de Tefza au capitaine d'icelle.

Harāgue du capitaine de tefza aus habitans de la cité.

P 2 com-

comme je suis suffisant (si vous voulez tousiours estre obstinez) auec l'aide de Dieu, vous donner à cognoitre qu'il est en moy de vous faire payer le tout. Ces parolles ainsi brauement prononcées susciterent vn grand discord entre le peuple, pour autāt que les vns se vouloyent donner au Roy, & les autres aimoyent mieux se hazarder à maintenir la guerre: au moyen dequoy il se leua dans la ville vne terrible escarmouche, dont le capitaine fut auerty par les épies, qui sans tarder feit mettre pied à terre à la plus grand' partie de ses gens, & venir aus approches de la cité auec les arbaletiers, & harquebuziers, d'vne si grāde ruse, accompagnée d'vn merueilleus effort, qu'en moins de trois heures ils se trouuerent dans la cité, sans que pas vn d'eux perdit la moindre goute de son sang: à cause q̃ ceux de dedans (qui tenoyent pour le Roy) s'estans vnis ensemble, s'accosterent d'vne porte de la ville, laquelle estoit murée, qu'ils meirent par terre, la démurant par dedans, & au dehors estoit le capitaine qui n'en faisoit pas moins de son côté, ne se trouuant personne sur les murailles qui luy donnât empeschement: auec ce que la meslée ne print fin que le capitaine & la partie de dedans n'eussent fourny leur entreprinse, de laquelle estans venu a chef, les assaillans entrerent dans la cité, plantant les étandars du Roy sur les murailles, & au milieu de la place. Cela fait, le capitaine enuoya les cheuaus courrir autour de la cité, pour retenir les fuyars:

fai-

faisant publier à son de trompe de la part du Roy, & defendre sur peine de la vie, à toute personne, souldat, ou citoyen, de ne s'acmeter chose que ce fût, ny faire aucun homicide. La criée faite, tout le tumulte cessa, & furent rendus prisonniers tous les chefs, & principaus de l'aduerse partie, ausquels le capitaine feit entendre qu'ils seroyent detenus jusques à ce que le Roy en auroit autrement ordonné, & qu'il fût rambourse entierement de tous ses frais & dépens qu'il auoit frayez vn mois durant à la soude de la caualerie, qui montoyent à la valeur de douze mille ducats, laquelle somme fut par les femmes, & parens de ces chefs restituée. Mais les deux autres se presenterent puis apres, disans qu'ils vouloyent estre rambourse des vsufruis de leurs possessions pour trois ans, à quoy le capitaine feit réponce, que cela ne luy touchoit en rien, & qu'il falloit que les Iuges, & Docteurs en eussent la cognoissance, pour rendre droit à qui il appartiendroit: parquoy les autres pourroyent encore garder les prisons celle nuict. Toutefois les prisonniers commencerent à dire, Comment? Seigneur capitaine, nous voulez vous manquer de Foy? veu que vous nous auez promis que le Roy estant satisfait, vous nous remettriez en liberté. Ie ne contreuiens en rien à ma parolle (répondit le capitaine) d'autant que vous n'estes maintenant detenus à l'aueu du Roy, mais pour ce de quoy vous estes redeuables à ceux icy, qui vous demādent leur bien.

Defence par le capitaine de Tefza aus habitans.

Respōce p le capitaine de Tefza aus habitās.

P 3   Vous

LIVRE II. DE LA

Vous asseurant que je tiendray fait, & auray pour agreable ce qu'en sera par les Iuges ordonné, comme je pense que ce soit vôtre meilleur. Le matin ensuiuant, apres que messieurs les Docteurs & Iuges furent assemblez, en la presence du Capitaine, les procureurs des captifs entamerent premieremēt le propos, donnans commencement à la cause: *Seigneurs nous sommes icy comparus au Tribunal, & en vôtre presence, à l'instance & requeste de l'aduerse partie de ceux qui sont prisonniers: mais nous ne sauons à quelle fin, veu qu'ils ne se sentent en rien estre redeuables à icelle, qui n'à aucune occasion quant à ce point de les traiter en cette sorte. Il est vray, que ces gens ont eu la jouyssāce de leurs possessions: mais ce à esté pour cause que les parens & ayeuls d'iceux auoyent possedé celles des prisonniers par l'espace de plus de vingt ans.* A quoy repliqua le procureur des deux chefs: *Cecy qu'ils amenent en jugement pour leur defence (messeigneurs) ne doit estre aucunement receuable, d'autant que la chose à esté faite il y à cinquāte ans passez: au moyen dequoy personne ne se trouuera qui en puisse porter témoignage, ny montrer aucun instrument pour faire apparoistre leur dire veritable.* Lors l'Aduocat des prisonniers duplicant va dire: *La prouue en est facile, pourautāt que le commun bruit est tel.* Ce n'est pas preuue suffisante que la commune opinion (répond l'autre) n'y sur laquelle on doiue asseoir jugement. Car qui sait combien

Harágue entre les magistras & gés de justice de Tesza.

bien de temps elles ont esté tenuës par les predecesseurs? & se pourroit bien encore faire qu'ils les tindrent à bon droit, pource qu'on dit encore par tout, qu'anciennement les ayeuls des prisonniers se reuolterent contre la corône de Fez, & furent ces possessions (d'où il est question) de la chambre Royale. Lors le Capitaine (de ruse) se print à dire au procureur, qu'il traitât plus humainement ces paures prisonniers. Vous semblent ils si paures que vous les faites, seigneur capitaine (répôdit le procureur) Il n'y a pas vn d'entre ces paures personnages qui n'eût bien le moyen de fournir cinquante mille ducats, estât sorty hors de prison : & vous aperceurez bien auec le temps, côment ils vous sauront faire vuider la cité. Vous auertissant que fortune se montre en vôtre endroit bien fauorable, quand à vôtre arriuée, les prîntes à l'improueu côme ils estoyent. Les paroles du procureur rendirêt le capitaine soucieux, dont sous couleur de se vouloir mettre à table, licentia toute l'assemblée, laquelle ne se fut pas plustôt écartée, qu'il se feit amener deuant luy les prisonniers, ausquels il dît qu'il vouloit leurs aduersaires estre par eux recôpencez, ou en defaut de ce faire, les asseura qu'il ne faudroit de les faire mener à Fez, liez & garrotez deuât le Roy, son seigneur, là ou ils seroyent parauêture contraints de payer au double. Au moyen dequoy les prisonniers enuoyerent querir leurs meres, & femmes, ausquelles ils enchargerêt de moyenner en

Le capitaine de Tefza fait amener deuât soy ses prisoniers

P 4 sorte

sorte que leurs aduersaires fussent satisfaits. Car (dirent ils tout hauts, pour estre ouys) on á donné à entendre au seigneur Capitaine, que nous estions plus opulens de la dixième partie de ce qui est veritable. Ainsi auant huit jours accomplis, on apporta à la partie aduerse vingt huit mille ducats, tant en anneaus & bracelets d'or, comme en autres dorures, & atours des femmes, en presence du capitaine: pource que les femmes vouloyent donner à entenare finement de n'auoir autre tresor que cela. Et apres que cela fut distribué, le capitaine dit aus prisonniers qu'il auoit récrit au Roy touchant leur affaire, combien qu'il s'en repentoit grandement: pour autant qu'il ne les pouuoit élargir, sans que premieremēt il n'eût eu réponce de sa majesté. Mais qu'il ne se pouuoit faire autrement que leur deliurāce ne fût bien briéue, & pource qu'ils ne se donnassent aucune facherie. Puis appella la nuict vn sien conseiller, luy demandant son auis touchant cecy, & comment il seroit possible de tirer vne autre somme de deniers de ces taquins, sans qu'il en peût auoir reproche, ny acquerir nom déloyal entre eux. Il faudroit (dit il) donner à entendre que vous auez receu le pacquet du Roy, par lequel il vous encharge expressement que vous leur faciez trancher les testes: mais feignez d'en estre merueilleusement passionné, & que n'auez aucune enuie de vous en mesler, mais q̄ pour meilleur respect vous les voulez enuoyer à Fez. Le dire & le mettre en effet

Moyen pour le capitaine de tirer argēt de ses prisonniers.

effet fut quasi tout vn : car ils se mirent à contrefaire vne lettre comme venant de la part du Roy, laquelle montrant le matin aus prisonniers, qui estoyent quarantedeux, le capitaine commença à leur dire ainsi, auec vn visage tout troublé : Ie ne saurois (Seigneurs) vous exprimer l'extreme passion qui ronge mon cœur, & la grande alteration qui surprent mes esprits pour les mauuaises nouuelles que j'ay receuës du Roy monseigneur touchant vôtre affaire, qui sont telles, que luy estant assez informé de vos noualitez, & seditions, & comme vous auez tenu bon contre sa majesté, auec autres choses qui luy ont esté raportées par gens qui ne vous sont pas fort affectionnez, dont la moindre seroit suffisante pour meriter vne punition de mort. Pour telles causes le Roy me mande que je vous face trancher les testes, chose qui me deplaist autant comme je suis seur qu'elle ne vous est aucunement agreable. Car il semble à veoir à vn chacun que je me sois montré déloyal en vôtre endroit & que j'aye faucé ma foy. Mais il faut aussi considerer, qu'estant sujet, je ne saurois faire autrement qu'executer ce qui m'est étroitemēt par mon maitre enjoint, & commandé. Ces dures & étranges nouuelles par ces pauures prisonniers entendues, leur furent de si dure digestion, & émeurent tellement leurs entrailes, qu'il ne leur fut possible retenir la larme, certain témoignage de la douleur qui les oppressoit : & se recommandans à Dieu prioyēt

Harāgue du capitaine de Tefza à ses prisoniers.

tres-

tresinstamment le capitaine leur prêter en ce cas
sa faueur : qui auec larmes feintes leur disoit qu'il
ne les sauroit mieux conseiller, ny trouuer meilleur
moyen, tant pour le bien d'eux, comme pour sa décharge de ce que faucement, & à tort luy pourroit
estre imputé, sinon que les enuoyer à Fez, sous espe
rance démouuoir le Roy à pitié, se confiant en son
humanité acoutumée, ou d'en ordonner ainsi qu'il
sembleroit à sa majesté : & de ce pas (dit il) je
vous vois expedier auec cent cheuaus. Mais cela ne leur estoit que rengreger leur mal, & renouueler leurs pleurs, lesquels piteusement continuans
prioyent sans cesse le capitaine d'auoir aucune com
passion de leurs vies. quand il suruint quelqu'vn

Harágue au capi- taine de par vn de ses fami- liers.

de ses familiers aposté, qui luy dit. Seigneur, sa
majesté vous enuoya comme son lieutenant, vous
réuetant de telle puissance, & autorité comme s'il
y estoit en personne : ce que consideré le si, & le
non soit entre vos mains. Informez vous donc
» vn peu de la portée de ces gentilshommes icy, s'ils
» sauroyent trouuer le moyen de racheter leurs te-
» stes pour quelque somme de deniers, & selon le rap
» port qu'on vous en fera, & la deliberation d'iceux
» vous pourrez rêcrire au Roy, & luy remôtrer com
» me vous leur auez donné la Foy qu'il ne leur se-
» roit par vous, ny à vôtre aueu fait aucun déplaisir
» sur leurs personnes, priant sa majesté de leur vou-
» loir pardonner, & luy faites entendre la somme,
» & quantité d'argent qu'ils sont deliberez donner.
Ce

Ce qu'ayant fait, pourroit bien estre que le Roy y condescendroit. Les miserables prisonniers reprindrent cœur, & leur apporterent quelque espoir de leur salut les paroles emmielées de cetuy-cy: au moyen dequoy ils commencerent à prier le capitaine tresafectueusement qu'il luy pleût vouloir condescendre à l'opinion de l'autre, & qu'ils estoyent contens de payer telle somme de deniers qu'il plairoit au Roy leur imposer: s'offrans outre ce de faire notable present au capitaine, qui feignoit tousiours d'y consentir, mal volontiers: & leur demanda qu'ils pourroyent bien payer au Roy. Il y en eut qui dirent mille ducats, les autres huit cens, les vns plus, les autres moins. Mais le capitaine dit alors que pour si petite somme il n'eust daigné mettre la main à la plume, ny se trauailler de tant que d'en récrire à sa majesté. Et vaudroit beaucoup mieux (dit il) que je vous enuoyasse jusques à Fez, qui sera cause q̃ parauenture il se cõtentera de moins. Ce qui leur sembloit fort dur, & ajouterẽt tant de prieres q̃ le capitaine leur dit. Vous estes quarantedeux gentilshõmes, dont le moindre ne sauroit nier qu'il ne soit tresriche. Si vous me voulez promettre de débourser deux mille ducats pour teste, je me fais bien fort recriuant au Roy, de moyenner en sorte qu'il vous laissera les vies: sinon certainement j'ay deliberé de vous enuoyer à Fez. Or cõbien que cecy leur semblât fort étrange, si esse q̃ craignãs d'vn plus dangereux accidẽt s'y consentirent pourueu que

Remonstrãce du capitaine à ses prisonniers.

LIVRE II. DE LA

que chacun fut tenu de payer selon sa possibilité, & qualité. Faites (répondit le capitaine) comme bon vous semblera. Ils prindrent adonc quinze jours de delay, dont ce pendant le capitaine feit semblant de récrire au Roy, duquel montrant la réponce feinte au bout du terme, leur porta la nouuelle comme sa majesté leur remettoit tous les crimes qui leur pouuoyent estre imposés. Au moyen dequoy trois de leurs principaus parens, & amis apporterent octante quatre mille ducats, en or, que le capitaine feit peser s'emerueillant au possible cōme en si petite cité se peût serrer tant grande quantité d'or par quarante deux hommes, lesquels il deliura incontinēt. Et récriuit au Roy sans plus deguiser la matiere, comme les choses estoyent passées & quelle fin elles auoyēt prinse: auec ce, qu'il pleust à sa majesté luy faire entendre son vouloir, pour lequel mettre en effet il employeroit tout labeur, & diligence. Le Roy enuoya deux de ses Secretaires auec cent cheuaus pour receuoir ces deniers, & les ayans receus retournerent à Fez: faisant les quarantedeux gentilshommes comme ils auoyent promis, vn present au capitaine qui pouuoit monter à la valeur de deux mille ducats, tant en esclaues & cheuaus comme en musq, & autres choses: s'excusans qu'il ne leur estoit point resté d'argent, & le remercierent grandement de ce qu'il s'estoit tant trauaillé pour leur sauuer la vie. Par tel moyen qu'il vous a esté déduit, le Roy de Fez s'empara de

Presens au capitaine de Tefza par ses prisonniers.

cette cité qui demeura sous le gouuernement du capitaine Ezzeranghi jusques à ce que les Arabes le murtrirent en trahison: & en tire le Roy de reuenu vingt mille ducats par an. Ie me suis aucunement détourné de la matiere pour vous reciter cette histoire, pource que j'estois present en ces entrefaites, & m'apperceu comme cette menée fut maliticusement conduite, m'employant assez pour la deliurance de ces pauures prisonniers: vous asseurant que ce fut la premiere fois que je vey de l'or en si grande quâtité. Et vous auerty bien que le Roy de Fez ne s'en veid jamais tant ensemble: pource qu'il est pauure Roy, n'ayant de reuenu plus de trois cens mille ducats, encore ne s'en veid jamais cent mille en main, & son pere encore moins. Or maintenant vous pouuez conjecturer, & comprendre, combien de falaces, & mensonges controuuent & déguisent les humains pour cette cônoitise d'en auoir, & se rendre la main garnie. Ces choses icy auindrent en l'an neuf cens & quinze: mais vne chose encore plus memorable, qu'il se trouua vn seul Iuif qui paya plus que tous les prisonniers ensemble: pour autant que l'on fut auerty par épies de ses grandes richesses, lesquelles auec les Iuifs furent mises entre les mains du Roy: qui fut l'ocasion que tous les Iuifs furent taillez à cinquante mille ducats par voye de Iustice, pour auoir donné faueur à la partie aduerse du Roy: & me retrouuay pour lors en la compagnie du commissaire qui leua

Le reuenu du Roy de Fez.

leua cette taille.   De Efza.

Efza est vne petite cité prochaine de Tefza enuiron deux mille, contenant enuiron six cens feux, qui fut edifiée sur vne colline au pied d'Atlas, bien peuplée de Mores, & Iuifs, estans tous artisans, ou laboureurs: & ce fait là grand quantité de gabans. Les habitans sont sous le gouuernement des citoyens de Tefza. Les femmes sont excellentes & admirables à bien tirer de beaus ouurages de laine, & gaignent plus que les hommes. Entre Tefza & cette cité passe vn fleuue qui s'appelle Derne qui prend son commencement en la montagne de Atlas, & trauersant entre certaines collines suit son cours jusques à ce qu'il vient tomber dans le fleuue Ommirabih: & entre icelles collines, j'enten sur le riuage du fleuue ou sont plusieurs beaus jardins, qui produisent de tant de sortes d'arbres & fruits qu'il est possible à l'appetit humain desirer, ny souhaiter. Les hõmes sont liberaus & plaisans outre mesure: si que tous marchans, & étrangers peuuent entrer priuement dans leurs jardins, & cueillir de ce qu'ils y trouueront à leur plaisir: mais ils sont durs à payer leurs dettes: & pour autant les marchans ont coutume leur faire payement auant que receuoir les gabans, leur dõnans terme de trois mois, qu'ils laissent bien souuentefois multiplier jusques à douze. Ie fu en cette cité quãd le camp de nôtre Roy marchoit à Tedle, contre lequel elle ne feit nul semblant de vouloir resister, ains soudainemẽt

se

Habitãs de Efza liberaus & gratieus.

se rendit à sa mercy: & presenterēt les habitās au capitaine à son retour quinze cheuaus, & autant d'esclaues, dont vn chacun conduisoit vn cheual par les renes, ou cheuétre: & outre ce, receut deux cens moutons, & quinze chefs de vaches: au moyē dequoy le capitaine les retint tousiours cōme pour ceux qui estoyent tresfidelles, & affectionnez à sa majesté.

De Cithiteb.

Cithiteb est vne certaine cité edifiée par les Africans sur vne haute montagne distante de l'autre par l'espace de dix mille du côté de Ponant, estant fort habitée, & plaine de plusieurs nobles hōmes, & cheualiers. Et pour autant que là se font les gabans en grande quātité, il y à grande affluence de marchans étrangers. Sur la montagne de ladite cité, se voit de la neige en toute saison, & les valées qui sont dans le territoire de cette cité sont toutes en vignes, & jardinages, dōt le fruit ne se vend aucunement, à cause de la grande abondance. Les femmes sont embellies d'vne naïue blancheur, repletes, les yeux & cheueus noirs, mais plaisantes à merueilles, portans plusieurs autors, & ornemens d'argēt. Le peuple est fort dédaigneus: & lors que le Roy de Fez s'empara de la cité de Tedle, ne luy voulut jamais préter obeyssance, mais eleut vn capitaine gentilhōme, lequel auec mille cheuaus s'osa bien exposer au hazard de s'affronter auec le capitaine du Roy, le tenant si de court que plusieurs
fois

fois se trouua en danger de perdre en vn moment ce qu'il auoit acquis de longue main. Ce que sachāt le Roy, le renforça de son frere pour soulager la gendarmerie, ce qui luy profita peu: car ce peuple maintint la guerre par l'espace de trois ans moyennant ce braue capitaine, qui fut à l'aueu du Roy empoisonné par vn homme de nation Iudaique, estant cause de faire rendre la cité par cōposition, en l'an neuf cens vingt & vn.

Le capitaine de Cithiteb empoisonné.

De Eithiad.

Eithiad est vne petite ville assise sur vne montagne de celles d'Atlas, edifiée par les anciens Africans, là est fait enuiron quatre cens feux, estant murée d'vn côté seulement, qui est deuers la montagne : pource que deuers la plaine elle est ramparée de rochers qui luy seruent de murailles, & est distante de la precedente enuiron douze mille. Il y à au dedans vn temple de petit circuit, mais d'autant plus beau, autour duquel y à vn petit canal en forme de riuiere. Cette ville est habitée de nobles hommes, & cheualiers, auec plusieurs marchās étrangers, du pays, & beaucoup de Iuifs artisans, qui semblablement exercent le train de marchandise. Plusieurs fontaines y sourdent, dont les ruisseaus s'ecoulans en bas entrent dans vne petite riuiere, qui prend son cours au dessous de la cité, & sur les riuages d'icelle y à plusieurs beaus jardinages, là ou se trouuent des raisins bons en toute perfection. Il y à aussi plusieurs grans figuiers, & noyers de hau-

hauteur inusitée, & par toutes les côtes de cette montagne se trouuent de beaus rangs d'oliuiers. Les femmes (à vray dire) ne sont moins belles, que plaisantes: s'acoutrans bien mignonnement, auec beaus atours d'argent anneaus, & bracelets: & plusieurs autres ornemens. Le terroir de la plaine est encore assez fertile en toute espece de grain, & celuy de la montagne tresbon à rapporter de l'orge en quantité, & pour le brout des cheures. De nôtre temps se retira en cette cité Raoman Benguihazzan rebelle, là ou il finit ses jours. I'y fu en l'an neuf cës vingt & vn, & logeay en la maison d'vn prestre de la ville.

Fémes de Eithiad belles & propres.

¶ De Seggheme Magran, & Dedes, montagnes en la mesme Region.

Ombien que la montagne Seggheme regarde deuers le Midy, neantmoins elle est tenuë pour vne môtagne de Tedle: qui commence de la partie du Ponant, aus confins du mont de Tesauon, s'etendant deuers Leuant jusques au mont de Magran, d'où prouient le fleuue Ommirabih: & de la partie du Midy se confine auec le mont Dedes. Les habitans sont en partie yssus du peuple de Zanaga, & sont gens dispos, agiles, & vaillans en la guerre, là ou estans, vsent de pertuisannes, épées tortes, & poignars de mesmes. Ils ruent aussi quand besoin est,

des

des pierres impetueusement, d'vne dexterité grande : & guerroyent auec le peuple de Tedle : tellement que les marchans de ce pays-là, ne sauroyent passer sans saufconduit, ou sans consigner vne grāde somme d'argent à ceux des montagnes, qui sont sauuagemēt habitées, car les maisons sont fort écartées les vnes des autres: de sorte qu'on en trouuera bien peu souuent quatre, ou cinq ensemble. Les habitans nourrissent des chéures en grand nombre, et plusieurs mulets auec des asnes qui vont pâturans par ces montagnes: mais plus grande partie d'iceus est par les Lyons deuorée. Ce peuple ne cognoît aucun seigneur, à cause que la montagne est tant scabreuse, et âpre, qu'elle est inexpugnable. De ma souuenance il print enuie au capitaine qui expugna Tedle, de faire vne course sur les terres de ceux cy qui en ayant senty le vent, apres auoir leué vne belle compagnie d'hommes vaillans, & courageus, secrettement feirent vne ambuscade le long d'vne petite sente, qui estoit sur la riue par où deuoyent passer les ennemis, lesquels n'eurent pas plus tôt apperceus, & cogneu les cheuaus auoir déja monté vne partie de la côté, qu'ils commencerent à desparquer de leur aguet de tous cotez, en dardans pertuisannes & faisant tomber sur leurs ennemis vne pluye époisse de tresgros, mais plus durs caillous, & auec vne impetuosité grande, & tumultueuse dechargerent si viuemēt sur eux, que le capitaine, & ses gens perdirēt en vn mesme temps les deux principaus

Escarmouche être ceux de Seggheme & le capitaine de Tedle.

cipaus points qui sont requis à tout braue, & belliqueus soldat: c'est assauoir la force, & le courage, ne pouuans plus soutenir vne si lourde, & pesante décharge, & (qui pis estoit) tout moyen de se pouuoir auancer, & démarcher, leur estoit ôté, tellement que le lieu les contraignoit de venir aus prinses. Si que plusieurs trébuchoyent du haut en bas auec leurs cheuaus, qui se denoüoyent le col: & ceux qui demouroyent, ne receuoyent pas plus dous traitement que les autres, qui se laissoyent precipiter. Car ce que leur desastre ou malheureus destin leur nioit, les ennemis leur appareilloyent: de sorte qu'il ne s'en sauua pas vn qui ne fût mort, ou prins. Si est-ce qu'en cet infortune, les mors eurent plus grand auätage que les captifs: car ceux-là auoyent gouté vne fois seulement ce dur breuuage, qui pour son amertume gräde est odieus à tous: & ceux cy mouroyent mille fois le jour pour ne pouuoir mourir: pource q̃ les vainqueurs rendirent les vaincus entre les mains de leurs femmes, qui d'vne inhumanité incomparable, & trop grande cruauté, les tailloyent, & découpoyent leur peau en cent façons, sans leur donner le coup de la mort, pour plus les rendre passionnez, & rengreger leur martyre: supplice que les hommes se dedaignoyent leur faire endurer, à cause qu'ils reputët à grand höte, & vilanie de mettre la main sur vn captif ou prisonnier, au moyë dequoy ils les font ainsi caresser par leurs femes, tant pleines d'inhumanité.

Cruauté des fëmes enuers les captifs de Tedle.

Q 2   Il est

Il est vray qu'ayans exercé telles cruautez ils ne s'oserent plus trouuer ny pratiquer dedans Tedle, qui estoit le moindre de leurs soucis & pensemens: pource que leur montagne est abondante en orge, bétail, & fontaines, dont le nombre excede celuy des maisons, n'ayans autre incommodité, sinon que ils ne peuuent trafiquer, ny exercer le train de marchandise.

Magran, est vne montagne vn peu plus outre que la precedente, située à l'aspect de Midy, deuers la region de Farcla, aus confins du desert: & de Ponant prend quasi son commencement aus frontieres du desert. De la partie du Leuant se termine au pied du mont Dedes, estant batue de la neige en toute saison de l'année la sommité de cette montagne, dont les habitans nourrissent du bétail en si grande quantité qu'ils ne sauroit demeurer en vn lieu: pour autant que l'herbage n'y sauroit fournir: A cause dequoy ils batissent leurs maisons de escorce d'arbres, les fondans sur certains trabs, & non trop gros, faisans les chéurons en forme de ces cercles qui se mettēt sur les panniers, où l'on met les femmes ou enfans pour les faire porter par les mulets: semblablement mettēt ceux cy leurs maisons sur mulets, & auec leur famille se transportent tantôt deçà, maintenant delà, là ou ils pensent trouuer l'herbe plus drue & verde: puis se parquent en ce lieu là, eux & leurs maisons, y sejournans jusques à ce que l'herbe deffaille aus bestes: mais en temps d'hy-

Maisons d'escorce d'arbres fondeés sur des trabs. Habitās de Magrā mettent leur maisons sur mulets pour les trāsporter ailleurs.

d'hyuer ils rompent cette coutume estans contrains de resider en vn lieu arrêté où ils font certains étables basses, qu'ils couurent de rames, & branches, sous lesquelles ils retirent la nuict leur bétail, faisans de grans feus: mesmement aupres des étables pour échaufer les animaus, de sorte qu'il auiēt quelquefois que le vent se leue, & soufflant, fait attacher le feu à ces étables, tellement qu'elles viennent à s'embraser: mais le bétail sentant la chaleur vn peu trop cuisante, n'y fait pas long sejour: & craignans tel incōuenient, ils font leurs étables ainsi à la legere, & sans murailles. Ioint aussi qu'ils ne veulent pas que les étables soyent priuilegiées par dessus leurs maisons. Les Lyons & loups font vn grand carnage de ce bétail, quād ils y peuuent mordre. Ce peuple icy ensuit celuy duquel nous auons cy dessus parlé, quant aus coutumes & habits, il se reigle selon iceluy: sinon qu'il reside en pauures cabanes, & l'autre en somptueus edifices. Ie fu en cette montagne l'an neuf cens dixsept de l'Hegire, à mon retour de Dara à Fez.

Dedes, est vne montagne fort haute & froide, en laquelle y à plusieurs bois, & fontaines, prenant son commencement au mont Magran deuers Ponant, finissant aus confins du mont Adesan: puis du côté de Midy se termine à la plaine de Todga: pouuant auoir en longueur enuiron ostante mille, & sur le coupeau d'icelle y eut jadis vne cité ancienne, mais à present ruinée, d'où on voit encore aujourd'huy aucuns vestiges, qui sont certaines grosses masures, & dans aucunes apparoissent des caracteres & lettres, qui ne sont nullement intelligibles. La commune opinion est, qu'elle fut jadis edifiée par les Romains, mais je ne trouue aucun qui en face mention dans les Histoires Africanes, fors Serif Essacalli, faisant mention en son œuure d'aucune cité nommée Tedsi, situee aus fins de Segelmesse, & Cara: mais il ne dit pas qu'elle fut edifiée au mont Dede: toutesfois par quelque conjecture nous presumons que ce soit elle mesme: pour ce qu'en cette region on ne voit aucune trace, ni chose qui donnât matiere de conjecturer qu'il y ait eu autre cité que cette cy. Les habitans de la montagne sont inhabiles à tout, & negligens, residans au creus des cauernes humides, là ou ils se sustantent de pain d'orge, & de farine qu'ils font bouillir auec du sel & de l'eau, comme nous auons dit au liure d'Hea: & sont contrains de viure en cette pauureté & misere: à cause que la montagne ne leur produit autre chose qu'orge. Ils ont des asnes, & cheures en grande quantité, & vient assez salpêtre dans les cauernes, ou ils habitent: masseurant que si cette montagne estoit prochaine d'Italie, ou autre pays, là ou on le sait employer, qu'on en tireroit de reuenu chacune année plus de vingt & cinq mille ducats: mais cette ignorante canaille sait autant à quoy il est bon, comme ceux qui n'en ouyrent jamais parler. D'auantage ils se tien-

Habitans de Dedes inhabiles & negligens.

tiennent tresmal en ordre, de sorte que la chair nue leur apparoît en plusieurs endroits. Les lieux ou ils habitent, sont mal plaisans, jettans vne odeur puante, & mauuaise comme des boucs, & cheures qu'ils y tiennent. En tout le pourpris de la montagne, n'y a chateau, ny cité qui soit fermée, mais leurs habitations se voyent écartées, lesquelles sont bâties (& Dieu sait auec quelle industrie) de pierres posées l'vne sur l'autre, sans chaus, & comme par dépit : puis couuertes de laues noires & deliées, selon l'vsance d'aucuns lieux du territoire de Sise & Fabrian. Le reste (comme nous auons dit) se tient dans les cauernes. Vous asseurant qu'en jour de ma vie je ne me trouuay en lieu, où il y eût tant de puces comme en cette montagne, dont les habitans sont traitres, larrons, & voleurs, qui tueroyent vn homme pour vn oignon : veu qu'entre eux mesmes ils prennent bien la pique pour moindre chose : & n'ont Iuge, prestre, ny homme qui s'applique à vertu, mais demeurēt oisifs, sans s'entremettre de faire la moindre chose que ce soit auec industrie : au moyen dequoy il ne se trouue aucun marchant qui y trafique, ny frequente. Et si par cas d'auenture quelqu'vn vient à passer par cette montagne, ou il est par eux deualisé, ou bien s'il a quelque saufconduit de leurs chefs, & principaus pour passer marchandise, ils le cōtraindront de payer la quarte partie plus de gabelle, que sa marchandise ne monte.

Q 4   Leurs

LIVRE II. DE LA

Fémes de Dedes hideuses & laides.

Leurs femmes en difformité se pourroyent egaler, & paragonner aus plus hideus & dépiteus esprits ou fantômes qu'on sauroit feindre au plus profond d'enfer: atournées & reuétuës de tels habits que peut meriter cette rare beauté, & forme singuliere: & si les hommes se tiennent mal en ordre, elles encore plus, voire & sont reduites quasi à plus grand trauail que ne font les asnes mesme, pourautant qu'elles apportent le bois sur le dos, & l'eau sur le col, sans prēdre peu ou point de repos. Tant y a que je n'ay aucun remord d'auoir esté en aucun lieu de Afrique, & n'en suis si fort repenttant, cōme d'auoir jamais mis le pied en cettuy cy. Mais preferāt le commandement de mon maistre, à toute peine qui m'eut peu suruenir, je fu contraint de passer par ce maudit pays, pour aller de Maroc à Segelmesse, ne pouuant manquer à qui auoit puissance d'vser de commandement en mon endroit.

FIN DV SECOND
LIVRE.

LA

DESCRIPT. D'AFRIQVE.

LA DESCRIPTION
D'AFRIQVE, ET DES choses memorables contenuës en icelle.

LIVRE TROISIE'ME.

Du Royaume de Fez.

E Royaume de Fez prend son commencement au fleuue de Ommirabih du côté de Ponant: & s'étendant deuers Leuant finit au fleuue de Muluia: d'vne partie de la Tramontane, il se confine à l'Ocean, & des autres parties à la mer Mediterranée: Puis se diuise en sept prouinces, qui sont Temesne, le territoire de Fez, Azghar, Elhabet, Errif, Garet, & Elchauz: dont vne chacune de ces prouinces estoit reduite sous vne seigneurie particuliere:

tuliere: tellement que Fez n'auoit point de siege Royal. Il est vray qu'elle fut edifiée par vn rebelle & scismatic, dont la famille posseda le Royaume enuiron cent cinquante ans: mais depuis que celle de Marin vint à regner, alors elle fut la capitale cité du Royaume, à cause que les Rois y feirent leur demeurance, pour les causes recitées aus Chroniques des Mahommetans. Or je commenceray à cette heure à vous déduire particulierement de prouince, en prouince, & de cité, à autre, ce qui merite d'estre presenté à tout gentil esprit: comme il me semble auoir fait par cy deuant assez suffisamment.

De Temesne, region au Royaume de Fez.

Emesne est vne prouince au Royaume de Fez, commençãt au fleuue Ommirabih du côté du Ponant, & finit à celuy de Buragrag deuers Leuant. De la partie du Midy se confine auec Atlas, & de Tramontane se termine à l'Ocean: l'assiete est toute plaine, ayant d'étendue de Ponant au Leuãt enuiron octante mille, & en largeur depuis Atlas jusques à l'Ocean, enuiron soixante. Anciennemẽt c'estoit la fleur de toutes les autres qui luy estoyent prochaines: pource qu'en icelle estoyent contenues quarante citez, & trois cens chateaus, habitez de plu-

DESCRIPT. D'AFRIQVE.

plusieurs peuples du lignage des Africans barbares: En l'an de l'Hegire neuf cens vingt & trois, cette province se revolta à la suasion d'vn predicateur heretique, qui s'appelloit Chemin, fils de Mennal, lequel dissuada le peuple de rendre tribut, & obeyssance aus seigneurs de Fez, les publiant injustes : & d'autant qu'il se disoit prophete, on ajouta foy à ses paroles, qui feit que facilement tout le spirituel, & temporel paruint entre ses mains. Au moyen dequoy il commença d'entreprendre la guerre contre iceux seigneurs, lesquels estans detenus à repousser le peuple de Zenete qui les molestoit d'autre côté, furent contrains de venir à composition auec cetuy cy, tellement qu'ils se devoyent tenir à leur seigneurie de Fez, & à luy deuoit demeurer cette province de Temesne, sans qu'à l'auenir ils entreprinssent rien les vns sus les autres : & regna ce predicateur par l'espace de trente ans, & à la fin laissa les siens, heritiers de son domaine, qui le maintindrent, & en jouirent paisiblement enuiron cent ans. Mais apres que Iusef, auec le peuple de Luntune eut parfaite l'edification de Maroc, il s'esforça de trouuer tous les moyens pour joindre cette region auec ses seigneuries, enuoyant plusieurs personnes catoliques, et de bon sauoir pour tâcher à les retirer de cette heresie, et se rendre de leur gre sous son gouuernement, sans luy doner occasion de les y côtraindre par guerre. Les habitans apres s'estre retirez auec leur prince

Vn predicateur sous couleur de prophete vsurpe la seigneurie de Temesne.

prince (qui estoit neueu du predicateur defunt) en la cité d'Anfa, & ayans meurtry les ambassadeurs meirent sus vne grosse & puissante armée de cinquante mille combatans, auec bien bonne intentiõ d'expulser Iusef de Maroc, & contraindre le peuple de Luntune de quiter, & abandonner toute la region. Dequoy Iusef incontinent auerty, irrité au possible, feit vn tresgros amas de gens, auec iceux ne voulant que ses ennemis prinssent telles barres sur luy, que de les venir trouuer pour assieger Maroc, d'vne diligence incroyable: au bout de trois jours marcha sus leurs terres, & trauersa le fleuue Ommirabih. Mais ses ennemis le voyãt venir tant animé, & auec vne impetuosité si grande, furent incontinent surpris d'vne merueilleuse crainte, & estans ainsi intimidez, fuyans la bataille, & rencontre, passerent le fleuue Buragrag deuers Fez, abandonnans la Prouince Temesne, qui demeura en la puissance de Iusef, lequel feit passer par la fureur du fil de l'epée tous ceus qui y resterent, auec vne cruauté si grande, que n'ayant respect, ny égard à la tendre, & innocente jeunesse, faisoit tout tuer jusques aux enfans du berceau, ruinant toute la prouince en quelque part qu'il meist le peid par l'espace de huit mois qu'il y sejourna: tellemẽt qu'il ne laissa cité, ny chateau, que tout ne fũt rué par terre, laissant pour memoire de sa cruauté, les seules masures à la posterité, & fondemens, qui encore pour le jourd'huy en peuuent témoigner. Or sachant

Grande cruauté exercée à la prinse de Temesne par Iusef.

DESCRIPT. D'AFRIQVE. 127

chant le Roy de Fez tout le discours de ces émotiõs, fut auerty de ces entrefaites, & comme le peuple de Temesne vouloit passer le fleuue Buragrag pour s'acheminer à Fez, au moyen dequoy il assembla vne grosse armée apres auoir fait tréues auec le peuple de Zenete, & s'achemina vers ce fleuue, sus lequel il trouua ce miserable peuple, lequel ayant plus tôt besoin d'auoir dequoy dechasser l'extreme famine qui l'opressoit, que de s'atacher à lennemy qui le poursuiuoit s'euertuoit toutesfois de passer la riuiere : mais le pas luy fut clos par le Roy de Fez, dont estant chaudement poursuiuy, par desespoir se meit à grimper sus certains rochers, entre des brossailles fort difficiles, & facheuses : là ou il fut par la gendarmerie du Roy enuironné : tellemẽt qu'en vn mesme temps trois miserables Mors donnerent fin à leur langoureuse vie : pource que les vns se jetans dans les ondes estoyent étoufez, les autres se precipitans du haut des rochers en bas se brisoyent le corps, & le reste qui à force de bras pouuoit trauerser le fleuue, tõboit entre les mains des soldatz du Roy de Fez, qui les faisoyent passer par le fil de l'epée. Ainsi fut éteint le peuple de Temesne en moins de huit mois : & estime l'on que durant cette guerre fut exterminé jusques à vn miliers de personnes, tant d'hommes, que femmes, & enfans. Apres l'heureus succes de cette glorieuse victoire, le Roy Iusef seit retour à Maroc pour renouueler ses gens, & marcher contre le Roy de Fez

Miserable fin du peuple de Temesne.

laiſ-

LIVRE III. DE LA

Temesne deshabitée par 108. ans.

laissant Temesne pour habitation aus lions, loups & autres bestes, demeurãs deshabitée par ce moyen l'espace de cent octante ans, qui fut jusques au temps que Mansor reuenant de Thunis amena vn certain peuple Arabesque, auec les chefs & gouuerneurs d'iceluy, pour habiter en cette prouince, en laquelle il demeura par l'espace de cinquante ans: tant que la lignée de Mansor fut expulsée du Royaume, à cause dequoy ce peuple Arabe tomba en grande misere, & extremité: tellement qu'il fut dechassé par les Rois de la famille de Marin, qui donnerent Temesne au peuple de Zenete, & Harara, en recompense des seruices & plaisirs qu'ils auoyent receu de ces deux peuples, pource que l'vn & l'autre fauorisa grandement icelle famille contre les Pontifes & Rois de Maroc. Au moyen dequoy ils jouyssent paisiblement de cette prouince, là ou ils sont libres, & tellement multipliez en lignées & richesses, qu'ils en sont craints, & redoutez des Rois de Fez, & extime lon qu'ils peuuent faire jusques au nombre de soissante mille cheuaus en bon equipage, & drecer deux cens mille pietons ou soldats. I'ay beaucoup frequenté, & pratiqué en cette prouince: par quoy je vous en pourray dõner plus particuliere information.

Des

DESCRIPT. D'AFRIQVE.

¶ Des villes & cités, contenues en la region de Temesne.
Anfa.

ANFA est vne grande cité, edifiée par les Romains sur le riuage de la mer Occeane, distante d'Atlas enuiron soissante mille deners Tramontate, & d'Azemur soissante, du côte de Leuant, & de Rabat quarante de la partie de Ponant. Cette cité fut jadis fort ciuile, & tresabondante: pource que tout le terroir d'icelle est fort bon à produire toute sorte de grain, & situee en la meilleure, & plus belle assiete d'Afrique: enuironnée d'vne plaine qui contient enuiron octante mille d'etenduë, fors que de la partie de Tramontane, là ou bat la mer: & dans icelle souloit auoir plusieurs temples, belles boutiques, & sumptueus edifices, comme en peuuent faire foy les ruines, & fragmens qui en sont encore en estre, auec ce beaucoup de vignes, & jardins, ou l'on cueilloit encore plusieurs fruits: & mêmement des citrouilles, & melons, qui commencent à meurir au mois d'Auril, auquel temps les habitans ont coutume de les porter vendre à Fez, là ou ils sont plus tardifs. La grande & continuelle conuersation qu'ont les gens de cette cité auec les marchans de Portugal, & Anglois, est cause qu'ils vont assez bien en ordre, & si trouuët des personnages assez doctes: mais deux choses furent la cause principale de leur dömage, & ruine: l'vne, de vouloir

Melons & citrouilles au mois d'Auril.

loir viure en liberté, sans qu'ils eussent le moyen de
s'y pouuoir maintenir: l'autre, pour auoir certaines
petites fustes dans leur port, auec lesquelles ils faisoyent de grans dommages en l'isle de Calix, & sur
toute la riuiere de Portugal: tellement que le Roy
delibera détruire cette cité, & pour l'assieger meit
sur mer vne armée de cinquante naus, chargées
d'vne bonne quantité d'artillerie, & de gens tresexpers à combatre: qui estans par ceux de la cité dé
couuers, apres s'estre chargés de leurs plus pretieu-
ses bagues, se meirent ensemble, & gaignerent le
haut, pour s'en aller faire residence aus citez de Ra
bat, & Salla. Le capitaine des Portugalois qui e-
stoit ignorant de cecy, meit ses gens en ordre, &
tous appareillez pour dõner le choc: mais congnoiſ

Ruine de sant puis apres qu'il n'y auoit personne qui se meit
la cité de en deuoir, se va incontinent douter de ce qui estoit
Anfa, par veritable: & feit mettre en terre la gendarmerie,
les Portu qui ne faillit de se jeter dans la cité, qu'ils sacage-
galois. rent en moins d'vn jour, embrasans les maisons,
& ruinans en plusieurs endrois les murailles: telle
ment qu'elle a depuis esté tousiours deshabitée. Ce
que voyant lors que je y fu, je ne me peu retenir
ny faire que la larme soudaine qui s'ecoula de
mon œil, ne témoignât manifestement le grand regret duquel mon cœur se vint saisir, s'offrant à ma
veuë vn tel spectacle, nõ moins piteux certes pour
l'heure à regarder, que la structure du lieu auoit
esté jadis plaisante & magnifique: veu les tẽples
sum-

sumptueus, belles boutiques, & superbes edifices, qui sont encore sus pied, donnans à cognoitre que l'on se deuroit quasi à bon droit rancurer, & douloir de l'injure du temps, & reuolution des années, faisant foy de son triomphe & gloire passée, ce qui en reste encore à present. On y peut veoir auec ce les jardins, non pas jardins, mais deserts qui retenans encore leur ancienne fertilité, produisent quelques fruits. Ainsi par le peu de pouuoir en partie, & nonchaloir des Roys de Fez jusques à present, on est hors de toute esperance, qu'elle puisse plus estre rehabitée.

Excelèce de la ville d'Anfa, auant sa ruine.

Mansora.

Mansora est vne petite cité, edifiée par Mansor Pontife, & Roy de Maroc, en vne belle plaine, élongnée de la mer Mediterranée enuiron deux mile, & vingt cinq de la cité de Rabato, & autant d'Anfa, qui souloit faire quelque quatre cent feus: & aupres d'icelle passe vne petite riuiere qu'on appelle Guir, sus laquelle y à plusieurs vignes, & jardins, qui sont maintenant deserts: pource que lors qu'Anfa vint à estre ruinée, les habitans de cette cy abandonnans leur ville, s'enfuyrent semblablement à Rabato, craignans d'estre par les Portugalois surprins, la vuidans par ce moyen, & de gens & de biens: neantmoins les murailles sont encore demeurées en leur entier, fors aucuns lieus que les Arabes de Temesne meirent par terre. Ie

R passay

LIVRE III. DE LA

paſſay par cette cité qui m'émeut auſſi à grand cõ-
paſſion: d'autãt qu'on la pourroit remettre en ſon
premier eſtat, & y habiter: mais la peruerſité, &
mauuais courage des Arabes, ne peut permettre
que perſonne y face reſidence.

Nuchaila.

Nuchaila eſt vne petite cité au milieu de la region de Temeſne, anciennemẽt fort habitée, & s'y
tenoit vne foire du temps des heretiques, vne fois
l'an, en laquelle s'aſſembloit tout le peuple de Temeſne: à cauſe dequoy les habitãs eſtoyent fort riches, & pour autant auſſi que le territoire eſt fort
ample, ayant de chacun côté quarãte mile d'étendue. Ie trouue par les Hiſtoires, que du regne des
Heretiques, ils auoyent ſi grande quãtité de grain,

*Vne char-
ge de graĩ
en nucha-
ila pour
vne paire
de ſou-
liers.*

que le plus ſouuẽt la charge d'vn chameau s'y donnoit pour vne paire de ſouliers: & fut detruite à
l'ariuée de Iuſef comme les autres: combien que
lon y voye encore aujourd'huy des veſtiges, comme quelque pan de muraille, maſures, & vne certaine tour, qui eſtoit au milieu du temple. Dauantage il y a pluſieurs jardins, & lieus où eſtoyent les
vignes, & aucuns arbres qui par les temps ſont
demeurez ſteriles, & ceſſent de plus produire leurs
fruits. Incontinent que les Arabes ont acheué de
cultiuer leurs terres, ils ont coutume de mettre
leurs ferrements au pres de cette tour, pource (diſent ils) qu'il y a vn ſaint homme enſeuely: à cauſe de quoy perſonne qui ſoit ne s'oſeroit hazarder

de prendre autre outil que celuy qui luy apartient, pour la crainte qu'on à de prouoquer à ire ce Saint. Ie trauersay cette cité plusieurs fois pour estre sus le chemin de Maroc.

Adendum.

Adendum, est vne petite cité entre des collines prochaines d'Atlas enuiron quinze mile, & vingt cinq de la precedente, & fort bonnes pour semer le grain. Aupres des murailles de la cité, sourd vne grande fontaine de bonne eau, & à l'entour y à des palmes, mais petites, & steriles, & prend son cours entre certains rochers & valées, là ou lon dit qu'il y à plusieurs mines dont on souloit tirer du fer en grande quantité : chose qui est bien vray semblable, pource que le terroir tire sur la couleur. Il n'est demeuré autre chose de cette cité, fors quelque apparence de murailles, & fragmens de colonnes aterrées, pour autant qu'elle fut ruinée par les guerres des Heretiques, comme les autres.

Mines de fer.

Tegeget.

Tegeget, est vne petite cité edifiée par les Africans sus le riuage du fleuue Ommirabih, au pas pour aller de Tedle à Fez, fort peuplée, ciuile, & opulente, pource qu'elle est prochaine du grand chemin, par lequel on va d'Atlas au desert de là où les marchans se transportent en cette cité pour acheter du grain. Si est-ce qu'elle fut encore détruite par les guerres des Heretiques, & grand

temps apres rehabitée, & redreſſée en maniere de
vn vilage : à cauſe qu'vne partie des Arabes de
Temeſne y tiennent leur grain, le commettans en
la garde des habitans d'icelle, là ou il n'y à boutique, ny artiſan aucun, ſinon quelque marechal,
pour racoutrer leurs outils, & ferremens, de quoy
ils labourent la terre, & ferrent les cheuaus. Les
marchans, qui y abordent, payent pour le peage, ou
gabelle vne reale pour charge de la toile, ou draps
qu'ils conduiſent : mais le bétail, & les cheuaus
ſont exempts de toute impoſition. I'ay paſſé ſou-
uentesfois par cette cité, plus par neceſſité que pour
aucun plaiſir que j'ay prins : car il me ſatisfaiſoit
mal, mais le terroir eſt bon en perfection, fertile en
grains, & abondant en bétail.

Hain Elchallu.

Hain Elchallu, eſt vne petite cité qui n'eſt pas
fort élongnée de Maſora, edifiée en vne plaine cou
uerte de pluſieurs bois de cormiers, et autres arbres
épineus, produiſans vn fruit rond en maniere de
jujubes, mais de couleur jaune, ayant le noyau long
& plus gros que celuy de l'Oliue. Par tout le circuit des veſtiges de la cité y à des marets, ou ſe trou
uent pluſieurs tortues, & treſgros crapaus : mais
(s'il eſt vray ce que lon dit) ils ne ſont aucunemẽt
venimeus. Il n'y à aucun Hiſtorien African qui
face mention de cette cité, parauenture pour eſtre
trop petite, ou pour auoir eſté aucunement détruite. Et quant à moy, je ſuis de cette opinion qu'elle

ne fut jamais bâtie partie par les Africans, mais plus tôt que les Romains l'ayent edifiée, ou quelque étrange, & obscure nation d'Afrique.

Rabato.

Rabato est vne fort grande cité, laquelle à esté edifiée par les modernes sur le riuage de l'Ocean, du temps de Mansor Pontife & Roy de Maroc : & à coté d'icelle prend son cours le fleuue Buragrag, & là mesme s'embouchent dans la mer. Le fort de la cité est edifié sur la bouche du fleuue qui le cotoye, & de l'autre côté est enuirõné de l'Ocean. La cité en murailles & bâtimens ressemble à celle de Maroc, pource qu'elle fut par Mansor ainsi expressement construite, mais en grandeur de circuit elles sont fort differentes, & ne s'y pourroit cette cy egaler de beaucoup. L'ocasion de telle fabrique fut que Mansor dominoit toute la Grenade, & partie des Espagnes, lesquelles pour estre trop élongnées de Maroc, se pensa qu'à grand peine elle pourroit estre secouruë, auenant qu'elle fût par les Chrétiens assiegée. Parquoy il se va mettre à faire edifier vne cité pres la marine, en la quelle il peût sejourner tout l'esté auec vn exercite : combien qu'aucuns luy conseillassent de demeurer en Setta, qui est vne cité sus le détroit de Zibeltar. Mais le Roy considera qu'elle n'estoit pas pour endurer, ny soutenir le siege d'vn camp trois, ou quatre mois, pour la sterilité du terroir : & se print aussi garde qu'il eût falu beaucoup incommoder ceux de la cité pour

loger

loger les courtisans, & soldats: & toutes ces choses par luy diligemment considerées, en peu de temps feit edifier cette cité, l'embellissant de beaus temples, somptueus edifices, maisons de toutes sortes, belles boutiques, colleges, étuues, & épiceries. Et outre ce feit enleuer vne tour hors la porte qui est à l'objet de Midy, semblable à celle de Maroc, sinon que cette cy à la vis plus large: tellement que trois cheuaus y peuuent monter de front: & dit on que lon peut decouurir (estant sus la sommité d'icelle) vn nauire de bien loing sus la mer: quant à moy, & selon mon jugement, je la tiens pour l'vn des plus hauts edifices, qui se puissent maintenant trouuer. Le Roy y voulut encore faire retirer plusieurs gẽs de lettres, marchans, & artisans: ordonnant que tous les habitans (outre le gain qui leur prouiendroit de leur labeur) fussent prouisionnez de certaine quãtité de deniers. Au moyen de quoy plusieurs de tous métiers, & cõdition, alechez par l'esperance de cet ofre liberale, y acoururent à grandes bandes pour y élire leur derniere demeurance. Si qu'en petit espace de temps elle se rendit l'vne des plus nobles citez d'Afrique: pource que le peuple y faisoit double gain sur la prouision du Roy, & sur ce qu'il trafiquoit auec les courtisans & soldats, car Mansor y demeuroit depuis le commencement d'Auril, jusques en Septembre. Et pour autant que la cité estoit en assiete qui luy aportoit grande faute d'eau (à cause que celle de la mer se mesle par

Eglises, edifices, colleges, & étuues dressées p Mansor.

Tour tres haute, ou trois cheuaus mõtent de front.

my

my le fleuue, montant enuiron deux mille, tellement que les puits en sont salez.) Mansor feit venir l'eau douce d'vne fontaine, distante de là enuiron douze mille, par le moyen d'vn conduit fabriqué de pierre de taille sus vn arc, non auec moindre industrie, qu'on en voit aujourd'huy en Italie: & mesmement à Rome, & est le conduit diuisé en deux parties, par lesquelles l'eau s'écoule aus temples, colleges, palais de seigneurs, & fontaines communes, qui furent faites par toutes les rues de la cité : laquelle apres le deces du seigneur cōmença peu à peu à venir en decadence, & māquer de telle sorte que la dixième partie n'est demeurée en son entier: mesmemēt ce conduit autant sumptueus, comme vtile fut ruiné, & desfait par les guerres de la famille des Marins encōtre celle de Mansor: & est encore la ville empirée de nôtre temps plus que par auant. Vous asseurant qu'on ne trouuera dans cette cité (jadis tant peuplée & comble d'habitans) cent maisons habitées, ce qui en est resté, à esté mis en vignes & possessions. Tant y à que tout ce qui y est d'habité sont deux ou trois rues aupres de la forteresse, auec quelque petite boutique: encore en grand danger ce peu qui y est, d'estre prins par les Portugalois, à cause qu'il n'y à eu gueres de Roys en Portugal qui n'ayent eu la dent dessus. Car l'ayant en leur pouuoir, facilement se pourroyent emparer de tout le Royaume de Fez: mais le Roy y à tousiours tenu tresbonne garnison, la soutenāt le mieus qu'il est possible. Passant par là, considerant, & rememorant en moy comme elle auoit esté jadis le comble de gloire, & magnificence, & conferant les sumptueus & superbes edifices du temps passé, auec les ruines & masures qui y sont à present, je fu merueilleusement émeu à pitié.

Salla.

Salla est vne petite cité edifiée anciennement par les Romains aupres du fleuue Buragrag, distāte de la mer Oceane enuiron deux mile, & de Rabato vn mile: tellemēt que si quelqu'vn veut s'acheminer à la marine, il faut qu'il passe par Rabato, mais elle fut détruite, & ruinée par les Heretiques. Quelques temps apres Mansor redreça les murailles, ou il feit bâtir vn bel hospital, & palais pour retirer ses soldats. Semblablement erigea vn sumptueus temple, vne sale fort magnifique enrichie de mosaïques, & fenétrages garniz de vitres de diuerses couleurs. Puis sentant desia son âge fort decliner, & congnoissant à veuë d'œil la fin de ses jours aprocher, ordonna par son testamēt qu'on le deût enseuelir, & inhumer en cette sale, ou (apres estre expiré & raporté de Maroc) il receut honorable sepulture là ou on luy posa à la teste, et aus pieds, deux platines de marbre blanc, ou furent grauez plusieurs vers aornez d'vne elegance fort grande & composez par diuers auteurs: qui contenoyent les lamentables plaintes, & regrets que delaissoit Mansor aus suruiuans. Et fut de la en auāt

La mort du Roy Mansor, & ou il fut enterré.

cette

cette coutume obseruée par les seigneurs de se faire inhumer dans cette sale : ce que feirent semblablement les Roys de Marin, pour lors que leur Royaume estoit florissant. J'ay esté en cette sale, là ou j'ay veu trentedeux sepultures de ces seigneurs, auec leurs epitafes que je redigeay tous par écrit, en l'an neuf cens quinze de l'Hegire.

Mader auuan.

Mader auuan est vne cité, qui à este edifiée de nôtre tẽps par vn tresorier du Põtife Habdul Mumen, sus la riue du fleuue Buragrag, non à autre effet que pour cognoitre ces lieux estre fort frequentez à cause des mines de fer. Elle est distante d'Atlas enuirõ dix mille, entre laquelle & la montagne y à plusieurs grans bois, là ou se trouuent, & repairent de grans Lyons, & furieux Leopars. Tandis que la famille, & lignée du fondateur fut en estre, cette cité se maintint assez bien, & ciuilement estant fort habitée & peuplée de belles maisons, temples, & hoteleries : mais les habitans ne furẽt gueres repeus d'vn si dous apast, à cause que la guerre des Marins fut cause de sa ruine, ou plusieurs d'entre eux prindrent fin, & partie fut reduite en captiuité, & le reste pour le dernier, & plus seur refuge se retira en la cité de Salla : & cet inconuenient icy auint, pource que le peuple (n'esperant rien moins q̃ d'estre secouru par le Roy de Maroc) rẽdit la cité entre les mains de l'vn des roys de Marin ce q̃ ne fut pas plus tôt fait qu'vn capitaine du Roy

Roy de Maroc arriua au secours de ce peuple, qui se reuolta incontinent contre celuy qui s'en estoit emparé: tellement que le seul remede de sa vie ne consistoit en autre chose qu'en la fuite, qu'il print incontinent, en gaignant le haut. Et ne passa guere de temps apres, qu'vn Roy de la race de Marin s'y achemina en personne, acompagné d'vne grande gendarmerie, laquelle marchant droit à Maroc, suiuit la route de cette cité, dont le capitaine apres en auoir senty le vent, estima luy estre plus expedient de s'enfuyr: ce qu'il feit. Au moyen dequoy les habitans ne sceurent faire autre chose, fors que eux submettre à la discretion, & misericorde du Roy, qui ruina leur cité, les faisant passer trétous par le fil de l'epée, qui fut cause qu'elle ne fut jamais depuis rehabitée: & n'en est demeuré autre chose, sinon les murailles qui sont encore sur pied, & les tours des temples. Ie la vey au temps que le Roy de Fez, & son cousin traiterent paix, & amitié ensemble: puis s'en vindrent à Thagia pour donner leur serment, & jurer sus le sepulcre d'vn saint de leur religion, qui s'apelle Seudi buhaza, en l'an neuf cens & vingt.   Thagia.

Ruine de la cité de Mader Auuan p vn des Roys de Marin.

Thagia est vne petite cité edifiée anciennemēt par les Africans, entre certaines montagnes d'Atlas, qui luy rendent vne froidure fort grande, & autour d'icelle y à vn merueilleus bois, ou se retirent des Lyons, fiers & cruels: le terroir étant tres maigre & âpre, au moyē dequoy il est quasi sterile en grain, mais l'abondāce des chéures, & miel y est grāde. On ni vse d'aucune ciuilité, les maisons sont tresmal bâties, & y a entre autres choses le sepulcre d'vn sainct qui (viuant du temps d'Habdul mumen pontife) à montré de grans miracles enuers les Lyons, auec ce qu'il auoit le don de deuiner: tellement qu'vn Docteur appellé Ettedle à diligemment reduit sa vie par écrit, racontant particulierement d'vn à autre les miracles qu'on estime que ce sainct auoit fait. Et pense veu les œuures miraculeuses cōtre les lyons qu'on écrit de luy, qu'il fut Magicien, ou qu'il feit cela par quelque secret de nature qu'il portoit cōtre iceus animaus. La grande renommée de cecy, & la reuerence que on porte à ce torps, sont cause que la cité est beaucoup plus frequentée qu'elle ne seroit, & mesmement du peuple de Fez, qui s'y transporte tous les ans apres la Pâque, pour visiter ce sepulcre: tellement qu'on diroit à veoir la grande multitude confuse tant d'hommes, & femmes, que d'enfans, s'acheminans pour aller adorer ce sainct, que c'est vne grosse armée qui marche en bataille: pource que chacun porte son pauillon, ou tente, tant que toutes les bestes en sont chargées, & de munition pour viure, d'ont chacune compaignie n'a moins de cent & cinquante pauillons, sejournant par les chemins tant à l'aller, qu'au reuenir, par l'espace de quinze jours: pour autant que la cité est distante de Fez enuiron cent vingt mille. Estant paruenu en âge

Vn sainct q̄ faisoit miracle sur les Lyons, et predisoit les choses à venir.

Le peuple de Fez par grande merueille fait voyage au sepulcre de ce sainct.

de

de discretion, je m'y suis souuētefois acheminé pour acomplir les vœus que je luy auois offers au peril des Lyons auquel je me retrouuois.

Zarfa.

Zarsa fut vne cité en la region de Temesne, edifiée par les anciens Africans, en vne tresbelle, & plaisante plaine, par laquelle prennent leur cours plusieurs riuieres & fontaines : & y à autour des ruines de là cité beaucoup de piés de figuiers, & cormiers, & alisiers : auec certains arbres poignans, qui produisent vn fruit qui s'appelle en lāgue Arabesque, Rabich, & est encore plus petit que la cerise, & du goust de jujubes. Par toutes les plaines croissent des palmes sauuages, & fort petites, & jetent vn fruit gros comme l'oliue d'Espaigne, mais ayant le noyau plus gros resemblant quant au goust à la corme auant qu'elle vienne en maturité. La cité fut ruinée par les guerres des heretiques, & maintenant ce qu'elle souloit contenir en son circuit est ensemencé par les Arabes de Temesne, qui en récueillent en telle abondance, qu'elle leur reuient le plus souuent à cinquante pour vn.

Rabich, fruit. Petites palmes sauuages.

¶ Du territoire de Fez.

LE territoire de Fez commence du côté du Ponant au fleuue Buragrag, s'etendant deuers Leuant jusques à celuy de Inauen, & y à entre l'vn & l'autre d'étendue enuiron cent mille : Du côté de

DESCRIPT. D'AFRIQVE

Tramontane se termine au fleuue de Suba, & de
la partie de Midy finît au pied d'Atlas. Ce territoire est merueilleusement abondant en grain, en
fruict, & admirable pour la grande quantité, & di
uersité des animaus dont il est plein, estans tous les
costaus & montaignes d'iceluy bien peuplées de
grans villages. Vray est que les plaines à cause des
guerres passees sont fort deshabitées, neantmoins
il y à tousiours quelques bourgades, & hameaus,
habitez d'aucuns paures Arabes, sans nul pouuoir qui tiennent les possessions à moitié des citoyens de Fez, ou du Roy, & de ses courtisans. Mais
les campagnes de Salla, & Mecnasa sont cultiuées, & semées par d'autres nobles Arabes & che
ualiers, toutefois ils sont encore vassaus du Roy,
& sous sa puissance.

¶ Des citéz & lieux du territoire de
Fez, & de ce qui est memorable en iceus.

De Salla, cité.

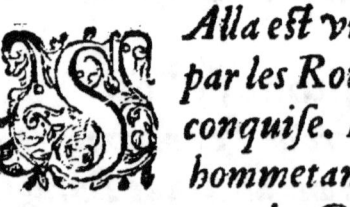Alla est vne tresancienne cité, edifiée
par les Romains, et depuis par les Gots
conquise. Il est bien vray que les Mahommetans entrerent en cette region,
laquelle fut par les Gots deliurée au capitaine Ta
ric, qui tenoit pour les Mahommetans. Mais depuis que la cité de Fez fut edifiée, les seigneurs d'i-
celle

LIVRE III. DE LA

celle la reduirent sous leur puissance, & fut cette cité bâtie sus la mer Oceane, en vn fort beau lieu, distant par l'espace d'vn mille & demy de la cité de Rabato, & d'auec icelle est separée par le fleuue Buragrag. Les maisons sont bâties à la mode des anciens: mais enrichies & embellies de mosaique, & apuyées jus grosses colomnes de marbre: les temples sont erigés fort sumptueusement, & merueilleusement bien parés, comme aussi sont les boutiques, qui furent fabriquées sus des arcs, & portiques, pour separer (comme ils disent) les arts, & metiers l'vn de l'autre. Tant y a que cette cité estoit illustrée de tous les ornemens, qualitez, & conditions qui sont requises à rendre vne cité ciuile, & en telle perfection qu'elle doit estre: auec ce qu'elle estoit frequentée par diuerses generatiõs, & marchans Chretiens, comme Geneuois, Venetiens, Anglois & Flamens: pource que là est le port de tout le Royaume de Fez. Mais en l'an six cens soixante de l'Hegire, son malheur voulut que elle fut aussi tôt prinse qu'assaillie, par vne armée du Roy de Castille, qui feit vuider les citoyẽs pour la faire habiter des Chretiens: qui n'y peurent demeurer que dix jours: pource qu'ils furẽt surprins, par Iacob premier Roy de la maison de Marin, & inauertammẽt, à cause qu'ils n'eussent jamais pensé qu'il eût voulu abandonner l'entreprise de Telensin, en laquelle il estoit ja detenu: mais ils se mécontoyent grandemẽt: car en vn instãt il se transpor-

Salla, jadis frequentée des Geneuois, Venetiens, Anglois, & Flamens..

Salla, prinse p le Roy de Castille.

porta en cette cité, dõt les nouueaus habitãs ne l'eurent pas à peine apperceu, qu'ils sentirent le glaiue sus leur gorge, sans q̃ l'ennemy eût aucun egard à la qualité, ou condition des personnes, vsant enuers eux de toute extreme inhumanité, fors à l'endroit de ceux qui peurent euader vne telle furie impetueuse, pour estre plus promps à la course que les poursuiuans. Par ce moyen il acquit les cœurs, & beniuolence de tous les peuples des regions prochaines, s'estimãs estre grandemẽt redeuables à luy, & aus siens. Si est ce qu'encore q̃ cette cité n'ayt guere esté sous la puissance des ennemis, elle est fort decheute, tant en edifices, cõme en ciuilité: tellement q̃ par tout le dedans d'icelle, & mesmemẽt aupres des murailles,) on trouue des maisons vuides, & deshabitées, là ou sont plusieurs colonnes fort belles, & se nétrage de marbre de diuerses couleurs: mais les habitãs n'en tienent conte. Le contour est tout sabloneus, & y à certains endrois là ou il ne croit pas beaucoup de grain, toutesfois il y à à force beaus jardins, & chãps qui produisent grande quãtité de coton, dequoy les habitans de la ville font des toiles fort deliées, et belles: qui est la cause qu'ils font quasi tous tisserans en la cité, là ou se font aussi beaucoup de pignes, qui se transportẽt au Royaume de Fez: à cause qu'on y trouue force buis à l'entour, et d'autre bois tout propice à tel effet. Maintenãt les habitans s'adonẽt fort à la ciuilité constituãs Gouuerneurs, Iuges, & autres Officiers: comme sus le peage,

Le Roy de Salla caresse les Genéuois.

peage, & gabelle: pour autant que plusieurs marchans Geneuois y trafiquent, & demeinent grandes affaires. Au moyen dequoy ils sont les bien venus auec le Roy, lequel leur fait de grandes caresses, à cause que la pratique d'iceux luy est fort vtile. Et ont leur habitation les vns à Fez: les autres à Salla: tant qu'à la deliurance des marchandises ils expedient les vns pour les autres: tellemēt qu'en

Habitās de Salla courtois.

toutes leurs affaires je les ay cogneu pleins de noblesse, courtoise, et loyauté: dependans assez liberalement pour s'acquerir la beniuolence d'vn chacun, & se rendre aymables des seigneurs, & courtisans d'iceux: sans en esperer autre profit, ny auantage: mais pour mieux auoir le moyen de demener plus commodement, & honorablement leur train de marchandise en étrange pays. Si qu'il y eut de mon temps vn fort honneste gentilhomme non moins acomply en toute perfection, que riche, & opulent, & qui estoit tenu du Roy en merueilleuse estime, & reputation, lequel estant venu à la fin de ses jours, & ayant ordonné que son corps seroit transporté à Gennes, comme il en auoit eu l'enuie tandis qu'il viuoit, delaissa plusieurs enfans masles tous riches, desquels le Roy, & tous ceux de sa court faisoyent grand conte & estime.

Fanzara.

Fanzara est vne petite cité située en vne plaine fort ample, & large, par vn des Rois de Muathidin, distante de Salla par l'space de dix mille:
dont

dont la plaine est fort fertile en froment, & autres grains: & aupres de cette cité sourdent plusieurs fontaines, qui furent faites par Albuchesen Roy de Fez, l'oncle duquel appelé Sahid, se voyant prisonnier du Roy de Grenade (au temps que regnoit Abusahid, qui fut dernier roy de la maison de Marin) l'enuoya prier de vouloir complaire à certaine demande du Roy de Grenade, pour moyenner sa liberté: à quoy se montrant retif, n'y voulut aucunement entendre. ce qui indigna si fort Habdilla, qu'il deliura Sahid, le remettant en franchise, & l'expedia auec vne grosse armée en tresbon equipage, & estant bien fourny d'argët & munition, feit voile: estant bien deliberé de montrer le peu d'affection qu'il portoit à son néueu, le Roy de Fez, qui se veid incontinent assiegé dans sa cité par la gendarmerie de Sahid, & d'aucuns Arabes montagnois, & auec leur aide & secours, il entretint le siege sept ans, saccageant, & ruinant de fonds en cime toutes les villes, et villages qu'il peut trouuer en ce pays-là: de sorte qu'à la fin d'assaillant, il se trouua assailly, mais d'autre chose que d'armes: car la peste se meit dans son camp si âpremët qu'estant le premier exterminé, la plus grande partie de son exercite en fut attainte, & mourut en l'an de l'Hegire 918. Les citez qui furët par cette guerre détruites & démolies, n'ont esté depuis réhabitées, fors Fazara, qui fut donée pour habitation à quelques vns des Arabes, qui vindrent au secours de Sahid.

S   Mah-

Mahmora.

Mahmora, est vne petite cité, edifiée par l'vn des Roys de Muachidin à l'entrée du fleuue Subo, là ou il chet dans la mer, dont elle est distante vn mile et demy, & de Salla enuiron douze mile. Elle est située dans l'arene, ou elle fut edifiée nõ à autre fin, que pour garder & empescher la descente sur la bouche du fleuue, afin que les ennemis n'y peussent faire entrée: & aupres d'icelle y à vn bois fort grãd & touffu, dans lequel se trouuent des arbres d'vne excessiue hauteur, dont le fruit est gros, & long cõme les prunes de damas, mais plus sauoureus, & delicat, tirant sus le goût de la chataigne : à cause dequoy aucuns Arabes prochains d'iceluy ont coutume d'en faire porter en grãde quantité à Fez, sur leurs chameaus, aucuns muletiers semblablemẽt de cette cité, s'en souloyent charger qui ne leur reuenoit pas à petit profit. Mais le danger est grand, & ennuyeus à ceus qui vont errans par ce bois: pource que dans iceluy se trouuẽt de grans lions, les plus affamez & cruels qui soyent en Afrique. Depuis six vingts ans en ça, la cité à esté ruinée par les guerres de Sahid, contre le Roy de Fez, & en sont demeurez aucuns vestiges, par lesquels ont peut bien presumer que le circuit n'estoit pas de grãde étendue. En l'an neuf cens vingt & vn de l'Hegire, le Roy de Portugal expedia vne armée pour dresser vn fort sur la bouche de ce fleuue, laquelle ne fut pas plus tôt arriuée, q̃ lon cõmença donner cõmencement

Grans lyõs plus affamez & cruelz de toute l'Afrique

Les Portugalois voulans bâtir vn

tement au dessein du Roy, en jetans fondemēs, qui furēt bien auancez en peu de temps: tellemēt qu'on leuoit la muraille auec vne diligēce fort grande, & estoit déja la moitié de l'armée dans le fleuue, quād elle fut surprinse par le frere du Roy de Fez, et accabla, & meit en pieces trois mille hōmes, non par lâcheté, ou poltronnerie qui fût en eux, mais par leur desordre, pource qu'vne nuict ils sortirent des tētes, auec bōne intention de prēdre d'emblée l'artillerie des ennemis: mais ils s'exposerēt en vn grand hazard, n'estāt q̃ trois mille à entreprēdre de venir à chef d'vne telle faction: veu q̃ les autres estoyent cinquante mille soldats, & quatre mille cheuaus. Mais ils faisoyēt leur conte auāt qu'ils fussent decouuers d'auoir déja enleuée & cōduite l'artillerie dās leur fort, qui estoit distāt du lieu auquel ils s'acheminoyent par l'espace de deux mile, & estoyent ordonnez à la garde d'icelle jusques au nombre de six à sept mille hōmes, qui au point du jour estoyent endormis d'vn profond sommeil, au moyen dequoy la chose succeda si heureusement aus autres, qu'ils auoyent quasi cheminé vn mile auec l'artillerie auant q̃ les ennemis s'en aperceussent: mais les gardes éueillées en sursaut, & ayās cognue la perte que ils auoyent faite, leuerent vn si grand bruit, que tout le camp s'en eueilla, & dōna lon alarme, tant qu'on suyuit la route des Chrétiens, qui se serrerent, & reduirent tous en bonne ordonnance, sans estre aucunement par la grand' huerie des ennemis

fort sur la bouche du fleuue Subo, furent accablez & occis.

inti-

LIVRE III. DE LA

Grand cœur des Portugalois.

intimidez, puis marchans en tel ordre se defendoyent vaillamment, & ne s'étonnoyent nullement de se veoir ainsi enuironnez de toutes parts, encor qu'ils eussent le chemin coupé: ains faisans teste, se maintenoyent si brauemẽt, q̃ maugré leurs ennemis ils se faisoyent faire place, & de fait se fussent sauués en dépit des auersaires, n'eût esté la feinte d'aucuns esclaues reniez, qui sauoyent la langue Portugaloise, leur criant qu'ils meissent bas les armes, & que le frere du Roy leur donneroit la vie.

Deffaite des Portugalois par les Maures.

Ce qu'ayans fait trop à la legere (pour ne se douter de la cassade) furent tous détrenchez & mis en pieces par les Maures, hommes brutaus & sans pitié: de sorte qu'il n'en rechappa de cette sanguinolente boucherie, sinon quatre, encore auec grande faueur de certains Capitaines du Roy de Fez. La nouuelle de cette route paruenue aus oreilles du Capitaine du fort, peu s'en falut qu'il ne se meit en desespoir: à cause que toute la force, & plus grande defence de sa gẽdarmerie consistoit à la roideur des bras, & magnanimité de courage de ceux qui auoyent esté défais: à cause dequoy il enuoya demander secours au general de l'armée qui estoit acompagné de plusieurs gentils-hommes Portugalois à côté de l'entrée du fleuue, dans lequel il ne peut entrer, estant empesché par la garde des Maures, laquelle auec soudaines canonnades enfonça quelques vaisseaus Portugalois, dont nouuelles vindrent comme le Roy d'Espagne estoit trépassé.

Ce

Ce qu'entendu par aucunes nauires enuoyées par iceluy seigneur en leur faueur, s'en voulurent retourner : au moyen dequoy le Capitaine voyant qu'il ne pouuoit estre secouru, abandonna le fort : quoy voyant les nauires qui estoyent dans le fleuue voulurent faire voile, mais la plus grande partie perit au sortir : pour autant que voulans les pilotes euiter la baterie du canon, tournerent la prouë de l'autre côté, là ou ils donnerent en terre, & s'engrauerent, à cause que l'eau estoit basse en cet endroit-là, auquel les Maures se vindrent ruer sus ceux des nauires, tuant la plus grande partie : les autres se jeterent dedans le fleuue, pensans nager jusques aus grandes nefs, mais l'onde leur trencha le chemin, & le filet de leur vie : ou bien fuyãs vne mort, puis épouentez de l'autre qui estoit prochaine, retournoyent encore rendre les abois, ou derniers souspirs, là ou ils auoyent eu la premiere chasse. Les nauires furent bruléz, & l'artillerie alla en fons, auec vn si grand carnage de Chrétiens, que la mer en retint couleur vermeille par l'espace de trois jours, de sorte qu'en cette défaite prindrent fin (comme le bruit est) enuiron dix mille Chrétiens. Le Roy de Fez feit depuis tirer l'artillerie de dessous l'eau, & en trouua quatre cens pieces de cuyure. Cette route icy fut causée par deux desordres : le premier vint par les Portugalois, qui ne prisans rien les forces de l'ennemy, se hazarderent auec si petit nombre de gens pour déffraquer vne

Grande deffaite. La mer deuenuë rouge durant trois jours, pour la grãde defaite des Chrétiẽs

S 3 tant

tant grosse armée de toute l'artillerie. Le secõd fut, qu'estãt en la puissance du Roy de Portugal à dresser vne armée à ses propres dépens, sous la cõduite de ses capitaines mesmes, voulut y ajoûter celles des Castillans: Car il auient tousiours que deux armées de deux seigneurs vnies, & marchans ensemble seront par vne seule deffaite, par les desordres, diuersitez de conseils des chefs, qui ne peuuent bien accorder ensemble. Et tiennent les Africans cecy pour vn signe d'vne infallible victoire future à celuy qui est assailly par deux armées de diuers seigneurs. Ie me trouuay present en cette guerre, laquelle je vy particulierement, & comme le tout se passa.

L'auteur present à cette guerre.

Tefelfelt.

Tefelfelt est vne petite cité, edifiée en vne plaine sablõneuse, distante de Mahmora enuiron quinze mile deuers Leuant, & douze du côté de la mer Oceane. Aupres de cette cité passe vne fleuue, sus les riuages, duquel y à aucuns bois là ou repairent les Lions, beaucoup plus cruels et horribles que les surnommez, qui font de grans maus sus les passans, & mesmement ceus qui sont surprins dans ce bois par la nuit, sont en graud hazard de leur vie. Mais sus le grand chemin de Fez, hors la cité y à vne petite cabane deshabitée, là ou se trouue vne chãbre faite en voute, dans laquelle (cõme lon dit) se retirẽt les muletiers & passans: étoupans & rãparans la porte contre la fureur des bestes, auec force épines, branches, rameaus, & autres choses qu'ils trouuent au-de

Tefelfelt

Lyõs tres cruelz.

tour de la maison: laquelle par le passé souloit estre vne ôtelerie, pendant que ceste cité estoit habitée, qui fut aussi abandonnée par les guerres de Sahid.

Mecnase.

Mecnase.

Mecnase, est vne grande cité, edifiée par vn peuple ainsi nommé, duquel elle à retenu le nom : & est distante de Fez par l'espace de trente six mile, de Salla cinquante, & quinze d'Atlas : contenant pres de six mille feus : car elle est bien habitée, & peuplée de gens, qui véquirent longuement en bonne paix, & vnion, pendant qu'ils habiterent en la campagne : mais depuis se formaliserent, émouuans noises, & debas entre eux : tellement qu'ils vindrent à s'atacher, dont la partie qui se trouua victorieuse, priua l'autre du bétail, & l'expulsa de la campagne, au moyen dequoy elle se meit à fabriquer cette cité, qui est situëe en vne fort belle plaine, pres d'vn fleuue qui la cotoye, & le contour par l'espace de trois mile est tout en jardins, dont les fruits sont bons en toute perfection : mesmement les pômes de coing sauoureuses, & odorantes, auec des grenades de grosseur autant admirable, comme de singuliere & rare bonté : pource qu'elles n'ont point d'os, & neantmoins elles se donnent côme pour rien. Il y à semblablement des pômes de damas, blanches, en grande quantité, & des jujubes, que les habitâs mettent secher pour les manger en temps d'yuer : puis en portent vendre à Fez la plus grâde partie. Les figues y sont aussi ex-

S 4   gran-

grande abondance, & des raisins de treilles, qu'ils mangent frais, & les figues par mesme moyen : car les voulans faire secher, elles se côuertissent en poudre comme farine, & le raisin quand il est sec demeure sans humeur & saueur. Ils ont aussi des abricots & pesches, dequoy ils n'en tiennent conte, partie pour l'abondãce, & pour autant aussi qu'elles ne sont pas fort sauoureuses, pour estre toutes pleines d'eau, & de couleur tirant sus le verd. Les oliues y croissent en quantité, & se vend le quintal qui est de cent liures Italiënes vn ducat, & demy. Finablemẽt ce terroir est tresfertile, & pduit auec ce vne infinité de lin, dont la plus grande partie est transportée à Fez. La cité est bien en ordre, & embellie de temples fort somptueus, coleges & étuues fort grandes: & y tient on le marché chaque lundy au dehors, là ou s'achemine grande quantité d'Arabes, qui en sont prochains, lesquels y menent beufs, moutons, & autres bestes: portans du beurre, & de la laine qu'ils laissent à bon marché. De nôtre tẽps le Roy a donné cette cité au prince, pour ce qui luy peut appartenir, dont (selon la commune opinion) le reuenu du territoire d'icelle peut autant valoir comme la tierce partie du Royaume de Fez. Mais les guerres passées qui ont esté entre les Princes de ces regions là, l'ont fort incõmodée, & ne s'est faite guerre qui ne l'ayt empirée de trente, ou quarante mille ducats: voire jusques à soûtenir quelque fois le siege par l'espace de sept ans continuels. De ma

sou-

Pesches verdes & pleines d'eau.

La cité de Mecnale soutint le siege p sept ans.

souuenance que le Roy de Fez qui est à present entra en possession de son Royaume, vn sien cousin qui auoit gaigné le peuple se reuolta. Ce que voyāt le seigneur, feit marcher sa gendarmerie, & le vint assieger dans cette cité, ou il demeura campé par l'espace de deux mois, dequoy ne faisant conte les citoyēs, le Roy gâta toutes leurs possessions, qui fut cause de l'endommager de vint mille ducats. Par ce peu de temps, je vous laisse à penser quel plus grand dommage elle receut lors quelle fut assiegée par l'espace de cinq, six, & sept ans. En fin quelques vns fauorisans le Roy, trouuerent moyen de ouurir vne porte, & soutenans brauement la charge des contrarians, donnerent bon loisir au Roy d'y pouuoir entrer. Ainsi la cité retourna encor sous sa puissance, & mena son cousin prisonnier à Fez, lequel trouua puis le moyen d'echaper, & gaigner le haut. Or cette cité est belle, abondante, bien fermée, & tresforte, les rues belles, bien aërées, & plaisantes : auec ce q̃ l'eau y est souuerainement bonne s'écoulant par vn conduit qui vient de trois mille loing dans la cité, la distribuant par les temples, forteresses, colleges, & étuues. Les moulins sont tous hors de la cité enuiron deux mille, & sont les habitans fort belliqueus, bien exercez en la discipline militaire, liberaus & ciuils : mais plus tôt de gros esperit qu'autrement : & exercent tous l'etat de marchandise, tant gens nobles comme non nobles, tellement que venant au besoing, le plus apparent

Le Roy de Fez recouure la cité de Mecnase.

Louāges de la ville

S 5 ci-

citoyen de la ville ne se dédaignera de charger v̄-
ne beste de semence, pour l'enuoyer aus champs.
Les habitans de cette cité ont le peuple de Fez en
grande haine, sans sauoir pourquoy ny comment.
Les femmes des gentilshommes ne sortent point de
leur maison sinon la nuit, & se couurent le visage,
ne voulans estre veües couuertes, ny découuertes,
à cause que leurs maris sont jalous, & dangereus
quant aus choses qui concernēt l'état de leurs femmes. La cité n'est pas fort plaisante pour les eaus
& fanges qui y sont en temps d'yuer.

Gemiha Elchmen.

Gemiha Elchmen est vne cité anciene, située
en la plaine pres vn bain, distante de Mecnase enuiron quinze mille du côté de Midy, & de Fez pres
de trente, deuers Ponant, & du mont Atlas est
eloignée par l'espace de dix mille. C'est le passage à
qui veut aler de Fez à Tedle. Le territoire d'icelle
fut autrefois ocupé par certains Arabes, pour ce q̄
elle fut aussi détruite par les guerres de Sahid, com
bien que toutes les murailles (ou peu s'en faut) sont
demeurees en leur entier, & sont tōbez les couuers
des temples, mais les pignons sont tousiours demeu
rez sus pied.

Camis Metgara.

Camis Metgara est vne petite cité edifiée par
les Africans en la campagne de Zuaga, distante de
Fez enuiron quinze mille deuers Ponant, le terroir
est fort fertile, & autour de la cité quasi deux mille, y à de beaus jardins, produisans figues, et raisins
qui

DESCRIPT. D'AFRIQVE. 242

qui ont tous esté remis sus bout, car ils auoyent esté ruinez par les guerres de Sahid : au moyen dequoy toute la cité auec ses dépendances demeura deserte enuiron cent vingt ans : Mais depuis qu'vne partie du peuple de Grenade passa en Mauritanie, elle cōmença d'estre rehabitée, & y planta l'on grande quantité de meuriers blancs, pour autant que les Grenadins s'adonent fort à la trafique des soyes. On y planta aussi des rouseaus de sucre, mais on n'en retire pas si grand profit comme des cannes de Andelosie. Cette cité ne s'est pas maintenue tousjours en la ciuilité, qui la rendoit anciennemēt illustre : car maintenāt les habitans d'icelle sont tous laboureus, et gens qui s'adonnēt à cultiuer la terre.

Meures blanches

Banibasil.

Banibasil est vne autre petite cité, edifiée par les Africans sus vn petit fleuue, au pas qui va de Maroc à Mecnase, distante de Fez du côté du Ponant enuiron dixhuit mille, autour d'icelle y a vne ample campagne, là ou plusieurs petis fleuues dressent leur cours, estant baignée par grosses sources d'eau, & cultiuée par les Arabes, qui y sement de l'orge, & du lin : à cause que le terroir est fort aspre & couuert d'eau : au moyen dequoy autre grain n'y sauroit profiter. Cette pleine depend du temple majeur de Fez, dont les prestres en retirent tous les ans vingt mille ducats de reuenu. Autour de cette cité y souloit auoir plusieurs beaus jardins, comme il en appert encore quelque chose,
mais

mais ils furent ruines, & la cité semblablement cō
me les autres, par les guerres passées. Mais apres
que le Roy fut retourné de Ducale, il y enuoya ha
biter la moitié de ce peuple, lequel ne garde ciuilité
aucune, & y habite plus tôt par contrainte que vo
lontairement.

¶ De Fez, grande cité, & chef de toute la Mauritaine.

LA cité de Fez fut edifiée par vn here
tique au tēps d'Aaron pōtife, qui fut
en l'an cent oſtante cinq de l'Hegire,
& fut nommée Fez: pour autant que
le premier jour auquel on jeta les fondemens quelque quantité d'or fut trouuée, qui en langue Arabesque se nomme Fez: & croy que la vraye etimo-
logie de son nom soit descendue de là: Combien que
aucuns soyent d'opinion que le lieu ou elle fut pre-
mieremeut edifiée, s'apellât Fez, à cause d'vn fleuue qui y passe, auquel les Arabes imposerent semblable nom. Or quoy qu'il en soit, celuy qui donna
commencement à la structure d'icelle, s'apelloit
Idris, qui estoit fort proche parent du Pontife, duquel nous auons parlé au parauant, encore que selon l'ordre & coutume de la loy, il deuoit plus tôt
obtenir, & exercer le pōtificat qu'Aaron d'autant
qu'il estoit neueu de Hali, qui fut cousin de Mahommet ayant épousé sa fille nommée Falerne: par
ainsi il prenoit son origine de la lignée, du côté de
pere

*De l'Eti-
mologie
de Fez.*

*Idris fon
dateur de
la ville de
Fez.*

pere et de mere: ce que ne faisoit Aaron sinō d'vn côté tant seulement, estant neueu d'Habbus oncle d'iceluy Mahommet. Toutefois & les vns, & les autres de cette famille, furent en fin priuez, & deuétus du Pontificat, par les raisons amplement déduites aus Chroniques anciennes: car Aaron l'vsurpa, & s'en saisit fraudulamment: pour autant que son oncle (comme caut & bien experimenté qu'il estoit) feignant de fauoriser la maison d'Hali pour la rendre jouyssante de cette dignité, expedia ses ambassades par tout le monde, & moyenna tant que la maison d'Vmeue s'en trouua dessaisie, & qu'elle paruint entre les mains d'Habdulla Seffec, premier pontife, lequel cognoissant qu'autres que ceus de la maison d'Hali ne pouuoyent succeder à cette dignité, les poursuiuit si viuement que les principaus furent contraints d'en prendre la fuite, s'écartans les vns en Asie, & les autres en Inde, tant que d'eus tous n'en demeura qu'vn en Elmedine, qui pour la caduque vieillesse, & religion nō feinte qu'on cognoissoit estre en luy ne fut aucunement molesté. Mais deux de ses enfans croissans non moins en faueur de ceux d'Elmedine comme en corpulence, voulans euiter la fureur de ce Pontife, (qui ne demandoit autre chose que les auoir en sa puissance) vouloyent gaigner le haut, quand l'vn d'eux estant atrapé fut miserablement étranglé, & l'autre (qui auoit nom Idris) suiuit la route de Mauritanie, ou il s'aquist tel credit, qu'en peu

Aaron se fait pontife.

Poursuite de Habdulla pōtife cōtre la Maison d'Hali.

peu de temps ces peuples ne l'emparerent seulement du domaine temporel: mais encore vint à obtenir le Spirituel: & faisoit sa residence en la montaigne Zaron, prochaine de Fez cent trente mille, & seut si bien y proceder qu'il se rendit toute la Mauritanie tributaire, & l'ayant gouuernée par certain temps, il deceda sans hoir fors qu'il laissa vne Esclaue de nation Gotique (qui auoit prinse sa loy) enceinte d'vn enfant mâle, qui en souuenance de son pere, porta le nom d'Idris, & le voulut le peuple auoir pour seigneur: Au moyë dequoy on le feit nourrir fort soigneusement, & auec grandes gardes: puis fut endoctriné, & instruit par l'vn des plus vaillans capitaines qu'eut point le Roy

Du filz d'Idris, et de ses entréprises.

decedé, & s'apelloit Rasid. Ce jeune prince n'eut pas plus tôt l'âge de quinze ans, qu'il donna vn tresbeau commencement à hautes prouesses, & glorieuses entreprinses: & par icelles il soumit à son domaine plusieurs pays, de sorte qu'il augmenta de beaucoup ses familles, & exercites, dont luy semblant (& nõ sans cause) que l'habitatiõ de son feu pere ne fût suffisante pour receuoir, & loger son train: projeta en soymesme de faire fabriquer vne cité, & delaissant la montagne faire residence en icelle. Donques pour faire sortir à son effect dessein feit assembler plusieurs architectes, & gens industrieus, lesquelz ayans auec telle & laborieuse diligence que la grandeur de la matiere le requeroit, considerées, & reuisitées toutes les campagnes qui estoyent

estoyent prochaines de la montagne, tomberẽt tous en cet auis, & mesmes enhorterent le Roy, que cette cité fût bâtie là ou se voit Fez à present: pour autant qu'ils cognoissoyent le lieu tresvtile, & commode pour vne vile, à cause des fontaines, & d'vn grand fleuue, lequel sourdant en vne plaine fort prochaine de là, passe entre certains petis coutaus, & valées fort plaisantes à veoir, s'ecoulant tout coyement par l'espace de huit mille de plaine. Ils prindrẽt aussi garde que du côté de Midy il y auoit vn grand bois qui pouuoit tresbien suruenir aus necessitez de la cité. Ainsi toutes ces choses par le menu considerées, le Roy feit sur ce fleuue edifier vne petite cité qui contenoit enuiron trois mille feus, la faisant bien munir selõ les qualitez de toutes choses qui sont requises à la ciuilité. Apres le deces de cet Idris, vn de ses fils edifia vne autre cité vis à vis de cette cy du côté du Ponant, tant que par laps de temps l'vne, & l'autre accreurent, & multiplierent, tellement qu'vne bien étroite rue les separoit. à cause que plusieurs seigneurs tâchoyent à l'augmenter chacun de son côté, & à l'enuy. Mais cent quatre vintz ans apres qu'elle fut edifiée, les habitans d'vn côté & d'autre commencerent à se formaliser, elisans vn prince pour chacune partie, cõtinuans vne si âpre et cruelle guerre entre eux, qu'elle ne print cesse par l'espace de cẽt ans. Depuis suruint Iusef, Roy de Luntune qui se banda cõtre ces deux peuples, faisant marcher sa gẽdarmerie

Cité edifiée par les enfãs d'Idris et depuis saccagée par Iusef Roy de Luntune

merie vers cette cité, & s'en estant emparé la sacagea, & feit mourir cruellement les habitans d'icelle qui furent trente mille de conte fait. Ce qu'ayãt executé, il se delibera de reduire ces deux peuples en vn, au moyen dequoy il feit raser les murailles qui diuisoyent la cité, puis feit asseoyr plusieurs põts sus le fleuue, par ou l'on passoit facilemẽt d'vn lieu à autre: tellement que ce qui estoit en deux & diuisé, fut reduit en vn, & vny: faisant de deux petites citez vne tresbelle, & magnifique ville qui fut diuisée en douze parties. Or puis q̃ vous auez entendu l'origine de la fondation de la cité, je poursuiuray ma matiere, vous specifiant ses qualitez par le menu, & en quel estre elle se retroüue à present.

Trente mil habitans, occis en vne ville.

¶ Particuliere description de la cité de Fez.

FEZ est vne tresgrande cité, ceinte de tresbelles & hautes murailles, n'ayant au dedans quasi autre chose que montagnes, & coutaus, fors seulement au milieu qui est en vne plaine, estant enuironné par tous les quatre côtez de montagnes & collines, receuant l'eau par deux endroiz: d'autant que le fleuue se diuise en deux parties, dont l'vne passe à côté de Fez, la neuue, deuers Midy, & l'autre prend son cours deuers Ponant: puis dans la cité l'eau s'écoule par plusieurs canals qui sont écartez par les maisons des citoyens, courtisans du Roy, & en d'autres

tres lieux. Semblablemẽt chaque temple, & mosquée à quelque petit ruisseau, auec les colleges, hopitaus, & ôteleries. Aupres se voyent des latrines bâties en forme quadrangulaire, & à l'entour y à des cabinets auec leurs petis guichets, & en chacun d'iceus se trouue vne fõtaine, dont l'eau qui en sort tombe en terre dans vne petite auge de marbre, & pour si peu qu'elle sorte auec impetuosité, elle vient à s'ecouler dans les latrines, emmenãt l'ordure auec les immondices de la cité dans le fleuue. Au milieu de la maison des latrines y à vne fontaine basse, & profonde de trois coudées, large de quatre, & longue de douze: & autour y à trois canals, là ou l'eau prend son cours, s'écoulant dans les priuez, qui sont en nombre de cent cinquante. Les maisons de cette cité sont fabriquées de brique, & de pierre fort subtilement taillée, dont la plus grande partie est fort belle, & enrichie de mosaïque, & les lieus decouuers, & portiques sont pauez de certaine brique à l'antique, diapree, & variée de couleurs, en forme de vases de majolique. Les habitans ont aussi coutume de peindre le planché des chambres de beaus ouurages, & riches couleurs, comme d'or, & d'azur: & le couure lon auec des ais et lates, pour plus facilement pouuoir tendre les draps par tout le comble de la maison, à fin d'y dormir en temps d'æsté, & sont tous les edifices ordinairement enleuez jusques à deux etâges, & s'en trouue beaucoup qui en cõtienent jusques à trois, ayans puis en haut, &

Industrie des cabinets, & cõmodité de l'eau.

De la richesse & façon des batimens de Fez.

T en

en bas des allees, ou galeries qui leur seruent d'aornemẽt: estans fort cõmodes pour passer d'vne chambre à autre, sous la pente du couuert: pource que le milieu de la maison est tout découuert, & les chambres assises d'vn côté & d'autre: les portes fort larges & hautes: mais ceus qui se sentent de quoy, les font faire de bois entaillé, mettant dans les chambres des armaires du plus beau bois qu'ils puissent trouuer de la longueur, & largeur de la chambre, la ou ils serrent les choses qui leur sont plus cheres & agreables: apres auoir fait peindre bien gentement icelles armaires: & en y á plusieurs qui les demandent de la hauteur de trois pieds seulement, afin qu'ils puissent asseoir, & accommoder vn lit au dessus. Tous les portiques des maisons sont posés sus colonnes de brique, la moitié chargées de majolique, & en y á d'autres soutenus par colonnes de marbre, faisans des arcs d'vne à autre, tous enrichis de mosaïque: & les architraues qui portẽt sus les chapiteaus des colonnes: qui soûtienent les étages, sont de bois entaillé, auec beaus ouurages, & exquis, peinturés de viues couleurs, & auec vne industrie fort grande. On y trouue beaucoup de maisons, qui ont quelques citernes d'eau, en diametre quadrangulaire: de cinq & six coudées, en largeur, & de dix à douze en lõgueur, profondes de trois ou quatre pieds, toutes découuertes, & en leur comble renetues de majolique, ayans à chacun angle de la longueur des fontaines basses, & belles faites à majolique

Braueté de porches ou portiqs̃ des maisons.

jolique, en aucunes d'icelles (cōme on est acoûtumé de faire, aus fontaines d'Europe) on met quelque vase de marbre blanc, d'ou l'eau s'écoulant s'en va dans ces citernes, tombant par certains cōduits couuers, & bien acoutrez tout autour : & quand les citernes sont combles, l'eau regorge tout autour, qui s'en va par certains autres conduits aupres des citernes, & de là prend son cours par des petis canals, si bien qu'elle vient à courir, & passer par ces latrines : puis s'en va tomber dans la riuiere. Ces citernes sont tenues bien nettes, & bien en ordre : mais elles ne seruent qu'en temps d'esté, car alors les femmes, & enfans se mettent à baigner, & nager dans icelle. Ils ont semblablement coûtume de faire vne tour sus les maisons, ou sont des chambres fort cōmodes et aisées, aus quelles les femmes se viennent recréer, lors quelles sont ennuyées du trauail de l'eguille, à cause que de la sommitté d'icelles on peut facilement découurir tout le pourpris de la cité, ayant enuiron sept cens temples, & mosquées qui sont petis lieux, là ou lon à coutume de prier, & s'en y trouue d'iceux temples jusques au nombre de cinquante de fort belle structure, appuyez sus colonnes de marbre, & vn chacun auec sa belle fonteine encleuée, de mesme pierre, & d'autre rare à nous incongneuë, & toutes les colonnes sont par dessus leur tribunes toutes ouurées de mosaïq, et entaillées fort somptueusement. La retube, ou cōbles des tēples est faite à la mode de ceux d'Europe,

Sept cēt temples, oueglises en la cité de Fez. et de leur beautez.

T 2　　cou-

LIVRE III. DE LA

couuerts d'ais, & le niueau du paué tout couuert de nates fort belles, cousuës, & assemblées d'vne si grãde industrie, que le paué ne se voit en sorte que ce soit. Les murailles sont semblablement toutes tendues de nates, de la hauteur d'vn homme seulement : & en chacun d'iceux temples y à vne tour, où montent ceux qui ont charge de crier, & annoncer les heures ordinaires, & députées à faire oraison, qui ne peut estre faite que par vn prestre seul, pour chaque temple, lequel à la charge d'auoir égard au reuenu d'iceluy, & en tenant bon conte de ce qui luy passe par les mains, le distribuer aus ministres du temple: comme à ceus qui tiennent toute la nuit les lampes alumées, à ceux qui sont commis à la garde des portes, & aus autres qui crient la nuit sus la tour en temps des oraisons. Car celuy qui les annonce le jour, n'est aucunement salarié, sinon qu'on l'exempte de toute imposition & decime. Et entre tous les autres temples en y à vn principal & majeur, lequel est appellé le temple de Carauuen, qui tient de circuit enuiron vn mile et demy, ayant trente & vne porte fort grandes & hautes. Le couuert contient en sa longueur, cent cinquãte braces Toscanes, & n'en tient gueres moins de quatrevingts en largeur. La tour d'ou on crie, est fort haute, le couuert en la longueur est soutenu par trente huit arcs, & la largeur en à vingt, estant le temple, c'est à sauoir du Ponant, du Leuant, & de Tramontane enuironné de certains portiques, dont

Le téple majeur a 31.portes & tiét de mie lieuë de circuit appellé Carauuen.

Tour du temple.

DESCRIPT. D'AFRIQVE. 147

dont vn chacun á de largeur trète coudées, & quarante en longueur: & sous iceus y á des magazins, là ou se gardent l'huile, lampes, nates, & autres choses necessaires en iceluy, dans lequel on tient toutes les nuits neuf cens lampes ardentes: car chacun arc à la sienne, & mesmement le rang de ceus qui trauersent le milieu du cœur du temple, qui en á cent cinquāte, auec grans chandeliers de bronze, ou pouuoyent demeurer le nombre de mille cinq cens lampes, & ont esté fais des cloches que les Roys de Fez prindrēt dans quelques temples des Chrétiens. Dās ce tēple auprès des murailles y á des chaises de toute qualité, la ou les maitres & docteurs mōtent pour instruire le peuple en leur Loy spirituelle, & temporelle: & pour ce faire, commencent vne heure auāt la pointe du jour, ce qui ne se fait en temps d'Esté, sinon depuis huit heures du soir: & durent leurs lectures jusques à vne heure et demie de nuit. Leur coutume est outre ce, de lire tant aus siences morales, comme spirituelles, & concernantes la loy de Mahomet: mais en esté, la leçon ne se fait que par gens priuez, & peu renommez. Les autres sont faites par gens pleins de sauoir, d'autorité, & bien experimentez en la Loy, dont vn chacun est fort bien salarié, outre ce qu'on est tenu les fournir de liure, & chandelles. Le prestre de ce temple n'á autre charge que de faire l'oraison: mais il faut qu'il rēde conte des deniers, & autres choses qui luy sont offertes pour les pupilles, distribuant le reuenu qui

Neuf cés lāpes ardentes la nuit au grād temple de fez. Chandeliers tenās lieu, pour 1500 lampes.

En quoy le reuenu du tēple est employé.

T 3 à esté

LIVRE III. DE LA

à esté delaissé pour les pauures de la cité, comme argent & grain, auquels il en fait part, aus vns plus, & aus autres moins, & là ou il cognoît l'indigence estre plus grande: Le receueur des rentes du temple à vn office à part, auec prouision d'vn ducat par jour, tenant sous luy huit notaires, qui ont pour leurs gages chacun six ducats par mois: & six hommes qui reçoiuent les deniers des louages des maisons, des boutiques, & semblables choses, prenans pour leur peine cinq pour cent. Il y à encore vingt facteurs, qui n'ont autre chose à faire que d'aller par les possessions soliciter, & mettre au labeur les laboureurs, vignerons, & jardiniers, leur distribuans ce qui leur est necessaire touchant leur vie, & l'ouurage, & ont de salaire trois ducats le mois pour homme. Pres de la cité vn mille, y à enuiron vingt fourneaus ou se cuit la chaus, & autãt d'vn autre côté, là ou se cuit la brique & matiere pour la fabrique des possessions du temple, qui à deux cens ducats par chacun jour de reuenu, la moitié duquel est employé aus choses cy dessus nommées, auec ce qu'il acommode de plusieurs choses les autres temples, & mosquées qui n'ont nul reuenu. Et se sont les Rois de Fez le plus souuent fait preter grande somme d'argent par le prestre du temple, mais à jamais rẽdre. Il y à dans la cité deux colleges d'vne belle structure, & embellis de mosaïque, auec les architraues entaillez. L'vn d'iceus est paué de majolique, & l'autre de marbre, ayãs beaucoup de chambres,

Le temple a deux cés ducats de reuenu p jour.

bres, mais l'vn plus que l'autre, car celuy qui en á le plus, en contient jusques au nombre de cent, & l'autre moins: & furent tous deux edifiez par plusieurs Rois de la maison de Marin, qui rendirent l'vn à vne, merueilleuse grandeur & beauté: & le feit fabriquer le Roy Habu Henon, qui y dreça vne belle fontaine de marbre, côtenant autant que deux tonneaus: & au dedans passe vn petit fleuue par vn canal, qui á le fons bien poly, & les bors de marbre & majolique. Puis s'y voyent trois loges auec les cuues couuertes d'vne industrie admirable ou sont drecées des colonnes à huit angles, & vne chacune est attachée à la muraille, étās de diuerses couleurs, soûtenāt certains arcs enrichis de mosaïq̄, d'or fin, & pur azur. Le couuert est fait en beau cō partiment, de menuserie tresexcellente, & bien ordonée: puis hors les portiques y á des retz en mode de jolousies, par lesquelles ceus qui sont dedans peuuent veoir dehors sans estre aperceus. Les murailles sont toutes reuêtues de majolique de la hauteur d'vn hōme, & plus, auec des vers qui sont affigez côtre les parois tout autour du college, par lesquels on peut sauoir l'an ou il fut fondé: & plusieurs autres qui sont cōposez à la louenge du fōdateur d'iceluy, qui est le Roy Habu Henon: & sont les lettres en grosse forme de majoliq̄, sus vn chāp blanc: tellement qu'on en peut faire lecture daffez loing. Les portes sont de cuiure, auec ouurages qui les decorēt fort, et celles des chābres, sont de bois bien entaillé.

Colleges ayan cēt chābres.

College fondé p̄ le Roy Habu Henon.

T 4   Il

Il y a en la grande sale où se font les oraisons, vne chaire à neuf marches toutes d'yuoire, & d'hebene, chose certes, nō moins plaisante & somptueuse, que digne d'admiration. J'ay ouy affermer à plusieurs qui l'auoyent semblablemēt enteudu reciter à d'autres, que le Roy print enuie (le college rendu en son entiere perfection) de veoir le liure des contes, pour sauoir quelle somme d'argent estoit allée à la fabrique d'iceluy: mais il n'eut pas fueilleté la moindre partie du liure, qu'il trouua de dépence pour quarante mille ducats, qui luy causa vne si grande merueille, que sans plus y regarder apres l'auoir déchiré, le jetta dans le petit fleuue qui passe par le college: allegant ces deux vers d'vn Auteur Arabe, dont le sens est tel.

Ce qui est beau n'est cher, tāt grāde en soit la somme:
 Ny trop se peut payer chose qui plaît à l'homme.

Sōme des frais du bâtiment du grand college, qui est de 480000 ducats.

Mais il y eut vn tresorier appellé Hibnulagi, lequel en auoit tenu côte, & trouua qu'on auoit dépendu quatre cens octāte mille ducats. Tous les autres colleges de Fez imitent aucunement l'ordre de la fabrique de cetuy cy, & à vn chacū y à lectures en diuerses sciēces, & genre de disciplines, qui ont les heures de leurs lecture cōparties, & limitées: les vns lisans le soir, les autres le matin, estans prouisionnez & salariez des rentes delaissées par les fondateurs à ce mesme effet. Anciennemēt les écoliers estoyent nourris & vétus en iceus par l'espace de sept ans: mais pour le present ils n'y ont autre auātage

tage que la demeurance: pource q̃ par les guerres de Sahid beaucoup de leurs poſſeſſions (d'ont le reuenu eſtoit deputé pour cet affaire) furent gatées: & n'en eſt demeuré qu'vne bien petite partie, auec laquelle les Lecteurs ſont entretenus, dont l'vn à deux cens ducats, l'autre cent, l'vn plus, & l'autre moins. Et pourroit bien cecy eſtre cauſe en partie que la cité de Fez auec les vertus qui la ſouloyent rendre floriſſante, ſont venues en decadance, & nõ ſeulement la cité, mais tout le pourpris de l'Afrique: tellement que les colleges ne ſont frequentez ſinon de quelques étranges écoliers, qui ſont entretenus à l'aumone de la cité, & du territoire d'icelle: & s'il y en auoit d'auenture aucuns de la cité, ils ne ſauroyent étre plus haut de deux ou trois. Quãd l'vn des lecteurs veût donner commencement à ſa lecture, il fait premieremẽt lire le texte, puis vient à l'expoſer de mot à mot, & declarer particulierement tous les poins qui luy ſemblent dificiles : & ont coutume les écoliers de diſputer aucuneſois entre eus, ſelon la matiere & ſujet de leurs leçons.

¶ Hopitaus, & étuues qui ſont dans la cité de Fez.

Il y á dans Fez des hopitaus & colleges qui en beauté ne cedent en rien aus autres, & ſouloyent eſtre logez les étrangers dans iceus hopitaus par l'eſpace de trois jours. Il y en á pluſieurs autres hors les portes, qui ne sont moindres ny inferieurs à ceus de la cité: & estoyent assez bien fondez, & rentez: mais du temps des guerres de Sahid, le Roy se trouant fort necessiteux d'argent, fut conseillé de vendre le reuenu d'iceus, à quoy le peuple resistant fort obstinément, & ne s'y voulant acorder, vn procureur du Roy feit entendre aus habitãs cõme par les aumones des ayeuls de sa majesté, ils auoyent esté edifiez & fondez: ce que consideré, il estoit bien raisonable, & necessaire q̃ du reuenu d'iceus on feist vne certaine quantité d'argẽt pour suruenir à l'extrême besoing dudit seigneur, qui à faute de ce, estoit sur le point de perdre son Royaume, & que facilement la guerre finie, et l'ennemy chassé, on trouueroit le moyen de le racheter. Ainsi ce maitre procureur sceut si bien dire, & persuader que les possessions qui dependoyent de ces hopitaus, furent vendues auec les rentes: mais le Roy preuenu & deuancé par la mort, ne se peult aucunement acquiter de sa promesse, qui estoit de rendre ces hopitaus en leur premier état, qu'on laisse aujourd'huy à quelq̃ docteur, ou noble de la cité: qui n'à pas meilleur moyen, à fin qu'on les puisse tousiours maintenir sur pied. Et n'en y à qu'vn seul pour suruenir & seruir aus pauures malades, qui arriuẽt de jour en jour tant des lieux circonuoisins que de loingtains pays, ausquels on ne donne medecine, ny medecin pour les guerir, & n'ont autre chose du reuenu dudit lieu que leurs depens, & le coucher, auec

aucuns

aucuns qui sont là, pour leur administrer leurs necessitez, jusques à tant, ou que la mort donne fin à leur miserable vie, ou qu'ils retournent en leur premiere santé, & conualescence. En cet hopital y a quelques chambres expressement ordonnées pour les folz, c'est assauoir pour ceus qui ruent des pierres parmy les rues, & font autres actes scandaleus là ou ils sont enchainés. Le deuant des chambres qui est sus les allées, est treillissé de certaines barres de bois bien fortes : & aussi tôt que celuy qui leur porte à manger les voit bouger en sorte que ce soit, il les redrece treslourdement, auec dépiteuses bastonnades estant toujours garny d'vn gros baton court, pour cet affaire. Il auient souuentefois que quelque étranger se veut aprocher de ces chambres, mais il n'est pas plus tôt par ces fols aperceu, qu'ils l'appellent, se plaignans à luy grandement, qu'estans du tout deliurez de folie, sont ainsi étroitement detenus en cette malheureuse prison ou ils reçoiuent journellement par leurs gardes mille injures, & outrages. A quoy aucuns ajoutãs foy & s'aprochans de plus pres, se trouuent incontinent saisis par le reply de leurs robes, ou pan du manteau par ces folz qui leur imprimẽt vne masque sur leur visage, auec leur fiente : car cõbien qu'ils ayent des latrines, neantmoins ils se vuident le plus souuẽt, acroupis au milieu de la chambre, & faut que leurs gardes nettoyent journellement leur ordure, faisant signe aus étrangers qu'ils ne s'auancent gueres,

<small>Chãbres pour les folz.</small>

LIVRE III. DE LA

gueres, & parlent de loin. En fin cet hopital est pourueu de tous ministres & officiers qui sont en semblable cas requis: comme de notaires, facteurs, protecteurs, cuisiniers, & autres qui sont au gouuernement des malades, & vn chacun à salaire assez suffisant. De mon adolescence je y demeuray deux ans pour Notaire, comme c'est la coutume des jeunes étudians, qui exerçans cet office ont trois ducats le mois pour leurs gages. La cité est encore garnie de cent étuues, fort bien fabriquées, & en bon ordre: dont il s'en trouue de grandes, & moyennes: mais toutes bâties d'vne mesme façon qui est telle. En chacune d'icelles y à quatre chambres en guise de sale, & au dehors certaines logetes haucées de cinq ou six marches, la ou sont les lieux deputés pour se depouiller, & étuyer ses habillemens: puis au milieu se trouuët des fontaines en sorte de citernes: mais fort grandes. Or s'il prend enuie à quelqu'vn de s'aller étuuer, apres qu'il à passé la premiere porte, il entre dans vne chambre tresfroide, ou ceus de leans tiennent vne fontaine pour rafrechir l'eau quand elle est plus chaude qu'il ne. faudroit: puis de là on vient à entrer dans vne autre chambre qui est vn peu plus chaude que la premiere, là ou on se fait lauer, & netoyer par les valets. Delà on passe encore plus outre en vne autre aisance là ou on sue tresbien, qui est le lieu ou est la chaudiere, emmuraillée pleine d'eau bouillante, qu'on tire auec des seilles de bois, que les valets sont tenus

Des étuues de Fez.

nus de donner pleines d'eau, & ceus qui en veulent auoir d'auātage, ou qui se font lauer plus long temps, doiuent donner à celuy qui les sert vn grād blanc, ou deux liars pour le moins, & au maitre de l'étuue vn liard tant seulement. L'au se chaufe auec la fiente ou fumier des bestes, au moyen dequoy ceus qui tiennent les étuues ont des garsons & sommiers expressement, qui s'ecartent par la cité, recueillant le fumier des étables, qu'ils transportent hors la cité, là ou ils l'assemblent, & en font vne petite montagne qu'ils laissent essuier par l'espace de deux ou trois mois, & à la fin ils en font chaufer les étuues, & leurs eaus par faute de bois. Les femmes ont leurs étuues à part, & s'en trouue encore qui sont pour l'vn & l'autre sexe en general: mais les heures sont determinées pour les hommes, qui ny peuuent aller qu'à certains temps du matin jusques enuiron les neuf ou dix heures, vne fois plus tôt, & vne autre fois plus tard, selon la qualité des jours: dont le reste est député pour les femmes, qui estans dedans les étuues, pour le donner à cognoitre on trauerse vne corde à l'entrée, là ou il n'est permis de passer pendant que ce signe y est aposé. Et si par fortune il auenoit que quelqu'vn eût vouloir de parler à sa femme il ne pourroit, sinon qu'il luy feît entendre ce qu'il voudroit dire par quelque valet, ou ministre. Ils ont encore coutume tant hommes que femmes de la cité, manger, & le plus souuent se recréer à diuers jeux, & ébatemēs, chantans

Etuues des femmes.

Heures determinées pour étuuer.

tans à gorge bée dans les étuues, là ou peuuent entrer les jouuenceaus tous nus sans aucun respect, ny prendre vergoigne les vns des autres, en sorte que ce soit. Mais les hommes d'autorité, & reputation y entrent auec linges autour d'eux: & ne se mettent aus places communes, ains se rengent en petits cabinets, qu'on tient tousiours en ordre pour ceus qui sont d'apparence. I'auois oublié vne chose, & passois outre, sans vous dire comme les valets font étendre ceus qu'ils lauent par terre, & les frotent tresbien auec vne certaine maniere d'onguent restauratif, & autres instrumens qui ôtent, & netoyent toute immondicité de dessus le corps de la personne. Mais quand ils viennent à lauer quelque seigneur, ils le font coucher sus vn drap de feutre, & appuyer la teste sus vn cuissin couuert de feutre semblablement. En chacune de ses étuues y à plusieurs barbiers, lesquels sauent qu'ils doiuent bailler au maitre par an, y pouuant leuer boutique, & trauailler de leur art. La plus grande partie de ces étuues doit de louage aus temples & colleges l'vne cent, l'autre cent cinquante ducats, ou plus, ou moins, selon la grandeur, & qualité des lieux. Ie ne veus encore omettre, que les compaignons, & ministres d'icelles solennisent certaine feste vne fois l'an, la celebrans en cette sorte. Ils inuitent premierement tous leurs amis, & s'en vont hors la cité auec le phifre, tabourin, & trompettes: puis arrachent vn oignon de squille,
qu'ils

qu'ils mettent dans vn beau vase de cuiure, & l'ayans couuert d'vne nape tresblanche, s'en retournent dans la cité, tousiours sonnant jusques à la porte de l'etuue, puis mettent l'oignon dans vn panier qu'ils pendent à la porte, disans. cecy fera venir le gain à l'etuue, à cause qu'elle sera frequentée de plusieurs. Mais il me semble que cecy se doiue plus tôt appeller sacrifice qu'autrement : veu la mode que tenoyent anciennement les Africans gentils, qui laisserent cette maniere de faire qu'on à entretenue jusques à present : comme il se trouue encore plusieurs noms & mots des festes des Chretiens qui s'obseruent quasi aujourdhuy, combien qu'on ne sait la raison pourquoy elles se font: & tiennent celà les Africans depuis quils furent subjuguez par iceus : & vous exposeray aucuns mots qui en sont, selon qu'il me viendra à propos.

Squille ainsi nōmé en Afrique.

Hôteleries de la ville de Fez.

Il peut auoir enuiron deux cens hôteleries en cette cité, qui sont somptueusement fabriquees, d'ont il s'en trouue d'aucunes fort grandes, comme celles qui sont prochaines du temple majeur, qui sont faites à trois etages, d'ont la plus spacieuse contient cent vint chambres, & en y à encore d'autres qui en ont d'auantage, estans toutes garnies de leurs fontaines, & latrines auec canals, par ou se vuident toutes les immundices & ordures hors la cité. Ie n'ay veu en Italie nuls semblables edifices,

fices, sinon le college des Espagnols qui est dans Bologne la grasse, & le palais du Cardinal saint George à Romme. Toutes les portes des chambres répondent sus les galeries, mais on est souuēt trompé par la belle montre de ces hoteleries : car il y fait tresmaunais loger, à cause qu'il n'y à lict, ny couches, mais les hôtes donnent à ceus qui y logent vne esclauine, & quelque nate pour dormir dessus: & s'ils veulent manger, il faut qu'eus mesmes voisent acheter la viande, laquelle ils donnent puis à l'hote pour appareiller. Les paures femmes veunes de la cité (qui n'ont aucune maison ny parent, ou autre qui leur en veullent preter) se retirent dans ces hoteleries, là ou on leur donne vne aisance, puis se mettent à cuisiner, & tenir les chambres en ordre, & nettes. Mais je ne veus passer outre sans que vous soyés plus à plein informez de la maniere de viure de ces hôtes, puis qu'il me vient à propos. Ils sont d'vne generation appellée Elcheua, & se parēt d'habis lubriques, & dissolus, qu'ils acoutrent à la mode femmine, portans la barbe rase, s'etudians de tout leur esprit à imiter en tout, les gestes, & façons des femmes: voire jusques à la parolle mesmes. Quoy plus ? ils se rendent si mols, & delicas, qu'ils n'ont point honté s'abaisser de tant, que de prendre la quenouille, pour filer: & n'y à celuy de ces infames paillars qui ne tienne vn concubin, vsant auec luy, & se viennent à conjoindre ensemble, ne plus ne moins que fait le mary

auec

Vices & mechante vie des hôtes de Fez.

auec la femme: tenans outre ce des filles publiques, qui se gouuernent non autrement que font les cagnardieres en Europe. Ils ont autorité de vendre, & acheter le vin, sans qu'ils en soyent en rien molestez par les officiers de la court, & pratiquent en ces hôteleries toutes manieres de Rufiens, paillars, yurongnes, gens mal conditionez & de mauuaise vie, les vns pour gourmander & yurongner les autres pour amortir leur chaude paillardise, & deshonesté lubricité auec les femmes publiques: & aucuns pour commettre d'autres illicites, & vituperables actes (pour estre là asseurés de la court) qui me donnent plus dehonte à les publier, qu'à ces infames pendars de les mettre en effet. Ces hostes ont vn Consul, & payent vn certain tribut au chatelain & gouuerneur de la cité auec ce qu'ils sont tenus & obligés (quand ce vient au besoin) de fournir en l'armée du Roy, ou de quelque prince, vne grande multitude d'hommes de leur côpagnie, pour faire la cuisine des soldats: pour ce qu'il s'en trouue peu d'autres qui soyent si bien en cet art experimentez. Et vous ose bien asseurer d'vne chose, que si le deuoir auquel se doit ranger tout historien, ne m'eust contraint à dire la verité, que je me fusse voulentiers deporté de m'auancer de tant, auec vne grande enuie de remettre cecy sous silence, pour ne publier, & découurir si abhominables vices, qui rendēt obscure la gloire de cette cité, ou j'ay prins la plus grande partie de ma nourriture. Car

V à dià dire vray (hors mis cette abhomination) il y a des personnes autant honnestes & bonnes qu'on sauroit trouuer en toute l'Afrique: tellement que cette peste de gens n'est frequentée que de ses semblables, confiz en toute ordure & méchanceté. Et tant s'en faut que ny gens de lettres, d'honneur, & marchans, voire jusques aus artisans leur daignent tenir propos, qu'ils se tiendroyent quasi deshonorez de les regarder seulement: au moyen dequoy (veu leur infamie) il leur est deffendu d'entrer aus temples, places marchandes, étuues, & maisons d'honneur: ne leur estant licite de tenir hôtelerie pres le temple majeur: pource que là vont loger les marchans, & gens de rare qualité. Tant y à que tout le peuple en general leur porte vne hame mortelle. Mais pour autāt que les seigneurs (comme il vous à esté recité) s'en seruent en leurs armées, il leur est permis de mener vne telle desordonnée, & scandaleuse vie.

Des Moulins qui sont dans la cité.

Dedans cette cité y à pres de quatre cens moulins, c'est asauoir de lieux auquels sont les moules, car autremēt il y en pourroit bien auoir vn milier, pource qu'ils sont fais en maniere d'vne grande sale, soutenue par colonnes, & dans aucuns endrois il y aura quatre, cinq, & six moules, tant qu'vne partie du territoire vient moudre dans la cité, ou y à certains marchans qu'on appelle fariniers: qui arrentent les moulins, ou ils font moudre le blé qu'ils ache-

achetent : puis vendent la farine dans des boutiques qu'ils tiennent à louage, & de cecy en retirent
vn grand profit. Car tous les artisans qui n'ont pas
bonnement la puissance de faire leur prouision de
blé, achetent la farine en ces boutiques : puis font
faire leur pain en leur maison. Mais ceus qui ont
bien le moyen, achetent le blé, qu'ils font moudre
aus moulins estans deputez pour les citoyens, &
payët vn grand blanc pour faire moudre le setier.
La plus grande partie de ces moulins depend des
temples, & colleges : de sorte qu'il se trouue peu de
citoyens qui en ayent : & est grand le louage comme de deux ducats pour moule.

¶ De la diuersité des artisans, boutiques, & places.

LES arts en cette cité sont separez les
vns des autres, dõt les plus nobles sont
autour du circuit du temple majeur cõ
me les Notaires, qui tiennent enuiron
octante boutiques, dont vne partie est jointe auec
les murailles du temple, & l'autre à l'aspect d'iceluy : & y a deux Notaires en chaque boutique.
Plus outre deuers le Ponãt y a enuiron trente bou
tiques de libraires, & du coté de Midy sont les mar
chans de souliers qui tiennent pres de cinquante
boutiques. Ceux cy achetent souliers, bottes, & bot
tines en grande quantité, des cordoanniers qui ven
dent par le menu. Vn peu plus auant sont les cor-

80. bouti
ques de
notaires.

30. Bouti
ques de li
braires.

50. Bouti
ques de
cordoan
niers.

V 2   doan-

LIVRE III. DE LA

doanniers qui font les escarpes des petis enfans, & peuuent tenir enuiron cinquante boutiques. De la partie du Leuant qui est deuers le temple, sont ceus qui vendent ouurages de cuiure, & leton. D'autre côté deuers la grande porte du côté de Ponant, sont les reuendeurs de fruits, qui tiennent enuiron cinquante boutiques. Apres se trouuët ceux qui vendent la cire, de laquelle ils forment, & moulent les plus beaus ouurages que je pense auoir veu de ma vie, & de là, l'on viët à trouuer le rang des merciers, qui sont en petit nombre. Puis apres sont enuiron vingt & cinq boutiques de ceux qui vendent les fleurs, desquelles ceus qui boyuent du vin veulent tousiours manier, & tiennent encore citrons, & limons : Mais ces fleurs rendent vne si grande delectation, à la veuë de qui les regarde, pour cause de l'aspect diapré, & contentement tant nompareil de l'odeur prouenant d'icelles, qu'il semble à veoir qu'on soit dans quelque beau pré verdoyant, & semé de souéues & odorantes fleurs: ou bien viennent à representer l'objet d'vn beau tableau, enrichy des plus naïues, & diuerses couleurs. Aupres de ceus cy, se tiennent les vendeurs de laict qui ont leurs maisons garnies de vases de majolique, & achetent le laict de certains vachers qui nourrissent les vaches pour telle marchandise. puis l'enuoyent tous les matins dedans des vases de bois, reliés de cercles de fer, fort etrois par la bouche, & larges au fons pour le vendre sous ces boutiques

50. Boutiques de vendeurs de fruitz.

25. Boutiques de vendeurs de fleurs.

tiques, & ce qui leur demeure le soir ou le matin, est acheté par les reuendeurs qui en font du beurre & le laissent partie aigrir, ou congeler pour le vendre au populaire, & ne sauroy croire autrement qu'il ne s'en vende chacun jour dans la cité plus de vingt & cinq tonneaus tant aigre, que frès. Plus la sont ceus qui vendent le cotton, & peuuent tenir enuiron trente boutiques. Du coté de Tramontane sont les marchans de chanure, qui vendent cordes, cheuétres, laqs, cordeaus, & autres trenchefiles: puis se trouuent les autres qui font ceintures de cuir, & licols de cheuaus tous de cuir, ouurez de soye. Apres sont ceus qui font fourreaus d'epées, guaines de couteaus, & pignes de cheual. Puis se voit le rang des vendeurs de sel, & croye blanche, & autres couleurs qu'ils achetent en gros & vendent par le menu: Delà se trouuent les marchans qui vendent vases, beaus, & chargez de naïue couleur, d'ont les vns sont coulourez d'vne simple couleur, d'autres de diuerses: & en y à enuiron cent boutiques. Puis apres sont ceus qui vendent les mords, brides, selles, & estafes, qui tiennent enuiron octante boutiques. Plus outre est la place des portefais qui sont jusques au nombre de trois cens, ayans vn consul, ou chef, qui à la puissance d'elire, & choisir ceus qui doiuent trauailler, & seruir aus choses occurrentes tout le long de la semaine: & les deniers qu'ils reçoiuent pour leur salaire se serrent dans vne bouëte, ou il y à plusieurs serrures,

Il se véd 25. tonneaus de laict par jour en la cité.
30. Boutiques de vendeurs de cottõ.

Les Boutiques de vendeurs de vases.
De Boutiques de selliers.
300. Portefais biẽ ordõnez & priuilegez.

V 3 dont

dont les clefs sont gardées de diuers chefs, & au bout de la semaine ces deniers sont diuisés entre ceus qui ont trauaillé durant icelle: se portans telle amitié les vns aus autres comme s'ils estoyent freres naturels. Au moyen dequoy quand quelqu'vn d'eux vient à mourir & delaisse quelque petit enfant, la compagnie fait gouuerner la femme jusques à ce qu'elle se remarie. Quant aus enfans ils en sont merueilleusement soigneus, jusques à tant qu'on les voye en âge de pouuoir aprẽdre quelque métier: & quand aucun d'entre eus vient à se marier, ou que la femme de l'vn est en couche, il fait vn banquet à tous ceus de la sequelle, qui luy font present puis apres chacun à part selon que leurs forces se peuuent étendre. Ils ne receuront jamais aucun en leur cõpagnie, q̃ premierement il n'ayt fait vn festin à tous les autres: & combien que il y entrast sans le faire, il ne pourroit gaigner en trauaillant que la moitié du gain qui reuiendroit à vn autre. Au reste ils sont priuilegez des seigneurs, de ne payer aucune gabelle, ny imposition, & ne feront cuire leur pain chez les fourniers s'il ne l'eur est agreable. Et si par cas fortuit il auenoit qu'vn d'entre eus commist quelque delict digne de mort, on luy fait cette grace de ne le punir publiquement. Lors qu'ils se veulent mettre en besogne, ils vêtẽt vn habit court, & sont tous d'vne liurée mais quand ils cessent tous habillemens leur sont indifferens. Tant y à que ce sont honnestes gens, & de bonne ne vie. Dauantage il y á la place du chef des consuls, & Iuges de tous les vendeurs des choses de bouche : & au milieu se trouue vn serrail de cannes, proportionné en quadrature, ou lon vend des pastonnades & naueaus qui sont en si grande estime qu'autres n'ont puissance d'en acheter des jardiniers, fors quelques vns qui sont deputez qui en rendent certain tribut aus gabeliers: & s'en vend tous les jours cinq cens charges, & aucune fois d'auantage. Toutefois encore qu'elles soyët en si grande estimé, si est ce qu'on les laisse à bon marché: comme trente, ou pour le moins vingt liures pour vn blanc: & là se donne la seue fresche en sa saison à bon pris. Autour de cette place y á des boutiques là ou se vendent des lazagnes, auec lesquelles on fait certaines balotes de chair de beuf, la plus maigre qu'on trouue chaplée, & frite en huile, auec force épice: dont chacune est de la grosseur d'vne figue, dont la liure se donne pour deux liards. Outre cette place, & deuers Tramontane est celle de l'herberie, là ou se vendent les chous, raues, & autres herbes qui se mangent auec la chair, & contient enuiron quarante boutiques. Il y á puis apres la place qu'on appelle, de la fumée, ou se vend le pain frit en l'huile, semblable à ce pain emmielé, que nous appellons pain d'epice, & ceus qui le font tiennent dans leurs boutiques plusieurs garsons, & instrumens, pource qu'ils le font auec vn grand ordre, & en vendent tous les jours vne grande quãtité, à cause que c'est

De la quantité des pastõnades & naueaus qui se védent à Fez.

Quarãte boutiqs de vendeurs de herbes et raues.
Pain frit en huyle.

V 4   la

la coutume de le manger à déjeuner mesmement le jour des festes auec le roty, ou le miel mesmes, ou bien auec vn salé potage, fait auec chair qu'ils chaplent apres qu'elle est cuite, & en font ce patrouillis qui estant aucunement tiede luy donnent couleur, & le saupoudrent auec je ne say quelle terre rouge. Ils n'ont coutume d'enhâter leur roty, mais dressent deux fours l'vn sus l'autre, & en celuy de dessous alument le feu, tant que le dessus est bien échauffe: puis mettent là dedans, les moutons tous entiers par vn pertuis qu'ils font par dessus, pour euiter que la flamme ne leur endommage la main. Ainsi se cuit fort bien la chair, qui prend couleur, retenant vn goust fort delicat: pource que la fumée ne la peut surprendre, & n'à pas le feu trop âpre: mais la laissent cuire à loisir tout le long de la nuict. Puis le matin commencent à la vendre, tellement que, tant de pain duquel nous auons cy dessus parlé, que de cette chair rôtie, s'en vend bien tous les jours pour plus de deux cens ducats: Car il y à aucunes boutiques là ou lon ne s'adonne à autre exercice. Ils vendent encore certaine chair, & du poisson frit, & d'autre maniere de pain en sorte de lazagnes, mais vn peu plus materiel, qu'ils détrempent auec du beurre, puis le mangent auec du miel. On y vend des pieds cuis comme de moutons ou beuf, & de telles viandes se repaissent le plus souuent les manœuures le matin, & vignerons aus boutiques mesmes: puis s'en vont donner commencement

Deux fours l'vn sur l'autre à rotir la chair & moutons tous entiers.

cement à leurs journées. Aprés sont ceus qui vendent l'huile, beurre salé, formage viel, oliues, limõs, capres, pastonnades, & pourreaus, tenans leurs boutiques parées de vases de majolique: tant que le garniment vaut beaucoup mieux que la marchandise. Les pots de beurre, & miel se vendent à l'encant: & ceus qui les crient sont aucune portefais deputéz qui mesurent l'huile quand elle se vend en quantité: ces pots poisent cent cinquante liures: pource que ceus qui les font, sont tenus les rendre de cette mesure, & les achetent les pastres de la cité tous vuides, puis apres les auoir remplis, les vōt reuendre. Là aupres sont les bouchers qui tiennēt enuiron quarante boutiques hautes, & de la façon des autres, là ou ils dépecent la chair, qu'ils poisent dans les balances: toutefois ils ne tuent pas les bestes dans la boucherie, mais en lieu tout propre à cet effect, qui répond sus la riuiere, & là mesme les écorchent: puis les font porter par quatre portefais dans les boutiques. Mais auant tout cela, on les vient premierement presenter deuant le chef des Consuls, qui les ayant fait reuisiter, leur baille vn billet ou est écrit le pris, pour combien on doit deliurer la chair, & sus icelle le boucher mesme met le billet, à fin qu'il puisse estre veu, & leu de tous en general. Outre cette place est le lieu ou se vendent les draps de grosse laine du païs, & y a enuiron cent boutiques, & s'il se trouue quelqu'vn qui en porte vendre, il faut qu'il le charge sus les epaules d'vn

40. Boutiques de bouchers en la ville de Fez

Cēt boutiques de drapiers.

V 5 qui

60. Crieurs des choses à l'encant.

Fourbisseurs.

Pescheurs.

Vn liard la liure de poisson.

40. Boutiques de faiseurs de cages à tenir les poulles.
Boutiques de sauon.
Boutiques de fariniers.

qui met les choses à l'encant, qui va criant le pris de boutique en boutique, & sont soissante ordonnez à cet office. Apres Midy on commence de mettre les marchandises à l'encant, cōtinuant jusques au soir bien tard, & se paye au crieur vn grand blanc. Apres ceus cy sont les fourbisseurs d'armes: comme d'épées, poignars, pertuisannes, & autres choses: il y en à aussi qui les vendent, & fourbissent ensemble. Puis apres se trouuent les pescheurs qui peschent tant dehors comme dedās la cité, vendans le poisson de leur pesche qui est gros sauoureus, à bon marché, & pour vn liard la liure. Ils prennent le plus souuent grande quātité de ce poisson qu'on appelle aloze, que lon commence à pescher depuis l'entrée du mois d'Octobre, jusques en Auril comme il se dira particulieremēt, là ou nous viendrons à parler des fleunes. Vn peu plus outre sont ceus qui font les cages faites de cannes ou l'on met les poulles, & peuuent tenir enuiron quarante boutiques. Car tous les gros citoyens en tiennent vn grand nombre pour les engresser, & de peur qu'elles ne souillent les chambres ils les enferment dans ces cages. Au dela sont ceus qui vendent le sauon, n'estans gueres de boutiques ensemble, pour ce qu'elles sont toutes écartées par les autres rues. Ce sauon se fait aus montagnes de là ou les muletiers l'apportent pour le vendre à ceus qui tiennēt ces boutiques. Apres se trouuent ceus qui vendēt la farine, qui n'ont semblablement guere de boutiques

ques pour estre écartées comme les autres. Plus outre sont ceus qui vendent le grain, & legumage pour semer: il est vray qu'ils en vendent pour manger, mais bien peu: & gardent les citoyens ce qu'ils en ont sans le vendre aucunement. En cette place se trouuent beaucoup de gens qui demeurent expressement pour porter le grain, ayans cheuaus & mulets auec leurs bastz tous apostés, ou chacune de ses bestes porte coutumierement vn setier & demy: mais dans trois sacs accommodés l'vn sur l'autre, & sont tenus ces gens icy de mesurer encore le blé. Puis se trouuent ceus qui vendent la paille, tenans enuiron dix boutiques. Plus outre est la place là ou se vend le cheneué, ou chambre & lin qui se seme semblablement: laquelle est en forme d'vne maison, ayant à chacun angle vne loge, & dans icelles demeurent les marchans de toilies, auec quelques vns qui poisent le chambre, & les femmes qui le vendent en grande quantité: il se vend aussi à lencant, que lon commence à faire depuis Midy jusques au soir, pendant lequel il s'en vend vne infinité. Au milieu de cette place y à beaucoup de muriers, qui rendent vn ombrage fort plaisant au lieu: & auient souuent que tel va veoir le marché par maniere d'ébat, qui puis apres y demeure plus qu'il ne voudroit, pour la grande multitude des femmes qui y sont, lesquelles souuentefois apres belles injures viennët à démêler leur querelle bien lourdement à grans coups de poin, s'outrageans le
plus

LIVRE III. DE LA

Plaisante guerre des Femmes au marché.

plus vilainement du monde: tellement, qu'elles seruent de passe temps, & causent de grandes risées aus assistans. Or maintenant pour retourner à la partie du Ponant, c'est à sauoir depuis le temple jusques à la porte par ou lon va à Mecnase: outre la place de la fumée sont ceus qui font les seaus de cuir, desquels on se sert aus maisons, là ou il y à des puis, & sont enuiron quatorze boutiques. En apres se trouuent ceus qui font vne maniere de arches, ou l'on met la farine, & le grain, tenant enuiron trente boutiques. Plus outre sont les sauatiers, & aucuns cordoanniers qui font de gros souliers, & lours, pour les païsans & populaire, tenans jusques à cinquante boutiques. D'autrepart sont ceus qui font les targues, & ecus de cuir, selon la coutume Africane, & comme on en voit en plusieurs lieux de l'Europe. Il y à puis apres les lauandiers, gens de basse condition, qui tiennent boutiques, ou ils ont de grans vases comme vn tenon: & ceus qui n'ont chambriere en leurs maisons pour les reblanchir, portent leurs chemises, linceuls, & autres linges pour lauer à iceus lauandiers, qui le font fort diligemment: & pour les essuire les étendent sus des cordes, puis les plient si dextrement, & les netoyēt si bien, que la naïue blancheur qu'ils leur donnent, les fait quasi mécognoitre de ceus à qui ils appertiennent. Ceus cy tiennent enuiron vingt boutiques en vn lieu: mais tant aus rues, comme aus places, il s'en trouueroit plus de deux cens. Dautre coté son

14. Boutiques de seaus de cuir.

Deux cēs boutiques de lauādiers

ré sont ceus qui font le bois de selles de chevaus, tenans plusieurs boutiques devers Orient, là ou est le college du Roy Abu Henon. Apres sont ceus qui font les etriez, éperons, & brides, tenans quarante boutiques, dans lesquelles il font des ouurages fort excellens, qui se peuuent transporter en Italie, ou en autre païs des Chretiës. Outre ceux cy, lon vient à trouuer aucuns qui font les brides, & fers pour fournimens de chevaus, & d'autres qui font des selles de cuir, qu'ils couurent de double couuerture de cordouan, dont la derniere est la plus riche. Ces ouurages sont excellens en toute perfection, comme on en peut encore veoir en Italie, de la facture mesmes de ceus cy, qui tiennent enuiron cent boutiques. Plus outre sont ceus qui font les lances, fort longues, qui leur cause de tenir leurs boutiques fort grandes: & au dela est située la forteresse qui a vne fort belle alée, s'étendant d'vne part jusques à la porte du Ponant, & d'autre à vn grand palais là ou loge la sœur du Roy, ou autre sien proche parent. Mais il faut entendre que cette place prend son commencement au temple majeur: & pour ne corrompre l'ordre, j'ay seulement parle de celles qui sont autour d'iceluy, laissant la place des marchans pour la derniere.

Place des marchans

Cette place est en forme d'vne petite cité enuironnée de murailles, qui contiennent douze portes en leur circuit, dont chacune d'icelles est trauersée

sée d'vne chaine de fer: de forte que les cheuaus ny autres beftes n'y fauroyent entrer. La place eft diuisée en quinze parties, en l'vne font les cordoanniers qui font les efcarpes pour les gentils-hommes & n'y à courtifan, fouldat, ny artifan qui en ofe porter de la mefme forte, & beauté. En deux autres parties d'icelle, font les merciers, qui vendent cordons, houpes, & autres aornemens pour les cheuaus: & d'autres auffi de qui on achete la foye de couleur pour ouurages de chemifes, oreilleres, & autres chofes, dont tous enfemble peuuent tenir cinquante boutiques. Aupres de ceus cy font les ceinturiers, qui font pour les femmes des ceintures de laine fort groffes, & de laide façon. D'autres en y à qui les font de foye, mais auffi mal façonées: pour ce qu'elles font faites en cordon, & de la groffeur de deux doigs: tellement qu'on en pourroit facilement attacher, & retenir vne barque. Apres ceus cy fe trouuent deux rues, ou fe tiennent les marchans de draps de laine, c'eft à fauoir de ceus qu'on tranfporte d'Europe auec quelques draps & bonnetz de foye crue, & font tous ces marchans Grenadins. Plus outre font ceus qui font les materas, & cuiffins pour l'efté, auec couuertures de cuir. Pres de là eft le lieu de la gabelle: pourautant que les draps fe vendent à l'encant, & ceus qui en ont la charge les portent premierement faire marquer aus gabeliers, puis les vont expofer en vente entre les marchans, & font foiffante qui les mettent à l'en-

Cordoanniers pour les gentils-hommes feulemét

Marchás de draps de laine.

Faifeurs de materas.
Le lieu de la gabelle.

DESCRIPT. D'AFRIQVE. 160

l'encant, auſquels il faut donner deux liars pour chaque piece de drap. Plus outre y a trois rues là ou demeurent les couturiers : puis en y a vne autre ou ſont aucuns qui font certaines franges aus bords des ornemens de teſte. Apres ces rues il s'en trouue deux autres, ou reſident les marchans de toiles, & chemiſes, & linge de femmes, les plus opulens de la cité, pource qu'ils ont plus de trafique, & demenẽt plus grandes affaires que tout le reſte. Plus outre y a vne rue là ou ſont ceus qui font des fournimens houpes & barnuſſes. Puis s'en trouue vne autre ou ſe vendent les robes de drap, qui eſt apporté de l'Europe, & les met on tout le ſoir à l'encant: c'eſt à ſauoir ceus que les citoyens vendent en leur vieilleſſe, ou pour autre neceſsité. Finablement il y en a vne là ou ſe vendent les chemiſes, napes, eſſuymains & ſemblables choſes de toile vſée. Aupres de cette rue y a quelques petis magazins, ou lon vend les tapis, & couuertures de lict à l'encant.

Trois rues de couturiers.

Deux rues de marchás de toile.

¶ Diſcours ſus le nom des rues, appellées Caiſaria, retenans le nom de celuy de Ceſar.

Toutes ces rues ſont appellées en general la Caiſaria vocable ancien, & deſcendu de Caiſar, ſignifiant Ceſar: qui en ſon temps occupa la monarquie de Romme. Toutes les cités maritimes de la Mauritanie

Romains & Gotz prenans les villes maritimes.

nie furent jadis subjuguées par les Romains, puis par les Gots: & y auoit en chacune d'icelles vne place retenant tousiours ce mesme nom. Dont les historiens Africans voulans donner raison de cecy, disent que les officiers Romains tenoyent deça, & dela des magazins, ou ils gardoyent les tributz, & impositions qu'ils receuoyent des cités, lesquelles se reuoltans souuentefois pilloyent, & saccageoyent tout ce qui estoit dedans. Au moyen dequoy vn Empereur se resolut de faire bâtir vn lieu en forme d'vne citadelle, ou se retireroyent tous les officiers, & receueurs de ses tributz, qui retireroyent auec eus tout ce qu'ils auroyent receu, auec les marchans de reputation, qui y tiendroyent, & vendroyent leurs marchandises, estans bien asseurés qu'ils ne la sauroyent deffendre, que par mesme moyen ils ne gardassent les magazins de ses tributz, & tresors estans là dedans enserrez: qui feroit que les marchans ne sauroyent jamais consentir au sac de ce lieu, que ce ne fust àleur tresgrande perte, & dommage: comme on à veu souuentefois auenir aus Italies, les souldats en faueur d'vne partie mettre le pied dans vne cité qui ayant saccagé, la partie auerse, ne trouuãs plus que mordre, se mettoyent à traiter ceus qui les souldoyent auec autant peu de respect qu'ils auoyent fait les premiers.

Apo-

¶ Apoticaires, & autres artisans
en ladite cité.

TOUT aupres de la citadelle devers Tramontane, y a des apoticaires, ayant vne rue toute droite, ou ils tiennent cent cinquante boutiques, & se ferme des deux côtés, auec deux portes fort larges, & fortes: & pour la garde d'icelles mettent quelque gens qui vont toute la nuict, tout autour, auec armes, lanternes, & chiens. Et la se vendent tant les drogues de medecine que d'apoticairie. Mais ils ne sauent faire sirops ny Iulebs: pource que les medecins les ordonnent, & les font ensemble en leurs maisons, puis les enuoyent en leurs boutiques, là ou ils tiennent des garsons qui les distribuent, selon que les recettes l'ordonent. Et la plus grande partie de ces boutiques sont assemblées auec les maisons des apoticaires mesmes: mais quasi tout le peuple ignore que c'est de medecin & medecine. Ces boutiques dont je vous parle sont fort hautes, & bien parées, de belles armaires & si somptueuses que je ne pense qu'au demeurant du monde se puisse veoir vne telle apoticairerie que cette cy. Il est bien vray qu'en Tauris, cité de Perse, j'ai veu vne place de telle grandeur: mais les boutiques sont certains portiques vn peu obscurs soutenus par certaines colonnes de marbre, autrement fort bien bâties & auec vne bonne industrie. Mais celles de Fez doiuent estre preferées à celles de Tauris, d'autant

Les medecins font eus mesmes les syrops et iulebs.

X que

que la lumiere deuance en tout les tenebres. Outre les apoticaires, il y a encore des pigniers qui font

Pigniers. les pignes de buis, & d'autre bois, duquel nous auons parlé. Du coté de leuant joignant l'apoticairere sont les epingliers, qui tiennent enuiron cinquante boutiques. Plus outre sont les tourniers,

Tourniers. ayans peu de boutiques ensemble: pource qu'elles sont écartées, & meslées parmy les autres arts, & métiers. Apres y en à plusieurs qui vendent la farine, sauon, & écouettes: qui confinent auec la place du filet, & ne sont pas plus haut de vingt boutiques, pource que le reste demeure autrepart, comme lon vous dira. Entre ceus qui vendent le cotton & les lis, demeurent ceus qui font les garnitures des lis, & pauillons. Puis se trouuent ceus qui vendent les oiseaus, tant pour manger, côme pour mettre en cage : mais ils tiennent peu de boutiques au lieu là ou ils demeurēt, qui s'appelle la place des oyseleurs: & en la plus grande, se vendent cordes de chambre, ou chenené. Apres sont ceus qui font les mules que portent les gentils-hommes quand il y à des fanges par la cité: etans assez subtilemēt fai-

Pantoufles, ou mules vingt du cats. tes, auecques beaus ouurages, & couuertes & cousues de soye: tellemēt que le plus poure gentil-homme n'en sauroit auoir à moins d'vn ducat: & y en à du pris de deux, quatre, dix, & vingt & cinq du cats. Elles sont faites cotumierement de bois de murier blanc, & noir, il y en à aussi de noyer & bois de jujubes qui sont plus propres & jolies que les autres

tres, mais celles de murier sont plus durables. Plus outre est l'endroit des faiseurs d'arbalêtes qui sont maures blans d'Espagne, n'ayans plus haut de dix boutiques. Aupres d'iceus y à enuiron cinquante boutiques, de ceus qui vendēt les balets de palmes sauuages, comme celles qu'on transporte de Sicile à Rome, & les portent ceus cy par la ville dans de grandes hottes, les donnans pour du son, cendres, sauates, & autres viels souliers rōpus. Le son se vend aus vachers, les cendres aus buandiers de filet, & les sauates aus sauatiers qui radoubent les souliers & apres ceus cy sont les maréchaus qui forgent les clous tant seulement : en apres se trouue le canton de ceus qui font de grans vases de bois, comme barrils, qu'ils font en maniere de seilles, auec les mesures de grain qui sont visitées, & autres par le Consul qui en prend vn denier de chacune. Puis se trouuent ceus qui vendent la laine, & achetent les peaus des bouchers, les faisans lauer par des garsons, lesquels ils tiennent expressément pour ce faire : puis en ayant oté la laine, tannent les cuirs en la mesme sorte qu'on fait ceus de bouc. Les cordouans & peaus de beuf se tannent plus outre : pource que c'est vn métier à part. En outre sont ceus qui font les paniers, & certains liens, dequoy ils entrauent les pieds des cheuaus, & sont joingnās d'eus les chauderonniers. Aupres des faiseurs de mesures, demeurēt ceus qui font les pignes pour pigner les laines, & draps. Plus outre se trouue vne

50. Boutiques de baletz dē palmes sauuages

Vēdeurs de laine.

Tānneurs de cuir.
Faiseurs de paniers.

place

LIVRE III. DE LA

place garnie de plusieurs artisans, entre lesquels il y en à aucuns qui liment les ouurages de fer, comme etriez & éperons: car ceus qui les font n'ont coutume de les liurer. Apres demeurent les charpentiers qui font limons de charetes, & charues pour labourer la terre, les roues de moulin, & autres choses qui sont necessaires. Puis se trouuent les teinturiers qui ont leurs boutiques sur le fleuue, & vne belle fontaine, ou ils lauent leurs ouurages de soye. Derriere eus sont les bâtiers, qui trauaillent en vne grande place, couuerte d'aucuns muriers, qui par leur vmbrage la rendent la plus fraiche & delectable qui soit en toute la ville. Dauantage sont les maréchaus qui ferrent les cheuaus & autres bestes: puis s'en trouue d'autres qui montent les arbalétes, de leurs arcs d'acier: & d'autres encore qui baillent lustre aus toiles. Voi-la tout le contenu des places d'vne partie de la cité qui est situèe deuers la partie Occidentale, qui fut anciennement vne cité à part (comme vous auez peu entendre) & fut edifiée apres l'autre qui est situèe à l'object de cette cy du côté de Leuant, & ayant mis fin à cette primiere partie vous raconteray amplement ce qui est contenu en la seconde partie suiuante.

Teinturiers.

Bâtiers.

Maréchaus.

¶ Seconde partie de la cité
de Fez.

Si cette premiere partie de la cité dequoy nous auons parlé ci deuant doit estre estimée pour la grande abondance des viures, & infinité des arts, & metiers, dont l'ouurage admirable rend assez ample et suffisant témoignage de l'industrie souueraine des maitres: cette cy (d'ont j'enten maintenant déduire par le menu ce que s'y trouue de recommandable) ne merite pourtant que la louenge de l'autre surmarche en rien les hôneurs de sa gloire, moyennant laquelle elle se peut parangonner & mettre à pair d'icelle, conferant les temples somptueus, superbes palais, colleges venerables, & maisons compassées par vne grande, & labourieuse architecture de l'vne auec l'abondance, honestes meurs, & infinité d'ars, & metiers de l'autre : qui à dire vray est beaucoup mieus garnie d'artisans, que cette cy : veu qu'il n'y à marchans, couturiers, ny chaussetiers, sinon de draps, & ouurages bien gros, & lourds, auec vne petite place d'apoticaires qui ne tiennent pas trente boutiques.

Diuersitéz d'Artisans contenue en
cette seconde partie.

Vers les murailles de la cité sont ceus qui font la brique, & fourneaus pour cuire la vaisselle de terre. Au dessous se trouue vne place grande, là ou se vendent les vases blancs, comme sont plats, ecuelles, pots, & autres choses semblables. Plus outre se trouue vne place ou sont les greniers du grain, &

vne autre au droit de la grande porte qui eſt toute pauée de brique, en laquelle y à diuers arts & métiers. Et ſont ces places pour les artiſans, apres leſquelles ſont celles qui ſont écartées ça & là par la cité, fors les apoticaireries, & draperies qui ne ſe trouuent ſinon en certains lieux deputés, & par rang. Il y à encore cinq cens & vingt maiſons de tiſſiers, ayans grande montre : & ſont drecées en forme de grans palais auec pluſieurs étages & ſales fort amples : dont en chacune trauaillēt pluſieurs d'iceus, & ſont fournis de leur métiers & outils : car ceus qui leur loüent les maiſons n'en tiennent aucuns : au moyen dequoy ils ne leur font payer que le loüage ſeulement : & ſe trouue plus grand nombre de ceus qui exercent ce métier icy que de nul autre : de ſorte qu'on eſtime qu'ils peuuent eſtre vingt mille, & ſe trouue vn tel nombre de muniers ſur le fleuue, là ou eſt aſſiſe la plus grand partie des maiſons (qui ſont en nombre de cent cinquante) ou l'on blanchit le filet, & pour le faire bouillir, ceus qui s'en meſlent ſont fort bien fournis de charbōs, et vaſes murez. Parmy la cité ſe voyēt de grandes hales, là ou lon ſie du bois de pluſieurs ſortes, & font cet office certains eſclaues Chretiens, qui rendent l'argent de leur gain qu'ils reçoiuent à leurs maitres pour leur faire les dépens : mais ils ne leur laiſſent prendre nul repos, ſinon la moitié du Vendredy, qui eſt depuis Midy juſques au ſoir : & huit jours durant l'année lors que les Maures

cele-

celebrent leurs festes. Il y a encore autres lieux publics, là ou les putains se abandonent à vil pris, estans suportées des Preuôt, & gouuerneur de la cité. Semblablement aucuns sans que la court y ait égard, exercent l'office de barlandiers, tenans vin à vendre, & femmes abandonnées, dont vn chacun s'en peut seruir, sans doute, & selon ses affections & voluptez. Dans la cité se trouuent six cens fontaines viues, qui sont ceintes, & closes de portes, et murailles, s'écoulans par canals sous terre dans les temples, colleges, maisons, & hoteleries: & estime l'on d'auantage l'eau d'icelles, que celle du fleuue: pource qu'il tarist souuentefois, & mesmement en esté: joint aussi que quand lon veut netoyer les conduits, il faut détourner la riuiere hors la cité: au moyen dequoy vn chacun prend de l'eau de ces fontaines. Et combien que l'eau du fleuue passe par les maisons des gentils-hommes, neātmoins ils ont coutume en temps d'esté en enuoyer querir de celles des fontaines, pour estre plus douces & fraiches: mais en yuer ils font à l'opposite. La plus grande partie de ces fontaines sort du coté de Ponant & de Midy: à cause que la partie deuers Tramontane est toute en montagnes, qui s'appelle Teuertine, ou y à de grandes fosses profondes, là ou se gardent les grains par plusieurs années sans empirer: & s'y en trouuent qui tiendront plus de deux cens setiers de blé, dont ceus qui habitent en cet endroit là, tirent de louage vn pour cent en fin de l'année.

Six cens fōtaines en la ville de Fez

X 4   Du

Du côté de Midy qui est presque la moitié inhabité y à à force jardins produisans diuers, & tresbons fruitz, comme pommes d'oranges, limons, citrons, & autres : entre lesquels naissent roses damasquines, gensemy, & genéures, qui y ont esté transportés de l'Europe, & plaisent fort aus Maures. Outre ce il y à de beaus arbres, fontaines, & citernes, qui sont enuironnées de gensemy, ou de roses, ou de certaines oranges, limons, cedres, & plusieurs autres, tellement que ceus qui en la saison de Primiuere s'aprochent de ces lieux, il leur semble entrer parmy les plus exquises fleurs, & souënes odeurs que la nature puisse produire : de sorte que joint à cecy la belle assiete, & plaisance du lieu resemble à vn autre paradis terrestre, il reueille merueilleusement les espris de la personne, & laisse les yeux satisfais & contens. Au moyen dequoy les gentilshommes de la cité ont coutume d'y demeurer depuis le commencement d'Auril, jusques au moys de Decembre. Deuers Ponant (du côté qui confine auec la cité Royale) est la forteresse, qui fut édifiée par les Rois de Luntune, se pouuant bien égaler en grandeur à vne cité : & fut en icelle anciennement le siege des seigneurs, & gouuerneurs de Fez qui n'estoit encore cité Royale comme on peut facilement entendre par le discours des Historiographes: pource qu'apres que les Roys de la maison de Marin eurent édifié Fez la neuue, l'autre fut delaissée, seulement pour la residence des gouuerneurs.

neurs. Dans la forteresse y à vn tēple bâti du temps qu'elle estoit habitée: mais tous les édifices, & bâtimens qui estoyent restés, ont esté de nôtre temps démolis, & aplanis à fleur de terre, là ou on à fait des jardins, & de tous ces beaus bâtimens n'est demeuré sinon vn palais, ou reside le gouuerneur, auec autres lieux pour loger sa famille, là ou il y à sieges & sales, dans lesquelles ce gouuerneur sied en jugement pour rendre droit & faire raison à vn chacun comme il apartient. Outre ce, il y à vne prison en forme de caue voutée, & appuyée sur plusieurs colonnes, & est de telle largeur que trois mile personnes y pourroyent bien entrer, & n'y à aucun lieu secret, ny separé: car il ne s'vse en Fez de tenir prison secrette. Par la forteresse passe vn fleuue qui est fort commode pour le gouuerneur en ses necessités, qui cause vne grande asseurance pour maintenir les droits de justice.

Des Magistrats, & maniere de gouuerner, & administrer Iustice, & de quelle sorte d'habis on vse en la ville de Fez.

EN la cité de Fez n'y à sinon petis offices, & magistrats, dont la Iustice est administrée: Le gouuerneur à egard sur les causes ciuiles, & crimmelles: & y à vn Iuge qui à la préeminence sur les choses qui con-

concernent les Loix extraites de l'Alcoran, auec
vn autre qui est comme substitut du premier, &
commis aus choses qui appartiennent à l'état de
mariage, repudiation en iceluy, examinations de té
moins, & jugement general: puis y est l'Auocat,
selon le conseil duquel on se gouuerne en matiere
judiciaire, & auant qu'on appelle de la sentence
des juges, ou quand ils jettent vne sentence à l'a-
ueu de l'opinion d'vn autre docteur de moindre e-
stime, le gouuerneur reçoit grande quantité de deniers des sentences qui se jettent en diuers temps:
& quasi la plus grande rigueur d'ou on vse enuers
les malfaicteurs est, de leur dôner cent, ou deux é-
trillades en presence du gouuerneur, & puis les me
ner la chaine au col parmy la cité, tous nus fors les
parties honteuses qui sont couuertes auec des brayes: acompaignez du preuôt, & bourreau, qui les te
nant saisis, va tousiours publiant les delis & me-
faits qui les ont conduit à tel vitupere, et malheur.
Puis sont renétus de leurs habillemens, & ramenés
en prison: & auient le plus souuent qu'on meine
plusieurs de ces pendars, attachez tous ensemble,
desquels le gouuerneur prend vn ducat, & le quart
pour personne: semblablement de tous ceus qui en
trent en prison reçoit plusieurs deniers, qui luy sont
distribuez à terme par aucuns marchans. Mais en
tre ces autres auantages, il a vne montagne d'ou il
retire tous les ans sept mille ducats, sous cette condition qu'il doiue fournir trois cens hommes d'armes

Punition des malfaicteurs

mes bien équipez de tout ce qu'il leur apartient pour virilement seruir au Roy en temps de guerre, estans tenus de les soudoyer à ses dépens. Les juges du droit canon, n'ont aucun salaire, ny auantage, pource qu'il est defendu par la Loy de Mahomet qu'vn juge soit salarié aucunement pour exercer son office: mais ils s'adonnent à autres choses, ayans gages comme aus lectures ou à l'état de pretrise en quelque temple. Quant aus auocats & procureurs qui sont en la ditte cité de Fez, ce sont personnes idiots rustiques & ramassées. Il y à vn certain lieu là ou les juges font emprisonner ceus qui sont poursuiuis par dettes, & d'autres pour choses legeres & de petite consequence. Oultre plus y à quatre preuôts, & non plus, qui marchent depuis les six heures du soir jusques à deux heures apres la minuit parmy la ville, acompagnés d'vn bon nombre des sergens, sans estre recompensés d'autre salaire, que d'vne imposition qu'ils se font payer à ceus qu'ils peuuent prendre pour la prinse, & aucune legere peine qui leur est enjointe. Il est permis à tous de leuer tauerne, faire office des brelandiers, rufiens, & maquereaus. Le Gouuerneur ne tient aucun Iuge, ny notaires: mais prononce luy mesmes la sentence de bouche, & la jette comme bon luy semble. Dauantage, il n'y à qu'vn homme seul qui arrente la gabelle, & douane, qui paye chacun jour trente ducats à la chambre Royale, tenant
à tou-

à toutes les portes de la cité Gardes, & notaires, faisans payer le droit pour toute chose de tant petit pris soit elle. Les autres marchandises sont conduites à la douane, accompagnée depuis la porte jusques à celle de l'vn des Gardes, ou auec les notaires (selon le pois, ou pris de la marchandise) est ordonné certaine quantité d'argent: & vont le plus souuent hors de la cité pour deuancer les muletiers, afin qu'ils ne puissent rien cacher, & auenant que ils l'eussent fait estans decelles, seroyent contrains de redoubler le droit de la gabelle qui ordinairement est de deux ducats pour cent: & des cormes qu'on y porte en grande quantité, se paye la quatrième partie de ce qu'elles valent. Quant au bois, grain, beufs, & poules, on ne paye chose que ce soit, ni des moutons semblablement, & peuuent passer franchement dans la cité, en payans seulement vn grand blanc à la boucherie, & deux liars au chef des Consuls, qui tient ordinairemēt douze sergens en sa maeson, qui l'acompaignent quand il va par la cité, essayant le pois des bouchers, auec ce qu'ils vendēt: puis vient visiter le pain, & s'il ne le trouue pesant son pois, le fait briser en pieces, faisant donner au boulengers des cous de poin si démesurez sur la nuque du col, qu'on le laisse tout meurtry & enflé. Et à la seconde fois le retrouuant encore leger, fait fouëter celuy qui le vend publiquement le long de la cité. Le Roy donne cet office aus gentils-hommes qui le demandent à sa majesté: mais

on

Punition des boulengers.

DESCRIPT. D'AFRIQVE 167

on en souloit anciennement pouruoir personnes doctes, & bien moriginées, toutefois maintenant les ignorans, & les gens de basse condition l'impetreront plus facilement que d'autres, à qui il seroit mieus employé. Les nobles, & plus apparens de la cité sont fort ciuils, & portent en temps d'yuer des

Acoutremens de ceus de Fez.

habits tissus de laines étrangeres, comme vne saye sus la chemise, auec demyes manches, & fort étroites, puis au dessus quelque robe large, cousue deuãt & couuerte encore de leur barnusse. Ilz portent en teste

Barnusse vne mateste des bonnets simples, comme lon voit aucunes Italies en porter, qu'on appelle bonnets de nuict mais sans oreilles, & les enuelopent auec bandes de toiles à deux replis sus le sommet de la teste, & autour de la barbe, & n'ont coutume de porter ny haut ny bas de chausses, fors seulemeut en temps d'yuer, qu'ils se housent quand ils veulent cheuaucher. Le populaire porte sayes & barnusse sans les couurir d'aucune robe, & sus la teste ne portent si non bonnets de petit pris. Les docteurs & gentils-hommes qui viennent sus l'âge s'habillent de robes à manches larges, à la mode des magnifiques de Venise, qui sont colloquez aus plus grans honeurs, & offices. Finablement les personnes plus infimes & de moindre reputation, vsent d'aucuns gros draps de laine blanche du pays, auec leur barnusse de la mesme étoffe. Les femmes vont assez bien en ordre: mais en temps d'esté portent seulement vne chemise, & se ceignent les tamples auec certains rubans, plus tôt de laide façon qu'autrement. En yuer elles se vétent de certaines gonnelles à manches larges, & consues par le deuant à la mode des hommes. Mais quand elles viennent à sortir dehors, elles se mettent des marines si longues, qu'elles leur couurent toute la greue des jambes, puis auec vn voile à la mode de Surie, se couurent toute la teste & le corps : & entres autres j'en vis vne qui estoit là venue, ce pendant que on dansoit, brauement acoutrée, portant vn acoutrement de diuerses

niere d'acoutremens de Fez qu'ils portent sur eus en maniere de cabans.

Les docteurs.

Les femmes.

DESCRIPT. D'AFRIQVE.

Acoutre-
més d'au-
cunes gé-
tilsfem-
mes de
Fez.

ses couleurs doré & argenté, & ceinte au dessus des
hanches: aussi portoit des marines fort belles, bor-
dées & acoustrees d'vne sorte qu'il la faisoit merueilleusement bon veoir, auec ce que elle portoit en
teste vn acoustrement fort braue, auec ses cheueus
qui partie luy pendoyent en bas, & partie entortillez autour auec quantités de perles, & à forces
pierreries dont ceus qui estoyent en presence s'en
ebaissoyent aussi bien que moy. Aucunes se ca-
chent le visage auec vn linge: tellement qu'il ne
leur

leur apparoist autre chose que les yeux. Outreplus elles portent des anneaus aus oreilles, enrichiz de belle pierrerie, & celles qui sont de plus bas tyge, & marque, ne les portent que d'argent simplement, & aus bras quelques brasselets d'or, qui sont communement du pois de cent ducats: celles qui ne sont nobles, les portent d'argent, & s'en trouue encore d'aucunes, qui en portent aus jambes.

¶ Coutume obseruée au manger, en la ville de Fez.

LE populaire à coutume de manger ordinairement de la chair fraiche deux fois la semaine: mais les gentils-hommes & gens d'état en mangent journellement selon que l'appetit leur en vient: faisans trois repas le jour, dont le premier qu'ils font le matin est bien leger: à cause qu'il ne s'y mange que pain, & fruit, auec quelque plus tôt clair qu'autrement: en lieu duquel pour l'yuer il araisonnent du far, qu'ils font cuire auec la chair salée. Sur le Midy ils vsent de viandes legeres, comme pain, chair, salade, fromage, & oliues: estant le meilleur repas qu'ils puissent faire en temps d'été. Le soir ils prennent semblablemẽt des viandes de facile digestion, comme pain, melons, ou raisins, & l'yuer mangent de la chair salée, auec vne viande qu'ils appellent Cuscusu, laquelle se fait de pâte, qu'ils font cuire dans des pots de terre percez pour receuoir la fumée des

Maniere d'asaisonner la viā

des autres qui sont aupres : puis meslent du beurre par dedans qu'ils detrampent auec du bouillon, ne mangeant du rôty aucunement, pource qu'il n'est en vsage. Tel est le viure commun des artisans, & autres pauures cytoyens. Ceus qui sont d'apparence (comme gentils-hommes, marchans, & courtisans) viuent beaucoup mieus, & plus delicatement : combien que à comparaison du viure d'entre les nobles de l'Europe, celuy des Africans est vil, & miserable : non qu'ils ayent faute de viandes, mais par leur sottise, & lourde façon de faire, qu'ils ont à cuisiner, & à leur manger, qui est pres terre, sus tables basses, & sans aucune nape, ny seruiette : auec ce qu'ils n'ont d'autres instrumens à trencher leur viande que les mains : d'ou ils se seruent quand ce vient à manger le Cuscusu, en lieu de cuilieres. Le potage, & la chair se mettent dans vn grand plat de terre, là ou ils peschent tous, & enleuent ce qui leur vient entre les dois : puis l'ayãs mis deuant eus sans aucune assiete, & couteau, la prennent à belles dents, la déchirent, & retiennent ce qui leur demeure entre les dents : le reste gardent dans leurs mains, & mâchent à si grande hâte, que ils ne se souuiennent, ou bien ne veulent souuenir de boire : de peur qu'ils ne perdent vn coup de dent, jusques à tant qu'ils soyent pleins, & ronds, puis chacun se met à boire, & aualer vne grande coupe de la grandeur d'vn pot toute comble d'eau. Telle est la mode commune de viure, sinon qu'il

de que les Africans appellent Cuscusu

Y se

se trouue quelques docteurs vsant de plus grande ciuilité. Mais tant y à que le plus pauure gentilhomme d'Italie, ou d'autre lieu de l'Europe, tient meilleure table & ordinaire, & auec plus grande honnesteté, que le plus grand seigneur qui soit en Afrique.

¶ Coutumes obseruées à contracter, & faire mariages.

AVS mariages telle coutume est obseruée, que si aucun veut prendre femme il n'à pas plus tôt la promesse du pere & de la fille (si aucun en à) qu'il inuite ses amys, & assemble dans le temple, acompagné de deux notaires qui passent le contrat, en presence de l'épous & de l'épouse. Les citoyens de moyenne condition donnent à leurs filles trente ducats en deniers contans, à vne esclaue noire, quinze ducats & vne piece d'vn certain drap de soye, & lin de diuerses couleurs en echiquier, & quelques autres de soye, pour porter en teste: puis luy presentent vne paire d'escarpes, deux paires de pantoufles, le tout auec fort gentil ouurage, & plusieurs autres menues besognes: comme peignes, perfuns, & autres belles choses. Estant finy le contract, & promesses, selon qu'vne partie & autre se trouue d'acord, l'épous semond tous ceus qui ont esté presens, au diner auec soy, là ou il leur fait seruir de ce pain frit, acompagné de miel, & roty. Le pere de l'épouse fait sem-

Pain frit miel, &

DESCRIPT. D'AFRIQVE. 170

semblablement son festin d'autrepart, ou il fait de-uoir d'inuiter tous ses amys. Et en cas qu'il vueille parer sa fille de quelque habillement, il le peut faire par honesteté: car outre le douaire qu'il donne, il n'est tenu de frayer autre chose si bon ne luy semble: Mais ce seroit honte à luy de n'y vouloir rien ajouter du sien: tellement que sans auoir egard aus trente ducats ordinaires, le pere (ou celuy qui à charge d'acorder le mariage) à coutume d'employer deux ou trois cens ducats, tant en habillemens pour l'épouse comme aus vtensiles, & choses de ménage, sans qu'il soit question de donner maison, vignes, ny possession. La coutume est de faire trois gonnelles de fin drap, trois de tafetas, trois de satin, & autant de damas, plusieurs chemises ouurées, & linceus, auec des bandes de chacun coté, cuissins embellis de plaisans ouurages, auec oreillers de mesmes. Ils donnent aussi huit materas, en estant mis quatre pour aornement sur les armaires qui sont aus angles des chambres, & pour mieus les reparer ils en tiennent encore deux autres de cuir pour les lits qui sont de laine grosse. Ils font outre ce present d'vn tapis à long poil, de la longueur de vingt coudées, & trois conuertures de la longueur de huit brasses, estant de drap, & toile par vn enuers, & de l'autre entierement de laine, d'ont ils couurent les lits, mettans vne moitié dessus, & replians l'autre par dessous: outre cette cy, ils en donnent trois autres de soye, subtilement ouurées d'vn coté, & de

rôty pour banquet de noces.

Le lotz de mariage ne consiste en fonds.

Y 2   l'au-

l'autre y à de la toile remplie de cotton: mais legere
ment, pour s'en pouuoir aider en esté: puis vn petit
drap de toile fine, diuisé en deux parties, ouurées à
flammes acompagnées d'autre sorte d'ouurage, bor
dé de cuir, auquel pendent des houpes de soye de di
uerses couleurs, & sur chacune y à vn bouton de
soye pour l'attacher contre la muraille. Voy la le
sommaire de ce qu'on ajoute au douiaire, & donnent encore le plus souuent d'auantage: qui fait
que bien souuent plusieurs gentils-hommes ayans
assez suffisammēt dequoy, en ont esté reduis à pau
ureté. Il y en à d'aucuns qui sont d'opinion contrai
re, & que les hommes ont coutume de porter leur
doüaire aus femmes. Mais ils s'eloignent certes au
tant de la verité cōme ce seroit chose du tout hors
les limites de raison: & en parlent comme ceus qui
en sont totalemēt ignorans. Quand le temps vient
que les noces doiuent estre celebrées, & que l'epous
veut mener l'epouse en sa maison, il la fait premieremēt entrer en vn tabernacle de bois à huit trian
gles couuert de beaus draps d'or, ou de soye, dans le
quel elle est soutenue, & portée sus la teste de huit
faquins, ou portefais, acompagnée de ses pere, &
mere & amys, auec trompettes, phifres, tabours, &
grand nombre de torches : ceus qui sont du coté, &
parens du mary, la precedent, & ceus du pere che-
minans auec mesme ordre la vont suyuant par le
chemin de la grande place, prochaine du temple, là
ou estans paruenus ainsi pompeusement, l'epous

Maniere d'épou-ser & fai-re noces.

sal-

salüe le pere, & parens de l'epouse, laquelle sans plus attendre autre chose se transporte à la maison attendant le mary en la chambre, jusques à la porte de laquelle elle est acompagnée de ses peres, freres, & oncles, qui tous ensemble la viennent presenter à la mere du mary, qui n'est pas plus tôt entré dans sa chambre, qu'il presse le pied de son épouse, ce qu'ayant fait s'enferment tous deux dans icelle, ou ils demeurent pendant que le festin s'apreste. Et y à vne femme dehors attendant jusques à tant que le mary ayant defloré l'epouse, tend vn petit linge tout teint & mouillé du sang d'icelle à la femme qui est à la porte l'attendant, qui tenant ce drapeau entre ses mains, s'en va criant entre les inuités faisant entendre à haute vois que la fille estoit pucelle, puis les parens du mary la font banqueter, & acompagnée d'autres femmes se transporte à la maison de la mere de l'épousée, qui la receuant ioyeusement, luy fait vn autre petit banquet. Mais si le malheur veut q̃ l'épousée ne soit trouuée vierge, elle est rendue par le mary au pere & à la mere, qui en reçoiuent vne grande honte, & deshonneur auec ce que les inuitez s'en retournent l'estomac creus, & sans donner coup de dent. La coutume est de faire trois banquets quãd la chose succede bien: Le premier se fait le soir en presence de l'épousée: Le second, le soir qu'elle est emmenée, ne s'y trouue personne que les femmes: Le triers se fait le septiéme jour apres les noces, auquel se trouuent la mere,

Attestation du pucelage de l'èpousée.

mere, & tous les parens, auec ce que le pere de l'é-
pousée est tenu d'enuoyer plusieurs presens comme
confitures, & moutons en la maison du mary, qui
en sort au bout de sept jours, pour acheter certaine
quantité de poisson qu'il emporte, puis fait que sa
mere ou autre femmes le jettent sus les pieds de sa

femme, prenans de cela vn bon augure, coutume
que leurs ayeuls ont obseruée, & entretenue de toute ancienneté. On fait encor outre ce, deux banquets en la maison du pere, dont l'vn est deuant
qu'il

qu'il enuoye sa fille au mary, & y ayant inuité toutes les compagnées de l'épouse, il leur fait passer toute la nuit en danses & joyeusetez. Le jour ensuiuant, les femmes qui se meslent d'atourner les épouses, sont appellées, qui luy teignent le chef, & colorent les joues, & noircissent les mains, & les pieds auec beaus fueillages, & entrelas : mais cela est de peu de durée, & ce jour mesme se fait le second banquet : ou on fait faire bonne chere à celles qui ont paré l'épouse, qu'on monte sus vn echaufaut pour estre exposée à la veuë de qui la voudra regarder: & lors qu'elle est arriuée à la maison, tous les plus proches parens, & amys du mary luy enuoyent de grans vases pleins de pain frit en huile, & autant d'emmiélé, auec plusieurs moutons rotis, & entiers, toutes lesquelles choses sont par le mary distribuées à tous ceus qu'il à inuités, & tiennent chantres, & joueurs d'instrumens, au bal, qui dure toute la nuit qui accordans le son auec la voix, rendent assez melodieus accors : & ne danse l'on en compagnie, mais seul à seul : au moyen dequoy celuy qui s'y veut auancer se met en place, là ou s'éstant bien demené, tire de sa bourse vne piece d'argent, qu'il jette sur vn tapis deuant les chantres: Mais s'il y à aucun qui vueille honorer son amy lors qu'il bale, il le fera demeurer à genouils, couurant sa face de monnoye, qui est incontinent par les chantres enleuée. Les femmes dansent semblablement à part, & separées d'auec les hommes ayans aussi chanteresses

Lon noircit les pieds & mains aus épousées

Mode de baler & la coutume qui y est obseruée.

Les femmes dansent à part.

resses & ménétrieres. Toutes ces cerimonies s'obseruent l'epousée se trouuant virge: mais si ce sont les secondes noces, on les celebre auec moindre solennité, seruant aus banquets du beuf, mouton & poulets bouillis, auec plusieurs sortes de potages, que lon met deuant les inuitez dans douze écuelles sur vn grand tranchouer de bois, ou bien autant comme il y á de personnes, & telle est la coutume des gentils-hommes, & marchans. Mais le populaire vse de faire certaines soupes, auec grandes leches de pain en maniere de lazaignes, qu'ils trempent dans vn bouillon de chair trenchée en gros morceaus dans vn grand vase, auquel est leur potaige qu'ils hument sans cuiliere, auec la main, estans dix ou douze personnes à caresser l'vn de ces vases. La coutume est encore de faire au cas pareil, quand lon vient à circoncire vn enfant mâle, qui est le septiéme jour apres sa naissance, à laquelle le pere fait appeller le barbier, inuitant ses amys au souper, apres lequel chacun fait vn present au barbier, l'vn d'vn ducat, l'autre de deux, l'autre d'vn demy, les vns plus, & les autres moins, selon qu'ils se sentent le pouuoir faire. Et sont toutes ces choses posées l'vne apres l'autre sur le visage du garson du barbier, qui remercie, & prononce les noms de ceus qui font ces presens. Puis le barbier circoncit l'enfant, ce qu'ayant fait, on commence à mener grande joye, & danser à la mode que nous auons dit cy dessus: Mais d'vne fille la rejouissance n'en est si grande.

Coutume obseruée à la circoncition d'vn enfant mâle.

Au-

❡ Autres coutumes gardées les jours des festes, & maniere de pleurer les morts.

Edãs Fez sont encores demeurées quelques anciennes coutumes des festes delaissées par les Chretiens, estans nommées par l'appellation mesme des Africans : combien qu'ils en vsent sans l'entendre. Et ont coutume de manger la veille de la natiuité de Iesuchrist vne soupe assaisonnée de sept herbes diuerses, qui sont choux, raues, pourreaus, & d'autres, faisans cuire par mesme moyen de toute sorte de legumage, comme féues, & lentilles, qu'ils mangent la nuict en lieu de confitures delicates. Puis le premier jour de l'an, les enfans vont en masque par les maisons des getils-hõmes, demandans des fruis, auec chansons de peu de sustance : & quãd ce vient au jour saint Ian, ils alument de grans feus de paille. Quand vn enfant commence à jetter les dents, ses parens font vn banquet aus autres petis enfans, & appellent cette feste icy, dentilla, qui est propre vocable latin. Ils ont beaucoup d'autres vsances, & manieres d'interpreter augures : comme je l'ay veu faire à Romme mesmes, & en autres lieux d'Italie, & qui aura enuie d'estre plus amplement informé des festes ordonnées en la Loy de Mahommet, il pourra recourir à vn petit traité par moy composé, là ou elles sont amplement déduites. Quand il auient, que les maris, peres, ou meres

Dentilla feste.

des femmes de ce pays là meurent, alors elles s'assemblent toutes, & se dépouillans de leurs habillemens, se reuétent de gros sacs, puis auec l'ordure d'vn chauderon se machurent le visage, appellans cette méchante ligue d'hommes, qui sont vitieus, & effeminés, qui portent tabourins, & auec le son d'iceus ils acompagnent le chant de lamentables vers, qu'ils font sur le champ, deplorans la mort du defunct, pour reciter particulierement toutes ses loüanges, & à la fin de chacun vers les femmes s'écrient à haute vois, se meurtrissans le visage si inhumainement, que le sang en sort abondamment: encore non contentes de ce, s'arrachent les cheueus de la teste auec vn dueil tresápre, & pitoyable: & continuent cette maniere de faire par l'espace de sept jours: lesquels prenans fin cessent aussi leurs pleurs, & batures quarante jours durans, qui ne font pas plus tôt expirez, qu'elles recommencent leurs lamentations acoutumées, continuans trois jours. Et voila comment en vse le vulgaire. Les gentils-hommes plus modestement sauent dissimuler leur dueil, sans se batre, ou faire tels autres actes plus superstitieus, que profitables, & viennent leurs amys pour les consoler, leur apportans des presens de la part de leurs parens, pour manger: pource que là, ou il y à quelqu'vn mort, tandis qu'il y demeure, on ne laisse rien plus froid, que la cuisine, ny les femmes n'acompaignent les morts, encore qu'ils fussent leurs propres peres, ou freres. Mais de

Maniere de porter le dueil des femmes.

Maniere au gétils hommes de porter le dueil.

de la maniere cőment on les laue, et enseuelit, quels offices, & cerimonies l'on fait aus funerailles, nous en auons traité en l'œuure cy dessus allegué.

Des pigeons que l'on nourrit en la cité.

Il y en à plusieurs, qui se delectent merueilleusement de nourrir des pigeons, au moyen dequoy ils en ont plusieurs de fort beaus, & de diuerses couleurs, qu'ils tiennent sur le plus haut de leurs maisons, en certaines volieres faites en maniere d'armaires, dont vsent les apoticaires, & les ouurent deux fois le jour, au soir, & au matin : receuans vn plaisir indicible à cőtempler le vol d'iceus, & pour autant que le plus souuent ils changent de lieu, allans de maison en autre, les citoyens en prennent souuentefois la pique, & delà s'en ensuit vne grande tuerie. Ioint aussi, qu'il s'en trouue plusieurs, qui auec vne petite rets ou filé en main, se sauent tant bien accommoder sur le faist d'vne maison, qu'ils en prennent tant qu'il en peut venir, & se vendent dans sept ou huit boutiques, qui sont au milieu de ceus, qui vendent le charbon.

Subtil mozen pour prédre pigeons.

¶ A quels jeus s'adonnent les Citoyens de Fez.

CEVS qui entre la modestie, & ciuilité ont prims lieu, ne s'exercent à autre maniere de jeu qu'aus échez, imitans en cela la coutume, qui leur à esté delaissée par leur ayeuls d'ancienneté, cőbien qu'ils ayent plu-

Ieu d'echés.

plusieurs autres sortes de jeus: mais mecaniques & vsitez seulement du populaire. Ils ont vn certain temps en l'année determiné, auquel toute la jeunesse s'assemble: dont ceus qui sont d'vne contrée, se bandent contre ceus d'vne autre, tous armez de gros bastons, & se mutinent par fois de telle sorte, & d'vne ardeur si vehemente, qu'ils en viennent aus armes, non sans la mort de plusieurs, & mesmement les jours des festes, ou ils s'assemblent hors la cité, ruans des pierres sans cesse, jusques à ce que la nuict leur ôte le moyen de pouuoir plus continuer le jeu: Et ne seroit en la puissance du preuôt les departir, quand ils sont ainsi animez: mais la meslée finie, il prend aucuns des plus seditieus, qu'il rend prisonniers, puis apres les fait fouetter parmy la cité, d'ou plusieurs braues sortent, quand la nuict est close, tous armez: & courans par les jardins, si la fortune permet qu'ils se viennent affronter auec gens, autant desesperez comme ils sont mutins, & presomptueus, ils donnent commencement à vne tresâpre, & dangereuse escharmouche, d'ou s'ensuit la mort de plusieurs: mais ce n'est sans en receuoir puis apres tel châtiement que peut meriter la grandeur & leur arrogance outrecuidée, combien que pour tout cela ils ne laissent à se formaliser, & porter tousiours vne haine découuerte.

Les jeunes gens font guerre auec gros batons.

Des

Des Poëtes en vulgaire African.

IL y à encore plusieurs poëtes, qui composent vers vulgaires en diuerses matieres, s'adonnans sur tout à chanter d'amour, & s'etudient à décrire bien, & proprement les passions, qui les tormentent, par l'objet des rares, & singulieres graces, & beautez des idées de leurs dames, & maitresses: & s'en trouue plusieurs d'autres qui sans vergongne ny respect aucun, osent biē employer les graces, que leur ont departies les neuf seurs treschastes, à contaminer leurs papiers, publians par iceus l'amour illicite, & desordonné qu'ils portent aus jouuenceaus, & adolescens, voire jusques à nommer par nom celuy, de l'amour duquel ils sont éprins. Dauantage, pour mōtrer quelque parangon de leur sauoir, s'exerçans en l'art de Poësie, ont accoutumé tous les ans à la Natiuité de Mahommet (feste entre eus tresrecōmandée) d'employer le meilleur de leur esprit, à composer chansons à la louange d'iceluy: & se trouuans tous le matin en la place du chef des Consuls, montent en son siege, là ou ils recitent les vns apres les autres ce qu'ils ont fait, en presence d'vne infinité du peuple, & celuy à qui l'on donne la vois d'auoir le mieus écrit, & plus plaisamment recité ses vers, est pour cet an publié prince des poëtes. Mais du temps des illustres Roys de Marin, celuy qui regnoit, auoit coutume d'inuiter à vn festin tous ceus qui auoyent le renom d'estre doctes, &

Solennité des poëtes.

& de bon cerueau dans la cité: & faisant vne feste solennelle à tous poëtes (qui par la douceur, grauité, ou faconde de leurs vers meritoyent les honneurs de ce titre) ordonnoit que chacun d'eus d'eût reciter vn chant à la louange de Mahommet, en presence de sa majesté, & de l'assistance. Pour laquelle chose faire se dreçoit vn échaufault, ou ils recitoyent d'vn à autre ce qu'ils auoyent composé, et selon le jugement de ceus qui s'y entendoyent, le Roy faisoit present au mieus disant de cent ducats, vn cheual, & vne esclaue, auec les habillemës qu'il portoit ce jour-là, & faisoit distribuer cinquante ducats à chacun des autres: tellement que personne d'entre eus ne s'en alloit qu'il ne receût present digne de son merite. Mais il y à enuiron cent trente ans, que auec la decadence de ce Royaume, cette louable, & vertueuse coutume est venue à manquer.

Present au mieus disant.

¶ Ecoles aus letres, pour les enfans.

IL y à enuiron deux cens écoles pour les enfans qu'on veut mettre à l'étude, qui retiennent la forme d'vne grande sale, ayās autour des marches de degrés qui seruent de siege aus enfans, le precepteur leur enseigne à lire, & écrire sur tablettes assez spacieuses, là ou est écrite leur leçon, qui est d'vne clausule de l'Alcoran par jour, lequel ayans ainsi par clausule discouru (qui est au bout de deux ou trois ans) le
re-

recommencent tant de fois, que les enfans le retiennent fort bien imprimé dans leur memoire : & n'y sauroyent demeurer plus haut de sept ans, qu'ils ne le sachent de bout à autre. Puis apres on leur enseigne quelque peu l'ortographe, qui se lit ordinairement auec la grammaire par tous les colleges, comme les autres disciplines, & pour icelles enseigner les maitres ont bien petit salaire : mais quand l'vn des enfans est venu à certain point de l'Alcoran, le pere est tenu de faire present au maitre : & puis quand l'enfant la apris tout au long, alors le pere dudit enfant fait vn banquet solennel à tous les écoliers compagnons de son fils, qui entre eus est habillé d'ornemens conuenans à seigneurs : puis est monté sur vn beau cheual, & de grand pris (que le Chatelain de la cité doit prêter auec tout son equipage) acompagné de tous ses compagnons d'école, (qui sont semblablement tous à cheual) jusques à la maison : à l'entrée ils chantent plusieurs chansons à la louenge de Dieu, & du prophete Mahommet. En apres on fait le banquet à ces enfans, & à tous les amys du pere, entre lesquels il n'y à celuy, qui ne face quelque present au maitre, & est pour lors l'enfant habillé tout à neuf, cōme la coutume le veut. Semblablement les enfans celebrent vne feste à la Natiuité de Mahōmet, à laquelle leurs peres sont obligez d'enuoyer vne torche à l'école : au moyen dequoy chacun écolier y aporte la sienne, dont telle en y à, qui est du pris de trente liures, les vnes plus,
&

Sept ans à aprendre l'Alcoran.

Solennités & festis pour la cognoissance de l'Alcoran.

Natiuité de Mahōmet celebrée p les enfans.

& les autres moins, selon la qualité de ceus qui les enuoyent, & sont bien faites, belles, & ornées de petites fleurs de cire affichées tout autour, demeurans tousiours alumées des l'aube du jour jusques à soleil leuant. Et ce pendãt les maitres amenent des chantres lesquels publient auec l'organe, & son de la vois les louanges de Mahommet, qui prennent cesse, quand le soleil est leué. Voilà les plus grans auantages, qu'ont les maitres d'écoles, lesquels vendent quelque fois à plus de deux cens ducats de cire, & le plus souuent d'auantage, selon que le nombre des enfans est grãd. Et n'y a personne, qui paye le louage des écoles: pource qu'elles ont esté fondées par les aumones, delaissées de plusieurs seigneurs, & citoyens de cette cité. Les fleurs & fruits de ces torches sont les presens, qu'on fait aus enfans & chantres: & les écoliers tant des écoles, comme des colleges, ont deux fois vacations en la semaine, pendant lesquelles il n'est aucunement question de lire, encore moins d'étudier.

Maitres d'écoles retirent 200. ducats de la cire des torches de leurs disciples, par an. Fondation des écoles & colleges.

¶ Des deuineurs.

IE lairray à parler d'aucuns artisans, cõme sont les tanneurs, & conroyeurs, qui ont leur lieu à part, là ou il passe vn gros bras du fleuue, sur lequel il y en demeure vne infinité, qui payent aus gabeliers vn douzain pour chacune peau qu'il acoutrent: qui peut reuenir du long de l'année jusques à deux mille ducats. Ie me tais aussi des Barbares, & d'autres,

tres, pour les auoir mentionez en la premiere partie de cette cité, combien qu'ils ne soyent pas en si grand nombre, comme le bruit cōmun en est: mais je veus parler des deuineurs, qui sont en grande quantité, & se diuisent en trois parties, ou qualitez, en la premiere desquelles sont ceus qui predisent les choses futures par la cognoissance, que leur en donne la Geomancie trassans leurs figures, & payent autant pour chacune, comme il s'vse à la qualité de quelconque personne. La seconde est de quelques autres, lesquels mettans de l'eau dans vn bacin de verre, & auec vne goute d'huile, qui la rend transparante, comme vn mirouër dacier, disent qu'ils voyent passer les dyables à grans esquadrons, venans les vns par mer, & les autres par terre, resemblans vn gros exercite d'hommes d'armes, lors qu'ils se veulent cāper, & tendre les pauillons: & à l'heure qu'ils les voyent arretéz, les interroguent des choses, dequoy ils veulent estre plainement informez, à quoy les esprits leur font réponce auec quelques mouuemens d'yeus, ou de mains, qui donne assez à cognoitre combien sont dépourueus de sens ceus qui y ajoutent foy. Aucunefois ils mettent le vase entre les mains d'vn enfant de huit, ou neuf ans, auquel ils demandent s'il à point aperceu tel ou tel Démon: & le petit enfant, autant simple que jeune, leur répond que ouy, sans que toutesfois ils le laissent répondre qu'ils ne l'ayent premieremēt embouché. Et vous asseure, qu'il s'en trouue

Trois sortes de deuineurs.

Cōment les deuis abusent les simples personnes.

Z quel-

quelques vns tant fols, & hebetez qu'ils croyent à tout: qui est cause de leur y faire dépendre vn grād argent. La tierce espece est de femmes qui font entendre au populaire, qu'elles ont grande familiarité auec les blancs Démons. Et lors qu'elles veulent deuiner, à l'instance de qui que ce soit, se parfument auec quelques odeurs: puis (comme elles disent) l'esprit qui est par elles conjuré, entre dans leurs corps, feignans par le changement de leurs voix, que ce soit l'esprit, lequel rend rēpōce par leur gorge. Ce que voyant l'hōme, ou la femme, qui est venuë pour sauoir aucune chose, de ce, qu'elle demande, apres auoir eu réponce du Démon, laisse quelque don en grande reuerēce, & humilité pour ledit Démon. Mais ceux qui se sont acquis outre leur naturelle bonté, le sauoir, & experience des choses, appellent ces femmes Sahacat, qui vaut autant à dire, comme en la langue Latine, Fricatrices: &, à dire vray, elles sont attaintes de ce mēchāt vice, d'vser charnellement les vnes auec les autres: ce que je ne saurois exprimer auec vocable plus propre ny qui conuienne mieus à icelles: lesquelles voyans vne femme (entre celles qui les vōt interroguer, & se conseiller de leurs affaires) qui ait en soy aucune beauté, elles la prendront en amour, comme feroit vn homme: & au nom de l'esprit pour recompence & payement, luy demandēt les copulations charnelles, dōt celles à qui elles font cette impudique & deshoneste demande, pensans

(com-

marginalia: Demons blancs. — Sahacat.

DESCRIPT. D'AFRIQVE. 178

(comme peu rusées) complaire au Démon, s'y consentent le plus souuët. Il s'en trouue aussi plusieurs lesquelles ayant prins goût à ce jeu, & alechées par le dous plaisir qu'elles y reçoiuent, feignent d'estre malades : au moyen dequoy elles enuoyent querir l'vne de ces deuineresses, & le plus souuët fōt faire ce message au mari mesme : puis soudainemēt leur découurēt leur maladie, & là où git le remede : mais pour mieus couurir leur méchanceté, font à croire au mari, (comme sot & peu rusé qu'il est) qu'vn esprit est entré dās le corps de sa femme, la santé de laquelle ayant en recommādation, il faut qu'il luy donne congé de se pouuoir mettre au rang des deuineresses, & conuerser seuremēt en leur compagnie. Ce qu'elles sauent facilement persuader à quelque Ian, qui s'y consentant, prepare vn somptueus festin à toute cette venerable bande, à la fin du quel lon se met au bal auec quelques instrumēs, dequoy joüent les Noirs : puis la femme à congé de s'en aller là ou bon luy semblera. Mais il s'en trouue quelques vns, lesquels finement s'apperceuans de cette ruse, font sortir l'esprit du corps de leurs femmes, auec vn terrible son de coups sours, & belle bastonnades. D'autres aussi donnans à entendre aus deuineresses estre detenus par l'esprit, les deçoiuent par mesme moyen, quelles ont fait leurs femmes.

Gētil moyen pour jetter les esprits hors des corps.

Z 2   Des

Des Enchanteurs.

Muhazzimin, enchâteurs.

IL y à encore vne autre espece de deuins, lesquels sont appellez Muhazzimin, qui signifie Enchanteurs: qu'on estime auoir grande puissance à deliurer aucun, qui soit possedé du diable, non pour autre raison, sinon que quelque fois ils en sortent à leur honneur, & s'en ensuit leffect tel, qu'ils le demandent: ce que n'auenant, ils alleguent pour leur ignorance, & fraudulente deception, que ce Démon est infidele, ou bien que c'est quelque esprit celeste. La maniere de les conjurer est telle: Ils forment certains caracteres dans des cercles au milieu d'vn foyer, ou autre chose: puis peignent aucuns signes, sur la main, ou front du malade, lequel ayas perfumé de certaines odeurs, commencent à faire l'enchantement, conjurans l'esprit, à qui ils demandent, par quel moyen il est entré dans ce corps, d'ou il est, comment il à nom, ajoutans à cecy vn commandement, qu'il ayt à vuider incontinent. Il y à encore vne autre sorte d'enchanteurs, qui se gouuernent par vne regle appellée Zairagia, c'est à dire Cabale, mais ils n'étudient aucunement cette science pour en auoir la cognoissance pource qu'ils l'estiment estre acquise naturellement: & (à dire vray) ils donnent reponce infallible de ce, qui leur est demandé: mais cette regle est tresdifficile: pour autant que celuy, qui s'en veut aider, ne doit estre moins sauant Astrologue, qu'expert Arithmeticien.

Maniere de conjurer les esprits.

Zairagia Cabalistes donnans reponce vraye.

cien. Ie me suis trouué quelque fois là, ou l'on faisoit quelque figure, à laquelle parfaire failloit demeurer depuis le matin jusques au soir, encore que ce fust au plus longs jours, & se trace en cette maniere. Ils font plusieurs cercles l'vn dedans l'autre, au premier desquels forment vne crois, & aus extremitez d'icelle les quatre parties du monde: c'est à sauoir Leuant, Ponant, Tramontane, & Midy. Au periode colloquent les deux Poles, & hors du premier cercle sont situez les quatre elemens. Puis diuisent le cercle en quatre parties, & le suiuant sinablement: apres cela viennent à partir chacune partie en sept, là ou ils impriment certains grans caracteres Arabesques, qui sont vingt & sept, ou vingt & huit pour chaque Element. En l'autre cercle posent les sept planetes, au sequent les douze signes du Zodiaque, & en l'autre les douze mois de l'an, selon les Latins: en l'autre les vingt huit maisons, ou sieges de la Lune: au dernier les trois cens soixantecinq jours de l'an, & hors de tout cela mettent les quatre ventz principaus, puis choisissent vne lettre de la chose demandée, & vont multiplians auec toutes les choses nombrées, jusques à tant qu'ils sauent quel nombre porte le caractere, apres la diuisent en certaine maniere, la mettans en parties selon que le caractere est, & que l'elemẽt y est situé: tellement qu'apres la multiplication, diuision, & dimention, ils sauent quel caractere est propre pour le nombre qui est resté. Et font du caractere

Figure des Cabalistes.

Z 3

ractere trouué en la sorte du premier, & ainsi consequemment jusques à ce, qu'ils viennent à trouuer vingt huit caracteres, desquels ils forment vne diction, & la dictiõ reduisent en oraison, tousiours en vers mesuré, selon la premiere espece des vers Arabesques, qui s'appellent Ethauel, c'est à sauoir huit pieds & douze batons, selon l'art poëtique des Arabes, duquel nous auons traité en la derniere partie de nôtre Grammaire Arabesque. Donques de ces vers, qui prouienent des caracteres, sort vne vraye, & infalible réponce. Premierement la chose demandée en procede: puis la réponce de ce qui se demande: & ne se mécontent jamais à cela: chose certainement miraculeuse, & d'autant plus admirable si que je ne pense point auoir jamais veu chose qui fût estimée naturelle auoir tãt de diuinité, ni qui semblât mieus supernaturelle que cette cy. I'ay encore veu faire vne autre figure au college du roy Abul Henon, en la cité de Fez en vn lieu decouuert, lequel estoit paué de marbre fin, blanc, & poly: & y auoit de distance entre chacun angle l'espace de cinquante coudées, dont les deux tiers furent occupez des choses dequoy se deuoit faire la figure: pour laquelle fournir y auoit trois hõmes, dont vn chacũ d'eux prenoit garde de son côte: neantmoins ils y demeurerent vn jour entier. I'en vey semblablement faire vne autre à Thunes par vn excellent maitre, lequel auoit commence sur la regle susnommée en deux volumes, & sont tenus en grande

Ethauel, vers Arabesques.

Autre sorte de figure des Cabalistes.

de reputation ceux qui ont l'intelligence d'icelle. Ie me suis trouué depuis ma cognoissance aus lieux là où on en à fait trois, & ay encore veu auec ce deux Commens sus cette regle, & vn autre du Margiani, qui estoit pere du maitre que je vei à Thunes, auec vn autre d'Ibnu Caldun historien. Et si quelqu'vn auoit enuie de voir cette regle commencée, il ne sauroit dépendre cinquante ducats : pource que passant à Thunes, qui est prochaine d'Italie, on la recouureroit facilement. La commodité s'offroit bien à moy, tant du temps, comme du maitre, si je y eusse voulu vaquer : mais cette doctrine est defendue par la Loy de Mahommet quasi comme vne heresie, qui fut cause de m'en faire passer l'enuie. Et dit cette écriture, que toute maniere de deuiner, est vaine, d'autant que Dieu s'est reserué la profondité des secrets, tenant en ses mains les choses futures. A cette cause les Inquisiteurs de la Loy de Mahommet font bien souuent emprisonner cette maniere de gens, sans jamais cesser de persecuter, & poursuyure fort viuemët ceux qu'ils peuuent trouuer faisans profession d'icelle.

Mahommet reprouue les diuinemës, & punit les diuins.

¶ Regles & diuersitez obseruées par aucuns en la Loy de Mahommet.

ON voit encore plusieurs personnages de bon sauoir, lesquels se font surnommer sages, & bien versez en la Philosofie morale, tenans & obseruans, auec vne superstition fort grande, & certaines Loix,

outre

outre celles, qui furent commandées par Mahommet: en quoy ils sont par aucuns estimez bons Catoliques, & par autres non: Mais le populaire les repute saints: combien que ils remettent au liberal arbitre plusieurs choses qui sont défendues en l'Alcoran par Mahommet: comme la loy défend qu'on ne chante nulle chansons lubriques par art de Musique, toutefois ces maitres Philosophes reprouuēt cela, & disent qu'il se peut faire. En cette Loy y à plusieurs ordres & regles, dont vne chacune est gardée par vn chef, ayant plusieurs docteurs, qui soutiennent ces regles, auec beaucoup d'œuures touchant la spiritualité, & print commencement cette secte, quatre vingt ans apres Mahommet. Le principal, & plus fameus auteur dicelle s'appelloit Elhesibnu Abilhasen, de la cité de Basra, qui peu à peu commença à donner certaines regles à ses disciples, mais il ne meit rien par écrit. A cetuy-cy cent ans apres succeda vn tressauant homme, & bien versé en cette matiere, nommé Elhari Ibim Esed de la cité de Bagaded, qui à écrit vn bel œuure generalement à tous ses disciples. Puis par la reuolution des années, cette secte fut par les Legistes condannée: remontrans aus Pontifes comme elle estoit damnable: tellement que tous ceus qui l'ensuiuoyent, estoyent punis rigoureusement, de sorte qu'elle sembloit estre éteinte, quand encore vne autre fois, & delà à cinquante ans elle fut renouuelée, par le moyen d'vn, qui en fut chef: & suiuy de plusieurs

Chansons lubriqs defēdues p la Loy de Mahōmet.

De la Loy de Mahommet sont sorties plusieurs sectes.

sieurs disciples, prêchoit sa doctrine publiquement:
de maniere, que les Legistes, auec le Pontife le con
dannerent, ensemble ses adherens, d'auoir les testes
tranchées. Ce qu'aiant entēdu le chef, écrit inconti
nent vne lettre au Pontife, par laquelle il le prioit
tresaffectueusement luy faire cette grace de luy per
mettre entrer en dispute, & s'affronter auec les Le
gistes, & en cas qu'il fust par eus vaincu, se soume
toit liberalement à la peine par sa sainteté ordonnée: mais s'il leur montroit mieus emparé de la ve
rité mesme, que par force d'argumens, comme sa do
ctrine deuoit estre (quāt à vraye religion) à la leur
preferée, & beaucoup plus recommandée, il n'e-
stoit raisonnable (disoit il) qu'vne si grande multitude de peuple innocente, fust par le faus & ca-
lomnieus dire de gens ignares, injustemēt à la mort
condannée. Les lettres leües bien diligemment,
la demande ne sembla estre que tresjuste, & raison
nable, au moyen dequoy il luy fut permis de venir
en dispute auec les Legistes touchant cette matiere: lesquels tant pour leur peu de sauoir, & grande
ignorance, comme pource que le droit estoit de son
côté, il rangea facilement, & vainquit: leur donnant à cognoitre de combien ils se mécontoyent, &
que leur opinion estoit autant pleine d'erreur, &
fauce, comme sa doctrine estoit digne d'estre receuë
& immitée: d'autant qu'elle cōsistoit toute en pure
verité. Et auec ce, sceut tant bien émouuoir le Pon
tife, que fondant en larmes, se conuertit à son opinion,

nion, erigeant monasteres, temples, & colleges pour les sectateurs d'iceluy, auquel il porta tresgrand faueur tandis qu'il fut en vie, & dura cette secte par l'espace de cent ans, jusques à ce, qu'il sortit vn Empereur d'Asie Majeur, de l'origine des Turcs, mais pour la cruelle psecution qu'il vsoit à l'endroit des sectateurs d'icelle, les vns furent contrains de s'enfuyr au Caire, et les autres de gaigner l'Arabie, lesquels demeurerēt ainsi en exil par l'espace de vingt ans, qui fut jusques au temps, que Caselsah neueu de Malicsach regnoit, qui auoit vn conseiller homme fort consommé, & de grand esprit, appellé Nidan Elmule, qui adherāt à cette doctrine, la remit sus, & sa soutint: tellement, que par le moyen d'vn homme tresdocte nommé Elgazzuli (lequel en composa vn volume diuisé en sept parties) feit tant qu'il pacifia les Legistes auec ceus de sa ligue, sous telle condition, que ces Legistes retiendroyent le nom de Docteurs, et cōseruateurs de la Loy du Prophete & ceus cy seroyent appellez reformateurs d'icelle. Cet acord dura jusques à ce, que Bagaded fut ruinée & demolie par les Tartares, qui fut en l'an sept cens cinquante & six de l'Hegire. Mais cette diuision ne fut aucunement à leur desauantage, ny à eus dommageable: pour ce que desia l'Asie, & l'Afrique estoyent toutes semées de cette doctrine, & pleines des sectateurs d'icelle. De ce temps là, on ne permettoyt faire profession de cette secte à autres, sinon à personnes doctes, & sur tout bien versez

sez & entendus en l'ecirture, pour auoir meilleur moyen de soutenir plus facilement leur opinion, laquelle depuis cent ans en ça vn chacun veut ensuiure, disant qu'il n'est pas besoing pour en auoir l'intelligence, auoir vaqué aus lettres : pource que le saint esprit inspire ceus qu'il trouue sans tache, ny macule: leur donnant entiere cognoissance de la pure verité. Et alleguent encore d'autres raisons pour leur deffence bien froides, & friuoles. Et ainsi laissans les commandemens tant inutiles, comme necessaires à cette regle, ne gardent autre Loy que celle des Legistes: Mais trop bien se sauent donner tous les plaisirs qui sont permis par icelle : pource qu'ils font souuentefois des festins, chantent chansons lubriques, & frequentent fort les dances: aucunefois se déchiräs selon que le sens des vers qu'ils chantent le requiert, & comme il leur vient en fantasie: Ces voluptueus disent qu'ils font tels actes, estans réchaufez par les flammes de l'amour diuin: Mais je me ferois bien plus tôt à croire que la fumeuse liqueur, acompagnée par plus grande quantité de viande, qu'il ne leur seroit métier, leur feit ainsi tourner le cerueau: & entrer en cet humeur. ou (ce qui me semble encore plus vray semblable) font ces cris, & grandes exclamations, interrompues souuent par sanglots & gemissements, pour l'amour desordonné quils portent aus jeunes jouuenceaus sans barbe, qui les rendët ainsi perplex & passionnez. Et auient le plus souuent q̃ quelque

gen-

gentilhomme conuie à la feste de ces noces l'vn de ces principaus maitres, auec tous ses disciples, lesquels à l'entrée de table prononcent, & chantent quelques oraisons, & chansons spirituelles : puis à la fin les plus apparans commencent à mettre leurs robes en pieces. Et s'il auient en dançant que quel qu'vn d'entre eus pour estre caduque & debilité d'âge, ou pour auoir la teste enfumée, se laisse tomber, il n'est à peine par terre, qu'il est par vn bel adolescent releué en le baisant fort lasciuemēt. Pour cette cause est venu ce prouerbe dans la cité de Fez Le banquet des Hermites, par lequel on veut inferer q̃ le banquet acheué, il se fait vne metamorfose de ces adolescens, qui deuiennent épouses de leurs maitres : lesquels ne se peuuent marier, à raison dequoy on les appelle Hermites.

Prouerbe de Fez

¶ Autres diuerses regles, & sectes, auec des opinions superstitieuses de plusieurs.

Army cette doctrine il y à quelques regles estimées heretiques, tant par les Docteurs, cōme par les Reformateurs: pource qu'elles ne contrarient seulement à la Loy, mais à la foy aussi. Et certes en y à plusieurs, qui croyent fermement que l'homme par le seul merite de ses bonnes œuures, par jeusnes, & abstinences se puisse acquerir vne angelique nature : disans que par ce moyen on se purifie le cueur,
&

& l'esprit: tellement qu'il ne sauroit pecher, combien qu'il s'en mît en deuoir: mais deuant que d'attaindre à cette perfection, & beatitude celeste, (disent-ilz) il faut monter cinquante degrez de discipline. Et encore qu'on vienne à tomber en peché, auant qu'il soit paruenu jusques au cinquantiéme, Dieu ne luy impute plus les fautes commises contre sa diuinité. Au moyen dequoy, & par les raisons cy dessus alleguées, cette maniere de gens fait de grans jeusnes, & étranges, au commencement: qui les fait plus enhardir puis apres à se doner tout le bon temps, & prendre tous les plaisirs, & voluptez que leur voulonté lasciue leur sauroit representer. Ils ont aussi vne étroite regle, qui leur à esté delaissée, écrite en quatre Volumes, par vn homme de grand sauoir, & treseloquent, nommé Esseh rauardi, de Schrauard, cité en Corasan: & ont semblablement vn autre auteur nommé Ibnu Farid, lequel se meit à reduire toute sa doctrine en vers fort exquis, & fluides, mais tous farcis d'allegories tellement qu'ils semblent ne traiter d'autre chose que d'amour. Ce qu'incita vn personnage nommé Elfargani à commenter iceluy œuure, duquel il tira la regle, & degrez qu'on doit passer pour pouuoir paruenir à la cognoissance d'icelle. Ce Poëte orna ses écris d'vne si grande, & parfaite eloquence, que les sectateurs de la secte ne chantent autre chose à leur festins, que les vers lesquels il à composé, pourantant qu'il ne s'est trouué homme depuis trois

LIVRE III. DE LA

trois cens ans en ça qui ayt écrit si disertement que luy. Ceus cy estiment que toutes les spheres celestes le firmament, les planetes, etoiles, & elemens soyẽt Dieux, & qu'on ne sauroit errer en aucune Foy, ny Loy que ce soit, à cause que les humains pensent d'adorer celuy qui le merite, & croyent qu'en vn seul homme qu'ils ont entre eus, soit posée toute la sapience de Dieu : au moyen dequoy ils l'appellent Elchot: qui signifie, participant auec Dieu, & egal à luy quant à la cognoissance des choses. Il y à quarante hommes entre eus lesquels sont appellez Elauted, c'est à dire, les trons, pource que les autres les surmontent en sauoir, & degré, & appertient à ces quarante, quand l'Elcoth meurt, d'elire vn autre qu'ils choisissent parmy le nombre de soissante, pour le colloquer en cette place & dignité. Il y en à encore d'autres jusques à la quantité de sept cens soissante & cinq, du titre desquels il ne me souuiẽt à present, mais comme l'vn des soissante est expiré, on en elit vn autre d'vn semblable nombre. Leur regle commande qu'ils voisent incogneus par la terre, ou en guise de fols, ou de grans pecheurs, ou de la plus vile, & mecanique personne qui se puisse trouuer: Qui fait que sous cet ombre plusieurs Barbares, & personnes vitieuses vont courans le pays d'Afrique tous nus, montrans leurs parties honteuses, & sont tant déhontéz, qu'a l'imitation des bestes brutes se couplent charnellemẽt auec les femmes au milieu des places, publiquement : & neantmoins

Merueilleuse opinion.

Elchot.

Secte maudite

moins ils se sont acquis telle reputation à l'endroit des Africans, que tout le peuple les estime saintz. Dedãs Thunes se trouue de cette canaille vne grande multitude, mais il y en á beaucoup d'auantage en Egipte, & mesmemẽt au grãd Caire en la principale place d'iceluy appellée Bain Elcasrain, je vey vn d'iceus saisir vne fort belle jeune femme, laquelle de ce pas mesme sortoit de l'étuue, & l'ayant jettée par terre vsa auec elle charnellement. Ce qu'il n'eut pas plus tôt fait, qu'on accouroit de toutes pars pour toucher les accoutremens de la femme, comme à chose religieuse, dautãt qu'elle auoit esté touchée par vn saint homme, lequel (comme publioyent ceus, qui s'estoyent trouuez à cet acte) feignoit de commettre le peché, cõbien qu'ils s'en fût totalement abstenu. Et cecy ayant esté rapporté au mari de la femme, s'estima bien heureus : reputant cela pour vne grãde grace, delaquelle il rẽdit loüanges à Dieu, faisant banquets, & festins solennels, acompagnés de grandes aumones, pour vn si grand heur, qui luy estoit auenu. Les Iuges, et docteurs de la Loy, voulans effacer l'abomination d'vn tel delit, & enorme cas (par vne peine digne du forfait scandaleus de ce pendart) se mirent en grand danger de leur vie, à cause de la soudaine émotion & mutination du peuple : qui á ces truans en grande veneration, moyennãt laquelle on leur fait à tous des presens, & dons inestimables. Vous asseurant que la honte me contraint de mettre sous

qui vse publiquement des femmes.

si-

silence plusieurs autres choses particulieres, ausquelles j'ay prins garde, autant ou plus abominables, comme temeraires, & meritans cruelle punition.

¶ Des Cabalistes, & d'autres de plusieurs sectes.

IL y á vne autre regle d'aucuns qui s'appellent Cabalistes, lesquels font d'autres jeusnes, sans manger chair de quelque animal que ce soit, mais ils vsent de certaines viandes & ornemens ordonnés pour chacune heure du jour, & pour la nuict, selon les jours et mois, de quelques oraisons particulieres qu'ils presentent par conte, & en nombre ayans coutume de porter sur eus certains petis tableaus peins, auec caracteres, & nombres entaillez par le dedãs. Ceus cy sont d'opinion, que les bons espris s'apparoissent à eus, leur parlent, leur donnent cognoissance, & acertenent de toutes les choses, qui se font parmy le monde. Vn grand docteur appellé lé Boni, se rangea de leur secte, composant leur regles, & cõment se doiuent faire les oraisons, trouuãt l'inuention de ces petis tableaus. I'ay veu son œuure, qui me semble plutôt estre tiré de la Magie, que de la Cabale, & ce qui est le mieus receu de ce qu'il á fait, se diuise en huit volumes. dont l'vn s'appelle Ellumha Ennoramita, c'est à dire, demonstration de lumiere, là ou est contenue la maniere de faire les jeûnes, & oraisons. L'autre s'appelle

pelle Semsul Meharif, qui signifie, le Soleil des sciē- — Meharif.
ces, qui traite & enseigne commēt il faut faire ces
petis tableaus, & demontre le profit qu'on en peut
tirer. Le tiers est intitulé Sirru Lasmei Elchusne, — Sirru Las-
qui vaut autant à dire, la vertu contenue aus no- mei El-
nante noms de Dieu, & vi cet œuure icy tandis chusne.
que j'estois à Romme entre les mains d'vn Hebreu
Venitien. Il y à encore vne autre regle entre ces sectes, qui s'appelle la Regle de Suuach, qui est de — Suuach,
certains Hermites, lesquels viuent au bois et lieux regle des
solitaires, là ou ils ne prennent leur sustance que de Hermi-
herbes, & fruits sauuages, sans qu'il se puisse trou- tes.
uer aucun qui peût au vray acertener les autres de
leur maniere de viure, pource qu'ils font residence
aus lieux qu'ils voyent estre éloignez de toute conuersation humaine, la fuyans tant qu'il leur est possible. Mais je lairrois de trop loing le droit fil de
mon œuure encommēcée, si je voulois de point à autre m'étandre sur toutes les particularitez des diuerses sectes de Mahōmet. Qui sera curieus d'en veoir
dauantage, & d'en estre plus amplement informé, — Soissante
lise l'œuure d'vn qui s'appelle Elacfani, & (en le deux se-
lisant) luy satisfera quant à cecy: car il traite là de- ctes pro-
dans amplement de diuerses sectes, qui procedent cedantes
de la Loy de Mahommet, lesquelles sont en nom- de la Loy
bre de soissantedeux, principales: & estime chacun de Mahō-
la sienne bonne, & vraye: dont il auient & sensuit met.
qu'ils pensent tous s'aquerir vne beatitude eternelle; mais maintenant il ne s'en trouue gueres plus de
                    A a   deux.

deux. L'vne, des Leshari qui est tenuë par toute l'Afrique, Egipte, Surie, Arabie, et Turquie. L'autre est de l'Imamie, laquelle est gardée par toute la Perse, en aucunes cités de Corasan, & par le Sofi méme, qui à plusieurs fois voulu cõtraindre les peuples d'Asie par force d'armes, de se ranger à icelle, qui à esté cause que la plus grand part de l'Asie fut détruite : pource qu'au parauant on y souloit ensuiure celle des Leshari. Quant aus Mahommetans, tout leur domaine est quasi embrassé par vne seule secte.

¶ De ceux qui s'amusent à cercher les tresors.

Elcanesin.

Dedans Fez se trouuent encore d'aucũs qui s'appellent Elcanesin, lesquels s'adonnent, & se trauaillent fort à trouuer les tresors qu'ils pensent estre cachez sous les fondements des ruines anciennes, & va cette sotte generation hors la cité, puis entre dans certaines cauernes creuses, pensans trouuer iceus tresors, qu'ils croyent fermemẽt auoir esté en ces lieus delaissez, & enterrez par les Rommains, lors que l'empire d'Afrique leur fut ôté, & qu'ils s'enfuyrent vers la Betique d'Espagne, auec opinion qu'ils enterrerent plusieurs gemmes & bagues precieuses (lesquelles ils ne pouuoyent porter auec eux) aus enuirons de la cité, auec grans enchantemens. Parquoy ils tâchent à s'acointer de quelques enchanteurs qui puissent par la vertu de
leur

leur art rompre, & deffaire les enchantemens des Romains. Et en y á plusieurs, qui disent auoir veu en vne caue ou antre, de l'or, & autres de l'argent, mais qu'ils ne l'ont peu tirer, pour ne sauoir, ny auoir les enchantemës, & perfums appropriez, dont deceus par vne vaine esperance, se trauaillent l'ame, & corps à cauer la terre. Au moyen dequoy il auient souuent qu'ils démolissent plusieurs beaus bâtimens, & sepultures antiques, allans par fois dessous dix ou douze journées loing de Fez. Tellement que la chose est venuë si auant, qu'ils tiennent des liures, lesquels ils ont comme pour oracles, & font mëtion de quelques mötagnes, & lieus la ou sont clos, & cachez les tresors. Auant que j'en feisse depart (suiuant leur sotte entreprinse) creerent vn consul, puis ayans obtenu congé de ceus à qui appartenoyent les places, cauoyent à leur plaisir, reparäs tous les dömages qui s'en ensuiuoyent.

¶ Des Alquemistes.

Il ne se faut persuader, qu'il y ait faute d'Alquemistes: car tant s'en faut q̃ le nöbre soit petit, qu'il y en á vne infinité de ceux qui s'étudient à telle folie, mais la plus grãde partie est de personnes ignares, de rude esprit: & qui puent démesurement, pour le soufre qu'ils maniët ordinairemët, auec d'autres odeurs q̃ ne sont gueres pl⁰ plaisantes à sentir. Ils ont coutume de se retirer le pl⁰ souuët au tëple majeur,

Alquemistes, ignares & puants.

Aa 2 pour

pour plus à leur aise, & hors de tumulte disputer des choses concernantes leurs fantastiques imaginations se reglans selon ce, qui est écrit dans vne grande quantité de volumes qu'ils ont, traitans de telle matiere, & composez par hommes doctes, & éloquens. Le premier de ces volumes à prins le nom de Geber, qui fut cent ans apres Mahommet, & (comme l'on dit) fut vn Grec renié, écriuant son liure, & ses receptes toutes par allegories. Il y à encor vne autre auteur, qui à fait vn grand œuure, lequel estoit appellé Attogrephi, qui fut Secretaire du Soldan de Bagaded, comme nous auons recité en la vie des philosophes Arabes, & vn autre composé en Cantiques, je dy tous les articles, & principaus points de cet art, l'auteur duquel s'appelloit Mugairibi Grenadin, & fut commenté par vn Mammaluc de Damas, homme fort docte, & expert en cette science : mais la glose est beaucoup plus obscure, & moins intelligible, que le texte. Ces Alquemistes sont diuisez en deux bãdes, d'ont les vns vont cerchans l'Elissir, c'est à sauoir la matiere, qui tient toute veine, & metal, & les autres s'étudient à auoir la cognoissance de la multiplication des metaus, pour les incorporer. Mais j'ay prins garde, que le plus souuent cette maniere de gens se met en fin à falsifer la monnoye, qui est cause qu'on en voit la plus part sans poing en la cité.

marginalia: Geber, Grec renié. — Attogrephi. — Alquemistes diuisés en deux bandes.

Char-

Charmeurs, & enchanteurs de serpens.

Finablement on ne trouue quasi autre chose par la cité, que de cette inutile canaille, qu'on appelle en Italie Charmeurs, qui vont chantans parmy les places publiques, chansons, sonnets & telles autres sottises au son de leurs tabours, vielles, & harpes, vendans au populaire ignorant quelques buletins, & mots lesquels disent ils, peuuent garder la personne de tomber en plusieurs dangers, & inconueniens. Outre ceus-cy, se trouuent d'autres truans, qui sont tous d'vne famille, lesquels vont parmy la cité, faisans dancer les singes, & portans autour du col, & des bras grande quantité de serpens entortillez. Ils font encore aucunes figures de Geomantie, & par icelles predisent aus femmes ce qui leur doit auenir, & en leur compagnie menẽt quelques vns, qui sauent faire pouliner les jumens. Or maintenant je pourrois poursuiure, & raconter quelques autres petites particularitez touchant les habitans de la cité : mais il me suffit vous faire entendre comme ils sont (ou la plus part) enuieus, & déplaisans, ayans en peu d'estime & conte les étrangers: combien qu'il s'en y adrece peu, à cause que la cité est distante de la mer enuiron cent mille, auec ce, que les chemins sont fort âpres, et scabreus, pour ceus, qui s'y veulent acheminer. Et vous oze bien asseurer, que les seigneurs sont fort superbes et hautains,

tains, que peu de gens ont enuie de les frequenter,
n'y auoir rien à démêler auec eux. Ce que se pourroit aussi bien dire des Iuges, & docteurs, sans s'é-
loigner aucunement de la verité, d'autant qu'ils
tiennent leur grauité, auec vn port hautain, & de
rare conuersation. Neantmoins pour toute resolu-
tion, la cité est tresbelle, commode & bien ordonnée. Et combien qu'en temps d'hyuer elle soit si fan
geuse qu'il faille porter certaines mules de bois par
les rues, si est ce qu'on y met tel ordre, que lon donne ouuerture à quelques canals, tellemēt que l'eau,
laquelle prouient d'iceus, laue, & nettoye toute les
rues: joint aussi, que la part, où il n'y à nul canal,
lon fait reduire la fange en môceaus, & apres l'a-
uoir chargée sur des bestes, on la jette dās le fleuue.

Des fausbours qui sont hors la cité de Fez.

AV dehors de la cité du côté de Ponant
y à vn fausbourg, qui côtient enuiron
cinq cens feus: mais les maisons (habitées de viles gens & basse côdition)
sont fort laides, comme celles ou habitent ceus qui
guident les chameaus, qui portent l'eau, & coupēt
le bois en l'hôtel du Roy: qui est toutefois garny
de plusieurs boutiques, & de toute sorte d'artisans,
entre lesquels plusieurs charmeurs font encore residence, auec jouëurs d'instrumens, peu estimez, &
femmes abandonnées, en grand nombre, mais laides,

des, vilaines, & difformes. En la rue y a plusieurs caues, taillées à ferremens, à cause que le lieu est tout en rocher de pierre tiuertine : & en icelles fouloit on tenir le grain des Seigneurs, qui ne demouroyent pour lors en ce lieu, ni autres, sinon ceus qui estoyent commis à la garde de ces grains. Mais par les guerres, qui suruindrent, on les déplaça pour les mettre dans quelques greniers, qui furent dressez en la cité de Fez neuue, & ceus qui estoyent dehors, furent abondonnez, estans d'vne merueilleuse grandeur, voire & tant spacieuse, que la plus petite pouuoit tenir mile setiers de blé, & sont en nombre de cent cinquante fosses, maintenant découuertes, de sorte, que bien souuent plusieurs n'y pensans, se laissent tomber dedans. Vray est, que pour obuier aucunement à ce danger, on a enleué certains murs au deuant l'entrée d'icelles, dans lesquelles le châtelain de Fez, fait jetter les corps de ceus, qui ont esté executez par justice, apres auoir fait faire quelque execution de ce qu'il peut faire fort cõmodemẽt : car il y a dedãs la fortresse vn guichet qui répond droit à ces fosses. Dans ce bourg se tient le barlan, mais on n'y vse d'autre maniere de jeu qu'aus dez, & y peut on vẽdre vin, faire tauerne, & tenir putains publiquemẽt, dont à bonne raison se peut appeller ce lieu là l'égout des immõdices de toute la cité. Les boutiques se serrent apres soleil couché, sans qu'il y demeure psonne, pource q̃ tous se mettent à baler, jouer, paillarder, & yurougner.

Caues grandes dans les rochers pour tenir le graĩ

Aa 4
Il y

LIVRE III. DE LA

Ladres traités auec bonne police

Il y à vn autre bourg hors cette cité, qui contient enuiron deux cens maisons, là ou habitent les ladres qui ont des chefs, & gouuerneurs, receuans le reuenu de plusieurs possessions, qui leur ont esté données pour l'amour de Dieu, par quelques gentils-hommes & autres, & par ce moyen, ils sont tant bien traitez, & accommodez que je ne leur souhaiterois que santé. Ces chefs ont la charge de faire vuider, la cité à ceus, qui sont entachez de cette maladie, pour les faire mener, & demeurer en ce bourg là, ou auenant que quelqu'vn d'entre eus vienne à mourir sans heritiers, la moitié du bien reuient à la commune de ce bourg, & l'autre demeure à celuy, qui donne la cognoissance de cecy: mais sur viuant quelque enfant, il herite, sans qu'on luy puisse rien quereler. Il faut aussi noter, q̃ tous ceus qui se trouuẽt auoir taches blanches sur leurs corps & autres choses incurables, sont comprins au nombre des malades. Outre ce bourg icy, il s'en trouue encore vn autre petit, contenant enuiron cent cinquante feus, ou habitent les muletiers, potiers de terre, maçons, et charpẽtiers. Sur le grãd chemin du côté de Ponant est situé vn autre grand bourg, qui fait enuiron quatre cens feus mais pauuremẽt bâty, & auquel demeurent des gens fort pauures, & mecaniques, qui ne veulent, ou bien ne peuuẽt demeurer au contour. Aupres de ce bourg y à vne grande campagne, laquelle s'étend jusques au fleuue qui en est à deux mille: & se jette sur le Ponãt

enui-

enuiron trois mille. Là se fait vn marché tous les Ieudis, auquel s'assemble grande quantité de personnes auec bestail, & de merciers, qui y deployent leur marchandise pour tendre sous des pauillons, & là s'y obserue vne telle coutume. Il y à vne petite compagnie de gentils-hommes qui se reduisent ensemble, faisans tuer vn mouton à quelque boucher qui prent la depouille pour son salaire, puis ils diuisent la chair entre eus & vendent la peau aus marchans de laine. On paye si peu de gabelle pour les choses, qui se vendent en ce marché, que le reciter sembleroit quasi vne chose superflue : combien que je ne passeray plus outre sans vous auertir, que je ne fu jamais en marché, ou foire par l'Afrique, & Italie, là ou s'assemblât si grande multitude de gens, ny tant de marchandise, comme en cetuy-cy : de sorte que c'est vne chose admirable. Il y à encore hors de la cité certains rochers treshauts, qui enuironent vne combe large de deux mille, & sur iceus taillent les pierres desquelles on fait la chaus. Dãs cette fosse y à plusieurs fornaises fort grandes, là ou l'on fait la chaus des pierres, qui se tire de ces rochers, & en y à de telles qui pourroyent tenir jusques à six mille setiers de chaus, que les gentils-hõmes plus nobles, qu'opulens font cuire. Du coté du Ponant hors le pourpris de la cité, y à enuiron cent cabanes, fabriquées sur le riuage du fleuue, qui sont habitées par ceus qui blanchissent les toiles, lesquelles ils trampent quand le temps est beau, & calme :

Grande foire, & marché merueilleus là ou trafiquẽt aussi les gentils-hõmes.

Aa 5 puis

puis les étendent sur vn pré le plus prochain des cabanes, & lors qu'elles sont essuites, ils puisent de l'eau du fleuue auec des seilles de cuir, à anserons de bois, & l'epandent sur ces toiles, les laissans en cette sorte jusques au soir, qu'ils les retirēt dans leurs cabanes, dont les prez qui les enuironnēt entretiennent leurs herbes tout le long de l'année tousiours en verdeur, & fleurissantes, object, qui recrée merueilleusement la veuë & qui satisfait grandement aus personnes, lesquelles contemplent de loing sous parfaite blancheur vne naïue verdure, qui par sa reuerberation rend les ondes de ce fleuue azurées: subjet qui incite plusieurs poëtes à composer des carmes pleins de faconde, & elegance.

¶ Sepultures communes hors le pourpris de la cite.

Vtour de la cité y à plusieurs lieux deputez pour mettre les corps morts, que les gentils-hommes font enseuelir, & mettre en commune sepulture, qui est telle. Ils mettent sur le corps mort, quand il est en terre, vne pierre en forme triangulaire, mais longue, & plate. Aus personnes notables, & de reputation, ont coutume mettre deuers le chef vne lame de marbre, & vne autre aus pieds, sur icelles faisans grauer des vers, en consolation d'vn tel passage, tant craint, & amer: puis au dessous est écrit le nom,

DESCRIPT. D'AFRIQVE. 190

nom, & la lignée d'vn chacun, auec l'an, & le jour qu'ils decederent. Ce que voyant auec la meilleure diligence, que je peu, je retirai tous les Epitafes que je trouuay non seulement à Fez, mais par toute la Barbarie, dans vn petit volume : duquel je fey present au frere du Roy (qui regne aujourdhuy) lors, que son pere passa de ce monde en l'autre. Entre ces vers il y en à aucuns qui sont pour encourager les mortels contre les assaus de la mort : les autres sont d'vn stile qui induit à tristesse, & melancolie, ceus qui les lisent.

L'auteur fit vn recueil des epitafes tant de Fez, q̃ de toute la Barbarie.

Sepultures des Roys.

Il y à vn palais hors la cité, du côté de Tramontane, situé sur vn assez haut coutau, là ou se peuuent veoir plusieurs, & diuerses sepultures d'aucuns Roys de la famille de Marin, lesquelles sont decorées de fort beaus ornemens, & pierres de marbre, auec Epitafes, & lettres grauées en icelles, enrichies de viues couleurs : tellement qu'elles laissent les regardans non moins émerueillez par l'objett de leur superbe structure, comme grandement satisfait, par l'artifice nompareil de l'ouurage incomparable, qui y est representé.

Vergers & jardins.

De la partie de Tramontane deuers le Leuant et Midy, y à grãde quãtité de jardins, qui sont arrousez par petis ruisseaus prouenãs du fleuue : et là sont pduits des fruits de toutes sortes, sur arbres q̃ sont

sont hauts, & fort gros, & de telle épesseur, que ce lieu semble mieus auoir montre de bois, qu'autrement, là n'est la coutume cultiuer le terroir qu'il ne soit par tout arrousé, qui cause, qu'il produit des fruits en grande abondance, & d'vne parfaite bonté, fors les pesches, qui n'ont gueres bonne saueur. La commune opinion est, qu'on vend en la saison tous les jours cinq cens sommes de ces fruits qui sont portez en vn lieu de la cité ou l'on paye la gabelle, & là se vendent à l'ancant, en presence des fruitiers, en la place ou se vendent semblablement les Esclaues en payant la gabelle d'iceus. Outre ce de la partie de deuers Ponãt y à vn terroir, qui contient quinze mille en l'argeur, & trẽte en longueur estant de la dependence du temple majeur, qui est tout couuert de fleuues, & fontaines pour cette commodité, les jardiniers la tiennẽt à louages, y semans grande quantité de lin, coucourdes, citrouilles, poureaus, raues, refors, chous vers, pommes, & telles autres herbes. Tant y à, que ces jardins rendent en temps d'esté quinze mile charges de fruits, & autãt en yuer, au moins la commune opinion est telle. Et n'y à autre incommodité, sinon que l'air du lieu, ou des enuirons est mauuais: tellement q̃ la plus part des habitans est de couleur jaunâtre, sujette à fiéures ordinaires, qui tuent vne grande multitude de peuple.

De-

Description de Fez, cité neuue.

La neuue cité de Fez est toute ceinte de hautes, & tresfortes murailles, edifiée en vne belle pleine, pres du fleuue, distante de Fez l'ancienne, enuiron vn mille du côté de Ponant, & tirant quasi deuers le Midy. Entre les deux murailles se voit entrer, & passer vne partie de fleuue du côté de Tramontane, là ou sont les moulins, & l'autre partie du fleuue se diuise en deux, dont l'vne prend son cours entre Fez la neuue, & ancienne: là ou elle vient à entrer du côté de Midy. L'autre partie passe par la forteresse, & college du Roy Abu Henon. Cette cité fut edifiée par Iacob fils d'Abdultach premier Roy de la maison de Marin, lequel expulsant les Rois de Maroc, s'empara de leur Royaume: & du temps qu'il leur faisoit guerre, il estoit grandement molesté du Roy de Telensin, tant en faueur de celuy de Maroc, comme pour ne laisser prendre plus grandes forces à la maison de Marin, & l'empescher de tout son pouuoir qu'elle ne vint à se faire grande. Or comme Iacob eut heureusement (& nō autrement qu'il le souhaitoit) donné fin à cette guerre contre les Rois de Maroc, il luy print enuie se resentir du trauail, & ennuy, que luy auoit fait endurer le Roy de Telensin: pour à quoy mieux faire sortir son effet, delibera de construire cette cité au lieu ou elle est, & en icelle poser le siege Royal. Ce qu'il feit, la nommant, Cité blanche: mais ce

Abdultach premier Roy de la maison de Marin, dans Fez.

Iacob, fils de Abdultach, edifie Fez la neuue.

nom luy fut puis apres par le vulgaire tranſmuë, qui l'appella Fez la neuue, que le Roy feit diuiſer en trois parties, en l'vne faiſant édifier le palais Royal, & d'autres pour ſes enfans, & freres: ordonnant que chacun d'iceus fuſt garny d'vn beau verger. Puis feit eriger aupres de ſon palais vn temple fort ſomptueus, bien orné, & en bon ordre. En la ſeconde feit bâtir des grandes étables pour les cheuaus de ſon écuyrie, auec pluſieurs autres palais pour ſes capitaines, & plus familiers de ſa perſonne. Depuis la porte, du côté de Ponāt juſques à celle qui regarde vers Leuant, feit faire la place de la cité, qui cōtient en longueur l'eſpace d'vn mille & demy. De chaque côté ſont les boutiques de toute ſorte de marchans, & artiſans. Pres la porte du Ponant, (qui eſt à la ſeconde muraille) feit faire vne grande loge enuironnée d'autres petites, là ou demeuroit le capitaine, garde de la cité, auec ſes ſouldats: là aupres voulut faire édifier deux étables, ou pouuoyēt demeurer au large deux cens cheuaus deputez à la garde du palais. La tierce partie fut ordonnée pour les logis des gardes de corps de ſa majeſté, cette garde eſtoit d'vne certaine generation Orientale, qui auoit bonne prouiſion, et portoit des arcs pour ſes armes : à cauſe que de ce temps là les Africans n'auoyent encore l'vſage d'arbalétes. Maintenant cette place eſt couuerte de pluſieurs temples, & étuues fort belles, & ſomptueuſes. Le lieu ou ſe bat la mounoye, eſt aupres du palais du
Roy,

DESCRIPT. D'AFRIQUE.

Roy, & en forme d'vne place carrée : estant enuironnée d'aucunes petites logettes, là ou demeurent les maitres : puis au milieu d'icelle y à vne loge seule, qui est le logis du maitre de la monnoye, auec notaires, & écriuains : pource le Roy peut disposer de l'office de cette monnoye ne plus ne moins cōme aus autres lieux. Pres de là, y à vne autre place, ou sont les boutiques des Orfeures, de leur Consul, & de celuy, qui tient le seau, & la forme de la mōnoye. Car dans Fez il n'est permis de faire vn anneau, q̃ premieremēt le metal ne soit séellé, sinon au grand preiudice de celuy qui le voudroit vendre : mais le signet y éstant ajouté, on le peut exposer en vente, et mesme en vser cōme de la propre & legitime monnoye. La plus grāde partie de ces orfeures est de nation Iudaïque, qui fait les ouurages dans Fez la neuue, pour puis apres les porter vendre dans l'ancienne, en vne place qui est ordonnée pour ce faire, tout aupres des apoticaires : à cause qu'on ny oseroit batre mōnoye ny argent : joint aussi qu'il n'est permis aus Mahommetans d'exercer le metier de orfeuerie, car ils éstiment estre vsure de vendre les choses d'or, ou d'argēt, plus, qu'elles ne pesent : mais il plait ainsi aus seigneurs qui permettēt aus Iuifs de le faire, entre lesquelles il y en à d'aucuns, qui font des ouurages pour les citoyēs, sans y faire autre gaing, sinō ce qu'on leur dōne pour leur manifacture. Cette partie, que souloyent anciennement tenir les archers, est habitée par les Iuifs pour raison
que

Metal séellé.

Orfeurerie defendue méme aus Mahommetans.

que les Rois de nôtre temps ont caßé cette garde. Car ils demeuroyent premierement en l'ancienne cité: mais la mort d'vn Roy n'estoit pas plus tôt diuulguée, qu'ils estoyent par les Mores incontinent saccagez. Or pour à ce remedier, il faloit q̃ les Rois les feißent déloger de Fez l'ancienne pour venir resider en la neuue, leur imposans double tribut, pour les auoir jetez hors d'vn tel danger, & remis en lieu, ou ils sont maintenant en aßeurance, qui est en vne forte longue, et large place, ou sont leurs synagôgues, maisons, & boutiques: & est allé ce peuple fort en augmentant, de sorte qu'on n'en sauroit aujourdhuy sauoir le nombre, mesmement depuis que les Iuifs furent dechaßez par le Roy d'Espagne. Ils sont en derision à tous, & ne leur est permis de porter souliers, au moyen dequoy ils sont cõtrains de faire pantoufles de jones marins, auec certains turbans noirs en teste, & ceus, qui ont enuie de porter bonnets ne le peuuent faire, sans y atacher vne piece de drap rouge, & sont tributaires au Roy de Fez, de quatre cens ducats par mois. Tant y a, que cette cité fut par l'espace de cent quarante ans ceinte de fortes murailles, somptueus temples, & beaus palais, & colleges, & de tout ce qui est neceßaire pour rendre vne cité magnifique. Et pense, que ce qui fut dependu aus ornemẽs, surmonta la somme des murailles, & du principal de la cité. Au dehors d'icelle furent faites certaines grandes roües sur le fleuue, pour épuiser l'eau d'iceluy,

&

DESCRIPT. D'AFRIQVE.

& la jetter sur les murailles, là ou il y a quelques canals par ou elle s'écoule, & prend son cours aus palais, temples, & vergers. Ces rouës ont esté faites de nôtre temps : c'est à sauoir depuis cent ans en çà, pour autant qu'au parauant l'eau entroit dans la cité par vn aqueduct, qui sortoit d'vne fontaine, distante enuiron dix mille, & s'appuyoit l'aqueduct sur des arcs bien mignonnemēt dorez, par l'inuention d'vn Geneuois, qui de ce tēps estoit fort fauorit du Roy : & les rouës furēt faites par vn Espagnol, qui les rendit (à dire vray) admirables : veu que la force, & choc continuel des vagues, & ondes impetueuses, ne les sauroit faire tourner que vingt & quatre tours, tant le jour que la nuict. Il reste encore à dire que peu de gens nobles font demeurance en la cité : & n'y a que ceus qui descendent du vray tige des Seigneurs, & quelque courtisan. Ce qui s'y trouue de plus, est de personnes nō nobles & exerçans les offices que se dédaignent tenir les hommes de reputation, & d'honneur : estans encore beaucoup plus scrupuleus de donner aucune de leurs filles à ceus qui les frequentent.

C'est vn cōduit à amener l'eau en quelque lieu.

Ordre & police gardée, quant à la maniere de viure de la court du Roy de Fez.

Entre tous les Seigneurs, il ne se trouue qu'aucun ayt esté creé Roy ou prince par election, ny appellé au gouuernemēt de quelque cité ou prouinçe:

Les Pontifes ont seuls la seigneurie par la Loy de Mahommet.

Loy de Mahommet abbatue, & le droit des Pontifes cassé.

uince : car en la Loy de Mahommet n'à personne qui se peut dire seigneur naturel de quelque lieu q̃ ce soit, sinon les Pontifes seulement : mais incontinent que leur puissance comença à s'ebranler, & amoindrir, tous les principaus & conducteurs des peuples qui demeuroyent au desert, ne furent endormis ny negligens à s'accôter aus pays habitez, établissans par force d'armes plusieurs Seigneurs contre la Loy de Mahommet, & droit des Pontifes : comme il est auenu en Leuant que les Turcs, Curdes, Tartares, & autres, venant de celle part prindrent l'autorité de commãder à ceus, qu'ils cognoissoyent en force leur estre inferieurs : semblablement en Occident, & par mesme moyen regna le peuple des Zenetes, si feit celuy de Luntune, puis apres les Predicateurs & finablemẽt la famille de Marin s'empara des seigneuries. Vray est, q̃ le peuple de Luntune vint en faueur, & au secours des peuples du Ponant, pour les deliurer des mains des heretiques, qui fut cause qu'ils acquirent l'amitié, & beneuolence des peuples susnommez : mais sous couleur de se montrer affectionnez à la liberté d'iceus, ils commencerent puis apres à les tyrannifer cõme il s'est veu. Donques pour cette raison les seigneurs ne viennẽt maintenãt à s'emparer des lieux cõme vrais possesseurs et heritiers legitimes : encore moins par election du peuple, des capitaines, ny des principaus : mais auãt q̃ les princes soyent de mort preuenus, cõtraignent & lient par fermẽt les plus grans

grans de la court, à élire & créer princes leurs enfans ou freres apres leur decés. Si est-ce q̃ rarement on voit obseruer telles cõuenances & juremẽs: pour ce qu'il se voit ordinairemẽt que celuy, qui reuient mieus au peuple, soit retenu pour seigneur. En cette sorte prede lon à l'election du Roy de Fez, lequel apres sa creation & estant publié Roy, choisit vn des plus nobles du Royaume pour Cõseiller, et pour son reuenu il luy assiet la tierce partie. Puis en prend vn autre, qui le sert de Secretaire, Tresorier, & maitre d'hôtel. Il élit apres les capitaines de la caualerie, deputée à la garde du Royaume : & demeurẽt ceus-là le plus souuẽt à la cãpagne. Apres il établit vn Gouuerneur en chaque cité de son domaine, qui joüist des vsufruis d'icelles, sous la charge de tenir à ses propres frais & dépẽs vn tel nõbre de gẽs, qu'il est dit, tous appareillez à tous auenemans qui pourroyẽt suruenir au Roy, & toutes & quantefois qu'il semblera bon à sa majesté d'assembler vne gendarmerie. Outre ce, il ordonne certain nõbre de commissaires & facteurs sur ceus qui habitent aus mõtagnes, & encore sur les Arabes, qui sont comprins dans les limites de son domaine, là ou les Commissaires administrent Iustice, selon la diuersité des Loix de ce peuple. Les facteurs sont deputez pour leuer & receuoir le reuenu des lieus & tenir bon conte & suffisant, des payemẽs tant ordinaires qu'extraordinaires. D'auãtage il retiẽt quelques Barõs, qui sont appellez en leur lãgue, Gardes:

Creation du roy de Fez, & de ses ordõnances.

vn chacun de ceus-cy tient vn château, ou bien deux vilages, d'où ils peuuent tirer vn reuenu qui est sufisant pour leur viure, & pour les maintenir en bon equipage, pour honnorer le Roy de leur presence en l'exercite. Il tiět encore quelques cheuaus legers, ausquels il fait les dépens, quand ils sont au camp, & en temps de paix leur fait distribuer du grain, du beurre, & de la chair salée pour vn an, & vn bien peu d'argent, mais en recompence de ce, sa Majesté les fait vétir vne fois l'année, sans qu'ils ayent aucun soin de leurs cheuaus qui sont dehors, & dedans la cité : pource que le Roy les fournit de tout ce, qui leur est besoin. Tous les valets d'étable sont esclaues Chrétiens, qui ont les pieds entrauez d'vne grosse chaine de fer, hors mis que quǎd l'exercite marche, on les fait mōter sur chameaus, cōbien que pour iceus gouuerner y à encore vn autre Commissaire, lequel donne party aus pasteurs, leur diuisant les campagnes, & faisant prouision d'vn tel nōbre de chameaus qu'il pense estre necessaire pour les affaires du Roy : puis chacun chamelier tient tousiours deux chameaus en ordre pour charger selon ce, qui luy est cōmandé. Ce seigneur tient encore vn viuandier (qui à la superintendence sur les valets de cuisine) ayant charge de fournir, garder & distribuer les viures pour sa majesté, & exercite d'icelle : & tient cettuy-cy dix ou douze pauillōs fort grans, où il met les viures, chāgeant & rechangeant continuellemēt de chameaus pour refraichir

tou-

tousiours le cāp, de peur qu'ils n'y viennent à manquer. Il y à puis vn maitre d'hotel, qui à la cure & soin de tous les cheuaus, mulets, & chameaus du Roy, estāt fourny de tout ce qu'il luy est besoin par le viuandier, tant pour cecy, cōme pour sa famille, qui en à le gouuernemēt. Sur les auoines semblablemēt est ordōné vn cōmissaire, lequel en fait porter & de l'orge pour les bestes ayant sous soy notaires & écriuains pour tenir par écrit la quantité de l'auoine, & orge, qui se distribue pour puis apres en rendre conte au maitre d'hotel. D'auātage il tient vn capitaine de cinquāte cheuaus, qui sont en guise de courriers, faisans les impositions de par le Secretaire au nom du Roy. Il tient encore plus vn autre capitaine fort honorable, qui est comme le chef de la garde secrette : ayans puissance de commāder de la part du Roy aus autres officiers ce qu'ils ont à faire : cōme confiscations, executions, & administration de Iustice. Il peut faire saisir au corps les grans personnages mesmes, les mettre en prison, & vser enuers eux de toute rigueur de Iustice, au moindre commandement du Roy : lequel tient aupres de soy vn fidele Chancelier, qui à en main & garde le seau, & cachet de sa majesté, dictant luy mêmes les missiues pour icelle, qu'il cachete aussi auec le seau. Quāt aus laquets, ou estafiers, ils sont en grande quātité, ayans vn capitaine qui les peut receuoir & demettre, & leur assigner plus grād ou moindre salaire, selō qu'il les conoit estre suffisans.

Bb 3 &

Et lors, que le Roy sied en audience, ce capitaine y assiste tousiours, faisant quasi l'office d'vn chef de chambre. Outre ce, il tient encore vn autre capitaine, sur les charrois, qui est vn office de faire porter les pauillons, pour loger les cheuaus legers de sa majesté: lesquels se portent sur mulets, & ceus des soldats sur chameaus. Le Roy aussi tient vne bande de Port-enseignes, qui portent les étendars pliez, fors l'vn d'entre eux, qui porte deuant l'exercite l'enseigne en l'air depliée, & sont tous guides, sachans les chemins, les guets des riuieres & passages des bois: portans à cheual certains tabours faits de cuiure en la forme d'vn grand bacin, larges dessus, étroits par dessous, & couuers de peau au dessus: mais il tienent au deuant quelques côtrepois, pour ce qu'ils sont assez pesans. Les cheuaus que cheuauchent ceus-cy, sont des meilleurs, plus adroits, & mieus courans qu'on en sauroit trouuer: à cause de quoy ce ne leur est peu de hôte & reproche, quād ils laissēt perdre leurs tabourins, qu'ils touchēt si fort, que le son horrible, & vehement en est ouy de bien loing, n'épouantant seulement les braues cheuaus, par leur terrible tintamarre: mais faisans trēbler le cœur aus cheualliers de tant magnanime courage soyent ils acōpagnez: car ils sont frapez d'vn bras roide & puissant, auec le membre nerueus, de taureau & endurcy. Les trōpettes qui sont aussi bien employées à la table du Roy, comme aus écarmouches & batailles, ne sont tenus aus dépens d'iceluy,
ains

ains ceus de la cité sont obligez de leur faire vne certaine somme de deniers. Outre ce, il y à vn maitre des cerimonies, qui demeure ordinairement aus pieds de sa majesté, lors qu'elle entre en conseil, ou donnant audience: & est son office d'ordonner les places, & faire parler les vns apres les autres, se-

Portrait d'vn des Eunuqs qui sont cõmis à garder la Roine de Fez.

lon que la qualité des étas le requiert. La plus grande partie de la famille du Roy consiste en esclaues noirs, desquelles s'élisent ses damoyselles, & chambrieres. Neantmoins il prend tousiours sa femme blanche, tenāt des esclaues Chretiennes qui sont Espagnoles, ou Portugaloises, & cōmet toutes ses femmes sous la charge d'Eunuques noirs & esclaues. Vous asseurāt qu'il a vn petit reuenu, à cōparaison de la grāde étendue des pays, qui sont sous sa puissance, de sorte que ce qu'il en retire, ne sauroit monter à la valeur de trois cens mille ducats, dont la cinquantiéme partie ne reuient pas encore entre ses mains : pource qu'elle est assignée comme nous auons déja dit : & la plus part de ces deniers prouient des grains, du bétail, des huiles, & du beurre, qu'il faut retirer par diuerses manieres : d'aucūs en y à qui payēt vn ducat, & le quart par an, pour autant de terre que sauroit labourer vn couple de beufs en vne journée. En d'autres lieus se paye vne certaine somme pour tant de feus. Il y en à d'autres, là ou pour tous hommes de quinze ans en sus, ont esté obligez à la méme somme : & en d'autres, les hōmes et femmes sont tenus à semblable tribut. Mais dans la cité il n'y à si grosse imposition qui se puisse egaler à la gabelle, laquelle est excessiue & demusereé : cōbien qu'il soit expressement defēdu par la loy Mahommetane de n'imposer autres subsides, que ceus qui furent par Mahommet ordonnez qui sont tels : Tous ceus qui anront cent ducats cōtent, seront tenus de payer au seigneur deux ducats & demy, par chacun an, tant qu'ils anrōt le maniemēt de ces deniers : Et tout homme qui recuillera de ses terres dix setiers de grain en donnera

Subsides imposez par Mahōmet.

la dixiéme partie: & veut q̃ tel reuenu soit cõsigné entre les mains des Pontifes, qui hors les necessitez des seigneurs, les peuuent distribuer pour l'vtilité publique, en suruenir aus pauures malades, & à soutenir la guerre contre les ennemis. Mais depuis que la puissance d'iceus à cõmencé à decliner, (comme on vous à fait entendre au parauant) les Seigneurs se sont incontinent jetez & adonnez à grandes tyrannies, & extorsions sur le populaire, & ne leur sufit pas d'auoir vsurpé par vne conuoitise insatiable, tout ce beau reuenu, l'auoir distribué selon que bon leur à semblé, & là ou leur afection les à tirés mais (chose fort dure à suporter) ont de sur croit imposé de griefs subsides, tailles, & tribus: tellemẽt qu'il se trouuera peu de paisans en Afrique, qui se puissent veoir le moyen pour épargner, tant qu'ils ayent pour eus couurir, & sustanter leurs cors: dont auient que nul homme docte, ou craignãt de maculer sa conscience, ne veut en sorte que ce soit conuerser en la compagnie des Seigneurs temporels, encore moins se seoir à leur table, sauourer de leurs viandes, ny accepter aucuns presens qu'ils sachent venir de la main d'iceus: pource que leur bien (disent ils) est plus injustement aquis, que s'il auoit été derobé. Or outre ce, le Roy tient encore cõtinuellement six mille cheuaus soudoyez, cinq cens arbaletiers, & autant d'harquebusiers à cheual, tousiours apareillés à choquer au moindre rencontre qui leur sauroit suruenir. Mais en temps de

paix

paix ils s'eloignẽt de sa majesté enuiron vn mille: & cecy s'entend, quand il est à la campagne: car dans Fez il n'à que faire de garde. Et s'il auient que trop importuné par les Arabes, ses ennemis, il soit contraint de leur mouuoir guerre, six mille cheuaus ne sont pas sufisans pour icelle soutenir, mais il demande secours aus Arabes, qui luy sont sujés: & à leurs dépens & frais il met en la campagne vne grande caualerie, qui est beaucoup plus experimentée aus ruses de guerre, que ne sont les six mille cheuaus ordinaires du Roy: lequel ne se delecte guere des pompeuses cerimonies, mais venans les jours des festes par eus solennellement celebrées, il faut qu'il s'y acommode: & y procede en cette maniere. Quand il veut cheuaucher, le maitre des cerimonies en fait premierement auertir les courriers, au nom du seigneur: qui le font incontinent entendre aus parens de sa majesté, Capitaines, Gardes, & autres cheualiers, qui se trouuent tous ensemble sur la place qui est hors le palais, & par toutes les ruës prochaines. Puis sortant le Roy du palais, ces courriers diuisent l'ordre de toute la caualerie. Premierement marchent les porte-enseignes: puis les tabourins, apres suit le maitre d'écuerie, auec ses familiers, & ministres. En-apres vient le viuandier, acompagné de tous ceus qui sont sous luy, apres marchent les Gardes: puis le maitre des cerimonies: consequamment les Secretaires du Roy, le Tresorier, le Iuge, & le Capitaine de l'exercite.

Ordonnãce & cõpagnie du Roy, de Fez, quand il cheuauche.

Apres

Apres tous ceus cy cheuauche le Roy, acompagné du Conseiller, & de quelque Prince : puis l'vn des oficiers, qui vont deuãt sa majesté, porte l'epée, l'autre l'écu, & vn tiers l'arbalete. Autour de luy sont les estafiers : dont l'vn d'iceus porte la pertuisane, l'autre la couuerture de la selle, auec le licol du cheual, que cheuauche sa majesté, laquelle prenant enuie de mettre pied à terre, on couure la selle auec icelle couuerture, & met on le licol sur la bride du cheual pour le tenir. Il y à vn autre estafier, qui porte les mules du Roy, faites à beaus ouurages, pour plus grande pompe, & reputation. Suiuant le Roy cheuauche le gouuerneur des estafiers : puis les Eunuques, ensuiuis par ceus de la maison du Roy : derriere icelle marchent les cheuaus legers, puis apres, & en dernier rang s'acheminent les harquebusiers, & arbaletiers. Le Roy n'est point trop excessif en habis, ains vse d'vne telle mediocrité en iceus, voire & si grande, que sans l'auoir cogneu premierement, on ne le sauroit discerner d'entre vn autre homme priué : & ses estafiers mémes sont vétus plus richement que luy. Outre plus la Loy Mahommetane defend à tous seigneurs de ne porter corone en téte, ou autre dyadême. Si le vouloir du Roy est de demeurer en campagne, on dréce premierement sa tente, qui est en forme quadrangulaire, retirant à la muraille d'vn chateau, auec ses creneaus, & sont les angles par egale distance elongnés l'vn de l'autre en longueur

La Loy Mahommetane défẽd de ne porter corone en téte.

de

LIVRE III. DE LA

L'ordre q̃
le roy tiẽt
allant sur
les cháps

de cinquante coudées : estant à chacun coin vne tournelle faite de toile, auec ses merles, & couuertures, & quelques belles pommes resamblantes à l'or posées sur le sommet d'icelles tournelles : puis à chaque face y á vne porte là ou est assise la garde des Eunuques : & au milieu de ce tabernacle y á quelques pauillons. La chambre ou repose le Roy, est acoutrée en sorte, qu'elle se peut trousser, & drecer sans grande difficulté. Alentour du tabernacle y á tantes, pour les oficiers, & plus fauoris du Roy : au tour d'iceus sont ordinairement drecés les pauillõs des Gardes, qui sont faits de peaus de cheures, en la sorte de ceus des Arabes. Quasi au milieu est la cuisine, dépence, & tinel, ou mange la famille du Roy qui sont tous fort grãds pauillons, & là aupres sont ceus ou logent les cheuaus legers, qui mangent tous au tinel de sa majesté d'vne maniere fort vile. Vn peu plus loin sont les étables, qui sont quelques peu couuertes, ou se logent les cheuaus par rang, & les vns pres des autres. Hors le circuit des pauillons, sont les muletiers des charrois du Roy, les boutiques des bouchers, merciers, & celles des poissoniers. Les marchans, & artisans qui suiuent le camp, se parquent aupres des muletiers : tellement, que les habitations du Roy viennent à prendre la forme d'vne cité : à cause que les pauillons des Gardes seruent comme de rampars, ou murailles, étans tellement disposés, & serrés si pres l'vn de l'autre, qu'on n'y sauroit entrer, sinon par les portes ordonnées.

nées. Et se fait le guet tout le long de la nuit autour le tabernacle du Roy: mais de personnages biẽ vils, & abjets, qui ne portent aucunes armes ofensibles, ny defensibles. Semblablement se fait la garde à l'enuiron des étables: mais il auient souuentefois par la poltronnerie, & nonchaloir de ceus, qui y sont ordonnés, que non seulemẽt les cheuaus sont derobés, mais qu'on vient à trouuer des ennemis dans le pauillon du Roy mémes, & y sont autrefois entrez en propos deliberé pour le faire mourir. La plus grande partie de l'année, sa majesté fait residence en la campagne, partie pour seure garde de son Royaume, partie aussi pour maintenir en paix & vnion les Arabes ses sujets: en quoy faisant, il s'adonne à la chasse, & se delecte grandement du jeu des echés. Ie ne doute pas, que je ne me sois-rendu vn peu moleste, m'arrétant à vne si longue, & particuliere description de la cité de Fez, mais il m'étoit necessaire de m'étendre sur cette matiere, tant pource que cest le lieu, ou gît le comble de toute la ciuilité, & aornement de Barbarie, ou auquel consiste le tout, & meilleur de l'Afrique, comme pour donner ample information de la moindre qualité, & condition qui soit en cette cité.

¶ Macarmeda, cité premiere, pres la neuue cité de Fez.

MAcarmeda, est vne cité prochaine de Fez enuiron vingt mille du côte de Leuant, qui fut édifiée par les seigneurs de Zenete en vne belle plaine, ue, sur vne petite riuiere, ayant à son riuage, plusieurs vergers, & vignes. Anciennement le circuit d'icelle souloit auoir vne grande étenduë, & étoit en mœurs fort ciuile. Les Rois de Fez auoyēt coutume de la bailler aus chefs des chameliers: mais par les guerres de Sahid elle fut sacagée, & abandonnée, sans qu'il en aparoisse aujourdhuy autre chose, que les murailles. Le territoire s'arrente aus gentils-hommes de Fez, & à quelque paisan.

Hubbed, chateau.

Hubbed est vn chateau edifié sur vne haute montagne, distant enuiron seze mille de Fez, laquelle auec sa cõpagne se peut découurir de ce lieu: & fut bâty par vn hermite, qui par le populaire de Fez étoit estimé saint. Il n'y à pas autour grand territoire habité: à cause dequoy les maisons sont tombées en ruine, fors les murailles du temple, toutefois ce peu de terre qui y est, dépend du temple de la cité. J'ay logé en ce chateau quatre étez, pource que l'air y est fort doux & temperé, le lieu fort solitaire, mais, trescommode à ceus qui auroyent enuie de vaquer aus lettres, & y logeay encore de rechef: pourautant que mon pere acensa le lieu par long temps de la garde du temple de Fez.

Zauia cité.

Zauia, est vne petite cité, edifiée par Giu, second Roy, de la maison de Marin, et distante de Fez par l'espace de quinze mille, en laquelle ce Seigneur feit fonder vn grand hopital, ordonnant d'etre inhu-

humé dans cette cité, mais fortune empêcha son deſſein, rendans vaines ſes pensées : pource qu'il fut
tué au ſiege de Telenſim, là ou il étoit campé. Depuis Zauia fut demolie, fors l'hopital, qui demeura en ſon entier, mais le reuenu vint au temple majeur de Fez, & fut cultiué le terroir par les Arabes, qui confirent auec le territoire d'icelle cité.

Chaulan, chateau.

Chaulan eſt vn antique chateau ſur le fleuue de
Sebu, loin de Fez enuiron huit mille du coté de Midy, au dehors d'iceluy y à vn bain d'eau, qui eſt
chaude, là ou Abulheſen quatriéme Roy de la famille de Marin feit drécer vn ſomptueus édifice,
de telle beauté & commodité, que les gentils-hommes de Fez ont coutume de s'y transporter vne fois
l'année au mois d'Auril, & là ſejournent quatre
ou cinq jours par maniere d'ébat, mais les habitans
ſont fort inciuils, & auares outre meſure. Bain d'eau chaude.

¶ Zelag, premiere montagne, en la re-gion de Fez, cité neuue.

Zelag eſt vne montagne, laquelle prẽd
ſon commencement au fleuue de Sebu
qui tient de la partie du Leuant, &
s'etend deuers Ponant enuiron qua-
torze mille, dont la ſommité eſt prochaine de Fez
enuiron ſept mille. Le côté, qui répond deuers Midy, eſt tout inhabité, mais celuy, qui eſt à l'opoſite
de Tramontane, eſt plein de petis coutaus, ou il y à
vne

une infinité de vilages, & chateaus, & peu s'en faut, que tout le territoire ne soit couuert de vignes, qui produisent les meilleurs & plus doux raisins qu'il me souuienne auoir jamais gouté. De semblable bonté sont les oliues, & en somme tous les fruits de ce territoire, pour autant qu'il est en lieu aride & sec, rend les habitans fort riches, & opulens: tellement qu'il ne s'en trouuera pas vn entre eus, qui ne possede quelque maison en la cité, outre ce, que les gentils-hommes ont quelques vignes en cette montagne, là ou il y à du côté de Tramontane, & au pied d'icelle, de fort belles plaines, fertiles en grain, & bonnes pour jardinages, à cause que le fleuue de Sebu arrouse la plaine du côté de Midy, & font les jardiniers auec leurs ferremens certains conduis, par ou ils font sortir l'eau dequoy ils arrousent la terre, tant que deux cens paires de beufs en s'auroyent labourer. Cette plaine est assignée pour prouision, au maitre des cerimonies: mais il n'en sauroit tirer de reuenu par an plus de cinq cens ducats: à cause que la decime va à la chambre du Roy qui en reçoit quasi trois mille setiers de grain.

Zarhon montagne.

Zarhon, montagne, commence à la plaine d'Esais, distante de Fez par l'espace de dix mille, & s'etend deuers Ponant en longueur enuiron trente mille, & dix en largeur: Elle resemble de loin vne forest, grande & deserte: dont les arbres sont tous pluuiers, & contient enuiron cinquante hameaus,

&

DESCRIPT. D'AFRIQVE.

& chateaus, les habitans d'iceus sont fort riches: pource que le mont est situé entre deux grosses citez, ayant du côté d'Orient celles de Fez, & du Ponant la cité de Mecnase. Les femmes tissent les draps de laine à l'vsance du pays, & vont magnifiquement ornées d'anneaus et brasselets d'argent. Les hommes sont tresforts & dispos, qui s'adonent à chasser & prendre les Lions qu'ils presentent au Roy, qui a coutume de faire vne chasse en vne court fort large dedans la Citadelle, là ou il a des casses de telle hauteur, qu'vn homme y peut facilement demeurer sur pied, & dans chacune d'icelles y en a vn tout armé auec vne pertuisane en main. Lors on vient à délier vn Lyon en cette court, & d'autre côté, ceus qui sont armez deserrent vn petit guichet, lequel le Lion n'apperçoit pas tôt ouuert, qu'il marche vers le premier, qui le voyant pres de la porte, la reserre incontinet, & continuent tant qu'ils le rendent merueilleusement émeu & prouoqué, tant que sus cette furie, & rage on luy presente vn taureau en frõt au moyen dequoy tous deux donnent cõmencement à vne mélée fort terrible, & dãgereuse escarmouche, Que si en icelle pour suiuant auient, que le Lyon soit acablé & tué par le taureau, ce jeu prend fin pour ce jour là, mais aue-nant le contraire, il faut que les hommes armez sortent en place pour donner le choc au Lyon, tenans en main certaines pertuisanes, qui ont pres de trois pieds d'alumelle: & si les hõmes le rangent, le Roy fait

Combat du Lion & du taureau, & aussi des hõmes.

fait diminuer leur nombre. Mais si le Lyon leur peut faire téte, & resister à leurs forces, à l'heure sa majesté, auec les courtisans décoche des fléches du haut des galeries où il est, & luy fait on rendre les abois. Toutefois le plus souuẽt il ne meurt pas, que quelqu'vn des assaillans ne sente combien est dangereuse la flamine de sa rage, en luy faisant compagnie : auec ce qu'il en laisse tousiours quelqu'vn, qui par l'ataimte de sa poignante pate, porte témoignage qu'il y à touché. Le Roy donne à chacun des combatans dix ducats pour se hazarder à tel peril, & les fait habiller tout de neuf. Mais homme n'est receu en ce combat, qu'on ne le sente de cœur magnanime, vaillant, & habitant de la montagne de Zalag, ou de ceus qui poursuiuant les Lyons par les campaignes & forets font leur residence en la montagne Zarhon.

Galili, cité en la montagne de Zarhon.

Galili, est vne cité jadis édifiée par les Romains sur la sommité de la montagne, du temps qu'ils possedoyent la Betique de Grenade, & l'enuironnerent de murailles & de grosses pierres, & entaillées contenans en leur circuit enuiron six mile, auec les portes, qui estoyent hautes, & spatieuses : neantmoins la cité fut ruinée, mais elle fut remise en étre par Idris scismatic, si tôt qu'il fut paruenu en cette region, vray est, qu'apres son deces il laissa vn fils, qui abandōnant cette cité, feit edifier celle de Fez, cõme il à esté desia dit, toutefois Idris fut dans Gualili

Betica prouice d'Espagne prenant son nom du fleuue Betis.

lili inhumé, là ou sa sepulture est venerée & visitée quasi de tous les peuples de Moritanie : pource
qu'il ne fut guere moins que Pontife : joint aussi,
qu'il estoit extrait du lignage de Mahōmet. Maintenant il ne se trouue en la cité, que deux ou trois
maisons deputées au seruice du Sepulcre : mais à
l'entour du circuit, le territoire est fort bien cultiué, & y a de gentils jardins, & belles possessions, à
cause que dans la cité sourdent deux fontaines, qui
s'écoulent par certains côtaus & valées, là ou sont
situées icelles possessions.

Palais de Pharao, cité.

Le palais de Pharao, est vne petite & ancienne
cité, que les Romains edifierent sur le haut d'vne
mōtagne, prochaine de Gualili enuiron huit mille.
Le peuple de cette mōtagne (selon plusieurs historiens) est d'opinion, que Pharao Roy d'Egypte edi
fia cette cité du temps de Moyse, la nommāt de son
nom. Ce qui ne me semble vray semblable : pource qu'on ne trouue point que Pharao, ny les Egyptiens subjugassent jamais ces parties-cy : mais
cette opinion est causée par la lecture d'vn liure,
intitulé en leur langue, Liure des parolles de Mahommet, qui fut composé d'vn auteur appellé El-
calbi, racontant dans son œuure (s'aidant du témognage mesmes de Mahommet) qu'il y eut quatre
Roys, qui eurent tout l'vniuers sous leur main,
dont les deux furent fideles, & les autres infideles,
ceus qui se trouuerent fideles, furent Alexandre,

& Salomon fils de Dauid: les Infideles furent Nembroth, & Pharao de Moyse. Mais aucunes lettres Latines qui sont grauées sur les murailles, m'accertenent assez, & me font à croire, que les Romains édifierent cette cité: dans le circuit d'icelle passent deux fleuues, s'écoulans l'vn deçà, & l'autre de là: & les cotaus & valées qui sont au contour de la cité, sont toutes couuertes d'oliuiers. Vn peu plus là, se trouue vn bois, ou repaire grande quantité de Lyons, & Leopars.

Pietra rossa, cité.

Pietra rossa est vne certaine cité en la côte de la susnommée montagne bâtie par les Romains: mais elle est fort petite, & prochaine d'vn bois, tant que les Lyons entrent bien souuent dedans, d'vne priuauté si grande, qu'ils recueillent, & mangent les os, & telles autres choses qu'ils trouuët éparses par my les ruês: tellement que les femmes, & enfans y sont tant acoutumez qu'ils ne leur aportent aucune frayeur, ny crainte. Les murailles sont de pierres fort grosses, mais ruinées en diuers endrois: estant la cité comme vn vilage, ou hameau: & le terroir prochain la plaine d'Azgar, est abondãt en grains, & oliues.

Liõs priuez & traitables

Maghilla, cité.

Maghilla est vne petite, & ancienne cité edifiée par les Romains, assise sur la pointe de la susnommée mõtagne, c'est à sauoir du côté, qui répond deuers Fez: & est enuironnée d'vn beau territoire en

re en la montagne, qui est tout planté d'oliuiers, auec vne belle plaine, en laquelle sourdent plusieurs fontaines, & où lon recueille grande quantité de lin, & chanure.

La Vergoigne, château.

Ce chateau est fort ancien, & fut edifié en la montagne susnommée, sur le grand chemin par lequel on va de Fez à Menecse, portant ce nom de la Vergoigne, pour autant que les habitans furent grandement adonnez à l'auarice, côme c'est la coutume de ceux qui habitent dans les citez qui sont assises sur les grans passages. On dit donques, qu'il y passa vne fois vn Roy, qui fut inuité à diner par ceus du chateau, ce qu'il ne voulut, & par honnéteté ne peut refuser: dont le peuple luy feit cette requéte d'ôter ce nom à ce château, pour luy en imposer vn autre plus honorable. Ce qu'il leur acorda: puis s'en alerent les habitãs tuer quelques moutons, & remplir de grans vases de lait (comme porte l'vsance) pour presenter au Roy le matin auant son départ. Mais pource qu'ils trouuerent les vases vn peu trop larges et profonds, tous d'vne voix s'acorderent d'y mêler moitié d'eau, faisans conte q̃ nul tant bien y primt il garde, ne s'en aperceuroit: au moyen dequoy ils executerent la chose comme ils l'auoyent proposée, & s'en vindrent trouuer le Roy, qui voulant déloger à bonne heure, n'auoit pour lors grande enuie de leur lait, mais ils importunerent tant les ministres d'iceluy seigneur, qu'ils

Dit de l'Auteur.

le receurent, tant que voulans vuider leurs vases, decouurirent incontinent la cautelle de leur ruse, qu'on feit incontinent entendre à sa majesté, qui en riant leur dit: Amis, Ce que Nature donne, l'on ne pourroit ôter: puis se departit. Aujourdhuy le chateau est vuide, & ruiné: & le territoire d'iceluy cultiué par quelques pauures Arabes.

Apophthegme.

Beni guariten, Contad.

Beni guariten, est vn contad prochain de Fez, enuiron dixhuit mile du côté du Leuant, & plein de couraus fertiles, & bon terroir qui produit grande quantité de grains, consistant la plus grande partie en plaines, & patis parfaitement bons pour le bestail. Il y à enuiron deux cens vilages: mais les maisons en sont mal bâties, auec ce q̃ les hômes sont de petite valeur, ne cultiuans vignes, ny jardins, & n'ont nuls arbres fruitiers. Le Roy à coutume d'en prouoir ses freres, & seurs, qui sont encore de jeune âge. Les habitans sont riches en grains & laines: mais bien acommodez de harnois, & ne cheuauchent que sur ânes, tant que leurs voisins mesmes s'en moquent incessamment.

Aseis, Contad.

Aseis, est encore vn autre territoire prochain de Fez, vingt mille du côté de Ponant: & n'y à que plaines, ou l'on dit qu'il souloit auoir plusieurs chateaus & vilages: mais maintenant il n'y aparoit nuls vestiges, ny la moindre chose, qui soit, par laquelle on puisse dire, ny conjecturer qu'il y ait eu autre autrefois quelques edifices: mais les noms demeurēt encore aus lieus des places, qui ne se voyent nullement. Cette plaine s'étend deuers Ponant enuiron dixhuit mille, & vingt du côté du Midy. Le terroir en est fort fertile, mais il produit le grain noir, & mal nourry: sans qu'il y ait de puys & fontaines, sinon bien peu: Il auoit tousiours esté tenu, & cultiué par les Arabes ruraus, toutefois le Roy de Fez le donne maintenant au chatelain de la cité.

Togad, montagne.

La montagne de Togad, est prochaine de Fez, du côté de Ponant enuiron sept mille, qui se jette fort en hauteur, mais elle s'étend peu en largeur, qui est jusques au petit fleuue de Bunasr, par l'espace de cinq mile. La partie qui regarde deuers Fez, est toute en vignoble, & le côté, qui est à l'object d'Essich côsiste tout en terroir, produisant du grain en abondance. Il y a au coupeau d'icelle montagne, plusieurs cauernes & creus, qui entrent sous terre, lesquels sont estimez de ceus qui vont cerchãs les tresors en quelques lieus bien secrets, où les Romains lors qu'ils feirēt depart de cette region, cacherēt, cōme il a esté dit) les tresors qu'ils auoyent. En temps d'hyuer, qu'on cesse de cultiuer les vignes, ces simples gēs, & vuides de cerueau, se trauaillēt tant q̃ la force de leurs nerfs se peuuēt étēdre à creuser le dur & âpre terroir: mais pour tout ce qu'ils y peuuent faire, on n'entēd point dire, q̃ quelqu'un d'entre eus y ait trouué aucune chose de ce qu'ils võt cerchãt.

Cc 4   Or

Or comme les fruits de cette montagne sont de mauuaise saueur, ainsi la couleur du raisin est laide, & déplaisante à l'œil: procedant cette imperfection de ce qu'ils sont tousiours plus auancez que les autres, qui les fait ainsi trouuer malsades.

Guraigura, montagne.

Guraigura, est vne montagne prochaine d'Atlas, & distante de Fez enuiron quarãte mile, dont sourd vn fleuue, qui prend son cours deuers l'Ponãt, & se joint auec celuy de Bath. Elle est située entre deux tresamples plaines, l'vne (qui est ce Cõtad, duquel auons parlé cy dessus) qui s'appelle Aseis respond deuers Fez: & l'autre (que lon nõme Adecsen) regarde du côté de Midy, là ou il y a de belles plaines pour semer du grain, & fort bonnes pour le paturages des bestes qui sont tenuës par aucũs Arabes nõmez Zuhair, estãs vassaus, & tributaires au Roy: mais il assine le plus souuent les vsufruis de cette plaine à quelqu'vn de ses freres, qui en retire tous les ans plus de dix mile ducats. Il est vray que ces Arabes sont souuentefois molestez par d'autres appellez Elhuzein, habitans au desert qu'ils abandonnent en été, puis se transportẽt en la plaine. Et pour la defence d'icelle, le roy de Fez met aus chãps quelques cheuaus, & arbaletiers pour faire front, & resister à ces Arabes. Par tout ce pays sourdent plusieurs claires, & belles fontaines, fleuues & ruisseaus, & s'y trouue de grans bois, là ou repairẽt plusieurs Lions dous, & paisibles: tant qu'vn homme

liõs dous & traitables.

le plus pusillanime, ou femme que ce soit, leur peut donner la fuite auec vn baton au poin seulement, sans qu'ils facent aucun déplaisir à personne.

¶ Description d'Azgar, region de Fez.

LA region d'Azgar, du côté de Tramontane, se termine à la mer Oceane du côté de Ponant au fleuue de Buragrag: & du Leuant se confine auec aucunes montagnes de Gumera, en vne partie de Zarbon, & au pied du mont de Zalag: deuers Midy prend fin aus riuages du fleuue de Bunasar. Tout ce qu'elle cōtient, est en fort bon terroir, & y feit jadis residence vn grād peuple, qui y édifia plusieurs belles cités, & chateaus, en apres tous ruinés, & demolis du temps des guerres: tellement qu'il n'en reste aujourd'huy nulle aparence, fors aucunes bien petites viles, qui sont demeurées en être, & habitées. Elle a en longueur enuiron octante mille, & soissante en largeur, étant trauersée par le fleuue Suba, & par tout habitée des Arabes appellés Elculuth, extraits de l'origine des Muntasic, qui sont tous sous la puissance du Roy de Fez, qui leur fait payer grand tribut, d'autant qu'ils sont riches, & vont bien en ordre: tellement qu'on les peut dire l'elite, & fleur de l'exercite du Roy, qui se sert d'eus seulement aus guerres vrgentes, & dangers éminens. Tant y a, que cette prouince est celle, qui fournist de viures, bétail, & cheuaus, toutes les monta gnes de Gumere & la ité de Fez entierement: dōt le Roy à coutume d'y resider en temps d'yuer, & premiere, à cause que le pays est merueilleusemēt sain, & delectable: et la ou se trouue tousiours gran de quantité de gibier, comme lieures, & cheureuls: combien qu'il y ait peu de bois.

¶ El Giumba, cité premiere en la region d'Azgar.

EL giumba, est vne petite cité, édifiée de nôtre temps par les Africās sur vn petit fleuue en vne plaine, au milieu de la region susnommée, sur le chemin, par lequel on va de Fez à Lharais, & distante de Fez enuiron trente mille. Elle à été bien habitée, & ciuile: mais les trop longues guerres de Sahid, l'ont détruite, & mise à neant: tellement qu'il ne s'y trouue pour le present qu'acunes fosses, ou les Arabes, qui en sont prochains, tiennent leur blé: laissans pour garde d'iceluy aucuns pauillons, & des moulins aupres pour le faire moudre.

Lharais, cité.

Lharais, est vne cité bâtie par les anciens Afri cans sur la mer Oceane, à l'entrée du fleuue Luccus sur lequel est assise vne partie d'icelle, & l'autre sur l'Ocean: dont toutes les parties étoyent assez biē peuplées tandis, que les Mores tindrent Arzilla sous leur seigneuries, auec Tangia: mais apres que ces deux cités furent par les Chretiens subjuguées, elle

DESCRIPT. D'AFRIQVE.

elle demeura deserte par l'espace de vingt ans, puis apres vn fils du Roy de Fez, qui est à present, delibera de la peupler, & la fortifier ce qu'il feit, y tenant tousiours bonnes gardes, à cause que les habitans sont en continuelle crainte des Portugalois, et y a vn port tres-dificile à prendre, qui veut entrer dans la bouche d'iceluy fleuue. Cetuy-cy y feit encore édifier vne forteresse, en laquelle demeure ordinairement vn capitaine auec deux cens harquebusiers, & trois cens cheuaus legers. Dans le pourpris de la cité y a plusieurs prés, & marés, là ou se peschent des anguilles en quantité, & s'y trouue force gibier: puis sur le riuage du fleuue y a grans bois, dans lesquels se nourrissent plusieurs Lyons, & autres cruels animaus. Les habitans de cette cité ont vne anciëne vsance de faire charbon, qu'ils enuoyët par mer en Arzilla, et Tangia: tant qu'il est venu en cõmun prouerbe entre ceus de Moritanie, quand ils veulent signifier vne chose qui à plus belle montre qu'elle ne vaut. Cela est cõme la naue de Lharais: laquelle porte marchandise de charbon, & a les voiles de cotton, que les campagnes d'autour de cette cité produisent en grande quantité.

Prouerbe de Moritanie.

¶ Casar el cabir, c'est à dire, le grand Palais, cité.

CEtte cité est grande, & fut édifiée au temps de Mansor Roy, & Pontife de Maroc en son ordre, lequel (comme lon dit) se trouuãt vn jour à la chas-

Rencontre de Mãsor Pontife & Roy de Maroc auec vn pescheur.

» chaſſe, fut ſurprins d'vne ſi grande pluye pouſſée
» d'vn vent impetueus, auec vne ſi grãde obſcurité,
» qu'il égara ſa compagnie, ſans ſauoir ou il étoit, ny
» de quel côté ſe tourner: d'ont il ne ſe promettoit au
» tre logis pour la nuict, que la découuerte, et ſpatieu
» ſe campagne, durant cet orage de temps, ne s'oʒoit
» tant hazarder, que d'auancer vn pied deuant l'au
» tre, qui le rendoit fort perplex, & fâché. tant que
» aperceuant de loin vne lumiere, cogneut à laprocher que c'étoit vn peſcheur, qui venoit là pour peſcher des anguilles, & l'ayant abordé, luy demanda s'il luy pourroit enſeigner la demeurãce du Roy
» à quoy il répondit, qu'il en étoit à dix mille loin,
» dont le Roy commença bien fort à le prier de luy
» vouloir conduire. Si le Manſor étoit icy en perſonne (dit le peſcheur) je luy refuſerois pour cette heure, en temps ſi tenebreus, de peur, qu'il ne ſe noyât
» dans ces lieux marécageus. En quoy te touche la
» vie du Manſor, repliqua le Roy? en quoy (dit le
» peſcheur) Il merite que je luy porte telle afection,
» & bon vouloir, comme à moymême. Tu en as donc
» receu (dit le Roy) quelque grand & ſingulier benefice. Quel plus grand benefice (dit le peſcheur)
» ſe peut eſperer, & receuoir d'vn Roy, que la Iuſtice également, ſans partialité, & acception de perſonnes adminiſtrée, auec vne bonté naturelle, vne
» treſgrande afection, & naïue amour, qu'il montre
» à l'endroit de ſes ſujets, & au gouuernement d'iceus. Or luy étant de toutes ces vertus icy doüé, autant

tant ou plus que prince qui se puisse trouuer, n'ay-je pas bonne ocasion de luy étre afectiōné? dautant que je puis jouir en paix auec ma femme, & petite famille de ce, qu'il plait au Souuerain me donner en ma pauureré, tellement que je sors librement, & entre quand bon me semble, & à toutes heures dãs ma petite cabane, sans quil se trouue homme vi-uant, qui die ou face chose, qui me doiue tourner à déplaisir. Et vous mon gentil-hōme, venez vous en (s'il vous est agreable) prendre logis en ma pau ure loge, là ou je vous auray pour hôte : puis le matin à telle heure qu'il vous plaira faire depart, vous m'aurez pour seure, & fidele guide jusques là, ou bon vous semblera. Le Roy ne refusa cet ofre que luy faisoit ce bon homme, auec lequel s'a-chemina en sa cabane: là ou étans paruenus, apres auoir donné l'auoine au cheual, le pescheur seruit deuant son hôte (qui auoit tandis essuyé ses habil-lemës pres d'vn bon feu au mieus qu'il auoit peu) de ses anguilles qu'il auoit fait rôtir, lesquelles re-uenantes peu à son goût, demanda si on ne pour-roit auoir autre viande. Toute ma richesse (dit le pauure homme) consiste en vne cheure, & vn cheureau de lait: mais j'estime bien fortuné l'ani-mal, par la chair duquel on peut honnorer & satis faire à vn tel hōme que je vous pense étre : car, ou vôtre port braue, & magistrale aparence me de-çoiuent, ou vous étes quelque grand Seigneur, & de noble extraction. Et sans dire autre chose, égor-
geta

geta le cheureau, le feit apareiller, & rotir à sa femme, puis le seruit deuant le Roy, qui apres auoir re-
peu, sen alla reposer jusques au matin, qu'il delogea
de la petite cabane auec son hôte. Mais il n'eut pas
à peine outrepassé les marets qu'il rencontra vne
grande multitude de cheualiers, & veneurs, qui
tous troublés sétoyent mis en la quéte du Roy, lequel étant par eus découuert, d'autāt qu'ils étoyent
fachés, se trouuerēt joyeus & soulagés. Alors Mansor ne se voulut plus celer au pescheur, l'auertissant qu'il n'oublieroit jamais la grande courtoisie,
qu'il auoit vsé en son endroit. Et de fait luy feit
don à son départ (pour le recompense du bon traitement qu'il s'étoit eforcé luy faire) plusieurs maisons & palais qu'il auoit fait bâtir lors qu'il se delectoit à demeurer en la cāpagne, mais le pescheur
luy feit requéte pour plus ample demonstration de
sa bonté, & grande liberalité, que son bon vouloir
fût de les faire enuironner de murailles. Ce qui luy
fut acordé, au moyen dequoy il demeura seigneur
de cette neuue, & petite cité, laquelle multiplia, &
acreut tellement, qu'elle contenoit plus de quatorze cens feus, à cause de la grāde abondance du pays
ou le Roy souloit tousiours séjourner en temps d'été
dont est semblablement auenue en partie la perfection de cette cité, pres laquelle passe vn fleuue nōmé Luccus, qui déborde par fois si fort, qu'il entre
par les portes de la vile, qui est toute pleine de marchans, & artisans. Il y à plusieurs temples, vn college,

ge, & un hôpital : mais il ne s'y trouue puis ny fontaine, à faute dequoy les citoyens s'aident de citernes : & sont gens de bien, & liberaus : mais plus tôt simples qu'autrement, se tenans bien en ordre, auec certains draps en maniere d'un linceul qu'ils entortillent autour d'eus. Hors la cité se trouuent plusieurs jardins, et possessions, ayans le terroir qui produit merueilleusement bons fruits, entre lesquels le seul raisin se trouue de mauuais goût, à cause que toutes les terres sont en pres. Le lundy il se fait un marché à la campagne, auquel s'assemblêt tous les voisins Arabes : & au mois de May les Citoyens ont coutume d'aller aus chãps oyseler, là ou ils prennent des griues en grande quantité. Le terroir est assés fertile, rendãt le plus souuent trente pour un. Mais les habitans ne le sauroyent cultiuer plus au large q̃ de six mille autour de la cité, à cause qu'ils sont continuellement molestés par les Portugalois, qui habitent en Arzilla, & de cette cité est prochaine de dixhuit mille : dont le capitaine s'en fait bien resentir, car il à trois cens cheuaus, auec lesquels il va courir jusques sur les portes d'Arzilla.

¶ De la Region de Habat.

Cette prouince prend son commencemẽt un fleuue Guarga du côté de Midy, & de celuy de Tramontane se termine à la mer Oceane. deuers Ponant confine auec les marets d'Azgar, & de la partie du
Le-

Leuant aus montagnes, qui sont sur le détroit des colonnes d'Hercules, ayant de longueur cent mille, & octante en largeur, & est admirable quant à l'abondance & fertilité: d'autant que la plus grande partie d'icelle consiste en plaine, qui est par le cours de plusieurs fleuues arrousée. Du temps des anciens, elle étoit plus noble, & de plus grande renommée, qu'elle n'est à present, veu qu'il y à plusieurs anciennes cités édifiées, partie par les Romains, & partie par les Gots, & pense que ce soit cette region, que Ptolomée nomme Moritanie, laquelle commença à decliner si tôt que les premiers fondemens de Fez furent jetés, dont le premier fondateur fut appellé Idris, qui laissa par son deces (comme lon dit) le Royaume entre les mains de ses enfans, qui le diuiserent en parties : au moyen dequoy cette regiõ icy paruint entre les mains de leur ainé. Apres suruint vne reuolte de plusieurs seigneurs, et heretiques, lesquels appellãs chacũ de son côté à son secours, les seigneurs de Cairaran furent vaincus, & expulsez par vn Pontife de Cairaran, qui fut entierement heretique, & s'empara de cette region, la ou ayant laissé aucuns de ses capitaines, & gouuerneurs, feit retour en ses pays. Alors le grand chancelier de Cordouë y enuoya vn gros exercite, & par ce moyen en peu de temps reduit tout ce pays sous sa puissance jusques à la region de Zab. De là à cinquante ans Ioseph de Luntune expulsa iceus de Grenade: & finablement apres tant de

Moritanie.

de changemës s'est trouuée entre les mains du Roy de Fez.

¶Ezaggen, premiere cité en la region de Habat.

Ezaggen, est vne cité distante de Fez enuiron septante deux mille contenant enuiron cinq cens feus : & fut edifiée par les anciens Africans sur la côte d'vne montagne, prochaine du fleuue Guarga enuiron deux mille, qui sont en plat pays, auquel se fait le labourage, & jardinage : mais le terroir de la montagne est beaucoup plus ample. Le territoire d'icelle peut rendre de reuenu jusques à la somme de dix mille ducats, & celuy qui en est jouissant, doit tenir pour le Roy de Fez quatre cens cheuaus, pour seure garde & tuition du pays : sur lequel les Portugalois font souuent des courses soudaines, de quarante ou cinquante mille. La cité ne est pas fort ciuile : combien qu'il y ait assez d'artisans de toutes choses necessaires : mais elle est fort belle, & embelie par la viue source des eaus cristalines de plusieurs fontaines, qui sourdent en icelle. Les habitans sont fort opulens, mais il ne se trouue personne d'entre eux qui porte état de bourgeois. Les Roys de Fez leur ont otroyé ce priuilege qu'ils peuuent boire du vin, qui est defendu par la Loy Mahometane : mais on n'en trouuera vn seul, qui en vueille gouter, & qui ne s'en abstienne, tant ils sont conscientieus, & pleins de religion.

Boire vin défendu par la loy de Mahomet.

Bani teude, cité.

Bani teude, est vne tresancienne cité, edifiée par les Africans en vne plaine sur le fleuue Guarga, distante de Fez enuiron quarāte cinq mile, laquelle souloit faire jadis pres de huit mile feus: mais elle fut détruite par les guerres des Pōtifes de Cairaran, fors les murailles du circuit, & y ay veu plusieurs sepultures de nobles gens, & quelques fontaines murées de pierre viue, qui estoyent admirables. Elle est prochaine des montagnes de Gumera, enuiron quatorze mile, ayant le terroir fertile & abondant.

Mergo, cité.

Mergo, est vne cité posée sur le copeau d'vne montagne, prochaine de l'autre enuiron dix mille. Et dit on qu'elle fut edifiée par les Romains, pource qu'il y à certaines masures antiques, là ou se lisent quelques écritures Latines. Elle est aujourdhuy deshabitée, mais il s'en trouue vne autre petite en la côte de la montagne assez bien habitée, là ou il y à plusieurs tissiers de grosses toiles. Autour de Mergo y à vne campagne, qui est en bonne terre & decourre lon d'icelle deux gros fleuues desquels elle est distante d'vn coté, & d'autre par l'espace de cinq mile. L'vn d'iceux est Subu, du coté de Midy, & l'autre Guarga, deuers Tramōtane. Les habitās voudroyent estre estimez gētils-hommes : mais ils sont auares, ignorans, & sans aucune vertu.

Tansor, cité.

Tansor, est vne cité bâtie sur vne petite montagne

tagne distante de Mergo enuiron dix mile, en laquelle y à trois cens maisons, mais petit nõbre d'artisans. Les habitans sont gens de rude entendemẽt, qui ne tiennent vignes, ny jardins: ains cultiuent & labourent seulement la terre pour y semer du grain, & ont du bétail en grande quantité. La cité est droitemẽt assise sur la moitié du chemin qui va de Fez au mont de Gamera, ce que les rend auares jusques à l'extremité, & deplaisans au possible.

Agla, cité.

Agla, est vne ancienne cité edifiée par les Africans sur le fleuue Guarga, autour d'icelle y à vn bon territoire cultiué par les Arabes, à cause q̃ la cité fut ruinée aus guerres passées, mais les murailles sont encore sur pied, auec quelques puys qui sont demeurez au dedans d'icelles. On foit toutes les semaines en la campagne vn fort beau marché, où s'assemblent plusieurs Arabes, paysans, & autres marchans de Fez pour faire leur emplette de cuirs de beuf, de laines, & cire: pource qu'il y en à en ce pays abondamment. En la campagne repairent plusieurs Lyons, mais de tant peu de cœur, & vile nature que le cry des enfans seulement les intimide, & leur donne la fuite. De là est venu le Prouerbe dans Fez, qu'on jette sur ceus, qui n'ont force ny vertu en effet, ains seulement en brauades & parolles. Tu es vaillant comme les Lyons d'Agla, à qui les veaus mangent la queue.

Prouerbe de Fez.

Narangia, Chateau.

Narangia, est vn chateau edifié par les Africans sur vne petite montagne pres du fleuue Luccus, prochain d'Ezaggen par l'espace de dix mille, situé en bonne terre, mais fort montueuse. Sur le riuage du fleuue y à de grans bois touffus, là ou il se trouue fort grande quâtité de fruits sauuages, mesmement de cerises marines. Il fut prins & sacagé par les Anglois, au moyen dequoy il est maintenât inhabité, & auint cela en l'An huict cens nonante cinq de l'Hegire.

en marge : Cerises marines

Gezira, Ile.

Gezira, est vne Ile à la bouche du fleuue Luccus, là ou il entre dans la mer Oceane, laquelle en est loin enuiron deux mille, & distante de Fez pres de cent mile. Dans cette Ile y eut jadis vne petite cité ancienne, qui fut abandonnée au commencement des guerres des Portugalois : & autour du fleuue y à plusieurs bois, & peu de terres labourables. En l'An octante quatre de l'Hegire le Roy de Portugal expedia vne grosse armée, laquelle le Capitaine general n'eut pas plus tôt conduite jusques au fleuue, qu'il commença à fabriquer vne forteresse dans l'Ile, faisant son côté que d'icelle on pourroit découurir, & occuper toutes les prochaines campagnes. D'autre part, le Roy de Fez (pere de celuy, qui est à present) preuoyant à veuë d'œil le grand danger, que facilement il pourroit encourir, s'il n'empêchoit que le dessain des Portugalois

en marge : Le Capitaine de l'armée du Roy de Portugal fait bâtir vne forteresse dans l'ile de Gezira.

tugalois ne vint à sortir effet, leua vne grosse armée, qu'il feit marcher à la volte de cette forteresse commencée, pour preuenir ses ennemis, & outrepasser : mais il s'efforça en vain, ne pouuant faire les aproches plus que de deux mile pres, pour le grand fracas de l'artillerie, auec laquelle les Portugalois jour & nuict ne cessoyent de canonner, faisans vne grande tuerie : ce qui mena quasi le Roy au dernier desespoir, n'eût esté, que par le conseil d'aucuns il feit dresser certains bouleuars de bois, qui furent eleuez au milieu du fleuue, & au dessous de l'Ile enuiron deux mille, là ou estât couuert par le moyen de ses rampars, apres auoir fait mettre bas vn bois, qui estoit prochain de l'armée, les Portugalois s'aperceurent incontinent, que la bouche du fleuue leur estoit serrée par les tronses des grans arbres, qui leur rendoit l'issue impossible. Au moyen dequoy le Roy de Fez se voyant tenir la victoire en sa main, feit conte de faire ranger en ordre ses gens, & marcher en bataille pour se ruer sur l'ennemy : mais d'autre côté prenant compassion de la grande multitude des personnes, qui y pourroyent laisser la vie : comme celuy qui estoit plus affectioné au bien & salut commun, que non à son profit particulier. Ioint aussi que le vaincre se tourneroit en plus grande perte capitale, & acorda auec le General de l'armée Portugaloise, que outre vne grosse taille, qui luy fut imposée, il moyenneroit auec le Roy de Portugal de luy faire re-

Dd 3   stituer

stituer certaines filles siennes qu'il detenoit prisonnieres. Laquelle chose promettant mettre en effet, & de point en point obseruer, il luy promettroit qu'il s'en peût retourner bagues saunes, sans le molester en sorte que ce fût. Ce qu'il acorda liberalement, & feit retirer l'armée en Portugal.

Basra, cité.

Basra, est vne cité de moyenne grandeur, contenant enuiron deux mille feus, laquelle fut edifiée en vne plaine entre deux montagnes par Mahommet fils d'Idris, qui jetta les premiers fondemens de Fez, d'ou elle est distante enuiron oftante mile : & vingt de Casar deuers Midy, portant le nom de Basra, en souuenāce de Basra cité de l'heureuse Arabie, là ou fut occis Hali quart Pontife, qui estoit le bisayeul de Idris. Elle fut enuironnée, de fort belles, & hautes murailles, se maintenant tousiours en honneste ciuilité, pendant que la maison d'Idris fut en regne, & là aussi ses successeurs souloyent au temps d'été faire demeurance : pourautant qu'elle est en belle assiete & plaisante, tant en montagne comme en plaine. Autrefois elle à esté garnie de plusieurs jardins, & y à encores terres labourables, & bonnes en toute perfection, à cause qu'elles sont prochaines de la cité, pres de laquelle passe le fleuue Luccus, & fut aussi bien ornée de temples : auec ce, que les habitans estoyent de gentil esprit : mais prenāt fin la maison d'Idris, elle commença aussi tôt à decliner, & en fin fut ruinée

ruinée par les ennemis, qui laisserent les murailles sur pied, qui sont encore en estre, auec quelques jardins non cultiuez, & sans aucun fruit: pource que le terroir n'est labouré aucunement.

Homar, cité.

Homar, est vne cité edifiée par vn, qui fut appellé Hali, fils de Mahommet cy dessus mentionné, laquelle est sur vn côteau pres d'vn petit fleuue, distante de Cafar enuiron quatorze mile deuers Tramontane, & seze d'Arzilla, du coté de Midy. Elle fut beaucoup plus belle, que grande, estant enuironnée de belles, & amples campagnes pleines de bonnes terres plantées de vignes, & ornées de vergers delectables, produisans des fruits singulierement bons & sauoureus. La plus grande partie des habitans estoyent tisserers, à cause que le terroir porte des lins en grande quantité, mais la cité fut abandonnée lors que Arzilla fut reduite sous l'obeyssance des Portugalois.

Arzilla.

Arzilla, que les Africans appellerent Arzella, fut grande cité edifiée par les Romains sur la mer Oceane, prochaine du détroit des colonnes d'Hercules, enuiron soissante mile, & distante de Fez cent quarăte. Elle fut sommise au domaine du seigneur de Sebta, qui estoit tributaire aus Romains: depuis fut par les Gots subjuguée, lesquels confirmerent ce seigneur mesmes au gouuernemēt dicelle:

Arzilla subjuguée par les Gots,

puis

puis de là à quelque temps elle fut prinſe des Mahommetans en l'An nonante quatre de l'Hegire, qui en furent jouiſſans par l'eſpace de deux cens ans, juſques à ce que les Anglois à l'inſtinct des Gots meirent ſur mer vne groſſe armée, laquelle ils feirẽt marcher à la volte de cette cité: neantmoins ils conceurent puis-apres de grandes inimities les vns côtre les autres, à cauſe que les Gots recognoiſſoyent Ieſu Chriſt, & les Anglois ſeruoyẽt aus idôles: mais ils auoyent fait cela expreſſement pour contraindre les Mahômetans à leuer le pied, & deplacer de l'Europe. L'entrepriſe ſucceda bien aus Anglois, leſquels ayans prinſe la cité à force d'armes, feirent paſſer tous les habitans d'icelle par le fil & trẽchant de leurs épées, mettans tout à feu & ſang, tellemẽt qu'ils n'y laiſſerent creature viuãte: ainſi demeura enuiron trente ans inhabitée. Mais regnãs les ſeigneurs & Põtifes de Cordouë, en Moritanie, elle fut redreſſée & remiſe en meilleur état & fortreſſe qu'au parauãt, dont les habitãs ſe rendirẽt en peu de tẽps riches & opulens. Le territoire eſt fertile en grains & fruits, mais à cauſe q̃ la cité eſt diſtãte des mõtagnes par l'eſpace de deux mile, il y à grãde faute de bois, dõt il faut qu'on vſe de charbon qu'on ameine de Lharais, cõme nous auons dit au parauãt. En l'an huit cens octãtedeux de l'Hegire, elle fut de rechef aſſaillie, & repriſe par les Portugalois, qui retindrent, & menerent priſonniers en Portugal, tous ceus qu'ils trouuerẽt, entre leſ-

prinſe p les Mahômetãs, & depuis p les Anglois, faiſans paſſer tous les habitãs par le fil de l'épée.

Arzilla en l'an 862. de l'Hegire, aſſaillie & prinſe p les Portugalois:

DESCRIPT. D'AFRIQVE.

lesquels estoit Mahōmet, qui est aujourd'huy Roy de Fez, lequel, pour lors encore enfant, fut prins auec vne sienne sœur de mesme âge: car de ce temps là leur pere estoit en Arzilla, pour cause de la reuolte de Habat: & apres que Habdulac dernier Roy de la maison de Marin fut occis par les mains d'Esserif noble, & puissant citoyen de Fez, fut luy mesme par le cōsentement de tous, eleu & créé Roy. Quelque tēps apres vn Saic Abra vint pour assieger Fez, & s'en emparer pour vsurper le Royaume: mais Esserif imitant l'auis d'vn sien Conseiller (qui estoit proche parent de ce Saic) le repoussa bien viuement auec sa grande perte & honte. Depuis ayant enuoyé le Conseillier en Temesne pour pacifier le peuple, suruint Saic auec vn secours de huit mille cheuaus Arabes, auec lesquels s'étant campé deuant Fez, y entra au bout de l'an par trahison que les citoyens tramerent, ne pensans pouuoir resister à telles impetuositez, & se trouuās en vne necessité trop estreme: ce que voyant Esserif, se sauua auec toute sa famille au Royaume de Thunes: & pendant que Fez estoit assiegée, le Roy de Portugal enuoya vne armée en Arzilla, qui fut prinse: au moyen dequoy (comme il vous à esté recité) le Roy, qui regne pour le iourd'huy, auec sa sœur, fut mené prisonnier en Portugal, là ou tous deux ensemble furent detenus captifs par l'espace de sept ans, mais pendant ce temps ils seurent fort bien aprendre, & retenir la langue du pays. Fina-

marginalia: & Mahōmet aujourdhui Roy de Fez, prisonnier q estoit dedās, & autres.

marginalia: Fez gaigné par Saic Abra.

Dd 5 ble-

blement le pere auec grande somme de deniers paya la rançon du fils, lequel paruenu au gouuernement du Royaume, fut appellé pour cette ocasion, le Roy Mahommet Portugalois, qui essaya depuis par plusieurs fois se resentir des Portugalois: tellement qu'il assaillit à l'impourueu la cité d'Arzilla, dont il demolit les murailles en partie, & entra dedans, mettant en liberté tous les Mores, qui estoyent esclaues: mais les Chretiens se retirerent au chateau, entretenans tousiours le Roy de paroles paliées par vne mensonge couuerte de dire, qu'ils le vouloyēt rendre. Et sceurent si bien dire, que les treues par deux jours leur furent ottroyées, pendant lesquelles suruint Pierre de Nauarre auec plusieurs vaisseaus bien armés, & en bon équipage, lequel à force de canonnades contraignit le Roy de quiter non seulement la cité, mais de gaigner le haut auec toute sa gendarmerie. Lors les Portugalois se meirent à fortifier la cité, mais pour icelle recouurer le Roy employa depuis toutes ses forces, vray est, que son éfort fut tousiours trouué de nulle valeur en cet endroit là. Ie me trouuay tousiours present à tous les sieges en la gendarmerie du Roy, delaquelle demeurerent sur le champ cinq cens hommes & dauantage. Ces choses passerent ainsi en l'an neuf cens quatorze, jusques à neuf cens vingt & vn de l'Hegire.

Tangia, cité.

Tangia, est nommée par les Portugalois Tangiara, & est grande cité, edifiée ancienemēt selon
le

DESCRIPT. D'AFRIQVE.

le faus jugement de quelques historiens, par vn seigneur appellé Sedded, fils de Had, qui comme ils disent, dompta, & gouuerna tout l'vniuers. Au moyen dequoy il luy print enuie de faire bâtir vne cité conforme, & resemblante au paradis terrestre. Et persistant en son opinion feit eriger les murailles, & couurir les maisons d'or, & d'argent, expediant en toutes pars des cōmissaires pour receuoir les tributz. Mais les vrais historiens sont d'opiniō, que les Romains la fonderēt du temps, qu'ils subjuguerēt la Grenade: distante du détroit des colonnes d'Hercules, par l'espace de trente mille, & cent cinquante de Fez, d'ou estans puis les Gots possesseurs cette cité fut ajoutée au domaine de Sebta, jusques à ce que les Mahommetans s'en emparerēt qui fut lors qu'ils subjuguerēt Arzilla: Elle se mōtra tousjours ciuile, noble, & bien habitée: auec ce, qu'elle estoit embellie par la superbe structure des somptueus palais tant anciens, que modernes. Le territoire n'est pas fort bon pour semer: mais il y a aucunes valées prochaines, qui sont arrousées par l'eau d'vne viue fontaine, & là se trouuēt plusieurs vergers qui produisent oranges, limōs, citrons, et autres especes de fruits. Il y a semblablement hors la cité quelques vignes: mais le terroir est tout sablōneus. Et vequirēt les habitās en grande pōpe, & magnificence jusques à tāt, qu'Arzilla fut occupée: dequoy estans auertis, troussent bagage, prenās leurs plus cheres hardes, et quitās la cité, escaperent suiuās la

Maisons couuertes d'or et d'argent.

rou-

Comme Tangia fut conquise par les Portugalois.

route de Fez. Sur ces entrefaites, le General du Roy de Portugal y enuoya vn capitaine auec bonne compagnie, qui la tint au nom du Roy, lequel y tranfmit vn fien parent: pourautant que c'eft vne cité d'importance, & limitrophe des monts de Guimere, ennemis des Chrétiens. Mais auant qu'elle paruint entre les mains des Portugalois enuiron vingt ans, le Roy y feit paffer vne groffe armée, éftimant qu'elle ne peût eftre à temps fecourue, d'autant que le Roy de Fez eftoit detenu en guerre contre vn fien vaffal, qui s'étoit reuolté, & luy auoit enleué Mecnafe cité. Mais contre l'opinion de tous ayant fait treues auec fon ennemy expedia vn fien Confeillier acompagné d'vn gros amas de gens, moyennant lequel il meit en route la gendarmerie des Portugalois, qui furent trouffés & defaits en grande quantité, & entre les mors fe trouua le capitaine: qu'il feit ferrer dans vne queffe, puis le feit porter à Fez, là ou il fut mis en vn haut lieu, & eminēt pour eftre expofé à la veuë de tous. Le Roy de Portugal ne fe montrant en rien intimidé par cette premiere route, qu'il auoit receuë, remit fus vne autre armée, qui fut careffée & traitée de mefmes qu'auoit efté l'autre auec vn grand carnage: combien que les Portugalois affailliffent de nuit la cité & d'emblée. Mais ce que la Fortune leur denia, emparés des forces de deux armées, elle leur octroya puis, auec petit nombre de foldats, & fans aucune effufion de fang en la maniere qui vous à efté

Portugalois rompuz & défaits.

esté recitée. Il est vray, que de nôtre temps Mahommet Roy de Fez feit dessein de s'en emparer, mais la chose ne succeda comme il l'auoit proposé: pource que les Portugalois ont tousiours montré combien ils ont le cœur grand, & fecõde de forces guaillardes, & inuincibles deffences. Cecy auint en l'an neuf cens dixsept de l'Hegire.

Casar Ezzaghir, c'est à dire le Palais mineur Cité.

Cette petite cité fut edifiéé sur la mer Oceane, distante de Tangera enuiron douze mille, & dixhuit de Sebta par Mansor Roy de Maroc, lequel passant tous les ans en Grenade, trouuoit vn certain pas entre quelques mõtagnes p ou lon va à la mer qui estoit dificile à passer : au moyen dequoy il fabriqua cette cité en vne belle plaine, qui découure toute la riuiere de Grenade, qui est à l'object d'icelle. Or la cité estoit fort ciuile, combien que les habitans fussent quasi tous mariniers, faisans ordinairement le voyage de Barbarie en Europe. Il y auoit pareillement des Tissiers de toiles, plusieurs riches marchans, & gens de reputation. Le Roy de Portugal la print d'emblée, dont le Roy de Fez à depuis plusieurs fois taché auec tous les moyens qu'il à peu, de la recouurer : mais il s'est trauaillé en vain en l'an huit cens soissante & trois de l'Hegire.

Casar prinse p les Portugalois.

Sebta, grande cité.

Sebta, est vne grande cité par les Latins nommée Ciuitas, & des Portugalois Seupta : laquelle se-

selon la vraye opinion de plusieurs, fut edifiée des Romains sur le détroit des colonnes d'Hercules, & fut jadis chef de toute la Moritanie: pourautant qu'elle fut par les Romains ennoblie. Ioint aussi, qu'elle estoit fort ciuile, & bien habitée. Depuis les Gots l'vsurperent, & y constituerent vn Seigneur tellement, que le gouuernemẽt d'icelle demeura entre leurs mains, jusques à ce, que les Mahommetãs vindrẽt à s'emparer du pays de Moritanie, & prindrent cette cité: qui fut lors, que Iulian Comte de Sebta, receut vne grãde injure de Roderic Roy des Gots, & de toute l'Espagne: dont s'étant alié auec les infideles, les introduit dans Grenade, parquoy Roderic en perdit le Royaume, & la vie en vn méme instant. Alors les Mahommetans conquirent la cité de Sebta, qu'ils tindrent au nom de leur Pontife, appellé Elqualid, fils de Habdud malic: qui pour l'heure auoit son siege en la cité de Damas, & fut en l'an de l'Hegire neuf cens, & deux. Cette cité depuis ce temps-là, jusques à present est tousiours alée en augmentant, tant en ciuilité, comme en nombre d'habitans: tellement, qu'elle s'est rendue la plus belle & mieus peuplée cité, qui se trouue en Moritanie. Il y auoit en icelle à force temples, coleges, artisans, hommes doctes, & de gentil esprit, auec plusieurs maitres singuliers à faire ouurages en cuiure, comme chandeliers, bacins, & telles autres choses, qui se vendoyent autant, que si c'eust esté argent mesmes. I'en ay veu en Italie, qu'on pensoit

cer-

certainement estre ouurages damasquinés: mais (à dire vray) ils estoyent encore plus exquis, & subtilement fais. Hors la cité y à de fort belles possessiõs & edifices: mesmement en vn lieu, qui pour le grãd vignoble qui y est, s'appelle, Vignones, mais la cãpagne est maigre, & sterile: qui cause vne grande cherté de blé ordinairement dans la cité: delaquelle tant du dedans comme au dehors on peut veoir la riuiere de Grenade sur le détroit, & peut on dicerner les especes d'animaus, d'vn côté à autre: pource qu'il n'y à d'espace entre deux sinon douze mille en largeur. Mais elle a esté grandement endommagée dernieremẽt par Habdul Mumen Pontife, & Roy, contre qui elle tenoit, lequel l'ayant subjuguée, à demoly les maisons, & condanné plusieurs des nobles à perpetuel exil en diuerses parties. Elle receut encore vne grande antorce depuis, par le Roy de Grenade, qui l'ayant conquise, & ne se contentant de l'auoir ruinée, feit passer tous les nobles, & plus opulens en Grenade, Dauantage en l'an neuf cens dixhuit elle fut prinse par vne armée du Roy de Portugal, au moyen dequoy ceus de dedans l'abandonnerẽt, gaignans le haut. Mais Abu Sahid pour lors Roy de Fez pour sa paresse, & nonchaloir ne se daigna mettre en deuoir de la remetre en son obeïssance: ains quand il fut auerty de la prinse d'icelle, ainsi qu'il estoit à banqueter en vn festin, ne voulut, que par ces tristes nouuelles les cœurs des assistans fussent rendus passionnés:

de

de sorte, qu'il feit tousiours continuer le bal, sans vouloir aucunement permettre qu'il print cesse: et Dieu (qui se montre juste en tous ses faits, qui par fois difere la vengeance, & delaisse par temps les vices impunis) permit en fin qu'il fut priué de vie par les mains de son Secretaire (lequel il pensoit luy estre bien fidele) auec six de ses enfans: pource que ce Roy vouloit deceuoir, & suborner sa femme, qui fut en l'an de l'Hegire huit cens vingt & quatre. Ainsi demeura le Royaume de Fez sans seigneur par l'espace de huit ans, & à la fin d'iceus on trouua vn sien petit fils né d'vne Chrétienne, laquelle s'estoit sauuée à Thunes, la nuit q̃ ce cruel, & inhumain homicide fut commis, & s'appella Habdulhaë, dernier Roy de la maison de Marin, qui fut semblablement mis à mort par le peuple d'vn commun consentement: comme nous auons dit cy-dessus.

Abu Sahid Roy de Fez tué par son Secretaire auec six de ses enfans.

Tetteguin.

Tetteguin, est vne petite cité edifiée par les Africans, distante du detroit enuiron dixhuit mille, & six de l'Ocean. Les Mahommetans la subjuguerent au temps qu'ils conquéterent Sebta sur les Gots, & l'ayans subjuguée (comme lon dit) ils en donnerent le gouuernement à vne Comtesse, qui n'auoit qu'vn œil: laquelle s'acheminoit vne fois par semaine dans la cité pour leuer son droit, qui luy apertenoit: & pourautant qu'elle estoit priuée d'vn œil, les habitans nommerent leur cité Tetteguin qui en langue Africane vaut autant à dire, côme Oeil. De la à certain temps les Portugalois l'assiegerent, si bien qu'apres quelques assaus ils la prindrent dont le peuple print la fuite : au moyen dequoy elle demeura inhabitée par l'espace de nonantecinq ans, au bout desquels elle fut redressée & habitée par vn capitaine de Grenade, qui passa auec le Roy à Fez, apres que dom Ferrand Roy d'Espagne l'eut expulsé de son Royaume. Ce Capitaine fut vn homme rare, & merueilleusemẽt exercé, & expert aus ruses de guerre, de sorte qu'il feit preues de son corps admirables aus guerres de Grenade, & est par les Portugalois appellé Almandali, lequel obtint le congé de remettre en nature le territoire, & jouït du domaine de cette cité : parquoy il feit retourner toutes les murailles sur pied, lesquelles enuironnoyent vne forteresse, qu'il feit fabriquer & enuirõner de beaus & profonds fossez. Ce qu'ayans mis à fin, s'acquit vne tresgrande enuie des Portugalois, mais il ne cessoit de molester, & fort endõmager Sebta, Casar, & Tangera : pource qu'il estoit tousiours fourny de trois cens cheuaus, de la fleur, & elite de Grenade : auec lesquels il faisoit de soudaines courses par ces pays, là ou il prenoit souuentefois plusieurs Chrétiens, qu'il faisoit continuellement trauailler à la fabrique de la forteresse : & m'y trouuay vne fois, que j'en y vei plus de trois mile tous vêtus de sacs de laine dormans la nuict dans certaines fosses sous terre, fort bien

Ee   enchai-

enchainez. Cetuy-cy fut vn homme fort liberal, & careſſant merueilleuſement les étrangers, qui paſſoyent par ſa cité, là ou il mourut depuis, que par cas d'auenture l'vn des yeux luy fut ôté auec la pointe d'vn poignard : & fut priué de la lumiere de l'autre en ſa vielleſſe. Il delaiſſa au gouvernement de la cité vn ſien neueu, qui eſt aujourdhuy vaillant homme, & de grand courage.

Montagnes de Habat.

EN Habat y à huiſt montagnes renommées ſur toutes les autres, qui ſont habitées du peuple de Gumera, dont tous les habitans menerent vne meſme vie, & ne different en rien quant à la coutume, pource qu'ils viuent tous ſous la Loy de Mahommet, contre le commandement duquel ils boiuent du vin ordinairement, & ſont fort diſpos de leurs perſonnes, ſupportans pluſieurs trauaus, auec ce qu'ils ſont en mauuais equipage. Le Roy de Fez les à rendus ſes tributaires : au moyen dequoy il leur impoſe de grans ſubſides, & tribus, de ſorte, qu'ils ne ſe ſauroyent bien tenir en ordre, fors quelques vns, qui ont meilleur moyen, leſquels vous ſeront particulierement recitez.

Rahona, montagne.

Rahona, eſt vne montagne prochaine d'Ezaggen, qui à en longueur trente mille, & douze en largeur, abondante en huile, miel, & vin. Les habitans ne s'adonnent à autre choſe, qu'à faire le ſauon,

DESCRIPT. D'AFRIQVE.

sauon, & nettoyer la cyre. Ils recueillent à force vins blans & vermeils, qui ne se transportent aucunement, mais se boiuent tous sur le lieu. Cette montagne rend au Roy tous les ans de reuenu trois mille ducats, qui sont assignez au Capitaine & Gouuerneur d'Ezaggen, pour entretenir quatre cens cheuaus au seruice de sa majesté.

Beni Fensecare, montagne.

Cette montagne icy confine auec la precedente, & contient en lõgueur enuiron vingt & cinq mile, & huict en largeur : estant beaucoup mieus habitée que l'autre, & y á plusieurs tissiers de toiles, auec des tanneurs de cuirs de vaches en grand nombre. Les habitans d'icelle assemblent de la cyre en quantité, & font le samedy vn marché, où se trouuent des marchans de toute qualité, chargez de chacune espece de marchandise : voire jusques aus Geneuois, lesquels s'y transportent pour acheter de la cyre, & cuirs de vaches, qu'ils font tenir en Portugal, & à Gennes. Cette montagne rend de rente six mile ducats, dont la moitié reuiët au Capitaine d'Ezaggen, & l'autre est appliquée pour la chambre du Roy de Fez.

Beni Haros, montagne.

Ce mont icy est prochain de Casar, & s'etend deuers Tramontane huict mile, & vingt du côté de Ponant, contenant six mile en largeur. Il fut habité jadis par aucuns gentils-hommes, & cheualiers, bien peuplé & abondant : mais ces nobles

Ee 2

exercerent vne si grande tyrannie, que la nouuelle venue de la prinse d'Arzilla par les Portugalois, le populaire abandonna incontinent cette montagne, qui n'à aujourdhuy en cime autre chose, qu'aucuns hameaus écartez, & le reste tout inhabité. On en souloit tirer trois mile ducats de reuenu, qui estoyent distribuez au Capitaine de Casar.

Chebib.

En cette montagne sont situez six ou sept chateaus, habitez de gens ciuils, & fort honnétes: pour ce que lors que Tangera fut prinse des Portugalois, plusieurs citoyens vindrent faire leur demeurance en cette montagne, pour n'en estre eloignée plus de vingt & cinq mille: mais ceus qui y habitent, reçoiuent de grädes facheries & ennuis de la part des Portugalois: & endommagea la perte de Tangera cette montagne de la moytié, auec ce qu'elle va tou jours en empirant, à cause qu'elle est distante du lieu où reside le Capitaine enuiron trente mile, qui fait, qu'elle ne peut estre secouruë à temps toutes les fois que les Portugalois y vont courrir pour butiner, gâtans tout le païs, & emportans tout ce qu'ils peuuent enleuer.

Beni chessen, montagne.

Beni chessen, est vne treshaute montagne, & fort difficile à prendre aus ennemis: pource qu'outre la qualité du lieu, elle est habitée de gens magnanimes, & courageus, qui ne pouuans soufrir l'insuportable tyränie d'aucuns d'entre eus, rabaisserent
leurs

leur orgueil par forces d'armes. Au moyen dequoy vn jeune adolescent d'entre ces nobles, trouuans fort étrange s'assujetir à ses sujets, émeu d'vn tresjuste, & noble dédain, passa en Grenade, là ou par aucun temps bataillãt à la soulde des Chrétiens, se rendit tresexpert, & rusé soldat. Depuis il s'en retourna demeurer en l'vne de ces montagnes, là ou s'estoyent retirez ses semblables, & apres auoir assemblé quelque petit nõbre de cheuaus, demouroit pour garent à la montagne: soutenant d'vn inuincible courage la fiere impetuosité de tous les Portugalois. Ce que voyant le Roy de Fez, & admirant la constance, & magnanimité de cœur de cetuy-cy, luy acreut sa compagnie de cinquante arbalétiers, auec lesquels il feit de sorte, qu'il en repoussa l'ennemy, mais retenant le reuenu de cette mõtagne donna ocasion au Roy de s'animer encontre luy: tellement qu'il feit marcher vne grosse armée à la volte d'icelle. Ce que voyant l'autre, & sentant ses forces trop petites pour reprimer la fureur d'vn tel Roy, se repentit incontinent de son arrogance: qui luy fut remise par sa majesté, le confirmant en la seigneurie de Seusauon, & de tout ce, qui en dépendoit: qui apres luy vint entre les mains d'vn, qui fut seigneur, de l'origine de Mahommet, & extrait de la race d'Idris, lequel edifia Fez. Il est fort cogneu des Portugalois, lesquels l'ont en grande estime: tant pour sa renommée, comme pour la maison de Helibeures, d'où il est yssu.

Angera, montagne.

Angera, est vne montagne pres de Casar enuiron huit mile du côté de Midy, contenant en longueur dix mile, & trois en largeur. Il y à bon territoire, pource que les habitans couperent tous les arbres pour faire des nauires à Casar, là ou il y auoit vn Arsenal. On y souloit semer du lin, & ceus qui y residoyent, furent tous tissiers de toiles, ou mariniers. Mais quãd Casar fut reduite sous la puissance des Portugalois, ils abandonnerent la mõtagne. Toutefois les bâtimens, & possessions sont encore aussi saines, & entieres comme si elles eussent esté tousiours depuis habitées & cultiuées.

Quadres, montagne.

Quadres, est vne forthaute mõtagne entre Sebta & Tetteguin, habitée de personnes dextres, & agiles: qui feirent prouues merueilleuses de leurs corps en la guerre, qu'eut le Roy de Grenade contre les Espagnols: pource que ces montagnars estoyent coutumiers de se transporter à Grenade, & receuoir la soude cõme souldats auenturiers, estans plus mettables, & suffisans, que tout le reste de la gendarmerie des Roys, dont nous auons parlé. Il s'en trouua vn de cette montagne, nommé Hellul, qui se porta vaillamment, se trouuãt en dures rencontres, & dangereuses écarmouches contre les Espagnols: tellement, que ses vaillances, & proësses seruent de conte entre le commun peuple d'Afrique, & sont redigez par écrit ses vertueus actes, les vns

en histoires, les autres en vers, comme ceus de Ro-
land en Europe. Mais il fut finablement occis aus
guerres des Espagnols, quand Enesir Roy & Pontife de Maroc fut vaincu au dessus d'vn chateau
en Catalogne, qui est appellé, chateau de l'Aigle,
par les Mores, desquels moururent soissante mille
hommes, sans qu'autre de cette armée se peût vanter d'estre echapé, fors que le Roy, & quelque petit
nombre des siens. Cela auint en l'an de l'Hegire six
cens & neuf, qui peut estre au miliéme de Iesu
Christ, mile cent soissante. Apres cette defaite les
Chrétiens commencerēt à se veoir victorieus dans
les Espagnes: tellemēt qu'ils recōquesterent toutes
les citez qui auoyent esté subjuguées par les Mores,
& de cette tant grāde & memorable route jusques
au temps que Fernād conquit la Grenade, il y eut
d'espace 285. ans selon le nombre des Arabes.

Deffaite de 60000 hōmes de la part de Enesir, p les Mores.

Beni Guedarfeth, montagne.

Cette montagne est prochaine de Tetteguin, &
bien habitée mais elle est de petite étendue: dont les
habitans sont vaillans hommes, & de qualité: qui
sont sous la charge du Capitaine de Tettegim, au
quel ils portent grande obeïssance: d'autant qu'ils
l'acompagnent au pillage, quand il va sur les apertenances de la cité, que tiennent les Chrétiens. Au
moyen dequoy ils sont exēps de tous impos, et subsides enuers le Roy de Fez, fors que d'vn petit cens
pour leurs terres. Mais cela leur est peu, au respet
des grās deniers, q̄ leur en rend la mōtagne: pource

Ee 4 qu'en

qu'en icelle y à grande quantité de buys, dequoy se seruent les pigniers de Fez, à faire leurs ouurages, & en prennent tous les ans vne grande quantité.

Errif, Region de Fez.

ERrif, est vne Region du Royaume de Fez, laquelle prend son commencemēt du détroit des colonnes d'Hercules de la partie du Ponant, & s'étend deuers Leuant jusques au fleuue Nocor, par l'espace de cent quarāte mile. Deuers Tramōtane se termine à la mer Mediterranée : c'est à sauoir en sa premiere partie, & se dresse du côté de Midy, enuiron quarante mile, jusques aus monts, qui repondent deuers le fleuue Guarga, qui passe par le territoire de Fez. Cette region est en pays scabreus, & plein de montagnes tresfroides, là ou il y a plusieurs bois, hauts & droits : mais il n'y à nuls grains, neantmoins il y à assez vignes, oliuiers, figuiers, & amandriers. Les habitans sont gens fort courageus, & vaillans: mais ils se tiennent mal en ordre, & se chargent voulōtiers de vin. Là se trouuēt bien peu d'animaus sinon cheures, ânes, & singes, qui sont en grande quantité dans la montagne. Il y à peu de citez, mais assez chateaus, vilages, & pauures bâtimens, à vn étage seulement, en la forme des étables qu'on bâtit en Europe. Les couuertes sont de je ne say quelle écorce, & de paille. Finablement tous les habitans de cette montagne, ont des grosses

gour-

gourmes sous la gorge, & sont tous en general diformes, & ignorans.

¶ Terga, premiere cité en la region de Errif.

Erga, est vne petite cité, qui selon l'opinion d'aucũs fut edifiée par les Gots sur la mer Mediterranée, distante du dêtroit enuiron octante mille : dont les murailles sont plus tôt foibles, qu'autrement : et les habitans (au moins la plus grande partie) sont pescheurs, qui salent leur poisson, puis le vendent aus marchans montagnars, qui le transportent à cent mille de là, du côté de Midy. Cette cité souloit estre bien peuplée, & ciuile : mais depuis que les Portugalois meirẽt le pied aus cités, lesquelles nous auõs cy dessus mẽtionnées, elle cõmença fort à manquer en honnesteté acoutumée, & habitation. Au tour d'icelle y à plusieurs bois fort âpres, & froides montagnes. Il est vray, que les habitans sont gens de bon cœur : mais d'autant plus bestiaus, ignorans yurongnes, & qui vont tresmal en ordre.

Bedis, cité.

Bedis, est vne cité assise sur la mer Mediterranée, laquelle côtient enuiron six cẽs feus, & par les Espagnols nommée Velles de Gumera. Aucuns historiens disent qu'elle fut edifiée des Africans, les autres par les Gots, mais comme qu'il en soit elle est située entre deux fortes hautes montagnes, &

pres d'vne grãde valée, laquelle en temps de pluye reçoit vn si grand amas deau, qui s'écoule des lieux adjacens, qu'elle resemble à vn grand fleuue. Dans la cité se trouue vne place garnie de plusieurs boutiques, & d'vn temple de moyenne grandeur: mais il n'y à eau, qui soit bonne à boire. Au dehors se voit vn puys, ou est la sepulture d'vn de leurs saints, mais pour la grande quantité des sansues, qui y sont, il est fort dangereus de tirer l'eau de nuit. Les habitans sont diuisés en deux parties, dont les vns sont pescheurs, & les autres coursaires, qui auec leurs fustes vont ecumans, & robans sur la mer des Chrétiens. La cité est enuironnée de hautes montagnes, roides, & scabreuses: là ou lon prend de fort bon bois pour faire fustes, & galeres, & n'ont les montagnars autre moyen pour gaigner leur vie, qu'à porter ce bois, en plusieurs & diuers lieux. Le froment y est rare, qui cause que les habitans n'vsent d'autre pain que d'orge: mais ils ont des sardines en grande quantité, & d'autre poisson qu'ils prennent en telle abondance, qu'il faut coup sur coup quelqu'vn aupres deux pour leur aider à tirer les rets hors de l'eau: au moyen dequoy plusieurs pauures hommes ont coutume de venir tous les matins sur le riuage: qui pour recompense reçoiuent vne bonne partie des poissons de la pesche, de laquelle on fait semblablement part à ceus qui s'y trouuent presens: & salent les sardines pour les transporter, & vendre çà & là, par les montagnes.

Sansues en grande quantité.

Sardines.

gnes. Dedans la cité il y a vne fort belle rue, & large: là ou se tiennent les Iuifs, entre lesquels se vend le vin, qui semble aus habitans (apres en auoir arrousé leur langue) vne diuine, & supernaturelle liqueur: & s'en vont quasi tous les soirs sur leurs barquettes, auec lesquelles il s'eloignent assés de terre, ne se delectans à autre chose, qu'à boire & à chanter. Il y a dans la cité vn lieu plus beau que fort, là ou le seigneur fait sa demeurance: & tout aupres vn palais somptueus, auec vn fort plaisant jardin. Dauantage hors d'icelle à côté de la marine y a vn petit arsenal, là ou se faisoit coutumierement quelque fuste, galere, ou barque : à cause que le seigneur, & ses citoyens souloyent armer aucunes fustes, qu'ils enuoyoyent courir sur les limites, & riuages des Chrétiens : dont ils faisoyent de grans dommages. Au moyen dequoy dom Ferrand Roy d'Espagne meit sus vne grosse armée, qui print de prime abordée vne Ile, qui étoit à l'objet de cette cité, & distante d'icelle par l'espace d'vn mille, & là feit eleuer vne forteresse sur vn Roc, qu'il garnit de braues souldats, munitions, & bonne artillerie, laquelle molestoit, & rangeoyt en sorte ceus qui tenoyent bon dans la cité, qu'elle batoyt les personnes jusques aus temples & rües, dont le seigneur se voyant reduit à telle extremité, enuoya demander secours au Roy de Fez, qui expedia vne grande fanterie pour tirer à la vol-

Dom Ferrand gaigne vne Ile proche de Bodis.

volte de cette Ile, à laquelle estant paruenue, fut rambarrée d'vne si braue sorte, que partie fut mise à cruelle mort, ce qui resta, fut detenu, fors quelques vns, qui trouuerent moyen de s'en retourner à Fez: tellement que les Chrétiens tindrent cette Ile par l'espace de deux ans, au bout desquels (par la menée secrette d'vn souldat Espagnol, qui tua le Capitaine pour luy auoir fait les cornes) elle fut mise & retourna entre les mains des Mores, qui ne faillirent de faire passer tous les Chrétiens par le fil de leurs epées, fors celuy, qui par trahison auoit liuré la place, dont il fut assés bien recompensé par le Roy de Fez & seigneur de Bedis. Ie fu assez amplement acertené du contenu de cette histoire, & comme les choses étoyent passées, par ceus mesmes, qui s'y estoyēt trouuez en presence, en l'an mil cinq cens & vingt, au nombre des Chrétiens. Le seigneur garde aujourd'huy cette Ile fort diligemmēt, & luy porte le Roy de Fez fort grand faueur, pour ce que là est le plus prochain port de la cité de Fez: combien qu'il y ait d'interualle d'vn à autre lieu enuiron trente mille: & ont coutume les galeres Veniciënes de surgir en ce port au bout de deux ou trois ans, pour troquer marchandise, delaquelle ils vendent encore en contāt, & en y amenent les Mores semblablement, mesmes depuis ce port jusques à Thunes, & souuentefois à Venise, ou jusques en Alexandrie, & Barut.

Iel-

Ielles.

Ielles, est vne petite cité assise sur la mer Mediterranée distante de Bedis enuiron six mille. Là y á vn fort bon, mais petit port, ou se retirent les naues qui võt à Bedis, lors que fortune court sur mer, & aupres d'icelle y á plusieurs montagnes qui sont couuertes de grans bois de pignes. De nôtre temps elle est demeurée inhabitée, à cause des coursaires Espagnols, fors quelques cabanes de pescheurs, qui demeurent continuellement sur leur garde, & ne découurent pas plus tôt vne fuste, qu'ils prenent la fuite deuers la montagne, dou ils décendent soudainement, acompagnés d'vn grand nombre de montagnars pour leur secours.

Tegaffa

Tegaffa, est vne petite cité fort habitée, & assise sur vn fleuue, distante de la Mer Mediterranée par l'espace de deux mille, ne contenãt guere moins de cinq cens feus: mais elle est fort mal acommodée de maisons. Les habitans sont tous pescheurs, & barqueroles, qui aportent les viures dans la cité, pource que le territoire est tout monteus, & bocageus, ne produisant aucun grain. Il est bien vray qu'il y á plusieurs arbres fruitiers, & grand vignoble: mais au reste la terre est toute sterile. Les habitans ne viuent d'autre chose que de pain d'orge, sardines, & oignons: de sorte, que je ne peu jamais demeurer en cette cité, à cause de la puanteur, & infection qui prouient des sardines.

Geb-

LIVRE III. DE LA
Gebha.

Gebha, est vne petite cité, ceinte de bonnes murailles, edifiée par les Africans, sur la mer Mediterranée, distante de Bedis enuiron vingt & quatre mille, estant aucunefois habitée, d'autrefois non, selon que sont prouisionnés ceus, qui en ont la garde, & gouuernement. Le terroir du contour est fort scabreus, & âpre, encore qu'il soit arrousé de plusieurs fontaines, qui y sourdent: & le long du circuit des murailles y à quelques vignes, & fruits: mais on ny peut veoir nulle belle maison ny edifice.

Mezemme.

Mezemme, est vne grande cité, assise sur vne petite montagne prochaine de la mer Mediterranée, aus confins de la prouince de Garet, au dessous delaquelle y à vne plaine grande, qui contient enuiron dix mille en largeur, & vingt & huit en longueur du côté de Midy. Par le milieu de cette plaine passe le fleuue Noccore, qui diuise Errif de Garet, & y habitent quelques Arabes, qui cultiuent la terre, dont ils recueillent vne grande quantité de grains desquels le seigneur de Bedis à pour sa part enuiron vingt mille setiers de grain. Cette cité fut anciennement fort ciuile, & bien habitée, & en icelle auoit posé son siege le Gouuerneur de la prouince: mais elle fut par deux fois ruinée, l'vne

Mezemme par deux fois saccagée.

ne par le Pontife de Cairaran pour vn dédain qu'il print contre le seigneur, à cause qu'il refusoit de luy rendre le tribut acoutumé, & l'ayant prinse la feit sacager, & demolir, puis feit trencher la téte à ce seigneur qu'il enuoya à Cairaran sur la pointe d'vne lance, en l'an de l'Hegire neuf cens dixhuit. Depuis demeura quinze ans sans estre habitée aucunement, mais en fin sous la protection, & defense du Pontife, elle fut repeuplée par aucuns seigneurs, mais celuy de Cordouë en fut piqué, s'en sentant fort interessé pour la veoir prochaine de ses confins par l'espace d'octante mille, qui est de la largeur, que contient la mer entre Melaga, en Grenade, & cette cité, laquelle est en Moritanie, cause, qu'il incita dauantage cetuy-cy à essayer s'il en pourroit premierement retirer le tribut ce que luy estant denié, y enuoya son armée qui la subjugua en vn moment, pource que le secours du Pontife n'y peut arriuer à temps pour la grande distance du Cairaran à icelle, qui en est eloigné deux ou trois cens mille, de sorte, qu'elle fut prinse auant que la demande du secours fut paruenue au Pontife: ainsi fut sacagée & détruite, & le principal Seigneur detenu prisonnier à Cordouë: là ou sa captiuite print fin auec sa vie. Et de la cité n'aparoist aujourd'huy autre chose, fors les murailles, qui sont encore sur pied. Cecy auint en l'an de l'Hegire huit cens nonante & deux.

Beni-

¶ Benigarir premiere montagne en la Region d'Errif.

Aintenant ayant parlé des cités, je viendray à vous reciter quelque chose particuliere des montagnes, entre lesquelles Benigarir, est habitée par vne lignée de Gumera, & est prochaine de Terga. Elle s'étend en longueur dix mille, & quatre en largeur. Il y à beaucoup de bois, vignes & oliuiers: neantmoins les habitans sont fort pauures, et vont mal en ordre: auec ce qu'ils ont peu de bétail. Mais ils font beaucoup de vins & le terroir produit l'orge en petite quantité.

Beni mansor.

Cette montagne-icy peut contenir en longueur enuiron quinze mille, et cinq en largeur, estant couuerte de plusieurs bois, & grand nombre de fontaines. Les habitans d'icelle sont gens de grandes forces, mais pauures, à cause que la montagne ne leur raporte autre chose que le raisin. Ils nourrissent quelque cheures, & ont coutume de tenir le marché vne fois la semaine, mais je n'y seu jamais veoir (tant soigneusement peusse-je regarder) autre chose sinon aus, oignons, raisins secz, sardines salées, quelque peu d'auoine, & graine de nauette, qu'ils ont pour faire du pain. Ceus qui habitent sur le riuage de la mer Mediterranée, sont sujets au seigneur de Bedis.

Bucchuia.

Cette montagne s'étend en longueur, enuiron quatorze mile, & huit en largeur: dont les habitans sont d'vne bonne partie plus riches, que tous les autres môtagnars: au moyen dequoy ils se sauët tenir fort bien en ordre, ayans plusieurs cheuaus: pource q̃ la montagne est enuironnée de bônes terres, exêptez de tout tribut & impos à cause que vn saint hôme de Bedis fut enseuely en cette môtagne.

Beni chelid.

Ceux qui partent de Bedis pour s'acheminer à Fez, tiennent leur chemin par ce mont icy, plein de froidures, & de fontaines, qui ne sont gueres plus chaudes, auec ce, qu'elle ne produit aucuns grains ny fruits, sinon quelques raisins. Les habitans sont tributaires au seigneur de Bedis, mais le grand tribut, qu'ils luy rendent annuellement, les reduit en telle misere, & pauureté, qu'ils sont forcés de commettre grans larrecins, & voleries.

Habitās de Beni Chelid, voleurs.

Beni mansor.

Cette montagne à d'étendue enniron huit mile, & est autāt eloignée de la marine, côme les deux autres cy dessus nommées. Les habitans sont fort braues hommes & adroits, mais ils sont subjets à s'enyurer ordinairement. Ils recueillent assez bonne fourniture de vins: mais d'autāt plus petite de raisins. Leurs femmes menēt le bétail au paturage, & ce pendant se mettēt à filer: mais il ne s'en trouue pas vne, qui garde foy ny loyauté à son mary.

Ff   Beni

Beni Ioseph.

Ce mont côtient en longueur enuiron douze mile, & huit en largeur: mais les habitãs sont pauures, qui les fait tenir plus mal en ordre q̃ tous les autres leurs voisins. Ioint aussi, que leur mõtagne ne produit aucune chose, qui sout bõne, fors quelque petite quantité de grains de nauette qu'ils melent auec les grains de raisin, de quoy ils font vn pain fort bis & encore plus âpre, & de tresmauuais goût: & auec ce, ont coutume de mãger assez oignons, beuuãs d'eau de fontaines, qui sont assez troubles: mais ils ont des chéures en grande quantité, estimans le lait d'icelles, vne viande fort exquise, & delicieuse.

Beni Zaruol.

En cette montagne y à fort grand vignoble, & bon terroir d'oliues, & autres fruits: toutefois les habitãs d'icelle sont fort pauures, & sujets au seigneur de Seusaren, qui leur impose de griefs subsides, & tributs: tellemẽt que les pauures miserables ne se sauroyent rien reseruer du reuenu de leurs vins. Ils tiennent le marché vne fois la semaine, ou ne se trouue autre marchandise que figues seiches, raisins secs, & huiles: & tuent ordinairemẽt grand nombre de boucs, & vielles chéures.

Beni Razin.

Cette montagne est assez prochaine de la mer Mediterranée aus confins de Terga, les habitans sont assez bien accommodez, & à leur aise, pource que la montagne est fort fertile, sans qu'ils soyent
tenus

tenus de payer tribut, ny imposition aucune. Il y croit grande quantité d'oliues, & y á plusieurs vignes, dont le territoire en est bon mesmement aus côtes de la montagne. Les femmes s'y adonnent au paturage des cheures, & à cultiuer les terres.

Seufaon.

Cette montagne-icy est couuerte de beaus grans bois, & de fontaines, qui y sourdent en grande quantité, lesquelles la rendent la plus plaisante & delectable de toutes celles, qui sont en Afrique: Ioint aussi, qu'en icelle se trouue vne petite cité pleine de marchans & artisans: pource qu'il y demeure vn Seigneur, qui tient sous sa main plusieurs montagnes, & fut celuy, qui commença à reduire les habitans de cette-cy à ciuilité, & s'appelloit Sidiheli Berrafed: qui se reuolta contre le roy de Fez, & feit encore guerre contre les Portugalois. Les habitans de cette cité, & des vilages, qui sont écartez par la montagne se tiennent en assez bon equipage, & ne sont aucunement tributaires à leur seigneur, à cause que la plus grande partie d'iceus suit les armes à pied, ou à cheual.

Beni gebara.

Cette montagne icy est fort âpre & haute, au pied d'icelle prennent leurs cours aucuns petis fleuues, & est abondāte en vignes, & figuiers, quāt au grains, elle n'en produit en sorte que ce soit. Les habitās vont mal en ordre, nourrissans des cheures en grāde quātité, auec quelques petis beufs qui n'ont pas plus grande montre, que veaus de huit mois. Toutes les semaines on y tiët le marché, quasi sans marchandise, neantmoins il y à aucuns marchans de Fez, qui s'y acheminent, & les muletiers aussi y portent les fruits. Ce lieu là apertient à vn parent du Roy, qui en reçoit tous les ans de reuenu enuiron dix mille ducats.

Beni Ierso.

Beni Ierso, sacagé par vn tyrant.

Cette montagne-icy souloit estre habitée, & auoir vn Colege de Loix, & à raison d'iceluy, les habitans de ce lieu estoyent exempts de toute imposition: mais vn tyrant auec l'aide du Roy de Fez, reduit leur franchise en odieuse seruitude, sacageãt le lieu auec ce colege, où lon trouua telle quantité de liures, qu'ils montoyent jusques à la valeur de quatre mile ducats, & feit priuer de vie plusieurs grans personnages, & de bonne reputation, en l'an de l'Hegire neuf cens dixhuit.

Tezarin, montagne.

Tezarin, est vne montagne prochaine de la susnommée garnie de plusieurs bois, vignes & fontaines. Au dessus d'icelle se voyent plusieurs antiques edifices, qui furent (selon mon jugement) bâtis par les Romains, là ou ceux qui cerchent les tresors (comme nous auons dit au parauant) ont coutume de faire cauer. Les habitans sont simples, ignorans, & pauures: à cause des griefs impos, qui leur sont quasi insuportables.

Beni

Beni Buseibet.

Cette montagne est sujette à grandes froidures, qui la rendent sterile en grains, & ny peut on nourrir aucun betail, pour autant que cette âpre froidure reserre & fait seicher la terre, & sont les arbres de telle qualité, que les cheures ne sauroyent estre paturées des fueilles. Il y á grande abondance de nois, dont on fait bonne prouision à Fez, & aus autres prochaines citez. Tout le raisin qu'on y recueille est noir, & s'en fait de confit & dous, auec du moust, & autres fort grans vins. Les habitās vont tous vetus de sacs de laine, faits en mode d'esclauines, & bandez de bandes noires & blāches, auec certains capuchons qui se mettent en téte, tellemēt qu'à les veoir ainsi mignonnement acoutrez, on les jugeroit plus tôt bestes que creatures raisonnables. En temps d'hyuer les marchans de nois & raisins confits se transportent en cette montagne: là ou ils ne trouuent ny pain ny chair: mais à force oignōs, sardines salées, qui s'y vendent bien cherement. Ils vsent de vin cuit, & potage de feues qu'ils estiment la meilleure viande qui soit entre eux, & mangent leur pain dans le vin cuit.

Habits des habitās de Beni Buseibet.

Beni gualid.

Beni gualid, est vne montagne fort haute, & âpre, garnie d'habitans fort opulens: pource qu'ils ont grande quantité de vignes noires pour faire les raisins, que lon confit, & vn ample territoire produisant figuiers, amādriers, & oliuiers. Ioint aussi,

qu'ils

qu'ils ne sont en rien tenus de rēdre tribut au Roy de Fez, fors que pour chacun vilage, vn quart de ducat par an: de sorte, qu'ils se peuuent seurement acheminer à Fez pour vendre & acheter. Que si en ce faisant, ils reçoiuent quelque tort ou injure en la cité, ils le dissimulent jusques à tant, que quelque parent de celuy qui les à offensez, vienne en la montagne, là ou estant paruenu, il le saisissent, sans qu'ils le lachent jamais, qu'ils ne soyent par le menu satisfais de l'honneur qu'on leur pourroit auoir blessé, ou du dommage qu'ils en ont receu. Les hommes se maintienent bien honnestement en ordre: se trouuant quelqu'vn dedans Fez auoir cōmis quelque delit, s'il peut gaigner la montagne, il est en franchise & seurté: auec ce que les habitans l'entretiennent tandis qu'il y sejourne. Si le Roy de Fez les pouuoit reduire sous sa puissance, il en receueroit tous les ans plus de six mille ducats de reuenu, pource qu'en son pourpris sont situez soissante vilages tous riches, & bien accommodez.

Beni gua lid, lieu d'immunité.

Merniza.

Cette montagne étend ses confins jusques aupres de ceux de la precedente, & sont les habitās de l'vne & l'autre extraits de mesme origine, & égaus en richesse, liberté, & noblesse : mais ils ont en cecy vne coutume diferēte, qu'vne femme pour la moindre injure qu'elle puisse receuoir de son mary, s'enfuyt aus montagnes prochaines, & abondonāt ses enfans, se vient joindre à vn autre mary en secondes

des noces. Au moyen dequoy les hommes ordinaire- *Diuorce*
ment en fuscitent de grandes noises & debas. Et *frequent*
pour iceus amortir & decendre à quelque acord, il *entre les*
est necessaire q celuy vers lequel s'est retiré la fem- *habitans*
me, rambource les dépens frayez par le premier ma- *de la mõ-*
ry aus époufailles de la femme: & pour demener et *tagne*
refoudre tels affaires, ils ont des Iuges entre eux, *Meruiza.*
qui pour ce fait ne leur depouillent feulement la
peau de deffus les épaules, mais d'vne auarice ar-
dête & infatiable les rõgent jufques aus entrailles.

Hagustun.

Hagustun, est vne montagne fort haute & froi-
de, où il y à plufieurs fontaines, & vignes de plant
noir, figues bonnes en toute perfection, pommes de
coin fort belles, trefodoriferãtes, & femblables aus
citrons, lefquelles naiffent en la plaine, qui est fous
la mõtagne. Il y à auffi plufieurs rancs d'oliuiers:
dont les oliues rendent de l'huile en grãde quãtité.
Les habitans font francs de tout tribut, mais par
honnesteté ils ont de coutume tous les ans de faire
au Roy de Fez quelque beau prefent, & honnora-
ble: au moyen dequoy ils peuuent frequenter la ci-
té, & franchemẽt acheter des grains, laines & toi-
les. Parquoy ils tiennent état de gentils-hommes
quant aus habillemens, mefmes ceus du principal
vilage, là ou demeure la plus grand part des arti-
fans, marchans, & nobles perfonnes.

Beniiedir.

Cette montagne est grande, & fort habitée: mais
elle

elle ne produit sinon raisins noirs, desquels lon en fait de confit semblable aus raisins de damas ou corinte, & vn vin fort bon, & delicat. Les habitans souloyent estre jadis libres & exempts de toute imposition & tribut: mais pour l'estreme pauureté qui les pressoit ils voloyent & depoüilloyent tous les passans: dont le seigneur de Bedis (moyennant l'aide, & faueur que luy donna le Roy de Fez) les subjugua & priua de leur ancienne liberté. Dans le circuit de cette montagne sont comprins cinquate vilages, assez grans, mais on n'en sauroit tirer du tout quatre cens ducats par an.

Lucai.

Cette montagne-icy est fort haute, & roide: garnie d'habitans tresopulens: pource qu'il y á à force vignes, qui rencontrent bien toutes les années, & de quelque partie des raisins, il s'en fait de confit pour vendre cōme les raisins de damas. Elle est semblablement abondante en figues, oliues, pommes de coin, amandres, & citrons, & portent tous ces fruits dans la cité de Fez, pour les y vendre: à cause q̃ ce lieu n'en est distant sinon de trente cinq mile: & s'y trouue des hōmes nobles, & cheualiers superbes sur tout: tellement qu'ils ne se sont jamais voulu abaisser de tant, que de se rendre tributaires à personne viuante, estans fort bien ramparez & defendus par la forteresse naturelle de la montagne, là ou ils reçoiuent en leur compagnie tous ceux qui sont bannis de la cité de Fez, les entretenans auec toutes les Caresses, & meilleur visage qu'il leur est possible, fors les adulteres, pource qu'ils sont jalous desesperément, qui leur fait hair telle maniere de gens outre mesure. Le Roy leur permet tout ce qu'ils veulent pour le profit, qui reuient à Fez de leur montagne.

Beni guazeual.

Cette montagne à d'étendue en longueur enuiron trente mille, & quinze de largeur. Mais elle est diuisée en trois montagnes, entre lesquelles, & les deux precedentes, prenent leur cours quelques petis fleuues. Les habitans sont braues hommes, & pleins de grande hardiesse: mais foulés outre le deuoir par le Capitaine du Roy de Fez, qui les contraint à luy rendre par an dixhuit mille ducats. La montagne est fort fertile en raisins, figues, lins, & oliues: dont il s'en fait de bons vins cuits, & toiles grosses & huiles, mais toutes lesquelles choses se conuertissent en argent, pour satisfaire à la somme par ce Capitaine imposée, lequel y tient ordinairement commissaires, & facteurs pour receuoir les deniers de ces montagnars. Il y à vne infinité de vilages, dont les vns contiennent cent, les autres deux cens feus, en sorte, qu'il y à enuiron cēt & vingt tant vilages que hameaus, desquels on peut leuer vingt & cinq mille combatans, qui sont journellement en guerre contre leurs voisins, & de là s'en ensuit de grans meurtres, tant d'vn côté que d'autre, qui fait que le Roy leue des amendes sur toutes les deux parties, qui montent à vne grande somme de deniers: tellement que cette guerre ciuile luy aporte vn merueilleus profit. En cette montagne se trouue vne petite cité, mais d'autant plus ciuile, et bien garnie d'artisans: & est enuironnée de plusieurs vignes, pommiers de coin, & citrons qui se transportent à Fez, & s'y font outre ce, des toiles en grande quantité. Dauantage il y à Iuges, & auocats assés experimentés en la Loy, qui est cause que plusieurs montagnars viennēt au marché qui s'y tient. Outre ce on y peut veoir vne combe, ou il y à vne entrée en guise de cauerne, qui jete continuellement grandes flammes de feu, & ay veu plusieurs étrangers se transporter en ce lieu là pour cōtempler vne chose tant rare, puis y jetent des fagots, & tronses de bois qui sont soudainement par l'apre & viue chaleur consommées. Vous asseurant, que ce feu me semble le plus admirable spectacle que j'aye veu entre les choses naturelles. Au moyen dequoy plusieurs se laissent tomber en cette opinion que ce soit vne des bouches d'enfer.

Cauerne jetant le feu.

Beni Gueiaghel.

Cette montagne se confine auec la precedente, mais les habitans de l'vne & de l'autre ont conceu entre eus vne perpetuelle inimitié. Il y à d'assés belles plaines, qui s'étendent jusques sur les confins des montagnes du territoire de Fez, & par icelles passe le fleuue Guargua, & sont adjacentes à cette
mon

montagne, là ou se recueille grande quantité de grains, huile, & lin: dont se font de belles toiles. Mais le Roy se tient tousiours saisy du bien des habitās: Car ceus qui en possedēt d'auātage, que les autres, par l'injuste et demesurée auarice des seigneurs seroyent reduits à plus grāde pauureté que les plus pauures mesmes. Les habitans sont naturellement adrois, & courageus, qui peuuēt faire de dix à douze mille hommes de guerre, & ne tiennent guere moins de soissante vilages de fort ample étendue.

Beni Achmed.

Beni achmed, est vne montagne fort scabreuse, qui contient en longueur dixhuit mille, & sept en largeur. Elle est couuerte de bois en la plus part, et y à assés bon vignoble, auec plusieurs oliuiers, & figuiers: mais il s'y trouue peu de terre bonne à produire grain. Dans & autour le circuit de la montagne y à force fleuues & fontaines, mais troubles, & ameres: dont l'arene est quasi semblable à la chaus & plusieurs des habitans (comme nous auons desja dit autrepart) ont vne apostume tresgrosse au gosier, sans qu'ils laissent pour cela à boire le vin pur, qui se peut bien garder quinze années en sa force, & perfection, apres qu'il à vn peu bouilly. L'on en fait encore du vin cuit, venant de la vigne, q̄ lon tient dans aucuns grans vases étrois par en bas, & larges par en haut. Le marché s'y tient vne fois la semaine, ou se vend l'huile, & vin rouge en grande quātité. Ces mōtagnars sont fort pauures, donnans mani-

Vin qui dure 15. ans.

LIVRE III. DE LA

manifestement à cognoitre leur necessité par leur habits usés & rompus: joint aussi, qu'ils sont fort foulés par le Roy de Fez, & toutefois ainsi necessiteus, & mal traités, ils donnent encore lieu à la partialité qui cause, qu'ils sont journellement aus armes entre eus mesmes.

Beni Ieginesen.

Cette montagne confine auec la precedente, ayant d'étendue enuiron dix mille, & entre les deux prend son cours vn petit fleuue. Les habitans sont tant adonnés au vin, qu'ils en viennent à idolatrer cōme si c'estoit vn Dieu: & ne leur sauroit produire la montagne vn seul grain de blé. mais il y croit des raisins vne infinité. Il nourrissent vn grand nombre de cheures, lesquelles sont tousiours dedans les bois, & ne mangent d'autre chair que de bouc, & d'icelles: je prins grande cognoissance & familiarité auec ces gens icy, pourautant que mon pere souloit exercer quelques ofices entre eus: mais il auoit grande peine & fâcherie de retirer les vsufruits des terres, & vignes, à cause que ces montagnars sont fort retifs, & durs à payer leurs dettes.

Vin reputé pour le Dieu des habitans de Beni legi nesen.

Beni mesgalda.

Les confins de cette montagne icy confinent auec ceus de la precedente, & du fleuue Guargua: Les habitans s'adonnent tous à faire du sauon: mais ils ne sauroyent trouuer moyen de le faire venir dur. Au dessous de la montagne y à de grandes campagnes, qui sont detenues par aucuns Arabes:

au

au moyen dequoy ils s'ecarmouchent si viuement, qu'il y en demeure le plus souuent en la place. Le Roy de Fez leur fait payer de grosses tailles, & trouue tousiours quelques nouueautés pour les acroitre. Entre ces montagnars plusieurs se trouuent, qui sont doctes en la Loy, ayants sous eus des écoliers, lesquels font de grans maus parmy ces montagnes: & mesmement aus lieux là ou lon ne leur fait si grandes caresses, & traitemens comme ils pensent bien le valoir. Ils boiuent du vin secrettemẽt, donnans à entendre au populaire qu'il est defendu: toutefois il ne se trouue personne (tant ébeté soit il) qui touchant cecy ajoute foy à leur dire. Les habitans ne sont pas fort opprimés ny foulés à cause que ces docteurs, & écoliers sont par eus fort constamment maintenus.

Beni guamud.

Cette montagne confine auec le territoire de Fez, mais le fleuue la separe d'iceluy. Le Roy en retire six mille ducats de reuenu, & ny a pas plus haut de vingt & cinq viles, ou les habitans font semblablement le sauon. Toutes les côtes sont en bon terroir là ou il y a plusieurs animaus. mais l'eau y est fort requise. Tant y a qu'ils sont tous riches, & se transportent à Fez chacun jour de marché, dont ils ont fort bonne & prompte deliurance de ce qu'ils portent. Cette montagne ne produit autre chose, que ce qui est necessaire à la vie de l'homme, & est distante de Fez, par l'espace de dix mille.

LIVRE III. DE LA

¶ Garet sixiéme prouince du Royaume de Fez.

Garet, sixiéme prouince du Royaume de Fez, commence au fleuue Melulo, du coté du Ponant, & de la partie du Leuant se termine au fleuue Muluia, deuers Midy prend fin aus montagnes des desers prochains de Numidie, s'étendant vers Tramontane jusques à la mer Mediterranée, en longueur, depuis le fleuue Nocor jusques à celuy de Muluia : & en largeur du côté de Midy se joint au fleuue Melulo : puis s'étend encore en partie deuers Ponant à côté des monts de Chaus, decendant vers la mer sur le fleuue Nocor. Elle contient en longueur enuiron cinquante mille, & quarante en largeur, étant fort âpre, & semblable aus desers de Numidie, auec ce qu'elle est fort inhabitée mesmement depuis que les Espagnols se sont emparés des principales cités d'icelle, côme je vous raconteray.

¶ Melela, premiere cité en la region de Garet.

Melela, est vne grande & ancienne cité edifiée par les Africans sur vn goulfe de la mer Mediterranée, contenant enuiron deux mille feus, & fut autrefois fort ciuile : pource que c'estoit la metropolitaine de toute cette prouince, & qui auoit son territoire

re de grande étendue, là ou se tiroit du fer en grande quantité, & abondant en miel : à cause dequoy elle fut appellée Melela : car ainsi se nomme le miel en langue Africane. Au port d'icelle se peschoyent anciennement les huitres, qui font les perles, & fut quelque temps subjuguée par les Gots : mais les Mahommetans la conqueterent depuis sur eus, qui se sauuerent au Royaume de Grenade, distant de ce lieu enuiron cent mille, c'est à sauoir en tant, que contient la largeur de la mer en cet endroit là. Il n'y a gueres que le Roy d'Espagne enuoya vne armée pour l'expugner : mais auant qu'elle abordât, les citoyens en sentirent le vent, puis enuoyerēt demander secours au Roy de Fez, qui estant pour lors detenu en la guerre, qu'il auoit contre le peuple de Temesne, expedia vn petit nōbre de souldas, lesquels estans venus en la presence des citoyens, qui d'autre côté sachans au vray que l'armée des Espagnols estoit grande, cōme gens hors de toute esperance de pouuoir soutenir la charge, & dure rencōtre qu'ils pensoyent receuoir de leur ennemis, abandonnerēt la cité, se retirans auec ce qu'ils peurent trousser, & porter de leur bien aus monts de Buthria. Et apres que le capitaine du Roy de Fez fut paruenu dans la cité, ou pour outrager ceus qui l'auoyēt quittée, ou en dépit des Chrétiens, meit le feu par toutes les maisons & edifices, qui furent soudainemēt embrasés en l'an de l'Hegire huit cens nonante six. Sur ces entrefaites suruint l'exercite Chretien, qui

Huitres faisans les perles

Melela ruiné par le peuple de Temesne.

voyant

voyant cette cité ainsi détruite en fut merueilleusement passionné, sans la vouloir toutefois abandonner, qu'il n'y eût vn fort drécé, & peu à peu furent
releuées toutes les murailles d'icelle, & aujourdhuy
encore est tenuë par les Espagnols.

Chasasa.

Chasasa, est vne cité prochaine de la precedent-
te enuiron vingt mille, & fut autrefois forte, &
ceinte de murailles, auec vn tresbeau port, auquel
les galeres Veniciennes souloyent aborder, ayans de
grandes trafiques auec le peuple de Fez, qui luy reuenoit à gros profit. Mais son malheur voulut que
au commencement de son regne il fut grandement
molesté par vn sien cousin, qui le detenāt à la guerre, le Roy Ferdinand d'Espagne se resolut d'employer toutes ses forces pour reduire cette cité sous
son obeïssance: ce qu'il sceut si bien mener, que son
dessein sortit efet tel, qui l'auoit ja long temps souhaité: pource qu'elle ne peut auoir secours du Roy
de Fez: dont les habitans s'enfuirent auant que
l'ennemy se montrât deuant leurs murailles.

Chasasa mis sous la puissance de Ferdinand, Roy d'Espagne.

Tezzota.

Tezzota, est vne cité en la prouince de Garet,
distante de Chasasa en terre ferme enuiron quinze
mille, assise sur vn promontoire de terre fort haut
là ou il n'y a puys ny fontaine, sinon vne citerne: et
autour d'iceluy vn petit sentier, qui va tousiours
cotoyant jusques à tant qu'il se vient rendre à la cime. Les fondateurs de cette cité furent de la maison
de

de Beni Marin, auant qu'ils se fussent aquis quelque seigneurie : & tenoyēt dans icelle leurs grains, auec le reste qu'ils auoyent, pouuans aler & venir par les desers : pource que alors les Arabes n'estoyēt encores entrez en Garet. Mais depuis qu'ils commencerent à se veoir gouuerneurs de quelque domaine, laisserent cete cité ensemble la prouince de Garet à quelques vns de leurs voisins, tachans à s'emparer de plus grandes seigneuries, & nobles regions. En ces mutations Ioseph fils de Iacob second Roy de la famille de Marin, par juste dédain, feit mettre en ruine cette cité : mais les Chrétiens ayans mis le pied dans Chasasa, vn Capitaine du Roy de Fez Grenadin, & tresexpert aus armes, demanda licence à sa majesté de remettre sur la cité de Tezzota, ce que luy fut acordé. Ainsi fut redifiée, dont les habitans, & ceux de Chasasa s'écarmouchent ordinairement ensemble, se trouuans tantôt victorieus, les vns & maintenant les autres, ainsi comme le sort variable de fortune incertain tombe sur les parties.

Meggeo.

Meggeo, est vne petite cité assise sur vne haute montagne, eloignée de Tezzota, par l'espace de dixhuit mile du côté du Ponant, & fut edifiée par les Africans en ce lieu prochain de la mer Mediterranée, enuiron six mile du côté de Midy, & sont les habitans d'icelle, hōmes nobles, & liberaus. Sous la montagne y à vne plaine, dont le territoire produit

Mines de fer.

des grains en abondāce, & aus montagnes qui l'en uironnēt, se trouuent des minieres de fer, & autour sont situez plusieurs vilages, là ou residēt ceus qui le tirent. La seigneurie de cette cité paruint entre les mains d'vn noble et magnanime cheualier, extrait du tige Royal, de la maison de Muachidin: mais de pere fort pauure, cōme celuy qui n'estoit que tissier, & aprint son art à son fils, de jeunesse. Mais l'adolescent qui aspiroit à choses hautes, ainsi q̄ ses nobles projets le poussoyent, cognoissant l'anciēne noblesse de ses ayeuls, rejeta le métier, & la nauette : puis se transporta à Bedis pour s'exercer aus armes, là ou il se meit pour cheual leger, auec le seigneur, lequel (pourautāt qu'il auoit cette vertu de bien toucher du Luth) le tenoit pour musicien. Or ce pendant il auint, que le Capitaine de Tezzota voulant faire vne saillie sur les Chrétiens, requît à ce Seigneur l'aide de ses cheuaus legers, dont il luy enuoya trois cens, auec ce noble damoisel, qui non seulement à cette premiere faction, mais en plusieurs autres feit cognoitre apertement à vn chacun la grāde prouësse, & vaillance de laquelle son magnanime cœur estoit ennobly. Neantmoins son seigneur ne faisoit aucun semblant luy donner recōpense, digne de sa valeur, ains se delectoit seulement au son & melodieus acors de son Luth : ce que portant fort impatiemment, eguilloné d'vn grand dedain, se partit & se retira vers quelques cheualiers de Garet ses amis, desquels il receut si grande faueur, q̄ par leur moyen

moyen vint à s'emparer du fort de Meggeo, retenant auec luy cinquante cheuaus, outre ce,que plusieurs môtagnars, pour la defence & soutien y envoyoyent de ce qu'ils pouuoyent auoir. Ce que voyant le seigneur de Bedis, meit aus champs trois cens cheuaus, & mile fantes pour luy faire quiter la place : mais ce courageus adolescent les caressa si bien auec sa petite compagnie, & les tâta si viuement, que leur meilleur, & plus seur, fut de gaigner le haut, auec grande perte & occision des leurs. Au moyen dequoy sa renommée se rendoit tousiours plus claire, & fameuse, tellement que le Roy de Fez le confirma en sa seigneurie, luy assinant certain reuenu, que la chambre de Fez souloit distribuer aus seigneurs de Bedis, à fin qu'il seruit de rampart contre les courses, & furie des Espagnols. Et de cetuy-cy aprindrent les Mores à se defendre, & contester encontre ceus, qui leur vouloyent faire aucun outrage : & de fait, le Roy de Fez luy à acreuë d'vn autre côté tant sa prouision, qu'il tient deux cens cheuaus : mais ils sont tels, qu'ils se pourroyent parangonner, & faire téte à deux mile autres des capitaines ses voisins.

¶ Echebdeuon, premiere montagne,
en la region de Garet.

Cette montagne s'etend depuis Chasasa du côté de Leuant, jusques au fleuue Muluia, & à la mer Mediterranée : de la partie du Midy, jusques

ques au desert de Garet. Elle fut jadis habitée de braues, & riches gens : & est fort abondante en miel & orge, auec force betail à cause que tout le territoire est fort bon, & à l'entour deuers terre ferme y à de grandes & amples campagnes de paturages. Mais apres que Chasasa fut subjuguée, les habitans de cette montagne ne pouuans contester, ny se maintenir (pource que les hameaus estoyent trop ecartez & distans l'vn de l'autre) quiterent leur demeure : & ayans embrazées leurs propres maisons, & bâtimens, s'en alerent habiter en d'autres montagnes.

Beni Sahid.

Beni Sahid prend son étendue aupres de Chasasa, suiuant deuers Ponant jusques au fleuue Nocor, qui sont enuiron cent vingt & quatre mile : & est habitée de plusieurs peuples, tous riches, d'autant qu'ils sont exempts de toute imposition & tribut, auec ce vaillans, & liberaus : tellement, que tous les étrangers, qui passent par là, sont defrayez & ne dépendent chose que ce soit. On y tire du fer en grande quantité, & y croît l'orge en abondance. Il y à auec ce grand nombre de bétail, à cause de la belle plaine, qui y est, ou sont toutes les veines de fer, & n'y à jamais faute d'eau. Tous ceus qui trauaillẽt à la miniere, ont leurs maisons, boutiques, & bétail tout joignant, là ou ils purifient le fer, qu'ils vendent aus marchans, qui puis apres le portent à Fez en billon : pource que ce n'est pas leur

con-

coutume, ou ne sauët le reduire en verges ou platines. Du reste, ils forgent des marres, pics, fourchefieres, & socs, qui sont armes de vilains, & de ce fer ne se peut tirer acier.

Azgangan.

Cette montagne-icy confine de la partie du Midy auec Chasasa, estant fort habitée non seulement de gens riches & opulens, mais vaillans & courageus, à cause qu'elle n'est moins abondante ny fertile, que les autres, & à encor cecy de plus, que le desert de Garet est au pied d'icelle, & les habitans d'iceluy font de grandes trafiques auec les montagnars qui l'abandonnerent, semblablemët à la prinse de Chasasa.

Beni Teusin.

Du côté de Midy cette montagne-icy confine auec la precedente, & à en longueur enuiron dix mille, c'est à sauoir depuis la partie du desert jusques au fleuue Nocor: d'vn côté d'icelle y à plusieurs plaines, dont les habitans sont libres, & recueillent les fruits de leurs terres, sans en rendre chose aucune au capitaine de Tezzota, au seigneur de Megger, ny à celuy de Bedis, pource qu'ils ont plus grand nombre de cheuaus, & gens de guerres, que tous ces trois seigneurs ensemble: D'auantage le seigneur de Megger leur est grandement atenu, & redeuable, pour le bon secours, qu'ils luy donnerent à se saisir de la seigneurie: & sont encore caressez, & entretenus du Roy de Fez: d'autant

qu'ils

qu'ils ont vne ancienne amitié auec sa maison, a-
uant qu'elle obtint le sceptre Royal. Ce que moyen
na vn de ces montagnars, qui estant homme de
grande doctrine & valeur, exerçoit l'ofice d'Auocat en Fez: & ramenteuant souuentefois le merite de leurs anciens, maintint en liberté les habitans de son pays, qui furent encore au parauant cō-
federez auec les Rois de Marin: pource que la mere de Abuscihid tiers Roy de cette famille, fut fille
d'vn des plus nobles de cette montagne.

Guardan.

Cette montagne confine auec la precedente, du
côté de Tramontane, s'étendant en longueur enuiron douze mile, deuers la mer Mediterranée, &
huit en largeur: qui se jette jusques sur le fleuue
Nocor. Les habitans d'icelle sont preus, & riches,
ne cedans en toute qualité, à ceux du mont Beni
Tenzin, & ont coutume de faire le samedy vn mar
ché sur le fleuue, auquel s'achemine la plus grand
part de ceux des montagnes de Garet, auec vne infinité des habitans de Fez. Les echanges se font
de fournimens de cheuaus, & huiles contre du fer:
pource qu'en la region de Garet, ne croissent gueres d'oliues, ne vins: auec ce, qu'ils se passent lege-
remēt d'en boire: combien qu'ils soyent prochains
d'Arif, dont les habitans s'enyurent outre mesure. Vn temps fut, qu'ils furent vassaus du Seigneur de Bedis: mais à la suasion, et par le moyen de
vn homme docte Predicateur, obtindrent du Roy
de

de Fez, que la quantité du tribut fût remise à leur vouloir, & discretion. Au moyen dequoy ils presenterent au Roy par chacune année certaine somme de deniers, cheuaus & esclaues: se retirans totalement de la sujetion du Seigneur de Bedis.

Epilogue de la Prouince de Garet.

Cette prouince est diuisée en trois parties: dont l'vne contient les citez, & le territoire: en l'autre sont les montagnes: & ce peuple est communemët appellé Bottria. La tierce, & derniere contient le desert, qui du côté de Tramontane prend son commencement à la mer Mediterranée, s'étendant deuers Midy, jusques à celuy de la region de Chaus, de la partie du Ponant, confine auec les montagnes par cy deuant nommées, & deuers Leuant se joint au fleuue Muluia. Il y à de longueur enuiron soissante mile, & trente en largeur: estant si âpre & aride, qu'on ny sauroit trouuer autre eau, que celle du fleuue Muluia: & si engendrent plusieurs animaus de diuerse nature, desquels produit aussi le desert de Libye, qui confine auec la Numidie. En temps d'été plusieurs Arabes ont coutume d'y venir faire residence pres le fleuue, auec vn certain peuple appellé Batalise, qui est cruel & fort abondant en cheuaus, brebis, & chameaus, & bataillent journellement auec les Arabes, qui luy sont voisins.

LIVRE III. DE LA

¶ Chaus, septiéme region du Royaume de Fez.

CHaus, est estimée la tierce partie du Royaume de Fez: pource qu'elle s'étend depuis le fleuue Zha de la partie Orientale, allant vers Ponant, iusques à la fin du fleuue Gurnigara, qui est d'espace enuiron cent nonante mille: & en contient soissante de largeur, qui est toute celle de la partie du mont Atlas, laquelle répond deuers Moritanie, & contient auecce, vne bonne partie des plaines, & montagnes, qui confinent auec la Libye. Du temps que Habdulach premier prince de la maison de Marin, subjuga toute la Moritanie auec les autres regions, qui se joignent à icelle, son lignage s'épandit par cette prouince-icy, & delaissa quatre enfans, le premier desquels fut nommé Abubder, le second Abuechia, le tiers Abusahid, & le quart Iacob: lequel paruint puis apres à la coronne pour auoir défaite, & reduite à neant la famille Muachidin Roy de Maroc, & deuant qu'il en fût jouyssant ses trois antecesseurs (à chacun desquels le pere auoit assigné vne region) moururent: à cause dequoy ils ne peurent obtenir aucun titre de Roy. Les autre trois prouinces furent diuisées en sept parties: c'est à sauoir entre les quatre lignées de Marin, & deux peuples, qui furent amis & aliez d'icelles, tellement que cette prouince-cy fut estimée pour trois, à cause qu'il ne s'en trounoit que sept,

Iacob fils de Habdulach, donit fin à la maison de Muachidin, Roy de Maroc

sept, & ceus qui pretendoyent part au Royaume, estoyent jusques au nombre de dix. Cet Abdulach fut l'auteur de ces diuisions, mettant Chaus pour la plus grande partie: comme nous declarerons par cy-apres particulierement.

¶ Teurert, premiere cité en la region de Chaus.

Ette cité fut anciennement edifiée par les Africans sur vne haute montagne aupres du fleuue Zha, & à l'entour d'icelle y à de fort bonnes terres: mais de petite étendue: pource qu'elles confinent auec quelques arides & âpres deserts. Du côté de Tramontane se joint auec le desert, & deuers le Midy à celuy de Adduhra: De la partie du Leuant auec Anghad, qui est aussi vn desert, commençant au Royaume de Telensin, & de la partie du Ponant auec le desert de Tafrata, qui semblablement confine auec la cité de Tazza. Cette cité fut jadis ciuile, & bien habitée: contenant enuiron trois mille feus, & y à de fort beaus temples, & edifices, dont les murailles sont de pierre teuertine. Mais depuis que la famille de Marin s'aquit le domaine du Ponant, elle fut mise en debat, qui causa de grandes guerres: pource que les seigneurs de Marim vouloyent qu'elle fût jointe au Royaume de Fez: & au contraire ceus de Beni Zeuen c'est à sauoir les Rois de Telensin, employerent toutes leurs forces pour la re-

reduire sous leur domaine, & seigneurie.
Hadagia.
Hadagia, est vne petite cité edifiée par les Africans, d'assiete conforme à celle d'vne Ile: pource q̃ tout aupres d'icelle se joint le fleuue Mululo auec celuy de Muluia. Elle fut anciennemẽt bien habitée & fort ciuile: mais ayans les Arabes ocupé le Ponant, son heur commença à s'ébranler: à cause qu'elle côfine auec les desers de Dahra, la ou il y à de tres mauuais garnements d'Arabes: puis à la ruine de Teurerto, elle fut totalement demolie sans qu'il en demeurât autre chose en son entier, sinõ les murailles, qui se peuuẽt encore veoir jusques à maintenãt.
Garsis, chateau.
Garsis, est vn chateau antique, situé sur vn roc aupres du fleuue Muluia, distant de Teurerto enuiron quinze mille, lequel fut la forteresse de la maison de Beni Marin, qui y faisoit garder ses grains du temps que la famille d'icelle residoit au desert. Depuis il fut subjugué par Abuhenan cinquiéme Roy de cette maison mesmes. Au tour d'iceluy dãs la plaine y à vn petit territoire, là ou se trouuent quelques jardins produisans raisins, figues, & pesches, qui resemblent (par l'objet sterile des desers) à celuy de delices, auquel Adam cõmit le premier peché. Les habitans sont mecaniques, & sans ciuilité, n'ayans autre soucy, que de se tenir sur la garde des grains de leurs maistres Arabes, qui se demeurent dans le chateau, lequel n'à pas plus grãde montre,

tre, qu'vn petit hameau : pource que les murailles sont toutes rompues, & les maisons non autrement couuertes, que de certaines pierres noires.

Dubdu.

Dubdu, est vne ancienne cité, forte & bien habitée d'vne partie du peuple de Zenete, edifiée par les Africans sur la côté d'vne treshaute môtagne, dôt s'ecoulent plusieurs fontaines, qui prennent leurs cours par la cité, qui est distante de la plaine enuiron cinq mille: mais qui seroit au pied de la montagne, la regardant, ne jugeroit pas qu'elle en fût eloignée d'vn & demy : pource que plusieurs sentiers et détorces qu'il faut suiure, causent cette longue distance de chemin, qu'il conuient tenir pour paruenir à la cité, par dela laquelle & au sommet de la montagne sont toutes les possessions : à cause que le terroir de la plaine est trop âpre. Vray est qu'il y à aucuns jardins sur le riuage d'vn petit fleuue, qui passe au pied du môt, mais tout ce, qui y est produit & dans les possessiôs, n'est pas à la moitié pres suffisant pour sustâter les habitâs de la cité : pour laquelle fournir s'y transportêt des grains du territoire de Tezza, à cause qu'elle fut expressemêt edifiee pour forteresse par vne lignée du peuple de Marin, alors q̃ les Regions du Ponât furent par Abdulach diuisées: et celle, ou est située Dubdu, échut à vne famille nômée Beni guertaggen, qui la tousiours possedée jusques à present. Mais quâd la maison de Marin fut desaisie du royaume de Fez, les Arabes voisins
cer-

cercherent le moyen de frustrer icelle de la seigneurie, ce qui fut fait auec l'aide & suport d'Ibnu chanu, qui estoit de cette famille merueilleusement empesché: tellement qu'ils furent contrains de pourchasser les tréues. Cetuy-cy fut seigneur de la cité, et apres son deces laissa vn fils nommé Acmed qui herita tant aus louables coutumes, comme aus amples seigneuries paternelles, et tandis qu'il vequit, maintint en bonne paix, & tranquillité son domaine duquel herita Mahōmet, qui fut certes vn homme fort Martial, & magnanime, au moyen dequoy il auoit subjugué au parauāt plusieurs cités & chateaus au pied du mont Atlas du côté de Midy, sur les frontieres de Numidie: puis estant paruenu au gouuernement de cette cité commença à l'embellir par plusieurs superbes edifices, & la reduire à ciuilité: vsant auec cela, d'vne si grande courtoisie, & liberalité enuers les étrangers, & d'vne humanité si grande enuers vn chacun, que la renommée de sa grande vertu, & actes illustres remplit incontinent les oreilles de plusieurs peuples, estant diuulguée par plusieurs regions: tellement que suiuant la bonne estime en laquelle tout le monde le tenoit, il s'en trouua qui l'enhorterent fort instamment à s'emparer de Tezza, l'enleuant d'entre les mains du Roy de Fez, & de fait plusieurs s'ofrirent liberalement de luy prêter aide, & faueur en tout ce qu'ils pourroyent, & que l'vrgente necessité le requerroit. Or pour mieus conduire & mettre fin à cette menée, fut

Mahommet succede à Acmed.

DESCRIPT. D'AFRIQVE.   237

fut arreté, qu'il s'achemineroit en habit de montagnard dans Tezza le jour du marché, feignant de vouloir acheter quelque chose, comme les autres: & en cet instant ses gens assaudroyent le Capitaine: ce qui pourroit facilement prendre yssue conforme à leur projet, veu mesmement que la plus grande partie des citoyens condecendoit à leur faueur: mais cette entreprinse fut découuerte. Au moyen dequoy le Roy de Fez (qui estoit Saich premier Roy de la maison de Quattas, & pere de cettuy, qui est à present) s'achemina à la volte de cette montagne auec vn gros exercite pour prendre Dubdu, & ne fut pas plus tôt arriué au pied de la montagne, qu'il feit ranger ses gens, & les mettre en ordonnance, & marcher en bataille: mais les montagnars qui estoyent jusques au nombre de six mille hommes à couuert, démarcherent en arriere, donnans passage à vne bonne part de la gendarmerie, qui montoit par certaines voyes obliques, & etroits sentiers, par lesquels les soldats suporterēt vne peine extreme, & en fin estans paruenus là, ou on les attendoit de pied quoy, les montagnars tous frais, & bien dispos commencerent à se ruer sur les foibles & lassés, auec vne telle furie & impetuosité, que tant pour l'incapacité du lieu qui éstoit étroit, & scabreus, comme pour estre tous hors d'haléne, les Fezans ne pouuans suporter vne si pesante charge furent contrains de quiter la place: mais ce fut tant hatiuement, qu'ils trebuchoyent à la foule du haut

Mahommet se met en habit de montagnard pour aller à Tezza.

Défaite de ceus de Fez.

haut en bas : tellement que plus de mille voulans euiter cette horrible mort tomberent en vn autre danger, qui ne les asseuroit de rien moins q̃ de leur vie, & en y eut de tués (comprenant tant les precipités comme ceus, qui passerent par le fil de l'epée) jusques au nombre de trois mille. Si est ce, que cette dure rencõtre fait au desauantage du Roy, ne l'intimida en rien, & ne luy peut détourner son entreprinse : mais ayant choisy cinq cens arbaletiers, & trois cens haquebutiers se resolut entierement de donner l'assaut à la cité. Lors cognoissant Mahommet à veuë d'oeil, que ses forces estoyent trop foibles pour se defendre contre vn tel seigneur, se pensa d'exposer à tout hazard, se rendant & mettre sa personne entre les mains du Roy, à sa misericorde : & de fait apres auoir prins vn habit de messager, se vint presenter dans le pauillon de sa majesté, à laquelle il donna vne lettre écrite de sa main au nom du seigneur de Dubdu. Le Roy (comme celuy qui ne le cognoissoit aucunement) apres auoir ouy la lecture du contenu de cette lettre, luy demanda qu'il luy sembloit de son seigneur. Il me semble qu'il soit surprins d'vne grãde folie seigneur, mais quoy, l'esprit malin deçoit le plus souuent autant bien ceus qui sont constitués aus grans honneurs & dignités, cõme ceus qui marchẽt au rang des plus infimes, & abjectes personnes qui soyent au monde. Par le vray Dieu (repliqua le Roy) si je le tenois aussi bien, cõme je suis seur de l'auoir de brief

Mahommet déguisé en habit de messager, tente son ennemy par belles harangues.

en

en ma puissance, je le ferois ainsi vif qu'il est, démembrer, & tailler en pieces. Et si maintenant (dit Mahommet) il se venoit rendre en toute humilité, & reuerence jeter aus pied de V. M. Implorant sa benignité, & clemence en recognoissance de son erreur, de quel traitement vseriez vous en son endroit? Ie jure par cette tête (repondit le Roy) que s'il donnoit à cognoitre en cette sorte le regret, qui le poindroit de m'auoir ofencé, que non seulement je luy pardonnerois toute la haine que j'ay conceue jamais à l'encontre de luy: mais trouuerois le moyen de l'alier à mon parentage, qui seroit, en donnant deux de mes filles à ses deux enfans, & le confermant en sa seigneurie leur assinerois encore tel douaire, qui me sembleroit plus raisonnable: mais je ne me saurois faire à croire, qu'il se doiue ranger jusques à ce point, tant il est fol, & outrecuidé. Il le fera bien (dit le messager) si V. M. promet cela en presence des principaus de votre Cour. Ie pense (dit le Roy) que ces quatre, qui me cotoyent, soyent sufisans, & receuables: dont l'vn est mon grand Secretaire, l'autre mon Lieutenant en chef, le tiers mon gendre, & le quart est le grand Prétre, & Iuge de Fez. A ces paroles, le messager non plus, mais Mahommet, se jeta à ses pieds vsant de semblables paroles. Roy voicy le pecheur, lequel ne recourant à autre refuge, se vient submettre à vôtre clemence, & misericorde. Donq le Roy amortissant la flamme de son courrous émeu

Mahommet prosterné aus pieds du Roy.

par

par l'humilité grande de ce seigneur, apres l'auoir fait leuer, l'acola en le baisant, & des cette heure le retint pour parēt & amy: puis sur le champ feit venir ses deux filles, qu'il feit épouser aus deux enfans de Mahommet, qui soupa ce soir là auec sa majesté, laquelle au matin leua son camp, et feit retour à Fez. Ces choses prindrēt telle yssue en l'an de l'Hegire neuf cens & quatre, & me retrouuay au lieu en l'an neuf cens vingt & vn, que ce seigneur estoit encore viuāt, lequel me dōna logis dans son palais mesmes, là ou il me feit grāde caresse, & magnifique recueil, à cause des lettres de faueur que j'auois du Roy de Fez, & d'vn sien frere, & s'enquit de moy de leur estat, & qu'el or...e en la maniere de viure se tenoit dans la cité de Fez.

Teza, cité.

Teza, est vne cité non moins noble, que forte, tresfertile, & abondante: edifiée par les anciens Africans, prochaine d'Atlas, enuiron cinq mille, & distante de Fez par l'espace de cinquante, trente de l'Ocean, & sept de la mer Mediterranée passant par le desert de Garet à la volte de Chasasa. Elle peut faire enuiron cinq mille feus: mais pauurement bâtie, fors que les palais des nobles, Temples, & Coleges, qui sont d'assés belle môntre, & bien edifiés: de la montagne d'Atlas prouient vn petit fleuue, qui trauerse la cité, entrant par le temple majeur: mais les montagnars par fois detournent son cours hors la cité, quand ils ont quelque chose
à dé-

à démêler auec les habitans d'icelle : & le font courir autrepart : ce qu'incōmode fort, & porte grand dommage aus citoyens, à cause qu'ils ne sauroyent faire moudre leur blé, ny auoir bonne eau pour boire, qu'elle ne soit troublée, venāt d'vne citerne : & estans pacifiéz ces montagnars, laissent prendre à ce fleuue son droit cours. Cette cité est la tierce, en ciuilité, honneur, & dignité, & y à vn temple, qui surpasse en grandeur celuy de Fez, auec trois étuues, & hoteleries, & font disposées comme celles de Fez. Outre, plusieurs gens de lettres, qui se trouuēt là, les habitans sont courageus, & tresliberaus à cōparaison de ceus de Fez, & riches : pource q̃ leurs terres raportēt le plus souuēt trente pour vn. Autour de cette cité y à de grādes valées, parmi lesquelles s'écoulent diuers fleuues, & plaisans : auec plusieurs beaus jardins sur les riuages d'iceus, ou sont produits des fruits fort sauoureus, & en grāde abondance. Il y à aussi vn beau vignoble, qui rend les raisins blancs, rouges, & noirs : dequoy les Iuifs (qui sont cinquante maisons dans la cité) font merueilleusemēt de bons vins, voire & tels qu'ils sont estimez les meilleurs, & plus exquis qui soyent en ces regions. On void encore dans la cite, vne grande, & grosse forteresse, là ou demeure le Gouuerneur de Fez, que les Roys ont coutume bailler à leur secōd enfant : mais certes ils la deuroyent retenir pour eux mesmes, & y colloquer le siege Royal pour la douceur de l'air bien tēperé tant yuer cōme

Hh   été :

été: auquel temps les seigneurs de la famille de Marin y souloyent elire leur demeurance pour la raison cy dessus aleguée, & aussi pour defendre leur pays des Arabes du désert, lesquels s'y acheminent tous les ans pour se fournir de viures, & aportent des dates de Segelmesse pour les troquer contre des grains. Les citoyens retirent vne grande somme de deniers de leurs grains, qu'ils deliurēt pour bon pris à ces Arabes: tellement, que cette cité est fort bonne pour les habitans, & n'y à autre incōmodité sinon qu'en temps d'yuer elle est tousiours pleine de fanges. Ie y séjournay quelques jours, pendant lesquels je prins familiarité auec vn viellard, qui entre le populaire s'estoit acquis le bruit d'estre saint, ayant de grans biens & fort opulent en fruits, terres & ofertes, qui se font par le peuple de la cité de Fez, en sorte que les marchans s'acheminent en cette vile de cinquante mile loin, pour visiter ce viellard. Et me trouuay du nombre de ceus, qui demeurerent suspens pour les faits de cet homme, auant que je l'eusse veu, mais apres auoir jouy de sa presence, il me sembla n'auoir rien d'auantage qu'vne autre personne: mais les faits cauteleusement simulez & couuerts d'hypocrisie ambitieuse, rendent ainsi les hommes deceus & abusez. Finablement, cette cité est enuironnée de plusieurs montagnes habitées par diuers peuples, comme nous décrirons cy dessous.

Hypocrisie, dame de grans abus.

Matgara

¶ Margara, premiere montagne, en la region de Chaus.

Ette montagne est fort haute, & roide, qui cause la montée fort penible : & pourautant aussi, que les sentiers sont fort étroits, & couuerts de bois touffus & épes taillis. Elle est prochaine de Tezza enuiron cinq mile, & au sommet d'icelle y à merueilleusement bon terroir, auquel sourdent plusieurs fontaines. Les habitans ne payent aucune imposition, & recueillent des grains, huiles, & lins en grande quantité : auec ce qu'ils ont du bétail vne infinité, dont la plus grande partie consiste en cheures. Ils portent peu de reuerence aus seigneurs, & ne les estiment pas gueres : tellement, qu'en vne route, que receut d'eux le Roy de Fez, ils prindrent vn de ses Capitaines, lequel ayans mené sur la montagne, le meirent en pieces, à la veuë de sa majesté. Au moyen dequoy il leur à tousiours porté vn mauuais vouloir, duquel il se soucient moins, que de rien. Ils peuuent mettre aus champs sept mille combatans : pource que sur la montagne se trouuent enuiron cinquante grosses bourgades.

Gauata.

Cette montagne n'est moins facheuse & âpre que la precedente, estant distante de Fez, enuiron quinze mile du côté de Ponāt, & à bon terroir tant à la sommité cōme à la plaine : là ou il nait de l'orge

& du lin en grande quantité. Son étendue deuers Ponãt eſt de huit mile, & de cinq en largeur. Il y à pluſieurs combes, & bois, ou repairent Singes, & Leopars en grande quantité. Les habitans ſont tiſsiers, hommes hardis, & liberaus: mais ils n'oſeroyent reſider en la plaine, ny la frequenter pour eſtre rebelles au Roy, auquel ils ne veulent rendre ny payer aucun tribut par leur orgueil: joint auſsi, qu'ils s'apuyent & fient ſur la force de leur montagne, laquelle ſe pourroit maintenir, & endurer le ſiege par l'eſpace de dix ans: pource que ſur icelle ſont produites toutes choſes neceſſaires pour maintenir la vie de l'homme, auec deux ſources d'eau, qui donnent commencement à deux fleuues.

Megeſa.

Megeſa, eſt vne montagne fort âpre, & dificile, en laquelle y à pluſieurs bois: mais elle produit peu de grains, d'autant que l'huile y eſt en abondance. Les habitans ſont fort blancs, pource que la montagne eſt haute & froide, & tous tiſsiers, à cauſe qu'ils recueillent du lin en grande quantité, n'ayans pas tant de force ny adreſſe à pied, comme à cheual: auec ce, que nul tribut ne leur eſt par aucun impoſé, & peuuent ſuporter, & fauoriſer ceux qui ſont bannis de Fez, & Tezza. Là ſe trouuent aſſez jardins, & vignes: mais il n'y à perſonne, qui boiue du vin, entre les montagnars, leſquels peuuent leuer ſix mile combatans. Car il y à quarante bourgades aſſez grandes, & bien acommodées.

Baro-

Baronis.

Cette montagne est prochaine de Tezza, enuiron quinze mile du côté de tramontane: estant habitée d'vn riche & puissant peuple, qui est fort opulent en cheuaus & exempt de toute imposition. Il y à assez grains & vignes, qui sont plãtées dans les jardins, là ou elles produisent les raisins noirs: mais les habitans ne boiuent point de vin, & sont leurs femmes blanches, polies, & refaites, portans plusieurs ornemens d'argent, à cause qu'elles en ont le moyen. Les hommes sont fort dedaigneus, & de grand courage, donnans faueur aus bannis: mais il est dãgereus de faire la cour à leurs femmes. Car toute injure, au respect de cette cy, leur est de petite consequence.

Beni guertenage.

Cette montagne est haute, & fort facheuse à monter pour cause des grans bois, & rochers qui y sont: & est distante de la cité de Tezza enuiron trente mile. Elle produit grains, oliues, lin, citrons, belles pommes de coin, & odoriferentes. Il y à grand quantité de bétail, excepté des bœufs & cheuaus, desquels le nombre est bien petit. Les habitans sont preus & liberaus, & se tiennent fort honnestement en ordre, autant bien que sauroyent faire les citoyens. En cette montagne se trouuent trente & cinq bourgades, qui ne sont moins de trois mille combatans, tous braues hommes, & en bon equipage.

LIVRE III. DE LA
Gueblen.

Gueblen, est vne montagne non moins froide, que haute, ayant d'étendue en longueur, enuiron soissante mile, & quinze en largeur, & distante de Tezza, enuiron cinquante mile, deuers Midy: sur le coupeau de laquelle se voyent les neiges en toutes les saisons de l'année. Elle confine du côté de Leuant, auec les montagnes de Dubdu, & deuers Ponant auec la montagne Beni Iazga. Iadis vn grãd courageus, & opulent peuple l'habita, maintenant tousiours sa liberté: mais puis apres s'estant adonné à la tyrannie, ceus des prochaines montagnes tous d'vn acord se banderent contre cestuy-cy, & ayans subjugué la montagne, feirent passer tous les habitans d'icelle par la fureur du trenchant de leurs epées, embrasans outre ce tous les vilages & hameaus: tellement qu'elle est aujourdhuy inhabitée. Il est vray qu'vne famille de ceus-cy cognoissans à veuë d'œil le grand desordre, & pernicieuse maniere de viure de leurs parens, exerçans si grandes cruautez & tyrãnies, se retira auec ce peu de bien qu'elle auoit, sur le coupeau de cette montagne, viuant saintement, & d'vne vie d'Hermite, à cause dequoy elle euita cette fureur ennemie, & fait encore résidence la posterité d'icelle, qui est de gens de sauoir, bonne vie, & honnestes meurs, fort prisez & estimez du Roy de Fez: voire de sorte que de mon temps il y auoit vn vieillard fort docte, de telle autorité, & reputation, que sa majesté

sté le prenoit tousiours pour coadherent & mediateur en tous les acors,& capitulations qu'il passoit auec aucuns peuples des Arabes, lesquels remettoyent semblablement tous leurs differens entre ses mains,le tenans pour vn tressaint homme & religieus,qui luy causoit de grandes enuies, & inimitiés de la Cour judiciaire.

Beni Iesseten.

Cette montagne est sous la puissance du seigneur de Dubdu,et habitée par gens vils & mecaniques, qui se tiennent pauurement en ordre, leurs maisons sont bâties de joncs marins: dequoy il faut qu'ils se facent des souliers quand ils veulent faire quelque voyage:mais auant que les seconds soyent acheuez,les premiers sont rôpus,& consumez. De là se peut conjecturer combien est grande leur misere,& en quelle pauureté ils passent leur vie. En la montagne ne croît autre chose, que graine de nauette,de laquelle ils font le pain,& apareillent autre viande.Vray est,qu'il y à au pied de la montagne plusieurs clos de vignes,dates, & pesches,qui y croissent en grāde quātité, du dedans desquelles ils tirent le noyau, & les mettent en quatre pieces: puis les font seicher au soleil pour les garder toute l'année,comme pour viande tresexquise, & delicate.D'auantage l'on trouue en quelques endroits de cette môtagne plusieurs veines de fer,qui se met en ouurage, & s'en font de telles pieces comme celles dont on ferre les cheuaus, desquelles ils se seruent

Pieces de fer, é lieu de monnoye.

en lieu de monnoye: pource qu'il se trouue bien peu, ou point d'argent en ces lieux là. Neantmoins les habitans reçoiuent de ce fer vne grande somme de deniers, à cause qu'ils en vendent en quātité, & en font poignards qui ne trenchent aucunement. La coutume des femmes est de porter anneaus de leur fer, aus dois, & aus oreilles, se tenans encore en moindre equipage, que ne font les hōmes. Elles vont ordinairement au bois, tant pour fagoter, cōme pour conduire le bétail au paturage. Là n'y à ciuilité aucune, ny homme qui sache que c'est des lettres, en sorte, qu'ils viennent à resembler aus bestes, qui n'ont sens ny entendement.

Selelgo.

Selelgo, est vne montagne toute couuerte de bois, qui sont de Pins hauts & droits, & y sourdent plusieurs fontaines. Les habitans n'ont aucunes maisons enleuées à murailles, mais elles sont toutes faites auec nates de joncs marins, lesquelles ils peuuēt transporter d'vn lieu á autre: pource qu'ils sont contrains d'abandonner cette montagne en yuer, & en temps d'été aller faire residence en la plaine. Et à la fin du mois de May, les Arabes se partent du desert. Et pour leur donner la chasse, ceux-cy sortēt de la campagne, puis s'en vont demeurer aus lieux frais, qui est fort bon pour leur bétail: à cause qu'ils ont cheures & brebis en grande quantité. Or à l'entrée de l'yuer les Arabes s'en retournēt en leurs deserts, pource qu'ils sont plus chaleureus, joint, que

que les chameaus ne peuuent durer longuement là, ou le froid est quelque peu âpre. En cette montagne y à plusieurs Lyõs, Leopars, & Singes, qui semble à les veoir en troupe vne grosse armée, tant grand en est le nombre, & y à vne fontaine d'eau si viue, & grosse, qui jete par si grande impetuosité, que je l'ay veu rejeter vne pierre, du pois de cent liures qu'on auoit ruée au droit de la source de l'eau, qui donne cõmencement au fleuue Subu, lequel est le plus grand qui se trouue en toute la Moritanie.

Beni Isasga.

Cette montagne est habitée par vn peuple riche, & fort ciuil, prochaine de la montagne susnommée, là ou ce fleuue prend son origine passant entre haus rochers: venant décendre aupres de cette-cy, les habitans de laquelle ont fabriqué pour le passer vn merueilleus pont, & ont planté aus deux côtés du fleuue deux gros, et fermes pilotis, à chacũ d'eus est atachée vne grosse polie, faisans passer d'vn côté à autre de grosses cordes, faites de joncs marins: puis sur icelles y à vn grand pannier ataché, qui peut aisément receuoir jusques à dix personnes: & lors q̃ quelqu'vn veut outrepasser, il entre dans le pãnier, & cõmence à tirer les cordes atachées à iceluy, lesquelles glissent facilemẽt dans les polies: & & en cette maniere se passe d'vn côté à autre de ce fleuue: lequel voulant vne fois passer, me fut dit, comme ja long temps auoit, que plus de gens que le pannier ne pouuoit pas porter, y voulurent entrer

Pont merueilleus.

Hh 5 à la

à la foule, dont pour la trop grande charge se vint à enfoncer: à cause dequoy partie de ceus qui estoyent dedans, tomba en la riuiere, & le reste se retint aus anses, & cordes, echapant à grande peine d'vn tel peril: mais ceus qui tomberent se rendirēt perpetuellement inuisibiles, sans qu'on en peût jamais auoir nouuelles. Cette triste & piteuse nouuelle me causa vne frayeur si grande, que les cheueus m'en drécerent en la téte: joint aussi, que le pont est assis entre le sommet de deux montagnes, tellement qu'entre l'eau & le pont il y à cent cinquante coudées, tāt que celuy, qui est aupres du fleuue, sembleroit à vn autre, de sur le pont de la hauteur d'vne coudée. Les habitans ont vn grand nombre de bétail, à cause qu'il n'y à gueres de bois en la montagne, & portent les brebis vne laine tresfine, delaquelle les femmes font des draps, qui semblent estre de soye, auec leurs vétemens, & des couuertures de lit, qui se vendent à Fez, trois, & quatre, voire jusques à dix ducats la piece. La montagne produit assés huile: mais elle est tributaire au Roy de Fez: dont le chatelain reçoit le reuenu, qui peut monter jusques à la somme de huit mille ducats.

Azgan.

Cette montagne confine auec Selelgo de la part du Leuant, & deuers Ponant auec le mont de Sofroi: du côté de Midy, auec les montagnes, qui sont sur le fleuue Maluia: de la partie de Tramontane auec les plaines du territoire de Fez, ayant en longueur

gueur enuiron quarante mille, & quinze en largeur. Elle est fort haute, & si froide, qu'elle ne se peut habiter, sinon du côté, qui est à l'oposite de Fez et tout planté d'oliuiers, auec autres arbres fruitiers là ou auss: sourdent plusieurs fontaines, lesquelles s'écoulent dans la plaine, qui est toute en bon terroir, pour semer orge, lin, & cheneue: lequel y croît à veuê d'oil. En yuer on y habite dans petites cabanes & hameaus. De nôtre temps on y à planté des muriers blancs, pour nourrir les vers, qui font la soye. L'eau est si froide, que tant s'en faut qu'on en vse pour boire, quand on ne s'oseroit quasi hazarder de la toucher: & en ay cognu vn pour en auoir beu seulement vne plaine tasse, garder le lit par l'espace de trois mois, surprims d'vne colique & passion de corps quasi insuportable.

Cas estrange pour a ioirbeu d'eau.

Sofroi, & Mezdaga cités au pied d'Atlas.

Sofroi, est vne petite cité au pied d'Atlas, prochaine de Fez, enuiron quinze mille du côté de Midy, aupres d'vn pas, par ou lon passe pour faire le voyage de Numidie: & fut edifiée par les Africans, entre deux fleuues, autour desquels y à plusieurs clos de vignes, & d'autres fruits. Pres & enuiron la cité toutes les possessions sont plantées d'oliuiers, et pourautant, q̃ cõmunément les terres sont maigres, on n'y jete autre semence, q̃ de cheneue, orge, & lin. Les habitans sont riches: mais ils se tiennent mal en ordre, & sont leurs habillemens tousjours oins, & tachés d'huile: pource que tout le long
de

de l'année ils s'ocupent à le faire puis le portẽt vendre à Fez. En cette cité n'y à autre chose de beau, et notable, qu'vn temple, dans lequel passe vn gros ruisseau, & sourd vne belle fontaine pres la porte d'iceluy. Mais elle est maintenant quasi toute en ruine pour le mauuais gouuernement du frere du Roy, qui en est seigneur.

Mezdaga.

Mezdaga, est vne petite cité au pied d'Atlas, distante de la precedente enuiron huit mile du côté de Ponant, laquelle est ceinte de belles murailles : mais au dedans sont mal bâties les maisons, chacune d'icelles ayant sa fontaine. Les habitans sont tous (ou peu s'en faut) potiers de terre : à cause qu'ils ont de bonne argille dont ils font infinité de pots, qu'ils portent vendre à Fez : dont ils ne sont pas plus eloignés que de douze mille du côté de Midy, ayans la campagne tresfertile en orge, lin, & cheneue : auec ce qu'elle raporte oliues, & plusieurs fruits en quãtité. Il se trouue plusieurs Lyons dans les bois, qui sont prochains de cette cité : comme aussi il s'en trouue en tous les autres susnommés, mais ils ne molestent personne, en sorte que ce soit : & sont de si peu de cœur, que voulans rauir vne brebis, ils quiteront leur proye pour la moindre personne, qu'ils aperceuront tenir le bâton, ou quelque arme au poing.

Beni bahlul.

Beni bahlul, est vne petite cité, en la côte d'Atlas,

las, qui regarde deuers Fez: d'ou elle est distāte par l'espace de douze mille. Aupres d'icelle y a vn pas, qui est sur le chemin de Numidie, & sur la montagne se trouuent plusieurs sources d'eau, dont les ruisseaus viennent à s'ecouler sur ce pas. Le territoire d'autour ne difere en rien à ceus, desquels nous auons parlé, fors que de la partie de Midy, n'y à aucun bois. Les habitans sont bucherons, les vns coupans les bois, & les autres le charroyans dans la cité de Fez. Ils sont journellemēt par leurs seigneurs foulés, & molestes: pource que c'est vne nation mecanique, & inciuile.

Hani lisnan.

Les Africans edifierent cette cité en vne plaine enuironnée de plusieurs montagnes, sur le passage, par ou lon va de Sofroi en Numidie. Elle est nommée, Hani lisnan, qui signifie fontaine, pourautāt (comme il se dit) lors que les Africans s'adonnoyēt à idolatrer, ils auoyent aupres de cette cité vn temple, auquel ils s'assembloyēt tous en general en vn certain temps de l'année entre jour, & nuict: puis quand les sacrifices estoyent paracheués, toute la lumiere éteinte, chacun presentoit sa chādelle à la dame, qui étoit plus prochaine, l'oferte desquelles leur étoit tant agreable, qu'elles prétoyent ententiuement l'oreille aus humbles requétes des supplians: tellement qu'ils en jouyssoyent tout le long de la nuict à leur plaisir, puis le lendemain il estoit defendu à toutes celles, qui s'estoyent retrouuées en cette

Hani lisnan fontaine des idôles.

Etrange coutume & laciue obseruée anciennement aus sacrifices

cette faction, ayans ainsi bien escarmouché, & paré aus coups, de n'aprocher leurs maris par l'espace d'vn an, pendant lequel temps les enfans qu'elles auoyent porté, estoyent nourris par les prêtres de ce temple, auquel y auoit vne fontaine, qui se void encore aujourd'huy: mais il fut détruit auec la cité par les Mahommetans, sans qu'il en soit demeuré aucune aparence. La fontaine apres auoir couru quelque espace, forma premierement vn petit Lac, qui distile par tant de petis ruisseaus, que tous les lieux du contour en font marêcageus.

Mahdia.

Cette cité est assise pres Atlas au milieu des bois & sources d'eau, quasi en la plaine, distante de l'autre par l'espace de deux mille. Elle fut edifiée par vn predicateur natif de ces montagnes, du temps, que la cité de Fez estoit sous la puissance du peuple de Zenete. Mais depuis que ceus de Luntune auec le Roy Ioseph entrerent en ces regions, elle fut sacagée, & mise en ruine, sans qu'il en demeurât autre chose, qu'vn temple assés beau, auec toutes ses murailles: pource que les habitans des vilages deuindrent rustiques, et tributaires du Roy de Fez qui fut en l'an cinq cens & quinze de l'Hegire.

Mahdia s'accagée

Sabh el Marga, qui signifie, la plaine du preus.

Sabh el Marga, est vne plaine, contenant en largeur l'espace de trente mille, & quarante en longueur:

gueur: se jettant entre des montagnes d'Atlas, qui
sont couuertes de plusieurs bois d'arbres treshauts
là ou habitent plusieurs charbonniers dans certaines cabanes écartées l'vne de l'autre, ayans plusieurs fournaises plaines de charbon, pour en fournir jusques à cent charges, qu'ils vendent à Fez.
Outre ce, lon trouue parmy ces bois plusieurs Lyõs,
qui souuentefois deuorent de ces charbonniers,
quand ils les peuuent joindre. De cette montagne
se portent de belles tronses, poutres, cheurons, &
tables de diuerses sortes, dans la cité de Fez: & est
la plaine fort âpre en tout son pourpris, qui est tout
couuert de certaines pierres noires, & plates, sans
qu'il y naisse aucun fruit.

Azgari Camaren.

Cette-cy, est vne autre plaine enuironnée de
montagnes bocageuses, estant comme vn pré: pour
ce que l'herbe y dure tout le long de l'année: au
moyen dequoy plusieurs pasteurs en temps d'été y
conduisent leur bétail en pâturage, qu'ils enserrent
auec palis ou autres choses, faisans grand garde tou
te la nuict de peur des Lyons.

Centopozzi montagne, qui signifie autant comme cent puys.

Entre les autres montagnes cette-cy est d'vne
merueilleuse hauteur, ayãt à son coupeau quelques
edifices antiques, & aupres d'iceus vn puys de tel
le profondité, qu'on n'en sauroit dicerner le fond,
à cau-

à cause dequoy ces trãsportés & vuides de cerueau qui font cercher les thresors, y font aualer des hommes auec belles cordes: lesquels portent vne lumiere en leur main, & disent, que dans ce puis y à plusieurs étages, dont au dernier se trouue vne grande place cauée à force de ferremens, & est toute ceinte de murailles, auquelles y à quatre pertuis, qui font l'entrée en d'autres petites places, là ou (comme ils aferment) se trouue grande quantité de puis

Puys d'eau viue.

d'eau viue: tellement que plusieurs induis par ces foles persuasions, apres y étre entrez demeurẽt mors en ce lieu: pource que par fois il s'y leue vn terrible vent, & impetueus qui leur éteint la lumiere, en sorte que ne s'achans de quel côté se tourner, ny reprendre leur erres sont contrains d'expirer, pressés d'vne faim extreme. Et à ce propos me raconta vn gentilhomme de Fez, amy mien (qui estoit reduit à grande pauureté pour s'étre adonné semblablement à telles sottises) qu'ils s'acorderent vne

Auenement & erres en vn puys d'eau vi-

„ fois dix compagnons, de cercher leur auenture, &
„ sonder ce puis, à l'entrée duquel estans paruenus,
„ jeterent par sort à qui il toucheroit d'entre eus à y
„ décendre, & voulut le destin de ce mien amy, que
„ le sort tomba sur luy, auec deux autres: & furent
„ àualés par des cordes, les lanternes dans le poing, a-
„ uec la lumiere. Or apres qu'ils furent decendus &
„ paruenus aus quatre pertuis, conclurent d'aler, se-
„ parés les vns d'auec les autres, & quand suiuant
„ leur acord l'vn se fut party, les autres deux s'ache-
mi-

minerent ensemble: mais ils ne se furent pas guere auancez, qu'ils trouuerent grande quātité de chauuesouris, voletans autour de leurs lāternes, lesquelles ils batirent & heurterent si dru auec les œles, qu'ils éteignirent l'vne des chādelles. Neantmoins suiuans tousiours leur route, trouuerent vn puys d'eau viue, à l'entour d'iceluy ils veirent blanchir plusieurs ôs de personnes mortes, & cinq ou six lanternes, les vnes fort vieilles, les autres non: mais n'apercceuans dans le creus de ce puys autre chose qu'eau, s'en retournerent arriere, & n'estoyent pas encore à la moytié du chemin, quand par la force d'vn grand vent, qui se leua soudainemēt, leur lumiere fut éteinte: tellement qu'apres auoir cheminé quelque tēps tâtonans & bronchans deçà & de là au milieu de ces tenebres, sans plus pouuoir retourner sur leurs brisees pour sortir, à la fin vaincus de facherie & long trauail, (cōme reduis au dernier desespoir) se jetcrent par terre, auec grandes lamētations acompagnées de vœus & prieres, qu'ils ofroyent à Dieu, promettans de ne faire jamais retour en ce lieu, si sa diuine prouidence leur faisoit cette grace d'en pouuoir sortir ainsi sains comme ils y estoyent entrez. Ce pendāt les autres, qui estoyēt dehors, attendans, apres auoir sejourné vn long temps, entrerent en vn grand soupçon doutans de quelque cassade: au moyē dequoy cinq d'entre eux auec lanternes en main, & fusils là se feirent aualer, & cheminās huchoyent parmy les cauernes, &

Ii appel=

appelloyent leurs cõpagnons, lesquels finablement ils trouuerent en la maniere cy dessus recitée: mais ils ne peurent jamais sauoir qu'elle part auoit tiré le tiers: parquoy sans en faire plus autre quéte, s'en retournerent sur terre. Mais celuy qui s'estoit egaré, cõme les deux autres, ne sachant où aler, demeuroit tout suspend, quand il entreoyoit l'aboy cõme de deux petis chiens, & peu à peu s'aprochant du lieu, auquel il luy sembloit auoir ouy le cry, veid quatre petits animaus qui montroyent d'auoir esté naguere phaonez, & ainsi qu'il s'amusoit à les contempler, la mere suruint, qui auoit la forme d'vne Louue: mais de plus grande corpulence (& est vn animal nõmé Dabah qui fait ses petis dans les cauernes, ou en quelque autre lieu) Le pauuret demeura assez étonné, craignant d'en estre molesté: mais ayant caressé & leché ses petis, sans faire autre semblant, reprint ses erres suiuant la route d'ou elle estoit venué, suiuie par ses petits. Cetuy-cy se meit à faire le semblable, tãt qu'il se trouua à l'yssue de ce puys au pied de la montagne. Et si quelqu'vn me demãdoit cõme il se pouuoit veoir cõduire estant à demy enseuely en ces bas lieus, & pleins de tenebres, je répondray, q̃ le long sejour, qu'il feit là dessous luy rendit quelque peu de clairté, comme il auient à ceus qui demeurent par quelque temps aus lieus obscurs. Mais maintenant par la reuolution des années, ce puys s'est rempli d'eau, & y à lon tant caué qu'on l'à aplani, & mis à fleur de terre.

Raison philsicale.

Mon-

Montagne & passage des corbeaus, appellé Gunaigel Gherben.

Cette montagne est prochaine de la precedente, là ou il y a plusieurs bois, & dans iceus grãde quantité de Lyons, sans qu'il s'y trouue cité ny bourgade, estant pour la grande froidure tout inhabitée. D'iceluy prouient vne petite riuiere, & sont fort hauts les rochers, & à la sommité d'iceus repaire vne infinité de corneilles, & corbeaus, & de là est deriué le nom de la montagne : sur laquelle se leue quelque fois vn vent de Tramontane, qui en fait tomber tant de neiges, que plusieurs pensans aler en Numidie, demeurent dedans transis & etoufez: comme par cy-auant je vous ay raconté vne histoire à ce propos. Les Arabes qui s'appellent Beni essen ont coutume s'y acheminer en temps d'été, pour les douces eaus & plaisans ombrages, qui y sont: encore que plusieurs Lyons & terribles Leopards y repairent.

Tezerghe.

Tezerghe, est vne petite cité en maniere de forteresse, edifiée par les Africans sur vn petit fleuue, qui prend son cours pres le pied de la montagne, entre quelques valeés. Les maisons sont mal bâties, & les habitans sujets à aucuns Arabes, appellez Deuilchuseim, difformes, mal en ordre, bêtes jusques au bout, en toute ciuilité & honesteté. Le terroir d'entre ces valées n'a pas grãde étendue, neãtmoins il produit quelque peu d'orge et pesches.

Vmen guinaibe.

Vmen guinaibe, est vne petite cité edifiée d'ancienneté, distante de la precedente, enuiron douze mile pres du passage d'Atlas: c'est à sauoir à l'endroit du Midy. Le passage est tousiours tenu & empesché par d'aucuns Arabes, qui portent peu de respet au Roy: à cause d'vne grande plaine prochaine de la cité, en laquelle ils font residence. A costé d'icelle y à vne montagne, par laquelle il faut passer tousiours en dançant, ce que j'ay veu obseruer à plusieurs, autrement (comme lon dit) la fieure surprendroit les passans.

Superstitiō de dācer, en passant vne mōtagne

Beni Merasen, montagne.

Cette montagne, est fort haute, & froide: neantmoins elle est habitée de toute sorte de gēs, qui sont endurcis à la froidure: tenans des cheuaus & ânes en grand nombre, qui leur engendrent vne infinité de mulets, dequoy ils se seruent de sommiers sans bride ny mors: & ne les endossent que de quelques bas legers. Ils n'ont aucuns edifices de murailles, mais leurs maisons sont dressées de nates: à cause qu'il leur conuient suiure leurs mulets ordinairement pour les mener au pâturage. Le Roy de Fez ne les à peu contraindre luy payer aucun tribut, pource qu'estant leur mōtagne, forte & defensible: joint aussi qu'ils sont opulens: ils ont bon moyen de faire resistence, & repousser brauement ceus qui s'attachent à eux.

Meset-

Mesettaza, montagne.

Mesettaza du Leuant au Ponant s'étend enuiron trente mile, & en peut auoir douze de largeur. Elle confine de l'Occident auec les plaines d'Edecsen, lesquelles se joignent à la region de Temesna, qui est froide: mais elle n'est tant habitée côme la precedente, dont les habitans sont de noble nature, opulens, & abondans en cheuaus & mulets. De ceus-cy se trouuent quelques vns dans Fez, qui sont gens de lettres, & en y á sur la montagne, qui écriuent tresdoctement: au moyen dequoy leur coutume est de transcrire les liures, qu'ils enuoyent vendre à Fez, estans afranchis de toute imposition, fors quelques presens de peu d'importance, qu'ils ofrent au Roy de Fez.

Anciéne coutume de transcrire les Liures.

Ziz, montagnes.

Ces montagnes sont appellées Ziz, retenans ce nom du fleuue, qui procede d'icelles, & de la partie du Leuant, commençant aus confins de Mesettaza: deuers le Ponant se terminent auec Tedle, & auec le mont de Didis: du côté de Midy, ils regardent vers le port de Numidie, qui s'appelle Segelmesse, & deuers Tramontane du côté de la plaine d'Edecsen, & Guregra: ayant d'étendue en sa longueur enuiron cent mile, & quaráte en sa largeur. Il y á enuiron quinze montagnes, toutes froides, & âpres: desquelles s'écoulét plusieurs fleuues, & sont habitées d'vne generation nommée Zanaga, qui est d'hommes robustes, & furieus, qui ne font conte

LIVRE III. DE LA

des froides neiges, & autres froidures. Leur vétement est vne chemise, qu'ils portent aupres de la chair, & vn manteau, qui la couure. Ils s'entortillent les jambes de quelques pieces dechirées, ou lambeaus qui leur seruent de chauses: sans qu'ils portent chose aucune sur la tête en temps d'été. Ils ont à forces ânes, mulets, & brebis: pource qu'il y à quantité de bois en ces montagnes: mais ce sont les plus parfais brigans, & voleurs, qui soyent au demeurant du monde. Entre eux & les Arabes y à de grandes inimitiés, tellement que ceux-cy derobent les Arabes par nuit, ou pour leur faire plus grand dépit, precipitent en leur presence leurs chameaus qu'ils ont volé sur eux, du haut en bas de la montagne: là ou se void vne chose quasi miraculeuse, qui est vne grande quátité de serpens tant plaisans & domestiques, qu'ils vont par les maisons, non autrement que les petis chiens & chats. Et lors qu'on veût manger, tous les serpens qui sont dans la maison, se rangent ensemble, mangeans les brises de pain, ou d'autre viande, qui tombēt en terre, ou qui leur sont jetées, sans qu'elles facent aucun déplaisir à personne, que premierement elles ne soyent par aucun irritées. Cette maniere de gēs habite en maisons muraillées, blanchies de craye, & couuertes de paille. Il y à vne autre partie de ces montagnars, qui tiennent vne grande quantité de bétail, & habitent en certaines loges couuertes de nates: puis se transportent à Segelmese, qui est vne partie (cōme

Habits des habitás de ziz

Serpens domestiques.

nous

nous auons deja dit) de la Numidie, portans auec eux beurre, & leine, mais ils ne s'oferoyent hazarder d'y aler, sinon lors qu'il sauent les Arabes estre aus desers, desquels ils sont plusieurs fois assaillis, auec vne grande caualerie, qui les tue, & leur ôte ce qu'ils ont. Toutesfois ces montagnars sont hardis, & courageus: de sorte, qu'en combatant ne se veulent jamais rendre tant qu'ils se sentent vne seule goute de vie. Leurs armes sont trois ou quatre jauelots, lesquels ils ne dardent jamais en vain, terrassans maintenant l'homme, tantôt le cheual: pource qu'ils combatent à pied, & ne sont jamais vaincus, sinon par vne trop grande multitude de cheuaus, & vsent encor d'épée, & poignard. Maintenant ils ont acoutumé de prendre saufconduit des Arabes, qui font le semblable en leur endroit: au moyen dequoy ils peuuent negocier en seureté les vns auec les autres: & donnent outre ce, saufconduit aus marchaus, qui payent à chachun peuple de ces montagnes vne gabelle particuliere, autrement seroyent volez & defroquez.

Vsage de jauelots aus montagnes de Ziz.

Gerseluin, cité.

Gerseluin, est vne ancienne cité edifiée par les Africans, au pied d'aucunes montagnes susnommées, pres le fleuues de Ziz. Elle est ceinte de belles, & fortes murailles que feirẽt dresser les Rois de la maison de Marin. Cette cité par dehors seroit estimée belle: mais elle est tresmal plaisante au dedãs, auec ce, qu'elle n'est gueres peuplée de maisons, ny

d'habitans : à cause des Arabes, lesquels (etant déchcute la famille de Marin) là vindrent à ocuper vsans d'vn tresmauuais traitement enuers le peuple d'icelle, tant qu'on n'en sauroit tirer nul reuenu : pource que les habitās sont venus à trop grande pauureté. Iomt aussi, qu'il y à peu de terres labourables : car otée la partie de Tramontane tout le reste demeure âpre, & pierreus : mais sur les riuages du fleuue y à plusieurs moulins, auec vne infinité de jardins, produisans raisins, & pesches : lesquelles estās mêlées auec d'autres viandes, s'en fait vn manger fort delicat. Les habitans ont peu de bêtail, qui les fait viure en grande misere : car le peuple de Zenete fonda cette cité non à autre fin, que pour vne forteresse à garder le passage, par ou lon va en Numidie, craignant que par iceluy le peuple de Luntune ne vint à entrer, lequel neantmoins trouua vn autre chemin, & ruina cette cité, là ou se trouuent semblablement comme
en la precedente, des
serpens domestiques.

**FIN DV TROISIE'ME
LIVRE.**

DE

DE LA DESCRIPTION D'AFRIQVE, ET DES choses memorables contenuës en icelle.

LIVRE QVATRIE'ME.

Du Royaume de Telenſin.

LE Royaume de Telenſin de la partie de Ponant ſe termine au fleuue Za, & à celuy de Maluia : deuers Leuant au fleuue majeur : du coté du Midy, au deſert de Numidie : du Septentrion à la mer Mediterranée. Les Latins l'appellent Cæſaria, & fut jadis ſous l'Empire des Romains : mais depuis qu'ils furent expulſés de l'Afrique, il retourna es mains de ceus qui en furent premierement poſſeſſeurs : leſquels furent Beni habdulguad, famille du peuple de Magraua, & jouyrent de cette ſeigneurie

rie par l'espace de trois cens ans jusques à tãt qu'il y regna vn grand Prince, le nom duquel estoit Ghamrazen fils de Zeüen: & est demeuré le regne aus decendans de cetuy-cy, tant qu'ils ont changé le nom de leur maison, qui fut puis apres appellée Beni Zeüen, fils de Ghamarazen. La seigneurie demeura entre les mains de ce dernier, mais ce ne fut sans estre grandement par les Rois de Fez mo-lesté: cet à sauoir de ceus de la famille de Marin, entre lesquels (cõme en peuuent faire foy les histoi-res) il y en eut dix, qui auec leur magnanimité & valeur des armes, s'emparerent de ce Royaume, & de ce temps mesmes aucuns Rois de la maison de Zeüen furent occis, les autres detenus en captiuité, & quelques vns se retirerẽt au desert des Arabes leurs voisins. Ils furẽt encor autrefois expulsés par les Roys de Thunes: neãtmoins ils retournoyẽt tousjours à leur domaine, duquel ils jouyrent paisiblement par l'espace de cent vingt ans, sans estre endõmagés ny molestes par aucuns étrãgers, fors q̃ d'Abu frere du Roy de Thunes, & de Hutmen son fils, qui rendit Telensin par quelque temps tributaire à Thunes, qui fut jusques à ce, qu'il vint à deceder. Ce Royaume à d'étẽdue en longueur trois cens o-ctante mile, cet à sauoir depuis Leuant jusques au Ponãt, mais il est étroit du Midy à Tramõtane, & de la mer Mediterranée jusques aus cõfins des desers de Numidie, n'y à d'espace q̃ vingt & cinq mile. Au moyen dequoy il à tousiours esté grandemẽt

en-

Royaume de Telensin, expugné & dompté, par les Rois de Fez.

Grãdeur du Royaume de Telensin.

endommagé par les Arabes, qui habitent aus prochaines parties des desers, de sorte, ã les Rois sont cõtrains de preuenir aus courses, qu'ils y souloyẽt faire, auec grans tribus & coutanges: mais pour autãt qu'il leur est impossible de satisfaire, peu souuẽt se trouuẽt les passages asseurés. Neãtmoins il y a grãs trafiques de marchandise, tant pour estre ce Royaume prochain de Numidie, cõme pource que c'est le droit passage pour aler au pays des Noirs. Il y, à encore deux ports fort renõmés, dont l'vn est à la cité de Horam, & l'autre à celle de Marsa Elcabir: & souloyẽt estre frequentés de plusieurs marchans Geneuois, et Veniciens, qui troquoyẽt de grandes marchãdises cõtre d'autres: mais le Roy catolique Ferdinand s'en empara: dont le Royaume en fut fort interressé, de maniere, q̃ le Roy Abuchemmu, fut par le peuple dejeté, en lieu duquel fut eleu & mis en la chaire Royale Abuzeüen, qui estoit detenu prisonnier par l'autre Roy: mais cette joye fut d'aussi petite durée, cõme elle l'auoit saisy inopinément: pource qu'il fut incontinẽt demis de son Royaume par Barberousse Turc, lequel par Trahyson luy ôta la vie, pour s'en emparer. Abuchẽmu, qui auoit esté ainsi honteusmẽt dechassè, eut recours à Charles Empereur, pour moyenner d'auoir quelque secours auec lequel il peût faire vuider son Royaume, à ce luy, q̃ cõtre tout droit, et raison l'auoit vsurpé l'Empereur vsant enuers luy d'vne clemẽce et liberalité luy meit entre les mains vn exercite, moyennant

Ports du Royaume de Telensin.

Abuchẽmu remis en estat par l'Empereur Charles le quint.

le-

lequel il recouurit son Royaume, & donnä: la chasse à Barberousse, print vne cruelle vengeance sur le sang de ceus, qui auoyent esté les premiers auteurs de son exil. Ce qu'yant fait, soudoya les Espagnols, obseruant entierement le contenu des pactes & capitulations, par lesquelles il s'étoit obligé à l'Empereur, luy enuoyàt tel tribut, qu'il auoit conuenu auec sa S. M. sans y faillir jusques à sa mort apres laquelle succeda au Royaume, vn sien frere appellé Habdulla, qui ne voulut aucunement aprouuer les conuenances, & articles que son feu frere auoit passés auec l'Empereur, fondant l'apuy de ses forces sur les bras de Soliman, Empereur des Turcz: qui toutefois le fauorisoit bien peu. Ainsi s'entretient le mieus qu'il peut au gouuernement de son Royaume, duquel la plus grande partie est en pays sec, & âpre: mesmement l'endroit qui est à l'objet du Midy, mais les plaines, qui regardent deuers la marine, sont fertiles & abondantes: & toute la partie prochaine de Telensin est toute plaine, auec plusieurs desers. Il est vray que le côté de la marine est assés montagneus, & y á semblablemët au domaine de Tenes, & sur le pourpris d'Alger vne infinité de montagnes, mais toutes fertiles. En cette Regiõ ne se trouue guere de cités, ny chateaus toutefois ce peu qui s'y void, est d'autant plus fertile: comme nous vous ferons par cy-apres particulierement entendre.

Chasse donnée à Barberousse p Abuchemmu

Des

Des cités, chateaus, montagnes, & desers, qui sont au Royaume de Telensin.
Angad, desert.

LE commencement de ce Royaume, du côté d'Occident, est vn desert vny, mais fort aride, & âpre: sans qu'il soit arrousé d'aucun ruisseau, fontaine, ny fleuue: encore moins ombragé de quelque arbre que ce soit. Il s'y trouue grande quantité de chcureils, cerfs, & autruches: & y repaire continuellement vne tronpe de voleurs (à cause que c'est le chemin pour aller de Fez à Telensin) à grand dificulté que les marchans peuuent echaper de leurs mains, mesmemēt en yuer, en laquelle saison les Arabes ayās receuës leurs payes, se partent pour s'acheminer en Numidie. En ce desert y à grand nombre de pasteurs auec leurs troupeaus, qui seruent le plus souuent aus Lyons de pâture: qui deuorent aussi les personnes quand ils les peuuent aborder.

Temzegzet, chateau.

Temzegzet, est vn chateau, situé là ou ce desert confine auec le territoire de Telensin, lequel fut anciennement par les Africans fabriqué sur vn rocher, & le souloyent tenir les Rois de Telensin, comme pour vne forteresse, afin de garder les passages contre le Roy de Fez: à cause qu'il est assis sur le grand chemin. Au dessous d'iceluy prend son cours

le

le fleuue Temesne, estant enuironé de plusieurs ter
res, bonnes pour semer du grain en grande quantité
& fut asses ciuil, pendant qu'il estoit sous le gouuernement des Rois de Telensin. Mais maintenant
depuis que les Arabes l'ont entre leurs mains, il est
merueilleusement decheu & ruiné: pource qu'ils
n'y tiennent autre chose, que leurs grains, & bas
de chameaus, ayans contrains les habitans par vn
trop mauuais traitement en leur endroit, d'abandonner le chateau.

Izli, chateau.

Izli, est vn chateau ancien, edifié par les Africans en vne plaine, laquelle confine auec le desert
susnommé: estant enuironné de quelque peu de ter
re pour semer orge, & nauette. Il fut anciennemēt
bien habité, & enceint de bonnes murailles, qui par
les guerres furent ruées par terre, demeurant quelque tēps sans habitans: mais depuis il fut releué, et
habité par vne certaine maniere de gens, qui menent vne telle vie, que les religieus, estans fort hon
norés par les Rois de Talensin, & Arabes. Ils don
nent liberalement, & auec courtoisie grande à man
ger à tous les passans trois jours suiuans, par la crie
ordinaire. Leurs maisons sont fort basses, dont les
murailles sont faites de craye, & couuertes de paille. Au pres du chateau passe vn gros ruisseau, dont
ils arrousent leurs terres: pource que s'ils ny proce
doyent en cette maniere, le pays est si chaud, que le
terroir ne sauroit produire aucun fruit.

Gua-

Guagida, cité.

Guagida est une ancienne cité, edifiée par les Africans en une fort large plaine, distante de la mer Mediterranée, enuiron vingt mille du côté de Midy, & autant de Telensin, ou peu s'en faut. Deuers Midy, & Ponant, confine auec le desert de Angad, enuironné de terres tresfertiles, auec plusieurs jardins plantés de vignes, & figuiers, joignans les murailles de la cité, là ou passe un fleuue, duquel se seruent les habitans tant pour leur boire, que pour autre choses necessaires. Les murailles furent autrefois hautes, & fortes, les maisons, & boutiques bâties d'un industrieus artifice, les habitans riches, ciuils, & magnanimes : mais elle fut sacagée & démolie par les gueres, qui suruindrent entre les Rois de Fez, & ceus de Telensin, au nom desquels elle vouloit tenir bon : puis la paix faite, elle commença d'ètre habitée par gens, qui se meirent à edifier maisons, non en si grande quantité toutefois, ny d'une si belle structure, qu'elles auoyent esté par le passé. Car il n'y sauroit auoir pour le jour d'huy, mille cinq cens logis habités, & auec ce, de paunres gens, comme ceus qui rendent un si excessif, & demesuré tribut au Roy de Telensin, & aus Arabes leur voisins, qui demeurent au desert d'Angad, lesquels vont vetus de gros draps, & cours, en maniere de païsans. Ils ont aussi coutume de nourrir de grans ânes, qui engendrent de tresbeaus, & grans mulets, qu'ils vendent bien che-

Guagida ruinée.

cherement à Telenſin, & vſent de la langue Africane ancienne, tellement qu'il s'en trouuent bien peu qui ſachent parler Arabeſque corrompu à la mode des païſans.

Ned Roma, grande cité.

Cette cité fut anciennement edifiee par les Romains, quand ils ſubjuguerent cette partie, & la fonderent en vn lieu auec large circuit dans vne belle plaine, pres de la montagne, enuiron deux mille, & diſtante de douze de la mer Mediterranée. On lit dans les anciens hiſtoriographes, que les Romains la bâtirent en ce lieu de la meſme forme que lon void eſtre Rome: & pour cette cauſe elle en à retenu le nom: pource que Ned, en langue Africane vaut autant comme, ſemblable, en nôtre vulgaire. Les murailles ſont entieres, mais les maiſons furent ruinées, & maintenant releuées d'vne laide forme. Autour d'icelle y à encor quelques edifices Romains: & eſt la campagne fort abondante: meſmement y à pluſieurs jardins, & vergers, là ou ſe trouue de ces arbres, produiſans les carobes, deſquelles on vſe au manger en quantité, autant par le contour comme dans la cité, & en retirent les habitans à force miel, qu'ils mêlent puis apres auec les viandes. La cité n'eſt pour le jourd'huy gueres ciuile, d'autant que la plus grande partie conſiſte en artiſans: meſmement tiſsiers de draps de cotton: pource qu'il y en croît à foiſon, et ſe peuuẽt quaſi bien vanter d'être francs & libres, veu qu'eſtans fauoriſés,

Ned Roma, bâti par les Romains

& supportez par les montagnars leurs voisins, le Roy ne peut retirer d'eux aucun tribut, & y voulant enuoyer Gouuerneurs, ils les reçoiuēt, s'il leur plait: sinon, ils les renuoyent, & leur donnent licence de retourner d'où ils sont venus. Toutefois pour plus seuremēt faire rouler leur marchandise à Telensin, ils ont coutume d'enuoyer quelque present au Roy, plus par maniere d'entretiē, que pour crainte qu'ils ayent de luy.

Tebecrit, cité.

Tebecrit, est vne petite cité, edifiée par les Africans pres la mer Mediterranée sur vn roc, distante de Ned Roma par l'espace de douze mile, & prochaine d'aucunes montagnes treshautes & scabreuses: mais bien peuplées. Les habitans de la cité sont tous tissiers, ayans de grandes possessions de carobes, & miel en quantité. Vray est qu'ils demeurent en cōtinuelle doute, d'estre de nuict assaillis d'emblée par les Chrétiens, au moyen dequoy, ils sont fort diligens de faire la nuict bonne guette, & vigilante garde: car pour l'extreme pauureté qui les presse, ils ne sauroyent auoir le moyen de soudoyer gens pour cet efait. Les terres prochaines d'eux, sont âpres, & maigres, ne produisans nuls grains, fors quelque peu d'orge & nauette. Ils se tiennent mal en ordre, auec ce qu'ils sont peu ciuils, & de rude entendement.

Hunam, cité.

Hunam, est vne petite cité ancienne, & ciuile,

edifiée par les Africans, ayant vn petit port ramparé de deux petites tours, qui sont assises à chacun angle d'iceluy. Elle est auec ce, ceinte de hautes murailles & fortes, mesmement du côté qui est à l'oposite de la mer. Les galeres Veniciennes ont coutume d'aborder tous les ans à ce port, faisans de grans profits auec les Marchans de Telensin : pour ce qu'elle n'en est distante plus haut de quatorze mile. Mais quand Oran fut prins par les Chrétiens, les Veniciens ne tirerent plus en cette partie là, à cause qu'Oran estoit plein d'Espagnols : au moyen dequoy il leur fut fait entendre par les marchans de Telensin, qu'ils pouuoyent seurement aborder au port de cette cité, les habitans de laquelle furent jadis nobles, & ciuils : exerçans tous generalement l'art de tissiers de toiles de chanure, ou de cotton. Leurs maisons sont fort belles, & bien entretenues : & y à en chacune d'icelles, vn puys d'eau douce & viue : en la court des treilles de seps de vignes, & par dedans y à des carreaus en couleur diuersifiée, & les parois des chambres, & murailles des maisons toutes enrichies & reuêtues de mosaïque. Et lors qu'on y fut au vray acertené de la prinse d'Oran, tous les habitans vuiderent incontinent la cité : laquelle demeure encore inhabitée, fors que le Roy à coutume d'y enuoyer vn capitaine acompagné de quelque nombre de soldats non à autre fin, que pour l'auertir quand il acouurira quelque naue de marchandise sur mer :

&

& produisent les possessions de cette cité des fruits en grande quantité, comme cerises, abricots, pommes, poires, pêches, vne infinité de figues, & oliues: mais il ne s'y trouue personne pour les recueillir, & sont sur vn fleuue, lequel passe pres de la cité, qui fait tourner les moulins à grain. En la côtoyant, ces ruines m'inciterent à grand' compassion: considerant la calamité pitoyable, en laquelle elle estoit reduite: & estois pour lors auec vn Secretaire du Roy de Telensin, lequel aloit leuer la decime d'vne nef Geneuoise, qui aportoit tant de marchandise d'Europe, qu'elle fournit la cité pour cinq ans: & ce qu'en retira le Roy, pouuoit monter jusques à la somme de quinze mile ducats d'or, comme il me fut montré par ce Secretaire.

Haresgol, cité.

Haresgol, est vne grande cité edifiée des Afritans, sur vn rocher, enuironné par la mer Mediterranée, de tous côtez fors deuers le Midy, là ou il y a vn chemin, par où lon décend en terre ferme. Elle est distante de Telensin, enuiron quatorze mile deuers Tramõtane, et a esté fort ciuile, & peuplée. Là regna Idris (frere du pere de cet autre Idris, qui edifia Fez) par l'election du peuple: & demeura la seigneurie à sa posterité par l'espace de cent ans. Depuis s'y achemina vn Põtife et Roy de Cairarã, qui la sacagea & demolit: dont elle fut cent vingt ans, sans estre habitée, sinõ apres par quelques gens

Haresgol sacagée, puis restaurée, en apres derechef ruinée.

qui

qui paſſerent de Grenade auec l'exercite de Manſor, Conſeillier de Cordouë, lequel la feit renouueler pour tout hazard, ou autre afaire, qui luy pourroit ſuruenir, faiſant paſſer ſon armée en Afrique. Mais apres ſon deces, & de ſon fils Mudaffir, tous les ſoldats furent caſſez & dechaſſez par le peuple de Zanhagia, & Margara. Elle fut encor ruinée en l'an quatre cens & dix de l'Hegire cōme il apert.

¶La grande cité de Telenſin.

Telenſin, eſt vne grāde & Royale cité, mais il ne ſe lit point dans les hiſtoires, qui fut le premier fondateur d'icelle. Il ſe trouue bien, q̃ c'eſtoit vne petite cité, laquelle par la ruine d'Areſgol (cōme nous auōs deja dit) cōmença à s'augmenter, & étendre: meſmement apres que les exercites de Manſor furent dechaſſez. Alors regnant la famille d'Abdulguad, elle étendit ſi bien ſes limites, que du temps du Roy Abu Teſfin, elle paruint juſques au nōbre de ſeze mile feus, & ſi elle eſtoit acreuë en grandeur, elle n'eſtoit moindre en ciuilité & honneſte façon de viure: mais elle fut merueilleuſement opreſſée par Ioſeph Roy de Fez, qui la tint ſept ans aſſiegée, auec vne infinité de gens: & fabriquant vne petite cité à l'objet d'icelle, la reduit à telle extremité, que le peuple ne pouuant plus ſuporter la grande faim qui l'opreſſoit, s'en vint lamenter en la preſence du Roy, lequel repondit en cette ſorte, qu'il expoſeroit

Telenſin aſſiegée p Ioſeph roy de Fez

vo-

volõtiers ſa propre chair à raſſaſier vn chacun, s'il
penſoit qu'elle fût ſuſiſante à reprimer cette mortel
le famine : eſtimant que ce ſeroit encore bien peu, à
cõparaiſon de la grandeur de leur aprouuée, & par
luy bien ſondée fidelité en ſon endroit. Il n'eut pas
plus tôt mis fin à ſes paroles, qu'à l'heure meſmes il
leur feit veoir qu'elles eſtoyent les viandes apareil
lées pour ſon ſouper, qui furẽt recognües pour chair
de cheual, cuite auec de l'orge, & fueilles d'orãger :
tellement que la ſoufrette du Roy fut jugée beaucoup plus grande & vrgente, que celle de la plus
infime & mecanique perſonne de la cité. Lors il
feit aſſembler tous les habitans, & aſſiſter deuant
ſa majeſté, aus quels il feit vne belle harangue, dõt
la cõcluſion fut telle, qu'il aimoit trop mieus reſter
étendu & froid en la campagne, vaillamment, &
les armes au poĩt, entre les ennemis, que demeurer
enſerré tout plein de vie. Cette fin penetra ſi bien
les cœurs de tous les habitans, qu'ils cõdecendirent
au vouloir de leur ſeigneur, entre les mains duquel
ils remeirent tous d'vn cõmun conſentemẽt & leur
vie & leur mort. Mais leur bonne fortune voulut
le matin meſmes, auquel on s'eſtoit deliberé donner
la journée, que le Roy Ioſeph, fut occis en ſon cãp,
de ſes domeſtiques, par vn dédain. Telles nouuelles
portées à ceus de la cité, la chance tourna, & cõme
cet accident auoit intimidez & découragez ceus de
dehors, ainſi acreut il au contraire, ſi fort le courageus deſſein, & vigueur de ce bien animé peuple,

Humanité du roy de Telenſin enuers ſon peuple.

Apophthegme Royal.

Ioſeph, Roy de Fez, occis par vn de ſes domeſtiques.

qu'il

qu'il sortit en campagne suiuant le Roy, lequel obtint facilement la non esperée victoire. Et auec ce qu'il seit vn merueilleus carnage des ennemis, il se saisit des viures, munitions, & bétail qu'ils furent contrains de laisser pour la trop grande hâte qu'ils auoyent de déloger. Par ce moyen l'extreme cherté qui premierement estoit dans la cité, se tourna en grande abondance: combien qu'il n'y eût celuy, lequel ne se sentît du mesaise soufert durant le temps du siege. Or quarante ans apres, Abulhesen, quatriéme Roy de Fez, & de la maison de Marin, seit edifier vne cité prochaine de Telensin, enuiron deux mile, de la partie du Ponant, & auec vne grande armée se campa deuant, là ou il maintint le siege par l'espace de trête mois: par chacun jour desquels ne failloit de luy liurer maint dur assaut, & sabriquant d'heure à autre diuers bastions, seut si bien faire, qu'il conduit son exercite (sans estre endommagé) jusques sous les murailles: entrant par force d'armes, dans la cité, qui fut sacagée, & le Roy mené prisonnier à Fez: là ou on luy feit trencher la téte: puis le corps jeté parmy les immondices de la cité. Cecy fut la seconde antorce que receut Telensin. Toutefois apres la decheute de la maison de Marin, elle fut aucunemêt releuée, & paruint peu à peu jusques au nombre de douze mile feus. Tous les marchans & artisans sont separez en diuerses places & rues, comme nous auons dit de la cité de Fez: mais les maisons ne sont pas si belles

Cité de Telensin ruinée, et saccagée par le roy de Fez, q̃ fit trâcher la téte au Roy qui fut prins à l'assaut.

belles, ny de telle étofe, & coutanges. Outre ce, il y á de beaus temples, & bien ordonnez: & pour le seruice d'iceus, sont deputez plusieurs prétres, & predicateurs: puis se trouuent cinq coleges d'vne belle structure, ornez de mosaique, & d'autres ouurages excellens: dont les aucuns furent edifiez par les Roys de Telensin, & autres par ceux de Fez. Il y á encore plusieurs étuues, & de toutes sortes: mais elles n'ont l'eau tant à cōmandement, que celles de Fez. Il s'y trouue d'auantage, vn grand nōbre d'hoteleries à la mode Africane: entre lesquelles en y á deux, là ou logent ordinairement les marchans Geneuois & Veniciens: puis vne grande rue en laquelle demeure vn grand nombre de Iuifs, jadis fort opulens, & portent vn turban jaune en téte, à fin qu'on les puisse dicerner d'entre les autres: mais ils furent vne fois sacagez à la mort du Roy Abuhabdilla, en l'an neuf cens vingt & trois, de l'Hegire: au moyen dequoy ils en sont pour le jourdhuy reduis à toute extreme pauureté. Plusieurs fontaines s'écoulēt dans la cité: mais les sources sont au dehors, de sorte q̄ facilement les ennemis en pourroyēt detourner l'eau: & sont les murailles merueilleusement hautes & fortes, dōnans l'entrée par cinq portes trescōmodes, & bien ferrées: joignans lesquelles sont les loges des oficiers, gardes, et gabeliers. Du cōté de Midy est assis le palais Royal, ceint de hautes murailles en maniere de forteresse, & par dedās embelly de plusieurs edifices, & bâtimens, auec beaus

Kk 4

jardins & fontaines, estans tous somptueusement
enlenez, & d'vne magnifique architecture. Il y à
deux portes, dont l'vne regarde vers la campagne,
& l'autre (là ou demeure le Capitaine du chateau)
est du côté de la cité : hors laquelle se voyent de bel
les possessions, & maisons, là ou les citoyens ont a-
coutumé en temps d'été demeurer, pour le bel ébat
qu'on y trouue : pource qu'outre la plaisance, &
belle assiete du lieu, il y à des puys & fontaines viues d'eau douce & fraiche : puis au dedans le pourpris de chacune possessiõ, sont des treilles de vignes
qui produisent des raisins de diuerses couleurs, &
d'vn goût fort delicat : auec des cerises de toutes sor
tes, & en si grande quantité, que je n'en vei jamais
tant en lieu, ou je me sois retrouué. Outre ce, il y
croît des figues douces, qui sont noires, grosses, &
fort longues : lesquelles on fait seicher pour manger
en yuer, auec pesches, nois, amandres, melons, ci-
trouïlles, & autres especes de fruits. Sur vne fleuue
nõmé Sessif, distãt de la cité par l'espace de trois mi
le, y à plusieurs moulins à blé : & d'autres aussi plus
pchains d'icelle en vn côté de la mõtagne Elcalha.
Du côte du Midy, retournãt deuers la vile, demeu
rent plusieurs Iuifs, aduocas, notaires : lesquels sou
tiennent, & plaident les causes. Il y à plusieurs lecteurs, & écoliers en diuerses facultés, tãt en la loy,
cõme aus Matematiques, & ont leurs pronisions or
dinairemẽt des coleges. Les habitãs sont diuisez en
quatre parties : écoliers, marchãs, soldats, & artisans.

Telensin
diuisée
en quatre
parties.

fans. Les marchans sont pecunieus, opulens en possessiōs hōmes justes, ayans en singuliere recōmandation la loyauté, & honnesteté en leurs afaires, & prenans merueilleusement grand plaisir à tenir la cité garnie, en sorte, que pour y faire faire conduire la marchādise, se transportent au pays des Noirs. Les artisans sont fort dispos, & bien pris de leurs personnes, menans vne tresplaisante vie, & paisible: & n'ont autre chose qui leur reuiene mieus qu'a se donnner du bon temps. Les soldats du Roy sont tous gens d'elite, & soudoyés selon qu'on les sent sufisans, & mettables: tellement que le moindre d'entre eus touche trois ducats pour mois des leurs, qui sont trois & demy des nôtres: & est ordonné ce salaire pour homme, & cheual: car en Afrique on entend tout soldat pour cheual leger. Les ecoliers sont fort pauures, & demeurent aus coleges, auec vne tresgrande misere: Mais quand ils viennent à estre doctorés, on leur donne quelque ofice de Lecteur, ou Notaire: ou bien ils se font prétres. Les marchans & citoyens vont honorablement vétus: & le plus souuent mieus en ordre, que ceus de Fez mesmes: pource que (à dire vray) ils sont plus magnifiques, & liberaus. Les artisans aussi s'acoutrent assés honnorablement, mais leur habit est court, & s'en trouue peu qui portent turbans en téte: ains seulement quelques bonnets sans reply, auec des hauts souliers jusques à my jambe. Les soldats vōt plus mal en ordre que tout le reste,

Ducats d'Afrique.

Habits des habitans de Telensin

& ont sur eus des chemisoles de toile de cotton à manches larges, par dessus lesquelles ils jetent vn linceuil, dont ils s'afublent, & le tiennent de tout temps ataché. Il est vray, qu'en yuer ils vsent de certaines pelisses de drap simple, faites en la maniere de ces chemisoles : mais ceus qui sont de plus grande reputation, & qualité, vsent d'autres habillemens de drap sur la chemisole, & sur le linceuil de quelque cape en la façon des manteaus, qui se souloyent autrefois porter par pays, & auec icelles se peuuent couurir en temps de pluye. Les ecoliers se parent d'habits conuenans à leur condition, car ceus qui sont montagnars, s'habillent en montagnars, les Arabes à la mode du pays: Mais les Lecteurs, Iuges, Prêtres, & autres ministres se parent plus pompeusement.

¶ Coutumes, estats, & ofices de la Cour du Roy de Telensin.

L E Roy de Telensin, tient vne telle grauité, & reputation qu'il se laisse veoir peu souuent, & ne donne audience sinon aus plus grans, & principaus de sa court, lesquels puis apres expedient les choses selon l'ordre, & style acoutumé. En cette Cour y à plusieurs oficiers, dont le premier est, le Lieutenant du Roy, qui assigne les prouisions selon la valeur, & capacité d'vn chacun: drêce les exercites, & bien souuent acompagné d'iceus, marche

Office du Lieutenant du Roy de Telensin

contre les ennemis, representãt la personne du Roy.

Le second est le Secretaire majeur, qui écrit missiues, fait courir les paquets, & rend réponce au nom de sa majesté.

Le tiers est le tresorier, qui reçoit, & garde les deniers du reuenu.

Le quart est l'argentier, qui distribue les deniers selon l'ordonnance du Roy.

Le quint, est le Capitaine de la porte, qui est commis à la garde du palais, & de la personne du Roy, quand il donne audience. Il y a plusieurs autres oficiers en plus bas degré, comme le Capitaine des estafiers, Ecuyer d'ecuyrie, grand Chambrier, qui ne s'employe en rien sinon quand le Roy donne audience: pource que dans la chãbre, il est seruy par esclaues, auec leur femmes, esclaues Chrétiẽnes & de plusieurs Eunuques, qui sont deputés à la garde des femmes. Le Roy porte habits dignes de sa majesté, & est fort braue le cheual qu'il cheuauche, mais il ne s'arrête aus pompes, & cerimonies: pource qu'il ne tient pas plus haut de mille cheuaus. Neantmoins en temps de guerre qu'il acompagne son armée, il assemble tous les Arabes, & païsans de diuerses generatiõs, lesquels il soudoye pour tout le temps qu'il pense maintenir la guerre. Et ne mene auec ce grans charriages, tentes, ny pauillons, quand il s'achemine à la campagne : mais y va en simple, & priué Capitaine. Et cõbien qu'il ayt à sa garde vn grand nõbre de soldats: neantmoins ils ne

luy

LIVRE IIII. DE LA

Mōnoye du Royaume de Telenſin

luy reuiennent à grans frais. Il fait batre des ducats de bas or, leſquels pour eſtre fort larges, peſent vn ducat, & le quart de ceus d'Italie, auec d'autre monnoye d'argent, cuiure, & d'autre diuerſité de metaus. Le pays à petite etendue, & eſt auſſi peu habité: mais pourautant que c'eſt le paſſage d'entre l'Europe, & Ethiopie, le Roy en retire grans profits des marchandiſes qui y paſſent, & meſmement depuis que Oran fut ocupé par les Chrétiens: au moyen dequoy il acreut les gabelles, & impoſitions ſur la cité, laquelle du temps des autres Rois eſtoit libre: dont il s'eſt aquis vne telle haine enuers le peuple, qu'elle luy à duré juſques à la mort,

Le Roy de Telenſin dechaſſé p̄ les ſubjets, eſt reſtitué p̄ l'Empereur.

apres laquelle ſuccedant ſon fils auec propos deliberé de maintenir ces ſubſides impoſés par ſon feu pere, fut expulſé, & priué du Royaume: pour lequel conqueter luy conuint auoir recours à la clemence de la Ceſarée majeſté, qui (comme nous auons ja dit) le remit en ſon heritage paternel. Toutefois ce Royaume à rendu par pluſieurs années ſubſequentes trois, voire quatre cens mille ducats tandis qu'Oran eſtoit compris en iceluy: mais la moitié de ces deniers ſe diſtribuoyent touſiours aus Arabes, & aus garniſons du Royaume. Il y à puis les ſalaires des Capitaines, ſoldats, & principaus Courtiſans. Et outre ce, le Roy dépend largemēt aus choſes extraordinaires de ſa maiſon, pour eſtre treſcourtois et liberal Seigneur. I'ay eſté ſouuētefois en ſa cour, & ay obmis expreſſement pluſieurs choſes

tou-

touchant les coutumes, & ordre d'icelle, pour estre quasi conformes, & aprochantes à celles de Fez. Ioint, que je craindrois vous causer quelque ennuy par trop longue enarration.

¶ Hubbed, premiere cité pres de Telensin.

Vbbed, est vne petite cité comme vn bourg, distante de Telensin, enuiron vn mille & demy du côté de Midy, edifiée sur vne montagne bien peuplée, & fort ciuile, & garnie de plusieurs artisans: mesmemēt de teinturiers de draps. Là se void vn temple, et au dedās vn sepulcre d'vn saint bien renōmé pour lequel veoir il faut décendre plusieurs marches de degrés, & est fort veneré par les habitans, & voisins de cette cité: lesquels y drécent leurs vœux, faisans plusieurs aumones en l'honneur d'iceluy, & l'apellent Sidy Bu Median. Il y à encore vn fort beau colege & hopital, pour receuoir les étrangers, qui furent bâtis par aucuns Rois de Fez de la maison de Marin: comme il se peut encore veoir par certaines tables de marbre, sur lesquelles leurs noms sont graués.

Tefesra.

Tefesra, est vne petite cité, assise en vne plaine, distante de Telensin, par l'espace de quinze mille, en laquelle font demeurance plusieurs marechaus, & forgerons: pource que là se trouuent à force vei

nes

nes de fer, & sont les terres à autour tresfertiles en grain. Les habitans sont inciuils, & mecaniques, à cause qu'ils n'ont autre exercice que de tirer le fer, & le porter à Telensin.

Tessela.

Tessela, à esté tresancienne cité, edifiée par les Africans en vne grāde plaine, qui à enuiron quinze mille d'étendue, produisant de bons grains, & beaus en si grande quantité, qu'elle est suffisante pour en fournir la cité de Telensin. Les habitans rendent vn grand tribut au Roy, & demeurent dans pauillons: pource que la cité fut detruite: mais la plaine en porte tousiours le nom.

¶ Beni Rasi, prouince.

Ette prouince s'etend en longueur, enuiron cinquante mille, depuis Orient, jusques en Occident: & vingt & cinq en largeur: La partie, qui regarde du côté de Midy est toute en plaine, & celle qui est à l'oposite de Tramontane, consiste quasi toute en côtaus, le terroir desquels rencontre asses bien le plus souuent. Les habitans se diuisent en deux parties, dont l'vne habite en ces petites montagnes, dans maisons asses commodes, & bien muraillées, cultiuans les vignes, & terres, auec ce, qu'ils s'adonnēt aus autres choses necessaires. Ceus de l'autre partie sont plus nobles, & resident en la cāpagne, logeans dans pauillons, là ou ils nourrissent le betail: & tien-

tiennent plusieurs cheuaus, & chameaus vivans bien commodement, & à leur aise: toutefois ils rendent quelque tribut au Roy de Telensin. Les habitans des colines, ont plusieurs vilages, mais il y en à deux principaus: dont l'vn est appelé Halhat Harara, auquel y à enuiron cinquante maisons de marchans, & artisans, et est situé en maniere d'vn fort, en la côte d'vne montagne, entre plusieurs valées. L'autre est nommé Elmo Hascar, là ou fait sa residence le Lieutenât du Roy, auec ses cheuaus & là se tient le marché tous les samedis, auquel se vend vne grande quantité de bétail, grains, figues miel, & semblablement plusieurs draps du pays: auec autres choses de moindre estime, & valeur: comme cordes, selles, brides, & harnois de cheuaus. Ie passay souuentefois par ce pays, mais ce ne fut sans estre derobé le plus souuent: car il s'y trouue de tresrusés, & subtils larrons. Cette prouince rend au Roy de Telensin vingt & cinq mile ducats de reuenu, pouuant mettre en campagne tel nombre de combatans comme monte la somme du tribut.

¶ Batha, premiere cité, en la susdite prouince.

Cette cité fut grande, ciuile, & bien habitée, edifiée par les Africans de nôtre temps, en vne belle & ample plaine, qui produit du froment en grande quantité, & souloit rendre des fruits prouenans
d'i-

d'icelle, environ vingt mille ducats au Roy de Telensin. Mais elle fut détruite, & ruinée par les guerres, qui furent entre les Rois de Telensin, & quelques uns leurs parens, habitans au mont de Guanseris: lesquels pour auoir eu la faueur, & suport du Roy de Fez, s'emparerent de plusieurs pays au Royaume de Telensin, brulans, & détruisans toutes les cités, & places, qu'ils ne pouuoyent tenir, & defendre: tellement, qu'il ne reste aujourd'huy de cette cité, que quelques masures, & petits fondemēs. Pres du lieu ou elle estoit située, passe vn petit fleuue, sur les riues duquel estoyent plusieurs jardins, & fertiles territoires. La plaine par mesme moyen, demeura inhabitée, jusques à tant qu'il y arriua (auec vne grande sequelle) quelque Hermite de leur religion, que lon estimoit mener vne vie tressainte, & se meit à cultiuer ces terres: au moyen dequoy il se rendit si opulent en beufs, cheuaus, & brebis, qu'il n'en sauroit sauoir le côte: joint aussi que luy & les siens sont exempts de tout tribut, enuers le Roy, & les Arabes, pour estre tenu pour tel, que vous auez ouy. Et m'a esté dit par aucuns de ses disciples, que les decimes de ses terres raportēt jusques à mille setiers de grain par an. Il a cinq cens cheuaus, dix mille brebis, deux mille beufs, & quatre ou cinq mille ducats, qu'il reçoit tous les ans des aumones, qu'on luy enuoye de toutes pars: à cause que sa renommée est diuulguée par toute l'Afrique, & Asie: tellement que le nombre de ses disciples

Batha ruinee p̄ les guerres.

Domaine, reuenu, & ordre d'vn Hermite.

ples est de telle sorte augmenté, que ceus, qui sont demeurance auec luy, peuuent estre jusques au nō-bre de cinq cens, viuās tous à ses dépens, sans qu'il leur enjoigne autre penitence, que faire leurs particulieres oraisons, là ou sont contenus aucuns nōs de Dieu, qu'il leur commāde inuoquer tant de fois par jour : & pour cette ocasion infinies personnes y acourēt, reputans à grand heur d'estre retenus pour ses disciples : & les ayant instruits en sa doctrine, les renuoye en leurs maisons. Pour ce faire il tient pauillons, les vns pour les étrangers, d'autres pour ses pasteurs, & le reste pour sa famille. Il entretiēt quatre femmes, auec plusieurs Esclaues, desquelles il à à force enfans tans mâles, que autres, qui vont vêtus auec vne pompe, & magnificence fort grande, & qui sont semblablemēt mariez, ayans des enfans: tellemēt qu'entre sa famille, et des siens il peut auoir cinq cens bouches, qui le fait estre en telle estime, & reputation enuers les Arabes, que veu leur affection grande en son endroit, le Roy de Telensin le craint plus, qu'il ne l'aime. Ie logeay auec luy par l'espace de trois jours, continuels (pour le desir que j'auois de sauoir quelque chose de ses afaires) durant lesquels il ne passa jour qu'il ne me feit cet honneur de me faire souper en sa compagnie dans aucunes chambres secrettes, là ou (entre autres choses) memontra aucuns Liures de Magie, & Alchemie : me voulant persuader par viues raisons, que ce soyent sciences parfaites, & pleines de ve-

Ll rité

rité: qui me fait presumer qu'il soit Magicien, non pour autre chose, que pour le veoir ainsi estre honoré, & presque adoré: autrement me sembleroit impossible d'aquerir ainsi indissolublemēt la grace de tous, sans faire autres mysteres que ces inuocations de Dieu auec ses noms.

Oran.

Oran, est vne grande cité, cōtenant enuiron six mile feus, edifiée par les anciens Africās sur la mer Mediterranée, partie en plaine, & partie en montagne, distante de Telensin par l'espace de cent quarāte mile. Elle est bien fournie d'edifices, & de toutes choses, qui sont seantes à vne bonne cité, cōme coleges, hopitaus, étuues, & hoteleries, estant ceinte de belles & hautes murailles. La plus grande partie des habitans estoit d'artisans, & tissiers de toiles, auec plusieurs citoyens, qui viuoyēt de leur renenu, cōbien qu'il fût petit: car à s'y vouloir tenir sans s'adonner à quelque art, il se falloit contenter auec du pain d'orge. Comme qu'il en soit, les habitans estoyent humains, plaisans, & courtois aus étrangers, au moyen dequoy cette cité estoit fort frequētée par les marchans de Catalogne & de Gennes: pour lesquels receuoir, il y auoit vne loge, qui se nommoit la loge des Geneuois: pource qu'ils souloyent tousiours en icelle loger. Ceux de cette cité ont esté par long temps ennemis des Roys de Telensin, & ne voulurent jamais souffrir qu'aucun d'eus prinst le gouuernement de leur cité: mais ont choisi

Loge des geneuois en la cité d'Oran.

seu-

seulement vn tresorier, & facteur pour leuer les deniers prouenās du port de la cité, & à eleu le peuple vn Conseillier, qui à egard sur les choses ciuiles & criminelles. Les marchans souloyent tousjours tenir fustes & brigantins armez, auec lesquels vagans par la mer molestoyent grandement les Cartaginois, & les Iles Gueuize, Majorique & Minorique, de sorte que la ville estoit toute remplie d'esclaues Chrétiens : mais Ferdinand Roy d'Espagne, expedia vne grosse armée pour combatre ceux de la cité, afin que les ayant subjuguez, il peut deliurer les Chretiens qu'ils auoyent reduis en miserable seruitude, & rendre en seureté ceus qui par telles cõtinuelles courses estoyent journellemẽt molestez : mais l'exercite fut défait par les grans desordres qui s'y faisoyent. Depuis auec l'aide d'aucuns Euéques, & du Cardinal d'Espagne, il leua vne plus grosse armée qu'au parauant, auec laquelle la cité fut prinse en vn jour : pource que le peuple trãsporté de colere soudaine, sortit à la foule, & sans ordre, hors la cité, laquelle fut delaissee vuide & sans aucune garde pour ruer sur les Espagnols, qui s'estans prins garde de cette cõfusion, & desordre, cognoissans la cité estre abandõnée enuoyerent vne partie de l'armée par vn autre côté, là ou ne trouuãt autre defence, que de femmes, qui estoyent montées sur les murailles, facilemẽt entra dedãs, & pendant que lon cõbatoit au dehors, sortit à la campagne ruant à dos sur les ennemis : lesquels ayans

L'Armée de Ferdinand rõpue deuãt Oran

Oran subjuguée p̃ les Espagnols.

Ll 2 aper-

aperceus les enseignes des Chretiens sur les murailles, se retiroyent vers la cité pour en expulser, & dõner la chasse à ceux, qui y estoyent entrez. Mais ces miserables, se trouuerent de toutes pars enuironnez: & furẽt si mal traitez que peu en echapa d'vn tel peril. En telle sorte s'emparerent d'Oran, les Espagnols: qui fut en l'an neuf cens de l'Hegire.

Mersalcabir.

Mersalcabir, est vne petite cité edifiée de nôtre temps par les Roys de Telensin sur la mer Mediterranée, bien peu distante d'Oran. La signifiance de ce mot en nôtre vulgaire est, Grand port: & ne luy est tel nom mal imposé, car je ne pense point qu'en tout le monde il y en ait vn autre, tant ample, ny de telle grandeur, de sorte, qu'il peut aisément receuoir plusieurs cens de nauires & galeres: auec ce qu'il asseure de tous côtez les vaisseaus, qui sont dedans, de toute grande fortune & impetuosité des vens: & les Veniciens y souloyent retirer les galeres, quand suruenoit la fureur marine, enuoyans leurs marchandises, sur des barques à Oran: à la plage de laquelle elles s'en aloyent tout droit surgir en temps calme. Cette cité fut prinse comme l'autre, & par vn mesme moyen.

Mersalcabir grand port.

Mezzagran.

Mezzagran, est vne petite cité edifiée par les Africans sur la mer Mediterranée, estant cotoyée par le fleuue Selef, qui aupres d'icelle se jete dãs la mer. Elle est fort bien peuplée, & ciuile: mais fort molestée

lestée par les Arabes. Le gouuerneur d'icelle à peu d'autorité tant dehors, comme dedans la cité.

Mustuganin.

Cette cité fut edifiée, par les Alemans, sur la mer Mediterranée, distante de Mezzagran enuirõ trois mile, du côté de Leuant située en bon & fertile territoire, de l'autre partie du fleuue, & fut jadis ciuile : mais depuis que les Rois de Telensin commencerent à decheoir, elle fut merueilleusement foulée par les Arabes : tellement qu'elle en est aujourd'huy diminuée des deux tiers. Toutefois elle peut encore contenir mile cinq cens feus, & y à vn tresbeau temple : aussi plusieurs artisans, & tissiers de toile. Les maisons sont belles, & acommodées de fontaines, auec ce, que par le milieu de la cité passe vn fleuue, sur lequel sont assis plusieurs moulins, puis hors d'icelle, se voyent de beaus jardins, combien que la plus grande partie d'iceus, demeure sans estre cultiuée. Et y à vn petit port, ou viennent surgir, & aborder plusieurs vaisseaus de l'Europe : mais ils y font peu de gain, car les habitans sont fort pauures, & necessiteus.

Bresch.

Bresch, est vne cité edifiée par les Romains, sur la mer Mediterranée, distante de la precedẽte, par longue espace de chemin, & habitée par gens fort mecaniques : dont la plus grande partie s'adonne à faire des toiles : mais ils sont communement dextres, & agiles comme Lyons, & vn chacun d'iceus

LIVRE IIII. DE LA

Les habitans de Bresch portent deux croix noires, vne sur la jouë, l'autre en la palme.

ceus à coutume de se peindre vne croix noire sur la jouë, & vne autre sur la main, cet à sauoir, en la palme de la main, sous les dois. Cette façon de faire, est obseruée par les montagnars d'Alger, & de Buggie : pourautant que (selon les historiens Africans) les Gots s'emparerent de plusieurs pays, & montagnes infinies : au moyen dequoy, vn grãd nombre furent reduis à la Foy Chretienne : dont les Roys Gots enchargerent aus oficiers, de ne leuer nul tribut d'iceus : mais pource qu'au temps des payemens s'auouyent tous pour Chretiens, sans qu'on peût remarquer, & cognoitre bonnement ceus qui l'estoyent ou non, il fut ordonné que les Chretiens seroyent signez & recogneus par cette croix. Or depuis que la seigneurie fut otée d'entre leurs mains, tout le peuple se retourna à la Loy Mahommetane. Neantmoins cette maniere de faire demeura successiuement de temps à autre : sans qu'il s'en trouue beaucoup, qui en puissent rendre raison. Les Seigneurs de Moritanie obseruent encore cette mesme coutume, autant bien que les ignobles, lesquels se font vne croix sur la jouë auec vn fer chaut, & en void lon assez en Europe, qui sont ainsi marquez. Cette cité est fort abondante, & mesmement en figues : estant enuironnée de belles campagnes, qui produisent grande quantité de lin, & orge. Les habitans sont amis & confederez auec les montagnars leurs voisins, le suport & faueur desquels les maintint en liberté & franchise de

se de toute imposition par l'espace de cent ans : jusques à ce, que Barberousse Turc, les molesta grandement. Il y en à plusieurs de ceux-cy, qui ont coutume de transporter figues, & lin par mer, aus citez d'Alger, Buggie, & Thunes, dont il leur en prouient de grans profits. En cette cité se voyent encore plusieurs vestiges & aparences d'edifices & fabriques des Romains, desquelles ont esté faites & dressées les murailles.

Sersel.

Sersel, est vne cité ancienne edifiée par les Romains sur la mer Mediterranée : mais elle fut depuis subjuguée par les Gots, ausquels finablement elle fut enleuée par les Mahommetans. Le circuit d'icelle contient enuiron huit mille de murailles fort hautes, & fabriquées de tresgrosses pierres entaillées. En la partie qui est à l'oposite de la mer, se void vn corps de temple, grand & haut, edifié jadis par les Romains, dõt jusques à present, la partie de dedans (qui est faite de marbre) demeure encor en son entier : & vn temps fut, qu'on souloit veoir vn fort sur vn rocher, qui decouure bien loin sur la mer. Alentour de la vile y à plusieurs bons territoires : & combien que les Gots l'eussent fort ruinée, neantmoins sous le domaine des Mahõmetans, elle cõmença d'estre assez habitée, & se maintint en cet état, par l'espace de cinq cẽs ans, mais suruenãs puis les guerres entre les Roys de Thunes, & Telensin,

Sersel dõptée par les Gots, puis reprise par les Mahõmetans.

Ll 4   elle

elle fut abandonnée, demeurant deserte par l'espace de trois cens ans, jusques à ce, que Grenade paruint entre les mains des Chrétiens. Lors se transporterent en icelle plusieurs Grenadins, qui releuerent vne partie des maisons, auec la forteresse: puis s'adonnerent à cultiuer la terre. Apres meirent sur mer plusieurs vaisseaus, pour trafiquer, s'estans adonnez au metier de la soye: à cause qu'ils trouuerent en ce pays vne quantité infinie de muriers, tant noirs comme blancs. Ainsi multiplierẽt si fort de jour en jour, qu'ils paruindrent jusques au nombre de deux cens maisons, sans estre sujets ny tributaires à autre, qu'à Barberousse, auquel ils ne rendent par an que trois cens ducats de tribut.

Les habitans de Tegdunt tributaires à Barberousse.

Meliana.

Meliana, est vne grande & ancienne cité, bâtie par les Romains, qui la nõmerent Magnana, mais le vocable a esté par les Arabes corrompu. Elle est située sur le coupeau d'vne montagne, distante de la mer Mediterranée, enuiron quarante mile, & sont les maisons bien bâties, & garnies de fontaines. La montagne ou elle est edifiée, est pleine de bois, arrousée de plusieurs fontaines, & couuerte de noyers: dont tant s'en faut, qu'on y vende les nois, qu'à peine veut on aider à les aler recueillir, à cause qu'il y en a par trop abondamment. Au tour de la cité, se voyent plusieurs anciens bâtimens, & masures: puis à vn côté d'icelle sont de hauts rochers sur vne valée profonde.

De

De l'autre elle va en pente sur la côte de la montagne, comme se void estre la cité de Nargne, prochaine de Rome. Les habitans sont quasi tous artisans, tissiers de toiles, & tourneurs, qui font des vases de bois fort excellens: & en y à encore d'autres, qui s'adonnent à cultiuer les terres: & auoyent tousjours maintenuë leur liberté, jusques à ce que Barberousse les rendit ses tributaires.

Tenez.

Tenez, est vne fort ancienne cité, edifiée par les Africans sur la côte de la montagne, & prochaine de la mer Mediterranée: estant habitée d'vn grand peuple, mais fort vil, & mecanique: qui à tousiours esté sous le domaine du Roy de Telensin: mais quand le Roy Mahommet deceda (qui fut oncle de cetuy, qui regne à present) il laissa trois fils, dont le plus âgé s'apelloit Abnadilla, le second Abuzeuen, & le tiers Iahia. L'ainé succeda au Royaume mais les autres gaignerent les citoyens, auec lesquels ils feirent complot pour le tuer: mais l'embuche fut decouuerte: au moyen dequoy Abuzeuen fut fait prisonnier: toutefois depuis que Abuchemmen fut par le peuple expulsé, il ne fut pas seulement remis en liberté, mais aussi paruint à la coronne, qu'il posseda tousiours jusques à ce que Barberousse le tua: comme nous auons dit au parauãt. Le Roy se retira à la Cour du Roy de Fez, qu'il print pour son dernier refuge, & auec la licence duquel estant appellé du peuple, fut coronné Roy

Abuzeuë constitué prisõnier

LIVRE IIII. DE LA

de Tenez, qu'il gouuerna long temps, & apres son deces succeda au Royaume vn sien jeune fils, qui fut semblablement par Barberousse dechassé, qui le feit auoir recours à Charles, pour lors Roy d'Espagne seulement, le secours duquel estant prolongé outre le temps de la promesse, & demeurant tousjours cetuy-cy auprés de sa majesté, les nouuelles vindrent dans la cité, comme il auoit receu le bateme, auec vn sien frere, dont les habitans se rendirent entre les mains de l'vn des freres de Barberousse. La cité est peu ciuile, mais le territoire est fecond en grains, & miel : au reste, on n'en sauroit retirer gueres de profit.

Mazuna.

Mazuna, est vne ancienne cité, edifiée (selon l'opinion d'aucuns) par les Romains, qui la situerent distãte de la mer Mediterranée par l'espace de quarante mille, ayant le circuit d'vne ample étendue, les murailles fortes, & vn temple auec quelques petites mosquées, mais les maisons tresfoibles, & bâties d'vne mauuaise grace. Il est vray, que d'an-

Ruine & saccagement de Mazuna.

ciêneté elle estoit fort ciuile : mais elle fut plusieurs fois sacagée par les Rois de Telensin, & d'autres rebelles de la cité mesmes, puis sous le domaine des Arabes paruint à son dernier desastre, & supreme ruine : de sorte, qu'aujourd-huy lon y trouue peu d'habitans, & encore sont tissiers, ou laboureurs, qui trouuët bonnes terres, & fertiles : côbien qu'ils vinent tous en grande pauureté, d'autant, qu'ils

sont

sont trop oppressés par les Arabes. Auprès de la cité lon peut veoir quelques masures de viles ruinées, q̃ les Romains auoyent edifiées, lesquelles toutefois ne se sont gardé aucun nom, qui soit paruenu jusques à la cognoissance des modernes, mais il se peut facilement conjecturer, qu'elles ont esté bâties par les Romains, veu la grande quantité des écriteaus, qui se trouuent graués sur des tables de marbre: toutefois noz historiographes n'en ont fait aucune mention.

Gezeir, qui est Alger.

La cité d'Alger est appellée Gezeir, qui vaut autant à dire comme les Iles, pour sa proximité auec les Iles Mojorique, Minorique, & Ieuiza: mais les Espagnols la nomment Alger, laquelle est ancienne cité, & fort grande, contenant enuiron quatre mille feus, edifiée par vn peuple African, appellé Mezgana: & pourautant elle fut anciennement nommée Mezgana. Les murailles sont belles fortes, & de grosses pierres, auec plusieurs beaus edifices, & places bien ordonnées: en chacune desquelles est vn art, ou metier separé: & semblablement plusieurs étuues, & hoteleries: mais entre les autres fabriques, vn seul temple est digne d'admiration, pour son incomparable grandeur, & assiete, qui est sur le riuage de la mer, du côté de laquelle y à vne galerie merueilleuse, sur les murailles mêmes de la cité. Au tour du circuit d'Alger y à plusieurs jardinages, & fertiles territoires: & de la partie du Levant se voyent des moulins, sur un petit fleuue, qui sert à toutes les commodités de la cité, tant à boire, comme à autre chose. Les plaines qui l'environnent, sont fort belles, mesmement une qu'on appelle Mettegia, laquelle contient de longueur, environ quarante & cinq mille, & trente en largeur: produisant un grain bon en toute perfection. Cette cité à longuement esté sous la puissance des Rois de Telensin, mais elle se joignit au Royaume de Buggie, apres qu'on y eut creé un nouueau Roy pour estre plus prochaine d'iceluy: considerans aussi les habitans qu'ils ne pourroyent estre secourus par le Roy de Telensin, s'il leur suruenoit quelque vrgent afaire. Ioint aussi, qu'il estoit en la puissance du Roy de Buggie les opresser grandement pour la moindre ocasiō qui se presenteroit. Ce que à part eus bien consulté, ils se meirent entre ses mains, luy enuoyans tribut, & pretans hommage: combien qu'il les laissa quasi jouyr entierement de leur premiere liberté. Depuis ayans armé & equipé quelques vaisseaus deuindrent coursaires, & écumeurs de mer, merueilleusement molestans les Iles susnommées, & s'enhazarderēt de tant, que d'aler courir jusques aus riuages d'Espagne. Dequoy indigné le Roy Ferdinand meit sus un gros exercite pour aller assieger leur cité, deuant laquelle les soldats eleuerent, & fabriquerent un fort sus un rocher, si pres des murailles qu'auec les harquebusades, ils pouuoyent ofencer ceus de dedās: joint aussi que

Les habitans de Gezeir rangés, et domptés par Ferdinand.

que l'artillerie outrepassoit les murailles, & faisoit bréche: tellement que les habitans furent contrains de leguer vne ambassade, demandant treues pour dix ans, pendant lesquels ils se soumettoyent à rendre tel tribut qui seroit auisé par sa majesté. Ce que leur fut acordé par le Roy Catholique: par ce moyen ils eurent repos, & demeurerent en paix par quelques jours. Ce pendant Barberousse assaillit Buggia là ou ayant prims vne des forteresses que les Espagnols auoyent drecées, se vint camper deuant l'autre, pensant, s'il la pouuoit saisir, quil luy seroit facile, puis apres s'emparer du Royaume de Buggie: mais l'efait ne s'ensuiuit correspondant à son dessein: pource que tous les peuples habitans des montagnes, se departirent de luy sans son congé, au temps de semer les blés: & le semblable feirent tous les soldats Turcs. Ce que voyant, surprins de frayeur, fut contraint abandonner cette magnanime entreprinse, & leuer le siege: mais auant que debarquer meit le feu de sa propre main dans douze grosses fustes, qui estoyent sur le fleuue prochain de Buggie trois mille, puis se retira (acompagné de quarante Turcs ses familiers) au château de Gegel, qui est distant de Buggie par l'espace de septante mille, là ou il sejourna long temps: & ce pendant le Roy Catolique deceda: ce qu'étant venu à la cognoissance de ceus d'Alger, se delibererent de rompre les treues, & violer leur serment pour rejeter ce facheus joug de seruitude: considerant que Barbe-

Mort du Roy Ferdinand.

berousse estoit homme courageus, bien experimenté aus ruses de guerre & tout propice pour guerroyer, & ranger les Chrétiens, le feirent appeller, le
receuans pour leur Capitaine, lequel sur le champ,
feit assaillir la forteresse, mais ce fut en vain: & ne
pouuant coporter superieur, tua dans vne étuue en
trahison vn qui se disoit Seigneur d'Alger, lequel estoit prince des Arabes, habitans en la plaine de Mettegia, & s'appelloit Selim Etteumi, de
la lignée de Tehaliba, qui procede de Machel peuple Arabe. Et lors, que les Espagnols s'emparerent
du Royaume de Buggie, ce prince fut creé Seigneur
d'Alger, en quoy il se maintint jusques à la venue
de Barberousse, qui luy feit prendre telle fin, que
vous auès ouy: puis apres s'attribua titre de Roy,
& feit batre monnoye, receuant les hommages, &
obeïssance des peuples circonuoisins, qui luy rendirent tribut. Cela fut au comencement de la seigneu
rie de Barberousse. Vous asseurant, que je me trouuay present à la plus grande partie de ces menées:
pource que m'acheminant de Fez à Thunes, je logeay en la maison d'vn gentilhomme, qui fut dele
gué pour ambassade du peuple d'Alger en Espagne, lequel à son retour aporta trois mille volumes
écris en langage Arabesque, de la cité de Satiua,
au Royaume de Valence. Depuis me transportay
à Buggie, là ou je trouuay Barberousse, qui (comme nous auons dit au parauant) faisoit batre la
forteresse, dequoy je voulu veoir l'yssue, qui fut sa
fuite

Barbe-
rousse
fait Capi
taine
d'Alger.

fuite à Gegel: puis m'acheminay à Constantine, et de là, à Thunes. Ce pendant on feit courir le bruit, qu'il auoit esté tué à Telensin: au moyen dequoy vn sien frere appellé Cairadin, fut eleu Seigneur d'Alger, qu'il gouuerne encore jusques à present. Il me fut dit d'auantage, que Charles Empereur s'efforça par deux fois de s'emparer, dreçant deux armées, dont la premiere fut défaite, & perit dans la riuiere, qui passe pres la cité. La seconde n'eut pas plus tôt prinse terre, qu'elle donna commencement à la baterie, laquelle fut continuée par trois jours: mais la fortune se montra peu fauorable à l'endroit des Chrétiens, dont les vns demeurerēt sur le cham, les autres furent detenus pour Esclaues par Barbe rousse, tellement que le nombre fut bien petit de ceus ausquels le bon heur permit de gaigner le haut euitans cette fureur barbare, & inhumaine. Cecy auint en l'an de l'Hegire, neuf cens vingt & deux.

Charles Empereur assiegeGezeir mais en vain, & auec grād defaite des siens.

Tegdemt.

Cette cité fut anciennemēt edifiée selon aucuns par les Romains, & fut ainsi appellée par les Africans, à cause que ce vocable signifie, ancienne, contenant en son circuit l'espace de dix mille, comme lon peut bien encore juger par les fondemens des murailles, qui aparoissent encore tout autour, auec deux grans temples ruinez: là ou les idôles estoyent adorés, & du temps que les Mahommetans la dominerent, elle se rendit assés ciuile, de sorte, que plusieurs poëtes excellens, & personnages doctes y fu-

Idôles adorez en Tegdemt.

LIVRE IIII. DE LA

y furent instruits, & par leurs écris sont merueilleusement illustrée sous le frere du pere d'Idris, qui jouyssoit de la seigneurie: laquelle demeura à sa posterité par l'espace de cent cinquante ans. Depuis elle fut ruinée par les guerres, qui se meurent entre les Pōtifes heretiques de Cairaran, en l'an de l'Hegire trois cens soissante & cinq: tant que maintenant il n'en reste autre chose, sinon quelques masures, & fondemens, comme je l'ay veu moymesme.

Medua, cité.

Les anciens Africans edifierent cette cité aus confins de Numidie, distante de la mer Mediterranée par l'espace de cent octante mille: & assise en vne belle plaine tresfertile, qui est arousée par plusieurs ruisseaus, & enuironnée de jardins. Les habitans possedent grandes richesses: pource qu'ils trafiquent en Numidie, & se tiennent honnétement en ordre, ayās fort belles maisons: toutefois ils sont fort molestés par les Arabes, & pour estre eloignés de Telensin, enuiron deux cens mille, le Roy ne les peut maintenir, encore moins defendre leur cité: laquelle fut subjuguée par le Seigneur de Tenez, depuis par Barberousse, & son frere. Passant par dedans, je fu receu auec autant grand honneur & caresses du peuple, comme si j'en eusse este Seigneur, pource qu'entre tous les habitans il ne s'en sauroit trouver vn qui ait, tant peu soit il cognoissance des lettres, de sorte, que si quelque étranger, qui soit quelque peu de sauoir, s'adrece là, ils l'honnorent gran=

Medua subjuguee par le Roy de Tenez depuis p̄ Barberousse, & son oncle grandement, & le retiennent quasi par force, l'employans à la decision de leurs causes, se conseillans à luy, & prenans son auis en tous leurs diferens. Ie y sejournay par l'espace de deux mois, pendant lesquels je receu d'eux, plus de deux cens ducats, tant en deniers, comme en habilemens, tellemēt qu'aleché par ce gain, je me deliberois quasi d'y faire demeurance, neût esté que le deuoir de mon ofice, me feit rejeter cette soudaine deliberation.

Temendfust.

Temendfust, est vne cité ancienne, edifiée par les Romains sur la mer Mediterranée, distante de Alger, enuiron douze mile, & y á vn bon port, duquel se seruent ceus de Gezeir : pource qu'ils n'ont sinon la plage. Elle fut ruinée par les Gots, & de ses pierres furent releuées quasi toutes les murailles de la cité d'Alger.

<small>Temēdfust, saccagée par les Gots.</small>

Teddeles.

Teddeles, est vne cité anciennement edifiée par les Africans sur la mer Mediterranée, pres de Gezeir, enuiron trente mille, & est ceinte de fortes & puissantes murailles. Les habitans sont plaisans & joyeus : s'adonnans si dextrement au luth, & harpe, que la plus grande partie d'iceus en sait sonner en perfection. Leur art est de teinture, à cause qu'il y á plusieurs ruisseaus qui s'écoulent par la cité, laquelle est enuironnée de terres tresfertiles en grain, & se maintient le peuple assez honnestemēt en ordre, inuitant le peuple de Gezeir, quant à la mode des habits. Il s'adonne aussi merueilleusement à pescher, & prend du poisson en si grande quantité, qu'il ne se vend aucunement: mais se donne à ceus qui en veulët auoir. Cette cité s'est tousiours maintenuë au mesme etat, que celle d'Alger, quant au gouuernement & seigneurie.

¶ Montagnes du Royaume de Telensin.
Beni Iezneten, montagne.

Beni Iezneten, est vne montagne distante de Telensin, de la part du Ponant enuiron quarante mile, se terminant d'vn côté auec le desert de Garet, & de l'autre auec celuy d'Angad. Elle à d'etendue en longueur enuiron vingt & cinq mile, & quinze en largeur: estant fort haute, âpre & difficile, auec ce qu'il y à plusieurs bois, dans lesquels naît grande quantité de carobes, qui est quasi toute la viande des habitäs: pour autant qu'ils ont grande faute d'eau. Il y à plusieurs vilages, qui sont habitez par gens vaillans, & courageus: & sur la cime de la montagne est situee vne forteresse, & là demeurent les seigneurs: combien qu'ils s'atachent souuent entre eus, pource qu'vn chacun veut estre superieur, & seul jouyr de la Seigneurie. I'ay eu grande familiarité auec iceus pour les auoir premierement cogneus en la Cour du Roy de Fez, & pour cette cause ils me receurent auec indicibles caresses, quand j'arriuay en cette montagne, laquelle peut mettre en campagne dix mile combatans.

Mat-

Matgara.

Matgara, est vne montagne fort haute, & froide, autrement bien peuplée, & distante par l'espace de six mile de la cité Ned Roma : les habitans de laquelle, & ceus de cette montagne (qui sont braues, mais pauures, d'autant q̃ le terroir ne leur produit qu'vn peu d'orge, & carobes en quantité) vsent d'vn mesme langage, se suportans ensemble contre le Roy de Telensin.

Gualaza.

Cette montagne est haute & prochaine de la cité Hunam, produisant peu de grains, mais des carobes en quantité, & habitée par gens rustiques, & cruels, lesquels ont souuentefois eu guerre, auec le peuple de la cité susnõmée, qu'ils ont mise en ruine.

Aghal.

Aghal, est vne montagne habitée de gens vils, & sujets au domaine d'Oran, ne s'adonnans à autre chose, qu'à l'agriculture, & à tailler du boys, qu'ils transportent dans cette cité : laquelle estant sous la seigneurie des Mores, causoit vne vie assez commode au peuple de cette cy. Mais depuis qu'elle tomba entre les mains des Chretiens, il fut reduit en vne pauureté extreme : & est encore tousiours molesté par quelqu'vn.

Beni Guerened, montagne.

Cette montagne est distãte de la cité de Telensin, par l'espace de trois mile, estãt fort habitée, & frutifere, mémemẽt de figues, & cerises. Tous les habitans sont charbonniers, & boucherons : tellement qu'elle rend de reuenu tous les ans, jusques au nombre de douze mile ducats, selon le raport à moy fait par le Secretaire du Roy de Telensin.

Magraua.

Cette autre montagne s'étend enuiron quarante mile sur la mer Mediterranée, aupres de Musteiganim cité, de laquelle nous auons parlé. Les habitans sont nobles & vaillans, possedans grandes & amples terres: au reste, liberaus, & plems de courtoisie.

Beni Abusaid.

Beni Abusaid, est prochaine de Tenez, & bien habitée, mais de gens rudes & bestiaus: autremẽt fort vaillans, lesquels ont du miel, & de l'orge en grande abondance, & nourrissent des cheures en quantité: ayans coutume de porter leurs cuirs auec la cire sur la plage de Tenez, là ou ils les vendent aus marchans d'Europe: & rendoyent quelque tribut au Roy de Telensin, pendant que ses parens regnoyent en ces parties.

Guanseris.

Guanseris, est vne montagne fort haute, habitée par peuples vaillãs, & nobles, qui ont plusieurs fois sucité la guerre, contre les Roys de Telensin: tellement qu'auec la faueur, qu'ils auoyent de ceus de Fez, ils ont maintenuë la guerre par l'espace de soissante ans ou plus. Ils ont vn fort bon territoire, auquel sourdent plusieurs fontaines: & à la sommité de la mõtagne qui est seche, & maigre se trou-

ue

ue du grain en grande quantité. On y pourroit leuer jusques à vingt mille hommes, dont il y en auroit deux mille cinq cens à cheual: & sont les habitans ceus qui preterent aide, & faueur au Seigneur Iahia, qui fut creé Roy de Tenez, pour le pousser à la coronne, laquelle il obtint par leur moyen. Mais depuis que le domaine de ce Royaume fut reduit en Seigneurie, les cheualiers de cette montagne commencerent à courir & piller le pays.

Montagnes du domaine de Gezeir.

DV côté de Midy, & Leuant aus confins de la plaine de Gezeir y à plusieurs montagnes habitées par gens nobles, & exempts de tout tribut: qui sont riches, & liberaus, d'autant qu'ils ont de fort bonnes terres, grand nombre de cheuaus, & betail en quantité. Mais souuentefois ils se font la guerre entre eus mesmes, tellement qu'aucun d'eus, ny étranger ne peut passer, s'il n'est acompagné par quelque religieus. Ils tiennent ordinairement des foires, & marchez, où se vendent seulement des animaus, grains, laines, & quelque peu de mercerie conduite des citez prochaines.

FIN DV QVATRIEME LIVRE.

LIVRE V. DE LA

DE
LA DESCRIPTION
D'AFRIQVE, ET DES
choses memorables conte-
nuës en icelle.

LIVRE CINQVIE'ME.

¶ Du Royaume de Buggie, & de Thunes.

PROEME.

Buggie
depuis
quád fai-
té royale

J'AVOIS promis quand je vins à parler de la Barbarie, de mettre le domaine de Buggie, pour vn Royaume : mais considerant depuis plus diligemment, & épluchant les choses par le menu, j'ay trouué, que Buggie n'auoit esté cité Royalle, sinon depuis peu de temps en ça, & de droit apertient la seigneurie d'icelle au Roy de Thunes. Mais elle fut longuement occupée par les Roys de Telensin, jusques à ce, qu'Abu feriz, Roy de Thunes, sen-

sentant ses forces assez grãdes, se meit en campagne auec son armée, au moyen de laquelle
il s'empara, non seulemét de Bugie, ains mena jusques à la, le Roy de Telensin, qu'il fut
contraint à luy rendre tribut: laissant son fils
le Roy de Thunes pour Seigneur de cette cité: tant pour seure garde d'icelle, cõme pour
preuenir à tous diferés, qui s'en seroyent peu
ensuiure apres son deces entre ces fils, qui é-
toyent trois, à l'vn desquels (appellé Habdul-
hariz) il donua Buggie, à l'autre nõmé Hutmen, donna le domaine du Royaume de
Thunes, quil gouuerna par l'espace de quarante ans. Le tiers & dernier, que lon nommoit Hammare, eut pour sa part le pays de
Datieres: & se reuolta contre son frere Hutmen Roy de Thunes, lequel le poursuiuit si
viuemét, qu'il le print dans la cité d'Assacos,
puis par le cõsentemét de soymesmes (estãt
au chois d'elire quel genre de suplice il voudroit receuoir pour punition de ses demerites) les yeux luy furét creuez, puis fut mené
à Thunes, là ou il véquit ainsi aueugle par
long temps. Quant au Seigneur de Buggie,
il se rendit tousiours obeyssant à son frere.
Ainsi cette famille eut la jouyssance du Royaume longuement, jusques à ce que le Roy
Ferdinand l'en priua, par le moyen, & vertu
grande du Comte Pierre de Nauarre.

Abu feriz Roy de Thunes occupe Buggie, & rẽd tributaire le Roy de Telensin.

Hutmen Roy de Thunes, dõpte Hãmare son frere, & luy créue les yeux.

Buggie, grande cité.

Uggie, est vne anciëne cité, edifiée (selon l'opinion d'aucuns) par les Romains, en la côté d'vne treshaute montagne sur la mer Mediterranée, ceinte de belles, hautes, & anciennes murailles contenant enuiron huit mile feus en la partie, qui est habitée seulemët. Car estant toute peuplée, elle en pourroit contenir plus de vingt & quatre mile, veu sa grande étendue deuers la montagne, qui est merueilleuse. Les maisons sont d'assez belle montre, & y à des temples & coleges là ou demeurent les écoliers, & Docteurs, qui font des Lectures en la Loy, & aus Mathematiques. Il y à plusieurs hopitaus, couuens pour les religieus de leur Loy, étuues & hoteleries. Les places sont fort belles, & bië ordönées: mais on ne sauroit aler parmy la cité, qu'il ne faille monter ou decendre. Du côté de la mötagne, se void vne petite forteresse, ceinte de murailles, & embellie par tant de mosaiques, & menuserie, auec ouurages azurez ou tremarins si merueilleus & singuliers, que l'artifice surmonte de beaucoup le pris & valeur de l'etoffe. Les habitans de cette cité furent jadis opulens, & souloyent armer plusieurs fustes & galeres: lesquels ils enuoyoyent courir sur les frötieres d'Espagne: tellemët q̃ la ruine d'eus, & de leur cité en est procedée: pource q̃ le comte Pierre de Nauarre, y fut enuoyé pour la prëdre. Ils viuent pauurement, pource que leurs terres ne raportët gueres
de

DESCRIPT. D'AFRIQVE. 277

de grains, mais elles sont merueilleusement frutiferes. Au tour de la cité y à vne infinité de jardins produisans fruits en abondance: & mesmement hors la porte qui regarde du côté de Leuant. Outre ce, on y void plusieurs montagnes fort scabreuses, qui sont toutes couuertes de bois, dans lesquels se nourrist vne infinité de Singes, & Leopars. Les citoyens sont assès joyeus, qui ne tâchent à autre chose qu'a se donner du bon temps, & viure joyeusement: tellement qu'il n'y à celuy, qui ne sache sonner d'instrumens musicaus, & baler: principalement les seigneurs, lesquels n'eurent jamais guerre contre personne, qu'ils en fussent le motif: au moyē dequoy ils en sont tant apoltronis, & de si lâche courage, qu'etans tous intimidés par la décēte de Pierre de Nauarre, auec quatorze vaisseaus, escamperent auec leur Roy, qui fut des premiers à gaigner le haut: prenant les montagnes pour refuge de soy, & des siens. En sorte, dequoy sans coups ruer, ny glaiues briser, le Comte (apres y estre décendu) la sacagea: puis soudainement y feit edifier vn fort, pres le riuage de la mer, sur vne belle plage: & fortifia encore vne autre ancienne forteresse, qui est semblablement du côté de la marine, & joignant de l'Arsenal: & fut prinse comme vous auez entendu, par les Espagnols, en l'an de l'Hegire, neuf cens dixsept. Depuis voulant à six ans de là, Barberousse la recouurer d'entre les mains des Chrétiens, la vint assieger, acompagné de mille Turcs,

Singes & Leopars

Mm 5 qui

qui se meirent à batre la forteresse vieille, laquelle fut prinse, & fortifiée: puis auec l'aide de tous les montagnars, des prochaines montagnes, s'attenterent de vouloir prendre l'autre, qui est assise sur la plage de la mer: mais à la premiere rencõtre cent Turcs des plus courageus, & vaillans y laisserent les vies: auec quatre cens montagnars, qui les rendit tant étonnés, que leur chaude colere fut bien refroidie: tellement qu'ils n'en voulurent plus manger, ny ruer coup de bonne sorte, encore moins s'y acôter: qui donna ocasion à Barberousse de se retirer au chateau de Gegel: comme nous auons par cy-auant recité.

Gegel, chateau.

Gegel, est vn ancien chateau edifié par les Africans sur la mer Mediterranée, de la sommité d'vn haut rocher, distant de Buggie, par l'espace de soissante mille, et contient enuiron six cens feus. Les maisons sont assez mal bâties, mais les habitãs sont vaillans, liberaus, & fideles, s'adonnant tretous au labourage de la terre, cõbien que leurs terres soyent âpres, & ne produisent autre chose, qu'orge, lin, & chande, qui y naît en grande abondance auec semblable quantité de noix, & figues, lesquelles ils enuoyẽt à Thunes par mer, dans quelques petites nauires. Ils se sont tousiours maintenus en leur liberté malgré les Rois de Thunes, & Buggie: pource que leur chateau est hors d'échele, & siege. Toutefois ils se soumirent voulontairement à Barbe-

Les Rois de Thunes, & Buggie

beroufse, lequel ne leur impofa autre tribut, que quelques grains, & fruits, chofes qui eftoyent licites & acoutumées de tout temps. *tributaires à Barberoufse.*

Mefila, cité.

Cette cité fut anciennement edifiée par les Romains aus confins des defers de Numidie, diftante de Buggie par l'efpace de cent quarante mille, & ceinte de murailles autant fortes, & belles à veoir, comme les maifons font laides, & lourdement bâties. Les habitans font tous artifans, et laboureurs, lefquels fe tiennent trefmal en ordre, à caufe que pauureté les y contraint, tant pource que la moitié de leurs fruits font detenus par les Arabes leurs voifins, comme pour eftre par trop oppreffés des Rois de Buggie: tellement que me retrouuant en cette cité, il ne me fut poffible de trouuer affez d'auoine, pour la dinée de douze cheuaus.

Diftefe.

Diftefe, eft vne vile, que les Romains edifierent diftante de Buggie foiffante mile, laquelle apres auoir paffé les mons, fe decouure affife en vne plaine, ceinte de pierres de taille, groffes et quadrangulaires. Elle fut jadis ciuile, & bien habitée: mais depuis que les Mahommetans vindrent à la poffeder, elle eft fort decheute, mefmement pour ocafion des Arabes, qui ruinerët grande partie des murailles, ne laiffans dans la cité, que cent maifons habitables: toutefois on peut bien encore veoir quel grand

grand circuit elle pouuoit auoir, ce que j'ay confideré m'acheminant de Fez à Thunes.

Necans.

Necans, est vne cité, qui confine auec la Numidie edifiée par les Romains, distante de la mer, enuiron octante mille, & autant de la cité precedente. Elle est enuironnée de fortes, & anciennes murailles, aupres desquelles passe vn fleuue, qui à ses riuages tous couuers de noyers, & figuiers, & produisent leur fruits tant singuliers qu'on les estime pour les plus perfaits, et sauoreus qui soyët en tout le Royaume de Thunes : & se transportent à Cõstantine, qui est distante, par l'espace de cent octante mille de cette cité, autour delaquelle se voyent de grandes plaines, & toutes fertiles en grain. Les habitans sont riches, ciuils, & liberaus, se tenans honnétement en ordre, à la mode des citoyens de Buggie : & tient le commun vne maison garnie en maniere d'hopital, en laquelle sont receus tous les étrangers. Il y à aussi vn colege, là ou on entretient les écoliers à la bourse publique : puis vn temple merueilleusement grand, & acommodé de tout ce qu'on y pense estre necessaire. Les femmes sont blanches, & belles, de cheuelure noire, & reluisante: pource qu'elles frequentent fort les étuues, prenans vn plaisir indicible à se tenir nettes, & polies. Toutes les maisons sont quasi à vn étage, mais fort plaisantes & recreatiues, à cause qu'en chacune d'icelles y à vn jardin semé de fleurs, & principalement de Roses damasquines, violetes, marjou laines, œillets, & telles autres gentilesses, auec leur fontaine à part. De l'autre côté du jardin y à des treilles de seps de vigne, lesquels grimpans contre les murailles, rendent à la maison vn ombre frais, & delectable: tellement, que qui conuerse quelque peu dans cette cité, estant aleché par les plaisances d'icelle, caresses, & priuautés des habitans, il ne la peut laisser qu'auec vn grand regret.

Chollo.

Chollo est vne grande cité, edifiée par les Romains sur la mer Mediterranée sous vne montagne sans aucunes murailles, pource qu'elles furent rasees par les Gots, & estant venue entre les mains des Mahommetans, la laiserent ne plus ne moins qu'ils l'auoyent trouuée. Neantmoins elle est ciuile, les habitans plaisans & liberaus, dont la plus part est d'artisans faisans de grans trafiques de leurs cires, qu'ils retirent en grande quantité de la montagne, qui est tresfertile, & ont grand nombre de cuirs, qu'ils troquent contre d'autre marchandise auec les Geneuois, qui viennent aborder à leur port. Ils se maintiennent en liberté, ayans tousjours bien resisté aus forces des Rois de Telensin, et du seigneur de Constantine: pource qu'entre icelle, & Chollo, se trouuent de hautes montagnes, auec cent vingt mille de distance, & est la moitié du territoire habitée par vaillans hommes, tant que par toute la riuiere de Thunes, il n'y à cité plus opulen
te

te ny seure, que cette-cy, à cause, que l'on gaigne tousiours au double sur leur marchandise.

Sucaicada.

Cette cité fut anciennement edifiée par les Romains sur la mer Mediterranée enuirō trente cinq mille, & ruinée par les Gots, mais pource qu'il y à vn bon port, le Seigneur de Constantine y à fait dresser certains logis, & magasins pour les marchans Geneuois, qui trafiquent en ce pays auec vn vilage, sur le sommet de la montagne, qui l'auertit incontinent que quelque Nauire vient surgir pres du port. Les montagnars échangēt leur grains pour draps, & autres marchandises, que les Geneuois y transportent de l'Europe. Depuis jusques à Constantine se void vn chemin paué de pierre noire, comme on en void aucuns en Italie, qui sont appellez Chemins de Rome, grand argument pour se persuader que cette cité ait esté edifiée par les Romains.

Chemis de Rome

Constantine.

Les Romains fonderent anciennement cette cité, comme en rendent assez amples témoignage aus spectateurs, les murailles qui sont hautes, & épesses, la maçonnerie desquelles est d'vne pierre noire entaillée. Elle est situèe sur vne haute montagne du côté, qui regarde le Midy, est enuirōnée de hauts rochers, sous lesquels passe vn fleuue, nommé Sufegmare, qui de l'autre riue est encore ombragé de roches: tellement, que la grande profondité qui est

en-

entre deux, sert en lieu de fossés, mais auec plus
grand profit. De la partie de Tramontane, sont les
murailles fortes à merueilles, & outre ce, le sommet
de la montagne, de sorte, qu'il n'y a que deux petits
& étrois sentiers (l'vn du côté de Leuant, & l'autre deuers Ponant) pour s'acheminer à la cité, qui
est de si ample étendue, qu'elle peut contenir enuiron huit mille feus, estant fort abondante, ciuile, et
embellie de plaisantes maisons, & somptueus edifices, comme est le temple majeur, deux coleges, &
trois ou quatre monasteres, auec plusieurs places bel
les, & bien ordonnées, separans les arcs, qui sont di
sposés chacun en son ordre. Les hommes sont vaillans, & adonnés aus armes, mesmement les artisans. Dauantage le nombre des marchans (qui tien
nent les draps de laine du pays) est grand, & de
ceus aussi, qui font transporter les toiles, huiles, &
soyes en Numidie, toutes lesquelles choses ils troquent côtre Esclaues, & dates: tant qu'il ne se trou
uera en toute la Barbarie, là ou il y ait plus grand
marché de ce fruit, qu'en cette cité, en sorte, qu'on
en peut auoir, huit & dix liures pour quinze deniers. Les habitãs y ont vétus fort à la legere, pour
estre aucunemẽt tenãs, et auares, au reste, superbes
et mecaniques. C'estoit jadis la coutume des Rois de
Thunes de bailler cette cité à leur premier né, ce q̃ a
quelque fois obserué le Roy, q est à present, et quel
que fois non. Premieremẽt, il en pourueut l'ainé de
ses enfans, lequel voulãt mouuoir guerre contre les
Ara-

Dates en abondance, & vil pris à Sacaicada.

Arabes, fut occis à la premiere rencôtre. Depuis il en empara le second, qui pour vn chancre qui s'encharna sur luy, à cause de ses exces, termina miserablement ses jours. En fin, il la donna au tiers, qui pour son efrenée, & éhontée jeunesse n'auoit aucune honte de se soumettre à tel traitement, duquel on à coutume d'vser à l'endroit du sexe feminin: ce que ne pouuans suporter les habitans, n'y endurer l'abomination d'vn tel opprobre, & coutumelieus acte: joint aussi, qu'ils estimoyent estre chose trop vile s'asujetir, & prêter obeïssance à vn Seigneur, noté & marqué d'vn tel vice, qui le rendoit du tout efeminé, & inhabile pour gouuerner, se banderent contre luy en propos ferme, & deliberé de le priuer de vie : mais le pere preuenant vn tel scandale, le feit mener prisonnier à Thunes : puis enuoya pour Gouuerneur en Constantine, vn Chrétien renié, sur lequel le Roy (pour auoir experimenté en luy vne fidelité grande, et cogneu suffisant en choses de grande importance) se reposoit totalemẽt comme aussi pour son bon gouuernement fut tressatisfait, & content le peuple de la cité: laquelle du côté de Tramontane à vne grande & quasi inexpugnable forteresse, edifiée du mesme temps que la cité, mais vn Chrétien renié nommé Elcaied Nabil Lieutenant du Roy, la rendit encore plus forte, & fut celuy, qui par le moyen de ce fort dompta si bien la cité, & meit le frein à la temerité, & outrecuidé vouloir des citoyens, & prochains Arabes, qui

Malheur aduenu au troisiéme fils du Roy de Thunes par sa méchante vie.

qui sont le plus nobles, & braues hommes de toute l'Afrique : le chef desquels ayant entre ses mains, ne luy voulut jamais rendre la liberté, qu'il neût premierement trois de ses enfans en ôtage. Mais finablement le souuenir de ses vertueus actes & victoires heureusement obtenuës, l'eleua en telle gloire, & le feit tant presumer de soy, qu'il voulut faire batre monnoye en son nom : ce que le Roy trouuant trop etrange, le porta fort indignement, mais l'autre se remit en grace à force de pecune, & presens. Dont ces derniers efets estans fort dissemblables aus autres, & contrarians totalemẽt à la preu d'hommie, qu'on pensoit premierement luy faire compagnie, le peuple qui au parauant luy estoit tant affectionné, le print en haine fort grande, luy portant vn tresmauuais vouloir : tellement que (ayant assiegé vne cité en Numidie, nommée Pescara) nouuelles luy vindrent, par lesquelles, il entendit le peuple de Constantine s'estre reuolté, & bandé contre luy, pour laquelle chose pacifier, & amortir voulut faire retour, mais il trouua les portes fermées. Ce que voyãt, il print la route de Thunes, pour demander secours au Roy, lequel ne l'eut pas plus tôt veu, qu'il le feit detenir prisonnier, ne luy voulant donner relâche qu'il ne luy eût premierement consigne cent mille ducats : lesquels ayant deliurez à sa majesté, pour sa rançon, il obtint tel secours, qu'il demandoit, auec lequel il r'entra dans Constantine à force d'armes, là ou il feit tuer

Elcaied delaissé du peuple de cõstãtine, et fait prisõnier par le Roy de Thunes.

Nn plu-

plusieurs des principaus, au moyen dequoy il s'acquit telle inimitié, que le peuple se banda vne autrefois contre luy, l'assiegeant dans la forteresse, & tenant de si court, que toute esperance perduë, mourut de regret & deplaisir, dont les habitans (apres s'estre reconciliez auec le Roy) ne voulurent plus s'asujettir à aucun Gouuerneur quel qu'il fût: par quoy il y enuoya ses enfans l'vn apres l'autre, côme nous auons cy-dessus recité. Les terres, qui dependent de cette cité, sont bônes & fertiles, rêdans trente pour vn : & sur les rinages du fleuue y à de fort beaus jardins, mais qui produisent peu de fruits: pource q̃ les habitans ne sauent en quelle maniere ils se doiuent cultiuer. Hors de la cité y à plusieurs antiques edifices, & loin d'icelle: enuiron vn mile & demy, se void vn arc de triomphe, semblable à ceus qui sont en Rome. Mais la sottise du populaire, qui est sans jugement, le fait estimer vn palais, auquel souloyent côuerser les malins esprits, qui furent par les Mahommettans puis apres dechassez du temps qu'ils vindrent habiter en Constantine. Aupres du fleuue, sous les roches, se voyët certains degrez taillez & martelez à force de ferremens: & joignant iceus vne petite loge faite à voute, & cauée en la maniere de ces marches, de sorte, que les colonnes, bazes, chapiteaus, le plant, le niueau de paué, le couuert, & la loge mesmes sont tous d'vne piece, & en ce lieu les femmes de la cité decendent pour lauer la buée. D'autre côté y à vn bain (distant

Arc de Triumphe.

stant de la cité à trois jets de pierre) qui est vne fontaine treschaude, laquelle se vuide, & écoule parmy certaines grosses pierres, sous lesquelles se trouue vne infinité de tortuës que les femmes pensent estre quelques diables, ou malins esprits, estimans qu'elles soyent cause de la moindre ficure, ou mal, qui leur suruient. Et de fait, pour preuenir cet inconuenient, tuent vn certain nōbre de poules blanches, qu'elles mettēt auec leurs plumes dans vn pot de terre, aus orles duquel elles atachent des petites chandelles de cyre: puis portent tout cela à cette fontaine: la ou s'acheminent ocultement quelques bons compagnons suiuans à la derobée, ces simples matrones, qui n'ont pas plus tôt tourné le pied, que ils saisissent le pot, et les poulailles lesquelles mettēt bouillir, & en font vne bonne gorge chaude. Outre la cité deuers Leuant sourd vne fontaine d'eau viue & crystaline, aupres de laquelle est eleué vn edifice de marbre, là ou sont taillées des figures humaines, comme j'en ay veu dedans Rome, & par toute l'Europe: dont le populaire tient qu'en ce lieu estoyent quelques Ecoles, garnies de plusieurs maitres, & écoliers, qui par leurs demesurez vices, & damnables iniquitez, furent par le vouloir diuin, auec les écoles mesmes transformez en pierres de marbre. Les citoyēs ont coutume de dresser vne voiture et charroy deux fois l'année pour l'enuoyer en Numidie, la chargeans de draps du pays, & de je ne say quelles autres menues bagatelles, qu'ils

Tortuës reputées pour diable p̄ les femmes de Constantine, & de la superstition d'icelles.

Metamorphose.

nom

nomment Elhasis. Or pour autant qu'ils sont assaillis plusieurs fois par les Arabes en leur chemin, ils menent pour plus grande seureté des harquebusiers Turcs, qui sont fort bien par eus salariez. Ces marchans icy sont exempts de gabelle dans la cité de Thunes, payans seulement à Constantine deux & demy pour cent: mais le voyage de Thunes leur aporte plus tôt dommage que profit: pource que detenus par les plaisirs lacifs consument la plus grande partie de ce, qu'ils portent apres les femmes publiques.

Mela.

Mela, est vne ancienne cité, edifiée par les Romains, distante de Constantine enuiron douze mile, & ceinte d'anciennes murailles, contenant enuiron trois mille feus. Mais il y a pour le present peu d'habitations par l'injustice, & tyrannie des Seigneurs. Les artisans y sont en grand nombre, & des tissiers de draps de laine, dequoy se font les couuertures de lits. Dans la place se void vne belle fontaine, de laquelle se seruent pour leurs commoditez les habitans, qui sont gens courageux: mais de peu d'entendement. Le pays est fort abondant, non seulement en pommes, poires, & autres especes de fruits (d'ou je pense, qu'il ait prins son nom) mais en pain, & chair. Le seigneur de Constantine à coutume d'enuoyer vn Gouuerneur en cette cité, tant pour administrer justice selon droit & equité, comme pour receuoir les deniers à luy apertenans,

tenans, qui peuuent monter à la somme de quatre mille oboles. Mais il auient le plus souuent que ces Gouuerneurs sont tuez, par l'insensée bestialité de ces gens icy.

Bona.

Bona, est vne cité anciennement edifiée par les Romains, sur la mer Mediterranée, enuiron cent vingt mile, deuers Ponãt, jadis appellée Hippo, de laquelle saint Augustin fut Euéque: & à esté par les Gots subjuguée, mais depuis elle paruint sous la seigneurie de Hutmen (tiers Pontife depuis Mahõmet) qui la meit à feu & à sang: tellemẽt qu'elle demeura vuide & abandonnée. De là, à plusieurs années fut redressée pres cette-cy enuirõ deux mile, & fabriquée de ses ruines, vne autre cité appellée Beld Elhuneb, qui signifie la cité des Iujubes pour la grande abondãce de ce fruit, qui y croît, lequel on fait secher pour le manger en yuer. Cette cité peut cõtenir enuiron trois cens feus, estãt bien peuplée: mais les maisons sont lourdemẽt bâties, & y á vn fort sumptueus tẽple du côté de la marine. Les hommes sont fort plaisans: dont les vns exercẽt le train de marchandise, les autres sont artisans, & tissiers de toiles, lesquelles ils vendent en grande quantité aus citez de Numidie: mais ils sont tant outrecuidez, & brutaus qu'outre ce qu'ils massacrent leurs Gouuerneurs, ils prennẽt encore cette presomption d'vser de menaces enuers le Roy de Thunes, & de rendre la cité entre les mains des Chrétiens, s'il ne

Saint Augustin, euéque de Bona, jadis nommée Hippo.

donne

donne ordre qu'ils soyent pourueus de bons, & fust sans Gouuerneurs: & combien qu'ils soyent superbes, ils ont neantmoins vne simplicité grande, qui acompagne leur outrecuidance. Car ils ajoutent ferme foy à d'aucuns qui vont en maniere de fols, & transportez, lesquels ils reputent estre Sains, participans en quelque chose de la diuinité: au moyen dequoy, ils les ont en grand honneur, & reuerence. Là n'y à aucunes fontaines, mais en lieu d'icelles on s'aide de citernes. Et du côté de Leuant se voit vne grande & presque imprenable forteresse, enuironnée de fortes murailles, fabriquées par les Roys de Thunes, & là ou le Gouuerneur à coutume de resider. Hors la cité il y à semblablement vne ample, & spatieuse campagne, laquelle à d'étendue enuiron quarante mile, & vingt & cinq en largeur: dont le terroir est tresfertile en grains. Elle est habitée par vn peuple Arabe appellé Merdez, qui la cultiue, nourrissant plusieurs bœufs, vaches, & brebis, le lait desquelles rend tant de beurre porté à Bona, qu'on n'en sauroit à peine receuoir argent, & du grain semblablement. Tous les ans plusieurs vaisseaus de Thunes, de toute la riuiere de Gerbo, & de Gennes abordēt à cette cité, pour acheter des grains, & du beurre: au moyen dequoy les marchans sont humainement receus, & caressez des habitās, lesquels ont coutume de faire vn marché chaque Vendredy hors de la cité, pres les murailles, lequel ne dure jusques au soir. Et vn peu plus outre

y à

y à vne plage, là ou se trouuent quelques branches de corail : mais on n'oseroit les bouger, à cause que le Roy arente ce lieu aus marchans Geneuois, lesquels se voyans ordinairemēt par les Corsaires molestez, demanderent licence à sa majesté d'y fabriquer vne forteresse : mais le peuple ne s'y voulut jamais acorder : disant qu'autrefois sous telles ruses, & paliations s'emparerent de la cité, & la sacagerent : mais depuis elle fut recouuerte par vn Roy de Thunes.

Branches de Corail

Tefas.

Tefas, fut vne cité anciennement par les Africās edifiée sur la côte d'vne mōtagne distāte de Bona, enuiron cent cinquāte mile du côté de Midy, laquelle étoit fort peuplée, ciuile, et ornée de plusieurs beaus edifices : mais elle fut ruinée & sacagée au tēps que les Arabes passerent en Afrique : puis elle fut redressée, demeurāt quelque peu de temps sans estre par aucun molestée. Depuis les Arabes la subjuguerent, qui de rechef la meirent en ruine. Finablemēt vn peuple d'Afrique la remit sur bout, non pour autre fin que pour y tenir ses grains. Ce peuple icy (appellé Harara) fut fauorisé par vn prince de nôtre tēps, qui vint à son aide, acōpagné de grāde caualerie, dont malgré les Arabes, & côtre leur vouloir print la campagne pour sa residence, & étoit celuy, qui tua le seigneur de Constantine, fils du Roy de Thunes. Dernierement il sacagea cette cité, & meit en ruine ce qui restoit encore en estre.

Tefas sacagée par les Arabes.

Nn 4   Tebesse

Tebesse.

Tebesse, est vne ancienne, & forte cité, edifiée par les Romains, aus confins de Numidie, distante deux cens mile, de la mer Mediterranée, de la partie du Midy, ceinte de grosses & hautes murailles, la maçonnerie estant de grosses pierres entaillées, qui retirent à celles du Colisée de Rome. Vous asseurant, qu'il ne s'en est point offert à ma veuë en quelque part que j'aye esté de l'Europe, & Afrique, qui me semblassent si belles: mais les maisons sont autant de laide montre, comme les murailles se voyent somptueuses, qui sont outrepassées par vn tresgrand fleuue, lequel entre dans la cité. Et parmy les places d'icelle, & autres lieus se voyent colonnes, auec Epitafes de lettres Latines, en icelles granées, auec d'autres pilliers de marbre soutenãs vne voûte sur leurs chapiteaus. La campagne est abondante, mais de petite étendue, & à veoir la cité de quatre ou cinq mile on jugeroit qu'elle fut assise au milieu d'vn bois, qui n'est d'autres arbres, que de noyers, qui sont ainsi épessement semez: & tout aupres de la cité, y à vne grande montagne, dans laquelle se trouuent plusieurs cauernes entaillées & ouuertes à force de fer remës, dont le peuple estime que ce fussent retraits & habitation de brigans. Mais la chose est toute euidente à ceus, qui ont tant peu soit il de jugemẽt, que les Romains tirerent les pierres de là, dequoy ils feirent dresser les murailles de la cité. Les habi-

tans sont si mecaniques, auares, & brutaus, que
tant s'en faut qu'ils honnorent, & caressent les é-
trangers, qu'ils ne les veulent veoir en sorte que ce
soit: tellement qu'à Eldabag poëte, natif de la cité
de Melaga en Grenade, bien renommé, en ces parties là, passant par cette cité, fut fait quelque deplai
sir, & outrage: au moyen dequoy il composa ces
vers souscris au deshonneur des habitans d'icelle.

Eldabag poëte, lourdement traité par les habitans de Tebesse, descrit leurs vertus.

> Tebesse n'a rien qui soit de valeur
> Fors que les noix. Ie faus, elle a cet heur,
> D'vn fleuue auoir, dont les eaus cristalines,
> Et l'ample tour des murailles insignes,
> Luy donnent lustre. Or quant à la vertu,
> Le peuple en est tellement deuétu,
> Que cognoissant Nature en ce lieu luire
> Tout vice, y fait à force noix produire:
> Comme sachant qu'auec les douces eaus
> Brutaus espris se paissent en pourceaus.

Ce poëte-icy fut tresfacond en langue Arabesque et admirable à detracter d'autruy. Or (reprenant mes erres) les habitans de la cité furent tousiours rebelles au Roy de Thunes: tellement qu'ils ne pou uoyent endurer aucuns Gouuerneurs, que sa ma- jesté leur enuoyât, qu'ils ne les meissent à mort. Par quoy au voyage que feit le Roy, qui est à present en Numidie, estant paruenu en cette cité, enuoya les auantcoureurs, leur enchargeant de leur deman der, Qui viue, mais il leur fut répondu par les habi tans: Viue la muraille rouge: voulans inferer les murs de leur cité. Ce qu'ayant entendu le Roy feit

LIVRE V. DE LA

Tebesse prinse p le Roy de Thunes.

parquer l'exercite deuãt icelle, qui fut assaillie fort & ferme, si bien que la prinse s'en ensuiuit: dont plusieurs des habitans furent pendus, & les autres eurent les testes aualées: tellement qu'elle demeura deserte en l'an neuf cens de l'Hegire.

Vrbs.

Vrbs, est vne cité anciennemẽt par les Romains edifiée (comme son nom le donne clairement à entendre) en vne belle plaine, & en la fleur de toutes les Prouinces d'Afrique, là ou sont les terres plaines, grasses, & bien arrousees de petis ruisseaus s'écoulans par icelles, lesquelles fournissent de grains toute la cité de Thunes: à cause que cette-cy en est distante enuiron cent nonante mile du côté de Midy. En icelle y a plusieurs antiquitez Romaines: comme statues & tables de marbres posées sur les portes, grauées en lettres Latines, auec plusieurs masures de pierres grosses, & entaillées. Mais elle

Vrbs subjuguée p les Gots.

fut subjuguée par les Gots auec l'aide des Africãs, eguillonnés par l'ardente couuoitise de la sacager: à cause que toute la richesse des Romains estans en Afrique, estoit là demeurée: & fut quelque temps inhabitée, puis redressée en la maniere d'vn petit vilage. Entre vne roche, qui est là, & deux hameaus passe vn gros ruisseau tresbon & clair, prenant son cours par vn canal de pierres tant blanches, & polies, qu'elles ne cedent en rien à la naiueté de l'argent: & sur iceluy sont des moulins à blé. Il prend sa source en vne colline, distante vn demy mile,

mile, ou enuiron de cette cité. Les habitãs sont fort inciuils, pource qu'ils ne s'adonnent à autre chose qu'à cultiuer les terres, & faire les toiles: toutefois ils sont fort oppressez par les Rois de Thunes. Mais s'ils eussent bien cogneu tant l'abondance de la cité en betail, grains, et eaus douces, cõme la douceur, & bonne disposition de l'air, je ne doute pas qu'ils n'eussent abandonné Thunes, pour y venir faire demeurance. Et ne sont ignorans les Arabes du douz climat, & fertilité d'icelle. au moyen dequoy, ils y viennent faire leur charge de grains: puis sen retournent sans faire aucuns frais en leur desert.

Beggia.

Beggia, est vne cité anciennement edifiée par les Romains sur la pente d'vn côtau, distant de la mer enuiron vingt et cinq mille, et octante de Thunes, du côté de Ponãt, sur le grand chemin, qui va de Constantine à Thunes. Elle fut fabriquée par les Romains sur les fondemẽs d'vne autre, qui y estoit auparauant, & pour cela s'appelloit, Vecchia, qui signifie vieille, & par la corruption du temps le v. fut transmué en b. & les deux cc. en deux gg. tant que maintenant elle retient le nom de Beggia. Mais je croy, qu'il ait esté corrompu par les grandes & frequentes mutations des seigneuries, & Loix: veu que cette diction n'est Arabesque. Les murs de cette cité sont tousiours demeurés en leur entier, & sont les habitãs assez ciuils maintenãs bonne police, donnãs ordre par tout, et tenãs garnie leur cité
de

de toutes sortes d'artisans, mesmement de tissiers, & d'vne infinité de gens s'adonnans à l'griculture: pource que la campagne est fort spacieuse, & fertile: tant qu'ils ne sont en assez grand nombre pour cultiuer si ample territoire: au moyen dequoy ils laissent la plus grande partie aus Arabes pour labourer, & auec tout cela il en demeure encore en desert. Neantmoins ils ne laissent de vendre tous les ans plus de vingt mille setiers de grain, tellement qu'il est venu en cōmun dire dedans Thunes.

> Si deux Beggie estoyent
> Assises en deux plaines,
> Les grains surmonteroyent,
> Le nombre des arenes.

Mais le Roy de Thunes oppresse tant fort les habitans, & leur impose si grans tribus, que peu à peu ils vont en decadence: qui leur fait perdre vne bonne partie de leur ciuilité acoutumée.

Hain Sammit.

Cette cité à esté de nôtre temps edifiée par le Roy de Thunes, distante de la susnommée, enuiron trente mille: & fut fabriquée, de peur que ces terres, qui demeuroyent sans cultiuer, vinsent à se perdre. Toutefois de là à peu de jours les Arabes luy aporterent sa ruine, auec le consentement du Roy de Thunes. Neantmoins les tours, & maisons sont encore demeurées sus pied, ausquelles ne defaut autre chose, que les couuertures: comme je l'ay veu moymesme.

Hain Sămit ruinée p les Arabes.

Cas-

Casba.

Cette cité fut d'ancienneté par les Romains edifiée au milieu d'vne treslarge plaine, laquelle à de circuit enuiron douze mille, & distante de Thunes par l'espace de vingt & quatre. Les murailles n'ont encore esté ruinées: ains demeurent en leur estre, fabriquées de grosses pierres entaillées: mais la cité à esté demolie par les Arabes: & demeure le terroir sans estre cultiué, tant pour les petites forces, comme pour la negligence du Roy de Thunes, & de ses sujets, qui sont si lâches, & miserables, qu'ils se laissent reduire jusques à endurer la faim, estans au milieu de si bonnes & grosses terres.

Choros, chateau.

Choros, est vn chateau nagueres par les Africans edifié sur le fleuue Magrida, distant de Thunes, par l'space de huit mille, & est assis au milieu d'vne fertile campagne, aupres delaquelle se void vn grand bois, comme d'oliuiers: Toutefois il à encore esté ruiné par aucuns Arabes, appellés Beni Heli, qui de tout temps se sont montrés rebelles au Roy de Thunes. Ioint aussi, qu'ils ne mettent le but de leur vie, que sur pillages, & voleries : oppressans les pauures païsans par quelques impositions extraordinaires, lesquelles reuiennent à plus grande somme, que les ordinaires.

Biserte.

Bensart, ou Biserte, est ancienne cité, edifiée par les Africans, sur la mer Mediterranée, distante

te de Thunes, enuiron trente cinq mille. Elle est petite, & habitée de pauures, et miserables personnes: & aupres d'icelle passe vn petit bras de mer, s'etendant étroitement deuers le Midy, depuis vient à s'élargir en sorte, qu'il forme vn gros Lac, à l'entour duquel sont assis plusieurs vilages, habitatiõs de pescheurs, & laboureurs: pourautãt que deuers Ponant aupres de ce Lac, y à vne grande plaine appellée, Mater, laquelle est fort abondãte: mais trop oppressee par le Roy de Thunes, & Arabes. Dedans le Lac se pesche du poisson en grande quantité, principalement des Orates, qui pesent cinq & & six liures, & passé le mois d'Octobre, lon prend vne infinité d'vne espece de poisson, que les Africans appellent Giarrafa, les Romains, laccia, & les nôtres alouze, pource que par les pluyes l'eau s'adoucist, qui la fait monter dans le Lac peu profond et dure la pesche jusques à l'entrée du mois de May: à lors ce poisson commence d'amaigrir ne plus ne moins, que celuy, lequel se prend dans le fleuue prochain de Fez.

Orates ainsi appellé en ce pays.

¶ Cartage, grande cité.

Cette cité (comme il est assez notoire à vn chacun) est fort ancienne, & fut edifiée (selon l'opinion daucuns) par vn peuple venu de Surie: les autres disent qu'vne Royne jetta les premiers fondemẽs: mais Ibnu Rachif historien African, acertene qu'el

Varieté d'opiniõs fort grande

qu'elle fut bâtie par vn peuple, qui vint de Barca, lequel fut expulsé de ses terres par les Rois d'Egypte, tellement que la verité est obscurcie par tant d'opinions, & contrarietez, si bien que la chose demeure incertaine : & mesmement (encore que les historiens Africans, & l'Esserif ne s'acordent quant à cecy, en chose que ce soit) il n'y en à pas vn d'entre eus qui en face mention, sinon depuis que l'Empire de Rome fut transporté en autre mains. Car alors tous les Lieutenans & Gouuerneurs qui estoyent en Afrique, demeurerent Seigneurs particuliers de plusieurs lieux, mais soudainement ils furent demis par les Gots de leurs seigneuries. Et estans passés les Mahommetans en Afrique, s'emparerent de Tripoly de Barbarie, & Capis : demeurãt ces deux cités priuées d'habitans, qui vindrent faire demeurance en Cartage, là ou s'estoyent retirez tous les Gots, & nobles Romains : lesquels se r'alierent & joignirent ensemble, pour mieus resister à l'impetuosité, et lourde charge de leurs ennemis : toutefois apres plusieurs batailles, et coups ruês, les Romains (quitans la place) se retirerẽt à Bona, & les Gots abandõnerent Cartage, qui fut détruite & sacagée : dõt elle demeura par plusieurs années inhabitée, jusques à tant q̃ Elmaheli Pontife la fit redresser, mais des vingt parties, l'vne ne fut pas peuplée. On void encore à present plusieurs murailles entieres : & mesmes vne citerne treslarge, & profonde auec les aqueducts, par lesquels on faisoit décendre l'eau

touchãt la fondation de Cartage. Ibnu Kachif, Historien African.

Tripoly, & Capis ruinées p̃ les Mahõmetans.

Ruine de Cartage & restauration d'icelle.

LIVRE V. DE LA

leau dedans la cité, d'vne montagne, qui en est à trente mille loin: estans de telle grandeur, que ceus par ou s'écouloit l'eau dans le palais majeur de Rome. I'ay voulu veoir la source de cette eau, qui souloit venir par les aqueducts, qui sont à fleur de terre, par l'espace de douze mille: pource que la terre est haute aupres de la montagne, d'ou plus s'eloigne l'eau, & s'abaisse la terre, d'autant se haucent & se jetent en l'air les aqueducts jusques à l'entrée de Cartage, hors delaquelle je vey encore plusieurs anciens edifices, mais de la structure je ne me saurois particulierement souuenir. Au tour de la cité, (principalement du côté de Ponant, & Midy) il y a plusieurs jardins remplis de diuers fruits non moins admirables en beauté naïue, qu'en grosseur: comme les pesches, figues, oranges, et oliues: dequoy se fournît toute la cité de Thunes. La campagne prochaine est tresbonne en terroir, mais fort étroite, pource que du côté de Tramontane elle a la montagne, la Mer, & le Lac de la Golette: deuers Midy, & Leuant, confine auec les plaines de Biserte, qui sont tous les contours de cette cité, laquelle est pour le present reduite en pauureté, & calamité: n'ayant plus de vingt & cinq boutiques: & enuiron cinq cens maisons lourdes, & viles. Mais il y a vn beau temple erigé de nôtre temps, auec vn colege sans écoliers: de sorte, que les rentes d'iceluy reuiennent à la chambre Royale. Les habitans sont superbes, mais pauures, & miserables: combien qu'à

Cartage en quel être aujourdhuy.

qu'à contempler leurs gestes, & façons de faire, on les prendroit pour religieuses personnes : dont la plus grande partie s'adonne au jardinage, ou à cultiuer les terres : mais ils sont oppressez par le Roy, de si grandes exactions, qu'ils ne sauroyent trouuer le moyen d'épargner dix ducats : & est cet injustice & tyrannie si manifeste, qu'elle se cognoît à veuë d'œil.

¶ La grande cité de Thunes.

Hunes est appellée des Latins, Tunetum, & Tunis, par les Arabes : mais ils retiennent ce vocable d'vn autre corrōpu : car en leur langue il ne veut signifier aucune chose. Anciennement elle estoit nommée Tarsis, à l'imitation de celle, qui est située en Asie. Tant y á, qu'elle fut par quelque temps bien peu spacieuse, edifiée par les Africans, sur le Lac de la Golette, distante de la mer Mediterranée, enuiron douze mile : mais depuis la ruine de Cartage, elle commença fort à augmenter, tant en habitans, comme en habitations : à cause, que la gendarmerie ne voulut faire aucun sejour dans Cartage apres l'auoir opugnée, pour crainte de quelque mesperé secours, qui eût peu suruenir de l'Europe : au moyen dequoy elle se vint retirer à Thunes, là ou les souldats dresserent plusieurs maisons, & bâtimens. Depuis vn Pontife quatrième appellé

pellé *Hueba de Vmen*, remonstra à l'exercité (duquel il estoit Capitaine) qu'il ne se deuoit arrêter, ni faire trop long sejour dans les citez maritimes : & pour autant il fabriqua vne cité nōmée *Cairaran*, distante de la mer, par l'espace de vingt & six mile, & cēt de *Thunes*. De là à trois cens cinquante ans, cette cité par l'exercite bâtie, fut ruinée des Arabes, à cause dequoy le Gouuerneur print la fuite deuers Ponant, là ou il ocupa le domaine de *Buggie*, suppeditant toutes les marches prochaines : & dans *Thunes* demeura vne famille de sa lignée, qui en son absence s'empara du domaine de *Cairaran*. Dix ans apres, ceus de *Buggie* furent dechassez par *Ioseph* fils de *Tesfin*, lequel s'estāt acheminé à *Thunes*, & voyant l'humilité & obeyssance grande des Seigneurs d'icelle, les laissa en leur état, auquel ils se maintindrent tant que dura la famille de *Ioseph*, mais en fin *Habdul Mumen* Roy de *Maroc* ayant conquesté *Mahdia*, que les Chretiens auoyēt vsurpée, à son retour passa par *Thunes*, de laquelle il s'empara : & durant son regne, de son fils, & des decendans de *Iacob*, la seigneurie d'icelle demeura en paix, sous le gouuernement des Roys de *Maroc*. Apres le deces de *Mansor*, *Mahommet Ennasir* son fils suscita guerre contre le Roy d'*Espagne*, qui le vainquit, & luy donna la chasse, dont il se retira à *Maroc* : puis peu de temps apres cette route, il expira, laissant vn sien frere appellé *Ioseph*, lequel succedant à la seigneurie, fut tué par aucuns soldats

Cairaran ruinée p les Arabes.

Habdul Numen s'empare de Thunes.

dats du Roy de Telenſin. Entre la route de Mahōmet, & la mort de ſon frere, les Arabes pour vne autre fois venir reſider dans Thunes, l'aſſaillirent pluſieurs fois : mais le Gouuerneur feit incontinent entendre au Roy de Maroc, que le trop retarder d'enuoyer ſecours, luy pourroit cauſer la perte de Thunes, par les grans aſſaus des Arabes, auſquels il ſeroit contraint de la rendre, ne voyant le moyen comment il peût reſiſter à leurs forces. Ce qu'ayant entendu le Roy, il ſe va penſer, qu'à bien conduire vn tel affaire, la grandeur d'eſprit de quelque homme courageus, & bien experimenté, eſtoit requiſe, ſi qu'entre tous ceus de ſa Cour, il en va choiſir vn nommé Habduluahidi, natif de Sibilidie cité en Grenade, vertueus perſonnage, qu'il cognoiſſoit pour ſeul eſtre ſuffiſant, & digne que lon ſe repoſât entierement ſur luy, d'vne telle entreprinſe, & de fait le depécha, luy laiſſant l'autorité meſme de cōmander comme s'il y eut eſté en perſonne. Cetuy donc acōpagné de vingt groſſes nauires, arriua à Thunes, qu'il trouua à demy ruinée des Arabes: mais par ſa grāde prudēce, & façōde pacifia tout le domaine, duquel il receut les reuenus. Apres qu'il fut decedé, ſon fils appellé Zacarie, luy ſucceda nō ſeulemēt à la ſeigneurie, mais auſſi à la doctrine et ſageſſe, en quoy ſurmonta encore ſon ayeul, et feit edifier dās Thunes, deuers Ponant au plus haut lieu et eminēt vne foretreſſe, dās laquelle il feit ſemblablemēt bâtir pluſieurs edifices, auec

Oo 2 vn

vn temple fort somptueus : la ou il y a vne haute tour éleuée, auec vne grande somptuosité d'industrieuse architecture. Puis s'achemina encore jusques à Tripoly, & retournant du côté de Midy, venoit leuant les fruits, & reuenus du pays : tellemẽt qu'apres sa mort on trouua, qu'il auoit delaissé vn grand tresor. Son fils luy succeda, qui fut vn superbe adolescent, lequel ne daignoit plus préter obeyssance aus Seigneurs de Maroc : car ils commençoyent deja à decliner, & se leuoit la maison de Marin, qui regnoit en la region de Fez, Benizeijen, Telensin, & Grenade. Ces Seigneurs icy commencerent à se formalizer, & mesmement à jouër entre eus leurs domaines : ce que augmẽtoit grandement les forces du Seigneur de Thunes : tellement qu'auec vne grande armée, il s'achemina à la volte de Telensin, qu'il subjuga, & rendit tributaire, ce que estant paruenu aus oreilles du Roy de la maison de Marin (qui estoit pour lors au siege de Maroc) luy enuoya plusieurs presens, au reste, recommandant à sa majesté, soy, & son Royaume. Le Seigneur le receut amiablement, mais comme son inferieur : & s'en retourna dãs Thunes victorieus, se faisant attribuer le titre de Monarque de l'Afrique vniuerselle : ce que de raison, et à bon droit luy apertenoit, d'autant que pour lors il n'y auoit plus grand Roy en icelle, que luy. Et dés lors, commença d'ordonner & disposer ses étas, créer Conseillers, Secretaires & Capitaines, en chef : obseruãt les coutumes & cerimonies

Telensin subjuguée par le Roy de Thunes.

monies mesmes desquelles souloyent vser les Rois de Maroc, tant que depuis le temps de ce Seigneur jusques à present, la cité de Thunes est tousiours augmentée, & acreuë, tant en ciuilité, louables coutumes, & honnestes mœurs, côme en terre, & possessions: tellement qu'elle est pour le present, vne des singulieres & magnifiques citez d'Afrique. Apres la mort de cetuy-cy, le fils, qui succeda à la coronne, feit bâtir aucûs bourgs à l'entour d'icelle, l'vn desquels est hors la porte Beb suuaica, qui côtient enuiron trois cens feus. Vn autre hors la porte nômée Beb el manera, qui en fait mile, & sont ces deux remplis d'vne infinité d'artisans: comme Apoticaires, pescheurs & autres. En ce dernier, il y a vne rue separée quasi côme si c'estoit vn autre bourg, & là font residêce les Chrestiens de Thunes, desquels le Seigneur se sert pour ses gardes, estâs encore, qu'ils vaquent à autres ofices: esquels les Mores ne se daigneroyent employer. Il s'est fait encore vn autre bourg, qui est hors de la porte apellée Beb el bahar, qui signifie la porte de la marine: laquelle est prochaine du lac de la Golette, enuiron demy mile, & là vont loger les marchans Chretiens étrangers, côme les Geneuois, Veniciens, & ceus de Cataloigne: lesquels ont tous leurs boutiques, magazins, & hoteleries separées d'auec celles des Mores: mais les maisons sont petites, de sorte, que comprenant la cité, & les faubourgs, le tout peut contenir enuiron dix mile feus. La cité est fort belle, & bien

LIVRE V. DE LA

gouuernée: estans tous les arts separez les vns d'auec les autres: & auec ce qu'elle est fort peuplée, & habitée de gens qui sont à peu pres tous artisans & principalement tissiers de toiles, lesquelles se vendent par toute l'Afrique: pource qu'il s'en y fait vne infinité, & bonnes en perfection: à cause que les femmes sauent singulieremēt bien filer. Or leur coutume & façon de filer est telle: Elles se mettent en vn haut lieu, ou à la fenétre de la maison, qui repond sur la court, ou à quelque autre pertuis fait expressement sur le solier: & de là laissent tomber en bas piroitant le fuseau, qui pour sa pesanteur rend le filet bien tors, tiré, & vny. Outre ce, il y à vn grand nombre de boutiques de marchans, estimez les plus riches de Thunes, lesquels ne tiennent autre chose que tresbelles, & fines toiles, auec vn grand nombre d'autres artisans, comme de ceus qui vendent les perfums, veloutiers, couturiers, selliers, peletiers, fruitiers, ceus qui vendent le lait, les autres, qui font fritures en huile, & bouchers, lesquels ont coutume de tuer plus frequemment des aigneaus qu'autres animaus, mesmement à la prime-uere, & en été. Il y à encore plusieurs autres metiers, lesquels si je vouloy décrire particulieremēt, ce seroit vne chose nō moins inutile, que superflue. Le peuple est fort courtois, & amiable, & les prétres, docteurs, marchans, artisans, ensemble tous ceus qui sont commis à quelque office, se tiennent magnifiquement en ordre, portans des turbans

Façon & maniere étrāge de filer des fēmes de Thunes.

en

en tête, auec vn linge replié par dessus. Les Courtisans & soldats, portent ce mesme ornement de tête, mais ils ne le tiennent pas couuert. Il s'y trouue peu de gens riches, pour la grande cherté du blé, duquel le pris ordinaire est de trois obles pour charge, & cette cherté prouient par faute, que les habitans ne sauroyent cultiuer leurs terres pour estre continuellement molestez par les Arabes: Mais ils font venir les grains de loin, comme de Vrgs, Beggie, & Bone. Quelques citoyës ont aucunes petites possessions pres de la vile, fermées & ceintes de murailles, là ou ils font semer quelque peu d'orge, & fromens, mais le terroir veût estre bien souuent arrousé: à cause de quoy, ils tiennent en chacune des possessiōs vn puys, d'où ils font tirer l'eau auec quelques rouës, qui font à ce propices, & les font tourner par vn chameau, & autour d'icelles y à quelques petits canals, ou cōduis assez industrieusement inuentez, tellemēt que l'eau qu'elles jetent, vient à arrouser la terre ensemencée, et vous laisse à penser quelle grande quantité de grain, peut estre produite dans vn petit canton, ou carreau de terre emmuraillé, & entretenu par tant de moyens diuersifiez. Vous asseurant, que cela n'est sufisant pour nourrir & mener jusques à la moitié de l'année ceus q̄ le possedēt, et font cultiuer. Neantmoins on trouue dedans la cité vn pain fort blanc, tressauoureus, & bien apreté, encore qu'il ne soit de farine pure, mais la laissent sans passer, ce que donne

l'oblem̄ noye Africane, est de la valeur d'vn ducat d'Italie et vn tiers, qui mōte à la valeur de trois liures des nôtres.

vne peine presque insuportable, sinon à ceus qui sont nerueus & robustes de corps, quand ce vient à la petrir, car il la faut batre auec pilons, qui ne sont moins massifs & grans, que ceus auec lesquels lon pile le Riz, ou le Lin, au pays d'Egypte. Les marchans, citoyens, & artisans vsent d'vne viande tressale & vile, laquelle est faite auec farine d'orge, detrempée en eau, qui la rend en forme de cole: puis y mêlent vn peu d'huile, du jus de citron, ou de pomme d'orāge, ce qu'ayans fait, ils la deuorent & trāsgloutissent à grand' hâte, tant s'en faut qu'ils ayent la patience de mâcher & sauourer les apetissans morceaus d'icelle, qu'ils appellent Besis: chose qui me semble fort bestiale. Il y à vne autre place, en laquelle ne se vend autre chose que farine d'orge, qu'on achete pour ce mesme fait, & vsent encore d'vne autre viāde, mais plus honeste, & de meilleur goût. Ils prennent de la pâte legere, & la font bouïllir dans l'eau, puis estāt bien cuite, la mettent dans vn grand mortier, là ou ils la pilent bien fort, & l'ayans reduite au milieu (apres y auoir mis de l'huile, ou bouillō de chair) en vsent autāt ciuilement, cōme de l'autre, & l'appellent Bezin. Ils en ont encores quelques autres, qu'ils aprétēt plus honnetemēt, & sont aussi plus delicates. Il ne se trouue dās la cité aucun moulin assis sur l'eau, mais on les fait tous tourner par des bétes, de sorte, qu'en vn iour à grāde peine se pourra moudre vne charge de blé. Il n'y à fleuue, fontaine, ny aucun puys d'eau

viue

vine : mais en defaut de ce, les habitãs ont plusieurs citernes, dãs lesquelles s'écoule, & demeure l'eau de la pluye. Hors la cité y a vn puys d'eau viue, mais quelque peu salée, delaquelle vont épuyser plusieurs, qui apres en auoir remply des barrils, les chargent sur des bétes, & la portent vendre dans la cité, d'ou les habitans en boiuent plus tôt (pour estre plus saine) que de celle des citernes. Vray est, qu'il se trouue plusieurs autres bons puys, mais ils sont reserués pour le Roy, & sa Cour. Là se void vn beau temple fort spacieus, selon le reuenu duquel on y institue vne grande quantité de prêtres & s'en trouue d'autres par les bourgs de la cité, mais de moindre grandeur. Outre ce il y a plusieurs coleges, & monasteres de religieus, lesquels ont bon moyen de s'entretenir honnêtement des grandes aumones du peuple, lequel est tant ébeté, & surprins, de telle sottise, que voyant quelque fol, ou transporté, ruer des pierres par les ruës de la cité, il le tient pour vn homme menant sainte vie. Tellement que le Roy (adherant à cette sole opinion) feit edifier à l'vn de ces fols icy (nommé Sidi El Dahi, lequel vêtu d'vn sac, la téte decouuerte, & pieds nus aloit ruant de gros caillous parmy la cité, & criant si efrayement qu'il ressembloit plus tôt demoniacle, ou enragé, qu'autrement) vn monastere, auquel il assina si bon reuenu, que luy, & ses parens en estoyent entretenus. La plus grande partie des bâtimens, est de pierre de taille d'assez belle môntre, &

Betise & abus du peuple de Thunes & de leur Roy.

vse lon fort de musaique au plancher des maisons, merueilleusement bien entaillé, dépeint auec azur, & autres riches couleurs, & font cela pource qu'en Thunes, la cherté de bois est grande: au moyen dequoy, ils ne sauroyët faire de beaus soliueaus: puis sont pauées les chambres de pierres émaillées, & reluisantes, & les cours d'autres pierres carrées, & viues. Les bâtimës sont quasi tous d'vn étage, en maniere d'alée, & entre deux portes, ayant leur entrée dont l'vne répond sur la rue, et l'autre au corps de la maison: pour en laquelle entrer, il faut monter quelques marches de degrés, qui sont d'vne pierre rare, & entaillée, & de fait chacun s'étudie de faire apparoitre l'entrée plus belle, & de meilleure grace, que tout le reste du logis, à cause que les citoyens le plus communement ont coutume d'eus poser, & seoyr, à ces entrées, & là s'entretenir auec les amis, ou deuiser auec leurs seruiteurs, & domestiques. Il y à force étuues, mieus accommodées que celles de Fez, mais non pas si belles, ny de telle grandeur. Hors la cité y à plusieurs possessions produisans de beaus fruits. Vray est, que c'est en petite quantité: mais d'autant plus parfaits, & sauoureus. Quant aus jardins, ils sont quasi en infinité remplis d'orangers, citrons, roses, fleurs gentiles, & souëues, mesmement en vn lieu appellé Bardo, là ou sont les jardins, & maisons de plaisance du Roy, fabriquées auec vne architecture, non moins industrieuse, que superbe: enrichie d'entailles, &

pein

peintures des plus fines couleurs. Autour de la cité enuirõ cinq ou six mille y a plusieurs territoires d'oliues, lesquelles rendent l'huile en si grande abondance, qu'elle en est toute fournie, et en reste encore beaucoup, que l'on transporte en Egypte. Le bois des oliuiers est employé partie à faire charbon, & partie à chaufer: car je pense, qu'au demeurant du monde ne se pourroit trouuer lieu, auquel le bois soit tant cher cõme en cette cité. Finablement, pour la pauureté, qui presse le menu peuple, nõ seulemẽt se trouuent des femmes, lesquelles impudiquement ofrent leur corps, abandonnans leur chasteté pour si petit pris que rien: mais encore les enfans se sommettent jusques à l'execrable Sodomie, qui les rend plus infames, deshonnétes, & éhontès, que ne sont les putains publiques. Les femmes (jenten les pudiques, qui ne font acte, qui tache en rien l'honneur, duquel toute dame vertueuse doit estre aornée) se tiennent honnétement en ordre, & sortans de la maison, se couurent le visage (en imitans la coutume de celles de Fez) auec vn voile, qu'elles tiennẽt sur le front, fort large, & vn autre, qui s'appelle Setfari: de sorte, que leurs testes ressemblent mieus celles de Geans, que de femmes, mais au reste, elles vont si bien polies & ajancées, qu'en parfums, & parures, elles employent le plus grand de leur soucy tellement que les parfumeurs demeurent tousiours des derniers à serrer boutique. Les habitans ont coutume de manger vne certaine mistion nommée

Paillardise, & Sodomie cõmunes à Thunes.

Habits de dames, matrones & hõnétes femmes de Thunes.

l'hal'hasis, laquelle est fort chere: mais ils n'en sauroyẽt auoir vsé vne once, qu'ils se trouuent joyeus à merueilles, incitez à ris merueilleusemẽt, surprins d'vn apetit, & vouloir de manger demesuré, tous transportez, & par telle maniere de viande merueilleusement prouoquez à paillardise.

¶ Cour du Roy, Ordre, Cerimonies, & Officiers deputez en icelle.

LE Roy de Thunes jouist du Royaume, par succession de pere à fils, ou par election du pere, prenant le serment des principaus, comme sont les Capitaines, Prétres, Docteurs, Iuges, & Lecteurs, & n'est pas plus tôt le Roy decedé, que celuy, lequel à esté eleu, est posé, & eleué en siege Royal, là ou il reçoit les hommages de tous. Puis se vient presenter celuy, qui est le premier en dignité, lequel s'appelle Munafid (estant comme vn Roy, au gouuernemẽt du Royaume) & luy rend conte de toutes les choses, qu'il a euës, jusques alors en maniment: depuis auec la permission du Roy, ordonne les officiers, qu'il informe plainement en quelle maniere ils doiuent proceder à bien exercer leur office, & prouisionner les soldats, & gardes du Roy. Celuy, qui le seconde, est appellé Mesuare, qui represente la personne d'vn Capitaine general, lequel à toute puissance, & autorité sur les soldats, & gardes du Roy, & peut diminuer, & acroître la solde d'iceus, com
me

me bon luy semble, puis en enroler, dresser armées
& telles autres choses: combien que le Roy y veut
assister maintenant en personne. Le tiers en digni
té, est le Chatelain, qui à sous sa conduite les soldats du chateau, le gouuernemēt des palais du Roy,
& prééminēce sur la fabrique d'iceus, auec la char
ge des prisonniers, qui sont detenus dans le chateau pour choses de grande importance. Il à semblablement puissance d'aministrer Iustice, & faire droit à ceus, qui se presentent deuant soy, non au
trement que si c'estoit le Roy mesmes. Le quart est
le Gouuerneur de la cité, qui est commis sur les cho
ses crimmelles, pour donner châtiement, & punition aus malfaicteurs, selon la grandeur de son delit. Le cinquiéme, est le Secretaire, qui écrit, & fait
réponce au nom du Roy, auec autorité de pouuoir
ouurir les lettres d'vn chacũ, fors des deux susnom
més. Le sixiéme, est le maitre de sale, qui au jour de
conseil à charge de tendre la chambre de tapisserie,
& draps, en assinant à chacun le lieu, qui est ordonné, commandant aus huissiers au nom du Roy
de publier ce, qu'a esté ordonné par le conseil, ou de
saisir, & constituer prisonnier quelque grand personnage. Cetuy-cy à grãde familiarité auec le Roy
pourautant quà toutes les heures à commodité se
presenter à luy, pour parler à sa majesté. Le septiéme, est le Tresorier, deputé pour receuoir les deniers
des ministres, & les remettre entre les mains de
quelques vns, qui sont ordonnés à la queste, pour

les

les distribuer, selon le vouloir, & commandement du Roy, ou comme l'officier majeur l'ordonne, auec le soussiné de sa majesté. Le huitiéme, est le Gabelier, qui reçoit les deniers de gabelle de tout ce, qui entre dans la cité, & le cens des marchans étrangers qui est de deux & demy pour cent: tenāt vn grand nombre de sergens, lesquelles voyans entrer quelque marchant qui n'est de ses marches, & qui se montre d'vn port aparent, ils le presentent deuant le Gabelier, en l'absence duquel ils le detiennēt prisonnier jusques à son retour, qui puys luy fait payer vne certaine somme de deniers, apres luy auoir fait donner plusieurs sermens. Le neufiéme est le Peager, l'office duquel est de receuoir les deniers de ce, qui se transporte hors la cité, & qu'on veūt charger sur mer, & de ce, qui vient semblablement de dessus icelle. Le lieu de la douane est assis sur le Lac de la Goulette pres de la cité. Le dixiéme est le dépensier, lequel cōme maitre d'hotel à charge de tenir garny le palais de viures, & autres choses necessaires: cōme entretenir d'habillemēs, dames, damoiselles, esclaues noires, & chambrieres de la maison du Roy. Outre ce, il tient conte de la dépense qui se fait pour les enfans du Roy, & leurs nourrices, disposant des offices vacans dans le palais, ou hors d'iceluy, desquels il pouruoit les Chrétiens esclaues, qu'il entretient d'habis, & de tout ce, qui leur est necessaire. Voilà les principaus offices, & magistrats qui sont en la Cour du Roy, en laquelle s'en trouue

bien

bien plusieurs autres moindres & de plus bas degré: comme Ecuyer d'Ecuyrie, le Chapelain, le Iuge du camp, le Garderobe, le maitre des enfans de sa majesté, le Capitaine des Estafiers, & quelques autres. Le Roy tient mille cinq cens cheuaus legers: dont la plus grande partie est de Chrétiens reniés: & vn chacun d'eus à bonne prouision d'iceluy Seigneur pour homme, & cheual, étans sous la conduite d'vn Capitaine, qui les reçoit selon ce, que bon luy semble. Il y à encore cent cinquante cheuaus legers Mores naturels, qui sont le cõseil priué du Roy & desquels il se sert, touchant les choses concernantes le fait de la guerre: & comme maitres de camp. Dauantage, il tient cent arbaletiers: dont il y en à plusieurs, qui sont Chrétiens reniés, & ceus là marchent tousiours deuant sa majesté, s'acheminãt hors la cité: mais la garde (qui est des Chrétiens habitans au bourg, duquel nous auons par cy deuant parlé) se tient encore plus pres de sa personne. Deuant ce Seigneur y à vne autre garde à pied, qui est de Turcs, armés d'arcs, & pistolets à feu, auec le chef des Estafiers, qui va à cheual, puis d'vn côté marche celuy, qui porte l'écu du Roy, & de l'autre, celuy qui tiẽt la pertuisane: puis au derriere suit à cheual celuy, q porte l'arbaléte, étant côtoyée sa Majesté de plusieurs, cõme des Cõnetables, et massiers, q sont ministres des cerimonies. Voilà en somme l'ordre, et la coutume qu'on obserue ordinairement en la cour du Roy de Thunes. Mais la diferẽce est fort
gran-

grande quant à la maniere de viure des Rois paſſés, & de cetuy-cy, qui regne à preſent: pourautant qu'il eſt d'autre naturel, coutume, & gouuernement. Et quant à moy, certes ce ne meſt peu de facherie, quand je ſuis contraint de publier les vices particuliers de quelque ſeigneur que ce ſoit, & meſmement de cetuy-cy, de la liberalité duquel j'ay receu pluſieurs benefices. Parquoy (laiſſant les autres choſes à part) je dy, qu'il eſt merueilleuſement ſubtil à retirer deniers de ſes ſujets, partie deſquels il diſtribue aus Arabes, & partie il employe à la fabrique de ſes palais, & edifices: là ou il demeure en grande volupté entre chantres, menetriers, & femmes, qui ſauent chanter, ſe tranſportant d'heure à autre à ſes chateaus & jardins plaiſans, & ſolacieus. Puis quand quelqu'vn veût chanter en ſa preſence, il ſe fait bander les yeux, comme quand lon veût bailler le chaperon aus faucons, & puis entre là, ou les dames ſont l'attendans. Le ducat d'or, qu'il fait batre, eſt de vingt & quatre carats, montant à la valeur d'vn ducat et vn tiers de ceus qui ſe batent en Europe. Il fait encore batre quelque autre monnoye d'argent carrée, qui s'appelle Naſari, du pois de ſix carats, dont les trête, ou trente deux pieces d'icelle font vn ducat des leurs, qui ſont appellez double en Italie: & ſuffiſe cecy à la generale deſcription de Thunes: Car je n'ay rien obmis, qui m'ait ſemblé digne de memoire.

Auarice, & eſtude du Roy de Thunes.

Monoye du Royaume de Thunes.

Na-

Napoli.

Les Romains bâtirent anciennement cette petite cité, sur la mer Mediterrante, pres de la Golette, & distante de Thunes enuiron douze mile, du côté de Leuāt, estant nommée Nabel, par les Mores: laquelle fut par vn temps bien peuplée & fort ciuile: mais elle n'est aujourd'huy habitée que d'aucuns laboureurs, qui ensemencent les terres de lin, & n'en recueillent autre chose.

Cammar.

Cammar est vne autre cité ancienne, distante de Thunes par l'espace de huit mille, deuers Tramontane, estant bien habitée: mais de jardiniers seulement, lesquels portent vendre leurs herbes, & fruits dans la cité de Thunes. Les terres produisent en abondāce des rouseaus de sucre, qui s'y vendent semblablement: mais ceus qui les achetent, ne s'en seruent à autre chose, qu'à les sucer apres le repas: pource qu'ils ne sauent par quel moyen il en faut tirer le sucre.

rouseaus de sucre.

Marsa.

Marsa est vne cité, contenant vn petit circuit, edifiée sur la mer Mediterranée à l'endroit, où souloit estre le Port de Carthage, dont elle retient le nom de Marsa, qui signifie Port. Elle a demeuré par vn long temps en ruïne: mais maintenant elle est habitée de pescheurs, laboureurs, & de ceus qui blanchissent les toiles: ayant autour de son pourpris des maisons & possessions: là ou le Roy

Marsa, port.

Pp   de

de Thunes contumierement passe son été.

Ariana.

Cette cité icy est de petite étendue, & ancienne, edifiée par les Gots, distante de Thunes, par l'espace de huit mile de la partie de Tramontane. Il y á plusieurs jardins produisans divers fruits aupres des murailles, lesquelles sont fort anciennes. Lon peut voir encore à l'entour de Carthage plusieurs petites viles, qui sont inhabitées, & dont le nom ne me revient en memoire.

Hammamet, & Eraclia, cité.

Hammamet á esté n'agueres edifiée par les Mahommetans, & ceinte de fortes murailles, distante de Thunes environ cinquante mile, habitée de gens fort pauvres, & necessiteus, qui sont mariniers, charboniers, & blanchisseurs de toile, oppressez par le Roy à toute extremité. Eraclia est vne petite cité, edifiée par les Romains, sur vn tertre pres de la mer, & fut détruite par les Arabes.

Suse.

Suse est vne grande cité, que les Romains fonderent jadis sur la mer Mediterranée, distante de Thunes environ cent mille, hors laquelle y á plusieurs endrois qui produisent à force figuiers & oliviers desquels on tire de l'huile en grande quantité. Il y á aussi plusieurs terres, qui sont bonnes pour semer orge : mais les Arabes (pour estre trop molestes) ne les laissent cultiver aus habitans, qui sont humains, & plaisans ; recevans les étrangers avec
gran-

grandes caresses & courtoisie. Ils exercēt quasi tous l'état de marinier, & vōt auec les nauires des marchans en Leuant, & en Turquie. Mais les aucuns vont courir sur la mer, côtoyans les plages de Sicile, & de toute l'Italie. Le reste s'adonne à faire les toiles, garder les vaches, tourner des écuelles, & plusieurs sortes de vases: desquels ils fournissent toute la riniere de Thunes, de laquelle s'estans les Mahommetās emparez, cette cité fut députée pour la residence du Lieutenant : & son palais se peut veoir encore à present. La cité est belle, ceinte de fortes murailles, & située en vn beau lieu, ayant esté jadis bien peuplée, & embellie de somptueus edifices: dont il en reste encore quelques vns, auec vn temple fort magnifique. Maintenant elle est quasi toute inhabitée, par l'injustice, & tyrannie des Seigneurs : tellement qu'il ny reste plus que cinq ou six boutiques d'Apoticaires, fruitiers, & de pescheurs. Estant abordé en cette cité, je fu contraint d'y demeurer par l'espace de quatre jours, à cause de la difficulté & malignité du temps.

Monaster.

Monaster, est vne ancienne cité, edifiée par les Romains, sur la mer, distante de Suse par l'espace de douze mile, ceinte de murailles fortes, & superbes, & embellie d'edifices cōpassez par plaisante & industrieuse architecture. Vne chose y à, que les habitans sont detenus en grande pauureté & misere extreme: vêtus de pauures & vils habits, tramans aus pieds je ne say quelles pantoufles faites de jont marins, & sont quasi tous pescheurs, n'vsans à leur manger, que de pain d'orge, & de cette viande, qu'ils appellent Bezin, auec l'huile: dont nous auons parlé cy dessus comme s'en est aussi la coutume, le long de cette riuiere à cause que le terroir ne produit autre grain, qu'orge. Et suiuant ce propos, reciteray ce qui m'auint, me retrouuant sur vn galion, auec vn Ambassade de cette cité, qui tiroit à la volte de Turquie. Cetuy m'entretenant de diuers propos, vint à tomber d'vn à autre, sur la prouision qu'il auoit du Roy de Thunes, qui estoit quelque nombre de ducats, & enuiron vingt & quatre muys d'orge par an. Alors pour le peu de cognoissance que j'auois du pays, luy dy, qu'il deuoit auoir vne grande écuyrie: mais il me répondit tout le contraire de ce, que je pensois, & repliquant luy demanday à quoy donques, il employoit si grande quantité d'orge. Lors le teint, qui luy monta au visage (ample témoignage de la honte honneste qu'il receuoit) decouurit ce que luy mesmes vouloit cacher par parolles: à quoy je cogneu qu'il n'estoit sustanté d'autre chose, que de ce grain, qui me causa vn grand repentir, de m'estre montré tãt indiscret, & peu ciuil: m'estãt auancé jusques là de luy vser de telle demande, que je fey (certes) pensant que cela fût distribué aus paures.

Hors de la cité se voyent plusieurs possessions de fruits: comme de figues, pommes, poires, grenades,

Auenture de l'Auteur.

carobes, & vne infinité d'oliues : neantmoins les habitans sont fort foulez par leur Seigneur.

Tohulba.

Tohulba, est vne cité edifiée par les Romains, sur la mer Mediterranée, distante de Monaster par l'espace de douze mile, jadis bien habitée, ayant son terroir bien fertile : mais il fut abandonné par la tyrannie des Arabes. La cité n'est guere peuplée de maisons, lesquelles sont encore habitées de je ne say quelles personnes, qui menent vie de Religieux : tenans vn grand lieu en maniere d'hotelerie pour loger les étrangers. Aucuns Arabes s'y transportent bien souuent : mais ils ne se montrent jamais molestes ny importuns.

El Mahdia.

El Mahdia, est vne cité edifiée de nôtre temps, par Mahdi, heretique, & premier Pontife de Cairan, qui la fonda sur la mer Mediterranée, & en la partie d'vne montagne, qui se jette sur la mer, l'enuironnant de fortes & épesses murailles, & gros tourions : auec le port, qui est fort bien ramparé, & soigneusement gardé. Cetuy-cy s'achemina en ces pays deguisé en Pelerin, & feignant d'estre decendu de la race de Mahommet, seut si bien par ses ruses & paliations aquerir l'amitié de ces peuples, que moyennant leur aide & suport, il s'em para de la Seigneurie du Cairaran : se faisant appeller Mahdi, Calife. Mais depuis ainsi qu'il alloit leuer & receuoir les deniers de son reuenu en la

Numidie, distante de Cairavan par l'espace de quarante journées, il fut saisi, & detenu prisonnier par le prince de Segelmesse, lequel en fin meu de compassion, le remit en liberté, en recompense dequoy l'autre luy procura sa mort, & l'occit. Puis se meit à exercer si grande tyrannie, que le peuple conspira contre luy, ce qu'ayant seu, feit edifier vne cité, comme pour fortresse, auec laquelle il se peût ramparer & defendre, quand besoin en seroit, contre tous ceus qui le voudroyent assaillir. Et luy valut ce projet : pource qu'vn Bejezid Predicateur, surnommé le Chevalier de l'âne (à cause qu'il n'vsoit d'autre monture) se banda contre luy auec vn exercite de quarante mile hommes, qu'il feit marcher à la volte du Cairavan, que El Mahdi abandonna (estant averty de sa venue) pour se retirer en sa nouvelle cité, dans laquelle moyennant le secours de trente nauires, d'vn Seigneur de Cordoue Mahommetan, sceut si bien recharger ses ennemis, que les ayans mis en route, tua Bejezid, auec vn sien fils. Cette victoire ainsi heureusement, & contre le vouloir de tous obtenuë, il feit retour au Cairavan, là ou il gaigna l'amitié du peuple: au moyen de quoy la Seigneurie demeura à sa posterité, jusques à cent trente ans. Depuis la cité fut prinse par les Chrétiens, mais elle fut puis recouverte par vn Pontife & Roy de Maroc : & maintenant elle est sous la puissance du Roy de Thunes, lequel y met vn Gouverneur sans trop charger d'impositions

Mahdi rédu prisonnier du Prince de Segelmesse.

Bejezid tué, auec vn sié fils.

tions les habitans: lesquels ont coutume de trafiquer par mer, & ont grandes inimitiés auec les Arabes, qui pour cette occasion leur ôtent tout moyen de cultiuer leurs terres. De nôtre temps, le Comte Pierre de Nauarre, se hazarda de s'en emparer, auec dix vaisseaus, mais on luy feit vn si dous acueil, auec les boulets de soudaines canonades, qu'il fut contraint en lieu de marcher auant (comme il pensoit bien faire) tourner le dos auec son grand desauantage, & sans rien faire. Cecy auint en l'an de la natiuité de Iesu Christ, mil cinq cens dixneuf.

Assachus, cité.

Assachus, est vne grande & ancienne cité, edifiée par les Africans sur la mer Mediterranée, du temps des guerres qu'ils eurent auec les Romains, ceinte de treshautes murailles, & jadis bien habitée: mais maintenãt il n'y sauroit auoir plus haut de trois ou quatre cens feus, & y à peu de boutiques: pource que les habitans sont fort mal traitez, tant par les Arabes, comme du Roy de Thunes: à cause de quoy ils se tiennent tresmal en ordre, & sont quasi tous tissiers, mariniers, ou pescheurs, prenans du poisson en grande quãtité, qu'ils appellent Spares, non incogneu entre Latins, Arabes, & Barbares. Ils vsent de pain d'orge, & Belzin: & s'en trouue quelques vns d'entre eus, lesquels auec vne certaine maniere de vaisseaus s'en vont trafiquans en Egypte & Turquie.

Pp 4   Caira-

¶ Cairaran, jadis au nombre des grandes citez.

Cairaran noble cité fut edifiée, par Hueba, Capitaine des exercites, enuoyé en l'Arabie deserte, par Hutmen Pontife tiers, lequel feit asseoir les fondemens en vn lieu, distant de la mer Mediterranée, enuiron trente six mille, & cent de la cité de Thunes, non pour autre respect, que pour asseurer son armée, & tresors qu'il auoit amassé, en sacageant toutes les citez de Barbarie & Numidie. Puis l'enuironna de belles murailles, dont la maçonnerie estoit toute de brique, & dans le circuit vn grãd & merueilleus temple, soutenu sur colonnes de marbre, deux desquelles dressées aupres de la grãde chapelle, sont d'vne hauteur inusitée, & incomparable, de couleur rouge, parfaite, & reluisante : diaprées, & martelées de petites taches blanches, tirans sur le porphire. Cetuy-cy apres la mort de Hutmen, fut appellé par Muchauia au gouuernement du domaine : auquel il se maintint jusques à ce que Qualid Calife, fils de Habdul Malic (qui regnoit pour lors en Damas) expedia vn Capitaine pour marcher à la volte du Cairaran, auec vne grande armée, & s'appelloit Muse fils de Nosair, lequel y estãt paruenu, y sejourna quelques jours tãt qu'il luy sembla l'exercite auoir assés reposé se meit à la route du Ponãt, pillant & sacageant plusieurs viles et citez, jusques à ce qu'il paruint à la riuiere

de

DESCRIPT. D'AFRIQVE. 301

de l'Ocean, là ou il entra dans l'eau jusques aus étriés. Ce qu'ayant fait, & content de ses conquêtes, feit retour au Cairaran, delegant vn Capitaine, nommé Tarich, pour son Lieutenant en Moritanie, lequel semblablement s'empara de plusieurs cités: tant que Muse eguillonné de son heur, et gloire, luy manda de ne passer plus outre, atendant sa venue: ce qu'il feit, se tenant quoy sur la riuiere de Andologie, là ou au bout de quatre mois Muse arriua auec vn grand exercite, lequel joint, & vny auec l'autre, passerent tous deux en Grenade, pour aborder l'exercite des Gots, desquels le Roy estoit Roderic, qui leur assina journée. Mais comme voulut sa mauuaise fortune, fut rompu, & mis en fuite: tellement que les deux autres suiuans leur victoire paruindrent jusques en Castille, et prindrent la cité de Tolette, là ou ils trouuerent de grans richesses, & plusieurs reliquaires, qui estoyent dans le tresor de la cité: comme la table, sur laquelle Iesuchrist feit la Cene auec ses disciples, & estoit couuerte d'or fin, enrichie aus extremités de pierrerie estimée à la valeur de cinq cens mille ducas. Apres cette prinse, Muse se meit au retour, acompagné d'vne partie de l'armée, emportant auec soy les autres dépouilles, & quasi tous les grans tresors de l'Espagne, en sorte, qu'ainsi chargé, & paruenu en Afrique, print la route du Cairaran: mais ainsi qu'il estoit en chemin, lettres de rapel luy vindrent de Qualid, Pontife de Damas, dont suiuant la te-

Arméede Roderic, Roy des Gots, défaite par Qualid Calife.

La table ou Iesuchrist feit la Cene, gardée à Tolette.

Pp 5 ncur

neur d'icelle, il marcha vers l'Egypte. Et apres être arriué en Alexandrie, fut auerty par vn frere du Pontife, qu'il tiroit à la fin, et pourautant qu'il ne se trauaillât autrement de s'acheminer à Damas: car étant expiré (côme on cognoissoit à veuë d'oeil, qu'il ne pouuoit plus longuement contester à la mort) tous les tresors se pourroyent facilemēt perdre, et écarter: dequoy Muse, faisant peu de conte, et meprisant ces paroles, s'en alla en Damas, & cōsina le tout au Qualid, lequel cinq iours apres rendit l'esprit. Au moyen dequoy le frere succedant au Pontificat, deposa Muse de son ofice, luy otant tout le gouuernement de l'Afrique, & meit en sa place vn autre Capitaine nommé Iezul, dont le fils frere, & neueu, succederent l'vn apres l'autre, au gouuernement de la cité, iusques à tant que la maison de Qualid fût depouillée de cette dignité. Alors fut fait Lieutenant Elagleb, lequel gouuernoit ne plus ne moins que s'il en eût esté Seigneur: pource que de ce temps-là, les Pontifes abandonnans le siege de Damas, se tindrent en Bagaded: com-

Bagaded, siege p'on ahcal.

me il est amplement recité dans les Croniques: tellement qu'apres cetuy-cy, la Seigneurie demeura entre les mains du fils, & ainsi d'vne lignée à autre successiuement: tant que cette famille se trouua paisiblement iouyssante de cette dignité, par l'espace de cent soissante ans, mais à la fin du temps celuy qui pour lors regnoit, fut expulsé par le Mahdi Calife, & heretique. Du temps donques

de

de ces Seigneurs de la maison de Lagleb, la cité acreut tant en grandeur, comme en nombre de peuple, si bien qu'elle n'estoit assez spatieuse pour donner lieu à tous ceus qui y voudroyent bien maintenant habiter: Ce que voyant le Seigneur, il feit fabriquer joignant icelle, vne autre cité qu'il nomma Recheda, là ou il faisoit sa demeurance auec les principaus de sa Cour. Et de ce temps là, s'empara de la Sicile, par le Moyen & diligence d'vn sien Capitaine appellé Halcama, qu'il y enuoya, acompagné d'vn grand nombre de gens. Et pour rampart, & defense de tel desseing, & seurté de sa personne, il bâtit en cette Ile vne petite cité, laquelle il nomma de son nom, qu'elle retient encore à present. Depuis elle fut assiegée par l'armée, qui vint au secours des Sicilians: mais le Seigneur de Cairavan y contremanda vn exercite plus fort que le premier, sous la conduite d'vn braue, & courageus Capitaine, appellé Ased, lequel refraichit de gens, & munition la cité d'Helcama: puis les deux exercites se vindrent à vnir ensemble, tellement qu'ils ocuperent toutes les viles, et places, qui restoyët, d'ou est auenu, q̃ cetteneuue cité à esté accruë et augmentée tant en habitans, que ciuilité. L'assiete du Cairavan est en vne campagne areneuse, et deserte: ne produisant arbre, ny grain, mais en defaut de ce, il s'en apporte (auec les autres choses necessaires, pour sustenter le corps humain) de sur la riuiere de la mer de Susa, Monaster, ou Mahdia cites

qui

qui sont toutes distantes, par l'espace de cent quarante mille de cette-cy, auprès delaquelle environ douze mille y à vne montagne appellée Gueslet, là ou apparoissent encor quelques vestiges, & apparences des edifices Romains, et aucunes fontaines, qui sourdent sur icelle, auec des clos de Carobes, qui se transportent au Cairaran, en laquelle ne se trouue fontaine, ny puys d'eau viue, fors quelque citerne. Mais au dehors il s'y trouuent certaines conserues antiques, dans lesquelles l'eau de la pluye se vient à égouter : toutefois au mois de Iuin on n'y en sauroit trouuer vne seule goute, pource que les habitans la font boyre à leurs betes. Les Arabes viennent passer l'été auprès de cette cité, qui cause, que l'eau encherit, & le grain au double : vray est, qu'ils amenent des chairs de bœuf en abondance, & dates, lesquelles ils aportent des cités de Numidie, distantes par l'espace de cent soissante mille, de cette-cy: là ou l'étude du droit, fut jadis florissante, & en singuliere commandatiõ, de sorte, que la plus grande partie des docteurs d'Afrique y ont vaqué aus lettres, & prins le degré en icelle. Or maintenant depuis le guast que luy donnerent les Arabes elle à commencé à estre repeuplée, mais les habitans sont aujourd'huy tous pauures artisans, dont les vns sont cōroyeurs de peaus d'aigneaus, & de cheureaus, & les autres peletiers, dont leur ouurage se vend aus cités de Numidie, là ou lon ne trouue point de draps d'Europé. Mais de tous ces metiers-là là il ne s'en trouue pas vn qui ait le moyen de s'entretenir honnêtement, ains viuent exerçans iceus aßès miserablement, & en tresgrande pauureté. Iomt außi, que par l'oppreßion grande, & mauuais traitement du Roy de Thunes en leur endroit ils ont esté mis du tout au bas, & en grande perplexité: comme je vey me transportant en Numidie, là ou estoit le camp du Roy de Thunes, qui fut en l'an neufcens vingt & deux de l'Hegire.

Capes.

Capes est vne grande cité jadis par les Romains edifiée dans vn goufre sur la mer Mediterranée, ceinte de treshautes, & anciennes murailles, enjemble d'vne forteresse, qui aupres de soy á vn fleuue, mais l'eau est vn peu salée. Cette cité est fort diminuée en honnesteté, & ciuilité depuis qu'elle fut sacagée par les Arabes, car des cette heure là les habitans l'abandonnerent, pour s'en aller faire residence en la cãpagne, là ou il y á des datiers en grande quantité, mais le fruit n'est pas de garde, car il pourrit incontinent, & ne produit ce terroir autre chose, sinon vn fruit, qui se nourrit sous terre, de la grosseur d'vn refort, qu'ils succent, à cause qu'il est doux comme amandres, du goût desquelles il tient quelque peu: toutefois beaucoup s'en faut, qu'il ne soit tant nutritif, & profitable. Ce fruit est quasi commun par tout le Royaume de Thunes, & par les Arabes est apellé Habb Haziz. Les habitans sont noirs, & pauures laboureurs, ou pescheurs, qui
sont

LIVRE V. DE LA

font par trop foulés du Roy de Thunes, & des A-
rabes. El Hamma.

El Hamma est vne ancienne cité edifiée par les Romains, distante de Capes, enuiron quinze mile, & ceinte de murailles, dont la maçonnerie est de pierre de taille fort grosse, enrichie de beaus entaillés, auec ce qu'on y void jusques à present des tableaus de marbre sur les portes, ou sont grauées des lettres. Les maisons, & ruës sont sottement disposees, les habitans pauures, & larrons, le territoire âpre, & aride, ne produisant autre chose que palmes, jetans vn fruit peu sauoureus. Pres de la cité, enuiron vn mile deuers Midy, sourd vne grosse fontaine treschaude, qui prend son cours par la cité, la trauersant à grans canals, dans lesquels, & dessous terre y à quelques edifices, comme chambres separees les vnes des autres, dont le paué est le fond du canal, par ou l'eau s'écoule, tellement qu'elle peut arriuer jusques au nombril de ceus, qui y entrent, mais il s'en trouue bien peu, qui s'y veulent hazarder pour la trop âpre chaleur. Neantmoins les habitans ne laissent d'en boire, ce que voulans faire, il faut qu'ils epuisent le soir l'eau pour boire le matin, & ainsi par le contraire. Du coté de Tramontane hors la cité, cette eau s'écoule toute en lieu, auquel elle forme vn Lac, qui s'appelle le Lac des Lepreus: pource qu'il à vertu, & proprieté de faire recouurer santé à ceus qui sont entachés de la Lepre & solider les playes. Au moyen dequoy sur le ri-

Vertu admirable d'vn lac à guerir de la lepre

uage d'iceluy demeure vne infinité de Ladres, les- & foli-
quels auec le temps retournent en santé. Cette eau der les
a odeur de soufre, laissant tousiours vne certaine playes.
enuie d'en boire, comme je l'ay moymesme experimenté en beuuant par plusieurs fois d'icelle, encore
que pour l'heure je ne me trouuasse alteré en sorte
que ce soyt.

Macres, chateau.

Macres est vn chateau edifié par les Africans
de nôtre temps sur la bouche du goufre de Cabes,
pour laquelle defendre des nauires ennemyes, fut
expressement fabriqué, distant de l'Ile Gerbo, enuiron cinquante mile, & habité par quelques tissiers de draps de laine, entre lesquels se trouuët plusieurs mariniers, & pescheurs, qui ont grande pratique en cette Ile, d'ou la langue (qui est Africai-
ne) leur est à tous particuliere, à raison de la continue frequentation, qu'ils ont les vns auec les autres. Et pourautant qu'ils n'ont terres ny possessions (hors mis les tissiers) ils gaignent leur vie au
moins mal qu'ils peuuent à estre mariniers.

Gerbo, Ile.

Gerbo est vne Ile prochaine de terre ferme, tou
te plaine, & sablonneuse, au reste, garnie d'vne in
finité de possessions de vignes, dates, figues, oliues,
& autres fruits, & contient de circuit enuiron dix
huit mile. En chacune de ces possessions est bâtie
vne maison, & là habite vne famille à part, tellement qu'il se trouue à force hameaus, mais peu, qui
ayent

ayent plusieurs maisons ensemble. Le terroir est maigre, voire qu'auec si grãd labeur, & soin qu'on puisse mettre à l'arrouser auec l'eau de quelques puys profons, à grande dificulté y sauroit on faire croître vn peu d'orge, ce qui cause tousiours vne grande cherté en ces lieux là quant au grain, dont le setier se vend ordinairement six ducats, & quelque fois plus, & la chair encore n'y est à guere meilleur pris. Là y à vn fort sur la mer, auquel le Seigneur auec sa famille, fait résidence, & tout aupres d'iceluy y à vn gros vilage, là ou logent les marchans étrangers, comme Chrétiens, Mores, et Turcs & s'y fait toutes les semaines vn marché que lon prendroit quasi pour vne foire, à cause que tous les habitans de l'Ile s'y assemblent: Ioint aussi que plusieurs Arabes de terre ferme, s'y transportent auec leur bétail, y portans des laines en grande quantité. Mais ceus de l'Ile viuent de la facture, & trafique des draps de laine (au moins la plus grand' partie) lesquels ils portent vendre, ensemble le raisin sec, dans la cité de Thunes, ou d'Alexandrie. Il y à enuiron cinquante ans, que cette Ile fut assaillie par vne armée de Chrétiens, qui la print, & sacagea, mais en vn instant elle fut recouuerte par le Roy de Thunes, qui la feit rehabiter, & alors fut edifiée la forteresse susnommée. Car le passé il n'y auoit sinon vilages, & hameaus dans cette Ile, estant continuellement gardée par deux chefs, lesquels y abitoyent sous le Roy de Thunes, qui ordonnoit Iuges

Gerbo, prinse p les Chrétiens, recouuerte p le Roy de Thunes.

& Gouuerneurs. Mais par la mort du Roy Hutmen, les successeurs estans amoindris de forces, cette Ile se remit en liberté, pour laquelle maintenir en seurté, les habitans rompirēt le pont, qui venoit de terre ferme sur leur Ile. Ioint aussi, qu'ils craignoyent d'estre surprins par quelque armée terrestre. Tandis que ces choses passoyent ainsi, l'vn des chefs tua tous ses principaus aduersaires, au moyen dequoy sans grande dificulté il vint à s'emparer de la Seigneurie de cette Ile, en sorte, qu'elle est tousjours demeurée entre les mains des siens jusques à present, & se retire tant en gabelle, qu'en douane octante mille obles, à cause des grādes trafiques, qui s'y font par les marchans Alexandrins, Turcs, & Thunisiens. Mais ceus qui jouyssent maintenāt du domaine, vsent entre eus de grandes trahysons: tellement que le fils tue le pere, le frere l'autre, pour auoir seul le gouucrnement, si qu'en moins de quinze ans, plus de dix Seigneurs y ont esté tuez. Depuis peu de temps, Ferdinand Roy d'Espagne y en noya vne grosse armée, sous la conduite d'vn Capitaine, qui estoit Duc de Albe, mais peu experimenté, & pour le peu de cognoissance qu'il auoit du lieu, il vint prendre terre bien loin au dessus, en vn certain endroit, là ou estāt brauemēt par les Mores repoussé, fut contraint de se retirer, & mesmement pour l'extrême, & ardēte soif, & âpre chaleur, que ses gens enduroyent. Et pourautant qu'à l'aborder des nauires la mer estoit comble, & que retournās

Armée de Ferdinād roy d'Espagne repoussée p les habitās de l'Ile Gerbo.

les

les soldats de l'écarmouche, l'eau estoit baissée, les vaisseaus pour ne demeurer à sec s'étoyent retirez, tellement qu'il y auoit plus de quatre mille de greue découuerte, ce qui trauailla tant la gendarmerie, que fuyans les soldats écartez çà, & là à vaude route, les vns furent par les cheualiers viuement poursuiuis, & prins, les autres passerent par le fil de l'epée, & le reste se retira auec l'armée en Sicile. Depuis Charles Empereur y feit passer encore vn autre exercite, conduit sous la charge d'vn cheualier Rodien, de l'ordre saint Iean de Messine, lequel sceut acompagner son dessein d'vne telle ruze, & sagesse que les Mores se rendirent par composition, s'obligeans de rendre certain tribut, & de fait, pour iceluy arréter, deleguerẽt vn ambassadeur à la C. M. laquelle souscrit aus chapitres, & capitulations, ordonnant qu'ils rendroyent par an six mille d'obles au Viceroy de Sicile, & par ce moyen demeurerent en paix.

Zoara, & Lepede cité.

Zoara est vne petite cité, edifiée par les Africans, sur la mer Mediterranée, distante de Gerbo, enuiron cinquante mille, deuers Leuant, ceinte de basses, & foibles murailles, habitée de gens fort indigens, & necessiteus, n'ayans autre moyen pour gaigner leur vie qu'à faire la chaus, & la craye qu'ils transportent à Tripoly. Ioint aussi, que leurs terres ne sont bonnes à ensementer, & outre ce, ils sont tousiours en crainte d'estre assaillis par les Cor-
sai-

faires Chrétiens, & mêmement depuis la prinse de Tripoly.

Cette cité fut encore fondée par les Romains, auec hautes murailles, maçonnées de grosses pierres, mais elle fut deux fois demolie, & de ses ruines fut edifiée Tripoly.

Tripoly l'ancienne.

Tripoly l'ancienne fut edifiée par les Romains, depuis par les Gots subjuguée, & finablement reduite sous la puissance des Mahometans, du temps de Homar, Calife second, lesquels tindrent le Duc des Gots, par l'espace de six mois assiegé, puis en fin le contraignirent de prendre la fuite à la volte de Cartage. Au moyen dequoy la cité fut sacagée, partie des habitans occis, & partie detenus prisonniers, qui furent menés en Egypte, & Arabie, comme le temoigne Ibnu Rachich, historien African.

¶ Tripoly de Barbarie, tresbelle & grande cité.

Tripoly fut edifiée par les Africans, apres la ruine de l'ancienne Tripoly, & ceinte de hautes, & belles murailles, située en vne plaine sablonneuse, en laquelle y à plusieurs datiers. Les maisons sont magnifiques, à comparaison de celles de Thunes, et semblablement les places ordonnées, & deputées pour diuers metiers, & ars, principalement de tissiers de toiles. Il ne s'y trouue aucun puys, ny fontaine, mais seulemēt des citernes, & y est tousiours le grain fort cher, pource que toutes les campagnes de Tripoly sont en arene, comme celles de Numidie, à cause que la mer Mediterranée se jete sur le Midy: tellement, que les lieus qui deuroyent estre gras, & fertiles, sont tous baignez en eau, & disent les habitans de ce pays, qu'anciennement il y auoit vne grande etendue de terres, qui s'auançoyent bien fort enuers la Tramontane, mais que par laps de temps, & cours d'années elles furēt couertes par le heurt des flots continuels, lesquels minoyent tousiours, comme il se void aus plages de Monestier, Mahdia, Affacos, Capes, l'Ile de Gerbo, & d'autres citez, qui sont deuers Leuant, & ne sont gueres profonds ces lieus-là, de sorte, que si quelqu'vn venoit à entrer dans la mer en ces endroits, l'eau ne luy sauroit venir jusques à la ceinture. Par ce moyen ils disent, que les lieus qui sont ainsi etoufez, ont esté puis n'agueres couuers de la mer. Ils sont semblablemēt d'opinion que la cité tirât plus en sus Tramontane, mais que pour le cōtinuel miner de l'eau, on la tousiours retirée deuers le Midy, & disent qu'à present mesmes se voyent des maisons, & edifices cachez sous les ondes. Il y eut autrefois plusieurs tēples en cette cité, quelques coleges, & hopitaus pour loger les pauures, & étrangers. Les habitans vsent d'vne viande, fort vile, qui est du Bezin d'orge, pource que les viures qui se portent dans la cité ne sont quasi sufisans pour la tenir

tenir fournie vn jour seulement, & est estimé riche le paysan, qui peut épargner vn setier de grain, ou deux, pour sa prouision. Neantmoins ils s'adonnēt fort à trafiquer à cause que la cité est prochaine de Numidie, & de Thunes, sans qu'il s'en trouue d'autre jusques en Alexādrie, que cette cy, qui est encore prochaine de Malte, & Sicile. Et souloyent autrefois les nauires des Veniciens y aborder, lesquels demenoyent grans trafiques auec les marchans de Tripoly, & auec ceus qui s'y transportoyent tous les ans, pour le respet de ces vaisseaus. Cette cité à tousiours esté sous le domaine du Roy de Thunes, fors du temps qu'Abulhasen Roy de Fez vint căper deuant Thunes, contraignant le Roy de gaigner, & prendre les deserts des Arabes pour seureté, mais Abulhasen ayant esté rompu, & son armée defaite, le Roy de Thunes retourna en son domaine. Toutefois Tripoly se reuolta, & se maintint en cette rebellion par l'espace de cinq ans, jusques à tāt qu'Abulhenan Roy de Fez feit semblablemēt marcher son armée contre le Roy de Thunes, nōmé Abulhabbes, qui le vint affronter, tellemēt que les deux armées furent cōtraintes à se tâter, & donner le choc, dont la perte tourna du côté du Roy de Thunes, lequel s'enfuyt à Constantine, là ou le Roy de Fez l'ala assieger, le tenant de si court, que le peuple se sentant trop foible, pour suporter vne telle charge, ouurit les portes de la cité, et fut pris le Roy de Thunes, & mené prisonnir à Fez dans la forteresse

Abulhabbes, Roy de Thunes defait par Abuhenā, roy de Fez.

resse de Sebta. Ce temps pendent Tripoly fut assiegée par vne armée de vingt naues Geneuoises, & combatuë si brusquement & de telle sorte qu'elle fut prinse, sacagée, & les habitans detenus prisonniers, tellement que le lieutenant, qui estoit dans la cité, à la prinse d'icelle, récrit incontinent au Roy de Fez, comme la chose estoit passée. Au moyen dequoy il feit acorder auec les Geneuois, de leur donner cinquante mille ducats, lesquels ayans receus, deliurerent les prisonniers, abandonnans la cité, d'ou estans departis, ils s'aperceurent, comme la moitié des deniers estoit falsifiée. Depuis le Roy de Thunes fut mis en liberté par Abuselim Roy de Fez, moyennant vn parentage, & alliance, qu'il feit auec luy, puis s'en retourna en ses pays. Pareillemét Tripoly retourna sous le gouuernement du Roy de Thunes, qui la tint jusques au temps du prince Abubaco fils de Hutmen, Roy de Thunes, qui fut tué auec vn sien fils en la forteresse de Tripoly, par la suasion & enhortemét de Iachia son neueu mêmes, lequel se feit Roy de Thunes, & fut reduite encore Tripoly sous sa puissance, puis en fin il fut tué en vne bataille par Habdul Mumen son cousin, qui s'empara du Royaume, duquel il fut paisiblement jouyssant tandis qu'il véquit, & luy succeda Zacarie fils de Iachia, qui peu de temps apres fut frapé de peste, & mourut. Lors les citoyens, & peuple de Thunes éleurent pour leur Roy Mucamen, fils de Hesen, cousin de Zacarie, lequel se voyant en si peu

Tripoly de Barbarie, batuë et sacagée p les Geneuois.

Mucamé Roy de Thunes,

de

DESCRIPT. D'AFRIQVE. 308

de temps si fort auancé, & en si haute dignité, commença à s'enorgueillir, & tyranniser, opressant les habitans de Tripoly, tellement que ne pouuans plus comporter si grandes extorsions, chasserent le Gouuerneur, & tous les officiers Royaus, elisans pour leur Seigneur vn citoyen de la vile, mettant entre ses mains tous les reuenus, & tresors publics, lesquels par quelque temps il gouuerna, & se montra enuers les habitans assez traitable. Mais le Roy de Thunes se voulant vanger de la rebellion, & resentir de l'injure à luy faite, y enuoya vn gros exercite, sous la conduite d'vn sien Lieutenant, qui fut empoisonné, par des Arabes, à la suasion des principaus de Tripoly, qui feit écarter l'armée deçà, & delà. Or auint que le Seigneur de Tripoly (qui s'estoit plus etudié à resembler bon, q̃ de l'estre) changea ses bonnes mœurs, & vertus, en vicieuse tyrannie, au moyen dequy il donna ocasion à vn sien cousin, de le priuer de vie. Alors le peuple importuna tant vn Hermite (lequel auoit esté nourry à la cour du Prince Abubaco) qu'il fut contraint à prendre possession de la Seigneurie, dont ils le requeroyent tresinstammẽt, tant que obtemperant à leurs requétes (plus par importunité, que non pour enuie aucune, qu'il eût de dominer) la gouuerna par quelque temps, jusques à ce, que Ferdinand, Roy d'Espagne y feit passer son armée, delaquelle il feit Capitaine le Comte Pierre de Nauarre, qui estant abordé vn soir, print le landemain la cité

delaissé p ses subjets.

Q 9 4   d'emd'emblée, faisant prisonniers tous les habitans. Le Seigneur auec vn sien cousin, fut mené à Messine, là ou ils demeura long temps en captiuité, puis à Palerme, & là fut remis en liberté, par Charles Empereur, dont de leur propre volonté ils feirent retour à Tripoly, qui fut puis apres ruinée & demolie, par les Chretiens. Il est vray, que le chateau fut fortifié de grosses murailles, & artillerie, côme nous auons veu en l'an de l'Incarnation, 1518. mais côme il m'à depuis esté acertené, le Seigneur de Tripoly à commencé de faire peupler la cité, au nom de la C. M. Voila tout ce qui se peut dire de toutes les citez du Royaume de Thunes.

¶ Montagnes de tout le domaine de Buggie.

PEV s'en faut que tout le pourpris du domaine de Buggie ne soit du tout plein de montagnes hautes & scabreuses, couuertes de plusieurs bois, arrousees de belles fontaines, & coutumierement habitées de peuples nobles, riches, & liberaus, qui tiennent cheuaus, beufs, & cheures en grande quantité, ayans tousiours maintenu leur liberté, mêmement depuis que Buggie fut prinse par les Chretiens, & portent quasi tretous vne croix rouge sur la jouë, de toute antiquité : comme nous auons dit cy dessus. Leur viande est de pain d'orge, auec grande quantité de figues & noix, qui sont produites en ces lieux là, mesmement aus montagnes, qu'on appelle

appelle Zarara: en aucunes d'icelles, se trouuent mines de fer, dequoy ils font de petites pieces du pois de demie liure, qu'ils employèt en lieu de monnoye. Il en font batre semblablement de petite d'argent, du pois de quatre grains. Le terroir produit du lin, & chanure, dont se font des toiles en grande quantité, mais toutes grosses. Les habitans sont fort enclins à jalousie, au reste, dextres, & adrois: vray est que la plus grand' partie va tresmal en ordre. Le domaine de Buggie, du côté des montagnes, s'étend vers la mer Mediterranée en longueur, enuiron cent cinquante mille, & quarante en largeur. En chacune de ces montagnes y à vne lignée à part: mais quant à la maniere de viure, il n'y à aucune diference, à cause dequoy je me deporteray d'en parler d'auantage.

Auraz.

Cette montagne est fort haute, & habitée par vn peuple fort rude d'entendement, mais sans mesure, adonné au larrecin, & brigandage. Ce lieu est distant de Buggie, enuiron oftante mille, & soissante de Constantine, separé des autres montagnes, & s'étend en longueur par l'espace de soissante mille, confinant du côté du Midy au desert de la Numidie, & deuers Tramontane, auec le territoire de Mesila, Stefe, Nicaus, & Constantine. A la sommité de la montagne, sourdent plusieurs fontaines, dont les ruisseaus s'épandent par la plaine, formãs certains marets, qui se changent en salines, quand

LIVRE V. DE LA

le temps commence à se mettre en chaleur. Nul ne sauroit pratiquer auec les habitans, ny auoir leur cognoissance: pource qu'ils ne veulēt pas que leurs pays soyent cogneus, pour doute du Roy de Thunes, & des Arabes leurs ennemis.

¶ Des montagnes, qui se retrouuent au domaine de Constantine.

L A partie de Tramontane, & de Ponant, prochaine de Constantine, est toute montueuse, & prennent commencemēt les montagnes aus confins de celles de Buggie, s'étendans deuers la mer Mediterranée jusques sur les riues de Bona, qui contient d'espace enuiron cent trente mille, & sont toutes abondantes, pource que le terroir d'entre icelles, est tresfertile, produisant oliues, figues, & autres fruits en quantité, tellement qu'il en fournit toutes les autres cites prochaines, comme Constantine, Collo, Gegel, & encore les Arabes. Les habitans s'adonnent plus à ciuilité, que ceus de Buggie, auec ce qu'ils exercent plusieurs ars, & sur tout s'adonnent à faire des toiles vne infinité. Mais ils s'écarmouchent souuent pour cause de leurs femmes, qui s'en fuyent de montagne à autre, pour changer maris. Ils sont fort opulens, pour estre francs de tout tribut, combien qu'ils n'oseroyent conuerser en la plaine,

Femmes de Constantine qui changēt leurs maris.

ne, pour crainte des Arabes, encore moins aus citez de peur des Seigneurs d'icelles. Il s'y fait toutes les semaines vn marché, & en diuers jours: auquel s'acheminent plusieurs marchans de Constantine, & Collo, qui ont en chacune de ces montagnes vn amy, qui leur porte faueur, autremẽt s'ils estoyent surprins, & volés, il ne se trouue personne, qui tienne conte de leur en faire la raison, pour ce qu'il n'y à Iuges, Prêtres, ny personne, qui ait aucune cognoissance des lettres. Et si quelqu'vn vouloit faire écrire quelque missiue, il faudroit aller trouuer vn homme à quinze mille de ce lieu pour la coucher par écrit. De ces montagnes se peuuent leuer, quand la necessité le requerroit, quarante mille combatans, desquels il s'en trouuera quatre mille à cheual, de sorte, que si les habitans pouuoyẽt viure d'acord, & vnis ensemble, ils seroyent sufisans pour domter, & rendre tributaire toute l'Afrique: car ce sont braues gens, & fort adonnés aus armes.

¶ Montagnes de Bona.

BONA à la mer Mediterranée du coté de Tramontane, & deuers Midy, quelque peu de montagnes, lesquelles s'assemblent à celles de Constantine: Mais de la partie du Leuant, il y à aucuns côtaus, ayans vn territoire tresfertile, & y eut jadis des viles, & chateaus edifiés par les Romains, desquels il ne reste à present que quelques ruines, & masures, sans qu'on puisse sauoir le nom des places qui y estoyët asises. Ces terres sont abandonées pour le present à cause des Arabes, fors vne petite partie, qui est cultiuée par d'aucuns habitäs en la cäpagne, lesquels en jouyssent par force d'armes, & malgré les Arabes. Ces cotaus s'étendent de Ponant au Leuant, par l'espace d'octante mille (qui est depuis les confins de Bona, jusques à Bege) & de trente en largeur. Là se trouuent à force fontaines, desquelles se forment plusieurs fleuues, qui prennent leur cours par la plaine, laquelle separe les côtaus d'auec la mer Mediterranée.

¶ Montagnes prochaines de Thunes.

Thunes est situéée en la plaine, n'ayät montagne, qui luy soit prochaine, fors quelques parties d'aucunes, qui sont sur la mer Mediterranée, du côté du Ponant, comme est celle là ou est Cartage. Il est bien vray, qu'il y en à vne autre treshaute, & d'autant plus froide, prochaine de Thunes, par l'espace de trente mille deuers Siloch, laquelle s'appelle Zagoan: mais elle est inhabitée, fors de quelques vns qui demeurent dans certains hameaus, nourrissans des abeilles, & ensementent aussi le terroir de quelque peu d'orge. Les Romains edifierent anciennement en flanc, & au pied de cette montagne plusieurs fieurs chateaus, dont les ruines en font encore aparentes, auec certains epitaphes, qui fe lifent en lettres Latines, & grauées.

¶ Montagnes de Beni Tefren, & de Nufufa.

CES montagnes font feparées du defert diftantes de Gerbo, & Sfacos, enuiron trente mille, fort hautes & froides qui leur fait produire le froment en petite quantité, & encore moins d'orge, au moyen de quoy il n'eſt pas fufifant pour la moitié de l'année. Les habitans fant fort braues gens, & hardis, mais reputés pour heretiques en la Loy Mahommetane, par ceus de la fecte des Pontifes du Cairaran, laquelle eſt tenue par toutes les Regions, fors de ces montagnars, qui l'ont rejetée, & par tant ils vont tournoyans Thunes, & autres cités, par lefquelles ils exercent tous metiers, tant vils, & mecaniques foyent ils, pour trouuer moyen de gaigner leur vie mais ils n'ofent dogmatifer, ny publier leur herefie, craignans d'être trop grieuement punis par les inquifiteurs de la Loy.

¶ Montagnes, de Garian.

GArian eſt vne montagne haute, & froide, qui à en longueur quarante mile, et quinze en largeur, feparée des autres par l'arene, & diſtante de Tripoly, enuiron cinquante mille, produifant l'orge en
gran

grande quantité, & dates en parfaite bonté, mais elles veulent estre mangées toutes fraiches. Outre ce, il y croît à force oliues, lesquelles rendent l'huile en infinité, qui puis apres est transporté en Alexandrie, & aus autres viles prochaines. Semblablement le safran y est produit en grande abondance, & admirable, tant en couleur, comme en naïue bonté, qui est la plus parfaite, que d'aucun qui puisse venir de toutes les parties du monde, tellement que si la liure de celuy de Thunes, du Caire, & de Grece, se vend dix sarafes, cetuy-cy ne se deliurera à moins de quinze comme il me fut dit par vn, qui fut vicaire en cette montagne, lequel (outre ce) m'acertena que du temps du Prince de Tripoly, elle rendoit soissante mille d'obles, & pendant qu'il estoit resident en son vicariat, on en retira trente quintaus, qui sont quinze charges de mulets. Mais les habitans ont tousiours estè molestés par les Arabes, & Rois de Thunes. Il y á en cette montagne jusques au nombre de cent trente vilages, auec des maisons pauurement bâties, & mal en ordre.

Safran admirable tant en couleur, que en bonté.

Beni Guarid.

Cette montagne est distante de Tripoly, enuiron cent mille, habitée par riches gens, & de bonne nature, qui viuent en liberté, étans en ligue auec d'autres montagnars, qui confinent des desers de Numidie.

Casir Acmed, Subeica, & Casr Heſſin, Chateaus.

Ce chateau icy fut edifié (par vn Capitaine des armées, qui passerent en Afrique) sur la mer Mediterranée, & depuis ruiné par les Arabes.

Subeica fut vn chateau edifié au temps que les Mahommetans commencerent à mettre le pied en Afrique, lequel fut bien habité: mais puis apres ruiné par les Arabes, neantmoins plusieurs pescheurs, & quelques autres pauures gens y font encore leur residence.

Casr Heſſin, chateau edifié par les Mahommetans, sur la mer Mediterranée, & ruiné semblablement par les Arabes.

FIN DV CINQVIE'ME LIVRE.

LIVRE VI. DE LA

DE LA DESCRIPTION
D'AFRIQVE, ET DES choses memorables conte‐
nuës en icelle.

LIVRE SISIE'ME.

AYANT jusques icy parlé de quelques montagnes, main‐
tenant nous viedrons à décri‐
re aucunes particularités des
vilages, qui n'ont cités ny châ‐
teaus, & d'aucunes prouinces
poursuiuant en apres du pays de Numidie,
& pour à ce donner commencement, nous
parlerons comme il sensuit.

D'aucuns vilages qui sont prochains du Royaume de Thunes & Buggie.

Gar est vn vilage sur la mer Mediterranée, a‐
bondant en dates, qui croissent en son territoire,
les

lequel est fort arride, produisant quelque peu d'orge, dequoy se sustantent les habitans.

Garel gare, est vn vilage, où il y a des cauernes grandes, & merueilleuses, & estime l'on Tripoly l'ancienne auoir esté bâtie des pierres, qui en furēt tirées, à cause de la proximité du lieu.

Sarman, est vn vilage assez grand, & bien habité aupres de Tripoly l'ancienne, non moins abondant en dates, qu'en grain, voire de toute sorte.

Zamat Ben Zarbuh, n'est gueres distant de la mer, habité d'aucuns religieux, abondant en dates, & non en grains.

Zanzor, est vn vilage prochain de la mer Mediterranée, et distāt de Tripoly, enuiron douze mile, lequel est plein d'artisans, abondant en dates, pōmes de coin, & grenades. Les habitans sont paures, mesmement depuis que Tripoly fut prinse par les Chrétiens, auec lesquels neantmoins ils pratiquent ordinairemēt, qui leur fait auoir grande depesche de leurs fruits, lesquels ils vendent à iceus.

Hamrozo, est vn vilage prochain de Tripoly, par l'espace de six mile, ou il y à grande quantité de datiers & jardins, qui produisent de toutes sortes de fruits.

Tagiora, est vne campagne de Tripoly, enuiron trois mile, du côté de Leuāt, en laquelle y à plusieurs vilages, clos de datiers, et d'autres arbres fruitiers. Apres la prinse de Tripoly elle deuint assez noble & ciuile, pource que la plus part des citoyens se retirerent en icelle, mais les vilageoys sont tous mecaniques, ignorans, vils, & larrons, leurs maisons dressées de branches de palmiers, vsans à leur manger de pain d'orge, & Bezin. Tous les peuples susnommés sont sujets au Roy de Thunes, & des Arabes, fors ceus qui resident en cette campagne.

¶ Des Prouinces Mesellata.

Mesellata est vne prouince, sur la mer Mediterranée, distante de Tripoly, enuiron trente cinq mille, ayant sous soy plusieurs chateaus, & vilages bien peuplés & habités de gens fort opulens, pourautant qu'il y a à force terres fertiles en dates, & oliues. Et se maintiennent les habitans de cette Prouince en liberté, élisans vn chef sur eus à leur discretion en guise d'vn Seigneur, lequel à puissance de traiter, ou mouuoir la guerre contre les Arabes, & peut mettre en campagne jusques au nombre de cinq mile hommes.

¶ Mesrata, Prouince.

Mesrata est vne Prouince sur la mer Mediterranée, distante de Tripoly enuiron cent mille, contenant plusieurs chateaus, & vilages, les vns assis en la montagne, & les autres situés en la plaine, les habitans desquels possedent grandes richesses, pource qu'ils ne rendent tribut à personne, & demenent
train

train de marchandise, prenans ce qui vient sur les galeres Veniciennes, qu'ils transportent en Numidie: là ou ils troquent leur marchandise contre des esclaues, ciuette, et musc, qui vient d'Ethiopie, puis portent toutes ces choses en Turquie, au moyen dequoy ils font double gain, tant à l'aler, comme au retour.

Desert de Barca.

Le desert de Barca commence aus confins du territoire de Mesrata, s'étendant vers Leuant jusques aus confins d'Alexandrie, par l'espace de mille trois cens, & deux cens mille en largeur. C'est vne campagne âpre, & deserte, en laquelle on ne sauroit ou prédre vne seule goute d'eau, encore moins trouuer des terres labourables. Au parauant que les Arabes feissent entrée en l'Afrique, ce desert estoit inhabité, mais y estans paruenus les plus aparans, & principaus, choisirent les pays plus abondans, & mieus cõmodes pour leur habitation, combien que ceus à qui manquoyent autant les forces comme ils estoyent denués d'autorité, furent contrains à demeurer en ce desert tous nus & déchaus & (qui pis est) merueilleusement oppressez de famine, à cause que ce lieu est fort sequestré de toute habitation. Ioint aussi, que le terroir n'y produit aucun grain de quelque sorte que ce soit, parquoy s'ils en veulent auoir, ou quelque autre chose necessaire, à soutenir la vie humaine, les miserables habitans sont reduits à telle extremité, qu'il leur

Pauureté & misere des habitans du desert de Barca: de leur larrecins et brigadages, & subtil moyē de faire vomir, & jeter hors du corps humain, or, ou argent.

conuient engager leurs enfans, pour le blé qui leur est amené de la Sicile. Ce pendant les autres vont courir, en robant, jusques sur la Numidie, faisans actes des plus grans larrons, qui se pourroyent trouuer sur toute la terre: car ayans depouillé les paures passans, ils leur font boire du lait chaut, puis les ebranlent, & leuent en haut, leur donnāt si depiteuse secousse, q̄ les paures infortunez sont contrains de vomir ce qu'ils ont dans l'estomac, jusques à jeter hors quasi les entrailles, & cerchent en cette ordure, fouillans icelle, pour veoir s'ils y trouueront quelque ducat, pource que ces cruels, & inhumains se persuadent que les étrangers estans pres de ce desert, aualent leur argent, à fin qu'il ne puisse estre trouué sur eus.

¶ Tesset, cité de Numidie.

IL me semble vous auoir recité en la premiere partie de mon œuure, que la Numidie estoit peu estimée par les Cosmographes, et Historiens Africās, pour les raisons, que je pense vous ductoir amenées. Aucunes des citez de cette Region, sont prochaines du mont Atlas, comme il a esté dit en la seconde partie, quand nous auons traité de la region de Hea. Semblablement Sus, Guzula, Helchemma, & Capes sont au Royaume de Thunes, cōbien qu'il y en ait plusieurs contrarians, lesquels sont d'opinion, que ces citez soyent du pourpris de la Numidie. Mais

Mais ensuyuant l'auis de Ptolomée, je compren toute la riuiere de Thunes, sous la Barbarie. Or pour vous donner plus particuliere information de cette partie de la Numidie, je commenceray par Tesset, qui est vne petite cité, anciennemēt par les Numides edifiée aus confins des deserts de Libye, & ceinte de murailles de pierre viue, contenāt enuiron quatre cens feus, mais il y a peu ou point de ciuilité entre les habitans d'icelle, & n'est enuironnée d'autre chose que de sablonneuses campagnes. Vray est, qu'entre icelles, & aupres de la cité il y a quelque petit terroir de datiers, & vn autre endroit là, ou lan seme l'orge, & milet, qui aide à soutenir la miserable vie de ces pauures gens, qui payent encore de grans tribus aus Arabes du desert, leurs voisins. Ils ont coutume de porter leur marchandise au pays des Noirs, & à Guzula, tellemēt que la plus part du temps on ne trouuera la moitié des habitans dans leurs maisons, & sont diformes, bazannez, sans auoir aucune cognoissance de lettres. Car au lieu des hommes, les femmes s'adonnēt, & frequentent les études, puis enseignent les enfans, lesquels paruenus en âge pour pouuoir manier la marre, se mettent à labourer, & cultiuer les terres. Quant aus femmes, elles sont plus blanches, & refaites que les hommes, fors celles, qui employent toute leur cure, & soin à la vacation des lettres, & qui filent la laine, toutes les autres demeurent oisines, s'acoutumans assez à rien faire.

Qualité, & façon de faire des habitans de Tesset.

Rr 3 La

La pauureté est commune entre eus, & s'en trouue peu, qui nourrissent du bétail en quantité, encore ce peu qu'il ont, ne consiste qu'en brebis. Ils ne labourent leur terre qu'auec vn seul cheual, ou chameau, comme il se fait aussi par toute la Numidie.

¶ Guaden, vilage.

Vaden est vn vilage au desert de Numidie, qui confine auec la Libye, lequel est habité par gens pauures, & idiots, dont les terres ne produisent autre chose, que dates, mais encore en bië petite quantité. Les habitans vont quasi tous nus sans qu'il osent à peine sortir de leur vilage pour linimitié, que leurs voisins ont à l'encontre d'eux. Ils s'adonnent fort à la chasse, tendans des lassets, auec lesquels ils prennent souuentefois quelque gibier de ce pays là, des elamth, & autruches, & ne s'y mange autre chair, que de celle de ces animaus icy. Il est vray, qu'ils nourrissent quelque cheures, mais ils les gardent pour le laitage, & sont les habitans plus tôt Mores qu'autrement.

¶ Ifran.

Fran, sont quatre petis châteaus edifiez par les Numidiens, distans l'vn de l'autre, par l'espace de trois mille, sur vn petit fleuue, qui court en temps d'yuer, & en esté deseiche. Entre ces châteaus, il y a plu-

à plusieurs datiers, au moyen dequoy, les habitans ont quelque peu de bien, pource qu'ils les troquent contre quelques gros draps, toiles, & semblables choses, que les Portugalois leur aportent au port de Gart Guessem, lesquelles ils transportent puis apres au pays des Noirs, côme en Gualate, & Tombut. Dans ces châteaus il y à plusieurs artisans, mémement de ceus qui font ouurage de fonte, & vases de cuiure, desquels ils ont bône dépesche au pays des noirs, & s'adonnent principalement à cet art là, pource qu'en leurs terres, aupres d'Atlas, il y à plusieurs veines de cuiure. Ils ont coutume de faire vne fois marché la semaine en chaque château, qui porte grand profit, & vtilité aus habitans: mais non obstant ce, il y à tousiours grande cherté de grain: les habitans sont pleins d'vne grande ciuilité en leur maintien, & se tiennent fort honnétemêt en leurs habits, & en ordre tresplaisant. Là se void vn beau temple, auquel on tient des prêtres, & vn Iuge en la cour ciuile. Quant aus choses criminelles, autre punition n'y est ordonné sinon le bannissement à ceus, qui commettent quelque grief delit, ou méchant acte.

Veines de cuiure aupres du mont d'Atlas.

¶ Accha.

ACCHA, sont trois petis châteaus pres l'vn de l'autre, situez au desert de Numidie, sur les confins de la Libye, lesquels furêt jadis bien peuplés, mais les noises, & questions furent cause qu'ils vindrent à

Rr 4 estre

estre abandonnés. Depuis par le moyen d'vn religieus ces dissensions furent mises sous le pied, & se vindrent à pacifier les habitans, lesquels s'estans aliés par parentage, retournerent habiter ces châteaus, apres auoir éleu cet homme pour leur Seigneur. Mais ce sont bien les plus pauures gens qu'on sauroit trouuer, pource qu'ils ne s'adonnent à autre chose, qu'a recueillir les dates.

¶ Dara prouince.

Dara est vne Prouince, qui prend son commencement à la montagne d'Atlas, & s'étend du côté du Midy, deux cens mille par le desert de Lybie. Elle est assés étroite, pource que les habitans demeurent sur vn fleuue du mesme nom, lequel se déborde tellement en yuer, qu'on la prendroit en d'aucuns endrois pour la mer mesme, puis en esté se retire, & s'abaisse de sorte, qu'on le peut facilement passer à gué, & en croissant arrose tout le pays. Mais auenant qu'il ne déborde au mois d'Auril, toutes les semences qu'on à jetées en terre, sont perdues, & si au contraire, la deblure de l'année sera assez bonne Sur le riuage du fleuue à vne infinité de vilages, & châteaus fermés de craye, & pierre viue, & toutes les maisons sont couuertes auec traues de datiers, dequoy lon fait semblablement des ais, ou tables, combien qu'on ne s'en peut pas bonnement aider, pource q̃ le bois s'éclate, & n'est pas ferme, comme

Bois de Datiers, son fruit & moyẽ de le cultiuer.

me vn autre. Autour de ce fleuue, cinq ou six mille à la ronde, il y a vn grand nombre de possessions où croissent les dates bonnes en toute perfection, & d'vne musitée grosseur, lesquelles se pourroyet garder par l'espace de sept ans dans vn magazin, ou boutique, anât qu'elles s'empirassent en rien, mais il faudroit qu'elles fussent en vn second étage. Le pris d'icelles ensuit la diuersité de leur bonté, & grosseur, dont le setier d'aucunes est du pris d'vn ducat, d'autres d'vn quart, & telles en y a aussi, qui ne sont bonnes qu'à mettre deuant les cheuaus & chameaus. Les datiers sont de deux especes, c'et à sauoir, mâles, & femelles, dont les mâles sont steriles, ne produisans autre chose, sinon trochets de fleurs, & les femelles portent fruit, mais auant que ses fleurs viennent à s'ouurir, il faut prendre de celles du mâle, auec le rameau, & les hanter dans les fleurs de la femelle, autrement elles produiroyent leur fruit maigre, & peu sauoureus, auec le noyau fort gros. Les habitans se nourrissent de telles dates, mêmement quand ils ne se trouue autre chose à manger que du potage d'orge, & je ne say qu'elles autres viandes peu appetissantes, & sans saueur, ne mangeans du pain sinon aus noces, & fêtes solennelles. Les habitans des châteaus de cette Prouince sont mecaniques, toutefois il y a quelques artisans & Iuifs orfeures, comme aus confins de Numidie, qui répondent vers la Moritanie, sur le chemin, qui va de Fez à Tombut. Neantmoins il se trouue

Dates de étrange grosseur singuliere bonté, & de longue garde.

Par quel moyen il faut proceder à faire produire aus datiers leur fruit en perfection.

trouue en ce pays quatre ou cinq cités, ou demeurent plusieurs marchans étrangers, & de la contrée
mêmes, auec ce qu'elles sont ornées de temples, &
boutiques, bien fournies. La plus magnifique de
toutes, est appellée Beni Sabih, qui est ceinte d'v-
ne seule muraille, & diuisée en deux parties, mais
gouuernée par diuers chefs, lesquels se contrarians
le plus souuent, sont contrains de venir aus armes,
principalement alors qu'on arrouse les terres, pour
la grande seicheresse, & faute de pluye. Les habitans sont de bonne nature, & liberaus, tellement
qu'ils tiendront bien vn marchant, & luy feront
toutes caresses, dequoy ils se pourront auiser par l'e
space d'vn an durant en leur maison, sans demander, ny prendre autre chose de luy, que ce qu'il vou
dra à sa discretion mêmes leur donner. Il y à entre
eus plusieurs chefs de partie, qui sont en continuelles mêlées, les vns auec les autres, demandans chacun de son côté secours aus Arabes leurs voisins,
auquels ils donnent bonne soulde, qui est d'vn demy ducat par jour, & encore d'auantage à ceus qui
ont cheuaus, & qui soûtiennent leur party, qu'ils
payent jour par jour, pour ce peu de temps qui leur
reste, quand ils ont à donner bataille, & ny à gueres qu'ils ont acoutumé s'aider de harquebuzes, &
pistolets à feu, ce qui ne leur sied que bien, pource
q̃ je n'ay point souuenance d'auoir veu gens mieus
dresser, ny prendre leur visée que ceus-cy, car si la
veuë pouuoit tant porter, & estre si ague, ils don-

neroyent dans la pointe d'vne eguille, tellement qu'il s'en tué assez entre eus, par ce moyen là. En cette Prouince croît d'eude en grande quantité, retirant à la guede, qu'ils troquēt auec les marchans de Fez, & Telensin. Le grain y est assez cher, mais pour échange de leurs dates, ils en recouurent qui leur est aporté de Fez, & d'autres lieux circonuoisins. A ce peu de cheuaus qu'ils ont, ils donnent des dates en lieu d'auoine, & de ce foin, qui se trouue au Royaume de Naples, appellé Farsa, & aus cheures (qui sont semblablemeut en petit nombre) font manger les noyaus de ces dates, par eus premierement fendues, & mangent ordinairement la chair des vieus boucs, & chameaus, qui est vne viande de tresmauuais goût, & dure digestion. Ils nourrissent semblablement des autruches, qu'ils ont coutume de manger, dont la chair à telle saueur que celle d'vn poulet, mais dure & puante outre mesure, mémement à l'endroit des cuisses, qui sont visqueuses. Les femmes sont belles, plaisantes, & refaites, entre lesquelles s'en trouue plusieurs publiques. Les habitans tiennent esclaues hommes, & femmes, qui conçoiuent, & enfantent, dont les enfans auec les pere, & mere, sont tousiours employés au seruice de celuy, qui les tient. Pour cette cause aucuns d'iceus sont blancs, & les autres noirs, mais les blancs sont bien rares.

C'est vne sorte de terre, qui sert à la teinture, que les apoticaires appellent Indie Bagaded.

Se-

Segelmesse, prouince.

Segelmesse est vne Prouince, qui retiẽt le nom de la vile capitale, & s'étend sur le fleuue Ziz, commençant au détroit, qui est prochain de la cité de Gherseluin, s'auançant sur le Midy, enuiron cent vingt mille, qui est jusques aus confins du desert de Libie, & est habitée par diuers peuples Barbares, qui sont Zeneta, Zanhagia, & Harara. Elle estoit anciennement sous la puissance d'vn seul Seigneur, mais elle fut depuis subjuguée par Ioseph, Roy de Luntune, puis de Muhaidin, & apres luy, par les enfans de la maison du Roy de Marin. Finablemẽt pour si frequentes & soudaines mutations, le peuple se reuolta & meit à mort le Seigneur, ruinant la cité, laquelle est demeurée sans habitans, jusques à maintenant. Apres cecy les habitans se reduirẽt tous ensemble, dans les possessions: & au territoire de la cité, edifierẽt quelques gros châteaus, dont plusieurs sont exemps de tout tribut, & imposition & partie d'iceus sont tributaires aus Arabes.

Les habitans de Segelmesse, tuent leur Seigneur.

Cheneg prouince.

Cheneg est vne prouince sur le fleuue de Ziz, qui confine auec les mõtagnes d'Atlas, côtenant plusieurs châteaus vilages, & possessions de dates, mais de petite valeur. Les terres sont maigres & étroites, fors quelques petis détrois de terre, qui s'etendent

dent depuis le fleuue, jusques au pied de la montagne, de sorte, qu'il en y à d'aucuns, qui n'ont pas vn jet de pierre en largeur, là ou se seme quelque peu d'orge. Les habitans sont en partie sujets, & tributaires aus Arabes, & à ceus de Gherselum, & partie libres, dont les vns sont pauures en toute extremité, & les autres opulens, pource qu'ils ont le gouuernement du pas, qui est entre Fez, & Segelmesse, là ou ils font payer de grosses gabelles aus marchans. Là y à trois principaus chateaus, le premier s'appelle Zehbel, qui est assis sur vn haut rocher au commencement du passage, de telle hauteur qu'on jugeroit à le veoir d'embas que le sommet touchât jusques aus nuées. Au pied du chateau demeure la garde, laquelle prend vn denier pour ducat, sur chacune charge de chameau. L'autre chateau est appellé Gastrir, distant du precedāt par l'espace de quinze mille, & assis sur la côte de la montagne au plus pres de la plaine, mais il est plus noble & plus riche, que le premier. Le tiers s'appelle Tamaracost, lequel est distant du second par l'espace de vingt mille, du côté Midy, sur le grand chemin, au reste, ce ne sont que vilages, & aucuns petis chateaus. L'étroite étendue de ce territoire, cause vne grande cherté de grain, mais les habitans nourrissent des cheures en grande quantité, lesquelles ils tiennent en temps d'yuer dans certaines cauernes larges, & profondes, leur seruans de rampart, & forteresse, pource qu'elles sont fort enleuées de terre, étroites d'entrée, & les chemins petis, fais à la main, tellement que deux hommes seroyent bastans à soutenir la charge, & rencontre de tous ceus qui se voudroyent éforcer d'y entrer, voyre contre toute la prouince, laquelle étend son détroit en longueur par l'espace de quarante mille.

¶ Matgara.

Matgara est vn autre territoire, hors ce détroit là, ou il y à plusieurs châteaus tous situés sur le fleuue de Ziz, dont le plus noble est appellé Helel, & là fait residence le Seigneur du territoire, qui est Arabe, tenant vne famille de son peuple sous les pauillons à la campagne, auec vne autre, acompagnée de plusieurs soldats dans le château, au moyen dequoy, il est impossible de passer par le domaine sien, sans son seu, ou licence. Et auenant, que ses soldats rencontrassent quelques voituriers sans faufconduit, ils les pilleroyent incontinent, & mettroyent en blanc les marchans. Il y à encor plusieurs autres châteaus, & vilages, mais de petite estime, & mecanique, comme je l'ay veu moymémes.

¶ Retel.

Retel est semblablement vn autre territoire, qui confine auec Matgara, s'étendant sur le fleuue Ziz, du côté de Midy par l'espace de cinquante mille, jusques au territoire de Segelmesse, & contenant infinis châ-

châteaus, possessions de datiers, & vilages, dont les habitans sont sujets aus Arabes, tresauares, & couars, de sorte, que cent cheuaus des leurs n'oseroient afronter, ny se méler auec dix des Arabes, qui les contraignent de cultiuer leurs terres, non autrement, que s'ils estoyent leurs esclaues. Du côté de Leuant, ce territoire confine auec vne montagne inhabitée, & deuers Ponant, auec vne plaine deserte, & areneuse, là ou logent ordinairement les Arabes à leur retour du desert.

¶ Territoire de Segelmesse.

Ombien que par cy deuant j'aye traité de la prouince Segelmesse succinctement, & en peu de paroles raconté ce qui me sembloit digne d'estre presenté deuant le lecteur studieus, je ne larray pourautant à dire, qu'en son pourpris (qui s'étend de Tramontane à Midy, par l'espace de vingt mille) sur le fleuue Ziz, y à trois cens cinquante châteaus, tant grans, que petis, sans comprendre les vilages, mais les plus renommez sont trois, d'ont l'vn est appellé Tenegent, qui contient enuiron mille feus, & estant le plus prochain de la cité, là ou il y à quelque artisan. Le second est appellé Tebuhasant distant du premier enuiron huit mille, deuers Midy, & est plus grand, plus ciuil, mieus fourny de marchās étrangers Iuifs, et artisans, que l'autre. Et à dire vray, ce château est le mieus peuplé, que

nul autre qu'on sache trouuer en toute la prouin=
ce. Le tiers se nomme Mamun, qui est semblablement assez grand, fort, & bien peuplé, comme de
marchans Mores, & Iuifs, & se gouuernent tous
par vn Seigneur particulier, qui est chef de partie
pource qu'il y a entre eus plusieurs debas, & inimi
ties, au moyen dequoy, ils viennent aus armes les
vns contre les autres, se chamaillans d'vne étrange
sorte, auec ce qu'ils gâtent, & rompent les conduis,
qui viennent du fleuue, arrousans les terres, pour
lesquels retourner à leur entier, il faut employer
grand somme de deniers. Ils coupent aussi les datiers par le pied, & se sacagent d'vn côté, & d'autre, à quoy faire les Arabes leur prêtent tout aide

Mōnoye des habi-tans de la prouince Segelmes-se.

& secours, pour leur donner meilleur moyen de se
ruiner plus soudainement. Ils font batre dans leur
chateaus monnoye d'or, & d'argent, & sont leurs
ducats, comme ceus de bas or; mais la menue monnoye est de fin argēt, du pois de quatre grains pour
piece, dont les ottante reuiennent à vn ducat. Par
tie de leur reuenus est tiré par leur chef, comme le
tribut des Iuifs, & profit de la monnoye: & l'autre
partie, par les Arabes, comme la douane. Ce sont
gens metaniques, tellement que se retrouuans hors
leur pays, ils s'employent à tout vil mêtier. Il y a
quelques gentilz-hommes riches, & s'en trouue
plusieurs, qui se transportent en la terre des Noirs,
pour y porter les marchandises de Barbarie, qu'ils
troquent contre l'or, & esclaues. Leur viande est
de

de dates auec quelque peu de grain, & y à par tous ces châteaus grande quantité de scorpions, mais on n'y sauroit trouuer vne puce. En temps d'esté la chaleur y est si vehemente, & excessiue, qu'il s'y leue de la poussiere merueilleusement, laquelle fait com me je pense) que tous les habitans ayent les yeus enflés, & en ce même temps (que le fleuue vient à tarir) il y à grand'faute d'eau, pource que celle des puys est salée. Le territoire contiet enuiron octante mille, lequel apres la ruine de la cité (estant le peuple en vnion) fut enuironné auec murailles de petite dépense, à celle fin qu'il fût hors la cource des cheuaus, de sorte qu'ils se maintindrent tresbien en liberté, pendant que la partialité fut par eus surmarchée, mais ils ne se furent pas plus tôt formalisez, les vns contre les autres, que les murailles furent abatues, chacune partie appellant les Arabes à son aide, qui les rendirent peu à peu leurs tributaires.

¶Segelmesse, cité.

Ette cité (selon l'opinion d'aucuns historiographes) fut edifiée par vn Capitaine des Romains, qui s'étant party du pays des Mores, conquit toute la Numidie, puis tira vers le Ponant, jusques à Messe, là ou il fonda cette cité qu'il nomma Sigilummesse, tant pour estre à l'extremité du domaine de Messe, comme pour sine de sa derniere victoire. De puis le vocable estant corrompu, fut appellé Segel-

LIVRE VI. DE LA

messe. Il y a vne autre opinion vulgaire, laquelle semble ensuiure nôtre Bicri Cosmographe, que cette cité fut edifiée par Alexandre monarque de la terre, pour cause des malades, & estroupies de son camp: Ce que me semble faus, pourautant qu'il ne se trouuera dans les Historiens aprouuez, qu'Alexandre paruint jamais jusques à ces fins. Elle estoit assise en vne plaine, sur le fleuue Ziz, ceinte de belles & hautes murailles, comme il en aparoît encore quelque partie. Du temps que les Mahommetans passerent en Afrique, elle fut reduite sous la puissance d'aucuns Seigneurs du peuple de Zenete qui la gouuernerent, jusques à tant que Ioseph fils de Tesfin de Luntune les en expulsa. Elle estoit ciuile, embellie de beaus edifices, peuplée d'abitans riches pour le grand train de marchandise qu'ils demenoyent au pays des Noirs, & ornée de superbes temples, & somptueus coleges, auec plusieurs fontaines, d'ou l'eau estoit épuisée auec grandes rouës, qui la faisoyent tressaillir dans le conduit, lequel passoit par la cité. L'air y est bon, & bien temperé, fors qu'il est treshumide en temps d'yuer, qui causoit plusieurs catarres aus habitans, & mal des yeus en esté, mais il estoit de peu de durée. Maintenant la cité est toute en ruine & (comme nous auons dit) le peuple se retira en la campagne, & aus chateaus, pour en iceus faire sa demeurance. I'y ay sejourné par l'espace de six mois ordinairemèt dans le chateau qu'on appelle Memun.

Ioseph fils de Tesfin, met sous sa main Segelmesse cité.

Esu-

Esuchaila, chateau.

Ce chateau icy est petit, distant du territoire de la cité susnommée par l'espace de douze mille, du côté de Midy, edifié par les Arabes en vn desert, auquel ils tiennent leurs biens, & viures, de peur qu'ils ne soyent pillés par les ennemis. Et ne sauroit on veoir autour, ny dire qu'il y ait autre chose, que la malediction de Dieu, pource qu'on n'y pourroit trouuer jardin, verger, terre labourable ny aucun bien, sinon caillous, & arène.

Humeledegi.

Ce chateau est distant de Segelmesse enuiron vingt & cinq mille, edifié par les Arabes dans vn âpre desert, sur le grand chemin, qui est entre Segelmesse, & Dara, & n'y à autre chose à l'entour, qui soit bonne, sinon vne âpre campagne, laquelle produit grande quantité de fruis, qu'on jugeroit à les veoir de loin, que ce fussent oranges, semées çà et là, & écartées par la campagne.

Vmmhelhefen.

Cet autre est vn dangereus chateau, distant de Segelmesse enuiron vingt & cinq mille, edifié par les Arabes dans vn âpre desert, sur le grád chemin, qui est entre Segelmesse, & Dara. Le clos d'iceluy est de tresbelles, & bonnes murailles, d'ou les pierres sont si noires qu'elles resemblent au charbon, & y à ordinairement vne garde d'aucuns Seigneurs Arabes, lesquels font de sorte, que nul n'y passe,

passe, qu'il ne paye vn ducat pour charge de chameau, & ainsi se font payer de chacun Iuif. Ie y passay vne fois en compagnie de quatorze Iuifs, & s'enquerant la garde combien nous estions, nous répondimes, que nous ne passions le nombre de douze, mais ayant trouué le contraire de ce, que nous aurions afermé, en voulut retenir deux, que nous acertenames estre Mahommetans, à quoy ajoûtant peu de foy leur feirent lire l'office de Mahommet. Ce qu'ayans fait, on leur demanda pardon, & fumes tous remis en liberté.

D'aucunes contrées, assauoir, Tebelbelt, Todga, Farcala, Tezerin, Beni Gumi.

Ebelbelt est vne contrée au milieu du desert de Numidie, distante d'Atlas, environ deux cens mille, & cent de Segelmesse, du côté de Midy, contenant en son pourpris, seulement trois châteaus, qui sont bien peuplés, dont le territoire ne produit autre fruit, que des dates, ayant grand faute d'eau, & vsent les habitans, de chair d'autruches, & de cerf, qu'ils prennent à la chasse. Ils font grand train de marchandise en la terre des Noirs, mais d'autant que les Arabes les ont rendus leurs tributaires, ils sont reduis à vne extreme pauureté.

Todga est vne petite prouince sur le fleuve du même nom, abondante en dates, raisins, & figues, contenant environ quatre châteaus, & dix vilages, habités de paures gens, qui sont la plus grand partie laboureurs, tanneurs, ou conroyeurs. Elle est distante de Segelmesse, environ quarante mille, devers le Ponant.

Farcala est une autre contrée sur un fleuue, laquelle est semblablement abondante en dates, & autres fruits, mais il n'y croît du grain, fors quelque petite quantité, tant que cela se peut appeller rien. Il y à trois châteaus, & cinq vilages, & est distante du mont Atlas, par l'espace de cent mille, du côté de Midy, & soissante de Segelmesse. Les habitans sont vassaus des Arabes, viuans sous eus en grande pauureté.

Tezerin est une tresbelle contrée, sur un petit fleuue, distante de Farcala, environ trente mile, & soissante de la montagne, fertile au possible en dates, & contenant quinze vilages, six châteaus, & les vestiges, & apparence de deux cités, desquelles on à ignoré le nom jusques à present, & d'icelles est deriué le nom de ce territoire, pource que Tezerin en langage African, vaut autant à dire, comme en nôtre vulgaire, cités.

Beni Gumi est une contrée, qui est encore assise sur le fleuue Ghir, ayant un terroir fertile en datiers, mais les habitans d'icelle languissent en pauureté extreme, & tellement que dans Fez, ils ne font nulle dificulté d'exercer tous vils metiers, à quoy on les sauroit employer, mettans le gain, qui

Sſ 3   leur

leur en prouient, en quelque beau cheual, qu'ils reuendent puis apres aus marchans, qui se transportent en la terre des Noirs. En cet endroit y à huit petis châteaus, & plus de quinze vilages, distans de Segelmesse, enuiron cent cinquante mile du côté de Siloc.

Mazalig, & Abuhman, chateaus.

Ces deux chateaus icy sont assis au desert de Numidie, sur le riuage du fleuue Ghir, distans l'vn de l'autre, par l'espace de cinquante milie : les habitans sont Arabes, qui se voyent estre continuellement agités par misere extreme, & grãde calamité, pour ce qu'en leurs terres ne croit grain aucun de quelque sorte que ce soit, auec ce que les datiers y sont bien clair semés.

Chasair, cité.

Chasair est vne petite cité, assise au desert de Numidie, prochaine d'Atlas, enuiron vingt mille, pres delaquelle y à vne veine de plomb, & vne autre de Antimoine, que les habitans mettent en œuure, puis portent leur ouurage à Fez, & ne croit autre chose en tout leur territoire.

Veine de plomb.

Beni Besseri.

Beni Besseri est vne autre marche, en laquelle y à trois chateaus, assis au pied de la montagne d'Atlas, ou le territoire est abondant en toute sorte de fruits, excepté qu'il est sterile en grains, & datiers, & s'y trouue vne veine de fer, qui en fournit toute la prouince de Segelmesse. Il y à peu de vilages

Veine de fer.

ges, neantmoins ils sont tous sous la puissance du Seigneur de Dubdu, & des Arabes, & ne s'adonnent les habitans à autre exercice, qu'à tirer le fer de cette veine.

Guachde, contrée.

Guachde est vne contree, distante de Segelmesse enuiron septante mille, du côté de Midy, en laquelle sont situés trois gros chateaus, & plusieurs vilages, tous sur le riuage du fleuue Ghir. Il y croit quelque peu de grain, & des dates en grande abondance. Les habitās sont transporter leur marchandise en la terre des Noirs, & sont tous tributaires aus Arabes.

Fighig, chateau.

Ces trois chateaus sont assis au milieu du desert qui produit des dates en grande abondance, distans de Segelmesse, enuiron cent cinquante mille, du côté de Leuant. Les femmes de là ourdissent, & trament aucuns draps en maniere de couuertures de lits, mais tant deliez, & delicas, qu'on diroit proprement à les veoir, qu'ils sont fais de soye, au moyen dequoy, ils se vendent fort cher par toute la Barbarie, comme dans Fez, & Telensin. Les hommes sont de bon jugement, bien expers, & de grand esprit, dont les vns s'employent à demener train de marchandise, & trafiquer en la terre des Noirs, les autres se delectent à l'exercice des lettres, qu'ils aprennent à Fez, puis quād quelqu'vn est paruenu au doctorat, il fait retour en Numidie, se faisant

Prêtre, ou Predicateur, tellemēt que par ce moyen, ils s'aquierent de grandes richesses.

Tesebit.

Tesebit est vne marche au desert de Numidie, distante de Segelmesse, enuiron deux cens cinquante mille, du côté d'Orient, & cent de la montagne d'Atlas, contenant en son pourpris, enuiron quatre châteaus, & plusieurs vilages, aus confins de la Libye, sur le chemin, par lequel on va de Fez, ou Telensin, au Royaume d'Agadez, en la terre des Noirs. Les femmes sont brunes, & belles, de cheuelure noire, mais les habitans sont fort pauures, pource que leur pays est totalement sterile, ne produisant aucun fruit, sinon dates, & quelque peu d'orge.

Tegorarin, contrée.

Tegorarin est vne autre grande contrée, au desert de Numidie, distante de Tesebit, par l'espace de cent vingt mille, du côté de Leuant, là ou il y à enuiron cinquante châteaus, & plus de cent vilages, qui sont tous enuironnés de possessions, lesquelles sont bien peuplées de datiers. Les habitans de là, sont fort opulens, car ils ont coutume de se transporter auec leurs marchandises, au Royaume des Noirs, d'ou les marchans sont atendus par ceus de Barbarie, en cette marche, puis sont depart tous ensemble. Il y à plusieurs terres bonnes au labourage, mais il les faut arrouser auec l'eau des puis, à cause que le pays est fort sec, et maigre. Et pour mieus

le

le faire raporter, ils les fument, au moyen dequoy ils ont coutume de bailler leurs maisons aus étrangers sans louage, pour retirer seulement le fiens de leurs cheuaus, lequel ils gardent fort curieusemēt, voire & ne sauroyent receuoir plus grand déplaisir, que de veoir qu'elqu'vn sortir hors la maison pour aller du corps, tellement qu'ils le reprennent fort âprement, disans s'il n'y a pas lieu dedans, pour ce faire. La chair y est fort chere, à cause qu'on n'y sauroit nourrir du bétail pour la trop grande seicheresse du pays, sinon quelques cheures qu'ils tiennēt pour en retirer du laitage. Leur coutume est de manger chair de chameau (qui pour estre vieus & cassés ne sauroyēt plus voyager sous la charge) qu'ils achetent des Arabes, lesquels s'acheminent en leur pays pour les marchés, qui s'y tiennent. Ils vsent aussi de suif salé, parmy leurs viandes, qui leur est aporté par les marchans de Fez, & Telensin, lesquels en retirent vn grand profit. Il y souloit jadis habiter des Iuifs fort riches, qui par le conseil & suasion d'vn predicateur de Telensin furent tous sacagez, & la plus grand' partie acablée, par l'émotion populaire, ce qu'auint en l'année mêmes que les Iuifs furent expulsez par Fernand Roy d'Espagne, & Sicile. Le gouuernement de ceus-cy est entre les mains de quelques chefs de partie, pour lesquels le plus souuent prennent les armes les vns encontre les autres, mais auec tel respet, que les étrangers n'en reçoiuent le moindre déplaisir que ce soit.

Suif salé pourviande des habitans de Legorarin.

ce soit. Ils sont tenus de rendre quelque petit tribut aus Arabes leurs voisins.

Meszab.

Meszab est vne marche aus desers de Numidie distante de Tegorarin, enuiron trois cens mille du côté de Leuant, & autant de la mer Mediterranée là ou il y à six chateaus, & plusieurs vilages, les habitans desquels possedent grandes richesses, estans fort adonnez au train de marchandise, en la terre des Noirs. Et auec ce, les marchans d'Algier, & Buggie, se trouuent & assemblent en ce lieu, auec les marchans du pays des Noirs. Neantmoins ils rendent tribut aus Arabes, ausquels il sont sujets.

Techort, cité.

Techort est vne ancienne cité, edifiée par les Numidiens, sur vne montagne en forme d'vn promontoire, & au dessous prend son cours vn petit fleuue, sur lequel y à vn pont leuis comme on à coutume de tenir aus portes des cités, & forteresses. Elle est enuironnée de murailles à craye, & pierre viue, fors du côté de la montagne, pource que les hauts rochers luy seruent de rampart, & distante de la mer Mediterranée, enuiron cinq cens mille du côté de Midy, puis eloignée de Tegorarin, par l'espace de trois cens mille, contenant jusques au nombre de trois cens feus. Toutes les maisons sont faites de brique, & pierre viue, fors le temple, dont la structure est de belles, & grosses pierres entaillées. La
cité

cité est bien peuplée, tant d'artisans comme de gentils-hommes, lesquelles sont fort opulens en possessions de datiers, mais ils se trouuent merueilleusement necessiteus en grains, combien que les Arabes leur en aportent de Constantine, qu'ils troquent contre les dates. Ils se montrent fort affectionnez à l'endroit des etrangers, lesquels ils reçoiuent en leurs maisons amyablement, sans en demander aucun payemẽt, & leur donneront plus tôt leurs filles en mariage, qu'à ceus de leurs pays mêmes, leur assinans le douaire sur les possessions, comme lon fait en Europe. Dauantage, ils leur font plusieurs presens, voire de grande valeur, encore qu'ils n'esperent plus les reuoir, mais seulement pour demontrer leur grande liberalité. Premierement cette cité fut gouuernée par les Rois de Maroc, depuis ceus de Telensin se la rendirent tributaire, & finablement elle à esté reduite sous la puissance du Roy de Thunes, lequel en retire cinquante mille ducats par an, mais sous telle condition, qu'il les viendra receuoir en personne, tellement, que celuy qui regne à present s'y est acheminé deux fois pour ce même fait. Autour de la cité se voyent plusieurs châteaus, vilages, auec quelques lieux, & territoires distans d'icelle, par l'espace de trois ou quatre journées, d'ou les habitans sont tous sujets au Seigneur de la cité, lequel à de reuenu par an, cent trente mille ducats, & tient bonne garde de cheuaus, arbaletiers, & haquebutiers

Techort tributaire au Roy de Thunes.

tiers Turcs, qu'il foudoye fort bien, tellement qu'il donne ocafion, auec meilleure enuie à vn chacun de demeurer en fa cour. Et, à dire vray, il eſt magnanime, & liberal autant que jeune Seigneur pourroit eſtre, & s'appelle Habdulla, auec lequel j'eu familiarité, qui me le feit trouuer traitable, courtois, & modeſte, tant que rien plus, careſſant, & fauoriſant merueilleuſement les étrangers.

Guargala.

Guargala eſt vne cité fort ancienne, edifice par les Numidiens, au deſert de Numidie, ceinte de brique cruë, & eſt remplie de belles maiſons, bien peuplée d'artiſans, étans par dehors enuironnée de pluſieurs poſſeſſions de dates, chateaus, & vilages infinis, & ſont les habitans d'icelle fort riches, pour ce que leur territoire côfine auec le Royaume d'Agadez, dont il ſe trouue entre eus pluſieurs marchans étrangers, mêmemët de Thunes, & Conſtantine, qui portent la marchandiſe dans la cité, qu'ils amenent de Barbarie, laquelle ils troquent auec les marchäs de la terre des Noirs. Il y à touſiours gran de cherté de blé, & chair, au moyen dequoy ils n'en mangent que d'autruches, & de chameaus. La plus part des habitans ſont gens noirs, non que l'intemperäce de l'air leur cauſe cela, mais pource qu'ils ſe joignent ordinairement auec des Eſclaues noires, qui leur fait engendrer de ſi beaus mâles. Ils ſont plaiſans, & liberaus, & fort humains enuers
les

les étrangers, pource qu'ils ne sauroyent auoir chose aucune, sinon par leur moyen, comme grains, chair salée, suif, draps, toiles, armes, couteaus, & en somme tout ce, qui leur est necessaire, & dequoy ils ont besoin. Ils portent telle reuerence à leur Seigneur, comme s'il estoit Roy, lequel tient en sa garde enuiron deux mille cheuaus, & tire du reuenu de son domaine enuiron cent cinquante mille ducats, rendant grand tribut aus Arabes ses voisins.

Le Seigneur de Guargala, tributaire aus Arabes.

Zeb, prouince.

Cette prouince est au milieu des desers de Numidie, laquelle prend son commencement de la partie du Ponant aus confins de Mesila, & se termine du côté de Tramontane au pied de la montagne du Royaume de Buggie, deuers Leuant, au pays des datiers, qui répond vers le Royaume de Thunes, & du côté de Midy, en certains desers, par lesquels passent ceus qui veulent s'acheminer de Techort à Guargala. Elle est assise en lieu fort chaut & sabloneus, au moyen dequoy il s'y trouue peu d'eau, & terres labourables, mais il y à infinies possessions de datiers. Il y à aussi grand nombre de vilages, & vingt & cinq cités, desquelles nous ferons par cy-apres vne particuliere, & ample description.

Pescara.

Pescara est vne ancienne cité, edifiée du temps que la Barbarie estoit sous le gouuernement, &
Sei-

LIVRE VI. DE LA

Ruine & restauration de Pescara.
Seigneurie des Romains. Depuis elle fut ruinée, & apres relevée, alors que les exercites des Mahommetans passerent en Afrique, tant qu'elle est aujourd'huy assez sufisamment peuplée, & ceinte de murailles de brique cruë. Les habitans sont civils, mais pauures, pource que leur territoire ne produit autre chose que datiers, & vont demeurer en temps d'esté jusques au mois de Nouembre, dans leurs possessions, abandonnans la cité, qui à changé de plusieurs Seigneurs, car elle estoit premierement sous la puissance des Rois de Thunes, jusques à la mort du Roy Hutmen, & en-apres elle se reuolta à la suasion d'vn prétre, qui s'empara de la Seigneurie d'icelle, sans que depuis le Roy de Thunes ait peu trouuer moyen de la remettre sous son obeissance, pour chose qu'il ait peu faire. Il y à vne grande quantité de scorpions, à la pointure desquels ne se trouue nul remede, tant le venin en est vehemët & soudain, qui est cause, que les habitans se retirent de la cité, aus temps chaleureus.

Borgi.

Borgi est vne autre cité, distante de Pescard, enuiron quatorze mille, du côté de Ponant, ciuile & bien peuplée, en laquelle y à plusieurs artisans, mais encore plus de ceus qui cultiuent les possessions. Ils ont si grand' faute d'eau, que voulans arrouser leurs terres, par vn canal (qui leur sert à ce fai) chacun subsequemment fait courir l'eau, par ses terres l'espace d'vne heure, ou deux, selon l'é-
ten-

tendue d'icelles, & ainsi compartissent les heures
entre eus, tellement qu'ils font plusieurs fois de
grandes questions, dont s'en ensuiuent plusieurs
meurtres, & occisions.

Nesta.

Nesta est vne cité, ou plus tôt pourpris de terre
ou sont situez trois gros châteaus, & memement ce
luy ou est située la forteresse, dont les anciens edifices, qui se voyent encore à present, me font estimer
qu'ils ayent esté edifiés par les Romains. Mais com
bien qu'ils soyent bien peuplés, cela ne leur augmen
te pourtant en rien la ciuilité, qui est bien petite.
Les habitans souloyent estre bien opulens, pource
qu'ils sont sur le chemin, par lequel on va au pays
des Noirs, mais depuis cent ans en çà elle s'est mon
trée contraire, & rebelle au Roy de Thunes, parquoy celuy qui regne à present, s'y achemina auec
vne grosse armée, moyennant laquelle il la soumit
à son obeissance, la sacageant, ruinant les murailles, & mettant a mort plusieurs des citoyens, tellement que tous les trois châteaus premierement su
perbes, sont maintenant reduis en pauure vilage,
auprès duquel s'écoule vne eau viue, plus tôt chau
de, que froide, dequoy ils arrousent leur territoire.

*Nesta sa-
cagée par
le Roy de
Thunes.*

Theolacha.

Theolacha est vne cité edifiée par les Numidiës
& ceinte de paures murailles. Le territoire est a-
bondant en dates, mais sterile en froment, dont
les

dont les habitans sont fort necessiteus. Ioint aussi, qu'ils sont merueilleusemēt oppressez par les Arabes, & le Roy de Thunes. Ils s'adonnent fort à l'auarice, & sont superbes outre le deuoir, auec ce qu'ils se montrēt peu courtois enuers les etrangers.

Deusen.

Deusen est vne cité anciennement edifiée par les Romains, là ou confine le Royaume de Buggie, auec le desert de Numidie. Elle fut ruinée par les Mahommetans, lors qu'ils entrerent en Afrique, pource que dans icelle y auoit vn Comte Romain, acompagné d'vn grand nombre de braues, & vaillans soldats, qui d'vn courage nō intimidé, ne voulurent jamais consentir, que la cité fût rendue entre les mains des Sarrasins, lesquels la tindrent assiegée par l'espace d'vn an durant, mais à la fin il fut force que la vertu cedât au temps, & à la multitude. Au moyē dequoy, apres que la cité fut prinse d'assaut, les vainqueurs feirent passer les vaincus par le fil de l'epée, les femmes, & enfans detenus prisonniers, les maisons, & edifices ruinés & démolis, mais les murailles pour leur épesseur, & bonne maçonnerie, ne peurent estre nullement endommagées, toutefois elles sont maintenant rompues en deux endroits, je ne say si c'est par éfort, ou par tremblement de terre. Aupres de la cité, se voyent aucuns vestiges resemblans à sepultures, là ou en temps de pluye on trouue certaines medailles

Deusen ruinée p les Mahōmetans.

les d'or, & argent, auec caracteres, & lettres, mais le sens d'icelles (apres m'en estre fort diligemment enquis) ne me seut jamais estre exposé.

Beledulgerid, prouince.

Cette prouince prend son commencemēt aux confins de Pescarra, & s'étend jusques sur les limites de l'île Gerbo, ayant vne partie fort eloignée de la mer Mediterranée, comme là ou sont situées Caphsa, & Teusar, distantes d'icelle, par l'espace de trois cens mille. Ce pays est fort chaut, & d'autant plus sec, au moyē dequoy, les terres ne produisent grain de quelque sorte que ce soit, mais des dates en grande abondance, & singulieres en perfection, lesquelles se transportent par toute la riuiere de Thunes, & y á plusieurs cités, comme je vous feray par cy-apres entendre.

Teusar.

Teusar est vne ancienne cité, edifiée par les Romains, au desert de Numidie, sur un petit fleuue, qui procede d'aucunes montagnes, du côté de Midy. Les murailles furent jadis belles & fortes, enuironnans vn grand circuit, mais elles furent ruinèes par les Mahommetans, auec d'autres beaus palais, & somptueus edifices, qui sont maintenant reduis à rien. Les habitans jouyssent de grandes richesses, tant en possessions, comme en deniers, pource qu'ils font plusieurs foires dans leur cité, auxquelles se trouuent diuers peuples, & en grand nombre, tant des

Teusar ruinée p̄ les Mahōmetans.

pays

pays de Numidie, que de Barbarie. Ils sont separés par vn petit fleuue en deux parties. En l'vne (qui s'appelle Fatnasa) sont comprins les citoyens naturels, & nobles de la cité. L'autre est nommé Merdes, habitée par certains Arabes, qui demeurerent dans la cité, depuis qu'elle fut prinse par les Mahōmetans, & sont continuellement en haine, les vns auec les autres. Il se rencontre peu souuent qu'ils prêtent obeïssance au Roy de Thunes, lequel leur vse d'vn mauuais traitement, quand par leur arrogance, ils le contraignent de s'y acheminer en personne, & mêmement celuy, qui regne à present.

Caphsa, cité.

Caphsa est vne cité anciennement par les Romains edifiée, laquelle demeura entre les mains d'aucuns Ducs, jusques à ce, que Hucba, Capitaine de Hutmen, y feit marcher son armée, qui la reduit sous la puissance des Mahommetans, lesquels meirent bas les murailles, mais pour éfort qu'ils feissent, jamais ne seurent endommager la forteresse, qui est, à veoir, vne chose singuliere, & admirable, pource que les murailles d'icelle sont de la hauteur de vingt & cinq toises, & cinq en largeur, maçonnées de pierres entaillées, & grosses, comme celles qui sont au Colisée de Rome. De là à quelque temps, les murailles furent redressées, & vne autre fois par Mansor demolies, lequel ayant eu journée contre le Seigneur de cette cité, le tua

Les Mahommetans batēt Caphsa.

Mansor, demolit les mu-

auec ſes enfans, & puis conſtitua Gouuerneurs, & Recteurs, par toute la prouince. La cité eſt pour le jourd'huy habitée, mais les edifices ſont de laide montre, fors le temple, & quelques autres petites moſquées. Les rues ſont fort larges, & pauées, comme ſont celles de Naples, & Florence. Les habitans ſont ciuils, mais fort neceſſiteus pour eſtre par trop oppreſſez du Roy de Thunes. Au milieu de la cité y à aucunes fontaines faites en forme de foſſes carrées, profondes, larges, & ceintes de murailles, entre leſquelles, & le bord d'icelles peuuent demeurer ceus auſquels il prend enuie de ſe lauer, à cauſe que l'eau eſt chaude, delaquelle ils boiuent apres l'auoir laiſſée refroidir, par l'eſpace d'vne heure ou deux: L'air de cette cité eſt treſmauuais, & dangereus, cauſant aus habitans d'icelle quaſi ordinairement vne fieure, qui les rend vituperables par toute l'Afrique. Au dehors y à poſſeſſions infinies d'oliues, oranges, & dates, leſquelles ſont des plus groſſes, & meilleures que lon ſauroit trouuer par toute la prouince, & les oliues ſemblablement, dont on retire de l'huile, bon en toute perfection, tant en goût ſauoureus, comme en naiue couleur. Là ſe trouuent quatre choſes ſingulieres, & commendables, dates, oliues, toiles, & vaſes. Les habitans vont aſſez honneſtement en ordre, ſinon qu'ils vſent de gros, & lours ſouliers de cuir de cerf, pour plus facilement remuer, & changer les ſemelles.

railles de Caphſa, tue le Seigneur, & ſes enfãs

Fõtaines magnifiques, d'eau chaude.

LIVRE VI. DE LA

Neszara, chateau.

Neszara sont trois chateaus prochains l'vn de l'autre, & distans de la mer Mediterranée, enuiron cinquante mille, bien habités, mais clos de pauures murailles, & garnis de pires maisons. Le territoire est fertile en datiers, mais sterile en grains, & les habitans fort indigens, pour estre par trop foulés du Roy de Thunes. Quant aus cités de Ciemen de Capes, & Gerbo, nous en auons parlé en discourant le Royaume de Thunes. Parquoy les laissant à part je viendray à vous faire entendre les particularitez & choses notables, qui sont contenues en la part de la Numidie, qui repond sus le domaine de Tripoly.

Teorregu.

Teorregu, est vne marche aus confins du domaine de Tripoly, cet à sauoir là ou il se termine auec le desert de Barca, auquel sont situés trois châteaus, & plusieurs vilages, ou le territoire est fort abondant en datiers, mais il n'y croît aucun grain. Les habitans sont riches en deniers, & necessiteus en toutes autres choses, à cause qu'ils confinent auec le desert, eloigné de toute habitation ciuile.

Iassiten.

Iassiten est vne contrée sur la mer Mediterranée, dans le pourpris delaquelle sont situés plusieurs vilages, & possessions de datiers. Les habitans sont mediocrement riches, pourte qu'estans sur la mer,

ils

ils ont moyen de échanger, & troquer leurs marchandises auec les Egyptiens, ou Siciliens.

Gademes.

Gademes est vne contrée, contenāt en son pourpris plusieurs châteaus, & vilages bien peuplés, distans du côté de la mer Mediterranée, enuiron trois cens mille. Les habitans sont riches en possessions de dat[t]rs, & en argent, pource qu'ils demenent grand train de marchandise en la terre des Noirs, & se gouuernent par eus mêmes, rendans quelque tribut aus Arabes. Mais ils estoyent premierement sous le gouuernement du Roy de Thunes, c'et à sauoir, Lieutenant de Tripoly. Là le grain, & la chair y est en grande cherté.

Fezzen.

Fezzen est vne contrée bien ample, en laquelle sont situés de gros châteaus, & vilages, tous habités par vn peuple fort opulent, tant en possessions comme en deniers, pource qu'ils sont aus confins d'Agadez, & du desert de Libye, qui confine auec l'Egypte, & est distāte cette marche du grand Caire, enuirō soissante journées, sans qu'on puisse trouuer autre habitation par le desert qu'Augela, qui est en celuy de Libye. Cette contrée de Fezzen est gouuernée, & regie par vn Seigneur, qui est comme primat du peuple, lequel distribue tout le reuenu du pays, au profit public, apres auoir satisfait aus Arabes de quelque somme de deniers, dequoy on

Fezzen tributaire aus Arabes.

on leur est redeuable. Il ny à en ce pays autre chair que de chameau, qui est en grande requeté, & fort chere.

¶ Desers de Libye.
Zanzaga, premier desert.

PVIS que nous vous auons amplemēt acertené par nôtre description de la Numidie, seconde partie d'Afrique, nous vous reciterons maintenāt ce que nous auons veu de notable aus desers de Libye, qui sont diuisez en cinq parties, comme nous auons dit au commencement de nôtre œuure. Et pour auec meilleur ordre encommencer la chose, nous parlerons du desert Zanzaga, qui est sec, & maigre, prenant son origine à la mer Oceane, deuers Ponant, & s'étendant du côté de Leuant jusques aus salines de Tegaza, & de la partie de Tramontane se terminant aus confins de Numidie, cet à sauoir à la prouince de Sus, Haccha, & Dara, prenant son étendue deuers Midy, jusques á la terre des Noirs, qui est aus fins du Royaume de Gualata, & Tombut. Là ne se peut trouuer eau, sinon de cent en cent mille, qui encore est salée, & amere, sourdant dans des puys fort profons, mêmement par le chemin qui est entre Segelmesse, & Tombut. Il y à plusieurs animaus sauuages, & venimeus, comme il vous sera recité en temps, & lieu En ce desert se trouue vne plane fort âpre, & fâcheuse, qui s'appelle Azarad, ou ne se trouue eau

par

par l'espace de deux cens mille, ny habitation, commençant au puys de ce desert, jusques à celuy d'Araran, qui est prochain de Tombut cent cinquante mille, là ou tant pour l'excessiue chaleur, comme pour l'ardente soif les hommes sont contrains de rendre les abois, comme je pense vous auoir desia fait entendre.

¶ Desert, ou le peuple de Zuenziga fait sa residence.

LE second desert commence aus confins de Tegaza, du côté de Ponant, suiuant son étendue deuers Leuant, jusques aus limites d'Hair desert, auquel habite le peuple de Targa, & de la partie de Tramontane se termine aus desers de Segelmesse, Tebelbelt, & de Benigorai, deuers Midy, prend fin au desert de Ghir, qui répond vers le Royaume de Guber, & est ce desert plus âpre, & sec, que n'est celuy, duquel nous auons cy dessus fait mention. Là est le passage des marchans qui s'acheminent de Telensin à Tombut, passans par le milieu de ce desert, mais pour la grande secheresse d'iceluy plusieurs personnes y laissent la vie, & plusieurs animaus sont contrains à demeurer, ne pouuans passer outre, pressés de trop grande soif, qu'ils ne sauroyët étancher par faute d'eau. Il se trouue encore vn autre desert, appellé Gogden, auquel impossible est de trouuer vne seule goute d'eau par l'espace de neuf journées, fors dans vn Lac, qui se fait de l'eau des pluyes, mais c'est grande auenture d'en rencõtrer. Au moyen dequoy pour preuenir à tous inconueniens, on charge à force eau, sur les chameaus, pour le passer.

¶ Desert, ou habite le peuple de Targa.

LE tiers desert commence aus confins d'Hair, du côté de Ponant, s'étendant jusques au desert d'Ighidi, deuers Leuant, & du côté de Tramontane se termine auec les desers de Tuath, Tegorarin, & Mezib. De la partie de Midy, se joint auec les desers prochains du Royaume d'Agadez. Ce desert-icy n'est si âpre ny dangereus comme sont les deux premiers, car on y trouue de bonne eau, & douce dans des puys tresprofons, aupres d'Hair, là ou il y a vn desert produisant des herbes à foison bien temperé, & en bon air. Plus outre joignant Agadez, tombe la manne, qui est vne chose fort merueilleuse, & la vont au matin les habitans recueillir dans de petis panniers, qu'ils portent vendre fraichement dans Agadez, là ou s'achete douze deniers la pinte, & se boit meslée auec de l'eau, qui est vne chose fort souueraine. On en met aussi parmy les potages à cause qu'elle à proprieté de rafraichir. Et croy que pour cette ocasion les étrangers sont peu souuent ataints de maladie en Agadez, comme le contraire leur auiët dans Tombut, cõbien que l'air soit cor-

La manne.

DESCRIPT. D'AFRIQVE.

corrompu, & pestifere en ce desert, qui s'étend de Tramõtane à Midy, par l'espace de trois cens mille.

¶ Desert, ou fait sa demeure le peuple de Lemta.

LE quatriéme desert commence aus limites d'Ighidi, s'étendant jusques aus confins de celuy, que le peuple Berdoa à prins pour sa demeurance. Du côté de Tramontane se joint auec le desert de Techort, de Guargala, & Gademis : deuers Midy se termine auec les desers, par lesquels on s'achemine à Cano, Royaume dans la terre des Noirs. Il est sec, & fort dangereus pour les marchans, qui le trauersent, comme ceus qui se transportẽt en ces cités susnommées. Et pourautant que les habitans de ce desert pretendent droit, sur la Seigneurie de Guargala, ils sont grans ennemis de celuy, qui l'vsurpe, & en jouit, ce qui leur fait piller, & deuariser tous les marchans qui passent sur leurs fins, & apertenances. Mais ceus de Guargala reçoiuent vn traitement, qui est vn peu plus fort à digerer, car on les meurtrit, sans auoir égard à la qualité des personnes, auec vne tresgrande inhumanité.

¶ Desert, ou habite le peuple de Berdoa.

LE cinquiéme desert prend son commencemẽt aus fins du precedent, & s'étend deuers Leuãt jusques au desert d'Angela. Du côté de Tramontane se confine auec les desers de Fezzen, & de Barca, puis se jete au large de la partie du Midy, jusques sur les limites du desert de Borno. Il y a grande seicheresse, & ne se trouue personne qui se puisse promettre seureté à le trauerser, sinon les peuples de Guademis, lesquels sont fort aliés, & grandement amys des habitans de ce desert, & se fournissent de viures, & d'autres choses à Fezzen, pour le pouuoir passer. Le reste des desers de Libie (c'et à sauoir depuis Augela jusques au Nil) est habité par vn peuple African, appellé Leuata.

Nun, contrée.

Nun est vne contrée assise sur la mer Oceane, en laquelle n'y à que vilages habitez, par vn pauure peuple, & est entre la Numidie, & Libye, delaquelle elle tient plus. Il n'y croît autre grain que orge, mais si peu que rien, & quelque quantité de dates de mauuaise saueur. Les habitans pour leur pauureté se tiennet mal en ordre, joint aussi, qu'ils sont oppressez par les Arabes, & s'en trouue quelques vns, qui se transportent pour marchandise au Royaume de Gualata.

Tegaza.

Sel semblant au marbre. Tegaza est vne contrée, en laquelle se trouuent plusieurs veines de sel, qui semble marbre, qu'ils tirent d'aucunes cauernes: & autour d'icelles sont assis plusieurs hameaus, là ou se retiret ceus qui sont ordonnez à ce labeur, lesquels ne sont du pays mêmes, mais viennent de marches étranges en voiture,

ture, & demeurent icy pour tirer ce sel, qu'ils gardent jusques à ce qu'il arriue vne autre voiture, qui l'acheté de ceus qui l'ont tiré premierement, puis on le transporte à Tombut, là ou il est en grande recommendation, dont la charge de chacun chameau est de quatre tables, ou platines de sel, & n'ont autre viure les maneuuriers que ceus, qui leur sont aportez de Tombut, ou Dara, citez eloignées de ce desert par l'espace de vingt journées, tant que il est bien souuent auenu, qu'on les à trouué mors dans les loges, pour le trop long sejour des viures. Outre ce, en temps d'esté il se leue vn vent de Siloc, qui les rend perclus des genous, & plusieurs en perdent la veuë, de sorte, que le sejour est fort dangereus en ce lieu là. Ie y demeuray pour vne fois trois iours continuels, jusques à tant que les voituriers arriuerent pour charger le sel, & pendant ce temps je fu contraint de boire tousiours de l'eau d'aucuns puys, qui sont joignans les salines.

Augela.

Augela est vne contrée au desert de Libye, distante du Nil, enuiron quatre cens cinquante mille, en laquelle sont situez trois chateaus, auec quelques vilages, autour desquels se voyent plusieurs petites possessions de datiers, mais les terres sont steriles en grain, en defaut dequoy les Arabes en y aportēt de la Region d'Egypte. Cette côtrée est assise sur le grād chemin, par lequel on s'achemine de Moritanie, en Egypte, trauersant le desert de Libye.

Ser-

Serte, cité.

Serte est vne ancienne cité, edifiée (comme aucuns veulent dire) par les Egyptiens, & selon l'opinion d'autres) elle fut bâtie par les Romains, cõbien qu'ils s'en trouue plusieurs lesquels acertenent qu'elle à esté fondée par les Africans. Quoy qu'il en soit, elle est maintenãt ruinée, & estime lon que les Mahommetans la demolirent, encore qu'Ibnu Rachic semble y cõtrarier, disant que les Romains la meirent en rume, & n'en aparoit pour le present qu'aucunes traces, & masures.

Berdeoa, contrée.

Au milieu du desert de Libye, distant du Nil enuiron cinq cens mille, y a cinq, ou six vilages, desquels le territoire produit des dates en quantité, & trois châteaus, qui depuis huit ans en ça ont esté retrouuez par vne guide nommée Hamar, lequel se desuoya, à cause de quelque mal, qui luy tomba sur la veuë. Cetuy-cy se retrouuant seul entre ceus de la carauanne, qui eût cognoissance des lieux, marchoit deuant, sur vn chameau, se faisant au bout de chacun mille, donner de l'arène qu'il odoroit, tellemẽt que par cette nouuelle, & inusitée pratique, aprochant ces châteaus, de quarante mille pres, il asseura sa compagnie, estre prochains de quelque habitation. Ce que les autres estimoyent vne pure, & vraye mensonge, qui les faisoit ajoûter peu de foy à son dire, & encore moins à son inuention, pource qu'ils s'asseuroyent estre eloignez
de

de l'Egypte, non moins que de quatre cens huit mille, pensans d'estre encore retournez à Augel. Mais le troisième jour ensuiuant, ils changerent tous d'opinion, à cause des trois châteaus qui se presenterent deuant leurs yeus, & d'autre côté estans semblablement par les habitans d'iceus decouuers, leur causerent vne admiration fort grande, moyennant laquelle intimidez, par la veuë, & presence de gens étrangers, se retirerent soudainement dans leurs habitations, serrans les portes, & refusans obstinemēt laisser prendre l'eau à ces voituriers, lesquels (pour l'excessiue soif qui les pressoit) entrerent en telle rage, & fureur, qu'ils donnerēt l'assaut aus chateaus qui furent facilement par eus subjuguez, & ayans prims de l'eau ce qu'ils pensoyent sufire, se meirent par les chemins.

Alguechet.

Alguechet est vne marche prochaine d'Egypte, cent vingt mille, au desert de Libye, en laquelle sont assis trois chateaus, plusieurs hameaus, & possessions de datiers. Les habitans sont noirs, mecaniques, auares, & riches, d'autant que leur contrée est assise en Egypte, & Gargau. Ils ont chef en guise d'vn Roy, mais cela ne leur afranchit en rien le tribut d'ou ils sont redeuables aus Arabes.

**FIN DV SIXIE'ME
LIVRE.**

LIVRE VII. DE LA

DE
LA DESCRIPTION
D'AFRIQVE, ET DES
choses memorables conte-
nuës en icelle.

LIVRE SEPTIE'ME.

Ou il est traité du pays des Noirs.

PROEME.

CEVS qui se sont anciennement eforcez auec le meilleur de leur esprit, & le plus diligemment qu'ils ont peu (apres auoir non sans grand trauail discouru plusieurs pays, contrées, & regions) rendre par leurs écris ample témoignage à la posterité des choses memorables de l'Afrique (comme Bicri & Meshudi) ont passé outre, sans toucher aucune

ne chose du pays des Noirs, sinon de Guechet & Cano. Mais cela ne les doit rendre moins recõmandables, ny diminuer en rien la gloire de leur merite, qu'ils se sont acquise par vne diligence laborieuse: pource que ce pays là auoit esté ignoré par leurs ayeuls, & par consequent ils n'en pouuoyent auoir juste cognoissance, sinõ qu'en l'an de l'Hegire trois cens octante il fut découuert par vn tel moyen, que je vous feray entendre. De ce méme temps donques les peuples de Luntune, & Libye par les paroles deceptiues, & hypocrisie dissimulée d'vn predicateur, furent tous subuertis, & reduis à la pernicieuse, & damnable secte de Mahommet: puis vindrent prendre la Barbarie pour leur demeurance: commencans par vne longue pratique à prendre cognoissance de ces pays: qui sont habités par gens d'vne vie n'estant en rien, ou peu dissemblable à celle des bétes & bruts animaus: sans Roy, sans Seigneur, & sans gouuernement, ny ciuilité aucune: de sorte qu'à bien grande difficulté entre telle canaille s'en trouuera vn, qui se puisse atribuer vne femme particuliere: mais s'adonnent le long du jour à suiure, & garder le bétail, ou cultiuer la terre: puis la nuict s'accompagnent dix ou douze personnes ensemble, tant hommes que femmes, lesquelles sont

Luntune & Libye adherent à la loy de Mahõmet.

Femmes communes.

au

au chois, & abandon de ceus, qui s'en mettent les premiers en possession: & en lieu de lits, reposent sur des peaus de brebis. Ils n'entreprennent guerre contre personne que ce soit: car il n'y a nul d'iceus, qui se ose hazarder de mettre le pied hors les bornes, & limites de leur pays. Là le soleil est par aucuns adoré, se prosternans soudain qu'ils le voyét aparoitre en Orient: les autres reuerét le feu, comme le peuple de Gualate, & s'en trouue aucuns, qui sont Chrétiens, imitans les cerimonies, qu'obseruent les Egyptiens en leur foy: j'enten de ceus de Gaoga. Ioseph fondateur de Maroc, & Roy du peuple de Lunne, auec les cinq peuples de Libye subjuguerent ces Noirs: lesquels furent par iceux instruis en la Loy Mahommetane: leur enseignans les ars, qui sont requis, & necessaires pour gaigner la vie: au moyen dequoy commencerent à s'acheminer en ces pays pour trafiquer, & trocquer diuerses marchandises auec us: tellement qu'ils retindrent la langue. Les peuples de Libye diuiserét ces pays entre eus en quinze parties, dőt chacune est habitée par vn tiers de ces peuples. Il est vray que le Roy de Tőbut qui est à present nommé Abubacr Izchia décendu des Noirs, estát fait capitaine par Soni Heli de la lignée des Libyens, & Roy de Tombut, & Gago, se re-

Le Soleil adoré p les peuples de Luntune & Libye. Le feu adoré par le peuple de Gualate.

Diuision du peuple de Libye.

reuolta, & meit à mort les enfans du defunt: à caufe dequoy le domaine & Seigneurie retourna fouz la puiffance des Noirs, fe montrant fortune à fes projets, & defleins fi fauorable qu'en mois de quinze ans il fubjuga plufieurs Royaumes: Mais ayant mené tous fes affaires à bōne fin, & pacifié tous fes pays, il luy print enuie de s'acheminer à la Meque, comme pelerin: en quoy faifant il dépendit, & confuma tous fes trefors, et richeffes: auec ce qu'il demeura endetté de cent cinquante mille ducats. Tous ces quinze Royaumes des Noirs qui font venus à nôtre cognoiffance, s'étendent d'vn côté à autre fur le fleuue Niger, & autres petites riuieres, qui tombēt en icelle. Ils font fituez entre deux treffongs defers: dont l'vn eft celuy, qui prenant fon origine à la Numidie, fe termine fur ces Royaumes mêmes: l'autre du côté de Midy, s'étend jufques fur l'Ocean: contenant beaucoup de regions dont la plus grande partie nous eft incogneue, tant pour le facheus chemin, & longue diftance des lieux, comme pour la diuerfité des langues, & contrarieté de foy: au moyen dequoy ils ne pratiquent auec aucun peuple, qui nous foit cogneu, finon ceus qui habitent fur l'Ocean, auec lefquels on a quelque familiarité.

Vv Gua-

LIVRE VII. DE LA
¶ Gualata, premier Royaume des Noirs.

CE Royaume-cy au respet des autres est de petite étendue, & de moindre qualité: pource qu'en iceluy n'y á autre habitation que trois grans vilages, quelques hameaus, & aucunes possessions de datiers. Ces vilages sont distans de Nun environ trois cens mille deuers Midy: de Tombut environ cinq cens, de la partie de Tramontane, & cent de la mer Oceane. Du temps que les peuples de Libye y souloyent regner, ils poserent le siege Royal en ces vilages, qui donnoit ocasion à plusieurs marchans de la Barbarie les frequenter: mais quand Hely (qui fut vn grand prince) paruint au Royaume, ils rompirent ce voyage pour se transporter à Tombut, ou à Gago: tellement que ce Seigneur en deuint pauure, & necessiteus. Ce peuple icy s'entretient de je ne say quelle lignée, qu'on nomme Sungai, qui est de gens noirs & vils, mais fort plaisans: mémement à l'endroit des étrangers. De nôtre temps le Roy de Tombut s'empara de ce Royaume, dont le Seigneur d'iceluy print la fuite au desert, demeurance de ses parens. Ce que voyant le Roy, & doutant du retour de iceluy apres qu'il s'en seroit departy, se rendit à traiter appointement par quelque Tribut, qu'il luy demanda, ce qu'on luy acorda: & demeure encore tri

bu-

butaire ce peuple. Leur maniere de viure ne differe en rien à celle des voisins qui habitent au prochains deserts, & les terres produisent du grain en petite quantité: comme millet, & vne autre espece de grain qui est rond, & blanc, mais il ne s'en trouue en Europe. Quant à la chair, elle y est touf jours en grande cherté. Les hommes, & femmes indifferemment ont acoutumé de porter le visage couuert: n'ayans aucune ciuilité entre eus, Iuges, ny courtisans: mais vsent les ans de leur vie en grande misere, & pauureté.

¶ Ghinée, Royaume.

LE second Royaume est appellé par nos marchās Gheneoa, mais ceus de Gennes, Portugal, & Europe qui n'en ont entiere cognoissance, l'appellent Ghinea, lequel confine auec le premier toutefois il y a d'espace entre deux par le desert, qui les separe, enuiron cinq cens mille: demeurant Gualata deuers Tramontane, & Tombut du côté de Leuant, & Melli de la partie du Midy. Ce Royaume-cy s'étend sur le fleuue Niger enuiron deux cens mille: dont vne partie est sur l'Ocean, là ou le Niger se rend dans iceluy, estant fort abondant en orge, riz, poisson, bétail, & cotton: dequoy lon fait des toiles, sur lesquelles les habitans du pays font vn grand profit auec les marchans de Barbarie: qui à l'encontre leur vendent, & deliurent plusieurs draps d'Europe, cuiure, leton, armes, & autres choses semblables. La monnoye des Noirs est en or de billon, & en quelques pieces de fer, qu'ils dépendent à l'achat de petite consequence: comme en pain, lait, miel, d'vne liure, demye, & vn quart. Ce pays ne produit aucun arbre fruitier: sans qu'on y puisse encore trouuer aucun fruit de quelque sorte que ce soit, sinon des dates qu'on apporte de Gualata, ou Numidie. Il n'y à cité, ny chateau, hors mis vn grand vilage, auquel le Seigneur fait sa residence, auec les prêtres, docteurs, marchans, & autres gens d'autorité: qui ont leurs logis bâtis en maniere de hameaus, & blanchis de craye, & couuers de paille. Les habitans se tiennent assez bien en ordre, portans leurs habis de coton noir, & bleu: dequoy ils se couurent semblablement la teste: mais la coutume des prêtres, & docteurs est s'habiller de blanc. Finablement ce vilage par l'espace de trois mois de l'an (qui sont Iuillet, Aoust, & Septembre) se void en forme d'vne Ile: pource qu'en ce temps-là le Niger se déborde ne plus ne moins que fait le Nil. Et alors les marchans de Tombut conduisent leur marchandise en petite barques fort étroites, & faites de la moitié d'vn pied d'arbre creuse, faisans voile jour, & nuict: & voulans prendre terre, atachent leurs barques au riuage du fleuue: puis s'en vont reposer, et dormir sur la dure. Ce Royaume fut jadis gouuerné par vne famille extraite de l'origine du peuple.

Monoye des Noirs

de

de Libye: toutefois le Seigneur de ce pays deuint tributaire de Soni Heli, lequel fut puis expulsé de son Royaume par Izchia, qui print semblablemẽt le Roy de Ghinée, & tint prisonnier (s'étant emparé de son Royaume) tant que la mort termina ses jours & miseres par vn même moyen.

¶ Melli, Royaume.

MElli s'étend sur vn bras du Niger, environ trois cens mille, confinant du côté de Tramontane auec le precedent, deuers Midy auec le desert, & quelques âpres montagnes: du Ponant se termine auec aucuns bois sauuages, qui s'étendent jusques sur la mer Oceane: & de la partie du Leuant auec le territoire de Gago. Il est abondant en grain, chair, & cotton: & y a vn grand vilage contenant environ six mille feus, garny d'vne infinité d'artisans, lequel s'appelle Melli, dont le pays a prins son nom. Le Roy fait la sa demeurance auec sa cour, & y a plusieurs marchans du lieu, & étrangers qui sont mieus venus vers le Roy, que non ses sujets mêmes, & sont fort opulens, pour le grand train de marchandise qu'ils demenent, fournissans Tombut & Ghinée de plusieurs choses. Ils ont des prétres, & Lecteurs, qui lisent dans leurs temples, pource qu'il n'y a point de coleges: & sont ceus-cy les plus ciuils, de meilleur esprit, & plus grande reputation de tous les Noirs, pourautant qu'ils furent

Melli siege Royal

rent les premiers à receuoir la loy de Mahommet, & de ce temps-là furent subjugués par vn grand prince entre les peuples de Libye, qui estoit oncle de Ioseph Roy de Maroc: duquel la Seigneurie demeura à ses successeurs jusques au temps d'Izchia, qui les rendit tributaires: tellement q pour le jourd huy à peine peut ce Seigneur trouuer moyen de nourrir sa famille, pour estre par trop opresse.

¶ Tombut, Royaume.

LE nom à esté par les Modernes à ce Royaume imposé, à cause d'vne cité qui fut edifiée par vn Roy nommé Mense Suleiman, en l'an de l'Hegire six cens & dix: prochaine d'vn bras du fleuue Niger enuiron douze mille. Les maisons d'icelle sont de tortis platrés, & couuertes de paille. Il y à bien vn temple de pierre, & chaus : diuisé par vn excellent maitre de Grenade: & semblablement vn somptueus palais, auquel loge le Roy dont la structure belle de l'vn, ensuit l'industrieuse architecture de l'autre. La cité est bien garnie de boutiques, de marchans & artisans, & mémement de tisseurs de toiles de cotton. Les marchans de Barbarie transportent plusieurs draps d'Europe en cette cité. Les femmes vont ordinairement le visage couuert, fors les esclaues, qui vendent toutes les choses de bouche. Les habitans sont fort opulens: principalement les étrangers, lesquels y viennent faire

Habits des femmes de Tombut

faire leur residence : tellement que le Roy à donné en mariage ses deux filles à deux marchans freres pour leurs grandes richesses. En cette cité y à plusieurs puys d'eau douce : combien que au debord du Niger elle s'écoule par certains canals tout au plus pres de la cité, qui est abondante en grains, & bétail : au moyen dequoy leur beurre est fort commun : mais le sel rare, & cher : pource qu'il s'aporte de Tegaza distante de cinq cens mille de Tombut : là ou me retrouuant vne fois je vey comme la somée ne se laissoit à moins d'octante ducats. Le Roy est fort opulent en platines, & verges d'or : dont les aucunes sont du pois de mille trois cens liures : & tient vne cour bien ordonnée, & magnifique. Quand il luy vient enuie de s'aller ébatre d'vne cité à autre, acompagné de ses courtisans, il cheuauche des chameaus, & les estafiers menent les cheuaus en main. Mais en cas qu'il s'achemine en quelque assemblée de guerre, on atache les chameaus, & montent lors tous les soldats sur les cheuaus. Ceus qui ne feirent jamais la reuerence au Roy, & qui ont quelque ambassade à luy faire, mettent les genouils en terre : puis prenans de la poussiere, l'épandent sur leur teste, & le saluent en cette sorte-la. Il tient enuiron trois mille cheuaus, & vne grande fanterie vsant de certains arcs, qui sont faits de batons de fenouil sauuage, auec lesquels ils decochent fort dextrement des fleches enuenimées. Outre ce, il à coutume de mouuoir guerre

Arcs faits de fenouil sauuage.

re contre ses ennemis prochains, & contre tous ceus qui refusent de luy rendre tribut: estans par luy surmontez, il les fait vêdre à Tombut, jusques aus petits enfans. En ce pays ne naissent n'uls cheuaus fors aucunes petites haquenées, que les marchans ont coutume de cheuaucher allans par le pays, et aucuns courtisans parmy la cité. Mais les bons cheuaus, qui s'y trouuent, viennent de Barbarie: qui ne sont pas plus tôt arriuez auec la carauanne, que le Roy enuoye sauoir, & mettre par écrit le nombre d'iceus, & en cas qu'ils excedent le nombre de douze, il retient celuy qui luy semble le meilleur, et de plus belle taille: en payant ce qu'il est raisonnablement estimé. Ce Roy-cy est mortel ennemy des Iuifs: qui ne les endureroit pour rien du monde mettre le pied dans sa cité: & s'il estoit auerty que les marchans de Barbarie eussent la moindre familiarité que ce soit, ou qu'ils trafiquassent auec eus, il feroit incontinent confisquer leurs biens. Il porte grand honneur à ceus, qui font profession des lettres, & pource regard, on aporte dans cette cité des liures écris à la main qui viennent de Barbarie, lesquels se vendent fort bien: tellement qu'on en retire plus grand profit, que de quelque autre marchandise qu'on sache vendre. Il y à plusieurs prétres, & docteurs, qui sont tous assez raisonnablement par le Roy salariez: & en lieu de monnoye, les habitans de ce lieu ont acoutumé d'employer quelques pieces de pur, & fin or: & aus choses de

Hôneur aus lettres, & professeurs d'icelles.

Or pur et fin, & co

pe

petite conſequence, employent des petites conques, ou coquilles, qui ſont aportées de Perſe: dont les quatre cens font le ducat des leurs: auquel entrent ſix & deux tiers pour vne des onces Romaines. Les habitans de cette cité ſont tous de plaiſante nature, & le plus ſouuent s'en vont le ſoir juſques à vne heure de nuict, dançans parmy la cité. Les citoyens ſe ſeruent de pluſieurs eſclaues d'vn, & autre ſexe. Cette cité eſt fort ſujette au feu: & à la ſeconde fois que je m'y retrouuay, je la vey embraſer en moins de cinq heures. Il n'y a aucun jardin, ny lieu produiſant fruits.

quilles en lieu de mõnoye.

Cabra, cité au Royaume de Tombut.

Cabra, eſt vne grande cité, en forme d'vn vilage, ſans qu'elle ſoit autrement ceinte de murailles. Elle eſt prochaine de Tombut par l'eſpace de douze mille, ſur le fleuue Niger: là ou s'embarquent les marchans pour nauiger à Ghinée, & Melli: ne differant en rien quant aus habitans, & habitations, à la cité ſuſnõmée. Il y a diuerſes nations de Noirs pource que là eſt le port, auquel ils viennent aborder auec leurs barquettes de pluſieurs lieux. Le Roy de Tombut y enuoye vn ſien Lieutenãt, tant pour faire droit à vn chacun, comme pour ſe ſoulager, & n'auoir la peine de faire cent douze mille par terre, & du temps que je y fu, il y en auoit vn parent du Roy, nommé Abu Bacr, & en ſon ſurnom

nom Pargama, homme noir tant que rien plus: mais d'vn grand esprit, tresiuste, & raisonnable. Les habitans sont sujets à plusieurs maladies, pour cause de la qualité des viandes, comme poisson, beurre, lait, & chair tout mêle ensemble. De cette cité vient la plus grande partie des viures, qui sont transportez à Tombut.

¶ Gago, & le Royaume d'icelle.

GAGO, est vne tresgrande cité, semblable à la susnommée c'est à sauoir sans murailles, & distante de Tombut enuiron quatre cens mille, du côté de Midy, tenant quelque peu du Siloc. La plus grande partie des maisons est de laide montre, toutefois il s'y trouuent quelques edifices assez beaus, & commodes auquels loge le Roy auec sa cour. Les habitans sont riches marchans, qui demeurêt tousiours sur les champs, vendans leur marchandise, & trafiquans d'vn côté & d'autre. Il arriue en cette cité vne infinité de Noirs, qui aportent de l'or en grande quantité, pour acheter, & enleuer ce qui vient de l'Europe, & Barbarie: mais ils ne sauroyët trouuer assez marchandise pour employer si grande somme de deniers qu'ils apportent, tellement qu'il leur est force faire retour en leur pays reportans quasi la moitié, ou le tiers de leurs deniers. Les autres citésne peuuent, ny se doiuent egaler à cette-cy, quât à ciuilité. Ioint aussi, qu'elle est fort abondante en pain,

pain, & chair, mais il seroit impossible d'y trouuer
ny vin, ny fruit, fors que son terroir est fertile en
melons, citrouilles, concourdes, qui s'y trouuent en
grande quantité, & de riz vne chose infinie. Il y à
plusieurs puys d'eau douce, auec vne grande place,
en laquelle au jour du marché se vendent les esclaues tant hommes que femmes, & s'achete vne fille de quinze ans au pris de six ducats, & autant
vn garçon. Le Roy tient en vn palais écarté vne
infinité de concubines esclaues, & eunuques, qui
sont commis à la garde d'icelles. Il à aussi coutume
de tenir vne garde de caualerie, & fanterie entre
la porte secrette & publique de son palais. Et y à
vne grande place enuironnée de murailles, & à cha
cun angle d'icelle se void vne loge, par ou entre le
Roy pour donner audience. Et combien que luy
mêmes en personne expedie toutes les choses, il ne
laisse pourtant de tenir officiers, comme Secretaires, Conseillers, Capitaines, Tresoriers, & Facteurs
Le reuenu du Royaume est grand, mais les frais
l'excedent, pourautāt qu'vn cheual, qui ne se ache
teroit en Europe plus haut de dix ducats, là ne se
donneroit à moins de quarante, & cinquante. L'au
ne du plus bas drap d'Europe, s'y vend quatre ducats, quinze le moyen, et celuy de Venise fin, comme
est l'ecarlate, le bleu, ou violet ne se laisse à moins
de trente ducats. Vne épée la plus imparfaite qu'on
sauroit trouuer, s'y vendroit trois & quatre ducats. Ainsi les éperons, brides & semblablement
toutes

Vente d'escla-
ues, hom
meset fē-
mes.

toutes merceries, et epiceries y sont trescheres: mais non pas tant (sans comparaison) que le sel: qu'on vend plus cherement que toute autre marchandise qui s'y puisse conduire. Le demeurant de ce Royaume est tout en vilages, & hameaus: auquels demeurent ceus, qui cultiuent les terres, & les bergers: qui en temps d'yuer se vétent de peaus de brebis, & en esté vont nus, & déchaus: fors qu'ils se couurent les parties honteuses de quelque linge: & aucunefois portent sous la plante des pieds du cuir de chameau. Ce sont gens fort ignorans: tellement qu'on pourroit cheminer par l'espace de cent mille, auant que de trouuer aucun, qui seût lire, ny écrire au moyen dequoy le Roy leur vse d'vn tel traitement, que leur lourdise & grosse ignorance le merite, leur laissant si peu, qu'à grand' difficulté peuuent ils gaigner leur vie, pour les grãs tribuz qu'il leur impose.

¶ Guber, Royaume.

CE Royaume-cy est distant de Gaoga enuiron trois cens mille du côté de Leuant, & passe lon entre ces deux par vn desert, ou se trouue peu d'eau pour estre distant du Nil par l'espace de quarante mille. Il est situé entre hautes montagnes, & peuplé de plusieurs vilages, lesquels sont habitez par gens qui menent les beufs, & brebis au paturage. Car il y en à grand nombre & mêmement de beufs, mais

de

de petite corpulence. On y trouue communement les personnes assez ciuiles. Il y a grand nombre de tissiers, & cordonniers: lesquels font des souliers à la mode que les souloyent anciennement porter les Romains: dont il s'en transporte en grande quantité à Tombut, & Gago. Le riz croît abondamment & autres grains: & de telle espece en ay veu aus Itales, & croy semblablemẽt que l'Espagne en doiue produire. Lors que le Niger se déborde, il couure toutes les campagnes prochaines des habitations de ce peuple, qui a coutume de semer le grain sur l'eau. Entre autres, il y a vn grand vilage contenant enuiron six mille feux: là ou font residence autant les marchãs étrangers, comme ceus du pays mème: & souloit estre la demeurance du Roy, lequel de nôtre temps fut prins par Izchia Roy de Tombut, qui le feit mourir: faisant couper les genitoires à ses enfans, pour les employer au seruice de son palays. Par ce moyen il s'empara de ce Royaume: sur lequel il constitua vn Gouuerneur, oppressant merueilleusement ce peuple. Il faisoit neantmoins de grans profis, à cause du beau train de marchandise qu'il demenoit. Mais il est maintenant tombé en pauureté extrème, & amoindry de plus de la moitié: à cause que Izchia emmena vne grande multitude de personnes: qu'il meit partie en captiuité, & le reste retint pour esclaues.

Coutume étrange, de semer le grain sur l'eau.

Cruauté du Roy Izchia enuers le Roy de Guber & ses enfãs.

Aga

LIVRE VII. DE LA
¶ Agadez, & son Royaume.

Agadez, est vne cité ceinte de murailles, edifiée par les modernes aus confins de Libye, laquelle est plus prochine des habitations des Blancs, que de celles des Mores. Les maisons sont fort bien bâties, & en la maniere de celles de Barbarie, pource qu'il ne s'y trouue gueres de marchans autres qu'étrangers & ce peu qu'on y void du pays, sont tous artisans, ou à la soude du Roy de cette cité, en laquelle n'y à marchant, qui ne tienne vn grand nombre d'esclaues pour s'en aider à ses affaires, & mémement aus pas de Cano, à Borno, qui sont tous vexez de diuers peuples du desert, comme de ceus qu'on appelle communement Bomiens ou Egyptiens, autant paures, & necessiteus, comme souuerains larrons, & trompeurs. Donques les marchans s'acheminans par pays, s'acompagnent de leurs esclaues, qui leur font escorte, en bon equipage, & bien armés d'épées, jauelines, & arcs, mais puis peu de temps en ça ils ont commencé à porter l'arbaléte, tellement que ces paillars voleurs ne sauroyent mordre sur eus, ny leur donner aucune antorce. Puis les marchans estans arriuez en quelque bonne vile, font trauailler leurs esclaues de tel métier qu'ils sauent, à celle fin qu'ils puissent gaigner leur vie, en reseruant dix ou douze d'iceus pour seureté de leurs personnes, & garde de leur marchandise. Le Roy de

Bomiens & Egyptiens larrons et trōpeurs.

de cette cité tient semblablement vne bonne garde dans vn somptueus palais qu'il à dans icelle, mais sa gendarmerie est des habitans de la campagne, & des deserts : pource qu'il à prins son origine des peuples de Libye. & quelque fois ceus-cy le dechassent, & en son lieu elisent vn de ses parens : se donnans garde tant qu'il leur est possible de commettre homicide : & celuy est crée Roy qui reuient mieus, & est plus agreable au peuple de cette cité. Le reste des habitans de ce Royaume comme ceus, qui habitent du côté de Midy, s'adonnent tous à mener le bétail au paturage. Leurs habitations sont de rames, ou nates qu'ils transportent ordinairemēt sur des beufs en quelque part qu'ils voisent les posans, & dressans là, ou se trouue meilleure pâture, & en plus grande abondance : comme aussi font les Arabes. Le Roy reçoit de grans deniers, qui prouiennent de la gabelle que payent les marchans étrangers, & encore des vsufruits du pays : mais il est tributaire à celuy de Tombut de cent cinquante mille ducats.

Le Roy de Agadez tributaire au Roy de Tombut

¶ Cano, Prouince.

Cano, est vne grande prouince, & distante du Niger enuiron cinq cens mile du côté de Leuant : auquel habitent plusieurs peuples dās des vilages. Vne partie d'iceus conduisent au paturage les vaches et brebis : & les autres s'adonnent à cultiuer la terre, qui

qui produit du grain, riz, & cotton en grande abon
dance: & s'y trouue plusieurs deserts, & montagnes couuertes de fontaines, & bois: ou croissent à
force orangers, et citronniers sauuages: dont le fruit
ne differe guere au goût des priuez. La prouince
prend son nom d'vne cité assise au milieu d'icelle,
enuironnée de murs de craye, comme les maisons
même. Les habitans sont riches marchans, & ciuils artisans. Leur Roy estoit jadis fort puissant,
tenant grand cour, & plusieurs cheuaus: tellement

Les Rois de Zeg-zeg, & Cassena dépouil-lez par Izchia Roy de Tombut qu'il se rendit tributaire les Rois de Zegzeg, & Cassena: mais Izchia Roy de Tombut (feignant leur vouloir donner secours, & aide contre leurs en-nemy) procura leur mort auec grande trahison. au moyen dequoy il s'empara de leurs Royaumes: puis de là enuiron trois ans suscita vne forte guerre con-tre le Roy de Cano: & feit de sorte (en continuant

Le Roy de Cano domté p Izchia Roy de Tombut le siege) qu'il le rendit jusques à épouser sa fille, & luy quiter la tierce partie de son reueuu. Ce que luy estant acordé laissa en ce Royaume plusieurs fa-cteurs, & tresoriers pour leuer sa portion des de-niers, & fruits prouenans d'iceluy.

¶ Zegzeg, Royaume.

CE Royaume icy confine auec Cano de la partie de Siloc, & est distant de Ca-sena par l'espace de cent cinquante mil-le: estant habité d'vn peuple tresopu-lent, qui trafique par tous les contours de ce pays,
qui

qui est partie en plaine, & partie en montagnes: dont l'vne est merueilleusement froide, l'autre chaleureuse: tellement que les habitans ne pouuans supporter la vehemence du froid, ont coutume de faire en l'aire de leurs maisons des grans fouyers, là ou ils auiuent à force braſier: puis le mettent ſous les chalis qui sont fort hauts, & dorment en cette maniere. Neantmoins le territoire est tresfructueus, & abondant en grains, & fontaines. Ce Royaume cy ſouloit être gouuerné par vn ſeul Roy: mais Izchia l'occit & s'empara de ſon pays: auquel les vilages sont bâtis de la mode de ceus, que nous auons parlé au parauant.

Zanfara, region.

Zanfara est vne Region, qui confine auec le Royaume de Zegzeg du côté de Leuant, laquelle est abondante en grains, riz, millet, cotton, & habitée par gens vils & mecaniques, de grande corpulance, mais noirs au poſſible: portans viſage large, & difforme: participans d'auantage plus de bêtes brutes, que d'hommes raiſonnables. Le Roy fut empoiſonné à l'aueu d'Izchia, qui détruit vne grande partie de ce Royaume.

Le Roy de Zanfara empoiſonné à l'aueu de Izchia.

¶ Guangara, Royaume.

Vangara, est vne contrée, laquelle du côté de Siloc ſe joint auec Zanfara, & habitée d'vn grand peuple. Le Roy peut auoir ſept mille fantes archers: auec cinq cens cheuaus étrangers: & retire vn grand

grand reuenu des marchandises, & gabelles. Toutes les habitations de ce Royaume ne sont que petits vilages, & hameaus: fors vn qui en grandeur & beauté excede les autres de beaucoup. Les habitans sont fort opulens, pource qu'ils demenent vn grand train de marchandise, trafiquans en diuers, & loingtains pays. Du côté de Midy il confine auec aucunes terres, là ou se trouue l'or en grande quantité. Maintenāt ce peuple ne peut faire train de marchandise hors les limites du pays, pour crainte de deux puissans ennemis qui luy sont voisins, l'vn (qui tient la partie du Ponant) est Izchia, & l'autre (qui tient le Leuant) est le Roy de Borno, là ou me retrouuant, celuy qui pour lors regnoit (appellé Abran) assembla tout son exexcite pour se ruer sur le Roy de Guangara: & ainsi qu'il marchoit sur les frontieres de ce Royaume, il fut auerty, qu'Homar Seigneur de Gaoga, s'acheminoit à la volte de Borno, qui fut cause de le faire changer de chemin, & voulonté: ce qui ne fut pas petite auenture au Roy de Guangara: dont les marchans, qui s'acheminent en ces lieux, desquels lon tire l'or en si grande quantité, ne sauroyent prendre autre route, sinon par treshautes montagnes, âpres, & aus betes inaccessibles: de sorte qu'ils sont côtraints de faire porter à leurs esclaues sur la teste les marchandises, & autres choses en larges cocourdes seiches, & creuses, auec lesquelles ils peuuent porter jusques au pois de cent liures, par l'espace de dix mille.

Izchia & Borno Rois ennemis du Royaume de Guangara.

mille: & en y a qui font ce chemin deux fois par jour, tellement, qu'ils font chauues au sommet de la teste pour les grosses charges qu'ils ont acoutumé de porter. Car outre la marchandise, on les charge encore des viures de leurs maitres, & esclaues armés pour la seureté, & conduite d'iceus.

¶ Borno, Royaume.

Borno, est vn Royaume, qui se joint à Guangara de la partie Occidentale, & prend son étendue du côté de Leuant par l'espace de cinq cens mille, distant de la source du Niger, enuirõ cent cinquante mille: se confinant deuers Midy auec le desert de Get, & de la partie de Tramõtane auec les deserts qui répondent deuers Barca. La siete de cette prouince est inegale: pource qu'il y à aucuns endrois montueus & d'autres en plaine, tresabondante en grains, & peuplée de plusieurs vilages, habitez de gens fort ciuils, & marchans étrangers, noirs, & blancs. Au plus grand d'iceus le Roy fait residence, acompagné de ses soldats. Aus montagnes demeurent les pasteurs, & là se seme le millet, & autres grains desquels nous n'auons la cognoissance. Les habitans vont nus en temps d'esté, sinon qu'ils portent quelques brayes de cuir: puis en yuer s'enuelopent dans des peaus de brebis: dequoy ils font encore des lits. Au reste, ils n'ont aucune cognoissance de quelque Foy que ce soit tant Chrétienne

Iudaïque, que Mahommetane: mais sans aucune Loy menent vne vie brutale, ayans femmes, & enfans en commun. Et (comme il me fut dit par vn marchant, qui sejourna longuement en ce pays, & qui entendoit bien la langue) ils ne s'imposent propres noms selon la coutume des autres peuples: mais selon la qualité des personnes: comme ceus de haute stature, sont nommez hauts: les petits, petits: les louches, louches: & ainsi semblablement de tous les autres accidens, & particularitez. Ce Royaume est gouuerné par vn puissant Seigneur, qui est de l'origine de Bardoa, peuple de Libye: & tient enuiron trois mille cheuaux, & de fantes tel & si grand nombre, qu'il luy plaît, pource que tout le peuple est dedié à son seruice, & en vse comme bon luy semble, sans toutefois imposer aucun subside ny tribut, hors mis qu'il leue la decime des fruits prouenans de la terre, & n'a autre reuenu qu'à dérober, & voler ses voisins, qui luy sont ennemis, lesquels habitent outre le desert de Sea, qu'ils trauersoyent anciennement à pied en nombre infiny, courans tout le Royaume de Borno, là ou ils déroboyent, & enleuoyent ce qu'ils pouuoyent auoir. Mais ce Roy-cy a tant fait auec les marchans de Barbarie, qu'ils luy amenent des cheuaus, leur donnant pour cheual quinze ou vingt esclaues en échange. Par ce moyen il donne bon ordre de faire des courses sur ses ennemis, & fait attendre les marchans en délayant leur payement, jusques à son retour

Imposition de noms, selon la qualité des personnes.

tour, qui est le plus souuët retardé de deux ou trois mois, & pendant ce temps là, ils sont entretenus, & défrayez aus dépens du Roy, lequel retournant de courir, amene quant & soy quelquefois nombre d'esclaues suffisant pour satisfaire aus marchās qui sont aussi contrams aucunes fois d'attendre l'année ensuiuant, à cause qu'il n'à assez d'esclaues pour les payer, d'autāt q̃ cette course ne se peut faire qu'vne fois l'année sans vn trop grād danger. Ie fu en ce Royaume, auquel je trouuay plusieurs tresmal satisfais, & en tel désespoir, qu'ils vouloyent abandonner cette pratique auec propos deliberé de n'y retourner jamais, ayans sejourné vn an & plus tousiours attendans leur payement. Neantmoins le Roy demontre estre merueilleusement riche, & jouyssant de grans tresors, pource que j'ay veu tout le harnois de ses cheuaus comme les estafes, éperons brides, & mords tout d'or, & de méme matiere est toute sa vaisselle, les lesses et chaisnes de ses chiens: ce nonobstant il est fort tenant, & adonné à l'auarice, donnant plus volontiers les esclaues, que non pas l'or en payement. Il tient en sa sujetion plusieurs peuples des Blancs, & Noirs, desquels je n'è criray aucune chose, pour n'en auoir eu trop grande cognoissance à cause que ne sejournay en ces marches, plus que l'espace d'vn mois.

LIVRE VII. DE LA

Gaoga, Royaume.

Gaoga, est vn Royaume qui confine auec celuy de Borno, du côté du Ponant, s'étendant deuers Leuant jusques sur les frontieres du Royaume de Nubie, qui est sur le fleuue du Nil: de la partie du Midy se termine auec vn desert, qui se joint à vn detour, que fait le Nil: & deuers Tramontane finit aus desers de Serta, et bornes d'Egypte: prenāt son étendue du Ponant au Leuant par l'espace de cinq cens mille, & autant en largeur, ou peu s'en faut. Il n'est florissant en ciuilité, en lettres, ny en bon gouuernement, pourautant que les habitans sont plus tôt sans esprit, qu'autrement, principalement ceus qui font leur demeurance aus montagnes allans tous nus, & déchaus en temps d'esté: fors qu'ils couurent leurs parties honteuses auec quelques peaus, & ont pour leurs maisons des hameaus bâtis de rames, lesquelles pour si peu de vent qu'il face, s'embrasent facilement. Leur exercice est de mener paitre les beufs & brebis, en quoy faisant, ils se étoyent longuemēt maintenus en liberté mais depuis cent ans en ça elle leur a esté volée par le moyen d'vn esclaue noir, qui estoit du pays mémes: auquel retournant auec vn riche marchant son maitre, pour se voir au lieu de sa naissance s'en hardit jusques à là, de le tuer, pendāt qu'il dormoit en asseurance, & se doutāt le moins du danger, qui luy

Le peuple de Gaoga perd sa liberté par la méchāceté d'vn esclaue.

luy estoit plus prochain. Cetuy-cy apres le coup, se saisit de la marchandise, comme de draps, & armes. puis se retira en sa maison: là ou il distribua partie de ses richesses à ses parens, & ayãt acheté quelque nombre de cheuaus des marchãs blancs commença à courir sur les terres de ses ennemis: desquels il raportoit tousiours la victoire, à cause que luy, & les siens auoyent cet auantage d'etre bien equipés d'armes: ce que n'auoyent ses aduersaires, sinon aucuns arcs de bois mal façonnez. Au moyen dequoy prenant plusieurs esclaues, il les trocquoit cõtre les cheuaus, qui venoyent d'Egypte, & augmentant le nombre des soldats estoit reuere, & obey de tous, comme chef, & principal Seigneur. Apres le deces de cetuy-cy, succeda le fils autant dextre & vaillant aus armes, que le pere auoit esté hardy & courageus, tellemẽt qu'il se maintint en sa Scigneurie par l'espace de quarante ans, & apres luy regna vn sien frere: tant que le Royaume est paruenu entre les mains de son neueu appellé Homara: qui regne pour le jourd'huy: lequel à loing et amplement étendu les fins de son Royaume, & par presens, acompagnez de caresses & faueurs s'est tant rendu sien le Soudan du Caire, qu'il luy enuoye draps, armes, & cheuaus: qui toutefois luy sont payez au double pour se montrer Seigneur fort liberal, de sorte que les marchans d'Egypte n'outrepassent sa cour: en laquelle plusieurs paunres du Caire le vont trouuer auec quelque petit present honnéte, & rare, mais

X x 4   ils

ils en raportent double recompense, & fait tant bien faire moyennant la grande magnificence qui luy fait compagnie, qu'il satisfait à tous ceus qui ont affaire auec luy, & s'en partent merueilleusement contens. Il porte grand honneur aus gens de lettres, & les à en grande recommendation, principalement ceus de la maison de Mahommet. Ie me trouuay pour lors, qu'vn noble hôme de Damiete luy presenta vn cheual de tresbelle taille, & maniable, vne cimeterre Turquesque, vne cotte de maille, vn pistolet à feu auec quelques beaus miroüers, pignes, chapelets de coral, & aucuns couteaus, dont le tout pouuoit monter à la somme de cent cinquante ducats, acheté dans le Caire : en recompense dequoy le Roy luy donna cinq esclaues, cinq cheuaus, cinq cens ducats, & outre ce, cent dens d'elephant de merueilleuse grosseur.

¶ Du Royaume de Nubie.

LE Royaume de Nubie confine du côté de Leuant auec les desers du susnômé, s'étendant sur le Nil : & deuers Midy se joint auec le desert de Goran, & de la partie de Tramontane auec le territoire de Egypte, là ou lon ne sauroit nauiger de ce Royaume, pource que l'eau du Nil s'epanchant par les plaines, est si basse, qu'elle se peut passer à gué. En ce Royaume se trouue vne vile nommée Dangala, qui est bien peuplée, & contient enuiron dix mille feus

feus, mais les maisons sont toutes mal bâties, auec craye, & tortis seulement. Les habitans sont gens tresriches, & ciuils: pource qu'ils trafiquent au Caire, & font train de marchandise par tous les lieux de Egypte, d'armes, draps, & d'autres choses. La partie du Royaume, qui est sur le Nil, consiste toute en vilages habitez par gens qui cultiuent la terre, & y à par tout grande abondance de grains & sucre: mais les habitans ne sauent par quel moyen il le faut cuire: de sorte, que par leur ignorance ils le laissent deuenir noir, & sale. Il se trouue encore dans Dangara à force ciuette, bois de sandal & yuoire en grande quãtité, pource qu'on y prend plusieurs elephans. Il y à aussi des poisons tant violentes, qu'vn grain party à dix hommes, les extermine en moins d'vn quart d'heure: mais estant donné à vn seul, il le fait soudainement expirer: & se vend l'once cent ducats, mais il n'est permis d'en vendre à d'autres, qu'aus étrangers, qui sont contrains préter le serment qu'ils n'en vseront mal dans leurs pays, & quiconques en achete, doit payer autant au peage, comme à celuy, qui luy à deliuré, tellement, qu'il est impossible de le payer secretement, à peine de la vie. Le Roy de Nubie est tousiours en guerre: tantôt auec ceus de Goran, qui sont de la race des Bomiens, mecaniquement habitans au desert, sans que personne puisse rien comprendre en leur langage: maintenant se mêle auec vne autre generation, qui fait residence au desert

ou-

outre le Nil, deuers Leuant: & s'étend jusques à la mer rouge deuers les frontieres de Suachim. Cette generation vse d'vn language meslé (comme je croy) auec le Caldée: se conformant bien fort auec celuy de Suachim, & de la haute Ethiopie: là ou est la demeurance de Préte-Ian: & se nomme ce peuple Bugia: vil, pauure, & mal en ordre: viuant de chair de chameaux, du lait d'iceus, & de bestes sauuages. Toutefois il reçoit par fois quelque tribut du Seigneur de Suachim, & de celuy de Dangala. Sur la mer rouge souloit estre vne grosse cité appellée Zibid, là ou il y à vn port, qui répond directement à celuy de Zidem prochain de la Meque quarante mille. Mais depuis cent ans en ça, à cause que le peuple d'icelle vola, & pilla les voituriers, qui portoyent viures, & autres choses à la Meque, le Soudan print si bien la matiere à cœur, qu'il y enuoya vne armée par la mer rouge, qui campa deuant cette cité: dont elle fut détruite, & ruinée auec le port, qui rendoit tous les ans deux cens mille sarafes de reuenu. Lors les fugitifs s'acheminerent à Dangala & Suachim, tousiours gaignans quelque chose. Mais depuis le Seigneur de Suachim en faueur d'aucuns Turcs armés d'arcs, & pistolets à feu, leur donna vne grande antorce: pource qu'il tua de ces pendars, qui vont ainsi nus, plus de quatre mille hommes: & detint de prisonniers plus de mille qu'il mena captifs à Suachim: qui furent assommez par les femmes, & pe-

petis enfans. Voilà en somme, tout ce, que j'ay peu
comprendre du pays des Noirs : desquels on ne sau
roit estre plus particulierement informé, pource
que tous ces quinze Royaumes sont conformes les vns aus autres, tant en assicte
comme en coutume, ciuilité, &
maniere de viure, & gou-
uernez par quatre Sei
gneurs. Mainte-
nant en con
tinuant,
je viendray à la de-
scription de
l'Egypte.

FIN DV SEPTIE'ME LIVRE.

DE

LIVRE VIII. DE LA

DE
LA DESCRIPTION
D'AFRIQVE, ET DES
choses memorables conte-
nuës en icelle.

LIVRE HVITIE'ME.

Cette Figure de L'egypte est tout ain
si retirée, qu'elle se voit par les
medailles D'adrian.
L'Empereur.

PRO-

DESCRIPT. D'AFRIQVE

PROEME.

Gypte, fameufe, et trefrenommée region entre autres, fe termine deuers Ponant, aus deferts de Barca, Numidie, & Libye: du côté de Leuát confine aus deferts, qui la feparét d'auec la mer rouge: de la partie de Tramontane fe joint à la mer Mediterranée, & du Midy finît auec les confins des terres & habitations de Bugie, fur le fleuue du Nil: ayát d'etendue depuis la mer Mediterranée jufques à Bugie, enuiron quatre cens cinquante mille: mais elle eft peu fpacieufe en largeur pource qu'il n'y a finon ce peu de terre, qui eft fur les riuages du Nil, prenant fon cours entre quelques montagnes fteriles, qui confinent auec les deferts fufnommés, & ne fe cultiue autre terroir, que celuy, qui fe trouue depuis le Nil jufques aus montagnes. Il eft vray, qu'elle s'élargit quelque peu deuers la mer Mediterranée, à caufe que au dela du Caire enuiron octante mille le Nil fe part en deux, & jette vn bras, qui s'auance en fus le Ponant: combien que il retourne d'ou il prouient, & pardeca enuiron foiffante mille fe diuife en deux autres parties: dont l'vne fe dreffe à Rofette, & l'autre à Damiete: & de

cet-

cette-cy prouient vne autre branche, qui se forme en vn Lac: & se joint, auec iceluy la mer Mediterranée par le moyen d'vne golette qui y est: & dans icelle est située Tenesse tresancienne cité. Cette diuision du Nil en plusieurs parties, & endrois (comme nous auons desia dit) donne quelque étendue d'auantage à cette region d'Egypte qui est fertile & abondante en legumage: auec tresbons & amples patis, là ou se nourrit vne infinité de poules, & oyes. Les paysans tirent tous sur couleur brune: mais ceus qui habitét aus viles, & cités, sont blancs, portans aussi vn habillement blanc, & étroit: auec vne couture deuant l'estomac: puis delà fendu jusques aus pieds, auec les manches longues, & étroites. Pour ornement de teste, ils portent de grans turbans de camelots rons & entortillez, & aus pieds vne chausseure à l'antique: mais il s'en trouue peu, qui portent escarpes: encore ceus qui en vsent, ne les chaussent qu'à demy, replians le talonnier par dessous le pied. En temps d'esté la coutume des habitans du pays est, de porter acoutremens de toile de cotton, enrichie de diuers ouurages, & en yuer aucuns draps cotonnez, qu'il appellent Chebre: mais les citoyens d'autorité, & marchans renommez s'acoutrent de draps d'Europe. Ils sont gens gratieus, & de bon-

Habits des paisans d'Egypte.

Habits des Marchans.

bonne nature, plus tôt plaisans qu'autremét
& qui ordinairement à leur repas vsent de
lait aigre, & endurcy artificiellement auec
fromage frais & fort salé: asaisonnans leurs
potages dudit lait aigre, & tourné, tellement
qu'il est impossible à ceus qui ne l'ont acoutumé, gouter de ce, qui leur semble tresdous,
& sauoureus.

¶ Diuision de l'Egypte.

Depuis que les Mahommetans cōmencerent à subjuguer, & dominer cette
prouince (ce qu'a esté de nôtre temps)
l'Egypte fut diuisée en trois parties:
dont l'vne (qui est depuis le Caire jusques à Rosette) se nomme la riuiere d'Errif: du Caire en sus,
jusques aus limites de Bugie, est appellée Sahid, cet
à dire, territoire, & la partie de sur le bras du Nil,
qui va à Damiete, et Tenesse, est appellée Bechria,
cest à sauoir, Maremma. Toutes ces trois parties
sont tresfertiles: mais Sahid est plus abondante en
grains, legumages, lins, & animaus: Errif en fruis,
& ris. Maremma en cotton, sucre, & autres fruits
qu'on appelle Maus ou Muse. Les habitans d'Errif, & Maremma sont plus ciuils & honnêtes, que
ceus de Sahid: pource qu'estans ces deux parties
plus prochaines de la mer Mediterranée, sont mieus
frequentées des etrangers d'Europe, Barbarie, &
Assirie: mais ceus de Sahid sont bien auant dans le
pays

pays: au moyen dequoy ils ne voyent jamais étrangers s'acheminer en leur marchés, pour estre dela de Caire là ou il ne frequente personne, fors quelques vns de l'Ethiopie.

¶ Origine & generation des Egyptiens.

LES Egyptiens (selon l'opinion de Moyse) sont décendus de Mesraim fils de Cus, que fut fils de Chan, & Chan de Noé: qui fait que les Hebreus suiuans le vocable, appellent la region, & les habitãs par vn méme nom, Mesraim: & tout le pays est appellé par les Arabes Mesre: mais les habitans le nomment Chibth, d'vn homme qui s'appelloit ainsi: lequel commençant à dominer le pays, fut semblablement le premier à faire bâtir les maisons en iceluy: pour raison dequoy les habitans s'atribuent ce nom d'eus mémes, & n'est demeurée autre branche des naturels Egyptiens, que ceus qui se sont jusques à present maintenus en la Loy Chrétienne, tout le reste fut reduit à la Mahommetane, s'acointant, & mélant parmy les Arabes, & Africans. Ce Royaume fut long temps gouuerné sous la puissance des Egyptiens, c'est à sauoir des Pharaons: & furent de telle puissance, autorité, et grandeur, que peuuent témoigner les vestiges delaissés apres la ruine de tant de superbes, & admirables edifices, dont les histoires en sont encore embellies,

& illuſtrées par les glorieus fais, & memorables geſtes des magnanimes Pompées. Depuis les Romains le ſubjuguerent, & apres l'auenement de Ieſuchriſt il ſe rangea à receuoir, & enſuiure ſa ſainte parole, & doctrine: combien que ce fût touſiours ſous la puiſſance des Seigneurs ſuſnommés, mais apres que ceus-cy en furent deſpouillez, il paruint à l'Empire de Conſtantinople d'ou les empereurs prindrent treſgrande peine, & merueilleus plaiſir à l'entretenir ſous leur puiſſance. Finablement, depuis la pernicieuſe venue de Mahommet, les ſectateurs de ſa damnable & reprouuée hereſie s'emparerent de ce Royaume: qui fut encore vſurpé par Homar fils de Haſi, capitaine des armées Arabeſques de Homar, Pontife ſecond. Cetuy-cy donna liberté à tous de croire ce, que bon leur ſembleroit, & qu'ils ſeroyent guidés par leur vouloir: preferant ſon profit particulier à la ſainteté de vraye religion en general: tellement qu'il ne demanda autre choſe que tribut: & fonda ſur le Nil vne petite cité, nommée par les Arabes Fuſtato, qui en leur langue ſignifie autãt comme, Pauillon, pource que lors qu'il entereprint cette menée, il trouua tous ces lieux vuides d'habitans, & non cultiuez: tellement qu'il fut contraint loger dans des pauillons. Cette cité eſt ordinairement nommée Méſre Hatichi, ceſt à dire, cité vieille, pource qu'à comparaiſon du Caire, qui eſt moderne, ce nom luy peut eſtre raiſonnablement attribué. Pluſieurs excellens & rares

Egypte ſubjuguée par les Romains.

per-

personnages tant Chrétiens, comme Iuifs, & Mahommetans se mécontent grandemēt de croire, que cette Mesre soit le lieu, la ou residoit Pharao, auquel Moyse montra le parangon de la vertu du Seigneur, contre l'art deceptif, & diabolique des enchanteurs, & l'autre Pharao, sous lequel triompha le jeune Ioseph. Car la cité de ceus-cy est située en la partie d'Afrique, ou est le passage du Nil devers Ponant : & là ou sont eleuées les Pyramides. Ce que l'écriture semble quasi vouloir conformer au liure de Genese, quand elle fait mention que les Iuifs furent employez à la fabrique d'Aphtun cité, edifiée par Pharao du temps de Moyse : là ou le Nil passe vers l'Afrique, & distante du Caire par l'espace de cinquante mille du côté de Midy sur le bras du Nil, duquel nous auons n'a gueres parlé, qui tire sur le Ponant. Il y à encore vne autre aparence grande, que la cité de Pharao deût estré assise au lieu, que je dy : pource que sur l'entrée d'vn bras du Nil en l'autre, se void vn edifice fort anciē qu'on dit estre la sepulture de Ioseph, là ou il fut inhumé auant que les Hebreus transportassent son corps de l'Egypte au sepulcre de ses ayeuls. Dōques Mesre, ny tous ses lieux adjacens n'ont rien de commun auec les cités des anciēs Pharaons. Et faut entendre, que la noblesse des anciens Egyptiens souloit florir & reluire vers Sahid depuis le Caire en sus, aus cités qu'on appelle Fium, Mans, Ichmim, & en plusieurs autres fameuses & renommées.

Renom des Egyptiens.

Mais

Mais depuis que les Romains vindrent à subjuguer ce Royaume-cy, toute la fleur se retira en la partie de Errif, cest à savoir à la riviere de la mer, ou sont situées Rosette, & Alexādrie: dont se trouuent plusieurs lieux, & cités, retenans encore jusques à present le nom qui leur fut premierement par les Latins imposé. Outre ce, lors que l'empire des Romains fut transferé au Grecs, la noblesse se retira tousiours vers la Maremma: & souloit tenir bon le Lieutenāt de l'Empereur dans Alexandrie: mais les exercites Mahommetans s'arreterent à leur arriuée au milieu du Royaume: pensans par ce moyen causer deux bons éfaits à leur auantage: dont l'vn estoit de pacifier le Royaume d'vn côté & d'autre: & puis s'asseurer des assaus, que leur pourroyent liurer les Chrétiens, qu'ils auoyent grande ocasion de redouter, s'ils eussent fait sejour en la Maremma.

¶ Qualité, & accident de l'air en Egypte.

L'AIR de cette Region est fort chaut, & nuisible, pource qu'il ny tōbe pluye que biē peu, qui cause encore aus habitans du pays plusieurs dāgereuses maladies, & infirmités: dont les aucuns sont vexés par fieures, & catarres: aus autres s'enflent les genitoires, qui est vne chose autant merueilleuse, que pitoyable à regarder: & de ces accidens les medecins atribuēt la cause au fromage trop salé, & à la chair de bufle, qu'on y mange ordinairement. La chaleur y est en esté si vehemente, que le pays en est tout brulé: tellement que pour le seul remede de cecy, on a coutume aus cités de dresser quelques hautes tours, qui ont vn huis à la sommité, & vn autre au pied, lequel repond aus chambres des maisons: de sorte, que le vent apres estre entré par le haut vient à sortir par le bas, refraichissent aucunement le dedans de la maison: autrement il seroit impossible de viure, ny durer, pour l'excessiue, & insuportable chaleur, qu'il y fait. Aucunefois la peste s'y met tant âprement, qu'elle extermine vne infinité de personnes, mémement au grand Caire, là ou il passe tel jour, qu'on en void expirer plus de douze mille. Et ne pense point qu'en tout le monde il se trouue vn autre pays plus infecté, ny ou la verole soit plus contagieuse, & porte plus grand dômage qu'en cette prouince: de sorte qu'on y void vn grand nôbre de gens estropiés, et tormentés de ce mal. On y moissonne les blés au commencement d'Auril, & se bat le grain en ce méme mois: tellement, qu'auât vingt jours passés du mois de May, on ne trouue plus de blé à couper parmy la campagne. Le Nil commence à croitre au milieu de Iuin mettant quarante jours à haucer, & autant à s'abaisser: au moyen dequoy ces oÂante jours durant, toutes les cités, viles, & vilages d'Egypte demeurent en forme d'Iles: tellement que sans barque ou autres vaisseaus on ne sauroit passer de vile à autre

Egypte sujette à la verole

Débordement du Nil.

tre. Mais à cette heure l'on à bonne commodité de pouuoir charger six ou sept mille setiers de grain: & auec ce, quelque centene de brebis sur grans bateaus: qui pour leur ample largeur, ne peuuent freter sinon quand le Nil se déborde, & aual le fleuue. Car à peine les pourroit on mener contre l'eau à vuide. Par l'acroissement du Nil les Egyptiens peuuent juger à peu pres cõbien pourra môter le pris du grain le long de l'année: cõme je vous feray entendre à la description de l'Ile du Nil pres de la vieille cité: là ou est limité l'acroissemẽt de son débord par points, & mesures: cõbien que je ne sois en deliberation de nous informer particulierement de toutes les cités d'Egypte: veu mémement, que nos Geographes fondent entre eus vne dispute incertaine: dont les vns sont d'opinion que cette prouince participe en quelque chose de l'Afrique, les autres en parlent au contraire: & mémement il s'en trouue plusieurs qui veulent dire, que cette partie du côté du desert de Barbarie, Numidie, & Libye, soit cõprinse en la region d'Afrique. Plusieurs estiment aussi, que tout ce, qui est sur le principal bras du Nil, soit semblablement de l'Afrique: & l'autre partie non: comme Manf, Fium, Semmenud, Damanhore, Berelles, Teneffe, & Damiete: à quoy je me consens, & ensuy cette opinion par plusieurs raisons aparentes, & valables. Parquoy je ne parleray d'autres cités, que de celles, qui sont assises sur ce bras principal du Nil.

Yy 3   Bo-

¶ Bosiri, premiere cité en Egypte, sur le Nil.

Bosiri fut vne ancienne cité edifiée par les anciens Egyptiens sur la mer Mediterranée, distãte d'Alexandrie deuers Ponant, enuiron vingt mille. Elle souloit estre enuironnée de fortes murailles, & ornée de somptueus edifices: Maintenant hors le circuit d'icelle, se voyent plusieurs belles possessions: mais il n'y à personne pour les faire valoir ni cultiuer. Car les Chrétiens s'étans emparés d'Alexãdrie, les habitans vuiderent la cité, prenans la fuite vers vn Lac, qui est appellé Buchaira.

¶ Alexandrie, grande & renommée cité.

La magnifique & superbe cité d'Alexandrie (comme il est notoire à vn chacun) fut par Alexandre grand Monarque edifiée (non sans le conseil & jugement de plusieurs industrieus, & tresexpers architectes) en tresbelle assiete, & d'vne forme admirable, sur la pointe de la mer Mediterranée, distante du Nil deuers Ponant, par l'espace de quarante mille. Et ne faut point douter, qu'elle ne fût jadis noble en ciuilité, comme forte & somptueuse en murailles, & maisons, autãt qu'autre cité qu'on eût seu trouuer, & se maintint longuement en cette

DESCRIPT. D'AFRIQVE.

Le pourtrait du reuers de la medaille d'Adrian: qui represente la cité d'Alexandrie qui est en Egypte.

te magnificence, jusques à tant, qu'elle paruint entre les mains des Mahommetans: car mise sous le gouuernement d'iceus, peu à peu elle alla declinant & perdant partie de sa noblesse: pourautant que les marchans de l'Europe n'y venoyent plus aborder: de sorte, qu'elle demeura quasi deshabitée. Mais vn Pontife Mahommetan cault, & rusé, auec vne mensonge paliée va mettre en auant, que Mahommet par vne sienne prophetie auoit delaissé de grands pardons, & indulgences à tous les habitans de cette cité: & à ceus qui à l'auenir s'y achemineroyent & en y sejournant s'eforceroyent de

Inuention subtile pour attirer le peuple.

leurs biens, & aumones à la redresser & edifier. Et seut si bien faire & dire, qu'il alecha le peuple de telle amorce, qu'en peu de temps elle fut peuplée, & remplie d'étrangers, qui s'y estoyent acheminés pour participer à ces indulgences. Et par ce moyen on edifia plusieurs maisons aus tourions des murailles de la cité, auec plusieurs coleges pour ceus qui se voudroyent adonner aus lettres: & vn nombre de monasteres pour les personnes religieuses, venues là par deuotion. La cité est en forme quadrangulaire, à quatre portes: dont l'vne regarde le Leuant, du côté du Nil, l'autre est posee deuers Midy à l'objet du Lac, appellé Buchaira. La troisiesme deuers Ponant à l'endroit du desert de Barca: la quatriesme à la partie de la marine, là ou est le port: & en icelle sont les gardes, & gabelliers: qui recherchent, & fouillent par tout ceus qui viennent par mer: car ils ne font payer gabelle de la marchandise seulement, mais aussi de l'argent, prenans certaine somme pour cent. Il y à outre ce, deux portes aupres des murailles de la cité separées l'vne de l'autre par vne galerie, & forteresse: qui est située sur la bouche d'vn port appellé Marsa, & Borgi: c'est à dire, le port de la tour. Là vont surgir les nefs plus nobles, & chargées de marchãdise de plus grande importance, cõme sont celles des Veniciens, Genenois, Ragusiens, & autres vaisseaus de l'Europe. Car jusques à ceus de Flandre, Angleterre, Portugal, & de toute la riuiere d'Europe, ont coutume
de

de venir aborder au port de cette cité. Mais les nefs Italiennes y arriuent en plus grand nombre, & mémement celles de la Pouille, & Sicile: encore les Gregeoises, & Turquesques viennent surgir à ce port, pour estre mieus hors de la surprinse des corsaires, & de la tormente. Il y à vn autre port, que lon nomme, Marsa essil sela, qui vaut autant à dire, que le port de la cadene, ou se retirent les nauires qui viennent de Barbarie: comme sont celles de Thunes, de l'Ile Gerbo, & d'autres lieux. Les Chrétiens payent de gabelle quasi dix pour cent, & les Mahommetans cinq, tant à l'entrée, comme à la sortie: mais on ne paye aucune chose des marchandises, qui se transportent par terre du Caire en cette cité, qui n'à partie plus renommée que ce port icy, pour estre prochain du Caire, & s'y vend vne infinité de merceries. Et pour d'icelles acheter, ou deliurer, on y acourt de toutes les parties du monde. Maintenant, quant aus autres choses, cette cité est peu ciuile, & peuplée, pource que hors mis vne longue ruë, par ou lon va de la porte du Leuant à celle du Ponant, & vn canton, qui est prochain à la porte de la marine (là ou il y à plusieurs magazins & lieux pour loger les Chrétiens) tout le reste est vuide & ruiné: pource que Loys quatriesme Roy de France, estant deliuré des mains du Soudan, le Roy de Cipre acompagné de quelques vaisseaus François, & Veniciens prindrent d'emblée cette cité, qu'ils sacagerent, faisans passer par le fil de l'épée

Yy 5   vne

vne infinité de personnes. Mais quand le Soudan mémes y arriua auec vn grand exercite pour la secourir, les Chrétiens consideraus qu'ils ne la pouuoyent plus longuement tenir, y mirent le feu, & embraserent les maisons, puis l'abandonnerent. Ce que voyant le Soudan, feit redresser les murailles le mieus qu'il luy fut possible: & feit fabriquer la forteresse qui est sur le port, faisant de sorte, que petit à petit il la rendit en tel estre, et perfectiõ, qu'elle se void à present: & au dedans y à vne montagne fort haute, laquelle je ne saurois mieus acomparer qu'à monte Testaceo de Rome: là ou lon troue plusieurs vases antiques: & à dire vray, elle n'est pas d'assiete naturelle. Sur icelle est assise vne petite tour ou demeure continuellement vne guette, qui decouure les vaisseaus trauersans, pour en auertir les ministres de la gabelle, qui en reçoiuent pour chacun vaisseau, tel pris, qu'il est ordonné. Mais s'il en passe aucun sans que les gabeliers en soyent auertis, pour estre alé à l'ébat, pour auoir dormy, ou bien par mauertance, elle est condamnée au double, & les deniers apliqués à la chambre du Soudan. La plus grande partie des maisons de la cité sont fabriquées sur arcs & grosses colomnes, soutenues par les voutes de grandes citernes, et dans icelles passe l'eau du Nil: pource que lors qu'il déborde elle s'écoule par vn canal fait artificiellement en la plaine entre le Nil, & cette cité jusques à ce, que passant par dessous les murailles, elle vient à entrer
dans

dans ces citernes. Mais par laps de temps elles sont deuenues troubles, & boüeuses: au moyen dequoy en esté plusieurs se trouuent surprins de grandes & dangereuses maladies. Or quant à l'abondance de la cité, à cause qu'elle est assise au milieu d'vn desert sablonneus, il ne s'y trouue vignes, jardins, ny terre pour semer: tellemẽt qu'on est contraint de faire venir le grain de quarante mille loin: bien est vray, qu'aupres du canal, par ou passe l'eau, qui prouient du Nil, il y à quelques petis jardins: mais les fruits qu'ils raportent, sont plus tôt pestilẽtieus qu'autremẽt: pource que en la saison qu'ils se mangent, les personnes sont incontinent ataintes de fieures, ou de quelque autre maladie. Loin de la cité enuiron six mille deuers Ponãt se trouuent aucuns edifices anciens, entre lesquels y à vne tresgrosse colomne, de merueilleuse hauteur, qui se nõme en leur langue Hemasdulaor, c'est à dire, la colõne des mas, & d'icelle se raconte vne fable, qui est telle. Entre les Ptolomées il y en eut jadis vn Roy d'Alexandrie, qui pour rendre la cité asseurée, inexpugnable & qui peût sans danger euiter les durs éfors de ses ennemis, feit eriger cette colomne: & à la sommité d'icelle il feit poser vn grand mirouër d'acier, ayãt telle vertu en soy, que tous les vaisseaus des ennemis qui passoyent deuant cette colomne (estant le mirouër découuert) miraculeusement commençoyent à s'embraser, & pour ce seul effet, l'auoit fait ainsi dresser sur la bouche du port. Mais on dit que

Antiquitez d'Egypte.

Fable.

que les Mahommetans à leur arriuée gâterent le mirouër: au moyen dequoy il vint à perdre cette vertu non moins admirable que inusitée: puis feirent emporter la colomne. Chose certes ridicule, & digne d'etre proposee aus enfans: & non à ceus qui ont quelque jugement. Il y à encore en Alexandrie (entre les anciens habitans d'icelle) de ces Chrétiens, appellés Iacobites, qui ont leur eglise, là ou souloit estre le corps de saint Marc Euangeliste, que les Veniciens leur enleuerent d'emblée: le transportans en leur cité de Venise. Tous ces Iacobites font train de marchandise, ou exercent les ars: payans certain tribut au Seigneur du grand Caire. Cecy ne se doit obmettre, qu'au milieu de la cité entre les ruines & masures il y à vne petite maisonnette en façon d'eglise, ou se void vne sepulture fort honnorée & visitée par les Mahometans: pour ce qu'ils aferment qu'en icelle reposent les os d'Alexandre le grand prophete, & Roy, selon que leur enseigne l'Alcoran: tellement que plusieurs étrangers s'acheminent de lointaines regions pour visiter cette sepulture: delaissans en ce lieu de grandes ofertes, & aumones. Ie laisse beaucoup d'autres choses à décrire, que je poursuiurois, n'estoit que je crains, pensant satisfaire à tout curieus lecteur, de ne l'ofencer, & causer ennuy, pour me montrer par trop prolixe en cet endroit.

Les Veniciens enleuerent d'emblée le corps saint Marc Euāgeliste en Alexādrie dans l'eglise des Iacobites.

Bocchir, cité.

Bocchir, fut d'ancienneté vne petite cité edifiée

fiée sur la mer Mediterranée: & distante d'Alexandrie par l'espace de huit mille du côté de Leuāt mais elle fut n'agueres détruite, & en sont demeurées quelques apparences des murailles d'icelle. Or entre les autres ruines, il y a plusieurs possessions de dates, dequoy sont refectionnés les pauures gens, qui habitent en certaines petites, & desertes cabanes. Il y a vne tour sur vne plage fort dangereuse: là pres perissent plusieurs nauires de Surie, qui y veulent aborder de nuict, à cause que pour l'obscurité des tenebres on ne sauroit entrer dans le port d'Alexandrie: au moyen dequoy elle viennent à s'arréter sur cette plage. Autour de la cité ne se trouuent autres terres, que campagnes d'aréne, jusques au Nil.

Rasid, appellée par les Italiens Rosette.

Rosette, est vne cité sur le Nil deuers Asie, distante de la mer Mediterranée enuiron trois mille, là ou le Nil se jete dedans, & fut edifiée par vn esclaue d'vn Pōtife qui estoit Lieutenant d'Egypte & fit aussi bâtir de belles maisons, & somptueus edifices sur le Nil: auec vne grande place pleine d'artisans. Outre ce, il y a vn beau temple, & clair, dont aucunes des portes regardent sur la place, & autres sur le fleuue: là ou lon décend par belles marches de degrés, & sous iceluy est vn petit port, ou se retirent ordinairement les bateaus, qui portent la marchandise au Caire. La cité n'est de murailles, que luy rend plus tôt la forme d'vn grand vilage, que d'vne cité, & y à autour d'icelle plusieurs maisons, ou l'on pile le ris, auec engins de boys si propres à ce faire, qu'on en bat (comme ie croy) plus de mille setiers par moys. Hors le pourpris de la cité se void vn lieu comme vn bourg, ou l'on tient plusieurs ânes, & mulets à louage pour ceux qui veulẽt faire le voyage d'Alexandrie: & celuy qui en louë, n'a autre peine, que de leur lácher la bride sur le col, & les laisser suiure le chemin, lequel ils ne abandonnerõt jamais, qu'ils n'ayent rendu leur hôme dans la maison, la ou l'on les doit laisser. Et ont vn pas si dru, qu'ils feront plus de quarante mille de chemin depuis le matin iusques au soir, tousiours cotoyans la marine: voire & de si pres, que le plus souuent ils ont le pied dans l'eau. Au tour de la cité y à plusieurs possessions de datiers, & bon terroir pour produire du riz. Les habitans sont plaisans, & familiers aux etrangers: & s'acointẽt voulontiers de ceux qui ayment à se donner du bon temps. Au dedans de la cité se trouue vne belle étuue, fournie de fontaines froides, & chaudes: & si bien acommodée de tout, qu'elle n'a point sa pareille en toute l'Egypte. I'étois en cette cité lors, que Sultan Selim grand Turc y passa à son retour d'Alexandrie: mais ce ne fut sans aller veoir premierement cette étuue, montrant par semblant qu'il prenoyt vn singulier plaisir de l'auoir

Anes & mulets de merueilleuse course & agilité.

Anthius, cité.

Anthius, est vne tresbelle cité, edifiée par les Romains sur la riue du Nil, du côté d'Asie: & iusques à present se voyent plusieurs lettres Latines grauées sur tables de marbre. Elle est ciuile, & fournie de tous ars. Les campagnes sont bonnes pour y semer grain, & riz: auec ce qu'il y à plusieurs possessions de datiers. Les habitans sont merueilleusement plaisans, & de bonne nature faisans trafique de conduire le riz au Caire, en quoy faisant ils raportent vn tres grand profit.

Barnabal, cité.

Barnabal, est vne ancienne cité, edifiée sur le Nil du côté de l'Asie, qui fut fondée au temps que les peuples d'Egypte furent reduis à la Foy Chrétienne. Elle est fort belle, & abondante, mémement en riz: & se trouuët dans icelle plus de quatre cens maisons, là ou se pile le riz: & ceux qui font ce métier, sont gens etrangers, dont la plus grande partie est de Barbarie. Les habitans sont tant adonnés aux laciuetés, que toutes les femmes publiques se retirent par deuers eux, à qui sans rasouër elles abatent si bien le poil, voire & si brusquement, que le plus souuent la tonsure penetrant iusques aux os, ébranle de telle sorte la racine, que la vigueur vient à manquer aux branches, qui tombent comme feuilles en Automne.

The-

Thebes, cité.

Thebes, est vne tresancienne cité, edifiée sur le Nil du côté de la Barbarie, mais le fondateur d'icelle est incertain entre les Auteurs. Aucuns veulent dire, qu'elle fut fabriquée par les Egyptiens, les autres par les Romains, & d'autres q̃ les Grecs en ont jeté les fondemens. Mais la diuersité des langues, dont sont écris plusieurs epitaphes, cause vne telle varieté d'opinions. Car les vns sont graués en caracteres Grecs, les autres en lettres Latines, & d'autres encore en lettres Egyptiennes. Maintenant la cité ne sauroit contenir plus hault que de trois cens feus, combien que ce peu de maisons, qui y sont, luy donnent vn grand lustre, pour estre fort belles, & bien bâties. Elle est abondante en grains ris, sucre, & fruits appellez Muse, qui sont singulierement bons. Il y á plusieurs marchans, & artisans toutefois la plus grande partie des habitans s'adonne à cultiuer la terre: & ne se presente aus yeus de ceus qui vont parmy la cité, sinon l'object de femmes, qui sont douées d'vne merueilleuse beauté: & non moins acompagnées de bonne grace. Autour d'icelle y á grand nombre de datiers, qui sont si touffus, qu'on ne sauroit dècouurir la cité, jusques à ce qu'on soit au pied des murailles. Outre ce, il y á plusieurs clos de vignes, peschers, & figuiers: dont le fruit se porte au Caire en grande quantité. Dans le pourpris se voyent beaucoup de vestiges des antiquitez: comme colomnes, epitaphes, & maures,

qui

qui sont de grosses pierres entaillées, toutes ces choses rendent vn grand témoignage de quelle grandeur deuoit estre jadis cette cité, & mesmemēt pour tant de ruines, qui s'y voyent à present.

Fuoa, cité.

Fuoa, est vne ancienne cité edifiée par les Egyptiens sur le Nil du coté d'Asie, distāte de Rosette par l'espace de quarāte cinq mile deuers Midy, bien peuplée, ciuile, & tresabondāte. Il y à de belles boutiques de marchās & artisans, mais les places sont étroites. Les habitās se delectēt de viure en paix, et repos. On lâche tant la bride aus femmes, & se sont aquise si grāde liberté, qu'elles peuuēt aller là, ou le desir les porte, & y demeurer le long du jour, puis retourner le soir à la maison, si bon leur semble, sans que leurs maris les en reprēnent. Hors la cité y à vn bourg, là ou les femmes publiques tiennēt les rancs, qui est vne bonne partie d'icelle, au tour se trouuent plusieurs possessions de dates, & vne bonne campagne pour grain, & sucre: mais les cannes de ce terroir ne le produisent pas bon: en lieu dequoy elles jetent vn certain miel, duquel on vse par toute l'Egypte: pource qui s'en y trouue peu.

Gezirat Eddeheb, cest à dire l'Ile de l'or.

Cette Ile est situèe à l'oposite de la cité susnōmée, mais au milieu du Nil le territoire d'icelle est serti en ris & sucre, estāt le fort haut, tellemēt qu'il produit de tous arbres fruitiers, hors mis des oliuiers. Il y à plusieurs vilages, & beaus edifices: mais l'e-

Z 3   pesseur

pesseur des datiers, & autres arbres serrez, fait que on ne les peut veoir, sinon de pres. Tous les habitās s'adonnent à cultiuer terres, & porter vendre tous leurs fruits au Caire.

Mechella, cité.

Mechella, est vne grande cité, edifiée de nôtre temps par les Mahommetās sur le Nil deuers l'Asie, ceinte de foibles murailles, mais elle est bien peuplée de gens, qui sont quasi tous tissiers de toiles, ou laboureurs des champs: nourrissans ordinairement des oyes en grande quantité, qu'ils portent vendre au Caire: & au contour de la cité y a de bonnes terres à semer grain, & lin: mais au dedans peu de ciuilité, & maigre entretien.

Derotte, cité.

Derotte, est vne noble cité, edifiée du temps des Mahōmetans sur le riuage du Nil, en la partie de Afrique, sans qu'elle soit aucunement fermée de murailles: mais au reste bien habitée, & embellie d'edifices fort somptueus. Les faubourgs sont larges, & bien garnis de boutiques. D'auantage il se trouue vn beau temple dans la cité. Les habitans sont jouyssans de grandes richesses, pource que le territoire produit du sucre en abondance. Au moyen dequoy la cōmune est redeuable au Soudan de mille sarafes pour obtenir la licence de faire le sucre, & pour ce fait, il y a vn grand logis en forme de chateaus, là ou lon tient des trepiés & chaudieres pour faire bouillir, en si grand nōbre, & auec tant d'ouuriers

Derotte tributaire au Soudan.

uriers, que je n'ay aucune souueance d'en auoir tāt veu autre part: & me fut dit par vn ministre de la commune, que la dépence de cette besongne, monte journellement à plus de deux cens sarafes.

Mechellat chais, cité.

Mechellat chais, est vne cité moderne, edifiée par les Mahommetans sur le fleuue du Nil, en la partie d'Afrique, sur vne haute montagne, ayant le territoire fort haut, à cause dequoy toutes les possessions sont en vignes, pource que le Nil en croissant ne sauroit arriuer jusques à la sommité. Cette cité fournit le Caire de raisins frais quasi la moitié de l'année. Les habitans sont bateliers la plus grand' part, pource qu'ils ont trop peu de terre à cultiuer, qui les rend tous mecaniques, & peu ciuils.

¶ La tresgrande, & merueilleuse cité du Caire.

LA renommée est épandue par tous climas, que le Caire est à present vne des grandes, & merueilleuses citez, qui se trouuent en tout le monde, la forme & assiete d'icelle je vous deduiray de point à point, rejetant, & laissant à part les bourdes, & mensonges qui s'en mettent en auant de plusieurs. Cōmençant donques par le nom, je dy Caire estre vocable Arabesque: mais corrōpu aus lāgues vulgaires de l'Europe pource qu'à parler propremēt on deuroit dire, Chaira, qui vaut autāt à dire cōme poule couuāte.

Et fut edifiée au temps moderne par vn esclaue Esclauon nōmé Gehoar el chetib (cōme il me semble vous auoir recité en la premiere partie de cet œuure) qui érigea dans icelle ce fameus & admirable tēple qu'il nōma Gemih el Hashare: cet à dire tēple illustre: et retint l'esclaue ce surnom Hashare (qui signifie illustre) du Pontife son maitre. Cette cité est assise en la plaine sous la motagne, appellée el Mucattun, distāte du Nil enuiron deux mile, fermée de superbes & fortes murailles, auec tresbelles portes, dont il y en à trois principales: l'vne est appellée Babe nansre, qui signifie la porte de la victoire, regardant deuers Leuant, & du côté desert de la mer rouge. L'autre se nomme Beb zuaila, qui est à l'object du Nil, & de la cité vieille. La tierce s'appelle Bebel futuh: cest à dire la Porte des triōphes, laquelle se dresse vers vn lac, quelques campagnes, & possessions. La cité est bien peuplée de marchās, & artisans, mesmement toute la rue, qui va de la porte Nansre à celle de Zuaila, là ou cōsiste la plus grande partie de la noblesse. En cette rue mesmes y à aucuns coleges d'extellente structure, & merueilleuse grandeur, enrichis de tresbeaus ornemens: & s'y trouuent semblablemēt des temples tresgrans, et somptueus, & entre autres est celuy de Gemih elhecim, tiers Pontife scismatic: auec vne infinité d'autres fort beaus & renōmez: dont je me tairay pour le present. D'auantage il y à plusieurs étuues compassées auec vne industrieuse architecture. Il y à
vne

vne rue qu'on appelle Bemelcafrain, là ou font aucunes boutiques, où se vendent les viandes cuites : & sont enuiron soissante toutes fournies de vases d'étain. Il s'en trouue encore d'autres pour vendre des eaus tresdelicates, distilées de toutes sortes de fruits, desquelles vsent tous les nobles: & ceus qui les vendent, les tiennēt dans des vases de voire & étain, embellies de subtils ouurages. Aupres de ces boutiques il y en à d'autres, là ou se vēdent les cōfitures assez mignonnemēt faites, & bien differētes à celles de l'Europe, qui se font de miel & de sucre. Puis se trouuent les fruitiers, vēdans les fruits qui s'aportent de Surie : cōme sont pommes de coin, grenades, et autres fruits de telle espece, que ne produit l'Egypte. Plusieurs autres boutiques sont entremêlées parmy celles-cy ou se vend le pain, les œufs & le fromage frit en l'huile. Outre ces boutiques l'on vient à trouuer vne rue pleine de gens exerçans nobles ars : au de là, est le College neuf du Soudan Ghauri, qui fut tué en la guerre meuë entre luy & Selim empereur des Turcs. Passé ce college lon void les grans magazins de draps : & aussi vne infinité de boutiques. Au premier se vēdent les toiles aportées d'étrange pays, fort bonnes: cōme sont celles de Bahlabah, tissues de cotton, & fines au possible: auec d'autres qu'on appelle Mosal, & Ninou, lesquells sont merueilleusement fermes & delicates: au moyen dequoy les plus aparens, & gens de reputation en font faire leurs chemises: & voiles qu'ils

Zz 3   portent

portent sur leurs turbans. Outre plus, il y à les magazins, où se vēdent les plus riches & nobles draps qui se facent en Italie, cōme draps d'or, velous, damas, satin, tafetas, & autres: dont je peus affermer (sans m'eloigner aucunemēt de la verité) n'en auoir veu en Italie (là ou ils se font) qui aprochassent en rien de leur perfection & naïueté. Plus outre, sont les magazins des draps de laine, qui s'y trāsportent semblablement de l'Europe, comme de Venise, de Florēce, de Flandres, & de plusieurs autres lieus. Plus outre encore se vendent les camelots, & semblables marchandises, tant que de lieu en autre lon paruient à la porte Zuaila, là ou il y à aussi grād nōbre d'artisans. Aupres de cette grande rue il y à encore vn magazin appellé Canel Halili, ou logent les marchās de Perse: & est de telle grandeur, qu'il à la forme d'vn somptueus palais de quelque grād seigneur. Car il est treshaut, et fort de mesmes, bâti à trois étages, ayant plusieurs chābres basses, dans icelles les marchans dōnent audience, & sont échāge de grosses marchādises, n'estāt permis à d'autres marchās qu'à ceus qui sont opulens, & ont dequoy demeurer en ce lieu là, ou ils tiennēt leurs marchandises, qui sont épiceries, pierreries, toiles Indiennes, cōme voiles, & telles autres choses. De l'autre côté y à vne autre rue, ou demeurent les marchans de parfums: comme de musq, ciuette, & ambre gris, de quoy ils sont si bien fournis, & en si grande abondāce, que leur en demandāt vingt et cinq liures, ils

en

en déplieront & presenteront plus de cent. En vne
autre rue se vend le papier tresblanc & poly : &
ceus qui le vendēt, tiennent encore quelques beaus
& rares joyaus, qu'ils font porter de boutique à autre par vn qui les met à pris. Là demeurent encore
les orfeures, qui sont Iuifs, manians journellemēt
de grādes richesses. Il y a aussi d'autres rues, où sont
residence les reuendeurs de beaus acoutremens des
citoyens, & gens de grande autorité. Et ne se faut
pas persuader, que ce soyent māteaus, casaques, linceuls, ny semblables choses de petite cōsequence &
valeur : mais ornemens pretieus, & de tresgrand
pris, tellement qu'entre les autres, je y vey vn pauillon entieremēt fait à l'éguille, couuert d'vn rāg
de perles, pesantes (cōme il me fut dit par celuy qui
l'exposoit en vente) quarantecinq liures : encore
que sans cela, fût vendu dix mille sarafes : & ay
veu auec ce des choses dans ces boutiques de grand
pris & valeur quasi inestimable. Dans la cité se
void vn grand hôpital que feit edifier Piperis, premier Soudan des Māmalucs : le doüant de deux cens
mille sarafes par an : au moyen de quoy tous malades de quelque infirmité q ce soit, y peuuent demeurer, auec toute cōmodité durant leur maladie : pendant laquelle ils sont visitez des medecins & fournis de tout ce qui leur est necessaire, jusques à tant
qu'ils soyent retournez en conualescence. Mais auenant, qu'ils y decedent, tout leur bien demeure à
l'hôpital.

Z 3 4   Du

Du premier bourg du Caire appellé Beb Zuaila.

CE bourg icy est de tresgrande étendue, & contient enuiron douze mille feus, commençant à la porte Zuaila, & s'étendant deuers Ponant enuiron vn mile & demy, deuers Midy jusques à la forteresse du Soudan, du côté de Tramontane par l'espace d'un mile, jusques au faubourg appellé Beb elloch, qui est autant rempty de noblesse (ou peu s'en faut) que la cité mesme, tellemët que plusieurs habitans d'icelle y ont des boutiques, & par le semblable plusieurs de ce faubourg ont des maisous dãs la cité. Il y a plusieurs temples, monasteres, & coleges: & entre autres, on y void vn fort renommé, que Hesen soudan feit fabriquer, d'vne merueilleuse hauteur, en voutes, au reste tresfort de murailles: de sorte que souuentefois on a veu reuolter vn Soudan contre l'autre, mais celuy de dehors se pouuoit fortifier dans ce colege, et batre la forteresse du Soudan, sans aucun empechement, pour estre à l'objet d'icelle, & prochain d'vne demie portée d'arbaléte.

Le bourg appellé Gemeh Tailon.

Cetuy-cy est vn autre bourg, se confinant auec le precedent de la partie du Leuant, s'étendant deuers Ponãt jusques à certaines ruines, qui sont deuers la vieille cité, & fut edifié auant le Caire, par vn nõmé Tailon, qui fut esclaue Esclauon de l'vn des Pontifes de Bagaded, & Lieutenãt d'Egypte, homme prudent, & de haute entreprinse. Cetuy-cy

aban-

abandonna la demeurāce de la vieille cité, & vint resider en ce faubourg, là ou il y a artisans, & marchans, mesmement de la Barbarie, & y feit fabriquer vn tresgrand, & admirable palais, auec vn temple de semblable grandeur & qualité.

Le faubourg appellé Beb elloch.

Beb elloch, est semblablement vn grand faubourg, distant des murailles du Caire enuiron vn mille, & contient trois mille feux. Il y a plusieurs marchans, & artisans, ensemble vne grand' place, ou se void vn tresample palais, & merueilleus colege, edifié par vn Mammaluc, appellé Iazbachia, qui fut Conseiller d'vn ancien Soudan, & de son nom à esté appellée la place Iazbachia: là ou l'oraison finie, & le sermon, tout le peuple à coutume de s'assembler, pource qu'il y a dans ce faubourg plusieurs choses deshonnêtes, comme cabarets, & femmes publiques. Là se retirent semblablement plusieurs bateleurs, mêmement ceus qui font dancer les chameaus, ânes, & chiens: chose certes qui aporte vne grande delectation aus assistans, & principalement le passetemps de l'âne: pource que apres l'auoir fait quelque peu baler, l'vn de ces bateleurs par maniere de deuis, cōmence à vser d'vn tel langage-Maitre âne, le Soudan à deliberé de faire demain ses aprets, & jeter les fondemens d'vn tresbel edifice: & pour ce, il veult employer tous vos semblables, qui sont dedans le Caire: & entend que entre les autres tiendrés le premier rang, cōme le plus

Chameaus, ânes, & chiēs dançans: ensemble le bateleur de mesme Harangue du bateleur à son âne.

plus

braue, & mieus experimenté à porter les pierres, chaus, & autres choses à cet éfaut necessaires. Lors tout en vn instant l'âne se laisse tomber en terre étendu de son long les pieds cōtremont: lesquels haussant en l'air, s'enfle le ventre, & cline les yeus ne plus ne moins comme s'il estoit sur le point de rendre les abois. Ce pendant le bateleur piteusement se lamente à l'assemblée, d'auoir esté tant infortuné, que d'auoir ainsi miserablement perdu son âne, acompagnant son deuil de prieres, requerant la cōpagnie vouloir suruenir à son extréme necessité: afin qu'il puisse auoir le moyen d'en acheter vn autre. Mais il n'à pas plus tôt acheué sa quéte, qu'il commence d'auertir les gens presens, qu'ils ne pensent pas que son âne soit mort, pource que le rusé (dit il) cognoissant fort bien que son maitre estoit necessiteus, feint le mort pour mieus jouër son personnage: à fin que par ce moyen il induise le peuple à compassion, & que les presens puissent seruir à luy acheter de l'auoine. Puis se retournant vers l'âne, luy dit, qu'il se leue sur pieds: à quoy ne voulant entendre la béte, & ne faisant aucun semblant de se mouuoir, le bateleur commence à la caresser, & etreiller d'vne merueilleuse sorte, auec coups orbes, & lourdes bastōnades: sans toutefois que pour cela il la puisse faire remuer, au moyen dequoy il r'entre sur ses brisées, & dit: Seigneurs, je vous veus bien faire entendre, comme le Soudan à fait publier à son de trompe, que tout le peuple du Caire doi-

doiue sortir demain au matin pour l'acõpagner en son triomphe, & que toutes les gentilsfemmes, & plus belles dames de la vile le viennẽt veoir en sa pompe, & magnificence, montées sur des ânes, auquel elles donneront vne bonne repue d'orge, & de eau du Nil. A peine peut il auoir mis fin à ses paroles, que maitre baudet cõmence à se dresser sur ses pieds, & s'escarmouchant le plus dextrement qu'il sait, fait vne grande brauade, se montrãt receuoir vn contentemẽt fort grãd, et joye indicible, laquelle est interrõpue par les paroles du bateleur, qui dit : Vn des chefs de la ville par malheur m'à demandé à préter mon petit mignon pour porter sa femme, qui est vne vieille, la plus fauce, dépiteuse, & difforme qu'on sauroit choisir entre vn milion. A ce propos l'âne (cõme si nature luy auoit donné quelque entendement de surcroît) cõmence à baisser les oreilles, & choper, feignant d'estre estropié : dont le maitre se prend à luy dire : Les jeunes tendrons te plaisent donq, à ce q̃ je voy : & l'âne (en baissant sa lourde téte) semble y consentir, & dire ouy. Or sur (dit le maitre) il y en à icy plusieurs jeunes, fraiches et delicates : choisis celle qui t'est plus agreable. L'âne en tournoyãt, fait de sorte, qu'il s'adresse droitement là, ou sont les femmes, contẽplansce spectacle : et ayãt choisy la plus honorable, s'adréce à elle, et la touche de la téte. Lors auec vne grãde risée vn chacun cõmẽce à crier en gaudissant, Ho ho ho la dame la fauorite de maitre baudet. Cela fait le bateleur

mon=

monte dessus son âne pour s'en aller ailleurs. Il y a vne autre maniere de bateleurs, lesquels tiennent aucūs petis oyseaus, attachez à vne queſſe faite en forme d'vn dreſſoir, qui tirent hors des buletins de fortune, tant de bon comme de mauuais augure: & ceus qui deſirent ſauoir ce que Fortune leur garde, jetent vn denier aus pieds de l'oyſeau, lequel le prend auec le bec, & le porte dans la queſſe, d'ou il raporte vn tilet de réponce. Il m'en auint vn, que je ne pouuois interpreter qu'en malheur: combien que je ne m'y arrêtay aucunement: mais il m'auint encore pis, qu'il ne me prediſoit. Pluſieurs eſcrimeurs de baton, & luiteurs, s'y trouuent auec autres gens, qui chantent les batailles d'entre les Egyptiens, & Arabes, du temps qu'ils ſuppediterent l'Egypte: y ajoutans mille fables, & bourdes par eus controuuées.

Le Bourg appellé Bulach.

Bulach, eſt vn grand bourg, diſtant de la cité enuiron deux mille: mais par le chemim lon trouue touſiours maiſons, qui moulent le blé à forces de bêtes, & eſt ce bourg fort ancien, edifié ſur la riue du Nil: contenāt enuiron quatre mille feux, bien garny d'artiſans, & marchans: mémement de ceus qui vendent le grain, le ſucre, & l'huile. Il y à pluſieurs temples maniſiques, ſomptueus edifices, & tresbeaus coleges: mais ordinairement les maiſons bâties ſur le Nil, ſont plus commodes, & de plus belle

le montre: tellement que c'est vn object, qui recrée
merueilleusement la veuë pour regarder des fenétres les Nauires, qui viennent par sur le Nil, aborder au port du Caire: qui est en ce bourg. Et telle
fois auient, que lon découure sur le fleuue vn milier de bateaus, y venir prendre port, principalement en temps de moissons, & là demeurent les gabeliers deputez sur le fait des marchandises, qu'on
amene d'Alexandrie, & Damiete, combien qu'on
y paye peu: d'autāt qu'on à desia satisfait à la douane sur la marine. Mais les marchandises, qui
viennēt du côté de l'Egypte, n'y sont cōprinses: car
on fait payer aus marchans la gabelle entieremēt.

Le bourg appellé Charafa.

Charafa est vn bourg resemblant à vne petite
vile, pres la montagne à vn jet de pierre, distant de
la muraille du Caire par l'espace de deux mille, &
du Nil enuiron vn mille, cōtenant deux mille feus
mais à present la moytie est presque en ruine. On y
void plusieurs sepultures d'aucuns personnages reputés pour saints par l'ignorance populaire: et sont
eleuées en voutes tresbelles, & amples: ornées par
le dedans de diuers ouurages, & couleurs: puis couuertes de fine tapisserie. On s'y transporte ordinairement du Caire, & d'autres lieux tous les Vendredis, pour deuotion: au moyen dequoy il s'y fait de
belles aumones.

¶ La vieille cité appellée Misrulhetich.

Misrulhetich, est la premiere cité, qui fut edifiée en Egypte du temps des Mahommetans par Hamre, capitaine de Homar, second Pontife : & est assise sur le Nil, sans estre aucunement ceinte de murailles: mais bâtie à la semblance d'vn bourg, s'étendãt sur le fleuue : & contient enuiron cinq mille feux. Il y à de belles maisons & superbes edifices : mémement ceus qui sont assis sur le riuage du Nil, là ou il y à vn temple appellé, le temple de Hamr, qui est admirable tant en beauté, comme en grandeur, & forteresse. Quant aus artisans, la cité en est susisamment garnie. Là aussi se void la sepulture renommée de la sainte femme, que les Mahommetans ont en grande reuerence, & veneration: & l'appellent sainte Nafisse, qui fut fille d'vn appellé Zemulhebidim, fils de Husem, fils de Haly gendre de Mahommet. Cette sainte icy voyant sa maison estre priuée, & déuetue du Pontificat par ses parens mesmes, emeuë de grand desespoir, se partit de Cufa, cité en l'heureuse Arabie, pour venir faire sa residence en cette-cy: dont tant pour estre decendue de la lignée de Mahommet, comme pource qu'elle menoit vne vie assez honnéte, elle s'aquit le bruit d'etre sainte. Au moyen dequoy du temps, que regnoyent les Pontifes heretiques parens de cette femme sainte, on luy feit eriger vne belle sepulture, qui est pour le jourdhuy embellie de lampes d'argent, tapis de soye,

Nafisse, éleuée, & & reueréc p les Mahommetans.

Haly epousa Fasernafille de Mahōmet.

soye, & autres choses semblables: de sorte, que la renommee par laps de temps à si bien exalté cette glorieuse sainte Nafisse, qu'il ne se trouue marchant Mahommetan, ou autre, apres estre paruenu au Caire par mer, ou par terre, qu'il ne voise visiter, & reuerer les os d'icelle, delaissant grandes oblations: en quoy ne se montrent paresseus les voisins, qui en vsent au cas pareil: si bien que les aumones & ofertes du long de l'année reuiennent à cent mille sarafes, que lon distribue aus paunres de la maison de Mahommet: & à ceus qui ont la charge, et gouuernement d'aminiſtrer, & tenir en ordre cette sepulture, qui journellement par miracles faus & dissimulez qu'ils atribuent à cette sainte, rendent les personnes tousiours mieus affectionnées à plus grande deuotion, & à élargir d'auantage la main à leur particulier profit. A l'entrée de Selin, grand Turc, au Caire, ses Genissaires saccagerent la sepulture, là ou ils trouuerent cinq cens mille sarafes, qui étoyēt là gardées en deniers, sans les chaisnes, tapis, & lampes d'argent: mais le Soudan en feit restituer vne grande partie. Ceus qui décriuēt les fais & miracles des sains Mahōmetans, ne men tionnent aucunement cette Nafisse comme pour sainte, sinon qu'ils l'exaltent pour auoir esté noble dame, chaste, & honneste, de la maison de Haly, & le reste (comme des miracles) à été controuué par la simplicité populaire. Au dessus de ce bourg est la douane des marchandises, qui arriuent de Sahid, et

Sepulture de Nafisse saccagée.

hors

hors de la cité fermée se voyent de belles sepultures des Soudans faites à voutes. Il y eut vn Souda[n] n'à pas long tẽps, qui feit faire vne alée entre deux hautes murailles, prenant son commencement à la porte de la cité, puis vient jusques au lieu des sepul-tures : & au bout des murailles y à deux tourrion[s] treshauts : & à la sommité d'iceus demeure vne guette pour découurir, & noter les marchans, qui viennent du mont Sinay. Loin de ces sepultures enuiron vn mille & demy sont les terres appellées Almathria, là ou est le jardin de la plante vnique produisant le baume : & à bon droit vnique se peut appeller : car en quelque autre partie de la terre, qui soit, on n'en sauroit trouuer, q̃ cette seule, qui prend nourriture au milieu d'vne fontaine, en gui se d'vn puys, estant de moyenne hauteur, jetant les feuilles resemblantes à celles de la vigne, sinõ qu'elles sont plus petites : mais (comme il me fut dit) si l'eau de la fontaine venoit à tarir, l'arbre demeure-roit sterile. Vne haute muraille & forte ceint & enferme le jardin ou est cette plante : tellemẽt qu'il seroit impossible d'y entrer sans grand faueur, ou si lon ne faisoit quelque honnête present aus gar-des. Au milieu du Nil tout à l'oposite de la vieille cité, y à vne Ile appellée Michias, qui signifie, me-sure, pource que lon y void la mesure du débord de ce fleuue, signée, par le moyen delaquelle on cognoît l'abondance, ou cherté qui doit auenir par tout le pays d'Egypte, Ce que les anciens ont trouué si cer-tain

Plante vnique produisant le baume.

Michias, mesure.

tain par bonne experience, qu'on ne s'en trouua jamais deceu d'vn seul point. Cette Ile est bien habitée : contenant enuiron mille cinq cens feus, & au chef d'icelle se void vn tresmagnifique palais, edifié par le Soudan, qui à esté de nôtre temps. Puis tout aupres y à vn assez grand temple & plaisant, pour estre situé sur le fleuue : ayant à l'vn des angles vn bâtiment separé, & ceint de murailles : au milieu d'iceluy, & à decouuert y à vne fosse carrée, & profonde de dixhuit toises : & en l'vn des côtez de la cauité répond vn aqueduct * qui vient par dessous terre, du riuage du Nil: puis en milieu se void vne colomne dressée, marquée, & diuisée en autant de toises, comme la fosse est profonde, qui sont dixhuit. Et lors que le Nil commence à croitre (qui est le dixseptieme de Iuin) incontinent l'eau entre par le canal, ou aqueduct, s'écoulant dans la fosse: là ou quelque jour elle se haucera de deus dois, vne autrefois de trois, & bien souuent de demie toise. Au moyen dequoy journellement se trouuët à cette colomne ceus, qui en ont la charge, & voyans de combien le Nil est allé en croissant, en auertissent quelques jeunes enfans, qui portent vne bande jaune sur la téte pour estre remarquez : & ainsi acoutrez s'en vont publians le long du Caire, & par les faubourgs de côbien l'eau est crue: en quoy faisant, ils reçoiuent des presens de tous marchans, artisans, & des femmes, tant que le Nil demeure en sa crue. L'experience est, q̃ quand le Nil

*C'est vñ cõduit à mener l'eau en quelque lieu.

a com-

commence à croitre jusques à la hauteur de quinze toises de la colomne, l'abondance durera le long de l'année, & s'il n'arriue que de douze à quinze, on recueillera mediocre deblure: s'il ne passe que de dix à douze, cela denote que le settier de blé doit monter jusques à la somme de dix ducats: Mais si l'eau outrepasse quinze, ataignant jusques à dixhuit, par cela se conjecture qu'il s'en ensuiura quel que grand méchef par la trop grande inondation. Alors les officiers annoncent soudainement tel signe aus petis enfans, qui s'en vont puis apres crians parmy les rues: Ayez la crainte de Dieu deuant vos yeux: pource que l'eau arriue à la sommité des chaussées qui la retiennent. A cet auertissement le cœur du peuple commence à s'intimider, & pour détourner l'ire du Seigneur, se met en prieres, & oraisons, acompagnées de grandes aumônes. Ainsi le Nil va tousiours en croissant par quarante jours, & autant demeure à se rabaisser: tellemēt que par le moyen de si grandes eaus les viures commencent à s'encherir: pourautāt que durant icelles, chacun à liberté de mettre ce qu'il vend, à tel pris que bon luy semble: cōbien qu'ils vsent tousiours de quelque discretion. Mais les octante jours ne sont pas plus tôt passez que les Consuls des places y mettent bon ordre: en arrêtant le pris, mesmement du pain: & se fait cette visite vne fois l'an seulemēt: à cause que selon le debord du Nil, les officiers sauent les pays qui sont embus, & couuers d'eau, ceus qui

Chāson des petis enfans, à la grande inondation du Nil.

qui en ont eu trop, & les autres moins : selon l'assiete basse, & haute des lieus : puis selon ce qu'ils en sont acertenez, mettent le pris sur le grain : & au bout des octante jours, les habitans du Caire font vne grande feste, auec sons d'instruments, chans & cris si penetrans, qu'on jugeroit à l'instant la cité deuoir bouleuerser, & aller sus dessous. Ce jour là, chacune famille prend vn bateau paré de fins draps, belle tapisserie, & garny de toute sorte de chair en abondance, auec confitures, & belles torches de cyre, tellement que tout le peuple se trouue embarqué sur le fleuue, demenant la plus grande joye de quoy il se puisse auiser. Voire & le Soudan mesmes se met en rang, acompagné de tous les principaus Seigneurs & officiers, auec lesquels il prend son adresse à vn canal appellé le Majeur, qui est muraillé, là ou estant paruenu, il empoigne vne hache, & d'icelle il rompt la muraille, puis les principaus de sa Cour font le semblable à l'imitation de luy : tellement, que terrassée la partie du mur, qui retenoit l'eau, le Nil impetueusement entre dans le canal, par lequel elle court jusques à ce qu'elle se vient rendre dans quelques autres conduits, prenant son cours par tous les canals de la cité & des fauxbourgs, tellement que ce jour là, le Caire se peut nommer vne seconde Venise : car on se peut transporter auec les barques par tous les lieus et possessions de cette cité durant cette feste, qui dure par l'espace de sept jours & sept nuicts : de sorte que ce qu'aura

a 2   gaigné

gaigné vn marchant ou artisan auec grand trauail & sueur en vn an, sera dépendu en banquets, confitures, torches, parfums, et musique durant cette semaine: qui est encore vne relique des festes anciennemèt par les Egyptiens celebrées. Hors du Caire pres le bourg Beb Zuaila est la fortresse du Soudan, assise sur le coupeau de la montagne Mochattan, ceinte de treshautes & épesses murailles, enuironnée de tresbeaus edifices, & admirables palais: voire & si somptueus, que j'estime beaucoup meilleur d'en parler sobrement, qu'en lieu de les exalter par mes parolles n'en toucher la verité: d'autãt que leur perfection les rēd d'eus mesmes assez louables: car le paué est de marbre de ceuleurs diuersifiées, singulierement bien graué. Le comble des étages depeint de fin or moulu, & viues couleurs. Les fenetrages sont de vitres diuerses en couleurs, cõme lon en peut veoir par l'Europe en plusieurs lieus: & les portails de beau bois, entaillé d'vne merueilleuse industrie, enrichy de peintures exquises & laborieuses. Ces palais estoyent deputez pour les enfans du Soudan, les autres pour ses femmes, & le reste pour ses concubines, eunuques, & gardes. Il y en á quelques vns, auquels le Roy souloit faire les festins publics, ou donner audience aus Ambassades: se mõtrans auec vne grande pompe, & cerimonie. Les autres estoyent pour les officiers deputez au gouuernement de sa cour. Mais toutes ces cerimonies ont esté aneanties par Selim, grand Turc.

Cou

Coutumes, habits, & maniere de viure des habitans du Caire, & des faubourgs.

LES habitans du Caire sont coutumierement gens plaisans, compagnables, & de joyeuse vie, promps à promettre, mais tardifs à mettre en effet, s'adonnãs coutumieremẽt à mener le train de marchandise, & exercer autres ars, sans toutefois sortir hors les limites de leur pays: & en y à auec ce, plusieurs, qui vaquent à l'étude du droit, & peu qui étudient aus ars. Car combien que les coleges soyẽt amples, & commodes : neantmoins le nombre de ceus qui y profitent, est petit. Les habitans se tiennent honnestement en ordre durant l'yuer, portans habits de laine, auec quelques robes cottonnées: & en este se vétent de chemisolles deliées, et sur icelles ils chargent quelque autre habit de toile porfuée à fil de soye colorée : ou quelques braues camelots. Outre ce, ils portent de grans turbans couuers de voiles, qui leurs sont aportées des Indes. Les femmes se parent magnifiquemẽt de riches atours, & pierrerie, laquelle elles portent en ghirlandes sur le front, & carcans autour du col, puis sur la téte quelque coüéfes de grand pris, étroites, & longues en forme de canon, de la hauteur d'vne palme. Leurs habillemens sont gonnes de toute sorte de draps, auec manches étroites, & fort subtilement ouurées

a 3   de

LIVRE VIII. DE LA

de broderie, & autour d'icelles vsent d'aucuns voi
les de toile de cotton, fine & vnie, qu'on aporte des
Indes. Sur le visage elles portent vn petit linge
noir, & fort subtil: mais aucunement âpre, resemblant, à le veoir estre tissu de cheueus, sous lequel

Habits des habitans du Caire.

elles peuuët veoir les personnes, sans qu'elles puissent de nul estre veuës au visage. Outre ce, leur cou
tume est, de porter aus pieds des brodequins, &
quelques escarpes fort propres à la Turquesque.
Tant

Tant y à, que les dames de cette cité tiennent vne si grande reputation, & pōpe, qu'entre mille d'elles il ne s'en trouuera aucune, qui daigne prēdre la quenouille pour filer, ny eguille pour coudre: encore moins s'entremettre de apréter à manger: dont les

Autre sorte d'habits des femmes d'Egypte demeurans au Caire.

maris sont contrains d'acheter la chair toute cuite des cuisiniers: & pour cette occasion il s'en trouue bien peu, qui facent cuire aucune viande à la maison pour le ménage, si la famille n'est grande. Elles sont semblablemēt en grande liberté, auec vne telle priuauté, qu'elles se parfumēt de soüeues odeurs incontinent q̄ les maris ont le pied tourné pour aller à la boutique: puis s'en vont à l'ébat parmy la vile, visitans leurs parens, ou à fin que je ne me mécôte) leurs amis: & en cet endroit ne se seruent de cheuaus, mais d'ânes, qui ne sont moins acoutumez aus ambles que haquenées: & ceus à qui ils sont, les tiennēt bien harnachez & parez de belles housses de fin drap, puis les louent à ces dames, ensemble vn garçon qui leur sert de guide & estafier: auec ce qu'il y à vne infinité de personnes, qui ne seroyēt vn quart de mile à pied. Il s'en trouuent plusieurs qui vont parmy la cité (comme il se fait en autres lieus) vendans des fruits, fromages, chair crue, cuite, & autres viandes: & plusieurs autres qui font porter par des chameaus de grans barraus pleins d'eau: pource (que comme il me semble vous auoir dit) le Nil est distant de la cité par l'espace de deux mile. Il y en à d'autres, qui portent vn barril au col assez joliment façonné (auec vn auche de cuiure, à l'endroit de la bouche d'iceluy, & vne tasse damasquinée en la main fort industrieusement ouurée) crians l'eau à vendte, & pour en boire, il faut payer vne maille de leur monnoye. Dauātage on en void d'autres, qui crient les poussins parmy la cité, qui se vendent en grande quantité, auec mesure, dont ils rendent vn grand tribut au Soudan, & vsent d'vne merueilleuse façon à les faire éclorre, qui est telle. Ils prennēt mille œufs, qui mettēt tous ensemble dedans petis fours, surmarchās l'vn l'autre par étages, & au dernier d'iceus, y à vn pertuis, & au dessous

Façō étrāge pour faire éclorre poussins.

dessous alument vn feu temperé, & lent : moyennant lequel les poussins commencent à éclorre à la file, puis on les met dans de grans vases : dont pour les vendre, ceus-cy en font certaines mesures sans fons : qu'ils mettent dans le pannier de ceus qui les achetent, puis les emplissent de poussins, lesquels demeurent dans le pannier en leuant la mesure : & les acheteurs apres les auoir nourris par quelque temps, les vont reuendre. Ceus qui vendēt les viandes, tiennent leurs boutiques ouuertes jusques à mi nuict, les autres serrent à soleil couchant, & delà s'en vont par la cité, & d'vn à autre bourg en s'ébatans. Les citoyens sont au parler deshōnetes : & (pour taire la vilenie de leurs paroles) la femme vient faire le plus souuent ses plaintes, & doleances au juge, que le mary est trop froid, ou debilité, ne faisant toutes les nuicts le deuoir : au moyen dequoy les mariages en sont communément rompus, estans les parties en liberté de se pouuoir conjoindre auec d'autres telles, que bon leur semblera : comme il leur est permis par la Loy Mahommetane. Quant aus artisans, s'il auiēt que quelqu'vn d'entre eus inuente quelque nouueauté industrieuse touchant l'art, dont il fait profession, on le pare d'vne casaque de drap d'or, & le menent les compagnons du metier par les boutiques, auec la solennité de plusieurs menetriers comme s'il triomphoit : & lors chacun luy donne vne piece d'argent. Du temps que je y estois, il y en eut vn, qui auec toutes

sortes

LIVRE VIII. DE LA

fortes d'instrumens alloit triomphant par la cité, pour auoir trouué la subtilité d'enchéner vne puce qu'il montroit sur vn feuillet de papier blanc. Au reste, les habitans sont de peu d'esprit, & ne tiennẽt en leurs maisons aucunes armes de quelque sorte que ce soit, tant qu'à grand' peine y pourroit on seulement trouuer vn couteau pour trencher du fromage : & si par cas d'auenture ils s'animẽt les vns contre les autres, se voulans chamailler, ils démélent leur querelle à grans coups de poing : & à tel joyeus spectacle s'assemble vne grande multitude de gens, mais ne se partent jamais, que les hardis cõbatãs n'amortissent leur colere par vn acord, qu'on leur fait faire soudainement. La chair de bufle est la plus cõmune entre eus, auec force legumage, & se voulans seoir pour manger, ils étendent vne nape ronde, & petite, quand il n'y à pas grande famille, & au contraire, on la met ássez ample, comme il

Religion de Mores vsans de chair de cheual.

s'vse en cour. Il y à vne religion de Mores, dont vn chacun des religieus mange ordinairemant chair de cheual, & en sachans quelques vns destropiés, les font acheter à leur boucher, qui apres les auoir engressez, les menẽt à la boucherie, là ou ils ne sont pas plus tôt mis en pieces, que la chair en est incontiment enleuée : & se nomme cette religion El Chenesia : laquelle est ensuiuie par les Turcs Mam-

Quatre religions seulemẽt par tout

malucs, auec la plus grande partie des Asians. Dans le Caire, & par toute l'Egypte il y à quatre religions, toutes differẽtes les vnes des autres quãt

aus

DESCRIPT. D'AFRIQVE. 374

aus cerimonies de leur Loy spirituelle, & regles de la canonique, & ciuile : mais elles sont toutes fondèes sur la Loy Mahommetane : ce qui est auenu en cette maniere. Anciennement il y eut entre eus quatre personnages fort versés aus lettres, & de grand jugemẽt : qui par leur argutie, & subtils moyens feirent terminer, & comprindrent les choses particulieres sous les vniuerselles écrites de Mahõmet, dont vn chacun d'iceus fait venir l'écriture à son propos, & l'interprete à sa fantasie : au moyẽ de quoy ils se cõtrarient fort en leurs opinions. Ceus-cy s'étans aquis vne grãde reputation par leur merueilleuse doctrine, & par l'estime qu'on faisoit de leurs écris, furent chefs, & premiers auteurs de ces quatre religions : tellemẽt que tous les Mahommetans ensuiuent l'opinion des vns, ou des autres, & n'oseroyent contreuenir à la secte qu'ils ont prinse, ny laisser la doctrine receuë, pour se reduire à vne autre : si ce n'est quelque docte personnage, qui puisse entẽdre, & rendre raison de sa Foy. Outre ce, il y a dans cette cité quatre chefs de Iuges, qui expediẽt & jugent les choses de cõsequence, tenans sous eus vne infinité de juges : tellement qu'il ne se trouue canton, là ou il n'y en ait trois, ou quatre personnages establis pour decider les choses de peu d'importance. Et auenãt, qu'il se meuue proces entre deux parties de diuerses religions : celuy qui fait ajourner son aduersaire, fait tenir sa cause deuant son juge, mais l'autre peut appeller de la sentence

le Caire & Egypte, de diuerses cerimonies

en

en cas qu'elle soit à son desauātage, & aura son renuoy deuant vn autre deputé sur les quatre chefs memes : d'autāt qu'il est juge de la religion nōmée Esfafichia: ayant la prééminēce sur tous les autres juges. Si aucun Religieus commettoit delit contre les regles, & cerimonies de sa religion, il seroit grieuement chatié, & puny par son juge à la rigueur. Par mesme moyen les prêtres de ces religions sont differens entre eus tant à faire l'oraison, comme en plusieurs autres choses. Et combien que les quatre religions se contrarient totalement, pour cela les sectateurs ne se portēt aucune rancune, ou haine, mesmement le populaire. Mais les gens de jugement, et qui ont étudié, s'atachent souuentefois de parolles, argumentans ensemble en choses particulieres: en quoy faisant ils employent le meilleur de leur sauoir, pour prouuer, & montrer par euidentes raisons que la regle qu'ils tiennent, merite d'être preferée, & tenir le premier lieu. Mais encore qu'ils soyent quelque fois transportez de colere impatiente, si est ce, que le chastiment, & âpre punition corporelle qu'ils sont asseurés de receuoir s'ils detractoyent en rien des quatre Docteurs susnommés, leur met le frein : les gardent de passer plus outre, & venir aus injures. Quant à la foy, ils sont tous d'vne mesme opinion: à cause qu'ils imitent Hashari, chef de tous les Theologiens, & à fait regles, qui sont obseruées par toute l'Afrique, & l'Asie: hors mis le domaine du Sofi: car les peuples qui sont
sous

DESCRIPT. D'AFRIQVE 375

sous sa Seigneurie, n'y ont aucun égard, ny respet: encore moins à l'opinion de ces quatre Docteurs, tellement qu'ils sont tenus pour heretiques. Mais quand je considere bien, ce me seroit fort fâcheus, & de trop grand pois, si je voulois pour cette heure m'étendre à deduire, & expliquer toutes les raisons d'ou sont yssues, & procedées tant de douteuses, & differentes opinions entre ces Docteurs: au moyen dequoy je remettray tous esprits curieus de savoir, d'ou prouient la source, à la lecture d'vn mien œuure, qui leur satisfera, & les en informera plus au long: car en iceluy j'ay traité fort amplement de la Loy Mahommetane, suiuant la doctrine de Malichi, qui fut homme d'vn admirable jugement: natif de la cité de Medine Talnabi, là ou est le corps de Mahommet: & est sa doctrine aprouuée par toute l'Egypte, Surie, & Arabie. Les tormens, & suplices des delinquās sont tresredoutables, & cruels, mesmement à l'endroit de ceus qui sont sententiés par la cour, là ou qui dérobe, est pendu, & qui commet quelque homicide en trahison, est puny en cette maniere. L'vn des ministres du bourreau le tiēt par les deux pieds, l'autre par la teste, & l'executeur de Iustice auec vne épée le met en deux parties, dont celle deuers la teste est mise sur vn fouyer de chaus viue, & (chose autant merueilleuse comme épouuantable (ce buste demeure en vie par l'espace d'vn quart d'heure, parlant tousiours à ceus qui luy tiennent propos. Les voleurs, & rebelles s'é-

Iustice administrée auec grād rigueur, quāt aus mal-faiteurs.

s'écorchent tous vifs, & leur peau est remplye de son, & puis vient on à la coudre : de sorte qu'on la fait soutraire à la semblance d'vn homme, & en cette façon le met on sur vn chameau, qu'on mene par la cité, publiant les delits qu'il à commis, & me semble cette maniere de suplice la plus cruelle, que j'aye point veuë en quelque part, que je me soys retrouué, pource que le patient ahanne merueilleusement à rendre l'esprit. Mais si le bourreau ataint le nombril auec le fer, il meurt incontiment. Toutefois il faut bien qu'il s'en donne garde, s'il ne luy est expressement enchargé par la Iustice. Ceus qui sont detenus prisonniers pour dettes, n'ayans dequoy satisfaire, le geolier paye pour eus, au moyen dequoy il enuoye ces pauures miserables, la chaine au col, acompagnés de quelques garçons, mendians : & reuient leur aumone à celuy, qui les detient, lequel leur taille si courte portion, qu'à peine en peuuent ils viure. Quelques vieilles vont encore par la cité crians, & barbotans je ne say quoy non intelligible : mais tant y à, que leur office est de tailler la créte de ce, qui passe en la nature des femmes : chose étroitement enjointe par la Loy de Mohommet : combien que elle ne soit obseruée qu'en Egypte, & Surie seulement.

Iustice, quát aus debiteurs

Par

¶ Par quel moyen on procede à l'election du Soudan, & des offices
& dignités de sa cour.

La puissance, & dignité du Soudan estoit jadis grande, & merueilleuse: mais elle fut rabaissée par Sultan Selim, Empereur des Turcs, en l'an de l'incarnation mil cinq cens & dixhuit, si je ne suis deceu, & lors furent changés, & renuersés tous les ordres, & status des Soudans. Donques pour m'estre retrouué en Egypte vn peu apres ces mutatiõs & nouueautez par trois fois, il ne m'à semblé hors de propos, ains tresseant, & conuenable de toucher quelque chose de la cour de ces Seigneurs. Or on souloit appeller à cette dignité de Soudã, vn des Mammalucs, q estoyent tous Chrétiẽs dérobés de leur jeune âge, et enleuez par les Tartares en la regiõ de Circassie sur la mer majeur, & vendus en Caffa: puis menez par les marchans au Caire, là ou le Soudan les achetoit: lequel leur ayant fait renier le batéme les faisoit diligemment instruire aus lettres Arabesques, en la langue Turquesque, & au metier des armes: dont peu à peu ils paruenoyent aus offices, & grans étas, jusques à tant, qu'ils estoyent proueuz de la dignité de Soudan. Mais cette coutume d'elire tousiours le Soudan Esclaue, n'auoit en lieu, sinon depuis vingt ans en ça, que la maison du magnanime & courageus Saladin, qui par ses vaillances à épãdu sa renõmée par tout

l'vnil'vniuers, vint à dechoir. Du temps que le Roy de Ierusalem attenta de s'emparer du Caire (qui desja par la pusilanimité du Calife, qui en auoit seul la jouissance, estoit sur le point de se rendre tributaire) les Docteurs, & Iuges, auec le consentement de ce Calife, enuoyerẽt appeller vn prince en Asie, d'vne nation nommée Curdu (peuple habitant dans les pauillons à l'imitation des Arabes) & se appelloit Azedudin, auec vn sien fils, nommé Saladin, voulãs faire vn capitaine general et chef d'armée pour resister aus éfors du Roy de Ierusalem. Ce prince vint acompagné de cinquante mille cheuaus, & combien que Saladin fût de jeune âge, pour la grande magnanimité & vaillance, qui luy faisoit cõpagnie (dont il promettoit quelque grande chose de luy à l'auenir) le créerent General de l'armée pour marcher contre l'ennemy, luy remettans entre ses mains tous les reuenus d'Egypte, pour en disposer cõme bon luy sembleroit. Or apres auoir déployé ses etendars, et mis son armée en campagne, s'achemina contre les Chrétiens, & les rangea à son vouloir, les dechassant de Ierusalem, & de toute la Surie, ce qu'ayant fait, s'en retourna au Caire, là ou estant paruenu, se voulut emparer de la Seigneurie, & pour plus facilemẽt y auenir il fait tuer les chefs de garde du Calife, qui estoyẽt de deux diuerses nations, c'est à sauoir des Noirs d'Ethiopie, & Esclauons, dont les principaus auoyent tout le maniement des affaires du domaine entre

leurs

leurs mains. Le Calife se voyant denüé de toute
defence, voulut faire empoisonner le Saladin: le
quel s'en estant aperceu (comme caut & rusé) le
feit incontinent mourir: puis enuoya rendre obeys
sance au Calife de Bagaded, qui estoit vray Pontife. Car celuy du Caire scismatic, auoit vsurpé, &
exercé par l'espace de vingt & trois ans le Pontificat : & au bout d'iceux ayant prins fin sa vie, a-
uec le scisme, la dignité demeura entierement au
Calife de Bagaded, à qui de droit elle apartenoit.
Mais ces choses ainsi passées, le Soudan de Bagaded,& le Saladin entrerent en grand discord:pour
ce que celuy de Bagaded (qui estoit d'vne nation
d'Asie, & jadis Seigneur de Mazandran, & Euarizim : qui sont deux Prouinces sur le fleuue Ganges) pretendoit droit sur le Caire : dont voulant
mouuoir guerre contre le Saladin, fut maintenu
des Tartares : qui s'estans acheminez à Corasan le
molestoyent grandement. D'autre part, le Soudan
du Caire se voyoit estre reduit à grande perplexité, craignant que les Chrétiens ne se ruassent sur la
Surie pour se vanger des outrages, qu'ils auoyent
receu de luy. Ioint aussi, qu'vne partie de ses gens
estoit demeurée aus guerres passées, partie etoufée
de la peste,& le reste écarté çà & là, detenu aus a-
faires du Royaume. Voila pourquoy il acheta des
esclaues de Circassie, que les Roys d'Armenie sou
loyent enleuer pour les enuoyer vendre au Caire :
là ou le Soudan leur faisoit renier leur Foy, exer-

b   cer

cer la discipline militaire, & aprendre la langue Turquesque, qui estoit la langue du Saladin, sous lequel ces esclaues creurent en si grand nombre, qu'entre eux se trouuoyent de tresexpers capitaines, bons soldats, & ministres de tout le domaine. Apres le deces du Saladin, le gouuernement du domaine demeura à sa posterité par l'espace de cent cinquante ans : & pendant ce temps, la coutume d'acheter esclaues, ne print fin. Mais venant sa maison en decadence, les esclaues eleurent vn vaillant homme, pour Soudan, nommé Peperis: & dés lors on entretint cette coutume, que le fils d'vn Soudan ne pourroit succeder à la dignité paternelle, & moins vn Mammaluc, que premierement il n'eût esté Chrétien renié, bien entendant, & parlant la langue Turquesque, & de Circassie: là ou pour cette cause plusieurs Soudans ont enuoyé leurs enfans dés leur jeune âge pour aprendre le langage, & coutumes rustiques, afin qu'ils fussent mieus capables pour paruenir aus grans étas, & dignitez. Mais ce projet leur à peu valu, & n'à peu sortir tel effet, qu'ils esperoyent: à cause que les Mammalucs n'y ont pas voulu consentir. Voilà le sommaire de l'histoire du Royaume des Mammalucs, & de leurs princes appellez Soudans, qui jusques à present de main en main ont maintenu ce nom de Soudan.

Creation du Soudá

¶ Les étas de la Cour du Soudan du Caire.
Eddeguare.

Eddeguare, estoit vne dignité, qui secondoit celle du Soudan, lequel dōnoit toute puissance à celuy, qui l'exerçoit, de commander, faire réponce, disposer des ofices, demettre les officiers, & ordonner de toutes choses, auec autant d'autorité comme sa personne mesme: & tenoit vne Cour de bien peu inferieure à celle du Soudan.

Amir Cabir, est la tierce dignité, & quiconques en estoit jouyssant, auoit telle preéminēce, que vn capitaine general, dressant armées, les faisant marcher contre les Arabes ennemys, & cōstituant Chatelains par toutes les citez: auec ce, qu'il pouuoit employer les tresors en toutes choses, qu'il estimoit la necessité le requerir.

Naï Bessan, estoit le quart ministre, exerçant la dignité Vicesoudan en Surie, là ou il gouuernoit & distribuoit les deniers du reuenu d'Assyrie, cōme bon luy sembloit. Toutefois les chateaus & forteresses estoyent entre les mains de Chatelains commis par le Soudan mémes, auquel cetuy estoit tenu de rendre quelques milles sarafes par an.

Ostadar, estoit le maitre du palais du Soudan, qui auoit charge de la prouision des viures du Seigneur, & de toute sa famille, d'habillemens, & autres choses necessaires. Cet ofice souloit estre exercé par quelque honorable vieillard, bien entendu, &

qui eût esté nourry en la cour du Soudan.

Amiriachor, sixieme officier auoit la charge de tenir la Cour fournie de cheuaus, harnois, et viures : pour puis apres en acommoder la famille du Soudan, selon le degré & qualité d'vn chacun.

Amiralf, le septieme, estoit exercé par aucuns Mammalucs, qui auoyent telle charge & autorité, qu'ont les Colonels en Europe : & vn chacun d'entre eux estoyēt chefs du reste des Mammalucs: auec ce, qu'ils auoyent telle charge de ordonner les batailles, & gouuerner les armeés du Soudan.

Amirmia, le huitieme, requeroit, que ceux, qui en estoyent proueus, eussent aucuns Mammalucs sous leur charge, & acompagnassent le Soudā, l'acôtans semblablement, quand il donnoit journée à ses ennemys.

Chalendare, le neufiéme, estoit le Thresorier, qui tenoit conte du reuenu qu'il deuoit du Royaume, & se rendoit entre les mains du Soudan : puis consignoit entre les mains des banquiers, ce qui se deuoit dépendre : & le reste enserroit dans la forteresse du Soudan.

Amirsilech, le dixieme, auoit les armes, & harnois du Soudan en sa charge, qu'il enfermoit dans vne grande sale, les faisant fourbir, & r'adouber selon qu'elles en auoyent besoing. Et pour icelles mieus entretenir, il auoit sous luy plusieurs Mammalucs.

Testecana, estoit l'onzième office, qui consistoit
en

en ce, de tenir en ordre les habits du Soudan, estans
de draps d'or, velous, satin, lesquels le maitre du pa
lais donnoit à celuy, qui en estoit proueu : qui les
distribuoit selõ qu'il luy estoit enchargé par le Sou
dan : à cause qu'il souloit vétir tous ayans office de
soy. Il y auoit encore d'autres officiers, comme Ser-
badare, qui estoit le sommelier du Soudan, & tenoit certaines eaus de sucre, & d'autres mistiõnées.
Puis les Farrasin (chambellans) qui auoyent la
charge semblablement de tenir les chambres polies,
& ornées de tapis, draps de soye, chandelles de cyre
faites auec ambre gris : au moyen de quoy elles ser
uoyent de lumiere, & parfum tresodorant. Puis y
auoit encore des Schabathia (estafiers) & d'autres
appellez Taburchaina (halebardiers) deputez à la
garde du Soudan, quand il alloit s'ébatre, & sieoit
en audience : & les Addauia, qui cheminoyẽt auãt
le chariot du Seigneur, lors, qu'il marchoit en cam
pagne, ou se transportoit en quelque lointaine contrée : & de ceux-cy se faisoit le bourreau, quand on
en auoit faute : puis tous ensemble l'acõpagnoyent
quãd il alloit faire execution de Iustice pour apren Le soudã
dre, & mesmement d'écorcher les personnes viues : meme ter
ou bien à donner la gehenne pour faire confesser uãt d'exe
les crimes ocultes. Il y auoit encore les Esuha, qui cuteur de
portoyent les lettres du Caire en Surie, à pied, & haute ju-
faisoyent tous les jours soissante mille de chemin, stice.
à cause qu'ils ne trouuoyent sinon plat pays, &
sec, fors l'arene, qui est entre l'Egypte, & Surie,

b 3   chose

chose, sur tout facheuse. Mais ceus, qui portoyent lettres de plus grande importance, alloyent sur chameaus en grande diligence.

¶ Soldats du Soudan.

Ceus, qui estoyent à la soude du Soudan se divisoyent en quatre parties: dont ceux de la premiere s'apelloyent Caschia (chevaliers) lesquels estoyent excellens au maniemēt des armes: & d'iceux s'élisoyent les Chatelains, Capitaines, & Gouverneurs des citez. Les vns avoyent gage de la chambre du Soudan, en deniers contans: & aus autres estoyent distribuées les rentes des vilages & chateaus. Les seconds s'appelloyent Essrisia, qui estoyent fantes à pied, ne portans autres armes que l'épée seule: & estoit prins leur salaire en la chambre du Seigneur. Le tiers se nommoyent el Charanisa, qui demeuroyent à l'expectative, lesquels estoyent provisionez outre le nombre des soldats, sans avoir autre chose que leurs dépens: mais vn des Mammalucs, qui avoyent provision, n'estoit pas plus tôt decedé, que l'vn de ceus-cy entroit en sa place. Les derniers s'appelloyent el Geleb, & estoyent Mammalucs de nouveau venus, qui n'avoyent encore nulle cognoissance de la langue Turquesque, ny Moresque: & qui n'avoyent encore montré parangon de leur proësse, ny fait aucune preuve de leurs personnes.

Offi-

¶ Officiers deputez au gouuernement
des choses plus vniuerselles.

Naddheasse.

Cetuy-cy auoit la charge d'acenser les douanes & gabelles de tout le domaine du Soudan, puis consignoit les deniers d'icelles entre les mains du Tresorier: & exerçoit bien encore l'office de douannier: en quoy faisant, il retiroit de profit vne infinité de sarafes: mais personne n'eût peu paruenir à ce maniement, qu'il ne donnât premierement au Soudan cent mille sarafes, qu'on retiroit puis, en moins de six mois.

Chetebeessere, estoit le Secretaire, qui outre son office de dicter les lettres, & faire réponse au nom du Soudan, tenoit conte particulier de tous les cens des terres d'Egypte, & receuoit grand reuenu de plusieurs ses subjets.

Muachib, estoit le secõd Secretaire, & de moindre cõdition, mais plus feal enuers le Soudan, ayãt l'égard sur les breuets ècris par le premier, s'ils se raportoyent & estoyent conformes aus cõmissions du Soudan: puis écriuoit le nom du Seigneur, que l'écriuain auoit delaissé en blanc. Mais le premier Secretaire tenoit sous luy de Copistes tant expers à dépecher ces commissions, que peu souuent le Muachib y trouuoit que redire, & canceler.

Muhtesib, estoit comme vn Consul ou Capitaine

taine de la place, commis sur le pris, & vente des grains, & de toutes viãdes, hauſſant, & rabaiſſant le pris d'icelles, ſelon l'abord des nauires qui viennent de Sahid, & Rif, & encore ſelon l'accroiſſement du Nil: puniſſant le tranſgreſſeur de telle peine qu'il eſtoit ordonné par les ſtatus du Soudan. Il me fut dit, eſtant au Caire, que le Capitaine retiroit de cet office enuiron mille ſarafes le jour: non ſeulemẽt quant au pourpris de la cité, mais de tous les lieus & places de l'Egypte, là ou il conſtitue ſes Lieutenans, qui luy ſont tributaires.

Amir el Cheggi, n'eſtoit de moindre autorité que de grande charge: et ſe donnoit coutumieremẽt au plus riche Mãmaluc, & ſuffiſant, qui ſe trouuât en la Cour du Soudan, auec ce qu'il eſtoit Capitaine de la carauanne, qui alloit vne fois l'an du Caire à la Meque, mais ce voyage ne ſe pouuoit faire ſinon auec grans frais, & dépens, ſi on y vouloit garder & maintenir telle põpe, & brauade, que la grandeur de cet office le requeroit. Et auoit de coutume mener en ſa cõpagnie pluſieurs autres Mãmalucs pour écorter la voiture, laquelle tant pour l'aller, que pour le retour requeroit l'eſpace de trois mois. Et certes ne ſe pourroit bonnement exprimer le grãd trauail, que cetuy-cy ſuportoit, & la grãde dépence qu'il faiſoit ſans en eſtre aucunemẽt releué, ny ſoulagé du Soudan, encore moins des voituriers. Il y auoit pluſieurs autres officiers en la Cour de ce Seigneur: Que ſi je les voulois tous deduire

par-

particulierement, ce seroit chose autant facheuse, comme à moy peine superflue, & de nul fruit.

¶ Cités situées sur le Nil.

Geza.

GEZA, est vne cité sur le Nil, à l'objet de la vieille cité, de laquelle elle est par l'Ile separée: estant fort ciuile, biē peuplée, & embellie de beaus edifices fabriqués par aucuns Mahometans, pour leur recreation. Il y a vn grand nombre d'artisans, & marchans: mesmement de bétail amené par les Arabes, des montagnes de Barcha: mais pourautant, qu'il est ennuyeus de leur faire passer le fleuue dās la barque, il y a là des bouchers, qui y viennent expressement pour l'acheter, & puis le reuendre dans le Caire. Sur le fleuue est assis le temple de la cité entre plusieurs autres somptueus, & plaisans edifices : & au contour d'icelle, y a à force jardins, & possessions de datiers. Là aussi s'acheminent plusieurs artisans du Caire pour leurs afaires, puis s'en retournent encores le soir en leurs maisons: & qui prend enuie de se transporter aus Piramides (qui sont les sepultures des anciens Rois, lieu anciennement appellé Memphis) cet le droit chemin à passer par cette cité, d'ou jusques à ces Piramydes faut tousiours trauerser par deserts, & pays sablonneus auec plusieurs gours, & marets, qui se font au débordement du Nil. Neantmoins quand on a quelque homme expert pour guide, on peut facilement

b 5 pas-

passer outre, sans se grandement discommoder.

Muhal- Muhallaca, est vne petite cité, edifiée sur le Nil
laca. du temps des Egyptiens, distante de la vieille cité
enuiron trois mille, ornée de belles maisons, & edifi
ces: côme est le temple de sur le Nil. Autour du cir
cuit y a plusieurs possessions de dates, & figues Egy
ptiennes. Les coutumes des habitans ne diferent
pas gueres à celles que tiennent ceus du Caire.

Chancha.

Chancha, est vne grande cité située au cômence-
ment du desert, et qui va à Sinay, du Caire enuirõ
seize mille: laquelle est ornée de têples somptueus,
superbes edifices, & tresbeaus coleges. Entre icelle
& le Caire y a plusieurs jardins de datiers par l'espa
ce de six mille: mais depuis les murailles jusques
au port de Sinay ne se trouue aucune habitation
combien qu'il y ait de chemin cent quarante mille.
Les habitans sont mediocremêt riches: pource que
faisant depart la carauanne pour suiure la route de
Surie, là s'acheminent gens en grande assemblée
pour acheter diuerses choses, qui viennent du grãd
Caire: car il ne croit autre chose, que dates au terroir de cette cité, delaquelle procedent deux grans
chemins: l'vn tirant droit en Arabie, l'autre en Su
rie. Il ne s'y trouue autre eau, que de celle qui demeure à la decruë du Nil dans les canals: Et en cas
qu'ils se viennent à rompre (ce que auient quelque fois) l'eau se repand par la plaine, là ou elle demeure, dans aucuns lieux en forme de lacs, & delà
re-

DESCRIPT. D'AFRIQVE. 382

reprend son cours à la cité par quelques cõduis, puis
demeure dans les citernes, & conserues.

Portrait du datier et de ceus qui cueillẽt les dates à l'entour du Caire.

Muhaisira, est vne petite cité, edifiée sur le ri- Muhai-
uage du Nil, apres le Caire, dont elle est distante sira.
par l'espace de trente mille du côté de Leuant.
Ce terroir produit du grain de Sisamon en grande
abondance: à cause dequoy il y à plusieurs molins
pour moudre la graine d'iceluy, qui sert à faire de
l'huile. Tous les habitans se mêlent de cultiuer la
terre, hors mis quelques vns, qui tiennẽt boutique
Be-

LIVRE VIII. DE LA

Benisuaif.

Benisuaif, est vne petite cité edifiée sur le Nil du côté d'Afrique, distante du Caire enuiron cent vingt mille: estant enuironnée d'vne tresample, & bonne campagne à semer cheneué, & lin: lequel y est d'vne si grande perfection, que toute l'Egypte s'en fournit, & se transporte jusques à Thunes de Barbarie, là ou lon en fait des toiles merueilleusement deliées & fermes. Mais vn mal y à, que le Nil minant sans cesse, & débordant à temps, diminue & emporte la terre: & mesmement lors, que je y estois, il atira plus de la moytié des possessions de datiers. Les habitans s'adonnent tous à diuers labeurs pour acoutrer ce lin, apres qu'on l'à recueilly. Par dela cette cité se trouuent des Crocodiles, qui deuorent les personnes: comme il vous sera recité par cy-apres au liure des animaus.

Crocodiles.

Munia.

Munia, est vne tresbelle cité, edifiée du temps des Mahommetans sur le Nil, en haute assiete, du côté de l'Afrique, par vn Lieutenant nommé el Chasib, tresfamilier d'vn Pontife de Bagaded: estant enuironnée de beaus jardins, & vignes, produisans des raisins souuerainement bons: dont s'en transporte au Caire vne grande quantité: mais ils n'y sauroyent arriuer tous frais: pourautant que cette cité en est distante enuiron cent oſtante mille, & est embellie de tresbeaus logis, edifices, temples, auec quelques masures, qui s'y voyẽt du temps

des

DESCRIPT. D'AFRIQVE.

des Egptiens. Les habitans sont opulens: pource qu'ils vont en marchandise à Gaoga Royaume en la terre des Noirs.

Bl Fiium.

Bl Fiium, est vne ancienne cité, edifiée par l'vn des Pharao, qui fut du temps que les Hebreus se partirent d'Egypte: lesquels furent par ce Roy employés à faire des tuiles, & autres choses. Il la fonda sur vn bras du Nil en haut lieu, là ou croissent les dates en abondance, auec des fruits, & oliues: qui sont bonnes à manger seulement, & non à faire l'huile. Là fut enseuely, & inhumé Ioseph fils de Iacob: puis transporté par Moyse lors, que les Hebreus furent fugitifs d'Egypte. La cité est ciuile, fort peuplée, & habitée d'artisans: mesmement de tissiers de toiles.

Ioseph, fils de Iacob enseuely à Bl Fijum.

Manfloth.

Manfloth, est vne tresgrande, & ample cité: edifiée par les Egyptiens, puis demolie par les Romains: en-apres au temps des Mahommetans rehabitée, mais comme rien, à comparaison de ce qu'elle auoit esté au parauant. On y void à present aucunes grosses, & hautes colomnes: desquelles sont soutenus certains portiques, ou sont grauez des vers en langue Egyptienne: et aupres se trouuēt des ruines & masures d'vn grand edifice, qui à esté autrefois (à ce qu'on en peut comprendre) quelque temple somptueus: là ou les habitans trouuent souuentefois medailles d'or, d'argent, & de plomb: ayans

d'vn

d'vn reuers lettres Egyptiennes, & de l'autre des têtes de Rois anciens. Le territoire est abondant: mais chaleureus, là ou les crocodiles sont merueilleusement molestes, & nuisibles: au moyen dequoy l'on presupose que cette cité fut abandonnée par les Romains. Toutefois ceus qui y font aujourd'huy residence, sont assez riches: pource qu'ils trafiquent ordinairement au pais des Noirs.

Asioth.

Cette-cy est encore tresancienne cité, edifiée sur le Nil par les Egyptiens, distāte du Caire enuiron deux cens cinquante mille. Elle est de merueilleuse étendue, & ornée de plusieurs anciens epitaphes en caracteres Egyptiens: mais tous gatés, & cancelés. Au temps des Mahōmetans cette cité fut habitée par plusieurs nobles cheualiers, & jusques à present s'est maintenue en grande noblesse, & ciuilité. Il y à dans le circuit d'icelle, enuiron cent maisons de Chrétiens, Egyptiens, auec trois, ou quatre eglises: & au dehors vn monastere de ces Chrétiens, ou il y à plus de cent moynes, qui ne mangent chair ne poisson, mais vsent de pain, herbes, & oliues: ils sauent apréter des viandes assez delicates, & sauoureuses, sans qu'ils les asaisonnent de gresse en sorte que ce soit. Ce monastere est fort riche, au moyen dequoy leur coutume est de donner à manger à tous étrangers, qui s'adressent là & les hebergēt par l'espace de trois jours: nourrissans plusieurs colombs, poussins & animaus pour ce respet seulement.

Ich-

Ichmin.

Ichmin, est la plus ancienne cité de Egypte, edifiée par *Ichmin* fils de *Misrain*: le pere duquel se nommoit *Cus* fils de *Hen*: & la situa sur le Nil du côté d'*Asie*, loing du *Caire* par l'espace de trois cens mille du côté de *Leuant*: mais elle fut détruicte lors que les *Mahommetans* passerent en Egypte, pour les causes cy dessus contenues: de sorte, qu'il n'est demeuré autre chose de cette cité, sinon les fondemens, témoignage piteus de sa ruine. Car les colomnes, & autres pierres furēt transportées de l'autre côté du Nil, & d'icelles on donna commencement à l'edification de la cité ensuiuant.

Munsia.

Cette cité donques fut edifiée sur le Nil de la partie d'*Afrique* par vn Lieutenant de quelque Pontife: et est fort abondante en grain, et animaus mais elle n'a grace, ny beauté. Car toutes les rues sont étroites, et n'y sauroit oncheminer en esté pour la grande poussiere, qui s'y leue. Elle souloit jadis estre possedée, auec son territoire par vn Seigneur *African* decendu du peuple de *Barbarie*, qui se nommoit *Haoara*, pource que ses predecesseurs estoyēt Seigneurs de *Haoara*, & obtint le domaine de cette cité en recompense de quelque secours qu'il donna à l'esclaue, fondateur du grand *Caire*. Si est ce, que je ne me saurois persuader, que cette famille se soit maintenue par si long temps en cette Seigneurie

gneurie, delaquelle elle fut priuée de nôtre temps par l'Empereur des Turcs Suliman, neufiéme.

Georgia, monastere.

Georgia fut vn tresriche, & ample monastere de Chrétiens appellé saint George, distant de Munsia par l'espace de six mille, jouyssant de grandes terres & pâtis autour de son circuit: dans lequel demeuroyent plus de deux cens moynes, qui donnoyët à boire, & manger à tous étrangers, & ce que leur restoit de leurs viandes, enuoyoyent au patriarche du Caire, qui le faisoit distribuer à tous les pauures Chretiens. Mais depuis cent ans en ça se meit vne peste en Egypte, qui extermina tous les moynes de cette abbaye: au moyë dequoy le Seigneur de Munsia la feit murailler tout autour, & bâtir maisons, ou vindrent demeurer plusieurs marchans, & artisans de diuers métiers: & là mesmes y voulut elire sa demeurãce, aleché par l'amenité d'aucuns beaus jardins qui sont sur des côtaus prochains de ce lieu. Mais le Patriarche des Iacobites en vint faire de grandes doleances en la presence du Soudan, lequel feit fabriquer vn autre monastere au lieu, ou fut edifiée la vieille cité, le douant de si bon reuenu, que douze moynes en peuuët bien estre entretenus.

El Chian.

El Chian est vne petite cité assise sur le Nil, & du temps des Mahometans edifiée, toutefois elle n'est habitée d'autre sorte de gens, que de Chretiens Iacobites, qui ne s'adonnent à autre chose, qu'à cultiuer

tiuer les terres: en quoy faisant, ils se delectent à
nourrir poules, & oyes, auec vne infinité de pigeõs,
desquels s'en donnent dix pour huit ou dix deniers.
Il y à aucuns monasteres de Chrétiens, qui ont coutume de faire repaitre les étrangers suyuans la route d'icelle, là ou il n'y à autre Mahommetan, que
le Gouuerneur, auec toute sa famille.

Barbanda.

Barbanda, est vne cité edifiée par les anciens de
Egypte sur le Nil, loin du Caire enuiron quatre cẽs
mille: & fut détruite par les Romains: tellement
qu'il n'en reste aujourdhuy que masures fort grandes, pourautant que le meilleur, & plus beau d'icelle fut transporté à Asna cité, dont nous parlerons
cy apres. Par dedans les ruines se trouuẽt plusieurs
medailles antiques d'or, & d'argent: auec quelques emeraudes dedans aucuns puys. — Emeraudes.

Chana.

Chana, est vne ancienne cité edifiée sur le Nil
par les Egyptiens, à l'opposite de Barbanda, ceinte
de murailles de pierre crue. Les habitans sont gens
de peu de valeur, cultiuans la terre, mais la cité est
abondãte en grains pource que c'est vn lieu où arriuent les nauires pour charger les marchãdises, qui
sont conduites par le Nil du Caire à la Meque, à
cause qu'elle est prochaine de la mer rouge enuiron
cent vingt mille par le desert, auquel ne se trouue
d'eau depuis le Nil jusques à cette mer. Sur la riuiere d'icelle y à vn port appellé Chossir. Là se — Du port de Chossir.

voyent

voyent plusieurs cabanes, où l'on charge les marchandises, & sont de nates toutes les maisons de ce port : à l'objet duquel de l'autre côté de l'Asie sur cette mesme mer, y en à vn autre appellé Iambuh, mais en cettuy-cy y à vn lieu où arriuent les nauires pour charger les marchandises, qui sont conduites à Medine (là ou repose le corps de Mahommet) laquelle auec la Meque se fournit de grain en cette cité, pource qu'il est fort cher és deux autres.

Iambuh port.

Asna.

Asna, fut anciennemẽt appellée Siena, mais pour ce que Siena se cõforme auec vn vocable Arabesque qui signifie laide, les Arabes luy imposerent ce nom, qui vaut autãt à dire, cõme belle : à cause que la cité est fort somptueuse, pour estre située sur le Nil du côté d'Afrique : & cõbien que les Romains en ruinassent vne partie, si est ce, que les Mahõmetans la renouuelerent fort bien, de sorte, que les habitans sont opulens tant en grains, & animaus, cõme en deniers : pource qu'ils menent grand train de marchandise au Royaume des Nubes, partie sur le Nil, & partie par le desert. On void dans le pourpris de cette cité (qui est fort ample) de tresgrãs edifices, & aucunes admirables sepultures, auec Epitafes écris en lettres Latines, & caracteres Egyptiẽs.

Siena, lai de : Asna belle.

Asuan.

Asuan, est vne grande cité & ancienne, edifiée par les anciens d'Egypte sur le Nil, distante d'Asna, par l'espace d'octante mille du côté de Leuant, enui-

enuironnée de bonnes terres, bien habitée, & fort marchande, pource qu'elle confine auec le Royaume de Nubie, & ne se peut nauiger plus outre par le Nil, pource qu'il vient à s'étendre par la plaine. Elle confine auec le desert, qui est le chemin pour aller à la cité de Suachin, située sur la mer rouge au commencement de l'Ethiopie: & y fait vn chaleur excessiue en tẽps d'été, qui cause vn teint fort brun aus habitans. Ioint aussi qu'ils sont parmy les Nubes & Ethiopiens. Il s'y trouue plusieurs edifices anciennement bâtis par les Egyptiens, auec quelques tours treshautes, appellées par eux Barba. Finablement il ne se trouue plus outre, cité, ny habitation qui merite particuliere description, hors mis quelques vilages de gens Noirs, tenans le langage Arabesque, Egyptien, & Ethiopien : & sont sujets à vne generation, qui se nomme Buge, laquelle demeure en la campagne selõ l'vsance des Arabes, estans hors la puissance du Soudan : car en cet endroit prennent fin les limites de son domaine. Or voilà en somme tout ce, que m'à semblé recommendable, de toutes les plus fameuses citez, qui soyent situées sur le Nil, dont les vnes ont esté par moy visitées, les autres j'ay veües en passant. Tant y à, que j'en ay tousiours esté amplemẽt acertené par les habitãs mesmes d'icelles, & des bateliers, qui me menerent depuis le Caire, jusques en Asuan auec lesquels je retournay à Cana, puis m'acheminãt par le desert, finablement paruins jusques à la mer rouge,

LIVRE VIII. DE LA

où je m'embarquay: & de là faisans voiles vinsmes surgir sur l'Arabie deserte au port de Iambuh, & de Zidden, qui est en Asie: dequoy il n'est besoin que je face mention, d'autant qu'ils ne tiennēt rien de l'Afrique. Mais si la souueraine bōté m'ottroye la grace q̃ mes ans soyent sufisans à tracer & mettre en lumiere l'œuure ja par moy projeté, j'ay du tout deliberé reduire par écrit de point à autre, & par le menu tout ce, qui s'est offert à ma veuë tant en l'Asie, comme en l'Arabie heureuse, deserte, & pierreuse: auec cette autre partie d'Egypte, qui est située en l'Asie: traitant encore de Babylonne, d'vne partie de la Perse, d'Armenie, & de Tartarie: laquelle de mon jeune âge j'ay veuë & couruë. Outre ce, le dernier voyage que je fey de Fez à Constantinople, & de là en Egypte, & d'Egypte en Italie: en quoy faisant j'ay eu cognoissance de plusieurs Iles. Puis moyennant la faueur du Seigneur, redigeray le tout par écrit, & deduiray particulierement à mon retour d'Europe, laquelle je poseray au cōmencement, auec ses plus nobles & recōmandables parties: & suiuāt l'ordre, viendray à traiter de l'Asie, j'enten des lieus où je me suis retrouué: puis à la fin, sera cette presente description d'Afrique pour eueiller tous esprits studieus, & aporter contentement à ceus qui se delectent de telle matiere.

Fin du huitiéme liure.

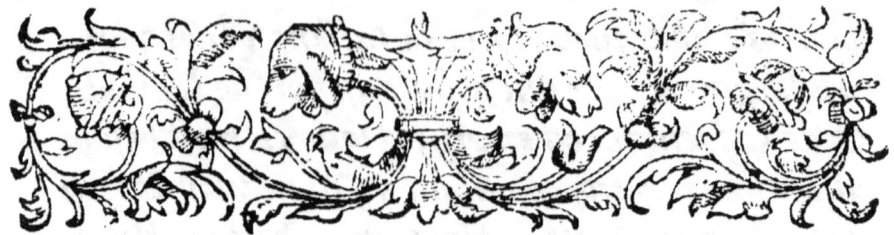

LA DESCRIPTION
D'AFRIQVE, ET DES choses memorables conte=
nuës en icelle.

LIVRE NEVFIE'ME.

Où il est traité de tous les fleuues & animaus, & herbes plus nota-
bles du pays.

Tensif, fleuue.

Ommençant du coté de Ponant en Barbarie, Tensif est vn grand fleuue, qui prend son origine à la montagne d'Atlas pres de la cité Hanimmei, au territoire de Maroc, du côté de Leuant: suiuãt son cours deuers Tramontane par la plaine, jusques à ce, qu'il vient à s'emboucher dans l'Ocean, au territoire d'Azafi, en la region de Ducale. Mais auãt qu'il y tombe, plusieurs autres fleuues se joignent auec iceluy: toutefois il n'y en à que deux, dont on

aye la cognoiſſance, l'vn eſt appellé Sifelmel, qui
prouient d'Hantet a mõtagne prochaine de Maroc,
& s'écoule par la plaine juſques à ce, que ce fleuue
le reçoit. L'autre ſe nõme Niffis, qui naît en Atlas
pres de la cité de Maroc, autour de laquelle il vient
par la plaine, & de la entre dans Tenſif, qui eſt fort
profond, toutefois en d'aucũs endroits il ſe peut paſ
ſer à gué, cõbien q̃ l'eau ſurpaſſe les étriefs: mais qui
paſſe à pied, eſt contraint de ſe dépouiller. Il y à vn
põt pres de Maroc, qui trauerſe ce fleuue, edifié par
le Roy Manſor, & ſoutenu ſur quinze arcs, qui eſt
vn des beaus & admirables edifices, qu'on ſauroit
trouuer par toute l'Afrique, mais trois de ces arcs
furẽt mis bas, & ruinez par Habu Dubus dernier
Roy, & Pontife de Maroc, pour trãcher le pas à Ia
cob premier Roy de la maiſon de Marin, toutefois
il faillit, ne pouuãt empécher l'ennemy de faire ſes
aproches.   Teſeuhin.

Teſeuhin, ſont deux fleuues, qui ont leur ſource
au mont Gugideme, diſtans l'vn de l'autre par l'e-
ſpace de trois mille: dreçans leur cours par la Prouince de Haſcora, puis viennent à entrer dans le
fleuue Lhebich. Ils ont vn meſme nom, qui eſt à
parler en nombre ſingulier, Teſeut: & en plurier,
Teſeuhin: en langue Africane ſignifiant, liſieres.

  Quadelhabich, c'eſt à dire, Fleuue
     des ſerfs.

Ce fleuue prend ſon commencement entre deux
montagnes d'Atlas, hautes & froides, courant par
       mal

mal-aisées & scabreuses valées, là ou Hascora confine auec Tedle: puis décend dans la plaine, s'étendant deuers Tramōtane, jusques à tant qu'il vient se joindre auec le fleuue Ommirabih. Il se jete assez au large, & mesmement au moys de May, à l'heure que les neiges se fondent.

Ommirabih.

Ommirabih, est vn tresgrand fleuue, qui sourd en la montagne d'Atlas, là ou Tedle confine auec le Royaume de Fez: & se jete dans quelques plaines, appellées Adachsun, puis prend son cours par aucunes étroites valées, là ou il y à vn pont fabriqué auec vne grande industrie par Ibulhasen quatriéme Roy de la maison de Marim: & de là vient à passer par les plaines qui sont entre la Region de Ducale & Temesne, jusques à ce, que la mer Oceane le reçoit pres les murailles d'Azammor. En tēps d'yuer, & Prime-vere ce fleuue ne se peut passer à gué: mais ceus qui demeurent aus vilages d'autour, font passer les personnes & le bagage sur des clayes à trauers les riuages soutenues par des ondes enflées. Au moys de May on y pesche des gardons en grande quantité, dequoy se fournit la cité d'Azammor, & s'en transporte de salez sur de grandes carauelles chargées en Portugal.

Buragrag.

Buragrag sourd en l'vne des montagnes precedātes d'Atlas, & passe parmy plusieurs boys & valēes: depuis resourd entre certaines collines, s'étendant

dant en vne plaine, tant qu'il vient à s'emboucher dans la mer Oceane: là ou sont situées deux citez, nommées Sala, & Rabat, qui sont au commencement du Royaume de Fez: & n'y à en icelles autre port, que la bouche de ces fleuues, laquelle est difficile à l'aborder: tellement, que si le nautonnier n'à bien grand experience de la qualité de ce lieu, il est fort dangereus, qu'il ne vienne à donner dans l'arene, là ou sont fracassez les vaisseaus: ce qui est le rampart, & defense des deux citez contre l'effort des armées Chrétiennes.

Bath.

Bath, est vn fleuue, qui prend son origine de la montagne Atlas, s'étendant deuers Tramontane entre boys & montagnes: puis resortant entre certaines collines, se vient à étendre dans la plaine de la prouince d'Azgar: tellement, qu'il se conuertit en marets & lacs: auquels se peschent à force anguilles, & gardons de grandeur admirable, & singuliere perfection. Autour d'iceus habitent plusieurs pasteurs Arabes, qui viuent de leur bétail, & de la pescherie: de sorte que pour la superfluité du lait, beurre, & poisson qu'ils mangent, ils sont sujets à vne espece de maladie, qui se nomme Morphie. Ce fleuue se peut passer à gué en toute saison, sinon quand il croit, pour les grandes pluyes: ou lors que les neiges viennent à se fondre. Il reçoit quelques autres petits fleuues, qui decendent semblablement de la montagne d'Atlas.

Morphie maladie.

Subu

Subu.

Subu, est vn fleuue, qui sourd en vne montagne appellée Selilgo en Chaus, prouince du Royaume de Fez, & prend son commencement d'vne tres grande fontaine, en vn bois touffu, & épouuentable: puis dresse son cours par plusieurs valées, entre collines, & montagnes. De là s'étend par la plaine courant pres de Fez enuiron six mille: puis passant par vne plaine, qui separe Habat d'Azgar, va outre, jusques à ce qu'il se mesle auec l'Ocean, pres d'vn lieu qu'on appelle Mahmora. Il reçoit le fleuue qui passe dans Fez, lequel s'appelle en langage de là, le fleuue des perles, auec plusieurs autres, dont les vns d'iceus décendent des montagnes de Gumera, côme Guarga & Aodor: les autres prouiennēt de celles, qui sont au domaine de Teza, et à vn long cours, & beaucoup d'eau: toutefois on le peut passer à gué en plusieurs endroits: ce qu'on ne sauroit faire en temps d'yuer, sinon dans quelques petites barques, & perilleuses. On y pesche du poisson en grande quantité: & principalement des gardons, qui se laissent pour vil pris: et quand il entre dans la mer, il s'elargit, faisant vne grande bouche, telle qu'y peuuët aborder plusieurs grosses nauires: comme les Espagnols, & Portugalois l'ont assayé. On y pourroit encore bien nauiger: mais l'ignorance des peuples prochains ne le sauroit comprendre. Tant y à, que si les marchans de Fez se vouloyent tant soit peu trauailler à faire aporter dans leur cité les grains, qui viennent par terre d'Azgar, le blé s'y raualeroit de la moytié.

Luccus.

Luccus, est vn fleuue, sourdant aus montagnes de Gumera, & s'étendant deuers Ponant par les plaines de Habat & Azgar, puis passe pres la cité de Casar el Cabir, tousiours continuant son cours iusques à ce, qu'il vient à entrer dans la mer Oceane aus confins de Habat, pres de Harais cité en la region d'Azgar: le port de laquelle est en la Golette de ce fleuue, mais tresdificile à aborder, mesmement à ceus qui ne lont aucunement frequenté.

Mulullo.

Mulullo, est vn fleuue, qui prouient du mont Atlas, aus confins entre Tezza cité, & Dubdu, d'où il est plus prochain: puis se vient rendre emmy des plaines âpres & seiches, qu'on appelle Terrest & Tafrata, & de là vient à se joindre auec le fleuue Muluia.

Muluia.

Muluia, est vn grand fleuue, qui a sa source en la montagne Atlas, sur la region de Chaus, pres la cité Gherseluin enuiron vingt & cinq mille: & dressant son cours par âpres & seiches plaines, viēt en décendant trauerser des autres beaucoup pires, que les premieres, qui sont au milieu du desert de Agad & Garet, puis passe outre sous la montagne de Beni leznaten, & s'embouche dans la mer Oceane pres la cité de Chasasa. Il se peut passer à gué en temps

temps d'été, & pres la marine s'y peschent des poissons bons en perfection.

Za.

Za, est vn fleuue, qui sourd en la montagne de Atlas, courant par des plaines au desert d'Angad, là ou le Royaume de Fez confine auec celuy de Telensin. Ie ne vey jamais ce fleuue plein, combien qu'il ne laisse d'estre fort profond & tresabondant en poisson : mais on n'en sauroit prendre, tant pour n'auoir les filés propres à ce faire, côme pource que l'eau est trop claire, à cause dequoy il n'y fait pas bon pescher.

Tesne.

Tesne, est vn fleuue plus tôt petit qu'autremét, lequel naissant en certaines montagnes aus confins de Numidie, s'étend deuers Tramontane par le desert d'Angud, jusques à tant, qu'il vient à entrer dans la mer Mediterranée, pres la cité de Telensin enuiron quatorze mille. En ce fleuue ne se trouue autre chose que petit poisson.

Mnia.

Mnia, est vn fleuue de mediocre étendue, décendant de certaines montagnes, prochaines de la cité Tegdeut, & passe par les plaines de la cité Batha : puis dressant son cours du côté de Tramontane, s'en vient joindre à la mer Mediterranée.

Selef.

Selef, est vn grand fleuue, qui sourd aus montagnes de Guanseris, & décendant par les plaines deser-

desertes (qui sont là ou le Royaume de Telensin confine auec celuy de Tenez) passe outre, continuât son cours jusques à ce, qu'il vient à entrer dans la mer Mediterranée: separant Mezzagran d'auec Musluganim. A la bouche d'iceluy quand il se jete dãs la mer, se prẽd bon poisson, et de diuerse espece.

Sefsaia.

Sefsaia, est vn fleuue non pas trop grand, ayãt sa source au mont Atlas, & s'étendant par la plaine appellée Metteggia, qui est prochaine d'Alger, & de l'ancienne cité, nommée Temendefust: puis se vient à jeter dedans la mer.

Le fleuue majeur.

Ce fleuue prouiẽt des montagnes, lesquelles confinent auec la prouince de Zab, et décend entre hautes montagnes, tant qu'il vient à se joindre auec la mer Mediterranée, pres la cité de Buggia, enuiron trois mille. On ne le void point croitre, sinon en temps de pluye, & neige: & n'ont acoutumé ceus de Buggie d'y pescher: pource qu'ils ont la mer à commandement.

Sufgmare.

Ce fleuue-cy prend son origine en certaines montagnes, qui confinent auec vn mont appellé Auras & s'écoulant par quelques campagnes arides, resourd au territoire de la cité de Constantine: puis se joint auec vn autre petit fleuue, dressant son cours deuers Tramõtane, quelque fois entre collimes: puis parmy des montagnes: tant qu'à la fin il se vient

ren-

rendre dans la mer Mediterranée: separant le Comtad & territoire de Chollo cité, d'auec celuy du chateau Gegel.

Iadog.

Ce fleuue-cy est de moyenne grandeur, & sourd en certaines montagnes prochaines, de Constantine puis décend parmy ces montagnes du côté du Leuant, jusques à ce, qu'il entre dans la mer Mediterranée, pres la cité de Bona.

Guadilbarbar.

Cetuy-cy sourd és montagnes qui côfinent auec le territoire de Vrbs cité, décendant tousiours entre colines, & mõtagnes: ayant son cours tant oblique, que ceus, qui suiuent la route d'entre Thunes, & Bona, sont contrains de le passer vingt & cinq fois sans pont, ny barque. Finablement il paruient à la mer Mediterranée, là ou il entre, pres d'vn port appellé Tabraca, distant de la cité de Bege, par l'espace de quinze mille.

Megerada.

Megerada, est vn tresgrand fleuue, lequel prouient d'aucunes montagnes qui sont aus confins de la prouince de Zeb, & passe aupres de Thebesse cité s'étendant deuers Tramontane, jusques à ce, qu'il entre dans la mer Mediterranée en vn lieu appellé Gharel Meleh, distant de Thunes enuiron quarante mille. En temps de pluye il se déborde merueilleusement, de sorte que les passans sont quelque fois contrains de sejourner deux & trois jours, attentendans que les eaus soyent basses, mesmement en vn lieu là ou se jetant au large il vient jusques à six mille pres de Thunes : pource qu'il n'y à aucun pont ny barque, & par là lon peut cognoitre de combien les Africans sont forlignez de cœur, & d'esprit à cõparaison des anciens, qui par leur seul nom souloyent donner terreur à l'audace Romaine.

Capis.

Ce fleuue-icy prend sa source en vn desert du côté de Midy, décendant par quelques plaines areneuses, jusques à ce qu'il vient à s'emboucher dans la mer Mediterranée, joignant la cité nommée de son nom, & en est l'eau chaude & salée, que pour en boire, il la faut laisser refroidir par l'espace d'vne heure. Voilà les fleuues plus renõmées en Barbarie.

¶Fleuues de la Numidie.

Sus.

SVS, est vn grand fleuue, sourdant és montagnes d'Atlas, cet à sauoir en celles qui separent Hea de Sus, & décendant du côté de Midy entre ces montagnes : puis vient à sortir emmy la campagne de la region susnommée, & s'étend deuers Ponant jusques à ce, qu'il se jete dans la mer Mediterranée, pres d'vn lieu appellé Gurtuessen. En temps d'yuer il déborde si fort, que beaucoup de terres en demeurent fort endõmagées, mais en été on ne le void outrepasser ses riuages.

Darha

Darha.

Darha, est vn fleuue, lequel prouient des mons d'*Atlas*, qui sont sur les limites d'*Hascora*, & décend du côté de *Midy* par la prouince de *Darha*: puis courant par le desert, se jete au large emmy des campagnes, qui produisent à force herbage en la saison de la *Prime-vere*, au moyen dequoy plusieurs *Arabes* y conduisent leurs chameaus pour paturer. En été ce fleuue demeure à sec, tellement qu'on le peut passer sans ôter les souliers des pieds: mais l'yuer il s'enfle de telle sorte, qu'on ne le sauroit trauerser, encore qu'il y eût des barques : & durãt les chaleurs l'eau en est fort amere.

Ziz.

Le fleuue de Ziz sourd aus mõtagnes d'*Atlas*, qui sont habitées par le peuple *Zanaga*: puis decend deuers *Midy* entre plusieurs montagnes, passant au pres de la cité nommée *Gherseluin*, & de là court outre, par le territoire de *Cheneg*, *Metgara* & *Reteb*, d'où il vient à se jeter sur le territoire de *Segelmesse*, trauersant les possessions d'icelle : puis entre au desert prochain du château *Sugaihila*, & plus outre se forme en vn *Lac*, au milieu de l'arene, sur lequel ne se trouue aucune habitation, mais quelques *Arabes* chasseurs ont coutume de le frequenter, à cause qu'ils y trouuent à force gibier.

Ghir.

Ghir, est vn fleuue, qui prend son origine aus montagnes d'*Alas*, & deuers la partie du *Midy* décend

décend par certains deserts: puis vient à sortir par vne habitation, qui s'appelle Benigumi: & de là passe en vn desert, au milieu duquel il se reduit en lac. Ie vous ay desia parlé au commencemēt de cet œuure d'vn fleuue, que Ptolomée appelle Niger, quand je suis venu à traiter de la diuision d'Afrique, parquoy sans plus repliquer, je passeray outre à la description du Nil, grand fleuue d'Egypte.

¶ Du grand fleuue du Nil.

Animaus horribles & admirables nourris au Nil.

Certainement je ne trouue moins digne de tresgrande admiration le cours & varieté inusitée du Nil, que les animaus nourris en iceluy sont terribles, & merueilleus: comme cheuaus, & beufs marins, crocodiles qui sont tresdommageables, & cruels animaus, ainsi que par cy-apres il vous sera recité, & ne souloyent estre du temps des Romains & Egyptiens de nature si dangereuse, & moleste, comme à present: mais ils sont empirés depuis que le Mahommetans vindrent à s'emparer de l'Egypte. Meshudi historien African raconte dans vn bel œuure sien (là ou il traite des choses merueilleuses découuertes ces ans n'à gueres écoulés) qu'alors que Humeth fils de Thaulon fut Lieutenant en Egypte, de Gihsare el Mutauichil Pontife de Bagaded, en l'an deux cens soissante de l'Hegire, vne stature de plombs fut trouuée en forme, & grandeur proportionnée au naturel d'vn crocodile: auec lettres

tres Egyptiennes dans les fondemens d'vn temple des Egyptiens Gentils: faites sous certaines constellations contre cet animal: la stature duquel il feit rompre & briser, & dés l'heure ces animaus commencerent à estre fort nuisibles & dangereus. Mais je ne saurois imaginer d'où cela peut proceder, que ceus, qui sont depuis le Caire en bas vers la marine, ne se montrent aucunemēt molestes: & les autres qui se trouuent depuis le Caire en haut, deuorent & transgloutissent plusieurs personnes.

Le Fleuue du Nil figuré tout ainsi que les monnoyez d'Adrian le representent.

Or retournāt à parler du Nil, il croît (cōme nous auons déja dit) par l'espace de quarante jours, qui cōmencent au dixseptieme de Iuin, & demeure au
d   tant

LIVRE IX. DE LA

tant de temps à retourner en son lot: pource que (ainsi qu'on dit) il pleut merueilleusemēt en la haute Ethiopie, à l'entrée du mois de May: durant lequel, & partie du mois de Iuin les eaus demeurent à s'écouler, auant qu'elles puissent arriuer en Egypte. Il y a plusieurs, & diuerses opinions touchant l'origine de ce fleuue: mais il n'y en a pas vne, qui ayt rien de vray semblable ou certitude: car les vns veulent dire, qu'il prend son commencement aus mons de la Lune: les autres, que sa source deriue de sous la racine d'iceus, de grandes fontaines distantes par grand espace l'vne de l'autre. Toutefois ceus qui suiuent la premiere opinion, acertement, que tombant le Nil de ces montagnes, porte par son cours leger & impetueus entre sous terres, & resourd au pied d'icelles, là ou il forme ces fontaines, combien que l'vne, & l'autre opinion ne se sentent de rien moins, que de verité: car sa source jusques à present a esté incertaine. Les marchans d'Epiopie, qui trafiquēt auec ceus de Ducale, disent, que ce fleuue du côté de Midy se jete au large, & se conuertit en vn lac: tellement qu'on ne sauroit aperceuoir de quel endroit il prouient: neantmoins il fait plusieurs branches, le cours d'icelles se dressant par diuers canals, & chaussées, puis s'étendant du côté de Leuant, & Ponant: ce qui detourne les personnes de le pouuoir cotoyer. Il y a encore plusieurs Ethiopiens demeurās en la campagne des Arabes, lesquels afermēt, que quelques vns d'entre eux

L'origine & source du Nil icertaine.

eux ayans égaré aucuns de leurs chameaus au tẽps qu'ils entrent en amour, se sont acheminez de la partie de Midy par l'espace de mille, en les cerchãt: durant lequel chemin ce fleuue s'est tousiours ofert à leur veuë d'vne mesme sorte, cet à sauoir en rameaus, & lacs infinis, trouuans assez montagnes seches & desertes. Là ou Meshudi Historien écrit se trouuer plusieurs emeraudes, qui me semble plus vraysemblable que non d'aucuns hommes sauuages, qu'il dit estre autant legere à la course, que les lieures: se passans d'herbes au desert, comme les bétes brutes. Si je me voulois arréter à deduire de point à autre tout ce, qu'ont écrit nôs Historiens, touchant le fleuue du Nil, on le reputeroit pour fable: & causerois plus tôt facherie au Lecteur, que plaisir ny profit: parquoy je m'en deporteray.

Emeraudes.

DES ANIMAVS.
Proëme.

OR venant à parler des animaus, je ne m'offre pas à décrire le genre, & espece de tous ceux qui se trouuét en Egypte: car je me soumetrois à trop difficile charge & cõdition: voire quasi hors de la portée de mon esprit: au moyen dequoy je traiteray seulemẽt de ceus que peut porter l'Europe, ou qui ont quelque difference auec les autres, décriuant la nature tant des terrestres, comme aquatiques, & autres: obmettant au reste plusieurs choses ja recitées dans Pline: lequel (à dire vray) fut vn homme excellent, & de singuliere doctrine, combien qu'il se laissa tomber en erreur, touchant quelques choses legeres de l'Afrique: non par faute, mais pour en auoir esté mal informé: & voulát imiter les autres, qui auoyent écrit au par auát: toutefois l'imperfection d'vne petite tache, n'est pas bastáte pour efacer la naïueté des beaus trais, qui donnent lustre à vn corps de bonne grace & bien formé.

Pline errant en la descriptió d'Afrique.

De l'Elephant.

L'Elephant, est vn animal sauuage, mais de docile nature, & s'en trouue vn grád nombre aus boys de la terre Noire de ces animaus, qui ont coutume de se mettre en bandes, s'eduysans du chemin des personnes, qui passent: mais les voulans molester, ils les souleuent en l'air auec leur grans nez, puis d'vne ardente furie les ruent contre terre, & les foulent aus pieds, jusques à ce qu'ils leur font rendre l'esprit. Et combien que cet animal soit grand & cruel, toutefois les chasseurs d'Ethiopie en prennët plusieurs, y procedans en cette maniere. Dans les bois plus touffus & épés, là ou ils sauent que se retirent la nuit nuict ces animaus, font vn clos entre haliers & arbres de rames fortes & épesses, laissans en quelque endroit vne petite ouuerture, & y attachans vne porte, qu'ils tiennent couchée contre terre en maniere d'vne claye, qui se peut neantmoins haucer, seruant de cloture en cet endroit, auquel l'Elephãt ne s'est pas plus tôt retiré pour s'agiter, qu'ils tirent incontinent la corde, le tenans enclos: & lors décendent de sur les arbres, luy faisans à coups de fleches rendre les abois, puis luy arrachent les dents pour les vendre: mais si de fortune il peut échaper hors le serrail, il met à mort toutes personnes qu'il rencontre deuant soy. En l'Indie, & haute Ethiopie on vse d'vne autre maniere de chasser, de laquelle je me tairay pour le present.

Chasse et maniere de prendre les elephans.

Giraffe.

Cet animal est d'vne nature si étrange & sauuage, qu'à grãde dificulté en peut on auoir la veuë, pource qu'il se cache dans les boys, & aus lieus les plus solitaires des deserts, ausquels ne repaire autre animal, & incontinent qu'il aperçoit les personnes, se met à fuyr: mais il n'est pas fort soudain à la course. Il à la téte de chameau, oreilles & pieds de beuf. Les chasseurs ne le prennent sinon petit aus lieus mesmes, où il à esté nouuellement phaoné.

Chameau.

Les chameaus sont animaus assez plaisans & traitables, & s'en trouue grand nombre en Afrique, mesmement és deserts de Numidie, Libye, &

d 3   Barba-

Barbarie. Les Arabes les tiennent pour leurs plus grandes richesses & possessions: dont voulans par parolles exprimer l'opulence de quelque leur Prince ou grand Seigneur, ils ont coutume de referer les miliers de chameaus, & non des possessions ou ducats. Tous ceus qui entre les Arabes tiennent semblables animaus, demeurent en liberté, pource que moyennant iceus ils peuuent viure és deserts: ce que ne sauroyent faire les Roys ny princes: pour la trop grande seicheresse d'iceus. On en trouue par toutes les parties du monde, comme en Asie, Afrique, & semblablement en Europe. Ceus qui en vsent par l'Asie, sont les Tartares, Courdes, Dailemes, & Turcomans: & en Europe les Seigneurs Turcs, pour porter leurs besongnes: ce q̃ font aussi les Arabes en Afrique, auec ceus, qui habitent és deserts de Libye: & encore tous les Roys pour porter leurs bagages. Mais ils sont plus parfais en Afrique qu'en Asie, pource qu'ils portent leur charge par l'espace de quarante jours, sans aucunement prendre leur auoine: mais estans dechargez on les laisse pâturer parmy la cãpagne quelque peu d'herbe, ou quelque ramée: chose, que ne pourroyent supporter les chameaus d'Asie, & requierẽt auãt que s'acheminer en quelque voyage, d'estre gras & en bon point. On à souuẽtefois experimenté en cet animal la gresse de la bosse, qu'il à sur le dos, se perdre, apres auoir cheminé cinquãte journées sous sa charge sans mãger auoine: puis de la pance, & finablement

Chameaus d'Afrique pl⁰ parfais q̃ nul des autres.

ment celle de la cuisse : ce que venant à defaillir, il ne pouuoit alors soutenir la charge de cent liures. En Asie les marchans leur donnent l'auoine, estãs contrains pour chacun chameau de somme, mener vne charge d'auoine : pource qu'ils vont, & retournent chargez à la carauanne : par ce moyen ils les maintiennẽt en gresse, à cause qu'ils redoublẽt leur voyage. Mais les marchans Africans qui s'acheminent en Ethiopie, n'ont aucun égard à leur retour : pource qu'ils le font à vuide, ou pour le moins chargez à la legere à comparaison de ce qu'ils ont porté : de sorte, qu'estans paruenus en Ethiopie, les chameaus sont maigres & cassez en l'echine : mais ils s'en défont, les laissans pour petit pris à ceus du desert, qui apres les menent engresser. Les marchans, qui retournent en Numidie, ou Barbarie n'en retiennent pas grand nombre : car ils ne s'en seruent, qu'à cheuaucher, & porter leurs viures, auec quelque autre chose legere. Il s'en trouue de trois especes dõt ceus de la premiere s'appellẽt Hugiun, qui sont de haute taille, corpulens, & tresbons à la voiture : mais ils ne sauroiẽt endurer le trauail, qu'ils n'ayẽt quatre ans acõplis : & lors le moindre qui soit, peut porter mille liures d'Italie : et quãd on les veut charger, il ne les faut q̃ toucher sur le col, & les genous, incontinent par instinct naturel se courbent & couchẽt pres terre, puis sentans la charge correspondante à leurs forces, se dressent incontinent sur pieds. Les Africans, & tous communémẽt ont coutume

Chameaus de trois especes.

d 4   de

de les châtrer, ne laissans qu'vn mâle pour deux femelles. Les chameaus de la seconde espece, s'appellent el Becheti, qui ont deux bosses, dont l'vne, & l'autre sont propices à porter somme, & à cheuaucher: mais il ne s'en trouue sinon en Asie. Ceus de la tierce sont appellez el Raguahil, qui sont de petite stature & corpulence, n'estans bons sinon à la selle: au reste fort agiles, de sorte, qu'il s'en trouue plusieurs, qui feront en vn jour cent mille de chemin, & plus: tousiours suiuans la route du desert, par l'espace de huit & dix journées, auec peu de viures, tellement, que tous les nobles Arabes, Numides, & Africās de Libye n'vsent d'autres mõtures. Et le Roy de Tombut voulant faire signifier quelque chose d'importance aus marchans de Numidie en diligence, expedie vn courrier sur vn de ces chameaus, lequel va de Tombut à Darha, ou Segelmesse en terme de sept ou huit journées, qui sont en uiron neuf cens mille: mais il faut aussi, que ceus qui s'y acheminent pour cet effet, soyent bien experimentez à suyure la route des deserts, & ne demandent moins de cinq cens ducats pour faire le voyage. Les chameaus cõmencent à se mettre en amour à l'entrée de l'yuer, & lors ne s'endommagent seulement entre eux, mais molestent grandemēt vn chacun duquel ils ont esté mal traitez: car ils se souiennent en ce temps là du moindre coup qu'ils ont receu de leurs maitres: & s'ils peuuent mettre la dent sur quelqu'vn d'iceus, ils l'enleuent en l'air,
puis

puis le terrassent, & meurtrissent auec les pieds de deuant, d'vne terrible, & dépiteuse sorte. Ils demeurent en amour par l'espace de quarante jours, lesquels expirez se rendent dous & traitables comme au parauāt. Ils sont fort patiens à soutenir la faim, pource qu'ils peuuent demeurer quinze jours sans boire, sans que pour cela ils empirent: & au contraire, si on les abreuoit au bout de trois jours, l'eau causeroit quelque mal: pource que le but limité de boire, est au terme de neuf, en neuf, ou de quinze, en quinze jours. Ils sont encore d'vn naturel pitoyable, ayans en eux quelque sentiment humain : au moyen dequoy il auient qu'entre l'Ethiopie et Barbarie estans forcez ceus qui les conduisent d'alonger leurs journées plus que de coutume, & voyans qu'ils ne peuuent passer outre, ne les pressent auec coups, ny autrement : ams se mettent à degoisser quelques joyeuses chansonnettes, au chant desquelles les chameaus s'euertuans & reprenans leurs forces (induis pour le plaisir qu'ils reçoiuent à la nôte d'icelles) se remettēt sur leurs erres, auec plus grande vitesse, que ne feroit vn cheual bien talonné & éperonné : tellement qu'on ne les peut pas quasi suiure. Vous asseurant que j'ay veu dans le Caire vn chameau baler au son du tabourin, & m'enseigna le maitre par quel moyen il auoit ainsi fait le sien, qui est en cette sorte : On choisit vn jeune chameau que lon fait entrer dans vn lieu fait en forme d'vne étuue, là ou il le faut tenir par l'espace d'vne demie

Chameaus au chant, & son du tabourin prennent plaisir & force.

d 5 mie

mie heure, estant le plancher bien échaufé, & quelqu'vn par dehors sonnant le tabourin: lors le chameau non par vertu du son, mais pour la grãde chaleur, qui le moleste, hausse maintenant vne jambe, tantôt l'autre, côme ceus qui dancent: & estant acoutumé à cela par l'espace de dix moys ou vn an, quand on le vient à mener en lieu public, il n'entẽd pas plus tôt fraper le tabourin, que se souuenãt des jours passez, & sentant encore la chaleur du feu auquel il estoit, il se met à trepigner, & hausser les pieds: de sorte qu'à le veoir on le jugeroit baler. Par ce moyen l'vsage se conuertit en nature, qu'il entretiẽt par long espace de temps. Ie pourrois bien raconter plusieurs autres choses singulieres touchãt le naturel de cet animal: mais je les delaisse à part, pour ne vous causer facherie.

Cheual Barbare.

Ces cheuaus sont appellez en Italie, & par toute l'Europe Barbares, pour autant qu'il viennent de Barbarie d'vne espece qui est en cette region là. Mais ceus qui l'estimẽt ainsi, se mécontẽt bien lourdemẽt, à cause que les cheuaus de là ne different en rien aus autres: & ceus-cy, qui sont si agiles & leger-courãs, sont appellez en langue Arabesque, tãt en Surie, Arabie heureuse, deserte, & en Asie, cheuaus Arabes: lesquels (côme les historiens estimẽt) sont prouenus de la race des cheuaus sauuages, qui alloyent errans par les deserts de l'Arabie, & que depuis le temps d'Ismahel en çà, les Arabes cômencerent

Cheuaus Arabes.

cerent à les domter : de sorte, qu'ils multiplierent ſi tellement, q̃ l'Afrique en eſt maintenãt toute pleine. Cette opinion me ſemble aprocher fort biẽ de la verité : pource qu'encore à preſent on void vne grã de quantité de ces cheuaus ſauuages par les deſerts de l'Afrique & Arabie : & en ay veu vn petit poulain en Numidie de poil blanc, auec la criniere heriſſée ſur le col. La plus grande experience de la viteſſe de ces cheuaus à la courſe, qui ſe peut faire, eſt quand ils peuuẽt ateindre vne bête ſauuage nõmée Lant, ou bien vn Autruche : & ſi cela leur ſuccede bien, ils ſont alors priſez la valeur de mille ducats, ou cent chameaus : mais il s'en trouue peu de tels en Barbarie. Les Arabes du deſert & peuples de Libye, qui ont coutume d'en nourrir en grande quãtité, ne les tiennẽt pour cheuaucher longuemẽt, encore moins pour en vſer en batailles : mais ſeulement pour donner la chaſſe aus bêtes ſauuages, ne les repaiſſans d'autre choſe que de lait de chameau deux fois entre le jour & la nuict : en quoy faiſant, ils les maintiennent diſpos, legers, & pluſtôt maigres, qu'autrement. Il eſt bien vray, qu'en la ſaiſon que les herbes ſont en verdeur, on les laiſſe aler à la pâture, mais on ceſſe pour lors de s'en ſeruir. Ceus que tiennent les ſeigneurs de Barbarie, ne ſont pas ſi promps à la courſe : mais de plus belle taille, & forme : pource qu'ils leur baillent de l'auoine, s'en ſeruãs aus extremitez, & grans dangers, lors qu'ils ſont contrains de ceder à la furie de leurs ennemis.

Che-

Cheual sauuage.

Le Cheual sauuage est reputé pour vne fere, d'autant qu'il ne se laisse veoir sinon bien peu. Quand les Arabes du desert l'ont prins, ils le mangent, & disent que la chair en est singulierement bonne, & plus delicate quand il est jeune. Mais à bien grande difficulté se peut il prendre auec chiens, ni cheuaus, ains faut tendre certains lassets sur l'eau, là ou repaire cet animal, & les couurir d'aréne, sur laquelle il n'à pas plus tôt posé le pied, qu'il le sent entortillé & lacé, tellement qu'il est contraint de demeureur, & se laisser prendre.

Lant, ou Dant.

Cet animal est de corpulēce semblable à vn beuf, mais il est de plus petite stature, & de poil blanc, ayant les ongles des pieds tresnoirs, & fort legers à la course, tellement qu'autre animal ne s'y pourroit à luy parangonner, hors mis (cōme nous auons déja dit) le cheual Barbare. On le prend en été facilement, à cause que tant pour la chaleur que rend l'arene, comme pour hâter ses pas, les ongles s'écrolent, qui luy retarde sa course : & se prennent par mesme moyen les cerfs & cheurils. Du cuir de cet animal se font aucunes targues, fortes à merueilles, de sorte, qu'elles ne sauroyent estre trepercées par vn pistolet à feu, au moyen de quoy elles se vendēt cherement.

Du Beuf sauuage.

Le Beuf sauuage est de telle corpulence que l'autre,

tre, mais de plus basse stature, & se trouue ordinairement de poil bigarré, estant fort prompt à la course, & de chair tressauoureuse: mais il ne s'en trouue autrepart qu'aus deserts, ou à leurs confins.

De l'Ane sauuage.

On trouue par les deserts, ou sur les confins d'iceus vn grand nombre de ces ânes sauuages, tirans tous sur poil bigarré, & sont fort agiles, ne cedans à autre animal touchant la course, sinon au cheual Barbare : & ont telle coutume, qu'apercenans vne personne, se mettent à hannir, en ruant dépiteusement, sans se boucher du lieu jusques à ce, qu'on les peut toucher auec la main : puis soudain gaignent le haut, & se sauuent de vitesse. Les Arabes des deserts les prennent auec chaussetrapes, & autres engins : & vont tousiours par bandes, quād ils boiuent ou pâturent. La chair en est fort bonne : toutefois estant chaude, elle rend mauuais odeur, & sent sa sauuagine. Mais la laissant refroidir deux jours, apres qu'elle à esté cuite, c'est vne viande sauoureuse, & bonne en perfection.

Beufs des montagnes d'Afrique.

Tous les beufs domestiques, qui naissent és montagnes d'Afrique, sont de si petite stature, qu'ils resemblent des veaus de deux ans, à comparaison des autres : neantmoins les montagnars s'en seruent à labourer les terres, & disent, qu'ils sont fort dispos, & durs au trauail.

Adim-

Adimmain.

Cet animal est priué & plaisant, & de la forme d'vn mouton, mais il est de la grandeur d'vn âne: ayant les oreilles longues & pendantes, & tiennent les habitans de Libye à faute de brebis, dont ils en retirent grand laitage, dequoy ils font à force beurre & fromage. La laine, qu'ils portent, est fort bonne, mais courte: & n'y à que les femelles, qui portent les cornes, estans de si douce nature, que plusieurs fois en ma jeunesse j'ay monté dessus, & m'ont porté vn quart de mille tresbrusquement. Il ne s'en trouue en quantité, sinon és deserts de Libye: vray est, qu'au territoire de Numidie on en y voit quelques vns, mais on les à comme pour chose monstrueuse.

Moutons.

Ces moutons n'ont autre difference auec les autres, sinon en la queuë, qui est fort large: ce que plus estant, mieus ils se cognoissent estre de haute gresse. Ils s'en trouue d'aucuns ayans la queuë du pois de dix & vingt liures: & cela auient lors qu'ils s'engressent d'eux mémes. Mais en Egypte il y en á plusieurs, qui s'addonnent à les engresser, les repaissans de son & d'auoine: au moyē dequoy leur queuë engresse de telle sorte, qu'ils ne se sauroyent mouuoir: et pour cela faut atacher la queuë sur vn petit char tant qu'ils cheminent plus à l'aise. J'en ay veu vne de l'vn de ces animaus en Asiot cité, distãte du Caire cinquante mille, & située sur le Nil: laquelle estoit

estoit du pois d'oƈtante liures, & plusieurs m'asseu-
rerent à cette heure là, d'en auoir veu peser cent
cinquante. Tant y à que la gresse de ces moutons
consiste en la queuë seulement, & ne s'en trouue autre part qu'à Thunes, & en Egypte.

Du Lyon.

Ces animaus sont sauuages & nuisibles à tous
autres, d'autant qu'ils sont plus dispos, cruels & a-
nimez, deuorans non seulement les bétes, mais les
personnes aussi. Il s'en trouue en tels lieus qu'ils
ne craindront point d'assaillir deux cens hommes à
cheual, & se ruent sur les troupeaus de brebis, &
d'autre bétail, qu'ils emportent aus boys dans leurs
creus, là ou sont leurs petis phaons: & en y à tel,
qui de force & vitesse combatroit & tueroit six
hommes à cheual, sans qu'on luy puisse faire resistance. Ceus qui habitent aus montagnes froides,
sont moins cruels & fiers, ne se montrans si fort
molestes enuers les personnes. Au contraire, tant
plus ils participent du chaut, plus sont furieus:
comme ceus qui se trouuent entre Temesna, & le
Royaume de Fez, au desert d'Angad pres de Telensin, & entre Bone & Thunes: car ce sont les
plus redoutez Lyons de toute l'Afrique. Au tēps
d'yuer, qu'ils commencent d'entrer en amour, ils s'a-
tachent ensemble fort cruellement, de sorte que celuy se peut dire malheureus tout outre, qui se trouue deuant eux, & sont ordinairement dix ou douze suiuans les pas de la Lyonne. Il m'à esté recité de
plusieurs

queuë de mouton pesant oc-tāte liure & autres de cēt cinquante.

Quels Lyons les pl⁹ re-nōmez.

plusieurs pour chose certaine, que si vne femme se trouuoit seulette deuant l'vn de ces Lyons, luy découurant, & montrant sa nature, qu'il commenceroit à rugir merueilleusement, & baissant la teste prendroit autre route. Vn chacun en peut croire, ce que bon luy semblera. Tát y à, que tout ce que peut empoigner vn de ces Lyons (encore que ce fut vn chameau) il ne deserrera jamais la dent pour lácher sa prinse : & me suis trouué par deux fois en danger de tomber dans la gueule d'iceux, pour estre deuoré : mais la diuine clemēce, qui n'est jamais refusée à ceux, qui d'vne voix non feinte inuoquent le nom du Seigneur, m'en à heureusement preseruè.

Le Lyon vaincu p̄ le seul regard de la nature d'vne fēme.

Du Leopard.

Cet animal-cy repaire dans les boys de Barbarie, estant fort agile, & cruel, mais il ne s'adréce à l'homme pour l'endōmager s'il ne l'aborde en quelque dètroit, là ou on ne le puisse eduire, alors se jettē sur celuy qu'il rencontre & auec les grifes luy déchire le visage: emportant autant de chair, qu'il en peut empoigner : & quelque fois penetre jusques au cerueau, exterminant la personne. Il n'assaille pas souuent les troupeaus de brebis: mais il est ennemy mortel des chiens, lesquels il tue, & deuore là ou il les peut joindre. Les montagnars de la region de Constantine ont coutume luy donner la chasse auec les chenaus, en serrant tous les passages, dont le Leopard voulant escamper, & trouuant vne quantité de chenaus, lesquels luy serrent le pas,

court

court à vn autre, qui estant semblablement serré, à la fin apres s'estre bien trauaillé en vain, ne pouuāt trouuer lieu pour sa defaite, & contraint demeurer en la place, & rendre les aboys. Mais auenant, que quelqu'vn de son côté luy laisse gaigner le haut, il est tenu de payer le banquet à toute l'assemblée des chasseurs : voire & excedassent ils le nombre de trois cens.

Dabuth.

Dabuth, est vn gros animal, comme vn Loup, & quasi de mesme aspet, ayant les pieds, & jambes en forme humaine. Les Arabes l'appellēt Dabuth, & les Africans Iesef. Il ne moleste aucunement les autres bétes, mais il deterre les corps humains des sepultures pour manger. C'est vn simple & vil animal. Les chasseurs ayans découuert son gyte, le poursuiuent sonnans d'vn tabourin, & chantans: à quoy cet animal prend vn si grand plaisir par le retentissement de cette harmonie, qu'il ne se donne garde d'vn qui luy lie les pieds par derriere, auec vne grosse corde, puis le traiment hors, & le tuent.

Bétes sauuages arrestées p le chant & harmonie.

Du chat, qui fait la Ciuette.

Ces chas sont de leur nature sauuages, & se trouuent aus bois d'Ethiopie, là ou ils se prēnent petis, puis on les fait nourrir dans des cages, auec du lait, quelques potages de son, & de chair. On en reçoit la ciuette deux ou trois fois le jour, qui n'est autre chose que la sueur de cet animal: lequel on bat auec vne petite baguette, le faisant sauter deçà & delà de là parmy la cage, jusques à ce qu'il vient à jeter la sueur qu'on luy ôte de dessus les bras, cuisses, & queuë, & voila ce qu'on appelle Ciuette.

Du Singe.

Il y à des singes de plusieurs sortes, dont les vns s'appellent, Guenons, auec vne longue queuë, les autres Babouins ou marmots, qui n'en ont point. On en trouue vne grande quantité aus boys de Moritanie, montagnes de Bugie & Constantine. Ils ont (comme l'on peut veoir) non seulement les pieds, & mains, mais encore vn trait aprochant bien fort de la face humaine : & leur à Nature donné entre autres choses vn bon sens, & merueilleuse astuce. Ils se nourrissent d'herbes, & de grain, & voulans dérober les épies, s'assemblent vingt, & trente, & l'vn d'eus demeure hors le champ aus écoutes, de là ou il n'à pas plus tôt aperceu le maitre de la possession venir, qu'il jete vn grand cry : au son duquel tous les autres gaignent le haut, & se sauuent de vitesse, grimpans sur les arbres, & sautans d'vn à l'autre. Les femelles portent leurs petis sur les épaules, & auec iceus sautent semblablement d'arbre en arbre, & de branche en branche. Ceus, qui sont faits & aprins, fout choses incredibles & admirables : mais se sont de dépiteuses & cruelles bétes : cõbien que leur courrous soit de peu de durée.

Astuce des singes.

Des Conils.

Il se trouue grande quantité de Conils sauuages aus montagnes de Gumere, & Moritanie : Ie dy qu'on qu'on estime sauuages: mais je croy fermement, qu'ils soyent de l'espece des priuez: ce qu'on peut facilement discerner & juger par la chair, que ne difere en sorte que ce soit, à la couleur, & saueur de celle des priuez.

DES POISONS.

Ambara, poisson.

OR pour venir maintenant à parler des poissons, Ambara en est vn de grandeur, & forme épouuentable, lequel ne se peut veoir, sinon quand il n'à plus de vie: pource que la mer le jete sur le riuage. Il à la tête autant dure, comme si elle estoit de pierre, & s'en trouue d'aucuns, qui ont vingt & cinq toises en longueur, & d'autres d'auantage: tellement que le nom de Balene ne luy cōuiendroit pas mal. Ceus qui habitent sur les riuages de l'Occean, disent, que ce poisson est celuy qui jete l'ambre gris: mais ils ne sauent si c'est du sperme, ou de la fiente.

Du Cheual marin.

Cet animal se trouue dans le Nil & Niger, de la grandeur d'vn âne, ayant la forme de Cheual: mais il n'à aucū poil sur la peau, qui est fort dure. Il peut aussi bien viure sur terre comme dedans l'eau, de là où il ne sort sinō la nuict: & est malin & dāgereus, pour les barquettes qui vont sur le Niger: pouret que joignant l'échine contre icelles, les renuerse, & enfondre: & lors bon pour ceus qui sauët nager.

Beuf marin.

Cet autre animal-cy resemble à vn beuf: mais de si petite stature, qu'on le prëdroit pour vn veau de six moys: & se trouue dans les fleuues du Nil, & Niger: là ou les pescheurs en prennent aucuns, qui viuent longuemët sur terre, ayans la peau fort dure. I'en vey vn au Caire, qu'on menoit auec vne chaine, qui luy pendoit au col, & me dit celuy, qui le faisoit conduire, l'auoir prins dans le Nil aupres de la cité d'Asna, distante du Caire deuers Midy par l'espace de quatre cens mille.

De la Tortue.

Cet animal deuoit estre comprins au nombre des terrestres, pource qu'il prend sa nourriture aus deserts: & s'en trouue plusieurs en celuy de Libye, qui sont de la grandeur d'vn tonneau. Bichri recite au liure des Regions, & chemins d'Afrique, comme se retrouuant en ce desert, vn bon homme lassé du long chemin, aperceut la nuict aupres de soy vne grosse pierre fort haute, sur laquelle il se delibera de dormir, de peur que quelque animal ne luy mésît: & ainsi le feit comme il l'auoit proposé, mais le matin il se trouua surprins d'vne grande merueille, quand il se veid eloigné de trois mille du lieu, auquel il s'estoit couché: & cogneut ce, qu'il estimoit vne pierre, estre vne tortue: laquelle à coutume ne déplacer de tout le jour d'vn lieu, & la nuict s'en

Bichri Geographe African.

va pâturant: mais elle chemine si lentement, qu'on ne s'en peut quasi apercevoir. A dire vray, je n'en y vey jamais de telle grandeur, ne si merueilleuse, si non aucunes qui pouuoyẽt estre de la grosseur d'vn barrau. On dit, que la chair de ces tortues guerit de la lepre, si elle n'est encharnée de plus de sept ans: & en faut manger sept jours continuels.

Crocodile.

Il y à dans le fleuue Niger grande quantité de Crocodiles, mais encore plus en celuy du Nil. Ils sont fort malins & nuysibles, ayans en longueur douze coudées & d'auantage, & contient autant la queuë comme tout le reste du corps: mais on n'en void gueres de cette grandeur: car communément ils n'excedẽt quatre pieds, & est semblable au *ramarre n'estant pas plus haut d'vne coudée & demie. La queuë est noulée, & à la peau si dure, que vne arbaléte bien grosse ne la sauroit enfoncer. Il s'en trouue d'aucuns, qui ne mangent autre chose, que poisson: d'autres, qui semblablement engloutissent des personnes: pour lesquelles deceuoir ils se tiennent à l'ecart pres des riuages qui sont frequentez, & lors qu'ils aperçoiuent quelqu'vn aupres d'eux, soit homme, ou béte, ils élancẽt la queuë hors de l'eau, là ou ils deuorent ce qu'ils peuuent atirer: & en mangeant ils remuent sinon les parties du palais de dessus, pource que les machouéres de dessous sont jointes auec l'os de l'estomac. Toutefois ils ne sont pas tous de cette nature; car si ainsi estoit, tous

*Ramarre est vne béte semblable au lesard, sinõ quelle est trois fois plus grosse, & plº verde.

les riuages du Niger, ou du Nil seroyent inhabitables. Ie me retrouuay vne fois à nauiger sur le Nil auec plusieurs autres, dans vne barque jusques en la haute Egypte, distant du Caire enuiron quatre cens mille, & quand nous fûmes à moitié chemin, vne nuict, que la Lune se montroit vn peu brune, pour estre couuerte de nues, & que nous nauigeons en temps calme, auec vn vent fauorable, tous les mariniers s'estoyent mis à dormir, ce que voyant je me retiray à l'écart auec vne chandelle, pour étudier: en quoy faisant je m'entendy appeller par vn honorable vieillard, homme de tresbonne vie & conuersation, lequel veilloit apres certaines oraisons: & me dit, Ho tel, cueille quelqu'vn de ceus qui dorment pour me venir aider à tirer dans nôtre barque vne grãde buche de boys, qui nous viendra bien à propos pour faire demain la cuisine: & lors me presentay pour y aler, craignant discommoder personne à telle heure, qui estoit sur le point de la minuict: mais voyant cela, il me dit qu'il assayeroit auãt s'il la pourroit deroquer tout seul & sans aide: & ainsi que nôtre vaisseau fut selon son auis à droit pour enleuer ce bois, il commença à étendre le bras pour le prendre: mais incontinent saillit impetueusemẽt hors de l'eau vne longue queuë, laquelle le ceignit, & tira dans le fleuue. Lors je jetay vn si grand cry, qu'au son, tous ceus de la barque eueillez en sursaut, ou cala voile, & nous aretames là, où plusieurs se jeterent dans le fleuue pour

Auẽture de l'Auteur, & d'vn vieillard.

pour retrouuer nôtre vieillard, jusques à prenàre terre, & atacher nôtre barque au riuage: mais nous nous trauaillames en vain, car il ne fut onques puis veu, au moyen dequoy tous ceus de ma compagnie afermerent que ce auoit esté vn Crocodile. Or faisans voile reprimmes nôs erres, mais nous n'eumes pas long temps nauigé, que nous en vimes plusieurs ensemble sur certaines petites Iles, au milieu du Nil, qui estoyent étendus au Soleil, les gueules bées: dans lesquelles aucuns oysillons de blanc panage, & grandeur d'vne griue entroyent dedãs, là ou ayans sejourné quelque espace de temps s'en retournoyent, dressans leur vol ailleurs. Dont estãt curieus d'entendre la raison de cela, je m'en enquis, & me fut dit, qu'entre les dens du Crocodile demeurent quelques filés de chair, ou poisson pendans: lesquels venans à se putrifier, se conuertissent en vers, qui les molestent aucunement, & estans aperceus remuer par ces petis oyseaus volãs, viennent à entrer dans la gueule pour les mãger, ce que ayans fait, le Crocodile ingrat tâche à les engloutir, mais se sentant piqué au palais d'vne dure & poignante épine (que l'oyseau à sur le sommet de la tête) il est cõtraint de desserrer, donnant lieu à la fuite de l'oyseau, & auenãt q̃ j'en puisse recouurer vn, je raconteray cette histoire plus seurement, & à la verité. Les Crocodiles font leurs œufs en terre, que ils couurent de l'arène, puis quand leurs petis sont éclos, ils s'en retournẽt dans le fleuve. Il s'en trouue bien

Oeufs de crocodile

bien d'aucuns, qui fuyans l'eau, viennẽt au desert, & ceus de telle nature sont venimeus, ce que ne sont les autres, qui frequẽtent le fleuue: de la chair desquels plusieurs habitans d'Egypte ont coutume de manger, à cause qu'ils la trouuent sauoureuse: & la gresse d'iceus est en grande estime dans le Caire: car (comme lon dit) elle est fort singuliere à solider les playes vieilles & encharnées. Or le Crocodile se prend en cette maniere.

Les Pescheurs ont vne grosse & longue corde de cent toises, le bout de laquelle ils atachent étroitement à vn gros arbre ou colonne, plantée sur le riuage du fleuue expressément pour cet effet: puis à l'autre extremité d'icelle lient vn hameçon de fer, estant de la longueur d'vne coudée, & gros comme le doy d'vn homme, et à iceluy acrochent vne cheure

ure, ou mouton: & au beller de cette bête le Crocodile se jete hors de l'eau, & l'engloutit soudainemēt auec l'hameçon, lequel trauersant ses entrailles, il demeure fermement acroché, de sorte, que le Crocodile ne s'en sauroit défaire: au moyen dequoy s'étendant en secoüant le cable, puis se debatant deçà & delà, à la fin destitué de forces, se laisse tomber étendu, cōme s'il estoit exterminé: alors les pescheurs luy font rendre les aboys, en luy perçant auec certaines pertuisanes la gueule, les bras, les cuisses, & le ventre, là ou il a la peau fort tendre: mais autre part vne haquebute ne la sauroit outrer, cōme celle de l'échine, qui est fort épesse & dure. I'ay veu plus de trois cens hures de ces animaus apendues aus murailles de la cité de Cana, les gueules beantes, qui estoyent si larges & amples, qu'elles eussent peu donner entrée à vne vache entiere: & outre ce, elles ont les dens fort pointues. Tous les Pescheurs d'Egypte ont coutume (apres auoir prins vn Crocodile) de separer la tête du corps, & l'apendre aus murailles comme font les chasseurs de feres & bêtes sauuages.

Du Dragon.

On trouue en la montagne d'Atlas dans certaines cauernes plusieurs Dragons tresgros, & fort pesans, tant qu'à grand' peine se sauroyent ils mouuoir: pource qu'ils sont gros par le corps, & fort menus aus deux extremitez, comme deuers la tête, & la queuë. Ce sont animaus tresuenimeus, & si

quel-

quelqu'vn en eſtoit touché, ſa chair deuindroit incontinent fragile, & s'amoliroit comme ſauon, ſans pouuoir trouuer aucun remede à ſa vie en ſorte, que ce ſoit.

De l'Hydre.

Hydre eſt vn court ſerpent, menu euers la queuë, & la tête: qui eſt fort frequent aus deſerts de Libye, & d'vn âpre, & mortel venin: contre lequel ne ſe trouue autre remede, ſinon tailler la partie du membre, là ou il eſt épars, auant qu'il vienne à diſcourir par tout le corps.

Dubb.

Dubb, eſt vn animal conuerſant aus deſerts, ſoutrayant au lezard, eſtant de la longueur d'vne condée, & large de quatre dois. Il ne boit jamais d'eau, & ſi on l'en vouloit éforcer l'en y mettant dans la bouche, il expireroit incontinent. Il fait les œufs comme la tortue, ſans auoir aucun venin: & ay veu des Arabes en prendre aus deſerts, là ou je me ſuis voulu ſemblablement ingerer d'en meurtrir, mais il ne rend gueres de ſang. Quand on en veut manger, il le fault faire routir, & puis le dépouiller de ſa peau: car eſtant ainſi acoutré c'eſt vne viande aſſez delicate, du goût de la grenouille, & de meſme ſaueur. Il eſt auſſi ſoudain, que le lezard: & s'il ſe vient à cacher dans vn trou, encore que quelque partie de la queuë reſte dehors, il n'y à force, qui luy puiſſe faire quiter ce lieu: mais les chaſſeurs agrandiſſent le trou auec ferremës, le con-
trai-

traignans par ce moyen de se laisser prendre. Trois jours apres, qu'on l'à tué, si on l'aproche du feu (cas nouueau, et étrãge) on le voirra mouuoir tout ainsi q̃ si à l'heure mesmes on luy faisoit rendre les abois.

Merueille du Dubb.

Guaral.

Guaral, est vn animal, qui resemble à celuy, duquel nous venons de parler, hors mis qu'il est veni meus à la teste, & à la queuë, lesquelles deux parties les Arabes luy taillent pour manger le reste. C'est vn diforme animal, & de deplaisante couleur de sorte, qu'elle m'ôta tout apetit de pouuoir jamais goûter de sa chair.

Chameleon.

Chameleon, est de la grandeur d'vn ramarre: mais bossu, maigre, & diforme: ayant la queuë longue, & chemine auec vn pas lent, & tardif, comme la taupe. Il n'à autre nourriture que de l'air, & des rayons du soleil, au leuer duquel il se retourne deuers Orient béant: & en faisant son cours, cet animal se tourne tousiours de ce côté là: prenant couleur selon la varieté des lieux ou il se trouue: car s'il se met sur le noir, il receura couleur noire, si sur le verd, verde: & ainsi de toutes autres couleurs: comme je l'ay moymesme experimẽté: & se montre ennemy mortel de tous serpens venimeus, tellement que s'il en rencontre quelqu'vn endormy sous vn arbre, il grimpe dessus, là ou choisissant vn lieu, qui soit directement sur la teste du serpent, fait distiler de sa bouche vn fil de crachat, qui à deuers la pointe

pointe vne petite goute en guise d'vne perle, & s'il void qu'il ne décende droit sur la téte du serpent, il se guinde si bien, & dextrement qu'il met son dessem en effet: de sorte, qu'il transperce la téte: & le fait expirer. Les Africans qui en ont écrit, recitent plusieurs choses de la nature, & proprieté de cet animal, dont il ne m'en souuient maintenant.

DES OYSEAVS.

Autruche.

POVR venir aussi à parler quelque peu des oyseaus, l'Autruche en est vn sauuage, estant à peu pres de la stature d'vne oye, mais il est haut enjambé, & de col fort long, tellement qu'il s'en trouue plusieurs qui l'ont de la longueur de deux coudées. Cet animal à le corps gros & long: & les ailes de gros panage, qui luy retarde le vol: mais il est fort prompt à la course, debatant les ailes, & demenāt sa queuë, qui est blanche & noire, cōme celle de la cicongne. Sa demeurance est aus deserts, ausquels, pour la secheresse, ne se trouue point d'eau, & là pose ses œufs dans l'arène, qui sont de dix à douze pour fois, & sont de la grosseur d'vn boulet d'artillerie, du pois de quinze ou seize liures: mais les petites autruches les font plus petis, estās de si courte memoire & labile, quelles oublient le lieu où elles les ont posez: au moyen dequoy la femelle se met à couuer les premiers

Oeufs de autruche

miers qu'elle rencontre, encore que ce ne soyent pas les siens : & incontinent que les petis sont éclos, ils s'en vont errans parmy la campagne cercher pature, & sont de si prompte course auant qu'auoir jeté les plumes, qu'on ne les sauroit ateindre. Cet animal est sourd & de tant simple nature, qu'il mange tout ce qu'il trouue, jusques au fer: dont la chair en est visqueuse & puante, mesmemēt à l'endroit des cuisses: toutefois on ne laisse pour cela d'en manger en la Numidie, en grande quantité, pource qu'on les y prend jeunes, & puis on les engresse, comme je pense vous auoir au parauant recité, & ay mangé moymesme de cette chair, qui ne m'a semblé de trop mauuais goût. Ces Autruches s'en vont en bandes parmy les deserts : de sorte, qu'à les veoir de loin, on les prendroit pour compagnies de gens à cheual: ce que intimide bien souuent la carauanne.

Estomac d'Autruche.

De l'Aigle.

Ces oyseaus sont diuisez en plusieurs especes, selon la proprieté, couleur & grandeur, dont les plus grans sont appellez Nesr, en langage Arabesque.

Nesr.

Nesr, est le plus grand oyseau qui se trouue en Afrique, & plus haut que la grue, mais il à le bec, le col, & les jambes plus grosses. Il penetre si haut en volant, qu'il se laisse perdre de veüe, & aperceuant quelque charongne d'animal gisant sur terre, on le void incontinent jeter dessus : mais il ne vole gueres qu'il ne soit acompagné de plusieurs : &
est

Aage de Aigle.

est sa vie de longue durée, tellemēt qu'on en a veu plusieurs n'ayans que la peau, & sans aucune plume sur la téte ne plus ne moins que s'ils eussent esté pelez expressemēt. Il s'ensuit dōq, que pour la vieillesse, qui les suit, les plumes leur viennēt à tomber, au moyen dequoy ils se retirent dans leurs nids: come s'ils venoyent de renaitre à l'heure: là ou leurs phaons les bequent, & leur aportent à manger. On dit, que l'Italien appelle ceus de cette espece, Buettere, mais je ne l'ouy onques mentionner en ces pays. La coutume de cet oyseau est de se retirer sur les rochers, à la cime des plus hautes, & desertes montagnes qu'il peut choisir: entre lesquelles celles d'Atlas luy sont plus frequentes, & ordinaires, toutefois ceus, qui sauent les lieus, & detroits, en prennent quelques vns.

Du Bezi, qui signifie Autour.

Le Bezi, que nous appellons Autour, est fort frequent en Afrique, là ou il s'en trouue d'aucuns, qui sont de panage blanc, lesquels se prennēt en certaines montagnes des deserts de Numidie, & sont les plus chers, d'autant qu'ils sont plus parfaits, & auec iceus se prennēt les gruës. Il s'en trouue de plusieurs especes, dont les vns sont bons pour prendre la caille, & perdris: des autres on se sert pour arréter le lieure. On instruit les aigles en Afrique à cōbatre les renards, & les loups, lesquels celles qui sont faites, & reclamées, saisissent d'vne grande ruse sur l'eschine, auec les grifes, & sur la teste auec le bec,

bec, de sorte, qu'elles se gardent fort bien de recevoir dentées, ny estre en rien endommagées par ces loups, & s'ils se jetent contre terre, l'aigle n'en fait cas, & ne lasche sa prinse, qu'elle ne luy ait fait rendre les abois, & arraché les yeux hors de la teste. Plusieurs historiens Africans disent, que le mâle de l'aigle couure quelque fois la Louue, & apres estant pleine, s'enfle si fort, qu'elle creue, & en sort vn Dragon, qui a le bec, & les ailes d'oyseau, les pâtes de Loup, & la queuë de serpent, ayant la peau tachée, & marquetée de couleurs diuersifiées, ne pouuant haucer les paupieres des yeux, il repaire dans les cauernes. Mais je ne vous veus pas acertener, que moy, ny autre en ait jamais eu la veuë: neantmoins le bruit est semé par toute l'Afrique, que ce monstre y a autrefois esté veu.

Chauues Souris.

Ces diformes oyseaus ennemis de lumiere, se trouuent par toutes les parties du monde, mais entre autres lieux, on en void en grande quantité dans des cauernes en la mõtagne d'Atlas, qui sont gros comme pigeons, & d'auantage, mesmement par les ailes. Ie ne les ay pas veu, mais j'en ay esté acertené par vne infinité de personnes.

Papegaus.

On trouue parmy les bois d'Ethiopie ces oyseaus en grand nõbre, & de diuerses couleurs, mais les meilleurs, & qui plus parfaitement sauent former l'accent de la personne, sont de panage verd

Il s'en y trouue plusieurs grands comme pigeons: mais ils sont gris, rouges & noirs: ne se pouuans acommoder à l'imitation de la parolle humaine, & en défaut de ce, ils dégorgent vne voix tresdouce, & mignonne.

Locustes.

Quelque fois on void de ces animaus par l'Afrique en si grand quantité, qu'en volant par bandes il semble vne nuée, qui pour son épesseur vient à obscurcir la lumiere du Soleil: & se venās à poser sur les arbres, ils rongent les fruits & feuilles, laissans à leur depart des œufs, dont il en vient puis apres à naitre d'autres, qui ne volent pas, mais ils sont pires que les premiers: car ils penetrēt jusques à l'extremité interieure de l'écorce des arbres, causans vn fort grande cherté, & mesmement en Moritanie. Mais les peuples de l'Arabie deserte & Libye reputent à grand heur l'arriuée de ces Locustes en leurs Regions, pource qu'ils en font de bonnes repeües, les mangeans bouïllies, & les autres deseichées au Soleil, qu'ils puluerisent puis apres come farine, & en cette maniere s'en repaissent. Voilà quasi toute la qualité des animaus qui ne se trouuent, ou sont bien rares en Europe, ou de ceux, qui sont en quelque partie differens. Maintenant pour donner fin à cet œuure, ne reste à parler que d'aucunes minieres, herbes, & fruits, desquels y à abondance en Afrique.

DES

DES MINIERES.
Du Sel.

EN la plus grande partie d'Afrique on ne trouue autre sel, que celuy, q̃ l'on tire des salines dans les cauernes, ne plus ne moïs, que si c'estoit iaspe, ou marbre & s'en trouue de gris, de blanc, et de rouge. La Barbarie en raporte vne grande quantité, et la Numidie mediocremẽt, tant qu'il suffit. Mais il s'en trouue peu au pays des Noirs, mesmemẽt en l'Ethiopie inferieure, ou la liure se vend demy ducat: ou moyẽ dequoy les habitans de ce pays ne le tiennent dans les salieres aus repas, mais en mangeant leur pain, tiennent vne piece de sel en leur main, & à chacun morceau qu'ils mettẽt dans leur bouche, ils passent la langue par dessus, en la lechant, & ne font cela pour autre respet, qu' à fin de l'epargner, et en vser peu. En aucuns petis lacs, et marets de Barbarie en temps d'esté se congele le sel, qui est blanc, & poly: comme aus lieus qui sont prochains de Fez.

Antimonio.

Ce metal-cy se tire en Afrique d'aucunes mines de plomb, d'auec lequel on le tire auec le soufre & s'en trouue en grande quantité aus racines de la mõtagne d'Atlas, deuers la partie de Midy, et principalement là ou Numidie confine auec le Royaume de Fez, & en plusieurs autres lieus se trouuent des veines de soufre.

ff   Eu=

Euforbio.

Euforbio, est la gomme d'vne certaine herbe, qui croît en maniere de la teste d'vne carde sauuage, et entre les rameaus d'icelle se forme vn certain fruit gros comme citrouilles, & verd: estant grenellé par dessus: mais il est long d'vne coudée, et demye & quelque fois d'auātage. Ce fruit ne croît pas sur les rameaus de la plante, mais sort de terre cōme vn tronc, duquel en prouiennēt vingt & cinq, & trente autres. Quand il vient en maturité, les vilains de ce pais le piquent auec la pointe d'vn couteau, qui en fait sortir vne liqueur comme lait, laquelle deuient visqueuse, puis la recueillent auec le couteau mesmes, & la mettent dans des oudres, là ou elle s'essuit, mais il faut entēdre que la plante est toute épineuse.

De la poix.

Il y a de deux sortes de poix, l'vne est materielle & se prend sur des pierres, qui sont au milieu d'aucunes fontaines, dont l'eau est merueilleusement puante, retenant l'odeur de la poix. L'autre est artificielle, & se tire du pin, ou geneure. Ie l'ay veu faire en la montagne d'Atlas en cette maniere. On fait vn four en rondeur profonde, qui a par dessous vne gueule répondant sur vne fosse cōme vn vase: puis on prend des branches verdes de ces arbres, & apres auoir esté trenchées bien menu, on les jete dans ce four: duquel on étoupe la fenêtre: puis on y fait vn feu temperé, dont pour la chaleur d'iceluy, l'humidité du bois se distile, & s'écoule dans la fosse

fosse par la gueule, qui est dessous le fourneau, & en cette sorte se recueille, puis on la vient à étuyer, & mettre dans les oudres.

DES ARBRES,
herbes, & racines.
Maus, ou Muse.

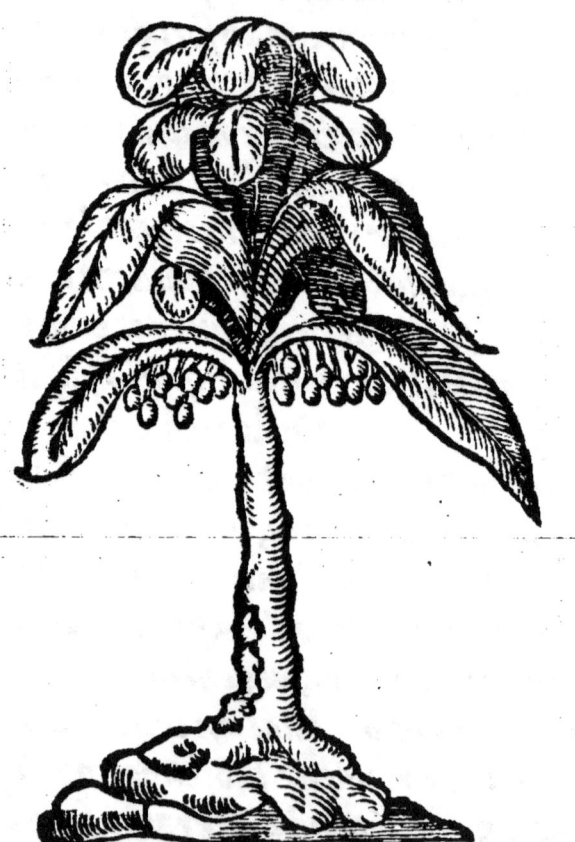

LE fruit est fort dous, & gentil, de la grandeur de petits citrons, estant produit par vne petite plante, qui à les feuilles larges, & longues d'vne coudée. Les Docteurs Mahommetans disent que c'est

LIVRE IX. DE LA

le fruit qui fut defendu à nos premiers parens par la bouche du Seigneur: & n'ayans voulu obtemperer à son saint commandement, apres en auoir mangé, leurs parties honteuses se decouurirent, lesquelles voulans cacher (cognoissans leur delit) prindrent des fueilles de cette plante, qui sont plus propices à cela, que nulles autres qu'on puisse trouuer. Il en croît à foison en la cité de Sela, au royaume de Fez: mais en plus grande quantité en la region d'Egypte, & principalement à Damiette.

Casse.

Les

LES arbres qui portent la casse, ont les fueilles quasi semblables à celles du Murier, dont les fueilles sont blanches et larges: & croissent seulemēt en Egypte, produisans vne si grande quantité de fruits, qu'il en faut abatre vne bonne partie, deuāt qu'ils viennent en maturité pour soulager l'arbre: car de trop grand fais l'ébrancheroit & feroit éclater.

Terfez.

Cecy se peut plus proprement appeller racine, que fruit: car il croît en l'arene aus lieus chaleureus, semblable à la trufe, & plus gros: ayant l'écorce blanche, & cognoît on là, ou il est à la terre, qui est vn peu enleuée, & creuacée. Il s'en trouue de la grosseur d'vne noix, & d'vne orange aussi. Selon l'opinion des medecins (qui l'appellent Camha) il à proprieté de refraichir. Les deserts de Numidie en produisent en grande abondāce, dequoy les Arabes mangent autant volontiers, comme si c'estoit du sucre, & à bonne raison: Car à dire vray, estant mis sur le brasier, puis nettoyé, & remis dans vn bouillon gras, c'est vne viāde tressinguliere, & delicatê. Ils le mangent semblablement bouilly dedās l'eau, ou du lait: & s'en trouue à foison en l'arène prochaine de la cité de Sela. Quant au palmier ou datier, je n'en diray pour le present autre chose, à cause que j'en ay parlé amplement quand je suis venu à la description de Segelmesse cité en Numidie.

f 3   Fi-

¶ Figuier d'Egypte, appellé par les habitans du pays melmes, Giumeiz.

L'arbre, & les fueilles de ce figuier resemblent à celles des autres: mais ils sont d'une merueilleuse grosseur & hauteur: produisans le fruit non sur les branches, ny à l'extremité d'icelles: mais au pied de l'arbre seulement, là ou il n'y a point de fueilles: & retient le méme goût des figues communes, estant de grosse pelure, & de couleur violette.

Ettalche, arbre.

Ettalche, est vn grand arbre, & épineus, ayant les fueilles comme le Genéure, & jete vne gomme semblable au mastic, lequel est par les Apoticaires Africans sophistiqué auec cette gomme: pource qu'elle est de semblable couleur & odeur. Il s'en trouue au desert de la Numidie, de la Libye, & au pays des Noirs: mais les arbres, qui croissent en la Numidie estans ouuers, aparoissent de telle blancheur au dedans que les autres arbres: & ceus de Libye sont violets, & tresnoirs: mais ceus de la terre des Noirs, sont tresnoirs, & du cœur d'iceus (que les Italiens appellent Sangu) lon fait de tresbeaus & gentils instrumens de Musique. Le boys violet est aujourd'huy en vsage entre les Medecins pour guerir du mal de Naples, au moyen dequoy le boys prend son nom de l'éfet.

Bois guerissant de le verole.

Tauzargante, racine.

Cette racine-cy est assez odorante, & se trouue aus riuages de l'Ocean du côté de Ponant. Les marchans

chans de Moritanie en transportent au pays des
Noirs, là ou elle sert en lieu de parfums delicats:
mais se faut bien garder de la bruler: car elle rend
assez bonne odeur d'elle mesme, & vaut la charge
de chameau en Moritanie vn ducat & demy:mais
au pays des Noirs elle vaut cent ottante ducats,&
quelque fois d'auantage.

Addad, racine.

Cette racine-cy est amere, & à telle proprieté
qu'vne dragme de son eau distillée, peut extermi-
ner vn homme en moins d'vne heure : & cela est
diuulgué par toute l'Afrique, voire jusques entre
les simples femmes.

Surnag, racine.

Surnag, est aussi vne racine que produit la mon
tagne d'Atlas du côté de Ponãt, laquelle (cõme lon
dit) a vertu d'exciter à luxure, & multiplier la semence à celuy, qui en mãge en quelque electuaire.
Et asermẽt plusieurs, q̃ si d'auenture aucun par cas
fortuit se trouuoit à pisser dessus, q̃ tel se dresseroit,
& prẽdroit vigueur, qui parauenture au parauant
regardoit tout morne contre bas. Ie ne veux point
aussi passer, cõme plusieurs habitãs du mont Atlas
recitẽt, qu'il s'est trouué plusieurs pastourelles gar-
dans leurs troupeaus parmi pâtis de ces mõtagnes,
lesquelles ont perdue leur virginité, et ont esté deflo
rées, non pour autre accidẽt, q̃ pour auoir vriné sur
cette racine. Ouy (dy-je lors) & est parauenture si
venimeuse, q̃ le ventre leur en est piteusemẽt enflé.

Voi-là

Voi-là en somme, tout ce, qui s'est ofert à moy de singulier, & memorable en la Region d'Afrique : laquelle j'ay discourrue de part à autre, obseruant diligemment toutes les choses qui me sembloyent requerir vne memoire eternelle à la posterité. Au moyen de quoy je me mis à rediger par écrit tout ce, qui se presentoit à moy de jour à autre : & ce que le temps, ou l'incommodité des lieus ne m'ont permis de veoir, je m'en requerois diligemment, m'en faisant amplemét informer par personnes dignes qu'on adjoutât entiere foy à ce qu'ils me proposoyent : pour auoir discourus tous les pays ausquels ils auoyent eu l'heur de veoir ce, dont j'estois ignorant. Et depuis me retrouuant à Romme, apliquay soigneusement tout le meilleur de mon esprit (comme aussi la commodité s'y ofroit) à reduire tous les membres de ce mien petit labeur épars, en vn corps, courant
l'An de l'Incarnation de Iesu Christ
mil cinq cens vingt & six,
& le dixième de
Mars.

FIN DE L'OEVRE DE
IEAN LEON.

INDICE DES PRIN-
CIPALES MATIERES TRAI-
tées en cette Description d'Afrique, à sauoir,
Royaumes Regions, viles, chateaus, & forteresses:
Iles, fleuues, animaus aquatiques & terrestres:
Loix, coutumes, religion, & façon de faire des habitans, auec le pourtrait
de leurs habits. Redigé par
ordre Alphabe-
tique.

A Ages des Barbares est de soissante à septante ans 44
Aaron se fait l'ōtife. 143
Abdultach, premier Roy de la maison de Marin, dãs Fez la nouuelle. 191
abu Feriz roy de Thunes occupe Bugie, & rend tributaire le roy de Telensin. 276
abuchēmu, demis de son royaume par Barberousse, puis restitué par l'empereur Charles le. v. 254
abuchēmu dōne la chasse à Barberousse 254
abuhman, chateau habité par les Arabes 323
abulhabbes, Roy de Thunes défait par Abuhemam Roy de Fez 307
abulhusein, peuple de la lignée de Deuimasor. 20
abuzeuen, fils de Mahommet, constitué prisonnier 267
abu Sahid roy de Fez, tué par son secretaire auec six de ses enfans 216
Accha, trois chateaus jadis bien peuplez, & ses habitans pauures 316
acoutrement de ceus de Fez 167
acoutrements d'aucunes gentils femmes de Fez. 168
Adendum cité en Temesne 130
Adimmain, animal d'Afrique 399

g   adim-

TABLE DE LA

adimmei, montagne en Maroc 90
aduocat comparagé à vn boucher 63
African, fruit 100
africá vulgaire quels poëtes a 175
africans font leur An de trois cens cinquáte quatre jours 42
africans font leurs festes & jeunes en diuers téps de l'année 42
africans à quelle maladie sont sujetz 44
africans ont folle apprehension 47
africans sont hônestes & modestes 47
africans superbes & depiteux 48
africás entachez de vices, & sotte maniere de viure 48
africans Gentils quelle mode tenoyent anciément 152
africans quelle viande appellent Cuscusu 169
africans anciens batirent Elgiumha vile en Azgad 205
africans anciens ont jadis bati Lharais 205
africans anciens batirent jadis Ezaggen 209
africans batirent Bani te de 209
africans batirēt Agla cité sur le fleuue Guarga 210
africans edifierent Narangia chateau 210
africans batirent Arzilla 212
africans batirent Tetteguin cité 216
africans batirent Melela, cité de Garet 231
africans batirent Macres, chateau 304
africans chassent les Arrians hors d'Afrique 32
africans d'ou ont prins leur origine 6
africans comme sont diuisez 7
africans en quoy sont diuers, & en quoy cóformes en leurs lāgues 9
africans retiennent la langue Italienne 89
africans quelle Foy gardent, Ceremonies des Africans 31
les Africans ruinent les Iuifs 32
africans demeurās au desert de Libye, quelle coutume & maniere de viure ilz gardent 22
africans du desert de Libie, sans justice 23

Afri-

Africans de quels habits vsent, mesme les gentilhommes 24
Africus, Roy de l'heureuse Arabie, premier qui habita en Afrique 1.
afrique, d'ou ainsi appellee, Terme & limites d'Afrique 1.
Diuision d'Afrique 2
Afrique, cōment situee. 35
afrique quels Royaumes en les quatre parties. 3
habitations d'Afrique. 5
en Afrique quels habits portent les femmes. 28
en Afrique les femmes se fardent 28
afrique a mutations d'air naturelles, & de la diuersité prouenant d'icelles. 40
afrique abondante en oliues. 41
afrique garde par grand deuotion l'eau de pluye dans des fioles 41
afrique endommagee par trois vents Siroc, Midy, & Leuant 43
afrique quelle mode a aus sacrifices 152
Africans de quelles lettres vsent 33
afrique quels animaus produit 394

Agadez, cité : & du batiment des maisons 343
Aghal, montagne au Royaume de Telensin 274
agilité des hōmes a pied, cōtre ceus de cheual. 18
agla, cité de Habat p qui edifiée 210
Aqueduct 369
Agmer, cité de Maroc 83
Aigle, & de son âge 407
Alcoran en combien d'annees est apprins 176
alemdin, cité en Hascora. 103
alendin & Elmedine reduites sous la puissance du Roy de Fez par le moyē d'vn marchāt. 104
alexandrie, cité de renom, par qui batie, & de son assiete 355
aguechet, marche prochaine d'Egypte 335
Alquemistes plusieurs a Fez, ignares & puants. 186
alquemistes diuisez en deux bandes 18
Ambara, poisson d'Afrique 402
Ambre gris ou se trouue. 69
An des Africās & Arabes est de trois cens cinquāte & quatre jours 42

ane sauuage, animal d'A-
frique 399
anfa, cité en Temefne.128
ruinée par les Portuga-
lois.128. Son excelence
auant fa ruine 129 [255
angad defert de Telenfin
angera, môtagne & fa lô
gueur 219
anglois frequentoyent ja
dis Salla 135
animaus horribles & ad
mirables au Nil. 392
animaus d'Afrique 394
anthius, cité bâtie par les
Romains, quel eft fon
terroir, & de la nature
de fes habitans 360
antiquitez d'Egypte. 358
Apophthegme d'vn Roy
203
apophthegme royal. 259
apoticaires font aupres
de la citadelle à Fez. 161
apprehêfiô folle des Afri
câs. & Arabes quels. 47
arabes habitans aus de-
ferts, qui font entre la
Barbarie & l'Egipte.29
arabes donnent leurs en-
fans en gage aus Sici-
liens pour les grains, q̃
ils prennent à credit. 30
arabes deuenus citoyens
d'Afrique 10
arabes fe feruent de pauil

lons en lieu de maifons
en Afrique 11
arabes comme font diui-
fez en Afrique 16
arabes habitans en Afri-
que, quelles coutumes
gardent en leur manie-
re de viure. 26
arabes efclaues à ceus qui
leur donnêt a mâger. 27
Et pourtrait des habis q̃
portêt leurs femmes. 28
arabes de quel Seigneur
leuent tribut 326
arabes nô lettrez diuifent
bien de l'aftrologie. 42
arabes fôt leur an de.354.
iours 42
arabes fôt fétes & jeunes
en diuers têps de lânée 42
arabes font guerre á Ma-
hommet 68
arabes de Temefne où tiê
nent leurs grains 130
arabes facagêt Capes.303
arabes traitent mal les ha
bitâs d'Affach⁹ cité.300
arabes batiffent Efuchai-
la chateau, Humelede-
gi, & Vmmihelhefen
chateau 322
Les Arabes Mahômetans
font bruler les liures des
Perfiens. Le femblable
fôt les Romaîs & Gots
des liures arabefqs.33.34
arabes

arabes facagēt tebeſſe. 284
arabie et ſon pourtrait. 16
arbres ſēblables à Pin. 101
arbres épineus 54
arbres herbes, & racines d'Afrique 410
arbricots de la groſſeur des oranges 105
arcs de triomphe à Conſtantine 281
arcs faits de fenoil ſauuage en Tombut 340
arga, fruit 54
argent tiré par moyen des priſonniers du Capitaine de Tefza 116
ariana cité de Thunes edifiée par les Gots 297
armee de Roderic, roy des Gots defaite par Qualid Calife 301
armee de Ferdinand rompue deuāt Oran 266
armee de Ferdinād repouſſee par les habitans de l'Ile de Gerbo. 305
armee de 80000 hōmes ſous la conduite de Gehoar eclaue 11
armes des habitans du mont Atlas 66
arrians chaſſez d'Afrique par les Arabes 32
att magique conſerue les trois pōmes percees par l'epieu qui eſt ſur le téple de Maroc 80
artiſans de Fez 154
artiſans de la ſeconde partie de Fez 163
Aſaiſonnement de viande appellée par les Africans, Cuſcuſu 169
Aſeis territoire 203
aſſachus, cité edifiee p les Africans, & quels ſont ſes habitans 300
aſgeh, peuple Arabeſq. 18
aſioth, cité edifiee ſur le Nil 383
aſna cité edifiee ſur le nil, aſna belle, Siena laide. 385
aſnes et mules de merueilleuſe courſe et agilité. 359
aſpres ſemblable mōnoye que celle d'Hongrie. 57
aſuā, cité edifiee ſur le nil
Atlas, mont 35. [385
atlas eſt ſi froid, & les fōtaines d'autour, q̄ quelcun mettāt la main dedans, eſt en danger de la perdre 36
atlas mōt, & ſa partie premiere, par qui habité, & de ſes armes 66
atteſtatiō du pucelage de l'epouſee à Fez 171
attogrephi, Secretaire du Soldan 186
Auarice & eſtude du Roy de Thunes 296

g 3 auen-

auêture de l'autheur. 298
auraz montagne, par qui habitee, & de son etendue 309
Augela contree an desert de Libye 334
autour 407
autruche, de ses œufs, & de son estomac 406
Azafi, cité de Ducale 92
azamur cité en Ducale 98
sous la puissance des Portugalois 99
azgan, montagne en la region de Chaus 245
azgagan, montagne en la region de Garet 233
Arzilla en l'An. 862. de l'Hegire fut assaillie & prinse par les Portugalois 212
Arzilla batie par les Africans 212
arzilla subjuguee par les Gots 212
arzilla prinse par les Mahommetans 212
Azgar region de Fez, & de ses confins 205

Baler côme ont acoutumé les habitãs de Fez aux noces 172
balet de palmes sauuages en côbien de boutiques sont venduz 162
barbanda, cité edifiee sur le Nil 385
Barbarie, son commencement & termes 1
bapaded, siege pontifical. 391
bain d'eau chaude 200
banibasil cité de Fez. 142
bani teude cité, batie par les Africans: & par les guerres des pontifes de Cairan destruite 209
Barbar, mot signifiant les habitans de Numidie et Barbarie 5
barbarie est habitee par ingenieus & loyaus, bié que les anciennes histoires dient du côtraire. 47
barbarie de quels citoyés ornee 47
barbarie a filles ne se souscians de garder virginité 49
la Barbarie a en plusieurs lieux gens sans foy, secte, ny religion 49
barbarie quand cômeça auoir la grosse verole. 46
barbarie quel remede a contre la peste 46
barberousse est fait capitaine d'Alger 271
barberousse se rend tributaires les habitãs de Sersel 268
barberousse fait a soy tributai-

butaires les Roys de
Thunes & Ruggie. 277
barberousse subjugue la
cité Medua 272
Barça desert 314
barnabal cité anciéne, en
quoy fertile, & quels
sont ses habitans 360
barnusse, vne sorte d'ac-
coutrement des habitás
de Fez, qui portent sur
eux en maniere de ca-
bans 167
baronis montagne en la
region de Chaus 243
Basra cité de Habat, par
qui batie 211
bateleur de bõ esprit. 365
bath, fleuue en Afriq. 388
batha, cité edifiee par les
Africans 264
Bâtiers 162
Baume plãte vnique pro-
duisant le baume 368
Beb Zuaila faubourg du
Caire 364
beb Elloch, faubourg du
Caire 365
beggia, cité edifiee par les
Romains 286
beledulgerid prouice. 329
beni Abusaid, montagne
de Telensin 274
beni Chelid, mõt. dõt ses
habitás sont voleurs, &
pour quelle cause 225

beni Mansor, montagne,
& son etendue 224. 225
beni Ioseph, & son con-
tenu 225
beni Zaruoli, mõtagne, et
quel est son terroir. 225
beni Rasin, & quels sont
ses habitans 225
beni Gebara, mõtagne, &
quel est son terroir. 226
beni Ierso, montagne, ou
estoit vn college de loix
saccagee depuis par vn
tyran 226
beni Buseibet, montagne
sujette à froidures. 227
beni Gualid, mõtagne, &
quels sont ses habitans:
& lieu d'immunité. 227
beni Mesgalda, mõtagne:
dont les habitans d'icel-
le font le sauon 230
beni Guamud, mõtagne,
& q̃l est son terroir. 231
beni Sahid, & beni Tesin
montagnes en la region
de Garet 232. 233
Benisuaif, cité edifiee sur
le Nil 382
beni Guertenage, monta.
en la regiõ de Chaus. 243
beni bahlul cité en la côte d'Atlas 246
beni Ieginesen, mõtagne,
& combien grande est
son etendue 230

g 4   beni

beni Haros, mont, & son
 etendue, & par qui ha-
 bitee 218
beni Iedir, montagne : &
 quels sōt ses habitás 228
beni Rasi, prouince 263
beni Guazeual, mōtagne,
 & de son etendue 229
beni Fésecare, montagne,
 & quels sont ses habi-
 tans 218
beni Guedarseth, monta-
 gne, & de sō etēdue. 220
beni Besseri, marche, &
 quel est son terroir 323
beni Isasga, montagne en
 la region de Chaus. 245
beni Ieznete, mōt au roy-
 aume de Telensin 273
beni Guenered, mont. au
 royaume de Telēsin. 274
beni Tefren & Nususa,
 montagnes peu fertiles
 en grain 311
beni Gumi, contree auec
 son terroir fertile 323
beni Merasen, montagne
 en la regiō de chaus. 250
beni Iessete, mōtagne en
 la region de Chaus. 244
beni Garir, mōtagne d'Er
 rif, par qui habitée 224
beni Guariten abondant
 en grain 203
beni Guejahel, mōtagne,
 & de ses habitans 229

beni Achmed, montagne,
 & quel est sō terroir. 230
benid Guarid, montagne,
 par qui habitee 311
benimegher, montag. 100
bensart ou Biserte, cité e-
 difiee par les Africās. 287
Bl Fijum, cité edifiee sur
 le Nil 383
berdeoa, desert de Libye.
berdeoa cōtree. 334. [333
beiezid, tué auec vn sien
 fils 299
bedis, cité d'Errif par qui
 batie 221
betica puice d'Espagne,
 dont préd son nom. 201
bestes sauuages arretez p
 le chāt et harmonie. 401
beuf sauuage, animal d'A
 frique 398
beuf marin 402
beufs des montagnes de
 Afrique 399
bezi, oyseau d'Afrique, q̄
 nōmons Autour 407
Bichri, Geographe Afri-
 can 402
biserte cité ancienne de
 Thunes 287
Bocchir, cité d'Egipte rui
 née 358
bomiens, larrons & trom
 peurs 343
bona, cité edifiee par les
 Romains 283
bona

bona quelles montagnes
& côtaus a, & de leur
etendue 310
boire vin defendu par la
loy de Mahommet 209
bois de datiers, & sõ fruit
borgi, cité 327. [316
Borno, Royaume enne-
my de Guarigara 345
borno, royaume, de sa fer
tilité, vilages, & quels
sont ses habitans 346
bosiri, cité par qui edifiee,
& de ses possessions vui
des 355
boucher comparagé à vn
aduocat 63
bouchers cõbien de bou-
tiques tiennét à Fez. 157
boulégers vsans de poids
injustes punis à Fez. 166
bourgs du Caire 364
boutiques de Fez 154
boutiques deux cens de
lauandiers à Fez 158
boutiques des faiseurs de
cages à tenir poules, qua
rante à Fez 157
boutiques. 25. de védeurs
de cottõ a Fez. Cét bou
tiques de védeurs de va-
ses. & boutiques de sel
liers a Fez 155
boutiques. 50. de balets de
palmes sauuages 162
boutiques. 25. de védeurs

de fleurs à Fez 154
boutiques. 40. de védeurs
de raues 156
boutiques de fariniers, &
de sauon à Fez 157
boutiq. 80 de notaires 154
boutiques cét de libraires
en Maroc. 78
boutiques. 30. de libraires
boutiques. 50. de cordoan
niers, & 50 boutiqsde vé
deurs de fruits a Fez. 154
boutiqs de drapiers cent
a Fez 157
boutiques de vendeurs de
cuir, quatorze 158
Branches de corail. 284
braueté des porches ou
portiques des maisons
de Fez 145
bresch, cité edifice par les
Romaïs, de laqlle les ha-
bitans portét deux croix
noires: vne sur la jouë,
l'autre en la palme 267
brique en quelle part de
Fez est faite 154
Buggie, mõtueuse: & qls
sont ses habitãs, quelle
est leur viãde, & l'etédue
du domaine d'icelle. 308
buggie depuis quãd faite
cité royale 275
buggie saisie p Abu Feriz
roy de Thunes 276
buggie grande cité 276

Ses môtagnes, chateaus
 & viles 278. 308
Bucchuia, montagne, &
 son etendue 225
Bulach, faubourg de Cai
 re 366
bulahuan, cité en Duca-
 le 97
buragrag, fleuue en Afri-
 que 388
Burbus peuple Arabes-
 que 19
Bzo, cité en Hascora 107
Cabalistes comme fi-
 gurez 178
Cabalistes dônans respô-
 se vraye dans Fez 178.
 179. 184.
Cabalistes ne mangent
 chair de quelque animal
 que ce soit 184
Cabis ruinee par les Ara-
 bes 12
cabra cité au royaume de
 de Tombut 341
Cachim & Hilel sortis de
 l'Arabie deserte, sont de-
 cenduz de Abraham, &
 Mahchil de l'Arabie heu
 reuse, de Saba 21
Camis Metgara cité de
 Fez 141
Cano, prouince, & par
 qui habitee 344
Caisaria, noms de rues à
 Fez 160

Caisaria decendu de Ce-
 sar 160
Cairaran, cité edifiee par
 Hucba 300
Cairara ruinee p les roys
 de Thunes 289
Caire, & ce qu'il faut en
 tendre par ce mot 12
cairoan edifiee par Hu-
 cba Hionu Nasich. 10
cairoan prinse & sacca-
 gee 12
Cammar cité de Thunes
 297
caire cité merueilleuse en
 Egypte 362
captifs de Tedle rudemēt
 traitez par les femes. 122
casar Ezzaghir, cité edi-
 fiee par Mansor Roy de
 Maroc 215
casar prinse par les Portu
 guez 215
casar el Cabir cité en quel
 temps batie 206
casir acmed, chateau, par
 qui bâti, & par qui rui-
 né 312
Casr Hessen chateau par
 qui bati 312
cages à poules en côbien
 de boutiques vendues à
 Fez 157
Capes, cité sus la mer Me
 diterranee 303
capis & Tripoly ruinee p
 les

les Mahom..etans. 288
capis fleuue d'afrique. 391
capitaine Portuguez fait batir vne forteresse dans l'Ile de Gezira 210
capitaine Tefza fait remõstrance a ses prisonniers 118
capitaine de Tefza trouue moyen de tirer argét de ses prisoniers, en leur faisant vne harãgue. 117
capitaine de Tefza respõd aux habitãs d'icelle. 114
capitaine de Tefza fait amener deuãt soy ses prisonniers 116
capitaine de Cithiteb em poisonné 120
capitaine du Roy de Portugal fait batir vne forteresse dans l'Ile de Gezira 210
Caphsa, cite, edifiee par les Romains, batuë par les Mahommetans: demolie par Mansor 329
Casse, & son pourtrait. 410
Carauanne que signifie. 25
Cartage grande cite, par qui premierement fondee 227
caraunen temple principal de Fez 146
cartage ruinée par les Mahõmetans, restauree par Elmaheli Pontife 288
cartage en quel estre aujourdhuy 188
Cas estrange pour auoir beaucop beu d'eau. 246
casba cite edifiee par les Romains 287
Casir Acmed chateau. 312
cauerne jettant le feu. 229
caues grandes dans les rochers pour tenir le grain 188
Centopozzi, cite en Ducale 96
Centopozzi, mõtagne en Chaus 248
Cerises marines 210
Chameleon 406
chameaus de Numidie, et leur pourtrait 22
chameaus ayans le nez percé. 23
chameau animal d'Afrique 395
chameaus d'Afrique plus parfaiz que nul des autres 395
chameaus de troys especes 395
chameaus au chãt, & son du tabourin prennent plaisir, & recouurent leurs forces 397
cha-

chameaus & autruches aprestez pour viande. 25
chameaus, ánes & chiens dançent au Caire 365
Chauues-souris cōme pigeons 408
Chair de de bouc auec farine d'orge, viāde des habitans de la mōtagne de Semede en la terre de Maroc 86
chasasa, cité auec vn beau port, mis sous la puissance de Dom Fernand roy d'Espagne 232
chābres pour les fols aus hopitaus de Fez 150
chancha cité assise sur le Nil 381
chansons lubriques defendues par la loy de Mahōmet 180
chāson des petis enfans à l'inondatiō du Nil. 369
charge de grain en Nuchaila pour vne paire de souliers 129
charmeurs & enchāteurs de Feupens 187
chaulā, chateau, ou Abulhesen Roy fait faire vn bel edifice 200
chandeliers tenans liens pour mille cinq cens lāpes au tēple de Fez 147
chaus, septieme regiō du royaume de Fez. 234 Ses citez. 235. Montagnes 242
Charasa bourg du Caire
Charles empereur assiege Gezeir: mais en vain, & auec grāde defaite de ses gens 272
chasse & maniere de prendre les elephans. 395
chasse dōnee à Barberousse par Abuchemmu. 254
chat, q̄ fait la ciuette. 401
chebib, montagne contenant sept chateaus 218
cheneg, prouīce en quoy cōsiste, et de sō terroir. 318
cheuaus Barbares. 26. 397
cheuaus Arabes 397
cheuaus cōbien de front montēt à vne tees haute tour aupṡ de Kabato. 131
chiana peuple Arabesq. 19
chollo cité de Bugie. 279
choros chateau de Thunes 287
choisir port d'Egipte 385
Chretiens quelles festes ont laissé à Fez 173
Chretiens esclaues en la cour du roy de Fez. 196
chretiens prennent Gerbo, Ile. 304. chretiens prennent Buggie 308
chretiens payent gabelle en Alexādrie, quasi dix pour

pour cent: & où ils sont logez en Alexādrie 357
chretiens de Barbarie contraires aus ordōnāces de l'Eglise Romaine 32
Cité batie par les enfans d'Idris 144 [sin.199
citez prochaines de Telecitez, chateaus, mōtagnes & deserts au Royaume de Telensin 263
cité blanche par qui batie & nommee: & est siege Royal: depuis dite Fez la neuue 191
cithiteb cité en Tedle.120
citoyens de Tagtessa, voleurs 62
citoyens de Barbarie 47
citoyens de Fez à quels jeux s'adonnent 174
circōcision des enfans māles comme est obseruée à Fez. 146
citrouilles & melons au mois d'Auril 128
circuit du grand tēple de Fez 146
Colleges fōdez à Fez 176
colleges de cēt chambres à Fez 148
college fondé par le Roy Habu Henon coutāt en frais.480000.ducas.148
colleges dressez par Mansor 131

combat du lyō & du taureau, & aussi des hōmes conils d'Afriq̄. 401. [201
constātine cité edifiee par les Romains 279
constātine cité de l'aisné des rois de Thunes.279
constantine, montueuse: sa fertilité en quoy cōsiste: & de la qualité des habitans d'icelle 309
conduit à mener l'eau.193
conte, cité en Ducale 95
cordoāniers pour gētilhōmes seulemēt à Fez. 157
Cœur grand des Portuguez 138
courtoisie d'vn des prīces d'Afrique au desert 26
couturiers cōbien tiennēt de rues à Fez 160
conjurement d'esprit en q̄lle maniere est fait.178
cour du Roy de Thunes, ses ceremonies & officiers 272
creatiō du roy de Fez.194
crocodile, son pourtrait, & de ses œufs 404
crocodiles au delà la cité Benisuaif edifiiee sur le Nil 382
crieurs à l'encant soissante à Fez 157
cruauté des femmes cōtre les captifs de Tedle. 122

cruau-

Cruauté d'Izchia contre le Roy de Guber, & ses enfans 343
cruauté grande exercee à la prise de Temesne. 126
cruauté grande d'Homar Essuef sur les femmes, & petits enfans, estans encore au vétre de leurs meres 74
Culeihat el muridin forteresse 63
cuirs dont vsent ceux de Hea au lieu de napes. 54
cuscusu quelle viande, & cómét asaisonnee. 169

Dabut, animal d'Afrique 401
Dancer. Superstition de dancer en passant vne montagne 250
dance de femmes a part à Fez 172
Dant ou Lant animal de Afrique 398
Dara, prouince, ou commence 316
Darha, fleuue en la Numidie 392
date en grande abondance 20
dates d'etrange grosseur, de bonté singuliere. 317
dates en abondáce à Constantine 280
dates continuellemét má-gees, font tomber les dens 44
datier, pourtrait d'iceluy, & de ceux qui cueillét les dates a l'entour du Caire 382
datiers par quel moyen produisent fruit en parfection 317
Dangala vile de Nubie, quels sont les habitans & batimens 348
Debordemét du Nil. 354
debordement du fleuue Niger, rend les terres fertiles, comme fait le Nil 43
debordement des fleuues Niger & Nil, est fait au mois de Iuin, & dure quarante jours. 43
Dedes, mótagne haute & froide en Tedle 123
defaite & mort du filz du Roy de Thunes 31
defaite de ceux de Fez deuant Dubdu 237
defaite de 6000 hómes 83
defaite des Portuguez par les Mores 139
defaite de soissante mille hómes de la part d'Enesir par les Mores. 226
defaite grande des Chretiens 139
Defence par le capitaine de

de Tefza aux habitans
de la cité 115
Dellegi, peuple Arabesque 17
delgumuha, cité de Maroc 74
demenſera, partie du môt Atlas 66
Demons blancs 177
Dentilia, feſte a Fez 173
Derotte, cité tributaire au Soudan de 1000. ſarafes 361
Deſert, ou habite le peuple de Targa 332
deſert, ou demeure le peuple de Lemta 333
deſert de Barca, ou cômence: & de ſon aſſiete. 314
Deſert, ou le peuple de Zuenziga fait ſa reſidence 314
Deſerts de Libye 331
deſerts qui ſont entre la Numidie & la terre des Noirs. 4
Deuiheſſen, peuple Arabeſque 19
deuihubeidulla, peuple 21
Deuimaſor peuple riche, & puiſſant par l'abondance des dates 20
Deuinement reproüuez par Mahommet 180
deuins cômét abuſent les ſimples pſonnes à Fez 177

deuins puniz par Mahomet 180
deuineurs a Fez 176
deuineurs a Fez partiz en trois ſectes 177
deuſen, cité edifiee par les Romains, & ruinee par les Mahommetans 328
Diſteſe, cité de Bugie, edifice par lez Romais. 278
diuerſitez obſeruees en la loy Mahommetane. 228
Diuorce frequét entre les habitás de Merniza. 227
Docteurs de Fez commét abillez 167
Dragon 405
draps de Fiphig qls. 324
Droit des Pontifes de la loy de Mahommet caſſé à Fez 192
Dubb animal d'afriq 405
merueille du Dubb. 405
Dubdu cité en la Region de Chaus 236
Ducale, region, & de ſon etendue 92
ducale, regiô quelles môtagnes contient 100
ducats d'Afrique 261
dulcin, peuple Arabeſq. 19
dueil cômet eſt porté a Fez par les femmes. 173
dueil côme eſt porté par les Gentilhommes a Fez. 173

Eau

Eau de pluye gardee par deuotiō dãs des fioles au pays d'Afriq. 41
Echebëcuon, montagne en la regiō de Gared. 234
echês est le jeu des citoyens de Fez 174
Edifices dreſſez par Manſor 131
Efza, cité en Tedle regiō. 119
Egyptiens larrons & trōpeurs 343
Egyptiens d'ou deſcenduz 252
egyptiens renōmez 353
egyptiens ſubjetz à la verole 354
egyptiens jugent du pris du grain par l'accroiſſement du Nil 355
egyptiens edifierent jadis Fuoa cité ſus le Nil 361
egypte conqueſtee p Gehoar eſclaue 12
egypte diuiſee 351
egypte ſubjuguee par les Romains 353
egypte quelle qualité & accidēt d'air elle a 354
egypte quelles antiquitez contient 348
Eithiad, cité en Tedle. 120 a de belles fēmes & propres : de la fertilité d'icelle 121

Elhaſia ſorte de pain. 54
Elcherit peuple Arabeſque 18
Empoiſonnement du capitaine de Cichiteb. 120
Enedr, peuple Arabeſq. 18
entreprinſes du filz d'Idris 143
enchanteurs à Fez 178
ende, que ſignifie, & ou croit 318
Epouſailles & noces en quelle maniere ſont faites à Fez 171
epouſee comme eſt prouuee pucelle à Fez 171
epouſee noircie aus pieds & aus mains à Fez. 172
Epitaphes de Fez, & de Barbarie recueillíz par Iean Leon 190
epieu de fer ſur la tour du téple de Maroc perçāt à trois pommes d'or du poix de 13000 ducats. 79
Eraclia cité edifiee par les Romains 297
errif, Region ou cōmence ſes confins 220
Eſcarmouche entre les habitans de Seggheme, & le capitaine de Tedle. 121
Eſcoles fōdees a Fez. 175
eſclaues, deſquelles ſe ſert la Royne de Fez 196
eſclaues venduz hommes &

& femmes 342
escorce d'arbres sert au ba
 timent de maison sur
 des trabs 122
Eunuches commiz pour
 garder la royne de Fez
 196
Espagnols subjuguent
 Oran. 226
Esprits comme sont con-
 jurez. Cōme & par quel
 moyen sont jettez hors
 des corps dans Fez 178
Estomac d'autruche. 407
Esuchaila, chateau edifié
 par les Arabes 322
Eglises baties par Man-
 sor 131
Ethiopie, & son etēdue. 3
Etymologie de Fez 142
Estdeuet, cité anciēne. 62
 combien de volumes de
 loix a, & q̄ls cōseils. 63
Elcaied delaissé du peu-
 ple de Constantine, &
 fait prisonnier par le
 Roy de Thunes 281
elcanesin, secte dans Fez,
 en quoy s'amuse 185
El Chian, cité assise sur le
 Nil 384
Elhasim, peuple Arabes-
 que 19
elgiumha cité d'Azgar bâ
 tie par les anciens Afri
 cans 205

El Hamma, cité batie par
 les Romains, & de ses
 edifices, & habitans 303
Elgiumuha, cité de Ma-
 roc 74
elgiumnha, cité de Has-
 cora 107
Elcoth, que signifie 183
Elgezair & Teddeles, oc-
 cupees par Barberousse.
 21
Elmaheli mort, le cruel
 Habdul Mumen son di-
 sciple luy succede, & du
 re sa lignee cent quaran
 te quatre ans 79
Elmedine cité d'Hascora
 reduite souz la puissan-
 ce du Roy de Fez, & par
 quel moyen 102
elmedine cité en Ducale.
 96
Elmuntasic, peuple Ara-
 besque 17
Elmaheli prescheur s'em
 pare de Maroc à belles
 armes 78
El Mahdia, cité edifiee p
 Mahdi heretique 299
Elephans, & maniere de
 les prendre 394
Emeraudes au fleuue du
 Nil 385. 394
l'Enfer de Tiuoli 75
eraclia cité de thunes 297
Errif, Region de Fez. 220
 h Erres

Erres en vn puis d'eau viue en Centopozzi montagne. 248
Eldabag, poëte lourdement traité des habitás de Tebeſſe, deſcrit leurs vertus 285
Etheges, peuple Arabeſque 17
Ethauel, vers Arabeſques 179
Ettalche, arbre 393
Etriez de vingtcincq ducats 109
Etuuer à quelles heures ſe peut on à Fez 151
etuues dreſſees par Manſor 131
etuues de Fez. 151
etuues des femmes 151
Etrangers ne payent rien aus foires de Guzzula. 91
Euphorbio 409
Ezaggé, cité batie par les anciens Africans, & de ſon reuenu 209

Fable de la colonne erigee en Alexandrie. 358
Façon etrange pour faire eclore pouſſins 371
Faiſeurs de paniers à Fez. 162
Faiſeurs de materas à Fez 159

Farcala, contree abondante en dates 323
Farine d'orge auec chair de bouc viande 86
fariniers en combien de boutiques ſont contenuz à Fez. 157
Fanzara, cité de Fez. 136
Faubourgs hors de la cité de Fez 187
Femmes de Teſebit, ſont brunes & belles 324
femmes d'Afriq de quelz habits vſent 29
femmes d'Afrique ſe fardent 29
femmes accouplees charnellemēt és places publiques 183
femmes de Hadecchis belles & gratieuſes hommes beſtiaus & jalous 59
femmes de Fighig ordiſſent draps 324
femmes de Fuoa quelle liberté ont. 361
femmes de Eithiad belles & propres 121
femmes de Fez, comme ſont habillees 168
femmes communes 336
femmes d'Egypte demeurans au Caire commēt ſont accoutrees 371. 372

fem-

femmes de Constantine changent leurs maris. 309

Femmes font guerre au marché à Fez 158

femmes vsent de cruauté contre les captifs de Tedle 122

femmes en quelle maniere portent le deuil à Fez 173

femmes de Tombut comme sont habillees 339

femmes dancēt à part aus noces à Fez 172

femmes de Dara belles. 318

femmes de Dedes, hydeuses & laides 124

Fer pour monnoye 70

Ferdinād Roy d'Espagne fut repoussé par les habitans de Gerbo 305

Ferdinand range & domte les habitans de Gezeir 270

Ferdinand, & de son armee rompus deuant Oran 266

Ferrandi gaigne vne Ile, pres Bedis 222

Festes & jeunes des Africans & Arabes 42

festins faits en Fez, pour la cognoissance de l'Alcoran. 176

Festes comme sont gardees à Fez 173

Feu adoré par le peuple de Gualata 336

Fez Royaume. 125
Son territoire 134

Fez, peuple fait par grand merueille voyage au sopulchre d'vn saint 134

Fez, quelles viles & citez contient 135

Fez combien contient de hoteleries 152

fez chef de Moritanie, son etymologie, par qui fō dee 142

fez cité particulierement descrite. 144

Fez, riche, & la façō de ses batimens 145

fez a etuues & hopitaux. 149

fez braue en porches. 145

fez contient sept cens tēples. 146

fez seconde partie 163

fez cité neuue & son assiete 191

fez la neuue par qui batie 191

fez neuue quelles viles voisines a 199

fez, gaignee par Saic Abra 213

Fez, peuple combien de repas fait le jour, & des

h 2 viande

viandes qu'il vse: & de la differéce des gétilhõmes,& du populaire. 168
Fez cité a efcoles aux lettres pour les enfãs qu'õ veut mettre à l'etude 175
Fez, peuple à quels jeux s'adonnent 174
Fez combien a de fontaines 164
Fez, quelz magiftrats & gouerneurs a, & des habits d'iceux 165
Fez quelle coutume obferue aux mariages. 168
fez quels faubourgs a, 187
Fez, comment nourrit pigeons en la cité 174
Fez n'a faute d'Alquemiftes 186
Fez abõde en enchãteurs de Serpens 187
Fez en quoy eftimee 145
Fezzen, contree tributaire aux Arabes 331
Fighig, chateau, & fes habitans 324
figure des Cabaliftes 179
Filer. Façon & maniere etrange de filer des femmes de Thunes 291
Filles de Barbarie ne fe foucient de garder leur virginité aux maris que elles ont apres 49
Fin & ruine de Teculeth par les Portuguez 58
Fin miferable de ceux de Temefne 127
Flamens jadis frequentoyent Salla 135
Fleuue majeur, en Afrique 390
Fleuues de Numidie. 391
Fleuues d'Afrique 387
Folle apprehéfion des Africãs en leurs téples. 47
fols ont chãbres à Fez. 150
Foire hors la cité de Fez, ou trafiquent Gentils hommes 189
Foires de trois moys, ou les etrangers font bien traitez fans riẽ payer. 91
Fondation des efcoles & colleges à Fez 176
fõtaine magnifique d'eau douce en la cité Caphfa 330
fontaines fix cens en la vile de Fez 164
foffes, ou les grains fe gardent cent ans 96
fourbiffeurs de Fez 157
fours l'vn fur l'autre pour rotir chair & moutons entiers 156
Frais des batimés du grãd college de Fez 148
Fricatrices, femmes infames ainfi nommees dans Fez 177

Fruit

DESCRIPT. D'AFRIQVE.

Fruit African 100
Fuoa, cité edifiee par les Egyptiens, et quels sont ses habitans 361
GAdemes contree. 331
Gago cité : & quels sont ses habitans 341
Galata, peuple adore le feu 336
Galata, Royaume des Noirs en quoy cõsiste 337
Galili, cité en Zarhon, bátie par les Romains. 201
Gaoga, Royaume, & ses limites, quels sont ses habitans : & perd sa lité par la mechanceté d'vn esclaue 347
Gabelle, ou a son lieu à Fez 159
Gar, vilage abondant en dates 312
Garal, animal d'afriq̃ 406
garsis, chateau en la regiõ de Chaus. 237
Garel gare, vilage ou il y a de grãdes cauernes. 313
Garet prouice de Fez, ou cõmence, & jusques ou s'etend 231
Garsa, peuple Arabesq̃. 18
Gargalans qu'ont des etrangers 326
Garian mõtagne : ou croit abondance d'Oliues. 311
Gauata montagne en la Region de Chaus. 242
Geber Grec renié 186
Gehoan peuple 21
Gehoar esclaue cõquiert toûte la Barbarie, Numidie, Egypte & Surie. 11
Gehoar fait harangue au Calife Elcain 11
Gehoar fait remonstrance au Calife 13
Gebha, cité d'Errif, par q̃ batie, & quel est son terroir 223
Gedmeua, montagne en Maroc 89
Gegel, chateau edifié par les Africans 277
Gemiha Elchmen, cité de Fez 141
Gens sans foy, secte, ne religion 49
Gentilhommes trafiquẽt aux foires qui sont hors de Fez 189
Gentilhommes commẽt portẽt le dueil à Fez. 173
Gentilhommes de Teculet vertueux 58
Gentilhommes ont leurs cordoanniers à Fez. 157
Gentilfemmes cõme sont habillees à Fez 168
Geneuois frequentoyent jadis Salla 136
Geneuois & de leur loge en la cité d'Oran 265

h 3 Gene-

Geneuois ont prins & saccage Tripoly 307
Gerbo, Ile : & de ses batimens, & terroir 304
Gerbo, prinse p les Chretiens, recouuerte par le Roy de Thunes. 304
Georgia, monastere des Chretiens 384
Gerseluin, cité edifiee par les Africans 252
Geza cité sur le Nil. 381
Gezeir, cité edifiee par les Africans, domtee par Ferdinand 270
Assiegee par Charles Empereur : mais en vain, & auec grād defaite des siens 272
Gezira Ile à la bouche du fleuue Luccus 210
Gezirat, cité, & quel est son territoire, & que contient 361
Ghinee Royaume, & son etendue, & mōnoye. 338
Ghir fleuue en Numidie. 392
Giraffe, animal d'Afrique 395
Gozo fruit 40
Gogideme, montagne en Hascora. 111
Gots prennent Sersel. 268
Gots subjuguent Vrbs, cité edifiee par les Romains. 285
Gots dominent en Moritanie 32
Gots, edifient la cité d'Ariana 297
Grain semé sur l'eau au pays de Guber 345
Grains tenuz dās rochers 188
grains en quel lieu se gardent cent ans 96
gratieuseté de ceux de Tesegdelt enuers les etrangers 62
Grumes de raisins, grosses cōme œufs de poules 105
grosses verole quand commença en Barbarie. 46
Guachde, contree, & qu'y croit 324
Gualazza, montagne au royaume de Telesin. 274
Guadilbarbar, fleuue en Afrique 391
Guagida, cité au Royaume de Telensin, edifiee par les Africans 256
Guargala, cité par qui edifiee, quels sont ses habitās, & leur viāde. 326
Guanseris, montagne au royaume de Telesin. 274
Guaden, vilage de Numidie, par qui habité 315
Guarguesé, forteresse. 70

Guan

Guangara, contree, quelz sont les habitans d'icelle 346
Guede en abondance à Tedsi 72
Gueblen, montagne en la Region de Chaus. 243
Guerre de Mahommet contre les Arabes 68
guerre est faite auec gros batons par les jeunes gens à Fez 174
guerre plaisante des femmes au marché de Fez 158
Guber, Royaume des Noirs 342
Gumera peuple d'Afriq 7
Guraigura montagne, ou situee 204
Guzzula, Region. 90

Habat, prouince, ou prend son commencement : & de son etendue 208
Habdul succede à Elmaheli 79
Habdul Mumen s'empare de Thunes 289
habis du peuple de hea 53
habis des habitans de Telensin 261
habis des dames & honestes femes de Tunes. 294
habis des femes d'Hea 66
habis du peuple de Guzzula 91

Habis des hômes de Fez. 167. habis des Gentil femmes de Fez 168
habis des habitans de Beni Buseibet qls sont. 227
habis des femmes de Tôbut 339
habis des habitans de Telensin 261
habis des femes de fez 168
habis des paysans & des marchás d'Egypte. 350
habis des habitás de Ziz. 251
habis, coutumes & façon de viure des habitans du Caire 371
habitás de Salla courtois & liberaux 136
habitans de Barbarie, ingenieux & loyaux aujourdhuy, bien que les histoires anciénes diét le contraire 47
habitans en la montagne de Seggheme issuz du peuple de Zanaga 121
habitás d'vne vile en quel nombre mis à mort. 144
Habitans de Seggheme s'escarmouchent contre le capitaine de Tedle 121
Habitás de Efza liberaux & gratieux. 119

h 4 Habi-

Habitans de Dedes inhabiles & negligens 123
habitans de Fez portêt vn acoutremét appellé Barnusse 167
habitans de Magran mettent leur maisons sur les mulets pour les trãsporter ailleurs 122
Habru, peuple Arabesq̃ 18
Habdula Pōtife poursuit contre la maison de Hali. 143
Hadagia cité, batie par les Africans en la region de Chaus 235
Hadecchis, cité a de belles fēmes & gracieuses: & des hommes bestiaus & jaloux 59
Hadecchis ruinee par les Portugalois 59
Hagustun, mõtagne froide, ses habitans exempts de tribut 228
Haly epouse Falerna fille de Mahommet 369
Hammamet, cité de Thunes n'a gueres edifiee p les Mahōmetans 297
Hamrozo, vilage abõdãt en datiers & jardins. 313
Hanchisa, mōtagne en la Region de Sus 73
Hain Sammit, cité edifiee par le Roy de Thunes, depuis ruinee par les Arabes 286
Hain Elchallu cité en Temesne 130
Hani Lisnan, cité edifiee par les Africans 247
Hani Lisnã fontaine des Idóles. 247
Hanimmei, cité de Maroc 84
Hanir, peuple Arabesq̃. 19
Hantera, mõtagne en Maroc 89
Harangue du Capitaine de Tefza à ses prisonniers 117
Harangue de ceux qui auoyent assiegé la cité de Tefza, au capitaine d'icelle 114
harangue du capitaine de Tefza aux habitans de la cité 114
harãgue de Mahõmet 237
harangue entre les magistrats & gens de Iustice de Tefza 115
harangue de l'autheur au seigneur de la mōtagne de Tenueues 109
harangue au capitaine de Tefza par vn de ses familiers 106
harangue du bateleur à son asne 365
Hascora region, quelles citez

citez contient 102.
quelles montagnes 108
Haresgol cité edifiee par les Africans, saccagee, puis restauree, en apres de rechef ruinee 258
Hea, Region, & de ses assiete, & qualité. 56.
Montagnes contenues en icelle 65
Hea, & quelle maniere de viure en icelle 66
Hea, Region vse de cuirs, au lieu de napes 66
Hea quelles viles & citez contient 65
Hea quelles montagnes contient, & des habitás en icelles 65
Heures determinees pour etuuer en Fez 151
Hermite, de son donmaine, reuenu, & ordre. 264
Herbes vendues en quarãte boutiques à Fez 156
Hilel, peuple & habitatiõ d'iceluy 17. 21
Hommes & femes esclaues venduz 342
hômes de Fez vicieux. 152
hommes & lyons combatent ensemble 201
Homar Essuef vse de grãd cruauté enuers les femmes enceintes 74
Homara fauorise aux lettres. 348
Homar, cité, & par qui batie 212
Honesteté & modestie des Africans 47
Hopital de Tednest 57
hopitaus de Fez 149
Hoteleries de Fez. 152
Hubbed, chateau par qui fut edifié 179
Hubbed, cité prochaine de Telensin 263
Hucba Hibnu Nasich edifie la cité Cairaoan. 10
Hucba, peuple Arabesq. 18
Huitres faisans les perles 232
Humanité du roy de Telensin enuers son peuple. 259
Humeledegi, chateau edifié par les Arabes, en quoy abonde 322
Hunam, cité de Telensin 257
Hurua, peuple arabesq. 17
Hutmen, roy de Thunes, domte son frere, Hámare, & luy creue les yeux. 276
Husein, peuple de la lignee de Deuimansor 20
Hydre animal d'Afrique. 405
Hypocrisie, dame de grãs abuz. 241

Iacob fils de Abdultach edifie Fez la neuue 191
Iarob, fils de Abdultach, dôte la maison de Muachidin, Roy de Maroc. 236
Jardins hors de Fez arrousez par petis ruisseaux. 190
jardins & vergers de Fez. 190
Iadog, fleuue en Afrique. 391
Iambuh port de mer. 385
Iassiten, contree d'Afrique 330
Iauelots sont en vsage aux montagnes de Ziz. 252
Ichmin, cité edifiee sur le Nil 384
Idris fondateur de la vile de Fez 142
Idôles adorez par les habitans de Tegdemt. 272
Iean Leon eschape d'vn grand danger 36
Iean Leon estât entre les mains des brigans, fut depouillé tout nud, & moqué d'eux 37
Iean Leon s'excuse de ce qu'il decouure les vices des Africans. 50
Iean Leon fait vne harangue au Seigneur de la montagne de Tenueues 109
Iean Leon est requis par vn Prince de vuider le different de quelques vns du peuple de Ileusugaghé 60. Et reçoit vn present pour sa peine & son sejour. 87
Iean Leon se trouue en danger par les Lyons. 61
Iean Leon se trouue en danger 34. 64
Iean Leon fut en personne à la guerre, qui estoit entre les Portugalois, & le roy de Fez 139
Ielles, cité sur la mer Mediterranee 223
Ieunes des Arabes 42
Iesuchrist feit sa cene sur vne table, qui est aujourdhuy gardee à Tolette. 301
Ifran, quatre chateaux p qui batiz 315
Ifricus, Roy de l'Arabie heureuse 1.
Ighilmghighil, cité 64
Ilalen, môtagne, & de ses habitans 73
Ileusugaghen, petite cité 59. En discord, & pour quoy 60
Imegiagen forteresse. 74

Iniz-

Imizmizi, cité de Maroc. 75.
Induſtrie des cabinets, & commodité de l'eau en la cité de Fez 145
Inuétion ſubtile pour attirer le peuple 356
Ioſeph, fils de Iacob enſeuely à Bl Fijum 383
Ioſeph fils de Teſſin met ſous ſa main Segelmeſſe cité 321
Ioſeph, Roy de Fez aſſiege Telenſin 258
Ioſeph Roy de Fez occis par vn de ſes domeſtiques 259
Iujubes, fruit de la couleur & groſſeur des ceriſes 41
Iuifs ruinez par les Africans 32
Iuifs ont cent maiſons à Tedneſt 57
Iulebs ſont faits par les medecins à Fez 161
Iuſef premier Roy de Maroc 12
Iuſef Roy de Luntune ſaccage la cité bâtie par les enfans d'Idris 144
Iuſef vſe de grand cruauté en la prinſe de Temeſne 126
Iuſtice eſtroitemét obſeruee p les Mahōmetás. 375

Izchia domte le Roy de Cano 344
Izchia ſe rend tributaires les Roys de Zegzeg, & de Caſſena. Et exerce cruauté côtre le Roy de Guber. 344
Izchia empoiſonne le roy de Zanfara 345
Izchia Roy ennemy de de Guangara 345
Izli, chateau au Royaume de Telenſin. 255

Lac treſabondant en poiſſon 100
Lac admirable à guerir la lepre, & ſolider plaies 303
Ladres entretenuz en bōne police à Fez 184
Laine entre les branches des arbres 23
Lait de chameau pour refection 23
Lait en quátité de 25. tōneaux eſt vendu chacun jour à Fez 155
Lampes combien en nōbre ſont ardétes au grád temple de Fez 147
Lant ou Dant, animal de Afrique 398
La Langue Italienne en Afrique 10
Lauandiers combien de boutique contiennent. 158

Lemta

Leopard, animal d'Afrique 400
Lepede cité 305
Lepre guerie par la vertu d'vn lac de Hamma. 303
Lettres dont vsent les Africans 33
lettres honorees, & leurs professeurs aussi. 340
Leuita desert de libye. 333
Lharais, cité en Tombut batie par les anciens Africans. 205
Liberalité & gracieuseté entre les habitans de Efza 119
Libye, son origine & etendue 2
Libye, & ses deserts 331
Libye diuisee 336
Libye, & de sa qualité. 39
Libyens liberaux 48
Libyens ruraux, larrons, voleurs, & hors de cognoissance des lettres. 49
Libyens adorent le Soleil 336
Liepard de marbre blanc, martelé de marques verdes & rondes 82
Lieux raboteux & plein de neiges en Afrique 25
Liure, appellé Tresor de l'Agriculture, peut estre celuy de Magon Cartaginois 42

Liure de poisson, vn liard 157
liures d'ancienne coutume se trãscriuoyent. 251
Loge des Geneuois en la cité d'Oran. 265
Loy de Mahommet 180
Loy de Mahõmet defend ne porter courronne en teste 198
Loy de Mahommet abbatue, & droit des pontifes cassé 192
Loy Mahõmetique produit. 62. sectes 185
Loix de Eitdeuet 63
loix de mariage ne consistent en fonds 170
Louáge de la vile de Mecnase 141
Lucai, mõtagne, en quoy abondante 228
Luccus, fleuue en Afrique 389
Luntune adhere à la Loy de Mahommet 336
Lũtune adore le soleil 336
Lyon, animal d'afriq. 400
lyons quelz plus renommez 400
le Lyon vaincu par le seul regard de la nature d'vne femme 400
Lyon & le Taureau combatent ensemble 201
Lyons doux, priuez, & traita-

traitables 204
Lyons grands plus affamez de toute l'afriq. 137
Lyons trefcruels, où 139
Marchans de toille combien de rues tiennent à Fez 160
Mader auuan cité en Temefne, par q ruinee 133
Mahdia cité, pres le mont Atlas, faccagee p le roy de Lutune 247
Mahchil, peuple Arabefque : des habitations & nombre d'iceluy 18
Macarmeda, cité de par q batie 199
Maghilla cité de Fez. 202
Mahdi, prifonnier rendu au prince de Segelmeffe 299
Magran, mõtagne de Tedle 122
Macres, chateau baty par les Africans. 304
Magraua, montagne de Telenfin 274
Magiftrats de Fez 165
Magiftrats & gens de Iuftice de Tefza affemblez & pourquoy 115
Mahmora cité de Fez. 137
Mahõmet fait guerre aux Arabes. 68
Mahommet honoré, & la natiuité d'iceluy celebree par les enfans. 176
Mahommet reprouue & punit les deuinemés. 180
Mahommet quelles loix inftitue 180
Mahommet ne permet en lieu que ce foit, qu'aucũ fe puiffe dire Seigneur, fauf les feuls Põtifes 192
Mahommet quels fubfides a impofé 196
Mohõmet defend par loy de ne porter couronne en tefte 198
Mahõmet defend de boire vin 209
Mahõmet filz d'Idris bâtit Bafra, cité de Habat 211
Mahommet roy de Fez, prifonnier 213
Mahommet par prophetie laiffa de grands pardons 356
Mahommet fuccede à Acmed 236
Mahommet fe met en habit de montagnard pour aller à Tezza 237
Mahõmet deguifé en habit de meffager, téte fon ennemy par belles harãgues 237
Mahõmet profterné aux pieds du roy de Fez. 240
Mahõmetans ne peuuent par

par leur Loy, exercer le metier d'orfeurerie 192
Mahommetans prennent Arzilla, & depuis eſt priſe par les Anglois, qui fōt paſſer les habitãs d'icelle au fil de l'epee. 212
Mahommetans prennent la cité de Septa. 215
Mahōmetans conquirent Melela cité de Garet. 231
Mahōmetans edifiét Caſr Heſſin, chateau 312
Mahommetans batiſſent Mechella, cité 361
Mahommetans edifient Derotte ſur le riuage du Nil 361
mahommetans ſaccagēt Tripoly, Capis, & Cartage 288
mahōmetans eleuent & adorent Nafiſſe 367
mahommetans ruinent Deuſen, cité 328
mahommetans ſaccagent Teuſar cité 329
mahommetans batent Caphſa cité 329
Maiſōs d'eſcorce d'arbres fondees ſur les trabs. 122
maiſons miſes ſur les mulets par les habitans de Magran pour les tranſporter 122
maiſons couuertes d'or et d'argent 214
Maitres d'ecoles combien retirent de la cire des torches de leur diſciples p An 176
Mal d'Eſpagne ou de Naples 45
malfaiteurs punis par la Iuſtice de Fez 165
malheur aduenu au troiſieme filz du Roy de Tunes par ſa mechante vie. 280
Manne tombe au deſert de Targa. 332
Manf Loth cité d'Egypte 383
Marchans de dates, & voituriers q̃ meurēt dãs les neiges du mōt Atlas. 36
vn Marchant achete vne taſſee d'eau dix mille ducats 39
marchans de draps de laine à Fez 159
Manſor demolies les murailles de Caphſa, tue le Seigneur, & ſes enfans 329
Manſor fut celuy auquel Raſis medecin dedia ſes liures. 82
Manſora cité en Temeſne. 129
Manſor Roy ou mourut, & fut enterré 132

Mare

Marechaus de Fez 162
Maroc, par qui edifiee 8
Maroc, Region, & son assiete 73
Maroc, cité grande 76
Maroc bien rabaissee & tenue en petite estime. 83
Marsa, port & cité de Tunes 297
Maris changez par les fêmes de Constátine. 309
Marroquins de Courdouan 70
Matgara, montagne en la Region de Chaus 242
Matgara, môtag. au Royaume de Telensen. 274
Matgara, territoire, consiste en chateaux 319
Maus ou Muse, arbre: & son pourtrait 410
Mazalig chateau, par qui habité 323
Mazuna, cité edifiee par les Rommains. Ruinee & saccagee par les Roys de Telensin 269
Mechante vie des hotes de Fez 152
Mechella, cité n'a gueres par les Mahômetans batie: & par quelle sorte de gens habitee 361
Mechellat Chais, belle cité batie par les Mahom metans, quel est son terroir, quels sont ses habitans 362
Mecnase, cite de Fez, par qui edifiee 140
mecnase soutient le siege p sept ans côtinuels. 140
Recouuerte par le Roy de Fez. 141
Medecis de Fez font eux mesmes les syrops & Iulebs 161
Medua, cité edifiee par les Africans, subjuguee par le Roy de Telensin, depuis par Barberousse sô frere 242
megesa montagne, en la Region de Chaus 242
meggeo, cité edifiee p les Africans. 233
megerada, fleuue en Afrique 392
melons & citrouilles au mois d'Auril 128
Mela cité edifiee par les Romains 282
melela, cité en Garet, par qui edifiee, d'ou lon tiroit le fer, 231. ruinee p le peuple de Temesne. 232
melli, Royaume, en quoy abondant 339
meliana, cité batie par les Romains 268
merniza montagne, & de ses habitans 227

Mesel-

Mesellata, prouince 313
Mesnata, prouince 313
Meszab, marche aux deserts de Numidie 325
Mersalcabir, cité edifiee p̄ les Roys de Telēsin. 266
Metal seelée 192
Mode nouuelle de pescher 101
Moys des Arabes, & Africans 42
Monnoye d'or pur 70
Mōnoye de Thunes 296
Monnoye appellee âpres, semblable à celle d'Hōgrie 57
Monnoye du Royaume de Telensin 262
Magon Carthaginois regnāt en Grenade, auteur du liure intitulé Le tresor de l'Agriculture 42
Montagne de fer, Gebelelhadih 67
montagnes de la regiō de Maroc 85
Montagnes en la Region de Ducale 100
mōtagnes de hascora. 108
montagnes du Royaume de Fez 220
montagne & passage des corbeau, appellé Gunai gel Gherben 250
montagnes de Habat. 217
montagnes prochoines à Thunes 310
montagnes du Royaume de Telensin 273
montagnes d'Atlas n'ont cogneu le mal de Naples 45
montagnes en la Region de Garet. 234
Monaster, cité fondee par les Romains 298
Monte-verde, montagne en Ducale 100
Mores quand & ou defirent les Portugalois. 138
Mores desirent soissante mil' hommes de la part d'Enesin 219
Moritanie, region quand cōmença á decliner. 208
Morphie, maladie 388
Moyen par le Capitaine de Tefza pour retirer argēt de ses prisoniers. 116
Mort miserable du Roy de Maroc. 79
mort du Roy Mansor, & & ou il fut enterré 132
mort du roy d'Azafi 93
morts comme sont pleurez à Fez 173
morts enseuelis és sepultures communes hors la cité de Fez 189
Moutons d'Afrique 399
Moutons ayans la queuë pesant octante liures, &
au

autres de cent cinquante 400
Moutōs entiers rotiz aux fours de Fez 156
Mer deuenuë rouge durāt trois jours par la grande defaite des Chrétiés 139
Meramer, cité en Ducale. 99
Mergo, cité situee sur le coupeau d'vne mōtagne bâtie p les Romaīs. 209
Mesellata, prouince, en quoy consiste : & p qui habitee 313
Mesetaza, mōtagne en la region de Chaus 251
Melila cité de Bugie 278
Mesrata prouice, en quoy consiste, & de ses habitans 313
Messa, nom de trois citez en la region de Sus. 68
metal seéllé, et pourquoy dans Fez la neuue 122
Meures blanches 142
Metamorphose des maitres d'écoles, & ecoliers en pierre de marbre. 282
Meszab, marche, en quoy consiste, & des habitās d'icelle riches. 325
Mezemme, cité, habitee p les Arabes par deux fois saccagee 223
Mezagran, cité edifiee par les Africans 266
Mezdaga cité en la regiō de Chaus 246
Miel blanc en Hascora region 105
Misrulhetich, première cité en Egypte du temps des Mahometās, edifiee par Hamré, capitaine de Homar 367
Mines de fer. 67.130.231
mine de plomb 323
mine d'antimoine 323
miniere de fer, & cuiure en la regiō de Guzula. 91
Miserable fin du peuple de Temesne 127
Michias, mesure du debordement du Nil 368
Moines venans d'Ethiopie, q ont le visage marqué de feu 3
Moulins qui sont dans la cité de Fez 153
Mnia, fleuue d'Afriq. 390
Mucamen roy de Thunes delaissé p ses sujetz. 307
Muhallaca, & Muhaisira, citez sur le Nil. 381.382
Mubazzimin enchāteurs 178
Mulets de merueilleuse course & agilité 359
Mululla, & Muluia, fleuues en Afrique 389
Munsia cité sur le Nil 384

i Munia

Munia, cité edifiee fur le Nil 382
Muſtuganin, cité edifiee par les Africans 267
Muſlim, peuple Arabeſque 18
Muſmuda, peuple d'Afrique 7

Nafiſſe reueree par les Mahōmetans 367
& de ſa ſepulture 368
Napoli cité de Thunes, p qui jadis & à preſent habitee 297
Naragia, chateau bati par les Africans : par qui ſaccagé 210
Naueaus en grāde quātité ſont venduz à Fez 156
Natiuité de Mahommet celebree p les enfans. 176
Necans, cité de Bugie, edifiee par les Romains. 278
Ned Roma, cité de Telenſin, batie par les Rommains 256
Neſta, cité, ſaccagée par le Roy de Thunes. 328
Neſzara, chateau 330
Niger, fleuue, & de ſon cours 3
Niger, fleuue, par ſon debordement rend les terres fertiles comme fait le Nil 43
Niger fait ſon debordement au moys de Iuin, durant. 40. jours 44
Nil fleuue, par ſon debordement rend fertilité aux terres 44
Nil fait ſon debordemēt au moys de Iuin, qui dure. xl. jours 43. 393
le Nil n'a ſource ny origine certaine 393
Niſipha, mōtagne en Maroc 85
Noces en quelle maniere ſe font à Fez 170
Noirs menēt bōne vie. 48
Noirs ſont ruraux, ſans raiſon, n'ayans eſprit, ny pratique 50
noirs, & leur mōnoye 338
Noirs en grand nombre, vont à Gago. 342
Noirs quels deſerts ont entre eux, & la Numidie 5.
Noms impoſez ſelon la qualité des pſonnes 346
Nouuelle d'vn oyſeau. 51
nouuelle d'vn qui fut fouëté, & des parolles qu'il dit au bourreau 50
nouuelle mode pour peſcher 101
Nubie, Royaume, & ſes confins : & en quoy conſiſte 348
Nuchaila, cité en Temeſne,

ne, abondāte en graī. 129
Numidie, & son cōmen-
 cement, etendue, royau-
 me & deserts. 2. 4
numidie qls fleuues 2. 391
Numidie produit de lai-
 ne entre les brāches des
 arbres 23
Numidie subjuguee par
 Gehoar esclaue 11
numidie, p q cōquise. 321
Numidie peu estimee par
 les Cosmographes &
 historiens 314
Numidiēs quels peuples.
 22. Numidiens n'ont
 autres montures, que
 chameaus 23
Numidiens vsent de laict
 de chameaus pour leur
 refection. 23
Numidiens sont ingeni-
 eux. 48
Numidiés eloignez de la
 cognoissāce des choses :
 & ignorans la mode de
 viure du naturel 49
Nun, contree entre Nu-
 midie & Libye 333

O Ble, monnoye Afri-
 cane, cōbien vault
 de nôtre monnoye, 292
Offices & Estats de la
 cour du roy de telēsin. 261
Officiers & Ceremonies
 de la Cour du Roy de

Thunes 294
Officiers deputez au gou-
 uernement des choses
 plus vniuerselles en la
 cour du Soudan 380
Oliues d'Afrique 41
Omnirabith, fleuue en A-
 frique 388
Opinion vulgaire, que cō-
 stellatiō ou art magique
 conserue les trois pom-
 mes d'or, qui sont sur le
 temple de Maroc pesans
 130000. ducats. 80
opinion merueilleuse des
 planetes estimees dieus
 183
Opinions diuerses des edi-
 ficateurs du Palais de
 Pharao 202
Opinions superstitieuses
 183
Or pur & fin, & coquil-
 les en lieu de monnoye,
 au Royaume de Tom-
 but 341
Oran, cité edifiee par les
 Africans. 265. subjuguee
 par les Espanols 266
oraison au roy de Fez. 102
Ordre tenu par le Roy de
 Fez sur les champs. 198
Ordonnance & compa-
 pagnie du Roy de Fez,
 quand il cheuauche. 197
Oyseaux d'Afrique. 406

Pape-

PApegaus 408
Pain frit en l'huile. 156.
Paî frit, miel, et roty pour banquets de noces 169
Paillardise regne à Thunes 294
Palais de Pharao, cité bâtie par les Romains. 202
palais de Maroc, & combien en nombre 81
Palmes, & le païs ou elles croissent. 2. Palmes petites sauuages 134
Pâniers pour entrauer les pieds des cheuaux. 142
Pantoufles ou mulets de 20. ducats à Fez. 161
Passetéps de ceux q toussissent aux presches. 45
Pastonnades en combien grande quâtité sont vendues à Fez 156
Pescara, cité quád edifiee, ruinee & reparee 327
Pescheurs de Fez. 157
Pesches verdes, & pleines d'eau 140
Places de Fez 154
Place des marchans à Fez enuironnee de murailles 159
Plage ou Ionas fut jetté, ayant esté engloutry par la balene 69
Plâte vnique produisant le baume 368
Playes souldees p la vertu du lac de El Hâma. 303
Pline erre en la descriptio d'Afrique 394
Pieces petites de fer pour monnoye entre les habitans de Teijeut 70
Pieces de fer en lieu de monnoye entre les habitâs de la regiô de Chaus 244
Pierre comte de Nauarre prent Tripoly 308
Pierre de Nauarre, est enuoyé pour prendre Bugie 277
Pietra rossa bâtie par les Romains 202
Pigeons cômét sont prins & cause de tuerie à Fez, Pigniers à Fez. 161 [174.
Poëtes font vers en vulgaire African, & en quel objet 175
Poëte mieux disant, quel present auoit du Roy de Fez 175
Poëtes sont bien estimez, mesme entre les Arabes honnorez & recompensez par les Seigneurs. 28
Poëtes inuitez aus festins par les rois de Marin. 175
Poissons d'Afrique 402
Poisson vêdu à liard pour liuré

liure à Fez 157
Police sur les ladres en la cité de Fez. 184
Police de la cour du Roy de Fez 193
Pommes d'or percees par l'epieu qui est sur le temple, faites par le cōmandement de la Royne de Maroc 80
Pont merueilleux en la region de Chaus 245
Porche du temple de Fez souloit auoir cent boutiques de libraires vis à vis l'vne de l'autre 78
Porches des maisons de Fez braues 145
Port de Chossir 386
Port de Iambut 386
Portefaix. 300. bié ordonnez et priuilegez à Fez 155
Poursuite de Habdulla pōtife contre la maison de Hali. 143
Pourtrait d'Afrique retiré d'vne medaille de l'Empereur Adrian 1.
Pourtrait d'Arabie 16
Pourtrait de chameaus à cheuaucher 22
Pourtrait des gentilhommes d'Afriq, & de leurs habits 24
pourtrait des femes Africanes, & de leurs habis. 28
pourtrait des habitans en la Region de Hea, & de leurs habits 66
pourtrait des habitans en Guzzula 91
Pourtrait des habitans de Fez 167. 168
pourtrait des epousailles, qui se font coutumierement à Fez 170
Pourtrait des Eunuques, qui sont commis à garder la royne de Fez. 196
Pourtrait d'Egypte. 350
Pourtrait d'Alexādrie 356
Pourtrait des habitās du Caire. 371. 372
Pourtrait du datier: & de ceux qui cueillét les dates à l'étour du caire. 382
Pourtrait du Nil. 393
& du Crocodile. 404
pourtrait du Maus, ou Muse 410
Pourtrait de Casse 410
Portugalois ont ruiné la ville d'Anfa 128
Portugalois voulās bâtir vn fort sur la bouche du fleuue Subo, furent accablez & occis 137
Portugalois defaits p les Mores 138
Portugalois font batir vne forteresse dans l'Ile de Gezira 210

i 3   Por-

Portugalois assaillent & prennēt Arzilla, en l'an. 862. de l'Hegire 212
Portugalois cōme cōquirent Tangia, qu'ils nomment Tangiara 214
Portugalois defais & rōpuz à Tangiara 214
Portugalois prennēt Casar 215
Portugalois assiegēt Tetteguin cité 216
Portugalois apportent gros draps à Ifran 316
Portugaloys ont ruiné Teijeut 69
Portugalois ont ruiné Teculet 58
Poureté & misere des habitans au desert de Barca, de leurs larrecins, & brigandages, & subtil moyen de faire vomir et jetter hors du corps humain, or, ou argent. 314
Predicateur trouué couché auec sa fille, fut occis par sa femme. 64
Predicateur sous ombre de pphete, vsurpe la seigneurie de Temesne 126
Premiere partie du mont Atlas 56
Presens à Iean Leon pour recompense de sa peine: & du seiour qu'il auoit fait à Semede 87
Presens au Roy de Fez de la part du seigneur de la montagne de Telita. 111
Presens au poëte mieux disant les louanges de Mahommet 176
Presens au Capitaine de Tefza par ses prisonniers 118
Propos de l'oyseau aux poissons 51
Prouerbe de Moritanie. 206. Prouerbe de Fez. 182. 210
Punition des malfaiteurs à Fez. 165
Punition du larrecin fait durant la foire de Guzzula 91
Puys d'eau salee 39
Puys fourrez de peaux de chameaus, ou murez de leurs ôs 39
Puys d'eau douce en la mōtagne Cétopozzi. 248
Qvadelhabich, fleuue en Afrique 387
Quadres, montagne par quels hōmes habitee. 219
Qualid Calife defait l'armee de Roderic Roy des Gots 301
Queuē de moutō, pesant octante liures, & autres cent cinquante 400

Raba-

Rabato, cité en Temesne 131
Rabich fruit plus petit q̃ la cerise. 134
Racmé peuple Arabesq̃ 19
Rahona, môragne en Habat, & son etendue. 217
Ramarre, beste sauuage, & de sa qualité. 403
Rasis medecin a dedié ses liures au roy Mansor. 82
Reigles estimees heretiques 185
Reigles & diuersité obseruees par aucũs en la loy de Mahõmet 180
Religions tant au Caire, qu'en Egypte 373
religieus & gẽs de lettres du desert de Libye, ne mágent poĩt de pain. 25
religieus Mores vsans de chair de cheual 373
Remede cõtre la peste en Barbarie 46
Renom des Egyptiés. 353
Rencontre de Mansor Põtife, & Roy de Maroc auec vn pescheur 206
Responce par le Capitaine de Tefza aux habitans 115
Retel, territoire, & de son etendue, & de ses habitans, subjets aux Arabes 319
reuenu du roy de Fez. 119
reuenu du temple de Fez en quoy est employé. 147
reuenu d'vn hermite. 264
Richesse & façon des batimens de Fez 145
Riech, peuple Arabesq̃. 18
Roderic roy des Gots est defait par Qualid Pontife 301
Romains & Gots prennent les viles maritimes de Moritanie 160
Romains batissent Mergo cité de Habat 209
Romains fondent la cité de Zoara 305
Rosette, cité, par qui edifice 359
Roy de Fez, & de son reuenu 119
Roy d'Agades reçoit tribut, & est tributaire au roy de Tombut 344
Roy de Fez cheuauchant quelle ordonnance garde. 197
Roy de Telensin, des coutumes, estats & offices de sa cour 261
le Roy de Telensin, dechassé par ses sujets, est restitué par l'Empereur Charles. 262
Roy de Salla fait caresse aux Geneuois. 136

i 4   Roy

Roy de Fez baille secours aux habitans de Tefza, moyénāt leur ꝑmesse. 113
Roy de Cano domté par Izchia roy de Tōbut. 344
Rois de Zegzeg & Cassena depouillez ꝑ Izchia Roy de Tombut 344
Roy de Fez, quel ordre tient sur les champs. 198
Roy d'Azafi occis 93
Roy de Fez, sa cour, train, & suite 194. 195
Roys enseueliz hors la cité de Fez 190
Royaume de Fez & de sa description 125
Royaume de Telésin. 253
royaume de Telensin expugné & domte par les roys de Fez. 253
royaume de Telensin cōbien est grand 253
Ports du Royaume de Telensin 254
royaume de Buggie, et de Thunes 275
Rues des couturiers à Fez 160
Ruine de la cité de Maderauuan par vn des Roys de Marin 133

S Abhel Marga, la plaine des preux pres le mont Atlas 247
Sacrifice. Coutume etrange & lasciue obseruee aux sacrifices 247
Safran de Garian, admirable en couleur & bōté. 311
Sahacat, quelles femmes sont à Fez 177
Sahit, peuple Arabesq̄. 17
Saint faisant miracles sur les Lyons, & predisant choses à venir 134
Saint Augusti, euesque de Bona, jadis nōmee Hippo 283
Salla, cité en temesne. 132
Salla, cité de Fez, jadis frequentee par Geneuoys, Venitiens, Anglois, & Flamans 135
Salla prinse par le Roy de Castille. 135
Salla est habitee d'vn peuple courtois & liberal. 136
Sansuës en grande quantité en Bedis 221
Sardines en Bedis. 221
Sarman vilage fertile en grain & dates 313
Scorpions à foison au territoire de Segelmesse. 38
Scorpions & serpens dangereux en Numidie 38
Seaux de cuir en combien de boutiques sont venduz à Fez 158
Sebta batie par les Rommains, depuis subjuguee par

par peuples diuers 215
Sectes plusieurs yssues de la Loy de Mahōmet. 180
Secte d'hermite 185
Secte maudite qui vse des femes publiquemēt. 183
Sectes. 62. pcedātes de la Loy de Mahommet. 185
Secsiua, montagne en Maroc 88
Secours du Roy de Portugal contre les Mores. 95
Secours baillé par le Roy de Fez aux habitans de Tefza 113
Sefsaia, fleuue en Afrique 390
Segelmesse cité edifiee par vn capitaine Romaī. 321
Segelmesse quelle monnoye a 320
Segelmesse sous la main de qui fut mise 230
Segelmesse, prouince : & son etendue 318
Segelmesse, & du contenu de son pourpris. 320
Segelmessiens tuent leur Seigneur 318
Seggheme montagne en Tedle 121
Seigneurie appartiét aux seuls pōtifes par la Loy de Mahommet 193
Seigneurie d'Hanimmei tué en bataille 84

Seigneurie de Temesne, vsurpee par vn predicateur sous couleur de prophete 126
Sel semblable au marbre. 333
Selef, fleuue en Afriq. 390
Selelgo, montagne en la Region de Chaus. 244
Sept cens tēples, ou eglises en la cité de Fez : & de leur beauté 146
Sepulture de Nafisse. 368
Selin peuple Arabesq. 19
Semede mōtaigne en Maroc 86
Serpens domestiques. 251
Serte, cité edifiee par les Egyptiens 334
Sersel, cité edifiee par les Romains, dōtee par les Gots, puis reprinse par les Mahommetans. 268
Sensaon mōtagne en Errif 226
Seusana mōtagne en Maroc 88
Siena laide, Asna belle 385
Singe, animal d'Afrique, & de son astuce 401
Singes & leopards és mōtagne de Buggie 277
Soaua, nation Africane, ensuit la façon de viure des Arabes 31
Sobaich, peup. arabesq. 17

Sodo

Sodomie cōmise à Thunes 294
Sofroi & Mezdaga, citez au pied d'Atlas 246
Soldas du Soudan 379
Solénitez & festins pour la cognoissance de l'Alcoran 176
Solennitez des Poëtes à Fez 175
Soudan, de son election, des offices & dignitez de sa cour. 376. Creation du Soudan. 377
Etas de la cour du Soudan du Caire 378
le Soudan mesme sert de executeur de haute justice. 379. & Officiers deputez aus choses pl⁹ vniuerselles 380
Squille, ongnon ainsi nōmé en Afrique 152
Suaid peuple Arabesq. 18
Subsides imposez par Mahommet 196
Subu, fleuue en Afriq. 389
Subeica, chateau quād baty, & par qui ruiné. 312
Subeit cité en Ducale. 97
Sucaicada, cité edifiee par les Romains. 279
Sucre noir ou produit. 70
Sucre en abondance en Tedsi 72
Sufgmare fleuue en Afrique 390
Suif salé pour viande. 325
Surie subjuguee par Gehoar esclaue 12
Surnag, racine 412
Sumait peuple arabesq 17
Superstition de dancer en passant vne mōtagne. 250
Sus, Region, quelles viles contient 68
Sus contient les montagnes de Hanchisa, & Ilalem 72
Sus, fleuue en la Numidie 391
Suse, cité fondee par les Romains 297
Syrops sont faits par medecins à Fez 161

Table, ou Iesuchrist feit sa Cene gardee à Tolette 301
Tagauost, cité 72
tagiora, campagne de Tripoli 313
tagressa, ancienne cité, & son assiete 62
tagressa a citoyés voleurs 62
Tagodast, cité abondante en huile. 105
tagodast, cite en Hascora 105
tanneurs de cuirs à Fez. 162
tansor cité de Habat, &

de

de ses habitans 209
Tangia, cité de Habat, fō-
 dee par les Romains. 213
 Comme fut cōquise par
 les Portugalois 214
targa desert de Libye. 332
Tarodant, cité 71
taureau, & le Lyon com-
 batent ensemble 201
Teculeth, cité, ruinee par
 les Portugalois 58
Tegaza, contree, abondan-
 te de sel 333
terga, cité en la region de
 Ducale 97
tedsi, abondante en sucre,
 & guede 72
tedle, region, quelles citez
 contient. 112. quelles
 montagnes a 121
tefza, cité en Tedle 112
tefesra, cité prochaine de
 Telensin 263
tegeget, cité en Temesne.
 130
tegdemt, cité edifiee p les
 Romains, de qui les ha-
 bitans adorent les idô-
 les 272
tedneft, cité ancienne de
 Hea, 56. quelle manie-
 re à de loger les etran-
 gers 57
tedneft, cité ruinee 58
Tefne, fleuue en Afrique.
 390

tefelfelt, cité de Fez. 139
Tefas, cité edifiee par les
 Africans, saccagee p les
 Arabes 284
tezarin, mōtagne, ou sont
 plusieurs edifices, & par
 qui sont bâtis. 226
tegaffa, cité quels sont ses
 habitans : quel est le terroir 223
tebecrit, cité de Telensin.
 257
tebelbert, contree, & son
 contenu 322
tebesse, cité edifiee par les
 Romains 284
tebesse prinse par le Roy
 de Thunes 285
techort, cité par qui ba-
 tie 325
techort, cité tributaire au
 Roy de Thunes 326
teddeles, cité edifiee par
 les Africans 273
telensin, royaume 253
telensin Royaume, quel-
 les & quants citez, cha-
 taus, montagnes, & de-
 serts a en son domaine.
 255
telensin, cité Royale, assiegee par Ioseph, Roy de
 Fez. 258
De l'humanité du Roy
 de Telensin enuers son
 peuple 259
Telen-

Telensin ruinee & saccagee par le Roy des Fez, qui feit trancher la teste au Roy, qui fut pris d'assaut 259

Telensin diuisee en quatre parties 260

Teiieut, ruine par les Portugalois 61. 69

Temaracost, cité en Ducale 97

Temendfust, cité edifiee par les Romains, saccagee par les Gots 273

Temmelle montagne, & cité 88

temesne regió de Fez. 125

temesne prinse, & de la cruauté enuers icelle 125

temesne reduite à miserable fin, deshabitee p. 108 ans. 127

temesne p quels animaus habitee. 127. quelles viles contient. 128

temesne majeur de Fez, appelle Carauuen, a trète vne porte, & tient demy lieuë de circuit. 146

téple de Fez a deux cés ducats de reuenu p jour 147

Terres tresfertiles pres le fleuue Niger 40

terga cité en la region de Errif 221

tessela cité de Telésin. 263

tesset, cité de Numidie, & de ces habitans 314

Teurert, cité premiere en la Region de Chaus. 235

Tezza, cité edifiee par les Africans 240

tezerin, côtree fertile. 323

tezerghe cité en la region de Chaus 250

tezzota cité en Haret. 233

temzegzet, Chateau au royaume de telensin. 255

teseuhin, fleuue en Afrique 387

tegorarin, côtree en quoy côsiste, & quels sont ses habitans, & de leur viande. 324

tesegdelt, vile. 61. Gracieuse enuers les etrágers. 62

tenez, cité edifiee par les Africans 269

tenezze, cité 74

tenueues, montagne 108

tesebit, marche, & le côté nu de son pourpris. 324

tegeget, cité 130

teorregu, marche aux côfins de Tripoly 330

tensift fleuue d'Afriq. 387

tensita montagne en Hascora 108

teusar, cité edifiee par les Romains 329

tesethne cité de Port. 65

tesrast cité de Maroc 76

teseuon

teseuon, double mont en Hascora 112
tetteguin, cité edifiee par les Africans, par peuples diuers subjuguee 216
Thebes, cité ancienne, de laquelle le fondateur est incertain, quel est à present le conteuu d'icelle, & quels sont ses habitans 360
thagia cité 133
theolacha, cité edifiee par les Numidiens. 328
Thunes et son assiete 289
thunes, peuple abusé & hebeté 293
thunes, peuple subjet à paillardise & Sodomie 294
thunes vient en la puissance & main de Habdul Mumen 289
Tit, cité de Ducale 95
Tohulba, cité edifiee par les Romains 299
Todga, prouince que contient 322
togad montagne de Fez. 204
tombut, Royaume, quelles maisons, & quels sont ses habitans, & de leurs habits 339
tonneaux vingt cinq de laict sont venduz cha-

cun jour à Fez 155
tourniers dedans Fez, 161
tortuë animal de la grandeur d'vn tonneau. 402
tortues reputees pour diables par les femmes de Constantine, & de la superstition d'icelles 282
toussissants aux presches quels passeteps ont. 45
tour treshaute, ou trois cheuaus montent de front 131
tour du téple de Fez. 146
tour de cent brasses de circuit en Maroc 77
Trente mille habitans occis en vne vile 144
tresors cerchez par l'vne de sectes de Fez, appellee Elcanesin 181
treues de trois jours. 90
tripoly de Barbarie assiegee par les Arabes 14
tripoly & Capis, ruinee par les Mahometás. 288
tripoly de Barbarie batue & saccagee par les Geneuois 307
tripoly prinse d'emblee p le Comte Pierre de Nauarre 308
tripoly l'ancienne, batie p les Romains 306
tripoly de Barbarie edifiee par les Africans, de son

son assiete, & des habi-
tans en icelle 306
Tumeglast, troys chate-
aux 76
Turcs effacent les titres
des Chretiens, & aba-
tent les images des Egli
ses 34
VEines de cuiure au-
pres du mont At-
las 361
Veniciens frequentoyent
jadis Salla 135
Veniciens enleuerét d'em
blee le corps saint Marc
Euangeliste en Alexan-
drie l'eglise des Iacobi-
tes 358
Vergoigne, chateau, pour
quoy ainsi nommé. 293
Verolle quant elle cōmē-
ça en Barbarie 46
Vendeurs de laine à Fez.
46
Vendeurs de fruits com-
bien de boutiques tien-
nent à Fez 154
Vendeurs d'herbes sont
contenuz en quarante
boutiques à Fez 156
Vents dommageables en
Afrique 43
Vergers & jardins de Fez
190
Vertus & choses louables
des Africans 46

Vices et sotte manieredes
Africans 48
Vices & mechāte vie des
hôtes de Fez 152
Vin reputé pour Dieu p̄
les habitans du mont
Beni Ieginefen 231
Vin de quinze ans de gar
de en la montagne de
Beni Achmed 230
Vin defédu par la Loy de
Mahommet 209
Vieillars de Barbarie de
80. ans dispoz au la-
bourage & cōbat 44
Veine de piomb & Anti-
moine en Chasair. 323
Veine de fer en Beni Bes-
seri 323
Veines d'argent en Ifa-
lem 73
Vente d'esclaues, hom-
mes & femmes 342
Villages prochains de
Thunes & Buggie. 312
Vmen Guinaibe cité en
la region de Chaus. 250
Vmmhelhesen, chateau
dāgereus, par q̄ baty. 322
Vodees peuple Arabes-
que 19
Vrbs cité, edifiee par les
Romains, & subjuguee
par les Gots 285
Vser trop de dates, fait tō
ber les dents 44

Za,

Za, fleuue en Afrique 390
Zairagia vne sorte d'enchanteurs à Fez. 178
Zamatben Zarbuh, par qui habité, & en quoy fertil 313
Zanfara, region en quoy abondante 345
zarfa cité en Temesne. 134
Zarhon, montagne ou cômece, & de l'estude, & soin des habitans d'icelle. 200
Zauia, cité edifiee p Gui Roy de la maison de Marin, & depuis demolie 199
Zanzaga, premier desert de Libye 331
Zagoan, montagne 311
Zanzor, vilage, la fertilité, & habitans 313
Zeb, prouince 4. 327
Zelag, montagne de Fez, ou prend son commêcement. 200
Zenetes, peuple d'Afrique 7
Zegzez, Royaume, par quel peuple habité, 344
Ziz, montagne en la Region de Chaus 251
Zoara, cité batie par les Africans, depuis fondee par les Romains. 305
Zuenziga desert de Libye 332

FIN DE L'INDICE

DES PRINCIPALES

Matieres, contenuës en la Description Historiale d'Afrique de Iean Leon African.